抢劫罪详论

金泽刚 张正新 著

知识产权出版社
全国百佳图书出版单位

责任编辑：刘　睿　　　　　责任校对：董志英
文字编辑：徐　浩　罗　慧　责任出版：卢运霞

图书在版编目CIP)数据

抢劫罪详论 / 金泽刚，张正新著 . —北京：知识产权出版社，2013.11
　ISBN 978 – 7 – 5130 – 2416 – 7

　Ⅰ.①抢… Ⅱ.①金… ②张… Ⅲ.①抢劫罪 – 研究 – 中国 Ⅳ.①D924.354

中国版本图书馆 CIP 数据核字（2013）第 269086 号

抢劫罪详论
Qiangjiezui Xianglun

金泽刚　张正新　著

出版发行：知识产权出版社		
社　　址：北京市海淀区马甸南村 1 号	邮　编：100088
网　　址：http://www.ipph.cn	邮　箱：bjb@cnipr.com
发行电话：010 – 82000860 转 8101/8102	传　真：010 – 82000893/82005070
责编电话：010 – 82000860 转 8113	责编邮箱：liurui@cnipr.com
印　　刷：保定市中画美凯印刷有限公司	经　销：新华书店及相关销售网点
开　　本：720mm×1000mm　1/16	印　张：42
版　　次：2013 年 11 月第一版	印　次：2013 年 11 月第一次印刷
字　　数：662 千字	定　价：120.00 元
ISBN 978 – 7 – 5130 – 2416 – 7	

出版权专有　侵权必究
如有印装质量问题，本社负责调换。

序

(传统罪名的创新探索)

抢劫罪是一种历史悠久的现实罪行,即使在当今社会,仍然是最具有严重社会危害性的常见多发犯罪之一。我本人于1985年在读博士生时即开始研究抢劫罪,并陆续发表了一些著述,这些年也一直在关注其纷繁复杂的理论与实务问题,因而深知多年来我国各地司法机关审理的抢劫案件不仅居高不下,且情况复杂,经常出现新情况、新问题。与此同时,对于抢劫罪的研究,远不像一些人所认为的"都是老问题",而是一些老问题并没有得到很好的解决,许多新问题更是没有被认真总结、归纳,缺乏深入探讨,理论与实践上都期待创新和突破。金泽刚教授和张正新检察长合著的《抢劫罪详论》,正好做了这方面的工作,尤其是填补了一些新问题的研究空白。

细读下来,与其他一些关于抢劫罪的论著相比,这本新作具有以下明显特征:

其一,体系创新。该专著不走传统罪名研究的套路,更不是简单地论述抢劫罪的四个构成要件而已。相反,对构成要件的研究,集中于难度较大的行为和对象上,可谓集中争议、解决问题,不求面面俱到。全书的重点,更在于对抢劫罪的加重犯、拟制形态以及停止形态进行详尽的研究,因为这些问题在实践中争议最多,处理难度最大,潜藏着不易被发现的难点和疑点,是需要挖掘的理论宝藏,对它们的研究能够推动刑法分则个罪研究的发展、创新。对这些问题的研究也反映出两位作者良好的问题意识。

其二,素材丰富。这部专著积累了作者十多年的研究成果。两位作者一位曾经、另一位现在依然在司法实务部门工作,具有独到的观察实践问题的能力。全书收集、整理了自1997年《刑法》实施以来各方面的相关研究资料，包括吸纳全国多地司法实践部门诸多代表性案例，并借鉴了国外的研究成果。在此基础上，全面、深入地研究抢劫罪的典型问题，凸显理论与实务相结合的特色。特别是，本书不仅系统整理了我国最高司法机关主办的理论刊物中研讨过的相关典型案例，还收集研讨了大量的被舆论和公众关注的刑事案件，使论著实证性强、可读性强。作者在占有如此丰富素材基础上的研究，恰恰验证了霍姆斯在《普通法》一书中所言："法律的生命不在于逻辑而在于经验，但是经验是由逻辑构造而成的。"的确，法律的生命固然不在于逻辑而在于经验，但这种经验绝不应停留于现象表面的粗浅感觉，更不是盲人摸象后的自以为是，而应是以逻辑作为支撑的经过理性升华的经验。

其三，探求理论突破新尝试。主要表现在以下一些方面：

（1）尝试性比较各国刑法规定的抢劫罪，对抢劫罪的性质、类型和处罚原则进行一次全方位的梳理，不仅是重新系统审视抢劫罪的国际化问题，也为后面的比较借鉴打好基础。

（2）比较研究我国主流教科书关于抢劫罪的定义，并结合实际案例，探讨界定抢劫罪所具有的实践价值。以此为先，可以使抢劫罪得到一个基本的理论认同，从此，使全书逐步深入。

（3）详尽研究抢劫罪的客观行为，不仅包括暴力、胁迫以及其他方法行为，而且研究了少有研究的目的行为。其中，对于其他方法行为的研究，如对装鬼唬人、借病毒吓人取财等案件阐述了作者的独立见解。

（4）抢劫罪的对象历来争议很大，这部专著较为全面地总结、归纳相关研究成果，对一些新现象、新问题阐述了己见；特别论述了不动产、虚拟财产，以及扣押物、赌资等能否成为抢劫对象的问题；并结合实际案例，借以辨析抢劫罪与相关犯罪的异同关系。

（5）对抢劫加重犯的研究是本书亮点之一。我国刑法典分则部分规定的抢劫罪8类加重犯在实践中问题最多、争议很大。两位作者既不附和他人，也不追求出格、另类，而是立足于刑法学基本原理，兼顾实践操作，对于"公共交通工具""金融机构""枪支""致人重伤、死亡""冒充军警人员""多次""数额巨大"等关键性问题，都提出了自己独到的见解，对于实务工作的指导意义不言而喻。

（6）对拟制型抢劫罪的研究是本著作的又一特色创新。该论著从法律拟制的原理出发，把拟制型抢劫罪分类为先实施盗窃、诈骗、抢夺的拟制型抢劫罪，以及携带凶器抢夺与聚众"打砸抢"的拟制型抢劫罪，然后，分别加以深入细致的研究；其中许多问题，以往的研究或者是涉及不多，或者是浅尝即止。特别是对抢劫加重犯的转化形态等问题，更是鲜有人涉及。而本论著以入户抢劫、在公共交通工具上抢劫等加重犯为例，探讨了抢劫加重犯的转化形态问题，无疑是对加重犯转化形态问题的理论创新。

（7）对抢劫罪的停止形态研究最大程度地拓展了本专著的理论深度，亦显示出两位作者的理论水平和创新精神。本论著首先探寻犯罪停止形态的本质，并由此展开抢劫罪停止形态的研究。而主要创新点则在于对抢劫加重犯的停止形态的研究。提出了抢劫罪结果加重犯的既遂与未遂形态的区分标准，特别是抢劫加重犯双重客体的可转化性对于停止形态认定的影响。继而对数额型抢劫加重犯，以及多次型抢劫加重犯的犯罪停止形态加以论证，提出新的论断。同时，关于转化型抢劫罪的停止形态问题，以前学界也是较少研究的，多数观点甚至不承认转化型抢劫有停止形态之分。本论著论证了转化型抢劫罪也应该区分停止形态，此结论不仅为抢劫罪，也为刑法分则理论中这一类问题的研究开拓了崭新的思路。

尤为可贵的是，本书最后的余论部分将刑法学研究的问题作了进一步的思想升华，把法律和犯罪问题上升到国家与社会问题，为读者提供了一种全新的视角，可谓是对刑法学与犯罪学一体化的新型探索。研究犯罪，是为了治理犯罪，而治理犯罪不可忽视犯罪的原因所在。由一些个案的原因分析可见，抢劫罪的刑罚适用还存在值得思考的问题，有的人仅仅是为了"活下去"而抢劫的特殊案例更是发人深省。刑法是生动而现实的，就像其他法律科学一样，其价值必须有益于人民生活和社会进步。刑法不能只停留于刻板的纸面，更不能只是冰冷的条文。在我国，有人说武术的境界有三："见自己，见天地，见众生"。这何尝不是我们刑法学研究的境界？又何尝不是法治国家的境界呢？作者在本书的字里行间浸透着这样的人文关怀是难能可贵的。由此，作者最后总结全书，就抢劫罪的立法完善提出了一些前瞻性的见解，可谓水到渠成，完成对刑事良法之治的深思。

最后，再说一点建言，本论著试图在个罪的研究方法上加以创新，如通过案例发现问题和论证问题，通过抢劫罪的具体问题研究刑法个罪中带有普遍性的问题，以做到以点盖面。但在这种研究思路下，如何做到既见树木又见森林，如何使理论研究更具有条理性和系统性，还是有待作者进一步改进和提高的。同时，在进行典型案例的研究时，如何发挥案例的宏观与微观作用，也值得两位作者进一步思考。

总而言之，本书对抢劫罪的研究不仅深入、细致、翔实，而且，一些见解新颖、独到。我认为，这本论著蕴含着新的治学之思，在学界荡漾出一股清新之风，是一本研究个罪的力作。而我与两位作者相识、相交多年，深知他们是学术功力深厚且关注我国刑事法治现实问题的专家、学者，对他们新作的出版深表钦佩，故欣然应邀作序，并愿意向我国刑事法实务界和理论界推荐《抢劫罪详论》这本新著。

赵秉志

2013 年 8 月

目 录

第一章 抢劫罪的立法与界定之争 / 1
 一、中国刑法中的抢劫罪 / 1
 二、域外刑法中的抢劫罪 / 19
 三、我国刑法理论关于抢劫罪的界定问题 / 55

第二章 抢劫罪的犯罪构成（一）/ 73
 一、抢劫罪的主体 / 74
 二、抢劫罪的危害行为 / 83

第三章 抢劫罪的犯罪构成（二）/ 125
 一、抢劫罪的客体 / 125
 二、抢劫罪的对象 / 132

第四章 抢劫加重犯（一）/ 209
 一、入户抢劫 / 209
 二、在公共交通工具上抢劫 / 245

第五章 抢劫加重犯（二）/ 265
 一、抢劫银行或者其他金融机构 / 265
 二、多次抢劫 / 285
 三、抢劫数额巨大 / 320

第六章 抢劫加重犯（三）/ 331
 一、抢劫致人重伤、死亡 / 331
 二、冒充军警人员抢劫 / 364
 三、持枪抢劫 / 387
 四、抢劫军用物资或者抢险、救灾、救济物资 / 398

第七章 抢劫罪的拟制形态（一）/ 403
 一、拟制型抢劫罪的称谓与立法比较 / 403
 二、先实施盗窃、诈骗、抢夺的拟制型抢劫罪 / 416
 三、"为窝藏赃物、抗拒抓捕或者毁灭罪证" / 445
 四、"当场使用暴力或者以暴力相威胁" / 456

五、转化型抢劫的共犯问题　/　*479*

第八章　抢劫罪的拟制形态（二）　/　*485*

　　一、携带凶器抢夺与聚众"打砸抢"的拟制型抢劫罪　/　*485*

　　二、正确界定"为了实施犯罪"　/　*497*

　　三、《刑法》第267条第2款、第263条及第269条的关系　/　*500*

　　四、聚众"打砸抢"定抢劫罪的问题　/　*508*

　　五、拟制型抢劫与抢劫加重犯　/　*513*

第九章　抢劫罪的停止形态　/　*547*

　　一、从犯罪停止形态的本质看抢劫罪的停止形态之争　/　*547*

　　二、抢劫基本罪的停止形态　/　*551*

　　三、抢劫加重犯的停止形态　/　*569*

　　四、抢劫罪的结果加重犯的既未遂问题　/　*588*

　　五、抢劫罪其他情节加重犯的停止形态问题　/　*597*

　　六、转化型抢劫罪的停止形态问题　/　*611*

第十章　余论　/　*623*

　　一、余论的由来　/　*623*

　　二、抢劫罪的刑罚适用——一种由犯罪原因延伸出的思考　/　*624*

　　三、关于抢劫罪的立法完善　/　*636*

附：作者已发表的相关论文　/　*657*

跋　/　*659*

第一章　抢劫罪的立法与界定之争

考察中国乃至世界主要国家的法律史，基本能得出这样的结论：自从有了犯罪，抢劫罪也就出现了；抢劫和杀人一样，都是古老的自然犯的"杰出"代表，是犯罪领域的"常青树"。即使到了当代文明社会，抢劫罪仍然是发案率高、社会危害性大的严重刑事犯罪之一。尽管从古至今，人类社会一直没有放松对抢劫罪的惩处并进行研究，抢劫罪却像生物进化一样，总在衍生出新的变种，我们的研究也必须跟进。

一、中国刑法中的抢劫罪

（一）封建制中国法律中的抢劫罪

由于早期立法者的认识水平和能力有限，"盗""贼"常常是在一起规定。战国时期李悝所著的《法经》，是我国历史上第一部比较系统的成文法典。李悝造法六篇：一盗法、二贼法、三囚法、四捕法、五杂法、六具法；并以盗法为首篇，其主要内容是打击盗贼，基本思想是"王者之政，莫急于盗贼"。❶ 这里所谓"盗贼"，主要是指危害国家政权稳定的犯罪行为人；"盗"在这里不仅包括窃取他人财物的行为人，同时还包括公然抢劫的行为人。❷ 古时的一些所谓绿林好汉也被当时的帝王将相称为"盗贼"，也是这个意思。所以古代的盗贼具有广泛的含义，既包括危害政权者，也可以包括严重侵犯财产与人身权的盗窃和抢劫行为，即多数时候是盗、贼相并。研究者认为，只是到了三国时期，才开始出现针

---

❶ 陆惠芹："盗窃罪小考"，载《河北法学》1984年第3期。
❷ 李克非："盗窃罪的立法沿革与比较研究"，载《政法论坛》1997年第3期。

对财产和人身侵害的较为狭义的强盗罪,并被以后的历朝历代所承袭。三国时期的《魏律》在西汉《九章律》的基础上新增劫掠、诈伪等章,形成18篇,其盗律、贼律、劫掠分别列为第二、三、八篇。同时,在《魏书·刑罚志》中还多次出现了"强盗"一词。❶ 而我国刑法史上首次明确使用强盗一词是在晋朝。晋朝司法官张斐在对《晋律》所作的律注中说:"取非其物谓之盗,加威势下手取财谓强盗。"从而在中国刑法史上首次并初步阐述了强盗罪即抢劫罪的犯罪概念。❷

我国唐代对于强盗罪的认识已达到相当高的水平。《唐律·贼盗律》关于强盗罪注云:"谓以威若力而取其财,先强后盗、先盗后强等。若与人药酒食,使狂乱取财,亦是。即得阑遗之物,偶击财主而不还;及盗窃发觉,弃财逃走,财主追捕,因而拒得;如此之类,事有因缘者,非强盗。"阑遗之物,即遗失物。❸ 关于强盗罪的处罚,《唐律·贼盗律》规定:"诸强盗,不得财徒二年;一尺徒三年,二匹加一等;十匹及伤人者,绞;杀人者,斩。"可见唐律对强盗罪的处罚,是以是否取得财物、取财多少、是否对人身造成伤害以及是否持杖等情况分别量刑;无论是对强盗罪的规定还是处罚,其合理性大为提高。以后的宋、元、明、清诸朝法律,基本上承袭了唐律关于强盗罪的规定。如元朝《大元通制》共分为21类,其第11类为"盗贼"。明朝的《大明律》卷第十八刑律一"贼盗"之"强盗"规定:"凡强盗已行,而不得财者,皆杖一百,流三千里。但得财者,不分首从,皆斩。若以药迷人图财者,罪同。若窃盗临时有拒捕,及杀伤人者,皆斩。因盗而奸者,罪亦如之。共盗之人,不曾助力,不知拒捕、杀伤人及奸情者,止依窃盗论。其窃盗,事主知觉,弃财逃走,事主追逐,因而拒捕者,自依罪人拒捕律科罪。"清初的《大清律》第18篇《刑律》曰"贼盗"共28条。值得注意的是,清末《大清新刑律》第32章为"盗窃及强盗罪";该章将盗窃与强盗罪分开,且对强盗罪作了详细规定。其第370条规定:"意图为自己或第三人之所

---

❶ 转引自张国轩:《抢劫罪的定罪与量刑》,人民法院出版社2001年版,第5页。

❷ 转引自赵秉志:《侵犯财产罪》,中国人民公安大学出版社2003年版,第36页。

❸ 高绍先:《中国刑法史精要》,法律出版社2001年版,第359~360页。

有，而以强暴、胁迫强取他人所有物者，为强盗罪。处一等至三等有期徒刑。以药剂、催眠术或他法使人不能抗拒，而强取者，亦同。"第371条规定："窃盗因防护赃物、脱免逮捕、湮灭罪证，而当场施强暴、胁迫者，以强盗论。"第372条规定："除第三百七十条、第三百七十五条及第三百七十七条外，以强暴、胁迫得其他财产上不法之利益，或使第三人得之者，以强盗论。以药剂、催眠术或他法使人不能抗拒，而犯前项之罪者，亦同。"第373条规定："强盗有下列行为之一者，处无期徒刑或二等以上有期徒刑：（一）侵入现有人居住或看守之第宅、建筑物、矿坑、船舰内者；（二）结伙三人以上者；（三）伤害人而未致死及笃疾者。"第374条规定："强盗有下列行为之一者，处死刑、无期徒刑或一等有期徒刑：（一）结伙三人以上，在途行劫者；（二）在海洋行劫者；（三）致人死或笃疾，或伤害致二人以上者；（四）于盗所强奸妇女者。"第375条规定："强取御物者，处死刑、无期徒刑或一等有期徒刑。"第376条规定："犯强盗之罪故意杀人者，处死刑或无期徒刑。"第379条规定："除第三百七十三条第三款及第三七十四条第三款外，本章之未遂犯，罚之。"第380条规定："犯第三百六十八条至第三百七十六条之罪者，褫夺公权；其余得褫夺之。"等等。

在清末至民国时期也是将抢劫称为强盗，以至在目前我国台湾地区的有关规定中，仍然沿用着这一称谓。

中华民国时期（1911~1949），先后制定了六部刑法或修正案，并且都承袭《大清新刑律》的立法模式，都有强盗罪的专门规定。如1928年即中华民国十七年通过的《中华民国刑法》，即《中华民国旧刑法》第二编第29章"抢夺强盗及海盗罪"，该法第346条规定："意图为自己或第三人不法之所有以强暴胁迫药剂催眠术或他法致使不能抗拒而取他人所有物或使其交付者，为强盗罪，处三年以上十年以下有期徒刑。以前项方法得财产上不法之利益或使第三人得之者亦同。犯强盗罪因而致人于死者处死刑或无期徒刑。因而致重伤者，处无期徒刑。第一项及第二项之未遂罪罚之。"第347条规定："窃盗成抢夺因防护赃物脱免逮捕或湮灭罪证而当场施强暴胁迫者以强盗论。"第348条规定："犯强盗而有第三百八十八条情形之一者，处七年以上有期徒刑。本条之未遂罪罚之。"第349条规定："犯强盗罪有下列行为之一者，处死刑或无期徒刑：一、放火者；二、强奸者。"第 350 条规定："犯强盗罪而故意杀人者，处死刑。"1935 年即中华民国二十四年通过《中华民国刑法》第二编第 30 章"抢夺强盗及海盗罪"。该法第 328 条规定："意图为自己或第三人不法之所有，以强暴、胁迫、药剂、催眠术或他法，致使不能拒，而取他人之物或使其交付者，为强盗罪，处三年以上十年以下有期徒刑。以前项方法得财产上不法之利益或使第三人得之者，亦同。犯强盗罪因而致人于死者，处死刑或无期徒刑。致重伤者，处无期徒刑或七年以上有期徒刑。第一项及第二项之未遂犯罚之。预备犯强盗罪者，处一年以下有期徒刑、拘役或三百元以下罚金。"第 329 条规定："窃盗或抢夺，因防护赃物、脱免逮捕或湮灭罪证，而当场施以强暴胁迫者，以强盗论。"第 330 条规定："犯强盗罪而有第三百二十一条第一项各款情形之一者，处五年以上十二年以下有期徒刑。前项之未遂犯罚之。"第 331 条规定："以犯强盗罪为常业者，处七年以上有期徒刑。"第 332 条规定："犯强盗罪而有下列行为之一者，处死刑或无期徒刑：一、放火者。二、强奸者。三、掳人勒赎者。四、故意杀人者。"

另外，在民国时期，北洋政府和国民党政府还制定了专门的惩治盗匪犯罪的单行刑法。如 1914 年 11 月 27 日北洋政府公布的共 11 条的《惩治盗匪法》。1914 年 12 月 6 日北洋政府公布有 5 个条文的《惩治盗匪法施行法》，该法是对《惩治盗匪法》的补充。1927 年中华民国政府公布《惩治盗匪暂行条例》。1944 年中华民国通过《惩治盗匪条例》，其第 1 条规定："犯本条例之罪者，为盗匪。"第 2 条规定："有下列行为之一者，处死刑：一、聚众出没山泽，抗拒官兵者；二、强占公署、城市、乡村、铁道或军用地者；三、结合大帮强劫者；四、强劫公署或军用财物者；五、在海洋行劫者；六、强劫而故意杀人或使人受重伤者；七、强劫而放火者；八、强劫而强奸者；九、意图勒赎而掳人者；十、盗匪在拘禁中，首谋聚众以强暴、胁迫脱逃者。前项未遂犯，罚之。预备犯第一项之罪者，处五年以下有期徒刑。"第 3 条规定："有下列行为之一者，处死刑或无期徒刑：一、强劫水、陆、空公众运输之舟、车、航空器者；二、强劫而持械拒捕者；三、聚众强劫而执持枪械或爆裂物者；四、聚众持械劫夺依法逮捕、拘禁之人者；五、聚众走私、持械拒捕者；六、意图行劫而煽惑暴动，致扰乱公安者；……十、强劫因而致人于死或重伤者。前项第一款至第八款之未遂犯，罚之。预备犯第一项第一款至第八款之罪者，处三年以下有期徒刑。"这些规定明显的是将强盗罪赋予了危害政权的政治性意味，把强盗罪归为广义的"盗匪"之列。

（二）新中国刑法规定的抢劫罪

新中国成立后，相关法律或刑法草案逐渐以抢劫罪替代了强盗罪。

1950年7月25日中央人民政府法制委员会公布的《中华人民共和国刑法大纲草案》第六章"侵害国有或公共财产罪"第75条（抢劫国有公共财产）规定："抢劫公粮、仓库或者其他国有公共财产者处一年以上七年以下监禁，首要分子处三年以上十五年以下监禁，情节特别严重者处死刑或终身监禁。"第十一章"侵害私有财产罪"第141条（强盗）规定："以暴力胁迫方法，强取他人财物者，为强盗，处五年以下监禁。以强盗为常业者，或共同强盗中之主要分子，处两年以上十五年以下监禁。情节特别严重者，处死刑或终身监禁。预备犯前二项之罪者，比照各项规定减轻处罚。"第146条规定："本章各条之未遂犯，应予处罚。"1954年9月30日中央人民政府法制委员会公布的《中华人民共和国刑法指导原则草案》第三章"几类犯罪的量刑规定"第二节"破坏公共财产的犯罪"第40条（抢劫、盗窃、诈骗公共财产）规定："抢劫、盗窃、诈骗公共财产的，分别按照本指导原则第六十四条、第六十六条、第六十七条的规定从重处罚。"第六节"侵犯公民财产的犯罪"第64条（抢劫）规定："抢劫他人财物的，判处三年以下有期徒刑。持械、屡犯或者其他情节严重的，判处三年以上有期徒刑；情节特别严重的，判处无期徒刑或者死刑。"1956年11月12日全国人大常委会办公厅法律室公布的《中华人民共和国刑法草案（草稿）》第二编分则第二章"妨害公共安全罪"第115条规定："使用暴力或者以暴力相威胁进行抢劫的行为，是强盗罪，处三年以上十年以下有期徒刑；首要分子处十年以上有期徒刑。前款罪的未遂犯，应当处罚。第一款罪的预备犯，处一年以下有期徒刑、拘役或者管制。"第116条（海盗罪）规定："驾驶船只在公海上或者在中华人民共和国领海上，使用暴力或者以暴力相威胁进行抢劫的行为，是海盗罪，处五年以上有期徒刑。船员或者乘客意图进行抢劫使用暴力或者以暴力相威胁其他船员或者乘客而驾驶或者指挥船只的，以海盗论。"第 117 条规定:"犯强盗、海盗罪,有下列行为之一的,处死刑或者无期徒刑:(一)故意杀人的;(二)放火的;(三)强奸的;(四)绑架勒索的。犯强盗、海盗罪,因而致人死亡的,处死刑或者无期徒刑;致人重伤的,处无期徒刑或者十年以上有期徒刑。"第 118 条规定:"犯强盗、海盗罪,判处十年以上有期徒刑、无期徒刑或者死刑的,可以没收一部分或者全部财产。"第三章"侵犯公共财产罪"第 145 条规定:"犯偷窃、抢夺罪,为防护赃物、抗拒逮捕或者湮灭罪证而当场使用暴力或者以暴力相威胁的,按强盗罪论处。"但第八章"侵犯公民财产罪"中,无抢劫罪的规定。1957 年 6 月 27 日全国人大常委会办公厅法律室公布的《中华人民共和国刑法草案(草稿)》第二编分则第二章"危害公共安全罪"第 113 条规定:"武装盗匪,处七年以上有期徒刑或者无期徒刑。"第 114 条规定:"驾驶船只在海上意图使用暴力或者以暴力相威胁进行抢劫的,是海盗,处十年以上有期徒刑、无期徒刑或者死刑。船员或者乘客意图进行抢劫,对其他船员或者乘客使用暴力或者以暴力相威胁而驾驶或者指挥船只的,以海盗论。"第五章"侵犯财产罪"第 168 条规定:"以暴力、胁迫或者其他方法,使他人不能抗拒而抢劫公私财物的,处三年以上十年以下有期徒刑。犯前款罪,致人重伤的,处七年以上有期徒刑;致人死亡的,处死刑或者无期徒刑。"第 171 条规定:"犯偷窃、抢夺罪,为防护赃物、抗拒逮捕或者毁灭罪证而当场使用暴力或者以暴力相威胁的,依照第一百六十八条罪处罚。"1963 年 2 月 27 日全国人大常委会办公厅印的《中华人民共和国刑法草案(初稿)》第二编分则第二章"危害公共安全罪"第 110 条规定:"武装盗匪,首要分子或者其他罪恶重大的,处十年以上有期徒刑、无期徒刑或者死刑,可以并处没收财产;情节较轻的,处三年以上十年以下有期徒刑。"第五章"侵犯财产罪"第 155 条规定:"以暴力、胁迫或者其他方法,抢劫公私财物的,处三年以上十年以下有期徒刑。犯前款罪,情节严重的或者致人重伤、死亡的,处十年以上有期徒刑、无期徒刑或者死刑,可以并处没收财产。"第 160 条规定:"犯偷窃、抢夺、诈骗罪,为防护赃物、抗拒逮捕或者毁灭罪证而当场使用暴力或者以暴力相威胁的,依照第一百五十五条抢劫罪处罚。"1963 年 10 月 9 日全国人大常委会办公厅印的《中华人民共和国刑法草案(修正稿)》(第 33 稿)第二编分则第五章"侵犯财产罪"第 156 条规定:"以暴力、胁迫或者其他方法抢劫公私财物的,处三年以上十年以下有期徒刑。犯前款罪,情节严重的或者致人重伤、死亡的,处十年以上有期徒刑、无期徒刑或者死刑,可以并处没收财产。"第 161 条规定:"犯偷窃、抢夺、诈骗罪,为防护赃物、抗拒逮捕或者毁灭罪证而当场使用暴力或者以暴力相威胁的,依照第一百五十六条抢劫罪处罚。"1978 年 12 月由全国人大常委会办公厅等单位组成的刑法草案联合修订组公布的《中华人民共和国刑法草案(修订稿)》分则第四章"侵犯人身权利罪"第 145 条规定:"故意杀人的,有下列情形之一的,处死刑或者无期徒刑:(一)抢劫、盗窃杀人的;(二)强奸杀人的……"第七章"侵犯财产罪"第 174 条规定:"以暴力、胁迫或者其他方法抢劫公私财物的,处三年以上十年以下有期徒刑。犯前款罪,情节严重的或者致人重伤、死亡的,处十年以上有期徒刑、无期徒刑或者死刑,可以并处没收财产。"第 179 条规定:"犯盗窃、抢夺、诈骗罪的,为抗拒缴赃、逮捕或者毁灭罪证而当场使用暴力或者以暴力相威胁的,依照第一百七十四条抢劫罪处罚。"

在 1979 年《刑法》颁布实施前,1979 年 2 月由全国人大常委会办公厅等单位组成的刑法草案修订组公布的《中华人民共和国刑法草案(修订二稿)》分则第四章"侵犯人身权利罪"第 147 条规定:"故意杀人的,处死刑或者无期徒刑。具有下列情形之一的,从重处罚:(一)抢劫、盗窃杀人的;(二)强奸杀人的……"第七章"侵犯财产罪"第 175 条规定:"以暴力、胁迫手段抢劫公私财物的,处三年以上十年以下有期徒刑。犯前款罪,情节特别严重的或者致人重伤、死亡的,处十年以上有期徒刑、无期徒刑或者死刑,可以并处没收财产。"第 180 条规定:"犯盗窃、抢夺、诈骗罪,为抗拒缴赃、逮捕或者毁灭罪证而当场使用暴力或者以暴力相威胁的,依照第一百七十五条抢劫罪处罚。"同年 5 月 12 日全国人大法制委员会公布的《中华人民共和国刑法草案(修正第二稿)》第二编分则第五章"侵犯财产罪"第 147 条规定:"以暴力、胁迫或者其他方法抢劫公私财物的,处三年以上十年以下有期徒刑。犯前款罪,情节严重的或者致人重伤、死亡的,处十年以上有期徒刑、无期徒刑或者死刑,可以并处没收财产。"第 151 条规定:"犯偷窃、抢夺、诈骗罪,为窝藏赃物、抗拒逮捕或者毁灭罪证而当场使用暴力或者以暴力相威胁的，依照本法第一百四十七条抢劫罪处罚。"

1979年7月1日第一部《中华人民共和国刑法》（以下简称1979年《刑法》）通过，1979年《刑法》第150条则完全保留了刑法草案第33次稿相应条文的规定。❶ 该法分则的第五章"侵犯财产罪"之第150条规定："以暴力、胁迫或者其他方法抢劫公私财物的，处三年以上十年以下有期徒刑。犯前款罪，情节严重的或者致人重伤、死亡的，处十年以上有期徒刑、无期徒刑或者死刑，可以并处没收财产。"同时，该法第153条规定："犯盗窃、抢夺、诈骗罪，为窝藏赃物、抗拒逮捕或者毁灭罪证而当场使用暴力或者以暴力相威胁的，依照本法第一百五十条抢劫罪处罚。"此即为学界所称的抢劫转化犯，或者转化型抢劫。

为了统一理解和适用上述关于抢劫转化犯的规定，最高人民法院、最高人民检察院针对四川省高级人民法院和四川省人民检察院的有关请示，于1988年3月16日作出《关于如何适用刑法第一百五十三条的批复》，指出："在司法实践中，有的被告人实施盗窃、诈骗、抢夺行为，虽未达到'数额较大'，但为窝藏赃物、抗拒逮捕、毁灭罪证而当场使用暴力或者以暴力相威胁，情节严重的，可按照刑法（指1979年《刑法》）第一百五十三条的规定，依照刑法第一百五十一条（现《刑法》第269条）抢劫罪处罚；如果使用暴力相威胁的情节不严重、危害不大的，不认为是犯罪"。

1991年6月28日最高人民法院研究室针对四川省高级人民法院的请示，作出《关于盗窃未遂行为人为抗拒逮捕而当场使用暴力可否按抢劫罪处罚问题的答复》（以下简称1991年《答复》）。答复内容如下：关于盗窃未遂，行为人为抗拒逮捕而当场使用暴力可否按抢劫罪处罚的问题，我们认为，根据最高人民法院、最高人民检察院1988年3月16日《关于如何适用刑法第一百五十三条的批复》的规定，行为人实施了盗窃、诈骗、抢夺行为，虽未达到"数额较大"，但情节严重的，也可适用《刑法》第153条。因此，如果行为人"盗窃未遂"即使尚未构成盗窃罪，但为抗拒逮捕而当场使用暴力或者以暴力相威胁，情节严重的，也可按

---

❶ 高铭暄：《中华人民共和国刑法的孕育和诞生》，法律出版社1981年版，第205~206页。

照《刑法》第153条的规定，依照《刑法》第150条抢劫罪处罚；如果使用暴力或者以暴力相威胁情节不严重、危害不大的，不认为是犯罪。如果行为人盗窃未遂已构成盗窃罪，但使用暴力或者以暴力相威胁情节不严重，危害不大的，应以盗窃罪（未遂）从重处罚。行为人在盗窃过程中，为强行劫走财物，而当场使用暴力或者以暴力相威胁的，应直接依照《刑法》第150条的规定，以抢劫罪处罚；为掩盖罪行而杀人灭口的，应定故意杀人罪。

附：四川省高级人民法院关于盗窃未遂行为人为抗拒逮捕而当场使用暴力可否按抢劫罪处罚的请示，川法研〔1991〕17号。

最高人民法院：

在审判实践中，行为人盗窃作案中被人发现盗窃未遂，为抗拒逮捕而当场使用暴力或以暴力相威胁的，可否根据刑法第一百五十三条的规定，依照刑法第一百五十条以抢劫罪处罚的问题，"两高"无明确的司法解释，在审判实践中，认识分歧。我们研究认为，应区别情况，分别处理。

对盗窃未遂，情节严重，危害较大的，如潜入银行金库、博物馆等处作案，以盗窃巨额现款、金银或珍宝、文物为目标，行窃中被人发现，为抗拒逮捕而当场使用暴力或以暴力相威胁、情节后果较重的，应按刑法第一百五十三条的规定，依照刑法第一百五十条以抢劫罪处罚；如盗窃未遂，情节轻微，危害不大，而使用暴力较重，造成人身伤害、死亡的，应以故意伤害罪、故意杀人罪从重处罚；如盗窃未遂已构成犯罪，而暴力手段轻微的，应以盗窃罪（未遂）从重处罚；如盗窃未遂、暴力行为均属轻微的，则不以犯罪论处，由公安机关给予治安处罚。

对盗窃作案过程中被人发现后，为强行劫走财物，而当场使用暴力或以暴力相威胁的，应直接按照刑法第一百五十条的规定，以抢劫罪处罚。对盗窃作案过程中被人发现后，为掩盖罪行而杀人灭口的，应定故意杀人罪。

以上意见当否，请指示。

1991年3月27日

值得注意的是，1991年《答复》对盗窃未遂，但为抗拒逮捕而当场使用暴力的行为可否按抢劫罪处罚的问题，实际上作了三种可能性的区分：一是，如果行为人"盗窃未遂"，即使尚未构成盗窃罪，但为抗拒逮捕而当场使用暴力或者以暴力相威胁，情节严重的，依照《刑法》第150条抢劫罪处罚；二是，如果使用暴力或者以暴力相威胁，情节不严重、危害不大的，则不认为是犯罪；三是，如果行为人盗窃未遂已构成盗窃罪，但使用暴力或者以暴力相威胁，情节不严重，危害不大的，应以盗窃罪（未遂）从重处罚。另外，如果行为人在盗窃过程中，为强行劫走财物，而当场使用暴力或者以暴力相威胁的，应直接依照《刑法》第150条的规定，以抢劫罪处罚；为掩盖罪行而杀人灭口的，应定故意杀人罪。笔者认为，即使在今天，1991年《答复》的精神对于认定转化型抢劫案件仍然具有重要的指导意义。但遗憾的是，对于未取得财物的转化型抢劫是否也定未遂形态，这里并未作具体说明。对此，本书将在后文作进一步研讨。

经过近20年的发展，中国的社会形势特别是犯罪的实际情况发生了很大变化；中国的民主法制进程大踏步向前迈进，刑法的修改遂提上了日程。鉴于1979年《刑法》第150条第1款对抢劫罪未规定财产刑，而第2款对抢劫罪加重犯的规定过于笼统，即"情节严重"的含义不明确、范围不确定，以及司法实践中不好掌握、与公认的罪刑法定原则的明确性不相符等原因，1997年《刑法》作出了有针对性的修改，除对普通抢劫罪增加了"并处罚金"的规定外，还对抢劫罪的加重犯作了明确、具体的列举规定，以弥补1979年《刑法》的不足。

1997年3月修订的《刑法》在总则部分规定刑事责任年龄的第17条第2款规定了"已满十四周岁不满十六周岁的人，犯故意杀人、故意伤害致人重伤或者死亡、强奸、抢劫、贩卖毒品、放火、爆炸、投毒罪的，应当负刑事责任。"在分则部分第五章"侵犯财产罪"第263条规定："以暴力、胁迫或者其他方法抢劫公私财物的，处三年以上十年以下有期徒刑，并处罚金；有下列情形之一的，处十年以上有期徒刑、无期徒刑或者死刑，并处罚金或者没收财产：（一）入户抢劫的；（二）在公共交通工具上抢劫的；（三）抢劫银行或者其他金融机构的；（四）多次抢劫或者抢劫数额巨大的；（五）抢劫致人重伤、死亡的；（六）冒充军警人员抢劫的；（七）持枪抢劫的；（八）抢劫军用物资或者抢险、救灾、救济物资的。"

此外，《刑法》第267条第2款规定："携带凶器抢夺的，依照本法第二百六十三条的规定定罪处罚。"第269条规定："犯盗窃、诈骗、抢夺罪，为窝藏赃物、抗拒抓捕或者毁灭罪证而当场使用暴力或者以暴力相威胁的，依照本法第二百六十三条的规定定罪处罚。"还有，刑法第四章"侵犯公民的人身权利民主权利罪"之第289条规定："聚众'打砸抢'，致人伤残、死亡的，依照本法第二百三十四条、第二百三十二条的规定定罪处罚。毁坏或者抢走公私财物的，除判令退赔外，对首要分子，依照本法第二百六十三条的规定定罪处罚。"与抢劫罪相关的另外一个条文是《刑法》第127条第2款的规定，即"抢劫枪支、弹药、爆炸物的，或者抢劫毒害性、放射性、传染病病原体等物质，危害公共安全，或者盗窃、抢夺国家机关、军警人员、民兵的枪支、弹药、爆炸物的，处十年以上有期徒刑、无期徒刑或者死刑。"

1997年10月经修正后的《刑法》开始施行。其后，针对司法实践中出现的新情况、新问题，我国最高司法机关又对抢劫罪进行了多次司法解释或作出解释性规定。这些规范性文件主要是对1997年《刑法》规定的抢劫加重犯，以及相关犯罪的界限进行说明。其实，这些也正是本书要重点研究和阐明的问题。

首先，是2000年11月最高人民法院颁布了《关于审理抢劫案件具体应用法律若干问题的解释》（以下简称2000年《审理抢劫案件的解释》）。该解释内容如下：

第一条 刑法第二百六十三条第（一）项规定的"入户抢劫"，是指为实施抢劫行为而进入他人生活的与外界相对隔离的住所，包括封闭的院落、牧民的帐篷、渔民作为家庭生活场所的渔船、为生活租用的房屋等进行抢劫的行为。

对于入户盗窃，因被发现而当场使用暴力或者以暴力相威胁的行为，应当认定为入户抢劫。

第二条 刑法第二百六十三条第（二）项规定的"在公共交通工具上抢劫"，既包括在从事旅客运输的各种公共汽车、大、中型出租车，火车、船只等正在运营中的机动公共交通工具对旅客、司售、乘务人员实施的抢劫，也包括对运行途中的机动公共交通工具加以拦截后，对公共交通工具上的人员实施的抢劫。

第三条 刑法第二百六十三条第（三）项规定的"抢劫银行或者其他金融机构"，是指抢劫银行或者其他金融机构的经营资金、有价证券和客户的资金等。

抢劫正在使用中的银行或者其他金融机构的运钞车的，视为"抢劫银行或者其他金融机构"。

第四条 刑法第二百六十三条第（四）项规定的"抢劫数额巨大"的认定标准，参照各地确定的盗窃罪数额巨大的认定标准执行。

第五条 刑法第二百六十三条第（七）项规定的"持枪抢劫"，是指行为人使用枪支或者向被害人显示持有、佩带的枪支进行抢劫的行为。"枪支"的概念和范围，适用《中华人民共和国枪支管理法》的规定。

第六条 刑法第二百六十七条第二款规定的"携带凶器抢夺"，是指行为人随身携带枪支、爆炸物、管制刀具等国家禁止个人携带的器械进行抢夺或者为了实施犯罪而携带其他器械进行抢夺的行为。

其次，为了统一认识抢劫出租车是否属于"在公共交通工具上抢劫"的问题，《最高人民法院刑二庭审判长会议关于在小型出租车上抢劫能否认定为"在公共交通工具上抢劫"的问题的研究意见》进一步明确：实践中发生在小型出租汽车上的抢劫犯罪案件，大多是犯罪分子以乘租为名，骗司机将出租车开到偏僻无人的地方后，针对司机行抢，或者同时抢劫司机驾驶的出租汽车。这种抢劫犯罪不是针对众多乘客实施的，因此，不同于威胁众多乘客人身、财产安全的"在公共交通工具上抢劫"犯罪案件，故不能根据《刑法》第263条第（2）项规定，认定为"在公共交通工具上抢劫"。此后，2001年5月23日，针对上海市高级人民法院的请示，最高人民法院作出《关于抢劫过程中故意杀人案件如何定罪问题的批复》（以下简称2001年《抢劫过程中故意杀人案件的批复》），答复如下：行为人为劫取财物而预谋故意杀人，或者在劫取财物过程中，为制服被害人反抗而故意杀人的，以抢劫罪定罪处罚。行为人实施抢劫后，为灭口而故意杀人的，以抢劫罪和故意杀人罪定罪，实行数罪并罚。

此后，2005年6月8日最高人民法院又颁布了《关于审理抢劫、抢夺刑事案件适用法律若干问题的意见》（以下简称2005年《审理抢劫、

抢夺案件的意见》),对审理抢劫、抢夺犯罪案件中较为突出的几个法律适用问题,提出如下规范性意见:

一、关于"入户抢劫"的认定

根据2000年《审理抢劫案件的解释》第一条规定,认定"入户抢劫"时,应当注意以下三个问题:一是"户"的范围。"户"在这里是指住所,其特征表现为供他人家庭生活和与外界相对隔离两个方面,前者为功能特征,后者为场所特征。一般情况下,集体宿舍、旅店宾馆、临时搭建工棚等不应认定为"户",但在特定情况下,如果确实具有上述两个特征的,也可以认定为"户"。二是"入户"目的的非法性。进入他人住所须以实施抢劫等犯罪为目的。抢劫行为虽然发生在户内,但行为人不以实施抢劫等犯罪为目的进入他人住所,而是在户内临时起意实施抢劫的,不属于"入户抢劫"。三是暴力或者暴力胁迫行为必须发生在户内。入户实施盗窃被发现,行为人为窝藏赃物、抗拒抓捕或者毁灭罪证而当场使用暴力或者以暴力相威胁的,如果暴力或者暴力胁迫行为发生在户内,可以认定为"入户抢劫";如果发生在户外,不能认定为"入户抢劫"。

二、关于"在公共交通工具上抢劫"的认定

公共交通工具承载的旅客具有不特定多数人的特点。根据《抢劫解释》第二条规定,"在公共交通工具上抢劫"主要是指在从事旅客运输的各种公共汽车、大、中型出租车、火车、船只、飞机等正在运营中的机动公共交通工具上对旅客、司售、乘务人员实施的抢劫。在未运营中的大、中型公共交通工具上针对司售、乘务人员抢劫的,或者在小型出租车上抢劫的,不属于"在公共交通工具上抢劫"。

三、关于"多次抢劫"的认定

刑法第二百六十三条第(四)项中的"多次抢劫"是指抢劫三次以上。

对于"多次"的认定,应以行为人实施的每一次抢劫行为均已构成犯罪为前提,综合考虑犯罪故意的产生、犯罪行为实施的时间、地点等因素,客观分析、认定。对于行为人基于一个犯意实施犯罪的,如在同一地点同时对在场的多人实施抢劫的;或基于同一犯意在同一地点实施连续抢劫犯罪的,如在同一地点连续地对途经此地的多人进行抢劫的;

或在一次犯罪中对一栋居民楼房中的几户居民连续实施入户抢劫的，一般应认定为一次犯罪。

四、关于"携带凶器抢夺"的认定

《审理抢劫案件的解释》第六条规定，"携带凶器抢夺"，是指行为人随身携带枪支、爆炸物、管制刀具等国家禁止个人携带的器械进行抢夺或者为了实施犯罪而携带其他器械进行抢夺的行为。行为人随身携带国家禁止个人携带的器械以外的其他器械抢夺，但有证据证明该器械确实不是为了实施犯罪准备的，不以抢劫罪定罪；行为人将随身携带凶器有意加以显示、能为被害人察觉到的，直接适用刑法第二百六十三条的规定定罪处罚；行为人携带凶器抢夺后，在逃跑过程中为窝藏赃物、抗拒抓捕或者毁灭罪证而当场使用暴力或者以暴力相威胁的，适用刑法第二百六十七条第二款的规定定罪处罚。

五、关于转化抢劫的认定

行为人实施盗窃、诈骗、抢夺行为，未达到"数额较大"，为窝藏赃物、抗拒抓捕或者毁灭罪证当场使用暴力或者以暴力相威胁，情节较轻、危害不大的，一般不以犯罪论处；但具有下列情节之一的，可依照刑法第二百六十九条的规定，以抢劫罪定罪处罚；

（1）盗窃、诈骗、抢夺接近"数额较大"标准的；

（2）入户或在公共交通工具上盗窃、诈骗、抢夺后在户外或交通工具外实施上述行为的；

（3）使用暴力致人轻微伤以上后果的；

（4）使用凶器或以凶器相威胁的；

（5）具有其他严重情节的。

六、关于抢劫犯罪数额的计算

抢劫信用卡后使用、消费的，其实际使用、消费的数额为抢劫数额；抢劫信用卡后未实际使用、消费的，不计数额，根据情节轻重量刑。所抢信用卡数额巨大，但未实际使用、消费或者实际使用、消费的数额未达到巨大标准的，不适用"抢劫数额巨大"的法定刑。

为抢劫其他财物，劫取机动车辆当作犯罪工具或者逃跑工具使用的，被劫取机动车辆的价值计入抢劫数额；为实施抢劫以外的其他犯罪劫取机动车辆的，以抢劫罪和实施的其他犯罪实行数罪并罚。

抢劫存折、机动车辆的数额计算，参照执行《关于审理盗窃案件具体应用法律若干问题的解释》的相关规定。

七、关于抢劫特定财物行为的定性

以毒品、假币、淫秽物品等违禁品为对象，实施抢劫的，以抢劫罪定罪；抢劫的违禁品数量作为量刑情节予以考虑。抢劫违禁品后又以违禁品实施其他犯罪的，应以抢劫罪与具体实施的其他犯罪实行数罪并罚。

抢劫赌资、犯罪所得的赃款赃物的，以抢劫罪定罪，但行为人仅以其所输赌资或所赢赌债为抢劫对象，一般不以抢劫罪定罪处罚。构成其他犯罪的，依照刑法的相关规定处罚。

为个人使用，以暴力、胁迫等手段取得家庭成员或近亲属财产的，一般不以抢劫罪定罪处罚，构成其他犯罪的，依照刑法的相关规定处理；教唆或者伙同他人采取暴力、胁迫等手段劫取家庭成员或近亲属财产的，可以抢劫罪定罪处罚。

八、关于抢劫罪数的认定

行为人实施伤害、强奸等犯罪行为，在被害人未失去知觉，利用被害人不能反抗、不敢反抗的处境，临时起意劫取他人财物的，应以此前所实施的具体犯罪与抢劫罪实行数罪并罚；在被害人失去知觉或者没有发觉的情形下，以及实施故意杀人犯罪行为之后，临时起意拿走他人财物的，应以此前所实施的具体犯罪与盗窃罪实行数罪并罚。

九、关于抢劫罪与相似犯罪的界限

1. 冒充正在执行公务的人民警察、联防人员，以抓卖淫嫖娼、赌博等违法行为为名非法占有财物的行为定性

行为人冒充正在执行公务的人民警察"抓赌""抓嫖"，没收赌资或者罚款的行为，构成犯罪的，以招摇撞骗罪从重处罚；在实施上述行为中使用暴力或者暴力威胁的，以抢劫罪定罪处罚。行为人冒充治安联防队员"抓赌""抓嫖"、没收赌资或者罚款的行为，构成犯罪的，以敲诈勒索罪定罪处罚；在实施上述行为中使用暴力或者暴力威胁的，以抢劫罪定罪处罚。

2. 以暴力、胁迫手段索取超出正常交易价钱、费用的钱财的行为定性

从事正常商品买卖、交易或者劳动服务的人，以暴力、胁迫手段迫使他人交出与合理价钱、费用相差不大钱物，情节严重的，以强迫交易

罪定罪处罚；以非法占有为目的，以买卖、交易、服务为幌子采用暴力、胁迫手段迫使他人交出与合理价钱、费用相差悬殊的钱物的，以抢劫罪定罪处刑。在具体认定时，既要考虑超出合理价钱、费用的绝对数额，还要考虑超出合理价钱、费用的比例，加以综合判断。

3. 抢劫罪与绑架罪的界限

绑架罪是侵害他人人身自由权利的犯罪，其与抢劫罪的区别在于：第一，主观方面不尽相同。抢劫罪中，行为人一般出于非法占有他人财物的故意实施抢劫行为，绑架罪中，行为人既可能为勒索他人财物而实施绑架行为，也可能出于其他非经济目的实施绑架行为；第二，行为手段不尽相同。抢劫罪表现为行为人劫取财物一般应在同一时间、同一地点，具有"当场性"；绑架罪表现为行为人以杀害、伤害等方式向被绑架人的亲属或其他人或单位发出威胁，索取赎金或提出其他非法要求，劫取财物一般不具有"当场性"。

绑架过程中又当场劫取被害人随身携带财物的，同时触犯绑架罪和抢劫罪两罪名，应择一重罪定罪处罚。

4. 抢劫罪与寻衅滋事罪的界限

寻衅滋事罪是严重扰乱社会秩序的犯罪，行为人实施寻衅滋事的行为时，客观上也可能表现为强拿硬要公私财物的特征。这种强拿硬要的行为与抢劫罪的区别在于：前者行为人主观上还具有逞强好胜和通过强拿硬要来填补其精神空虚等目的，后者行为人一般只具有非法占有他人财物的目的；前者行为人客观上一般不以严重侵犯他人人身权利的方法强拿硬要财物，而后者行为人则以暴力、胁迫等方式作为劫取他人财物的手段。司法实践中，对于未成年人使用或威胁使用轻微暴力强抢少量财物的行为，一般不宜以抢劫罪定罪处罚。其行为符合寻衅滋事罪特征的，可以寻衅滋事罪定罪处罚。

5. 抢劫罪与故意伤害罪的界限

行为人为索取债务，使用暴力、暴力威胁等手段的，一般不以抢劫罪定罪处罚。构成故意伤害等其他犯罪的，依照刑法第二百三十四条等规定处罚。

十、抢劫罪的既遂、未遂的认定

抢劫罪侵犯的是复杂客体，既侵犯财产权利又侵犯人身权利，具备劫取财物或者造成他人轻伤以上后果两者之一的,均属抢劫既遂;既未劫取财物,又未造成他人人身伤害后果的,属抢劫未遂。据此,刑法第二百六十三条规定的八种处罚情节中除"抢劫致人重伤、死亡的"这一结果加重情节之外,其余七种处罚情节同样存在既遂、未遂问题,其中属抢劫未遂的,应当根据刑法关于加重情节的法定刑规定,结合未遂犯的处理原则量刑。

十一、驾驶机动车、非机动车夺取他人财物行为的定性

对于驾驶机动车、非机动车(以下简称"驾驶车辆")夺取他人财物的,一般以抢夺罪从重处罚。但具有下列情形之一,应当以抢劫罪定罪处罚:

(1)驾驶车辆,逼挤、撞击或强行逼倒他人以排除他人反抗,乘机夺取财物的;

(2)驾驶车辆强抢财物时,因被害人不放手而采取强拉硬拽方法劫取财物的;

(3)行为人明知其驾驶车辆强行夺取他人财物的手段会造成他人伤亡的后果,仍然强行夺取并放任造成财物持有人轻伤以上后果的。

另外,《刑法》第269条规定了"转化型抢劫"(外国刑法中的事后抢劫)。在转化型抢劫罪中,由于14～16周岁的人对其实施盗窃、诈骗、抢夺等行为本不负刑事责任,所以,一旦遇到该年龄段的行为人实施盗窃、诈骗、抢夺犯罪时,是否适用《刑法》第269条"转化抢劫"会有争议。对此,针对四川省人民检察院的请示,2003年4月18日最高人民检察院法律政策研究室作出《关于相对刑事责任年龄的人承担刑事责任范围有关问题的答复》,即[2003]高检研发第13号文件,具体内容如下。

四川省人民检察院研究室:

你院关于相对刑事责任年龄的人承担刑事责任范围问题的请示(川检发办[2002]47号)收悉。经研究,答复如下:

一、相对刑事责任年龄的人实施了刑法第十七条第二款规定的行为,应当追究刑事责任的,其罪名应当根据所触犯的刑法分则具体条文认定。对于绑架后杀害被绑架人的,其罪名应认定为绑架罪。

二、相对刑事责任年龄的人实施了刑法第二百六十九条规定的行为的,应当依照刑法第二百六十三条的规定,以抢劫罪追究刑事责任。但对情节显著轻微,危害不大的,可根据刑法第十三条的规定,不予追究

刑事责任。

此复。

上述［2003］高检研发第13号文件明确了"相对刑事责任年龄的人实施了刑法第二百六十九条规定的行为的，应当依照刑法第二百六十三条的规定，以抢劫罪追究刑事责任。"而该答复内容与下面最高人民法院通过的司法解释的规定是何关系值得研究。

2005年12月12日最高人民法院通过《关于审理未成年人刑事案件具体应用法律若干问题的解释》，该解释自2006年1月23日起施行。其中，下面几个条文与未成年人主体涉嫌犯抢劫罪时如何适用法律的关系最为密切：

第五条 已满十四周岁不满十六周岁的人实施刑法第十七条第二款规定以外的行为，如果同时触犯了刑法第十七条第二款规定的，应当依照刑法第十七条第二款的规定确定罪名，定罪处罚。

第八条 已满十六周岁不满十八周岁的人出于以大欺小、以强凌弱或者寻求精神刺激，随意殴打其他未成年人、多次对其他未成年人强拿硬要或者任意损毁公私财物，扰乱学校及其他公共场所秩序，情节严重的，以寻衅滋事罪定罪处罚。

第十条 已满十四周岁不满十六周岁的人盗窃、诈骗、抢夺他人财物，为窝藏赃物、抗拒抓捕或者毁灭罪证，当场使用暴力，故意伤害致人重伤或者死亡，或者故意杀人的，应当分别以故意伤害罪或者故意杀人罪定罪处罚。

已满十六周岁不满十八周岁的人犯盗窃、诈骗、抢夺罪，为窝藏赃物、抗拒抓捕或者毁灭罪证而当场使用暴力或者以暴力相威胁的，应当依照刑法第二百六十九条的规定定罪处罚；情节轻微的，可不以抢劫罪定罪处罚。

至此，我国刑法从法典到司法解释和解释性文件，就抢劫罪的定罪量刑形成了比较全面的适用法律的规范体系。它们不仅是司法机关处理抢劫案件的依据，也是刑法理论研究的重要素材。正是它们与刑法理论的互动，不断促进刑法关于抢劫罪的立法完善，并推进司法的发展、进步。

二、域外刑法中的抢劫罪

(一) 域外刑法规定抢劫罪的概况

从域外法的历史来看（基于翻译的法律资料），也有将抢劫称为强盗的，如《日本刑法典》《日本改正刑法草案》《韩国刑法典》《印度刑法典》《奥地利刑法》《俄罗斯联邦刑法典》《美国模范刑法典》《加拿大刑法典》等。我国台湾地区的相关规定亦如此。称之为抢劫罪的，如《意大利刑法》《西班牙刑法典》《瑞士联邦刑法典》《罗马尼亚刑法典》《巴西刑法典》《泰国刑法典》《新加坡刑法典》《蒙古刑法典》等，我国香港的《盗窃罪条例》和澳门的《刑法典》亦如此。有时，不同的译本有不同的称谓。如我国目前有数个不同版本的联邦德国1976年刑法典，而对其分则编第二十章中的"抢劫罪"的名称，就有不同的译名：我国台湾"司法行政部"1980年印《各国刑法汇编（上册）》，将其译为"强盗罪"；徐久生译、中国政法大学出版社1991年版的《德意志联邦共和国刑法典》，译为"抢劫罪"；储槐植主编、北京大学出版社1994年版的《德国惩治经济犯罪和职务犯罪法律选编》一书中，译为"抢劫罪"；萧榕主编、中国民主法制出版社1998年版的《世界著名法典选编·刑法卷》中，将其译为"强盗罪"；冯军翻译、中国政法大学出版社2000年版的《德意志联邦共和国刑法典》，译为"抢劫罪"。此外，徐久生等译、中国法制出版社2000年版的1998年11月13日颁布的《德国刑法典》，也是将其译为"抢劫罪"。

再看各国刑法对抢劫罪的具体规定。

大陆法系国家较早地将盗窃与抢劫犯罪加以区别。正如黑格尔所指出的："强盗和窃盗的区别是属于质的区别，在前一种情形，我是作为现在的意识，从而作为这个主体的无限性而遭到侵害，而且我的人身遭受了暴力的袭击。"❶ 较早的1810年《法国刑法典》第3卷第2编"危害人

---

❶ [德]黑格尔著，范扬、张企泰译：《法哲学原理》，商务印书馆1982年版，第99页。

身之重罪与轻罪"第381条规定:"窃盗具备下列五种情况者,处死刑:一、夜间窃盗者;二、二人以上窃盗者;三、全体窃盗犯或其中一人携有显明或暗藏的武器者;四、借破坏外部,攀越或用伪钥的帮助,在有人居住或供居住的住宅、房舍、房室、宿舍或其附属建筑物内窃盗者,或诡称高级官吏或文武官员,或穿着这些官吏的制服或服装,或许上称奉有文武官署的命令而窃盗者;五、以暴行或恐吓使用武器而窃盗者。"第382条规定:"以暴行且以前条前四种情况中的两种实施窃盗者,处有期重惩役。实施窃盗时所为的暴行如遗有创伤或殴伤的痕迹时,此种情况即足据以宣告无期重惩役的刑罚。"第383条规定:"在公共道路上窃盗者,亦处无期重惩役。"第440条规定:"聚集匪众且以公然的暴行掠夺或毁损商品、票据或动产者,处有期轻惩役;第一犯人并处200法郎至5 000法郎罚金。"1872年施行的《德国刑法典》第二章"罪及刑"第二十节,专节规定了强盗罪。其第249条规定:"以加暴行或现加危难于身体生命为强迫。就属于他人之动产,以不法所有之意为强取者,为强盗罪,处惩役。有可减轻之情状时,处6月以上之禁锢。"第250条和第251条分别规定了处5年以上惩役和处10年以上惩役的加重犯。1907年的《日本刑法》第二编第36章"窃盗及强盗之罪"第236条规定:"以暴行或胁迫,强取他人之财物者,为强盗之罪,处以5年以上之有期惩役。以前项之方法,得财产上不法之利益,或使得之者,亦同。"第237条规定:"以强盗之目的,为其预备者,处以2年以下之惩役。"

再来看英美法系国家。英国早在1837年的法律中就规定:暴力行为、叛国、杀人、强奸、兽奸、鸡奸、破门入盗、纵火杀人这七种犯罪应判处死刑。1916年颁布的《英国窃盗法》对一切有关财产的罪行,如盗窃、撬锁盗窃、抢劫、诈骗、讹诈、非法侵占等,都规定了极其严厉的刑罚。英美法系国家的刑法认为,抢劫罪是强行盗窃行为,虽然独立于盗窃罪,但与盗窃罪存在一定的关联,一般是将抢劫罪放到盗窃罪法中;构成抢劫罪不仅要求具备盗窃罪的全部要件,还要具备"强行"的要件。"所谓强行,包含以下两个因素:必须是从被害人身上或者当着被害人的面把财产拿走;必须是借助暴力或者恫吓把财产拿走"。[1] 如1968年《英国盗

---

[1] 储槐植:《美国刑法》,北京大学出版社1996年版,第239页。

窃罪法》第8条规定:"一个人如果盗取了他人的财产,并在盗取即将开始之前或在实施盗取的当时,为达到盗取目的而对任何其他人使用暴力,使他人处于或试图使他人处于对此种暴力的恐惧之中,那么这个人就犯了抢劫罪:(a)盗窃并以强行取得为目的,或使用暴力,或以使用暴力相威胁,阻止某人对其盗劫的抵抗;(b)从任何人那里盗窃,并且在盗窃时或者在盗窃前后伤害攻击,或用任何人身攻击强迫那些人;(c)带有从某人处盗窃的目的攻击该人;(d)用犯罪武器或模型恐吓人们而偷窃。"我国香港《盗窃罪条例》第10条规定:"任何人如偷窃,而在紧接偷窃之前或在偷窃时,为偷窃而向任何人使用武力,或使或试图使任何人害怕会在当时受到武力对付,即属于犯抢劫罪。"

1910年《美国联邦刑法典》第463条(强盗)规定:"任何人用暴力或使他人恐惧,而从他人身上或当他人之面不法夺取任何有价值的物件者,处15年以下徒刑。"第481条(海盗:处罚)规定:"任何人在公海上犯国际公法上的海盗罪,而以后解送到美国或在美国发现者,处无期徒刑。"该法还用了更多条文规定海盗犯罪。

从各国或地区刑法对抢劫罪的规定来看,无论是大陆法系还是英美法系,对于抢劫罪本质的理解基本上是一致的,即认为抢劫罪不是用和平的手段、而是采用武力强取他人财产的行为。关于抢劫罪的概念,各国刑法均认为抢劫罪的本质是强行取得他人财物的行为。其中,大陆法系国家刑法强调,必须采用暴力或胁迫方法强取。如《德国刑法典》第249条规定:"意图不法占有他人财物,以暴力或危害身体或生命相胁迫抢劫他人不动产的,处1年以上自由刑。"《日本刑法典》第236条规定:"以暴行或胁迫强取他人之财物者,为强盗罪,处5年以上之有期惩役。以前项之方法得财产上不法利益或使他人得之者,亦同。"《俄罗斯联邦刑法典》第162条规定:"强盗,即以夺取他人财产为目的,使用危及生命或健康的暴力,或以使用此种暴力相威胁而进行的侵袭行为。"我国台湾地区"刑法"第328条规定:"意图为自己或第三人不法之所有,以暴力、胁迫、药剂、催眠或他法,致使不能抗拒而取他人之物或使其交付者,为强盗罪";我国现行刑法也认为,抢劫罪是以暴力、胁迫或其他方法抢劫公私财物的行为。

下面对国外诸多国家的刑法对于抢劫罪的规定作一概览。❶

1. 从具体立法规定看，《德国刑法典》和《日本刑法典》无疑较有代表性

(1)《德国刑法典》第二十章规定"抢劫和敲诈勒索"，其具体规定如下：

第249条　（抢劫）

1. 意图使自己或第三人不法占有他人财物，用暴力或以身体或生命受到现实危险相威胁抢劫他人动产的，处1年以上自由刑。

2. 情节较轻的，处6个月以上5年以下自由刑。

第250条　（严重的抢劫）

1. 有下列行为之一的，处3年以上自由刑：

(1) 行为人或参与人在实施抢劫时，

a. 携带武器或其他危险工具的，

b. 携带其他器械或工具，用暴力或以暴力相威胁阻止或制服被害人的反抗的，

c. 抢劫行为有致被害人的健康遭受严重损害的，或

(2) 行为人作为为继续实施抢劫或盗窃而成立的犯罪团伙，与团伙成员结伙抢劫的。

2. 行为人或参与人具备下列情形之一的，处5年以上自由刑：

(1) 在行为时使用武器或其他危险器械的，

(2) 在第1款第2项情形下携带武器的，或

(3) 行为导致他人

a. 身体被严重残酷对待的或

b. 有死亡危险的

3. 在第1款和第2款情形下，如情节较轻的，处1年以上10年以下自由刑。

第251条　（抢劫致死）

行为人通过抢劫（第249条和第250条）至少过失致他人死亡的，处终身自由刑或10年以上自由刑。

---

❶ 在此对各国刑法典的译者表示诚挚的谢意。

第 252 条　（窃后抢劫）

盗窃时当场被人发现，为占有所窃之物，对他人实施暴力或以身体、生命受到现实危险相威胁的，以抢劫罪论处。

第 255 条　（抢劫性勒索）

以对他人人身实施暴力或立即危害其身体或生命为胁迫，进行勒索的，以抢劫罪论处。❶

（2）《日本刑法典》第三十六章规定"盗窃和强盗罪"。具体规定是：

（强盗）

第 236 条　以暴行或者胁迫方法强取他人的财物的，是强盗罪，处 5 年以上有期惩役。

以前项方法，取得财产上的不法利益，或者使他人取得的，与前项同。

（强盗预备）

第 237 条　以犯强盗罪为目的进行预备的，处 2 年以下惩役。

（事后强盗）

第 238 条　盗窃犯在窃取财物后为防止财物的返还，或者为逃避逮捕或者隐灭罪迹，而实施暴力或者胁迫的，以强盗论。

（昏醉强盗）

第 239 条　使他人昏醉而盗取其财物的，以强盗论。

（强盗致死伤）

第 240 条　强盗致人负伤的，处无期或者 6 年以上惩役；致人死亡的，处死刑或者无期惩役。

（强盗强奸和强盗强奸致死）

第 241 条　强盗犯强奸女子的，处无期或者 7 年以上惩役；因而致女子死亡的，处死刑或者无期惩役。

（未遂犯）

第 243 条　第 235 条至第 236 条和第 238 条至第 241 条犯罪的未遂，

---

❶ 徐久生、庄敬华译：《德国刑法典》（2002 年修订），中国方正出版社 2004 年版。

应当处罚。❶

2. 关于其他国家刑法对抢劫罪的规定，根据地域分布加以介绍
（1）欧洲国家的规定。

①法国和荷兰刑法。

法国刑法典没有直接规定抢劫罪，但在盗窃罪和勒索罪中规定了使用暴力侵犯人身和财产权益的行为。❷ 荷兰刑法典也无抢劫罪的直接规定，但在其第二十二章规定盗窃罪和侵夺财产罪。❸

②瑞典刑法。

第八章 盗窃、抢劫和其他偷盗罪

第5条 以暴力或威胁窃取他人财物，该威胁包含迫近的危险或者被威胁者认为包含迫近的危险，或者在盗窃后或者盗窃时被抓住，以该暴力或威胁抵抗试图重获被盗财物之人的，以抢劫罪处1年以上6年以下监禁。以该暴力或威胁强迫他人为或不为某行为，致使被告人获利而被强迫的人或其代表的人遭受损失的，同样适用本规定。致使他人陷入无助或类似无能力的状态的，应当认为与暴力相当。

考虑到暴力、威胁或其他情况，前款规定的行为性质不太严重的，不以抢劫罪论处而以行为触犯的其他罪名处罚。（1975年1395号法）

第6条 犯第5条之罪严重的，以重抢劫罪处4年以上10年以下监禁。

判断犯罪是否严重，应当特别考虑暴力是否危及生命，或者行为是否导致严重身体伤害或严重疾病，或使用其他非常野蛮的手段，或残忍地利用被害人无防御或者无遮蔽之状况。

第12条 盗窃罪、重盗窃罪、抢劫罪、重抢劫罪、盗窃交通工具罪或非法转移电能罪的未遂、预备、阴谋或没有揭露抢劫罪、重抢劫罪的，依照第二十三章（未遂、预备、阴谋和共犯）的规定处罚。盗窃交通工

---

❶ 张明楷译：《日本刑法典》，法律出版社1998年版。
❷ 罗结珍译，高铭暄审校：《法国刑法典》，中国人民公安大学出版社1995年版。
❸ 严九红、谢望原译：《荷兰刑法典》，北京大学出版社2008年版。

具罪的既遂可能被认为轻微的，不处罚其未遂。❶

③挪威刑法。

第二十五章　敲诈和抢劫

第267条　为使自己或者他人获取非法利益，对他人使用暴力或者致使其丧失自卫能力，或者实施威胁造成他人对人身暴力的严重恐惧，占有全部或者部分属于他人的物品的，是抢劫罪。

为使自己或者他人获取非法利益，采取前款规定的手段强迫他人为一定行为，致使其遭受损失或者有遭受损失危险的，也是抢劫罪。

帮助或者教唆的，亦同。

第268条　犯抢劫罪的，处5年以下监禁。

严重的抢劫罪，处12年以下监禁。判断抢劫罪是否严重，主要考虑抢劫是否实施了严重的暴力、是否使用武器或者制造了特别危险的器具、抢劫是否经过精心准备、是否对丧失自卫能力的人实施，以及抢劫数额是否巨大。

实施严重的抢劫罪，造成死亡或者使身体健康遭受严重损害的，处21年以下监禁。

第269条　实施下列行为的，处3年以下监禁：

1. 纠集他人实施抢劫；

2. 为了实施抢劫装备船舰。帮助的，亦同。❷

④芬兰刑法。

第31章　抢劫和敲诈

第1条　抢劫（1990年769号）

1. 凡

（1）通过使用暴力或以暴力相威胁，占用或擅自使用为他人所有的动产，或

---

❶ 陈琴译，谢望原审校：《瑞典刑法典》，北京大学出版社2005年版。

❷ 马松建译，赵秉志审校：《挪威一般公民刑法典》，北京大学出版社2005年版。

(2) 通过使用暴力或以暴力相威胁，迫使他人放弃经济利益，而该经济利益不为犯罪人或犯罪人的行为代表人合法享有，

以抢劫罪论处，处以4个月以上6年以下的监禁。

2. 未遂行为是可罚的。

3. 第1款第1项中涉及的在实施占用或者擅自使用他人动产的行为中被捉捕的行为人，通过使用暴力或以暴力相威胁，实施或企图实施犯罪，或者占有或企图占有通过犯罪取得财产的，以抢劫罪或抢劫罪的未遂犯论处。

4. 合理地考虑到暴力、威胁或与行为相关的其他情节，如果综合评定该行为并不严重，则犯罪人不应判处抢劫罪，但可以其他犯罪论处。

第2条 加重抢劫（1990年769号）

1. 如果在抢劫中

(1) 故意使他人遭受严重的身体伤害、严重的疾病或造成他人的生命危险的，

(2) 犯罪行为特别残忍或残酷，

(3) 使用枪炮、锋利的武器或者其他类似的知名的工具，或者

(4) 犯罪针对因其职业或职位所涉及工作或任务而不能保护其本人或财产的人，

且综合评定该抢劫行为也是严重的，以加重抢劫罪论处，处以2年以上10年以下的监禁。

2. 未遂行为是可罚的。❶

⑤丹麦刑法。

第28章 财产犯罪

第286条

第一款 以为自己或者为他人非法获得占有为目的，以暴力或者即刻适用暴力相威胁，实施下列行为之一的，构成抢劫罪，应当处以不超过6年之监禁：

1) 从他人处抢走或者夺走属于他人之有的有形物品；或者

---

❶ 肖怡译，卢建平审校：《芬兰刑法典》，北京大学出版社2005年版。

2）抢走被盗物品；或者

3）强迫他人作出涉及该人或者任何受其影响之其他人财产损失之作为或不作为。

第二款　在特别危险情况下实施抢劫，或者具有其他特别加重处罚情节的，可以从重处以不超过10年之监禁。❶

⑥冰岛刑法。

第二十六章　财产犯罪

第252条　任何人以实施人身暴力、即刻实施这种暴力的威胁为手段，夺取或者强迫他人交出资金或者其他财产、藏匿其正在盗窃的物品、强迫他人实施或者容忍对其或者第三人造成经济损失的行为的，处6个月以上10年以下的监禁。如果抢劫行为伴随发生极大的危害结果的，可以判处不超过16年的监禁。❷

⑦斯洛伐克刑法。

第四编　侵犯财产罪

第212条　夺取罪

1. 以夺取方式占有他人的财物，并且因此对他人造成数额较小的损失的，处2年以下监禁。

2. 以夺取方式占有他人的财物，并且具有下列情形之一的，处以与第1款规定相同刑罚：

（1）以破门入室的方式实施犯罪的；

（2）在犯罪之后当场使用暴力或者即刻使用暴力的威胁手段意图维护所夺取的财物的；

（3）针对他人贴身或者随身携带的财物实施的；

（4）针对储备农地的收割物、储备林地的木材或者高密度饲养池塘的鱼类实施的；

（5）针对依据专门条例征收的物品实施的；或者

---

❶ 谢望原译：《丹麦刑法典与丹麦刑事执行法》，北京大学出版社2005年版。
❷ 陈志军译：《冰岛刑法典》，中国人民公安大学出版社2009年版。

（6）在过去24个月内曾经因为本罪被执行刑罚的。

3. 如果实施第1款或者第2款所指的犯罪具有下列情形之一的，处3年以上10年以下监禁：

（1）因为其实施造成数额巨大的损失的；

（2）以更严重的方式实施的；

（3）在礼拜场所、公众尊敬的场所或者举行公共集会、公共典礼的场所实施的；

（4）针对依据专门的法律予以保护的财物实施的；或者

（5）组织实施这些行为的。

4. 如果实施第1款或者第2款所指的犯罪具有下列情形之一的，处10年以上15年以下监禁：

（1）因为其实施造成数额特别巨大的损失的；

（2）作为危险集团的成员实施的；或者

（3）在危险状态下实施的。❶

⑧捷克刑法。

第五编　侵犯财产罪

第205条　夺取罪

1. 以夺取方式占有他人的财物，并且具有下列情形之一的，处2年以下监禁、剥夺资格或者没收财物或者其他物品：

（1）对他人财物造成数额较小的损失；

（2）入室夺取；

（3）在犯罪之后当场使用暴力或者即刻使用暴力的威胁手段维护所夺取的财物；

（4）针对他人贴身或者随身携带的财物实施；或者

（5）针对用于指挥或者实施人员疏散撤离的场所实施犯罪的。

2. 夺取他人的财物并且在过去3年内曾因本条第1款所指的行为被判决有罪或者执行刑罚的，处6个月以上3年以下监禁。

3. 如果本条第1款或者第2款所指的行为造成较大的损失的，处1

---

❶ 陈志军译：《斯洛伐克刑法典》，中国人民公安大学出版社2011年版。

年以上5年以下监禁或者罚金。

4. 如果具有下列情形之一的,处2年以上8年以下监禁:

(1) 作为有组织犯罪集团的成员实施本条例第1款或者第2款所指的行为的;

(2) 在国家紧急状态、战争状态、发生自然灾害或者对人的生命、健康、公共秩序、财产构成严重威胁的其他事件时实施本罪的;

(3) 行为造成巨大的损失的。

5. 如果具有下列情形之一的,处5年以上10年以下监禁:

(1) 本条第1款或者第2款所指的行为造成特别巨大的损失的;

(2) 意图为叛国罪(第309条)、恐怖主义袭击罪(第311条)或者恐怖主义杀人罪(第312条)的实施创造条件或者提供便利而实施本罪的。

6. 本罪的未遂,亦罚之。❶

⑨匈牙利刑法。

第十八章 侵犯财产罪

抢劫罪

第321条

1. 任何人出于非法占有的目的,对他人使用暴力或者危害生命、身体的直接威胁或者使他人陷入无意识状态或者无力反抗状态,从而夺走他人财物的,构成重罪,处2年至8年监禁。

2. 如果实施盗窃行为的人在实施犯罪行为时被他人发现,为了占有所盗窃的物品而针对他人使用暴力或者危害生命、身体的直接威胁,也应当以抢劫罪论处。

3. 如果抢劫行为的实施具有下列情形之一的,处5~10年监禁:

(1) 以持械的方式实施的;

(2) 抢劫财物数额较大的;

(3) 作为犯罪共谋的一部分或者以集团犯罪的方式实施的;

(4) 针对正在以官方身份行事的公务员或者外国公务员实施,或者针对正在从事公务的执行公务的人员实施的。

---

❶ 陈志军译:《捷克刑法典》,中国人民公安大学出版社2011年版。

4. 如果抢劫行为的实施具有下列情形之一的，处 5~15 年监禁：

（1）抢劫数额巨大或者超过数额巨大的标准的；

（2）针对正在以官方身份行事的公务员、外国公务员或者正在从事公务的执行公务的人员实施数额较大的抢劫，和（或者）以持械、犯罪共谋或者集团犯罪的方式实施数额较大的抢劫的。

（3）针对正在以官方身份行事的公务员、外国公务员或者正在从事公务的执行公务的人员，以持械或者集团犯罪的方式实施的。

以灌醉、恐吓手段实施的抢劫罪

第 322 条

1. 任何人以非法占有为目的夺走他人财物，具有下列情形之一的：

（1）出于从他人处夺走财物的目的而将其灌醉，然后夺走财物的；

（2）行为人在实施其他犯罪的过程中使用了暴力或者危及生命、身体的威胁，如果行为人从受到这一暴力或者威胁的影响的他人处拿走财物，构成重罪，处 5 年以下监禁。

2. 如果以灌醉、恐吓手段实施的抢劫行为具有下列情形之一的，处 2~8 年监禁：

（1）抢劫财物数额较大；

（2）作为犯罪共谋的一部分或者以集团犯罪的方式实施的。

3. 如果以灌醉、恐吓手段实施的抢劫行为具有下列情形之一的，处 5~10 年监禁：

（1）抢劫财物数额特别巨大或者比之更多的；

（2）抢劫财物数额巨大，但其行为属于犯罪组织的一部分或者以集团犯罪的方式实施的。❶

⑩波兰刑法。

第三十五章 侵犯财产罪

第 280 条

1. 任何人使用针对人身的暴力、发出即将实施暴力的威胁或者让他人陷入无意识或者无能力状态的手段实施夺取他人财物的行为的，处剥

---

❶ 陈志军译：《匈牙利刑法典》，中国人民公安大学出版社 2008 年版。

夺 2~12 年的自由。

2. 如果抢劫罪的行为人使用枪支、刀具、任何其他危险物品或者导致麻痹的工具，或者以迫近地威胁生命的其他方式实施行为，或者与使用这类枪支、物品、工具、方式的他人共同实施行为的，处剥夺不超过 3 年的自由。

第 281 条

行为人处于维持被盗财产的占有之目的，在实施盗窃行为后当场或即将对他人实施暴力、威胁手段或者造成他人陷入无意识或者无能力的状态的，处剥夺 1~10 年的自由。

第 282 条

任何人出于获取物质利益的目的，使用暴力、针对他人生命或者健康的威胁、针对财产实施暴力袭击的威胁，导致他人对归其本人或者其他人所有的财产进行处分或者导致他人停止经营其业务的，处剥夺 1~10 年的自由。

第 283 条

如果第 279 条第 1 款、第 280 条第 1 款、第 281 条、第 282 条规定的行为情节较轻的，处剥夺 3 个月~5 年的自由。❶

⑪瑞士刑法。

第二章 针对财产的应受刑罚处罚的行为

第 140 条 抢劫

（1）以对他人的身体或生命使用暴力或威胁使用暴力，或者使当事人不能进行反抗而为盗窃行为的，处 10 年以下重惩役或 6 个月以上监禁刑。

行为人在盗窃时被当场抓获，为占有所盗之物而实施上述强制行为的，处刑与上款相同。

（2）为实施抢劫行为而随身携带射击武器或其他危险武器的，处重惩役或 1 年以上监禁刑。

（3）具备下列情形之一的，处 2 年以上重惩役：

——行为人作为为实施抢劫或盗窃行为而组成的犯罪集团成员为抢

---

❶ 陈志军译：《波兰刑法典》，中国人民公安大学出版社 2009 年版。

劫行为的，或

——以其他方式实施抢劫，表明行为人具有特殊危险性的。

（4）行为人因实施抢劫行为而致被害人具有生命危险、重伤害或残忍地对待被害人的，处5年以上重惩役。❶

⑫葡萄牙刑法。

第二编　侵犯财产罪　第二章　侵犯所有权罪

抢劫罪

1. 出于据为己有或者第三人所有的非法目的，使用针对人身的暴力、危害生命或身体完整性的急迫威胁或者使其陷入不能抗拒状态的手段，劫取或者强迫他人交付其动产，处1~8年监禁。

2. 如果具有下列情形，处3~15年监禁：

（1）任何一个行为人造成对被害人的生命危险，或者最少出于过失而严重伤害被害人的身体的完整性的；或者

（2）具备第204条第1款和第2款所规定任何条件中的一个或者多个的，该条第4款的规定也相应地予以适用。

3. 如果因其行为导致他人死亡的，处8~16年监禁。

第211条　盗窃后使用暴力

盗窃罪的现行犯，为了保持或者不返还所盗窃之物，而使用前条所规定的手段的，按照情况相应地处以前条所规定的刑罚。❷

⑬奥地利刑法。

第六章　侵害他人财产的应受刑罚处罚的行为

第131条　抢劫性盗窃

在盗窃时，为使自己或第三人得到已盗走的物品，当场对他人使用暴力，或以立即对其身体或生命实施暴力相威胁（第89条　危及身体安全）的，处6个月以上5年以下自由刑。使用暴力造成具有严重的持续后果的身体伤害（第85条），或造成他人死亡的，处5年以上15年以下

---

❶ 徐久生、庄敬华译：《瑞士联邦刑法典（2003年修订）》，中国方正出版社2004年版。

❷ 陈志军译：《葡萄牙刑法典》，中国人民公安大学出版社2010年版。

自由刑。

第142条 抢劫

(1) 对他人使用暴力、以立即危害他人身体或生命相威胁（第89条），故意夺取他人动产，或迫使他人交出其动产，因而使自己或第三人非法获利的，处1年以上10年以下自由刑。

(2) 未使用严重的暴力抢劫价值微小的物品，如行为所致后果轻微，不属于严重抢劫（第143条）的，处6个月以上5年以下自由刑。

第143条 严重的抢劫

作为犯罪集团成员在犯罪集团其他成员的参与下（第12条 所有参与人均作为正犯对待）实施抢劫，或抢劫时使用武器的，处5年以上15年以下自由刑。使用暴力造成他人重伤害的（第84条第1款 严重的身体伤害）处与第1句相同之刑罚。使用暴力造成具有严重的持续后果的身体伤害（第85条 具有严重的持续后果的身体伤害）的，行为人处10年以上20年以下自由刑；造成他人死亡的，处10年以上20年以下自由刑，或终身自由刑。❶

⑭塞尔维亚共和国刑法。

第二十一章 侵犯财产的犯罪

第206条 抢劫罪

(1) 以为自己或者第三人非法占有财物为目的，使用暴力或以直接攻击他人生命或身体为胁迫，劫取他人可移动财物的，处2年以上10年以下监禁。

(2) 以犯罪团伙形式犯本条第1款之罪的，或者在犯本条第1款罪时故意造成被害人严重身体伤害的，或者如果被劫取物品的价值超过150万第纳尔的，处3年以上15年以下监禁。

(3) 以有组织犯罪集团形式犯本条第1款之罪的，处5年以上监禁。

(4) 犯本条第1款之罪时，如果行为人以占有价值较小的财物为目的，并且被劫取物品的价值低于15 000第纳尔的，处3年以下监禁。

---

❶ 徐久生译：《奥地利联邦共和国刑法典（2002年修订）》，中国方正出版社2004年版。

(5) 犯本条第4款之罪的，处罚未遂。

第214条　强求逼取罪

(1) 以为自己或第三人非法占有财物为目的，使用暴力或胁迫，强迫被害人实施或不实施某种行为，并因此而损害被害人或者其他人的财产的，处1年以上8年以下监禁。

(2) 犯本条第1款之罪的，并因此而获得物质利益超过45万第纳尔的处3年以上10年以下监禁。

(3) 犯本条第1款之罪，并因此而获得物质利益超过150万第纳尔的，处3年以上12年以下监禁。

(4) 习惯性犯本条第1款至第3款之罪的，或者以犯罪团伙形式犯本条第1款至第3款之罪的，处5年以上15年以下监禁。

(5) 以有组织犯罪集团形式犯本条第1款至第3款之罪的，处5年以上监禁。❶

⑮科索沃地区刑法。

第二十三章　侵犯财产的刑事犯罪

第254条　抢劫性质的盗窃

1. 在实施盗窃时以持续占有盗窃财产为目的，出其不意地突然出击，使用暴力或威胁攻击他人的生命和身体的，处1年以上10年以下监禁。

2. 以犯罪集团成员身份，或使用武器、其他危险器具犯本条第1款之罪的，处3年以上12年以下监禁。

第255条　抢劫

1. 以为自己或他人谋取非法物质利益为目的，对他人使用暴力或威胁立即对他人的生命或身体发动攻击，占有他人动产的，处1年以上10年以下监禁。

2. 被盗财产的价值超过1.5万欧元，并且意图占有具有此价值的物体的，处3年以上监禁。

3. 以犯罪集团成员身份，或使用武器、其他危险器械犯本条第1款之罪的，处3年以上12年以下监禁。

---

❶ 王立军译：《塞尔维亚共和国刑法典》，中国人民公安大学出版社2011年版。

第 256 条　抢劫或具有抢劫性质盗窃的加重情节

1. 实施具有抢劫性质的盗窃或抢劫，并因此而导致严重身体伤害的后果，或者以武装集团实施或使用武器或危险器械实施上述行为的，处 5 年以下监禁。

2. 实施具有抢劫性质的盗窃或抢劫时，故意剥夺任何人生命，处 10 年以上监禁或长期监禁。❶

⑯罗马尼亚刑法。

第二编　侵犯财产罪

第 252 条　抢劫罪

使用暴力或威胁手段，通过使被害人失去知觉或反抗能力的方式实施盗窃以及盗窃后通过实施上述行为来窝藏赃物、毁灭作案痕迹、协助行为人逃跑的，处 3 年以上 12 年以下严格监禁。

第 253 条　一级抢劫罪

有以下情形实施抢劫的：

（1）携带武器、致幻剂或麻醉剂；

（2）佩戴面具或进行伪装；

（3）在公共场所；

（4）在公共运输工具上；

（5）夜间；

（6）入室或在附属建筑内；

（7）造成本法第 187 条规定后果的。

处 7 年以上 15 年以下严格监禁。

抢劫造成特别严重后果或导致被害人死亡的，处 15 年以上 20 年以下重监禁并处禁止行使特定权利。❷

⑰保加利亚刑法。

---

❶ 汤海军、徐留成译：《科索沃地区刑法典》，中国人民公安大学出版社 2011 年版。

❷ 王秀梅、丘陵译：《罗马尼亚刑法典》，中国人民公安大学出版社 2007 年版。

第五章　侵害财产的犯罪　第二节　抢劫罪

第 198 条

第一款　（1993 年第 10 号《公报》修正）以非法占有为目的，使用暴力或威胁手段占有他人所有的财产的，是抢劫罪，判处 3 年以上 10 年以下监禁刑。

第二款　威胁是指直接采用使被威胁人或其他在场人的生命、健康、名誉、财产陷于严重危险的行为实施的胁迫。

第三款　犯偷盗罪的，在犯罪被发现时为了继续占有赃物而使用暴力、威胁手段的，构成抢劫罪。

第四款　为了占有他人财产，致使他人陷入无意识状态或无力自立状态的，构成抢劫罪。

第 199 条

第一款　（1982 年第 28 号《公报》修正；1993 年第 10 号《公报》修正）以下情况犯抢劫罪，判处 5 年以上 15 年以下监禁刑，法院可以判处没收犯罪人一半以下财产，在第四项规定情况下，可以判处 5 年以下缓刑：

1. 数额巨大；
2. 实施偷盗或抢劫前已经达成合意的两人或多人实施犯罪；
3. 造成他人身体重度或中度伤害；
4. 构成危险性累犯。

（2004 年第 103 号《公报》修正）以下情况犯抢劫罪，判处 5 年以上 15 年以下监禁刑，法院可以判处没收犯罪人一半以下财产：

（2002 年第 92 号《公报》新增；2004 年第 103 号《公报》修正）根据有组织犯罪集团命令实施的，或者执行有组织犯罪集团决定实施的。

第二款　（1986 年第 89 号《公报》修正、增补；1993 年第 10 号《公报》修正；1995 年第 50 号《公报》增补）以下情况犯抢劫罪，（1998 年第 153 号《公报》修正）判处 15 年以上 20 年以下监禁刑，终身监禁刑或不可用其他刑罚代替的终身监禁刑，法院可以判处没收犯罪人全部或部分财产：

1. 造成他人身体重度或中度伤害，因而导致其死亡的；
2. 同时实施了杀人行为或杀人未遂；

3. 数额特别巨大而且犯罪人携带了武器。

第 200 条 第 198 条规定的抢劫罪的预备，判处 2 年以下监禁刑，第 199 条规定的抢劫罪的预备，判处 3 年以下监禁刑。❶

⑱阿尔巴尼亚共和国刑法。

第三章 侵犯财产和经济秩序罪 第一节 夺取财产罪

第 139 条 暴力夺取罪

使用武力夺取财物，处 5 年以上 15 年以下监禁。

第 256 条 使用武器夺取罪

持有或者使用武器、军用弹药实施夺取行为的，处 10 年以上 20 年以下监禁。

第 257 条 致人死亡的夺取罪

如果夺取行为致人死亡的，处 15 年以上 25 年以下监禁或者终身监禁。❷

⑲克罗地亚刑法。

侵犯财产的犯罪

第 218 条 抢劫罪

1. 以非法占有为目的，使用暴力或直接攻击他人生命或身体为胁迫，劫取他人可移动财物的，处 1 年以上 10 年以下监禁。

2. 作为犯罪团伙或者犯罪组织的成员犯本条第 1 款之罪的，或者在犯本条第 1 款罪时使用武器或危险器具的，处 3 年以上 15 年以下监禁。

第 219 条 事后抢劫罪

…………

19. 在实施盗窃行为而被抓捕过程中，使用暴力或者以直接攻击他人生命或身体为胁迫，窝藏赃物的，处 1 年以上 10 年以下监禁。

20. 作为犯罪团伙或者犯罪组织的成员犯本条第 1 款之罪的，或者在犯本条第 1 款罪时使用武器或者危险器具的，处 3 年以上 15 年以下监禁。❸

---

❶ 张雅译：《保加利亚刑法典》，北京大学出版社 2008 年版。

❷ 陈志军译：《阿尔巴尼亚共和国刑法典》，中国人民公安大学出版社 2011 年版。

❸ 王立军译：《克罗地亚共和国刑法典》，中国人民公安大学出版社 2011 年版。

⑳马其顿刑法。

第二十三章　财产犯罪

第 237 条　抢劫罪

…………

(6) 以非法占有他人动产为目的,使用暴力或以直接攻击他人生命或身体为胁迫,劫取他人财物的,处 1 年以上监禁。

(7) 被劫取财物具有较大价值的,处 3 年以下监禁。

(8) 犯本条第 1 款之罪时,故意造成他人严重身体伤害的,或以犯罪集团形式犯本条第 1 款之罪时,或在犯本条第 1 款之罪中使用火器或危险器具的,处 5 年以上监禁。

(9) 犯本条第 1 款之罪时,故意杀害他人的,处 10 年以上监禁或终身监禁。

第 238 条　武装抢劫罪

…………

7. 在实施盗窃行为而被抓捕过程中,使用暴力或以直接攻击他人生命或身体相胁迫,窝藏赃物的,处 1 年以上监禁。

8. 被窃取之物具有较大财产价值的,处 3 年以上监禁。

9. 犯本条第 1 款之罪时,故意造成他人身体严重伤害的,或以犯罪集团形式犯本条第 1 款之罪的,或在犯本条第 1 款之罪中使用火器或危险器具的,处 5 年以上监禁。

10. 若实施本条第 1 款之罪时,故意杀害他人的,处 10 年以上监禁或者终身监禁。❶

㉑俄罗斯刑法。

第八编　经济领域的犯罪　　第二十一章　侵犯所有权的犯罪

第 162 条　抢劫

1. 抢劫,即以侵占他人财产为目的,使用危及生命或健康的暴力,或以使用这种暴力相威胁而进行侵袭行为的,处 3 年以上 8 年以下的剥夺自由,并处或不并处数额为 50 万卢布以下或被判刑人 3 年以下的工资或

---

❶ 王立军译:《马其顿共和国刑法典》,中国人民公安大学出版社 2010 年版。

其他收入的罚金。

2. 抢劫，如果是有预谋的团伙实施的或者使用武器或使用其他物品作为武器实施的，处 5 年以上 10 年以下的剥夺自由，并处数额为 100 万卢布以下或被判刑人 5 年以下的工资或其他收入的罚金。

3. 抢劫，非法潜入住宅、房舍或其他贮藏处实施的或者数额巨大的，处 7 年以上 12 年以下的剥夺自由，并处或不并处数额为 100 万卢布以下或被判刑人 5 年以下的工资或其他收入的罚金。

4. 抢劫，而有下列情形之一的：

（1）有组织的集团实施的；

（2）以侵占巨额财产为目的实施的；

（3）造成被害人健康严重损害的；

处 8 年以上 15 年以下的剥夺自由，并处或不并处数额为 100 万卢布以下或被判刑人 5 年以下的工资或其他收入的罚金。[1]

㉒英国《1968 年窃盗法》。

第 8 条

（1）一人如果实施盗窃并且在实施该行为即刻之前或者在实施该行为过程中，为实施盗窃行为而对任何人使用了暴力，或者使任何人处于或者试图使其处于此后在当场可能受到暴力侵害的恐惧之中，构成抢劫罪。

（2）一人犯有抢劫罪或者意图抢劫而袭击罪，应按公诉程序最高可被判处至终身监禁。

（2）亚洲国家的规定。

①新加坡刑法。

第十七章　侵犯财产罪　抢劫和结伙抢劫

抢劫

第 390 条

（1）抢劫既可以在盗窃中又可以在敲诈中发生。

---

[1] 黄道秀译：《俄罗斯联邦刑法典（2003 年 12 月 8 日修订版）》，中国法制出版社 2004 年版。

(2) 为实施盗窃、或在实施盗窃时，或携带或企图携带盗窃所得财产，故意引起或企图引起任何人死亡、受伤或受到非法限制，或使人害怕将立刻死亡、立刻受伤或立刻受到非法限制，则盗窃构成"抢劫"。

(3) 在实施敲诈时，当场使被害人处于恐惧之中，通过置被害人于自己或其他人将立刻死亡、受伤或受到非法限制的恐惧之中而实施敲诈，通过使被害人处于此种恐惧之中，诱使被害人交出所敲诈的东西时，则敲诈构成"抢劫"。

释义

如果罪犯足以使他人处于害怕将立刻死亡、立刻受伤或立刻受到非法限制的恐惧之中，称为当场。

说明

(1) A将Z摔倒，未征得Z的同意，不诚实地从Z的衣服中拿走Z的钱和珠宝。在此，A实施了盗窃，为实施盗窃，故意对Z实施非法限制。A因此构成抢劫罪。

(2) A在高速公路上遇到Z，亮出手枪，向Z索要钱包。结果Z交出了自己的钱包。在此，A从Z处敲诈得到了钱包，是在当场实施敲诈的情况下，置Z于害怕立刻受伤的恐惧中的。A构成抢劫罪。

(3) A在高速公路上遇到Z和Z的孩子。A抓住Z的孩子，威胁说要把他摔到悬崖下，除非Z将钱包给他。在此，A是在Z在场的情况下，置Z于害怕其孩子受到立刻伤害的恐惧之中，而从Z处敲诈得到钱包。A因此对Z实施了抢劫。

(4) A从Z处获得了财产，是通过说"你孩子在我同伙手上，除非你给我们1 000新元，否则将把你孩子处死"。这只是构成敲诈，应按敲诈罪处罚；但这不是抢劫，除非Z处于害怕其孩子将立刻死亡的状态之中。

结伙抢劫

第391条 5人以上联合实施或企图实施抢劫，或共同实施或企图实施抢劫的总人数或者参与以及协助实施或企图实施抢劫的总人数达到5人以上的，则每一个实施、企图实施或协助实施的成员均构成"结伙抢劫"。

抢劫罪的刑罚

第 392 条 任何人实施抢劫的，处 2 年以上 10 年以下的有期徒刑，并处 6 鞭以上的鞭刑；如果抢劫发生在下午 7 点以后至早晨 7 点以前，则应处 3 年以上 14 年以下的有期徒刑，并处 12 鞭以上的鞭刑。

企图实施抢劫

第 393 条 任何人企图实施抢劫的，处 2 年以上 7 年以下的有期徒刑，并处 6 鞭以上的鞭刑。

在实施抢劫中故意造成伤害

第 394 条 任何人在实施或企图实施抢劫时，故意引起伤害的，对此人及共同参与实施或企图实施抢劫的其他人，应处 5 年以上 20 年以下的有期徒刑，并处 12 鞭以上的鞭刑。

对结伙抢劫所处的刑罚

第 395 条 任何人实施结伙抢劫的，处 5 年以上 20 年以下的有期徒刑，并处 12 鞭以上的鞭刑。

结伙抢劫中杀人

第 396 条 如果共同实施抢劫的 5 人以上中的任何一个成员在实施抢劫时实施了谋杀，则这些成员中的每一个人都应判处死刑或无期徒刑，如果不被判处死刑，应并处 12 鞭以上的鞭刑。

武装抢劫或者企图致人死亡或重伤害的抢劫

第 397 条 任何人在实施或企图实施抢劫时，配备或使用致命武器，或对任何人造成重伤害，或企图对任何人造成死亡或重伤害，则该罪犯除了应判处依据本法典其他条文规定应处的刑罚之外，并处 12 鞭以上的鞭刑。

预备实施结伙抢劫

第 399 条 任何人预备实施结伙抢劫的，处 3 年以上 10 年以下的有期徒刑，并处 12 鞭以上的鞭刑。

对抢劫团伙成员所判处的刑罚

第 400 条 任何结伙抢劫惯犯团伙的成员，处无期徒刑，或者 10 年以下的有期徒刑，并处 5 鞭以上的鞭刑。

以实施结伙抢劫为目的进行聚会

第 402 条 5 人以上为实施结伙抢劫而聚会的，处 7 年以下的有期徒

刑，并处 4 鞭以上的鞭刑。❶

②越南刑法。

第十四章　侵犯财产罪

第 133 条　抢劫罪

1. 任何人使用暴力或者以即刻实施暴力相威胁，或者以其他足以使被害人陷入不能反抗境地的行为以劫夺其财产的，处 3 年以上 10 年以下有期徒刑。

2. 有下列情节之一的，处 7 年以上 15 年以下有期徒刑：

(1) 有组织的；

(2) 有专业性质的；

(3) 危险累犯；

(4) 使用武器或者其他危险手段的；

(5) 给被害人健康造成损害且残疾在 11% 以上 30% 以下的；

(6) 所劫取的财产的价值在 5 000 万盾以上 2 亿盾以下的；

(7) 造成严重后果的。

3. 有下列情节之一的，处 12 年以上 20 年以下有期徒刑：

(1) 给被害人健康造成损害且残疾度在 31% 以上 60% 以下的；

(2) 所劫取的财产的价值在 2 亿盾以上 5 亿盾以下的；

(3) 造成很严重后果的。

4. 有下列情形之一的，处 18 年以上 20 年以下有期徒刑、终身监禁或者死刑：

(1) 给被害人健康造成损害且残疾度在 61% 以上或者死亡的；

(2) 所劫取的财产的价值在 5 亿盾以上的；

(3) 造成特别严重后果的。

5. 对犯罪人还可以处以 1 000 万盾以上 1 亿盾以下的罚金、没收部分或者全部财产、处 1～5 年管制或者禁止居住。❷

---

❶ 刘涛、柯良东译：《新加坡刑法》，北京大学出版社 2006 年版。

❷ 米良译：《越南刑法典》，中国人民公安大学出版社 2005 年版。

③泰国刑法

第十二章　侵犯财产的犯罪　　第二节　恐吓勒索和抢劫罪

第339条　为达到下列情形之一的目的，盗窃时当即采取暴力或者暴力威胁的，是抢劫罪，处5~10年有期徒刑，并处1万~2万铢罚金：

（1）便利盗窃或者搬运财物；

（2）完成赃物接送的；

（3）占有赃物的；

（4）隐匿犯罪行为的；

（5）逃脱抓捕的。

犯前款罪而有第335条第1款各分项所列情形之一的，或者对农民为从事农业占有的牛、水牛、机械装置或者机器而犯前款罪的，处10~15年有期徒刑，并处2万~3万铢罚金。

犯抢劫罪，致他人身心伤害的，处10~20年有期徒刑，并处2万~4万铢罚金。

抢劫致人重伤的，处15~20年有期徒刑，并处3万~4万铢罚金。

抢劫致人死亡的，处死刑或者无期徒刑。

第339条之二　对于第335条之二第1款所列财物，犯抢劫罪的，处10~15年有期徒刑，并处2万~3万铢罚金。

前款抢劫罪也是在第335条之二第2款所列场所实行的，处10~20年有期徒刑，并处2万~4万铢罚金。

犯第1款、第2款抢劫罪，致使他人身心受到伤害的，处15~20年有期徒刑，并处3万~4万铢罚金。

犯第1款、第2款抢劫罪，致他人重伤的，处无期徒刑或者15~20年有期徒刑。

犯第1款、第2款抢劫罪，致人死亡的，处死刑。

第340条　三人以上参与抢劫的，是结伙抢劫罪，处10~15年有期徒刑，并处2万~3万铢罚金。

结伙抢劫，即使其中一人携带凶器的，对结伙抢劫人各处12~20年有期徒刑，并处2.4万~4万铢罚金。

结伙抢劫致人重伤的，处无期徒刑或者15~20年有期徒刑。

采取残暴行为致他人身心伤害，持枪射击、使用爆炸物或者进行折磨，而结伙抢劫的，处无期徒刑或者 15～20 年有期徒刑。

结伙抢劫致人死亡的，处死刑。

第 340 条之二　对第 335 条之二第 1 款所列之物，进行结伙犯抢劫的，处 10～20 年有期徒刑，并处 2 万～4 万铢罚金。

结伙抢劫也是在第 335 条之二第 2 款所列场所实行的，处 15～20 年有期徒刑，并处 3 万～4 万铢罚金。

犯第 1 款、第 2 款的结伙抢劫罪，即使其中一人携带凶器的，各处无期徒刑或者 15～20 年有期徒刑。

犯第 1 款、第 2 款结伙抢劫罪，致他人重伤的，处无期徒刑。

犯第 1 款、第 2 款结伙抢劫罪，是以残暴行为致他人身心伤害、持枪射击、使用爆炸物或者折磨方式实行的，处死刑或者无期徒刑。

犯第 1 款、第 2 款结伙抢劫罪，致人死亡的，处死刑。

第 340 条之三　穿着军警制服或者衣服冒充军警、或者携带、使用枪械或爆炸物，或者为犯罪、搬运赃物、逃脱抓捕而使用运输工具，犯第 339 条、第 339 条之二、第 340 条、第 340 条之二罪的，依各条的规定加重其刑罚 1/2。[1]

④菲律宾刑法

第十编　侵犯财产罪　第一章　普通抢劫罪

第 293 条　抢劫罪的定义

任何人以占有为目的，以对人身使用暴力、恐吓或者对物使用武力为手段，夺取属于他人的财产的，构成抢劫罪。

第一节　对人身使用暴力或恐吓的抢劫罪

第 294 条　对人身使用暴力或恐吓的抢劫罪

任何人针对人身使用暴力、恐吓实施抢劫的，处以下刑罚：

1. 为了抢劫或者在抢劫之时实施杀人行为的，或者伴随有强奸、故意致残、纵火行为的，处无期监禁至死刑。

2. 为了抢劫或在抢劫时实施了第 263 条第 1 款予以惩处的生理伤害的，处有期监禁的中间刑至无期监禁。

---

[1] 吴光侠译：《泰国刑法典》，中国人民公安大学出版社 2004 年版。

3. 为了抢劫或在抢劫时实施了第263条第2款予以惩处的肉体伤害的,处有期监禁。

4. 如果在抢劫过程中所使用的暴力、恐吓达到为实施该罪明显不必要的程度,或者在抢劫的过程中犯罪人对该抢劫行为不负责任的他人实施了第263条第3款与第4款所规定的生理伤害的,处较重监禁的最高刑至有期监禁的中间刑。

5. 对其他情形,处矫正监禁的最高刑至较重监禁的中间刑(根据1993年12月13日第7659号共和国法案修正,但2006年6月24日第9346号共和国法案废除了死刑)。

第295条 在无人居住地抢劫、结伙抢劫,在街道、道路、巷弄使用火器抢劫

如果前条第3款、第4款和第5款规定的犯罪,是在无人居住地实施的,或者是结伙实施的,或者以袭击火车、街道上的车辆、机动车、飞行器的方式实施的,或者通过乘旅客不注意之机以各种方式进入火车或其他交通工具上的乘客的隔间的,或者在街道、道路、公路、巷子里使用火器进行恐吓的,在各款规定刑罚的最高刑期内处罚。

对结伙抢劫的领导者,处各款规定的刑罚上高一等处罚。

第296条 结伙的定义及其成员的刑期

当有3个以上的武装犯罪人参与抢劫时,即被认定为结伙抢劫。在犯罪过程中被使用的其中任何一个武器属于未获许可证的武器的,对所有的犯罪人都处法定刑的最高刑,在追究非法持有未经许可火器罪的刑事责任时也不例外。

在实施结伙抢劫罪之时到场的所有成员,将作为结伙所犯全部犯罪的主犯进行处罚,除非其明显地企图阻止犯罪的实施。

第297条 特定情况下的抢劫企图罪与抢劫未遂罪

由于企图抢劫、未遂抢劫或者在企图抢劫、未遂抢劫之时实施杀人行为,除非这一杀人行为应受本法规定的其他更重处罚的,对犯罪人处有期监禁的最高刑至无期监禁。

第298条 暴力、恐吓手段的实施方式

任何人为了欺骗他人,使用暴力、恐吓手段强迫他人签署、执行、交付任何文件的,将被认为构成抢劫罪,并且处以本章各条规定的刑罚。

第二节 对物使用武力的抢劫罪

第 299 条 在有人居住的房屋、公共建筑物或者宗教建筑物内抢劫罪

任何武装人员在有人居住的房屋内、或者在公共建筑物内、或者用于宗教信仰的建筑物内抢劫，如果所抢劫的财产超过 250 比索，或者具有下列情形之一的，处有期监禁：

1. 如果犯罪人使用下列手段进入实施抢劫的房屋、建筑物的：

（1）通过一个不是用于进出的缺口；

（2）通过打破任何墙壁、屋顶、地板，或者打破任何门窗；

（3）用假钥匙、撬锁工具或者类似工具；

（4）使用假名，或者假装履行公共权力。

2. 如果抢劫在下列情形下实施的：

（1）打破门、衣橱、箱子或者任何一种被锁或被密封的家具、容器；

（2）将这些家具、容器带离抢劫之地打破或者使用武力打开。

犯罪人未持有武器、被抢劫的财产的价值超过 250 比索的，应在前款规定刑罚之下低一等处罚。

当犯罪人持有武器、但被抢劫的财产的价值不超过 250 比索的，也应在第 1 款规定刑罚之下低一等处罚。

犯罪人未持有武器、被抢劫的财产的价值不超过 250 比索的，应在第 1 款规定刑罚之下低二等处罚，且应在最低刑期内处罚。

如果抢劫是在有人居住的房屋、公共建筑、宗教建筑的附属建筑内实施的，应在本条规定的刑罚之下低一等处罚。

第 300 条 在无人居住之地抢劫与结伙抢劫罪

前条规定的犯罪如果是在无人居住的地方实施的，或者是被结伙人实施的，应当在该条规定的刑罚的最高刑期被处罚。

第 302 条 在无人居住地或者私人建筑内抢劫罪

在第 299 条第 1 款规定的场所之外的无人居住的场所或者私人的建筑物内抢劫，所抢劫的财产价值超过 250 比索，且具有下列情形之一的，处矫正监禁：

3. 通过任何本来不是用于进出的缺口进入的；

4. 打破任何墙壁、屋顶、地板或者外部的门窗；

5. 使用假钥匙、撬锁工具或者类似工具进入的；

6. 打破室内房间的门窗、衣橱、箱子或者被锁或被密封的家具、容器;

7. 前项规定的被锁或被密封的容器被带走而在其他地方被打破。

被抢劫的财产的价值未超过 250 比索的,应在前款规定刑罚之下低一等处罚。

在本法第 294 条、第 295 条、第 297 条、第 299 条和第 300 条规定的案件中,如果被抢劫的财物是邮政物资或者大型的牛,应在各条规定刑罚之上高一等处罚。❶

(3) 美洲国家。

①加拿大刑事法典。

第九章　侵犯财产权的犯罪

第 343 条　实施下列行为,构成抢劫罪:

(1) 偷盗并为了敲诈所偷盗的东西或者为防止或者克服对偷盗的反抗,对人身或者财产使用或者威胁使用暴力;

(2) 偷盗他人财物,于偷盗时或者偷盗前后对受害人实施伤害、殴打、打击或者使用针对人身的暴力;

(3) 为了从任何人那里偷盗而对其袭击;

(4) 携带进攻性武器或者仿制武器偷盗。

第 344 条　实施抢劫罪的,构成可诉罪,处罚分别为:

(1) 使用火器实施犯罪的,终身监禁,最低刑为 4 年监禁;

(2) 其他情况下,终身监禁。

②巴西刑法。

第二编　侵犯财产罪　　第二章　抢劫罪与敲诈勒索罪

第 157 条　以针对人身的暴力或者严重威胁为手段为本人或他人劫取他人动产,或者在获取他人动产之后以任何手段使其无法反抗的:

刑罚——4 年以上 19 年以下监禁,并处罚金。

---

❶ 陈志军译:《菲律宾刑法典》,中国人民公安大学出版社 2007 年版。

§1. 为使自己或者第三人逃避惩罚或者维护赃物，在盗窃实施之后即刻针对他人的人身实施暴力或者严重威胁的，处以相同的刑罚。

§2. 有下列情形之一的，加重刑罚 1/3~1/2：

Ⅰ. 如果以使用武器的方式实施暴力或者威胁的；

Ⅱ. 如果是由两个或者两个以上的人共同实施的；

Ⅲ. 如果行为人明知被害人正在履行运送贵重物品的任务而对其实施的；

Ⅳ. 如果抢劫开往其他州或者国外的机动交通工具的；

Ⅴ. 如果行为人以限制自由的方式使被害人置于其控制之下的。

§3. 如果所使用的暴力给他人造成严重的身体伤害的，处 7 年以上 15 年以下监禁，并处罚金；如果致人死亡的，处 20 年以上 30 年以下监禁，并处罚金。❶

③古巴刑法。

第十三编　侵犯财产罪　第四章　对人使用暴力或者胁迫的抢劫罪

第 327 条

1. 出于获利目的，使用针对人身的暴力或者胁迫，劫取他人所有的动产的，处 7 年以上 15 年以下剥夺自由。

2. 有下列行为的，处以与前款相同的刑罚：

（1）窃取他人所有的动产的行为人，为了护住赃物或者逃避惩罚，当场使用针对人身的暴力或者以即刻针对人身实施暴力为内容的威胁的；

（2）从被害人的手中或者身上一把夺走财物的。

3. 有下列情形的，处 8 年以上 20 年以下剥夺自由：

（1）实施于正在从事公共运输或者旅客运输的机动车上的；

（2）罪犯身穿革命武装力量或者共和国的其他武装力量成员的制服，或者冒充公务员，或者出示虚假的国家机关命令或者授权书的；

（3）如果在行为实行过程中因为该行为导致伤害后果的。

4. 有下列情形的，处 20 年以上 30 年以下剥夺自由或者无期剥夺自由：

（1）如果行为实施于住宅中；

---

❶ 陈志军译：《巴西刑法典》，中国人民公安大学出版社 2009 年版。

(2) 如果行为人携带有枪支、其他武器或者其他进攻性工具的；

(3) 如果该行为是由作为有组织集团成员的一人或者多人实施的或者有不满16周岁的未成年人参与的；

(4) 行为人曾经因为实施对物使用武力的抢劫罪或者对人使用暴力或者胁迫的抢劫罪被判处执行过刑罚的。

5. 有下列情形的，处20年以上30年以下剥夺自由或者死刑：

(1) 使用枪支的；

(2) 剥夺他人的人身自由；

(3) 在行为实行过程中或者因为其行为导致严重伤害的；

(4) 针对正在履行职责的国家机关工作人员或其代理人或者正在执行安全保卫措施的任何其他人实施暴力或者胁迫的。

第五章 对物使用武力的抢劫罪

第328条

1. 出于获利目的，以下列手段获取他人所有的动产的，处3年以上8年以下剥夺自由：

(1) 从并非设计用于进出的路线进出某一场所的；

(2) 使用仿造的钥匙、使用所窃取或者找到的真是钥匙、撬锁工具或者其他类似的工具，磁卡、穿孔卡以及用于开启某一间隔或者其他类似目的的控制装置、工具，视为钥匙；

(3) 打破墙壁、顶棚、地板，或者破坏门、窗及其锁、锁扣、插栓的；

(4) 打破柜子或者封闭、密封的其他不动产、物品，或者对锁使用暴力或者予以窃取以便于对其他部位实施破坏或者使用暴力（无论这一破坏或者暴力是否完成）的；

(5) 让报警和监视系统失灵的；

(6) 对所劫财物使用武力的。

2. 有下列情形的，处8年以上20年以下剥夺自由：

(1) 行为实施于住户不在其中的住宅的；

(2) 罪犯身穿革命武装力量或者共和国的其他武装力量成员的制服，或者冒充公务员的；

(3) 利用发生暴风、地震、火灾或者灾害之机实施的；

（4）被抢物品价值巨大的。

3. 有下列情形的，处 20 年以上 30 年以下剥夺自由：

（1）行为实施于住户正在其中的住宅的；

（2）行为人曾经因为实施对物使用武力的抢劫罪或者对人使用暴力或者胁迫的抢劫罪被判处执行过刑罚的；

（3）如果该行为是由作为有组织集团成员的一人或者多人实施的或者有不满 16 周岁的未成年人参与的。

4. 对本条规定犯罪的预备行为，应当按照本法典第 12 条第 5 款的规定追究刑事责任。

第 329 条

1. 在本法典第 328 条第 1 款所指的情况下，如果所劫取的财物价值有限并且行为人的行为未显示出高度的危险性的，处 1 年以上 3 年以下剥夺自由，单处或者并处 300 份以上 1 000 份以下罚金。

2. 如果以进入住宅（无论住户是否在其中）的空间、庭院、有围墙的院子、屋顶的方式实施本条第 1 款规定的行为，并且抢劫行为也实施于这些地点的，处以与前款相同的刑罚。[①]

（4）非洲国家。

①尼日利亚刑法。

第 6 部分　与财产和合同有关的犯罪　第 36 章　暴力窃取　通过威胁强取

第 401 条　盗窃任何物品时或在盗窃物品之前或之后立刻对任何人或财产使用或威胁使用现实的暴力，以便取得或把持盗窃的物品或阻止或克服防止物品被盗窃或把持而为的抵抗的，被视为抢劫罪。

第 402 条　（1）实施抢劫罪者应当在被宣告有罪时判处监禁，但是

（2）如果——

①本条第（1）款提及的犯罪人装备有轻武器或者攻击性武器或破坏性或化学类物质，或者与如此装备的任何人一起实施抢劫的；或者

[①] 陈志军译：《古巴刑法典》，中国人民公安大学出版社 2010 年版。

②上述犯罪人在实施抢劫时或者抢劫之前或之后立刻击伤任何人的,应当在被宣告有罪时判处死刑。[1]

②喀麦隆刑法,规定盗窃和加重的盗窃罪,未具体规定抢劫罪。[2]

(二) 抢劫罪的性质、类型和处罚比较

1. 抢劫罪的性质

由于抢劫罪的手段是暴力、胁迫,因而有侵害人身权益的一面;又由于抢劫罪的目的或结果是取得他人财产,所以又有侵害财产权益的一面。既如此,立法者设定该罪刑条款的目的主要是保护他人的人身权益还是财产权益?因各国立法者认识问题的角度不同,将抢劫罪归属于侵犯财产罪还是侵犯人身权利罪就有差别。如1810年《法国刑法典》将"以暴行或恐吓使用武器而盗窃"的犯罪归于第三卷第二编"危害人身之重罪与轻罪"之中。1950年《捷克斯洛伐克刑法典》第232条规定的抢劫罪,就是列于该法典第七章"妨害自由和人格罪"中。这些国家的刑法学者认为,公民的人身权比财产的所有权更为重要,在抢劫罪所侵犯的人身权和财产所有权这两个法益中,刑法应当突出对公民人身权利的保护,因此将抢劫罪归属于侵犯人身权益的犯罪。但现在持这种观点的国家属于少数。

当今世界上,包括我国在内的绝大多数国家是把抢劫罪归属于财产犯罪,如德国、日本、俄罗斯、巴西、加拿大、西班牙、英国、美国。我国台湾地区的相关规定和香港地区的刑法典也都是将抢劫罪放到侵犯财产一章中。这些国家和地区的学者认为,抢劫罪所侵犯的法益包括财产所有权和公民人身权,但由于犯罪人实施抢劫行为的主要目的是劫取财产,并且手段行为的"胁迫与其他方法"通常只是使被害人的心理产生恐惧,并无实际的人身伤害,实际结果也往往是造成了被害人的财产损失,所以犯罪行为主要侵害的法益是财产所有权。

还有个别国家,如蒙古国,将抢劫罪归属于危害公共安全或破坏社

---

[1] 张旭辉译:《尼日利亚刑法》,北京大学出版社2007年版。
[2] 于志刚、赵书鸿译:《喀麦隆刑法典》,中国方正出版社2007年版。

会秩序的犯罪，认为抢劫罪不仅侵犯了财产权和公民人身权，更重要的是危害了社会公共安全，造成了社会秩序的混乱。如1961年《蒙古刑法典》就将第168条的抢劫罪规定在第十章"危害公共安全、公共秩序和人民健康"中。但将抢劫罪归属于危害公共安全的犯罪并不妥当，因为危害公共安全是侵犯不特定多数人的生命、健康或者重大公私财产安全，而抢劫罪通常是以特定的个人为侵害对象，不具有危害公共安全的性质。

2. 抢劫罪的类型

对于抢劫罪的类型，总的来说，虽然各国和地区刑法规定得繁简不一，但基本相差不多，一般都规定了抢劫罪和事后抢劫罪❶两种类型。但在抢劫罪是否包括抢劫财产利益、加重抢劫罪的范围、抢劫综合罪、海盗罪等方面，有一定的差别。《日本刑法典》将抢劫罪放在第36章"盗窃及强盗之罪"一章中，分别规定了多种类型，包括单纯抢劫罪、抢劫利益罪、事后抢劫罪、昏醉抢劫罪、抢劫致死伤罪、抢劫强奸罪、抢劫强奸致死罪、抢劫未遂与预备等。《德国刑法典》第249～252条规定的种类有：单纯抢劫罪、加重抢劫罪、抢劫致死伤罪和事后抢劫罪。我国台湾地区规定的种类有：普通强盗罪、强取不法得益罪、准强盗罪、加重强盗罪、常业强盗罪、强盗之结合犯等。《韩国刑法》第333～343条分别规定有：普通抢劫罪、特殊抢劫罪、准抢劫罪、诱拐抢劫罪、抢劫伤害致伤罪、抢劫强奸罪、抢劫杀人致死罪、海上抢劫罪、常习抢劫罪、预备阴谋抢劫罪。我国《刑法》第263条规定为：普通抢劫罪和加重抢劫罪。同时，《刑法》第267条、第269条、第289条规定的是按抢劫罪处理的准抢劫罪。归纳起来，当今各国和地区规定的抢劫罪主要类型有：

（1）典型的抢劫罪。这是抢劫罪最基本的一种类型，各国都规定了这种类型，一般是指以非法占有为目的，以暴力、胁迫或其他强制手段，使他人不能抗拒，强取他人财物的行为。这与我国《刑法》第263条前段的规定基本相同，只是在构成要件中是否要求"使他人不能抗拒"的条件，各国学者有不同的主张。

（2）抢劫不法利益罪。我国和德国刑法没有明确规定抢劫不法利益

---

❶ 我国刑法学界对于非典型抢劫罪的称谓有转化型抢劫、准抢劫、事后抢劫等，后文再作专门的分析界定。

罪，在刑法理论上也存在较大的争议，而日本和我国台湾地区对此作了明确的规定。抢劫不法利益罪是指以非法占有为目的，以暴力、胁迫或者其他强制手段，致使他人不能抗拒而获得财产性不法利益或使他人得之者。抢劫不法利益罪的行为对象只限于财产上的利益，而不包括一般的财物，如以暴力、胁迫的方式让他人免除债务、免除租用费、餐饮费等。

（3）非典型的抢劫罪。是指构成要件上不完全具有典型抢劫罪的特征，但法律拟制规定为按抢劫罪处理的犯罪。主要是指在盗窃或抢劫过程中，为窝藏赃物、抗拒抓捕或毁灭罪证而当场使用暴力或胁迫的行为。应该说，这类抢劫罪与典型抢劫罪有很大的区别，它并不是严格意义上的抢劫罪，而是法律鉴于其危害人身和财产权益的性质而拟制为抢劫罪。各国和地区对此行为基本上都有规定，但称谓不同，如日本称为事后抢劫，我国台湾地区规定为盗窃、诈骗、抢夺行为。

（4）加重的抢劫罪。加重抢劫罪是指行为人在犯普通抢劫罪犯罪构成的基础上，因存在法定的特殊构成要素，从而根据法律加重处罚的抢劫行为。对加重处罚的构成要素，各国和地区的规定也不相同。如日本刑法是对抢劫致人死伤、抢劫强奸致人死亡的情况规定专门的加重罪名。德国刑法典是对携带武器或其他工具的、抢劫致人重伤死亡的、犯罪集团抢劫的加重处罚。我国台湾地区对如下6种情况作加重处罚：①于夜间侵入住宅或有人居住之建筑物、船舶抢劫的；②毁越门窗、墙垣或其他安全设备抢劫的；③携带凶器抢劫的；④结伙三人以上抢劫的；⑤趁水灾、火灾或其他灾害抢劫的；⑥在车站或码头抢劫的。我国《刑法》第263条后段规定了抢劫罪加重处罚的8类加重犯：①入户抢劫的；②在公共交通工具上抢劫的；③抢劫银行或其他金融机构的；④多次抢劫或者抢劫数额巨大的；⑤抢劫致人重伤死亡的；⑥冒充军警人员抢劫的；⑦持枪抢劫的；⑧抢劫军用物资或者抢险、救灾、救济物资的。

（5）抢劫结合罪。是指行为人在实施抢劫过程中，又实施了其他犯罪行为，而被刑法规定为另外一个独立犯罪的情况。日本刑法规定有：抢劫强奸罪、抢劫强奸致死罪。我国台湾地区规定有：抢劫放火罪、抢劫强奸罪、抢劫掳人勒赎罪、抢劫故意杀人罪。我国刑法没有单独规定，有的是规定为加重犯，有的则是按数罪并罚处理。

（6）海上抢劫罪，也称海盗罪。是指以暴力、胁迫强取海上船舶及物品的行为。我国台湾地区和韩国，对此都有规定。对于这类犯罪，是归为财产罪的范畴，还是危害公共安全的范畴，学者有不同的看法。我国刑法没有单独规定这种犯罪。

3. 抢劫罪的处罚

对抢劫罪的处罚原则，从总的来看，由于这种犯罪不仅侵犯他人的财产权益，同时还侵犯他人的人身权益，因此处罚要重于其他侵犯财产的犯罪。日本刑法在刑罚幅度上分3种：（1）抢劫预备罪，处2年以下惩役；（2）普通抢劫罪、事后抢劫罪，处5年以上有期惩役；（3）加重抢劫罪、抢劫结合罪，处7年以上惩役、无期惩役或死刑。德国刑法分为：（1）对情节较轻的普通抢劫罪，处6个月以上5年以下自由刑；（2）普通抢劫罪，处1年以上自由刑；（3）加重抢劫罪，处5年以上自由刑或终生自由刑。意大利刑法分为：（1）普通抢劫罪，处3年以上10年以下徒刑，并科20万里拉以上0万以下的罚金；（2）加重抢劫罪，在普通抢劫罪的基础上，加重其刑1/3～1/2。我国刑法分为两个处罚幅度：（1）普通抢劫罪，处3年以上至10年以下有期徒刑，并处罚金；（2）加重抢劫罪，处10年以上有期徒刑、无期徒刑或死刑，并处罚金或没收财产。

从以上国家关于抢劫罪处罚的规定来看，在保留死刑的国家，对情节严重的抢劫罪都规定有死刑；在废除死刑的国家，一般也规定有无期徒刑。对是否判处罚金或没收财产，各国刑法规定不一。日本、德国没有规定另外罚金或没收财产；我国和意大利则规定另处罚金或没收财产。

如上一章所述，抢劫罪是一个古老的罪名，但是很显然，在现代社会，抢劫罪并没有因时间的流逝而丧失其在犯罪领域的"重要地位"。在如今的刑事司法实践中，抢劫罪和杀人、盗窃罪一样仍然是我们经常面对的最严重的暴力犯罪之一。围绕抢劫罪的许多问题，并没有因为它的古老而得到解决，相反，随着社会的发展变革，即使是抢劫的定义和犯罪构成，也出现了不少疑问，❶ 值得作进一步探讨。

---

❶ 考虑到后面章节要对抢劫罪的加重犯分别研讨，本章主要是就抢劫罪的基本罪（法定刑为3～10年有期徒刑）的构成问题进行研究。但少数问题也可能涉及抢劫罪的加重犯。

三、我国刑法理论关于抢劫罪的界定问题

抢劫罪作为一种古老而常见的犯罪，界定其含义似乎不是一个大问题，但归纳林林总总的观点，不同的定义也在一定程度上表现了抢劫罪立法与适用的发展历程。在研究抢劫罪的犯罪构成之前，作为反映抢劫罪最基本性质和特征的抢劫罪的定义，对于最概括性地认识何谓抢劫罪还是具有实践意义的。

（一）刑法教科书中的抢劫罪

关于抢劫罪的定义，刑法学界历来有多种多样的表述。而林林总总的表述实际上都是针对一般抢劫罪，即法定刑为10年以下有期徒刑的抢劫罪的界定，尽管这一点在抢劫罪中并不明显。不妨先看看众多教科书的观点。❶

20世纪80年代初期，高铭暄主编，马克昌、高格任副主编的高等学校法学教材《刑法学》指出："抢劫罪，是指以非法占有为目的，以暴力、胁迫或者其他方法强行将公私财物抢走的行为。"❷ 高铭暄主编，马克昌任副主编的高等学校文科教材《中国刑法学》以及赵秉志、吴振兴主编的高等学校法学教材《刑法学通论》认为："抢劫罪，是指以非法占有为目的，以暴力、胁迫或者其他方法，强行劫走公私财物的行为。"❸ 值得注意的是，后两本教材的不同作者对抢劫罪所下的定义一字不差。类似的定义还有一些，如在苏惠渔主编的高等政法院校规划教材《刑法学》中，"抢劫罪，是指以非法占有为目的，以暴力、胁迫或者其他方

---

❶ 本人从20世纪80年代大学本科开始学习刑法，到后来研究刑法和讲授刑法，接触和阅读了大量刑法教科书。

❷ 法律出版社1984年版，第482页。

❸ 《中国刑法学》，中国人民大学出版社1989年版，第504页；《刑法学通论》，高等教育出版社1993年版，第660页。

法，强行劫取财物的行为"。❶ 陈兴良教授主编的《刑法学》,❷ 以及周光权教授著的《刑法各论》,❸ 对抢劫罪所下定义亦如此。

张明楷所著"九五"规划高等学校法学教材《刑法学》指出："抢劫罪，是指以非法所有为目的，当场使用暴力、胁迫或者其他方法，强行劫取公私财物的行为。"❹ 这个定义之"非法所有"一词有别于其他定义。但张教授在后来的修改版中对抢劫罪定义为："抢劫罪，是指以非法占有为目的，以暴力、胁迫或者其他方法，强取公私财物的行为。"❺ 该定义内容有所变动，且比前者更为简略，如去掉了"当场"一词，基本回归到前述一些传统教材的表述。

何秉松主编的《刑法教科书》指出："抢劫罪，是指以非法占有为目的，当场使用暴力、胁迫或者其他方法强行劫取公私财物的行为。"❻ 曲新久主编的《刑法学》指出："抢劫罪，是指以非法占有为目的，当场使用暴力、胁迫或者其他方法强行劫取财物的行为。"❼ 陈忠林主编的《刑法（分论）》指出："抢劫罪，是指以非法占有为目的，以暴力、胁迫或者其他方法，当场强行劫取财物的行为。"❽ 黄明儒主编的网络教育法学专业系列教材《刑法学》指出："抢劫罪，是指以非法所有为目的，当场使用暴力、胁迫或者其他方法，强行劫取公私财物的行为。"❾ 谢望原等主编的《刑法分论》指出："抢劫罪，是指以非法占有为目的，以暴力、胁迫或者其他方法，当场强行劫取公私财物的行为。"❿ 这几种定义与前面的相比，增加了"当场"一词。

后来，高铭暄、马克昌主编的面向 21 世纪课程教材、普通高等教育"十五"国家级规划教材《刑法学》指出："抢劫罪，是指以非法占有为

---

❶ 中国政法大学出版社 1994 年版，第 568 页。
❷ 复旦大学出版社 2009 年版，第 376 页。
❸ 中国人民大学出版社 2011 年版，第 82 页。
❹ 法律出版社 1997 年版，第 763 页。
❺ 法律出版社 2011 年版，第 850 页。
❻ 中国法制出版社 1995 年版，第 711 页。
❼ 中国政法大学出版社 2011 年版，第 431 页。
❽ 中国人民大学出版社 2011 年版，第 179~180 页。
❾ 湖南人民出版社 2003 年版，第 548 页。
❿ 中国人民大学出版社 2008 年版，第 255 页。

目的,以暴力、胁迫或者其他令被害人不能抗拒的方法,当场强行劫取公私财物的行为。"❶ 该定义将"其他方法"更加具体化,且重新强调了"当场"一词。

上述种种定义都是强调抢劫罪主观方面应当"以非法占有为目的",但也有极少数教科书没有强调这一点,如朱建华主编的《刑法分论》对抢劫罪定义为:"抢劫罪是指对他人暴力、胁迫或者其他强制方法当场强行劫取公私财物的行为。"❷

除了上述教科书以外,其他诸多刑法学著作也对抢劫罪的定义作了不同的表述。比如,有的认为:"抢劫罪,是指以非法占有为目的,使用暴力、胁迫或者其他方法,强行将公私财物当场抢走的行为。"❸ 有的认为:"抢劫罪,是指以非法占有为目的,对财物的所有者、保管者当场使用暴力、胁迫或者其他方法,强行将公私财物抢走的行为。"❹ 有的认为:"抢劫罪,是指以非法占有为目的,用对公私财物的所有人、保管人,或者其他在场人当场实施暴力、以当场实施暴力相胁迫或者采用其他当场侵犯人身的方法,迫使被害人当场交出财物或者当场夺走其财物的行为。"❺ 有的认为:"抢劫罪,是指以非法占有为目的,以暴力或者以当场实施暴力相威胁,或者以其他使被害人不能抗拒的方法,迫使其当场交出财物或者夺走其财物的行为。"❻ 有的认为:"抢劫罪,是指行为人以非法占有为目的,对财物的所有人、持有人、管理人采取暴力、胁迫或者其他的强制性方法,当场夺取其财物或者迫使其交付财物的行为。"❼ 有人认为:"抢劫罪,是指以非法占有为目的,以暴力、胁迫或者其他方

---

❶ 北京大学出版社、高等教育出版社2005年版,第552页。

❷ 法律出版社2011年版,第251页。

❸ 陈兴良主编:《罪名指南》,中国政法大学出版社2000年版,第775页;又,见陈兴良主编:《刑法全书》,中国人民公安大学出版社1997年版,第889页。

❹ 高西江主编:《中华人民共和国刑法的修订与适用》,中国方正出版社1997年版,第594页。

❺ 赵秉志:《侵犯财产罪》,中国人民公安大学出版社2003年版,第45页。

❻ 王作富:"认定抢劫罪的若干问题",载《刑事司法指南》2000年第1辑。又,沈志民在其《抢劫罪论》一书中的主张完全等同该观点,参见该书第39页,吉林人民出版社2005年版。

❼ 张国轩:《抢劫罪的定罪与量刑》,人民法院出版社2001年版,第71页。

法，强行占有公私财物的行为。"❶ 有的认为："抢劫罪，是指以非法占有为目的，以暴力、胁迫或者其他方法，强行劫取公私财物的行为。"❷等等。

综合上述各定义，从时间先后顺序来看，其含义有从来源于罪状的简单概括到逐渐具体、明确和丰富的界定趋势。如果说早期（自1979年《刑法》颁布施行开始）我国刑法学界基本上是在罪状的基础上来界定抢劫罪的话（只是增加了罪状没有的"以非法占有为目的"），那么，随着刑法学研究的不断深化，后来的定义一度除了表述主观特征以外，对于抢劫罪客观上的双重行为的特征的表述也日渐细化，包括受害者的范围、危害行为的方式和行为结果等。再到现在，对抢劫罪的定义似乎又重新回到了简洁化之路。

定义是对某一事物本质上区别于其他事物的根本特征所作的、确切而简要的概括。对一个概念下定义显然不能一刀切地说是简单明了好，还是具体细化好。一种事物的定义不可能也没有必要把该事物本质和非本质的特征全面反映出来。过于简单或者过于细化的表述都容易导致被定义的事物反而难以把握。就抢劫罪而言，上引各定义综合来看主要存在以下问题。

（1）《刑法》第263条罪状中的"其他方法"，是对暴力、胁迫以外的行为方法的一种概括。有的定义试图用"使被害人不能抗拒"来说明"其他方法"的行为特征，有无必要？"不能抗拒"的标准也不甚明确——是客观上被害人确实不能抗拒，还是主观上认为不能抗拒？是以行为人主观认识为标准，还是以被害人主观认识为标准？这种观点可能是受到大陆法系的影响，包括台湾学者也多有此主张。如陈朴生在区别强盗罪与恐吓取财罪时，认为"如其程度，足以抑制被害人之自由意志，致使不能抗拒而取得其财物或为物之交付者，为强盗罪"。❸ 在笔者看来，如此表达，不仅在理论上易产生歧义，在司法实践中操作起来也有较大

---

❶ 最高人民检察院法律政策研究室编著（张穹主编）：《修订刑法条文实用解说》，中国检察出版社1997年版，第346页。

❷ 《中国刑法词典》，学林出版社1989年版，第648页。转引自高铭暄主编：《刑法专论（下编）》，高等教育出版社2002年版，第712页。

❸ 陈朴生编著：《刑法各论》，台湾正中书局1978年版，第310页。

(2) 被害人的范围有无必要具体化？是否需要说明"其他在场人"以及它的具体范围？他们和被抢劫的财物之间是什么关系？在定义中使用词句来说明一种事物的本质特征，应当尽量做到含义清晰明确，否则便不可能达到区分特定事物的目的。把被害对象列举为财物的所有人、持有人、管理人，似乎也没有必要。只要是他人之财物都能成为抢劫的对象。增加"其他在场人"恐怕会使定义复杂化，甚至产生不必要的歧义。

(3) 在抢劫罪中，使用暴力、胁迫或其他方法是否要"当场"进行？取得财物是否要当场实现？回答是肯定的，因为法条描述的罪状足以体现"当场"对于"抢劫"犯罪的必要性。一些定义去掉"当场"，可能是考虑到如今抢劫罪的"当场"已经具有了劫取财物的范围可延伸很广的意义（如在发案现场控制被害人，到其他地方取款）。当然，这里还有一个如何合理解释"当场"的问题。即使"当场"的范围有所延伸，但还是能够把握的。笔者在后文会专门论述这一问题。

(4) 罪状中的"抢劫公私财物"在定义中该如何表达呢？是表述为"将公私财物抢走"或者"强行劫取公私财物"，还是表述为"夺取其财物或者迫使其交付财物"？后面一种表述正如前文（1）中"使他人不能抗拒"的表述一样，大约也是受台湾学者的影响，如台湾学者林山田主张："强盗罪系行为人出于不法之'取得意图'（Zueignungsabsicht），以强暴胁迫或其他不法方法，使他人不能抗拒，而强取其物或财产利益，或逼令他人交付其物或财产利益之财产罪。"[1] 不过，台湾学者的观点中抢劫的对象还包括其他"财产利益"，大陆学者的定义基本上没有如此主张。笔者亦认为，将"抢劫公私财物"表述为"夺取其财物或者迫使其交付财物"是可行的，而把其他"财产性利益"留给适用者解释更加妥当。

另外，有人提出抢劫罪作为财产刑重罪，其定义是否要考虑"数额较大"的标准或者被害人受到伤害程度的问题；不规定，可能导致抢劫极少量的财物，或者致使被害人极其轻微的伤害，却要承受3年以上有

---

[1] 林山田：《刑法特论（上册）》，台湾三民书局股份有限公司1978年版，第257页。

期徒刑。笔者认为，这个问题完全可以交由《刑法》第13条关于犯罪概念的规定来解决。如果行为人只是强索极少量的财物，暴力程度极其轻微，符合"但书"规定的，就可不以犯罪论处。刑法并不能以抢劫到多少数额的财物作为界定抢劫罪的标准，因为抢劫未遂时可能一分钱没有抢到。所以，抢劫罪的定义不必考虑数额大小和暴力威胁的程度问题。至于"以非法占有为目的"对于抢劫罪的定义还是十分必要的。它对于区分不同性质的犯罪，特别是在该罪同时侵犯人身权益的情况下，更具有独特的意义。

由此，抢劫罪应具备以下基本特征：（1）行为人以非法占有他人财物为目的。非法占有，指行为人没有法律根据和合理依据对他人财物进行占有和控制，从而达到使用或处分的目的。（2）行为人当场使用了暴力，或以使用暴力相威胁或者采用其他方法进行抢劫。这是抢劫罪侵犯人身权利的重要标志。（3）行为人当场夺取财物或迫使被害人交付财物。这是对劫取财物的要求，即财物能被行为人当场占有、携带或者移转。为此，笔者主张对抢劫罪作这样的定义：抢劫罪，是指以非法占有为目的，采用暴力、胁迫或者其他侵犯人身权利的方法，当场夺取他人财物或者迫使其交付财物的行为。

（二）界定抢劫罪的实践意义

在整体上，抢劫罪是侵犯财产罪中危害性最大、性质最严重的犯罪，而抢劫罪的上述定义，对于认识抢劫罪的罪与非罪具有重要意义。为进一步理解这个定义、界分实践中的罪与非罪，对下面两个问题有必要结合案例加以认识。

1. 界分抢劫罪是否需要考虑行为的数额、情节或者动机问题

如上所述，抢劫罪的定义与我国《刑法》第263条的规定保持一致，并未要求抢劫财物"数额较大"或"情节严重"。但是，这并非意味着采用很轻微的暴力、胁迫手段，夺取了他人数额很小的财物，也构成抢劫罪。在司法实践中，未成年人为抢劫少量财物（如强索学习文具，抢吃少量食品等），使用了轻微暴力的案件时有发生，一般也并未作犯罪处理。之所以如此，是因为根据我国《刑法》第13条的规定，"情节显著轻微危害不大的，不认为是犯罪"，只有社会危害性达到相当严重的程

度，才能当犯罪处理，这是刑法总论一般原理的要求，对抢劫罪也不应例外。并且，抢劫罪是一种侵犯财产的犯罪，侵犯财物数额大小，对决定其社会危害性程度具有重要意义。如果行为人主观上只想夺取价值数额很小的财物，即使采用的暴力手段对被害人造成了重伤的后果、有必要当犯罪处理，也可按故意伤害罪定罪处罚，而不宜定为抢劫罪。因为其罪质不是侵犯财产权利，而是侵犯人身权利。

【案1】被告人王某骑摩托车途经某村，见四下无人，将村中散养鸭子抓了一只，企图送到烤鸭店换只烤鸭吃。鸭子被抓后鸣叫，主人刘某从家中赶出来，要求王某放下鸭子，王某不想丢掉刚到手的鸭子，便下车拿起地上的一块石头威胁对方，刘某便高声邀集同村村民抓贼，王某见势不妙，丢下鸭子仓惶逃跑，途中被追赶的村民抓获，扭送至公安机关。

综合本案行为人王某实施危害行为的事实和情节，不宜定为抢劫罪，可予以适当的治安处罚。

【案2】2009年9月的一个凌晨，被告人彭某与王某携带手电筒、剪刀等工具来到庐山附近某县城。王某望风，彭某用找来的竹竿从居民李某卧室内挑出一条长裤，见口袋内无钱财，彭某又用剪刀剪卧室纱窗，此时被李某夫妻发现并出门欲抓彭某。为逃避抓捕，被告人对失主叫嚷："你们抓我，我今后要报复的。"双方在争斗中，失主李某手被作案工具剪刀划伤，但仍将彭某抓获并送至派出所。

对本案的定性，有转化型抢劫、盗窃未遂和无罪三种观点。被告人从室外实施盗窃时只盗得一条普通长裤，显然不构成"数额较大"，也就不成立盗窃罪（未遂）；而且被告人并没有以暴力伤害失主的意图，只是为了摆脱抓捕、尽快逃走，挣脱过程中碰伤了失主的手；其实施的暴力或者暴力威胁程度比较轻微，犯罪情节也谈不上严重，危害不大；所以，同样不认定为是犯罪行为为妥。

另外，实践当中，抢劫犯罪的动因多种多样；有的动因可以成为同情犯罪人的要素，也可以此反思相关社会问题和犯罪人的人身危险性大小,但不是刑法规定的抢劫罪的构成要件。严格说来,属于犯罪学的内容。如某青年因没有工作饥饿难耐,遂窜进一家超市,抢劫了价值19.5元的饼干和可乐等财物,法院依然以抢劫罪判决其有期徒刑3年,并处罚金6 000元。❶

【案3】王某大学毕业后于2007年到北京工作,一直住在亲戚家。2008年10月王某失业,他不敢和家人说没了工作,便每天早上出门到西单图书大厦看书,晚上才回家。不久,王某的母亲打电话告诉王某其父亲病重,让他回家。此时王某已身无分文,亲戚家也不富裕,他不好意思开口借钱,便动了抢劫的邪念。2009年2月19日凌晨,王某怀揣一把瑞士军刀,来到北京西客站,准备抢到钱后马上买票回家。在附近一小区内抢走一女子挎包后,被听到女子呼救声赶来的群众当场抓获。事后警方发现,被抢女子包中仅有4元人民币及一瓶矿泉水。后王某被丰台检察院以涉嫌抢劫罪批捕。❷

2. "以非法占有为目的"作为抢劫罪主观方面的重要构成要素,❸应该与民法中的非法占有相区别

不能把民事法中的非法占有,或者违反合同的占有意图等同于抢劫犯罪的非法占有。

在关于抢劫罪的诸多定义中,绝大多数观点强调了"以非法占有为目的"这一要素,这也是抢劫罪的主观方面构成要件的必然要求。抢劫罪是直接故意犯罪,其侵财的目的性最强,明知是不归其所有的财物,而故意以暴力、胁迫或者其他方法实施控制、占有,并以所有人的身份对该财物进行利用或者处分。如果行为人主观上并没有认识到他的行为所侵犯的是他人的财产,也不希望将这项财产转归己有,就不能构成抢

---

❶ 王丽娜:"青年因饥饿抢饼干等获刑3年所抢物品值19.5元",载《京华时报》2010年6月8日。

❷ 于杰、范佳:"失业男子抢4元钱被捕因无钱买票回家探望病父",载《京华时报》2009年3月18日。

❸ 有学者称为"主观的超过要素"。周光权:《刑法各论》,中国人民大学出版社2011年版,第85页。

劫罪。以非法占有为目的,包括两个方面内容,一是行为人明知该财物不归其所有,二是意图非法占有该财物。如果行为人虽然在客观上实施了暴力或胁迫行为,但其主观上并不明知是他人财物,就缺乏非法占有目的的主观认识因素,并进而缺乏非法占有目的的主观意志因素;就不能认为具有抢劫他人的犯罪故意,就不能构成抢劫罪。而且,这一点,并不因财物的实际权属是否发生改变。

当然,本书把以非法占有为目的放在抢劫罪的界定中论述,而不是置于后面的犯罪构成中,主要是想强调,对抢劫罪概念的理解与犯罪构成并不矛盾。而且,在法理上,犯罪构成是对犯罪概念的具体化,把握犯罪的概念离不开犯罪构成的内容。这也许是理解刑法分则规定的具体犯罪(或者罪名)的一种尝试吧。

学界曾讨论过这样一个典型案例:在深夜的乡间小路上,一个蒙面持刀人突然从路旁玉米地蹿出来,拦住了一个骑车的姑娘,姑娘连人带车摔倒在地。蒙面人持刀手指玉米地喝令:"起来!进去!"姑娘取下手表、项链递过去求饶。蒙面人一把抢过手表和项链,并拽着姑娘往路边拖,姑娘猛地挣脱,高呼"救命",向前跑去。蒙面人正要追赶,却见一摩托车开过来,他赶紧钻进了玉米地。驾摩托车的青年遇到姑娘问明情况后,立即弃车追赶蒙面人。不多时,将蒙面人等三人推出庄稼地,后带至派出所。经询问查清,此三人都系爱好文学,为了体验生活,编写出惊险小说,经构思和安排,演出了刚才这场闹剧。

赵秉志教授认为,如果该案证据确凿,证明这三人确是为体验生活而排演这件"劫案"的,那么就不能将该案认定为抢劫罪,因为行为人客观上虽然有暴力和胁迫夺取他人财物的行为表现,但其主观上,并不具有非法强行占有他人财物的真实目的。如果该案的暴力和胁迫夺取财物行为造成了骑车姑娘的人身伤害,则行为人应对伤害负相应的刑事责任;如果未造成伤害,则应当予以治安管理方面的处罚或批评教育。❶

笔者亦同意这一观点。但想强调的是,本案中行为人不构成抢劫罪的关键在于,行为人虽然具备"明知是不归其所有的公私财物"的主观

---

❶ 赵秉志主编:《侵犯财产罪研究》,中国法制出版社1998年版,第54~55页。

认识因素，但是缺乏"非法占有他人财物"的主观意志因素。对于抢劫罪而言，必须同时具备这两个因素，才能完整地构成其主观要件。本案中，行为人的主观目的是体验生活而导演一起虚假的抢劫案，从根本上不符合抢劫罪"以非法占有为目的"的主观特征。因此，行为人在这种心理和意图支配下的客观行为，无论与抢劫罪多么相像，也不能认定为抢劫罪。

在高铭暄教授主编的《刑法专论》中有这样一个案例：被告人张某有一天到其哥哥家，见嫂子在哭，问其为什么哭。嫂子说：刚才你哥喝醉了，方某和武某来向你哥要账，你哥还给武某170元；姓方的说，你哥也欠他50元，你哥喝得醉醺醺的，就给了他50元；实际上，咱们只欠姓武的钱，不欠姓方的钱，这钱你去给要回来。张某认为哥哥受了损失，就去供销社（方某所在单位）去找方某。在路上遇见其表弟苏某，要苏一同去。张和苏又分别找来自己的弟弟一起去追方某，在途中追上了方某和武某。张某对方某说：方大哥，我哥不欠你的钱，你把那50元还给我。方不给，双方争执起来。在争执中张和苏把方某按倒在地，苏某从方的口袋里掏出40元，顺手打了方某两耳光，然后就走开了。这个案件的审判情况是：一审法院以抢劫罪判处张某有期徒刑1年，苏某免予刑事处分。被告人不服提起上诉。后二审法院撤销原判，宣告被告无罪，理由是张某确实以为方某骗了他哥哥的钱，他要替哥哥追回来，并无非法占有方某钱财的故意。《刑法专论》认为，"二审判决是正确的"。[1]

在司法实践中，还经常发生因民事纠纷引起的强行抢走对方财物的案件，对此亦不可轻易定抢劫罪。比如，因为婚姻、家庭纠纷，一方抢回彩礼、陪嫁物，或者强行分割并拿走家庭共有财产的，即使抢回、拿走的份额多了，也属于民事、婚姻纠纷中处理方法不当的问题，不具有非法强占他人财物的目的，不宜定抢劫罪。为子女离婚、出嫁女儿暴死等事情所激怒，而纠集亲友多人去砸毁对方家庭财物，抢走部分财物，属于婚姻家庭纠纷中的泄愤、报复行为，一般应做好调解工作，妥善处理，也不要作为抢劫论处。再如，丈夫发现妻子与他人通奸，一气之下

---

[1] 高铭暄主编：《刑法专论（下编）》，高等教育出版社2002年版，第728~729页。

实施暴力抢走奸夫的财物；双方合伙做生意，一方发现另一方占了便宜，为此使用暴力抢走对方的财物。这些案件，表面上似乎符合抢劫罪的定义，但在本质上，行为人往往不具有非法占有他人财物的主观恶意，并且还有某种可以为社会公众所谅解或者认同的"缘由"。只要没有造成人身伤害等严重后果，都只能按一般违法行为处理。

【案4】某日，被告人王某与李某、吴某、宋某等人一起在宾馆赌博。王某输掉了2万元赌资，李某赢了其中的1.5万元。第二天，被告人王某听说李某在赌博中出"老千"作假，便找到李某，责问李某在赌博中作假，骗取了自己的1.5万元，要求李某归还其输掉的钱。李某否认在赌博中作假，不同意还钱。后来王某又多次听说李某在赌博中出"老千"作假，因此他更相信李某骗了他的钱。几天后，被告人王某和被告人许某、谢某一起喝茶，王说自己赌博输给李某1.5万元，李某在赌博中作假。于是三被告人乘车来到宾馆找到李某，指责李某赌博作假，一定要其归还王某1.5万元，遭到李某的拒绝。三被告人便对李某进行殴打。李某被打后，即打电话叫人送来1.5万元现金，交给了王某。王某拿到钱后，三被告人一起乘车逃离了宾馆。李某身上的金项链和手机未被抢走，当时现场还有几名李某的朋友在场。经法医鉴定，李某为轻微伤。

这是一起发生在最高人民法院2005年《审理抢劫、抢夺案件的意见》出台前的案件。对本案的处理，有的观点主张构成抢劫罪，而多数意见认为，三被告人的行为不构成犯罪。因为三被告人主观上只是在索回王某在赌博中被骗取的赌资，其索要财物的对象特定、数额特定，不具备犯罪构成的构成要件。依据2005年《审理抢劫、抢夺案件的意见》之七"关于抢劫特定财物行为的定性"之规定，抢劫赌资、犯罪所得的赃款赃物的，以抢劫罪定罪，但行为人仅以其所输赌资或所赢赌债为抢劫对象，一般不以抢劫罪定罪处罚。构成其他犯罪的，依照刑法的相关规定处罚。

【案5】26岁的小芸在上海市静安区一家美甲店上班。2011年7月13日凌晨，她下班回到住所门口时，被一名陌生男子捂住嘴推倒在地。

该男子随即抢走了小芸的背包。由于小芸紧追不舍,抢包男子把包扔在地上后逃走。等小芸拿回自己的背包,却发现包里的现金、手链等都在,唯独一部旧手机不见了,于是立即报案。警方侦查发现,被抢的手机一直在向周围人频发短信,询问一个叫"李燕"的人的下落,而"李燕"正是小芸的表姐。很快,警方抓获了抢包的男子卢某。此前,小芸曾听表姐介绍过自己的男友卢某,也曾在QQ里与他聊过天,但她想不明白,曾经的准姐夫为何要在深夜抢她的旧手机?卢某到案后供述,他所做的一切都是为了寻找不辞而别的恋人李燕。33岁的卢某原在工作中和李燕确立了恋爱关系,还将自己积蓄的30余万元都用在了李燕身上。然而,就在订婚前夕,两人却因琐事发生争吵,李燕一气之下离开了北京。后卢某一心找寻女友的下落。在万般无奈下,卢某想到李燕有个表妹,也见过其照片,于是就用李燕的QQ号和小芸聊天,得知了其工作单位和电话。卢某希望小芸能帮他找到李燕,小芸曾尝试帮忙,但也始终联系不上李燕。可另一边卢某却不停地打小芸电话求助,不胜其扰的小芸只好拒接电话。眼看电话联系不到,卢某便乘车来上海,希望见小芸一面。一下火车他就赶到小芸工作的美甲店,并发生了先前的一幕,并用这个抢来的手机陆续发了多条短信打听李燕的下落。经审查,检察机关认为卢某以非法占有为目的,以暴力方法抢劫他人财物,以涉嫌抢劫罪对卢某提起公诉。❶

【案6】2005年8月,李某向某工程机械厂购买一台铲车。双方约定:总价款15万元,分三期支付;厂方交货时李某首付6万元,2005年11月底二期付款3万元,2006年2月底三期付款6万元;厂方在收到第三期付款后向李某交付购车发票等相关票证,以便李某办理车辆登记过户手续。双方还约定,如果李某任何一期付款超期10天,厂方有权在通知李某的情况下取回铲车。合同签订后,李某如期支付了前两期款项,但未按期支付第三期款项。2005年11月,李某因欠张某货款,便将该铲车抵债给了张某。张某使用该铲车2个多月后,又将该车卖给了杜某。

---

❶ 姚克勤:"女友订婚前突失联 男子深夜抢劫女友表妹求线索",载《新闻晨报》2011年12月21日。

该铲车在两次买卖中一直未办理过户手续。2006年3月20日凌晨,厂方在未通知李某的情况下,派刘某等几人找到了杜某的工地。刘某等人告诉看工地的老头王某:"这车是合肥某工程机械厂的,因钱没有给完,我们要把车开回去。"王某说:"你们给我老板说,我是看场子的……"没等王某说完,刘某等人便一拥而上把王某捆绑起来,用毛巾塞住嘴,并把王某推上铲车。当该铲车行驶到离工地约50公里处时,刘某等人便给王某松绑,让他下车,并给他100元钱作为路费。王某回来后将情况告知杜某。❶

对于本案,一种意见认为,刘某等人的行为构成抢劫罪,因为铲车出卖后,厂方不再享有占有权、使用权和收益权;刘某等人以暴力方式强行劫取铲车,是对杜某占有权、使用权、收益权的侵犯,在主观上具有非法占有的目的。第二种意见认为,如果刘某等人知道铲车已转卖给杜某,其行为构成抢劫罪;如果刘某等人不知道铲车已转卖给杜某,其行为不构成抢劫罪,因为按照合同约定,厂方有权取回自己的铲车。第三种意见认为,刘某等人的行为不构成抢劫罪,因为刘某等人不具有非法占有的目的。笔者认为,按照我国的法律规定,机动车是指为动力装置驱动或者牵引、上道路行驶的供人员乘用或者用于运送物品以及进行工程专项作业的轮式车辆。机动车虽然属于动产,但在管理上是按照不动产进行管理——车辆所有权的转移采取登记生效主义,即车辆买卖必须办理过户登记,否则不发生所有权转移的效力,如《道路交通安全法》第8条明确规定:"国家对机动车实行登记制度。"铲车无疑属于机动车范畴,应实行登记制度。本案李某由于未支付第三期款项而未能获得购车发票等相关票证,无法办理车辆过户手续,因此不能取得铲车的所有权。尽管在合同履行期间,李某将该铲车抵给了张某,后张某又卖给了杜某,然而杜某对该铲车只享有占有、使用和收益的权利,而不享有所有权(即使杜某是善意的,也无法善意取得车辆所有权)。因此,厂方始终是该铲车的所有权人。按照原合同约定,只要李某没有及时支付款项,

---

❶ 高西红:"厂方以暴力方式取回铲车是否构成抢劫罪",载《检察日报》2006年5月18日。

厂方就有权收回铲车。虽然刘某等人取回铲车的方式不当，并给王某个人造成了一定的损害，但其是代表厂方取回铲车，是行使合同约定的权利，主观上遂不具有非法占有目的，因而其行为不构成抢劫罪。本案中，如果刘某等人捆绑王某的情节达到一定恶劣程度，则可能构成非法拘禁罪。

【案7】2008年5月刘某借给雷某2万元，双方约定期限1个月。到期后，刘某多次向雷某催要，雷某均以做生意资金周转不开为由拒不偿还。2010年3月8日上午，刘某见雷某走进一储蓄所，便跟随入内，在雷某办完手续后，向其催要欠款。雷某称他替姐姐取了1万元钱有急事用，并保证欠款3天后偿还。刘某让其先还1万元，雷某不同意，刘某便朝雷某胸部打了一拳，将其推倒在储蓄所内的沙发上，强行掏走雷某刚取出的1万元，并写下一张"收到雷某还款壹万元"的收条。此时，储蓄所员工打电话报警，后公安机关将刘某抓获。经查实，雷某的确是用其姐的存折及证明为其姐取款1万元。

对于本案，有的认为，刘某在向雷某催要欠款时，雷某已经声明该款不属于他所有，刘某应当明知其行为会侵犯他人的财产所有权，仍采取暴力手段，强行劫取雷某1万元人民币，其行为已构成抢劫罪。另一种意见认为，刘某是向雷某催要合法债务，其采取的手段虽有不妥，但主观上不具有非法占有他人财物的目的，其行为没有社会危害性，不构成犯罪。笔者认为，债权人采取暴力或胁迫等方法强行索取债务人财物用以抵偿债务的行为与抢劫罪的客观方面较为一致，但与抢劫罪在性质上是不同的。从民事法律规定看，合法的债权债务关系受到法律保护。债务人不履行义务，本身存在过错；债权人采取暴力或胁迫等方法索要债务，手段虽然不合法，但毕竟是为了实现自己的债权，主观上不具有非法占有他人财产的目的，缺少构成抢劫罪的主观要件。因而，对此行为不宜以抢劫罪论处。如果债权人在讨债过程中的暴力行为严重侵犯了公民的人身权利，导致对方人身伤害（轻伤以上）、死亡或者其他严重后果，构成犯罪的，可分别以故意伤害罪、故意杀人罪等侵犯公民人身权利罪定罪处罚；对于情节显著轻微、危害不大的，一般不以犯罪论处。

本案，刘某和雷某存在合法的借贷关系。刘某采取暴力手段劫取雷某取出的1万元存款，并当场写了收据，表明刘某的行为仅是为了讨回其合法债权，并无非法占有目的。刘某的行为虽然侵犯了第三人的财产权利，但不能理解为其主观上具有非法占有他人财产的目的。刘某虽然殴打了雷某，在一定程度上侵犯了雷某的人身权利，但情节显著轻微，危害不大，可不认为是犯罪。

【案8】王某、李某二人素有业务来往。2010年8月的一天，王某因李某长期拖欠货款不还，遂纠集多人到李某所经营的商店强行讨债。商店营业员告知王某该商店已被李某转让他人，店内货物并非李某所有。王某认为营业员是在欺骗自己，遂指挥随从人员将营业员拉开，强行将店内价值两万余元的货物（与李某所欠货款大抵相等）搬走。事后，该商店的经营者刘某找到王某，要求王某归还被抢走的货物，而王某虽明知所抢货物的所有权人是刘某而非李某，但拒绝归还，声称只有李某还债后，才能将货物返还刘某。

分歧意见：一种意见认为，王某的行为已构成抢劫罪。另一种意见认为，王某的行为不构成抢劫罪。在实施"劫取"财物的当时，王某并没有非法占有他人财物的故意；之所以"劫取"他人财物，是出于对对象的认识错误，在罪过形式上充其量只是过失。王某的行为不应作犯罪处理。至于在知道真相的情况下，仍拒不归还财物属于民法上的不当得利，应通过民事诉讼解决。第三种意见认为，本案王某"劫取"他人财物占为己有的行为可分为两个阶段：在主观上，一定的认识和意志只能支配其后发生的行为，而不可能影响在其产生前已经存在的行为的性质。作为刑事责任主观基础之一的故意，只能是事前故意和事中故意。事后故意本身就是一个不科学的、应予摒弃的概念。第一种观点以事后的故意来解释先前的行为，无疑违背了主客观相一致的定罪原则和因果关系规律，是错误的。第二种观点虽然认识到第一种观点的误区，但认为王某的行为不构成犯罪却也失之片面。"事后故意"劫取他人财物固然不能以抢劫罪论处，但在明知其劫取的财物属刘某所有而非法占有、拒不归还的行为却并非不当得利这种民事违法行为。其行为已构成了我国刑法规定的侵占罪。侵占罪是指以非法占有为目的，将为他人保管的财物或他人的遗忘物、埋藏物占为己有，数额较大且拒不归还的行为。本案中，王某在基于认识错误而过失"劫取"他人财物后，已经与财物所有权人之间形成了一种"代为保管"的关系，这种关系虽非基于委托，但已形成了事实上的管理。在这种情况下，王某产生非法占有的故意，拒不交还他人财物，直接侵犯了他人的财产所有权。从犯罪构成上看，王某的行为已完全符合了侵占罪的构成要件，应以侵占罪定罪量刑。

【案9】2007年3月，家住临沂的王某与江苏的客户张某签订了价值5万元的买卖合同，张某当时付现金3万元，余款未付。期间王某曾多次向张某催款，张某以无钱为由推托。2008年11月的一天，王某去张某所在地索要欠款，张某仍称没有现金，让改日再来，并拉开其公文包让王某看。王某考虑来回路途及费用支出，非常生气，趁张某不注意，将其包内的一张3.5万元欠条抢走。在双方争夺欠条过程中，张某还受轻微伤。王某回家后，打电话给张某，让其拿钱赎欠条。张某向当地公安机关报案。次日，公安机关将王某拘留，后移送检察机关向法院提起公诉。

本案应如何定性，有两种截然不同的意见：有罪说认为，构成抢劫罪，也有说构成抢夺罪，我国也有过这样的案例；非罪说认为，王某的行为不构成犯罪。后者的理由是：王某与张某之间的法律关系是一种因合同而引起的债权债务关系；王某抢走张某的欠条，其主观目的是为了让张某自动履行债务而产生精神上的压力，是实现债的一种自力救助行为，并没有给张某造成现实损失，只不过方式上过激，且没有及时向法院申请援助；张某即使不履行债务，也可以要求王某返还欠条，或通过法律途径行使返还请求权；第一种意见的错误之处在于忽视了王某与张某之间的法律关系的本质、纠纷的起因及王某的主观目的。

笔者认为，王某与张某之间存在合法的债权债务关系，由于张某不归还欠款，王某将其欠条非法占有，以此要求张某偿还欠款，其行为是一种不合法的私力救济行为，但并不触犯刑法关于抢劫罪和抢夺罪的规定，王某与张某之间的纠纷为民事纠纷，王某的行为不构成犯罪。至于双方在抢夺欠条时致张某受到轻微伤害，属于情节显著轻微的危害行为，且张某有过错在先，不能以此作为侵财犯罪的"暴力行为"。虽然我国法律除了有正当防卫和紧急避险制度外，没有明确规定私力救济等正当性行为，但在理论和实践中，还是承认一定的私力救济制度的。即在当事人自身的权益遭受侵害后，在合理范围内，当事人有权依据自己或他人的力量实现与受损程度相当的补偿，防止更大损害的发生。不过，私力救济更应该把握对抗的程度，防止造成过度损害，否则要承担相应的法律责任。

【案10】2009年7月25日晚，马某得知在某酒店上班的女友张某前一日被邵某带至宾馆"包夜"，但邵未付2 000元"包夜费"。26日凌晨，马某伙同岑某、冉某、谭某在邵某住宿的某宾馆房间，根据事先的分工，马某和岑某持刀控制住邵某，冉某将邵的同伴按压在床上；期间，马某持刀刺中邵某肩部并致出血。马某等人以索取张某"包夜费"4 000元，以及岑某等"出场费"1 700元的名义，当场从邵处劫得5 700元，后将被单撕条后捆绑邵等人的手脚，逃离现场。法院以抢劫罪对马某等人定罪量刑。

本案中，马某等人暴力索取的"包夜费"是否属于行使合法权利成了本案定财产类犯罪的关键。嫖资在我国民法上显然属于非法的债务或无效的债权（实践中只是在诉讼上不能实现，而其对卖淫女而言事实上具有金钱价值）。如果嫖客拒付嫖资，卖淫女单纯索要嫖资的行为作为其认为的主张权利行为，虽然非法，一般不构成财产类犯罪。就本案而言，马某等人索要的钱款远高于所谓的"包夜费"，其主张权利的行为在主观上已经具有借机非法占有他人财物的犯罪目的。在客观上马某等人的手段行为符合抢劫罪所具备的当场实施暴力、胁迫和当场取得财物这两个条件。所以，对本案行为人定抢劫罪主要在于，其强行抢回的钱款已经不是嫖资即"包夜费"了。退一步说，假若马某等人仅是单纯的暴力索取原先说好的"包夜费"，还能否定抢劫罪呢？笔者以为，财产利益无论合法与否，刑法默认这样的权利主张或占有，比如为索取债务而非法扣押、拘禁他人的，不论债务合法与否，仅定非法拘禁罪而不定财产类犯罪，因为这种有因行为在主观上排除了对于重罪的违法性。基于上述分析，单纯暴力索取"包夜费"的行为定抢劫罪或其他类的财产类犯罪就不妥当。如果其暴力行为触犯了其他法益，按其手段行为定故意伤害罪、故意杀人罪，抑或是非法拘禁罪、非法侵入住宅罪等。

【案11】2001年4月3日晚，永登县农民鲁某伙同其弟鲁甲、鲁乙（在逃），叫上马某，谎称给鲁某"帮忙搬家"。他们租车至窑街矿务局三矿塌陷区马某煤场办公室，搬走"长虹"彩电一台、VCD影碟机、功放机等物，总价值2 995元。2001年4月15日，马某和鲁甲、鲁某被兰州市公安局红古分局认定涉嫌入室抢劫刑事拘留。同年5月7日，被红古区人民检察院批捕，并向红古区人民法院提起公诉。2003年8月6日，红古区人民法院开庭审理此案。鲁甲在法庭上说，马某是他叫上给他哥帮忙搬家的。马某也说："我啥都不知道，鲁甲叫我是给他大哥帮忙搬东西的。"法院审理认为，公诉机关指控马某犯抢劫罪，因马犯罪主观故意不明、证据不足，指控的罪名不能成立，遂判马某无罪。马某被当庭释放。后马某得到了被错误逮捕羁押852天限制人身自由赔偿金5.43万元。[1]

这起案件涉及数额巨大。本案法院判决马某无罪，就是基于不能认定马某有非法占有他人财物的故意。这里的占有当然不是仅仅指行为人本人占有，帮助他人非法占有也是这里的主观故意所包含的。本案关键在于马某是否知道他人具有非法占有被害人财物的故意。该案的判决认同了实践中也许的确存在"帮助"他人公然的犯罪，自己却全然不知的"傻人"。对于他们，法律可予以谅解。当然，这些都需要证据加以证明。

---

[1] "刑事责任不能'客观归罪'"，载http://www.sina.com.cn，2006年8月28日访问。

第二章 抢劫罪的犯罪构成（一）

犯罪构成是犯罪论的核心问题。近些年来，我国刑法学界对犯罪构成的研究可谓层出不穷，硕果连连。一些以犯罪构成为题的博士论文也不少。虽然在总体上，刑法分论的研究缺乏与总论的结合仍然是我国刑法学研究的憾事，但从具体犯罪的犯罪构成来看，一些总论的研究成果开始在刑法分论中显现，如我国刑法教科书对抢劫罪的构成要件的介绍，明显出现了新的变化。其中主要是对构成犯罪的主客观要件进行重新排列，有些观点不再提"犯罪构成"，而是直接论及犯罪的客观要素和主观要素。

归纳起来，这些变化大致可划分为两大类：一是传统犯罪构成四要件理论有所变化。虽然一些教科书仍然坚持传统理论，对抢劫罪的构成特征分客体、客观方面、主体和主观方面进行论述，❶但有的是依照主体、主观上、客观上和侵犯客体的顺序论述的，❷还有的是依照客观方面、主体、主观方面和客体进行论述的。❸不过它们的具体内容大同小异，区别不大。二是改变了传统四要件的理论，吸收大陆法系构成要件理论体系，但论述方式也各有不同。如有的把抢劫罪的犯罪构成分为"构成要件"和"责任要素"。前者的内容是指当场使用暴力、胁迫或者其他强制方法，强取公私财物；前为手段行为，后为目的行为。后者是

---

❶ 如高铭暄、马克昌主编，赵秉志执行主编的《刑法学（第二版）》，北京大学出版社、高等教育出版社2005年版，第552~555页；王作富主编：《刑法（第四版）》，中国人民大学出版社2009年版，第442页；陈忠林主编：《刑法（分论）（第三版）》，中国人民大学出版社2011年版，第180~181页。

❷ 赵秉志主编：《当代刑法学》，中国政法大学出版社2009年版，第621页。

❸ 谢望原、郝兴旺主编：《刑法分论》，中国人民大学出版社2008年版，第255~258页。

指除故意外，还要求具有非法占有目的。❶ 有的没有使用"犯罪构成"一词，而是把"保护法益"与"客观要件"和"主观要件"三者并列加以论述。❷ 有的也未使用"犯罪构成"，而是依照行为、对象和故意的顺序将三者并列论述。❸ 有的则是划分为客观的构成要素（包括主体、对象和行为）和主观的构成要素。❹ 还有的是分为"客体""对象""行为""故意"四个部分。❺ 不过，这些不同变化更多的只是形式上的调整，实质变化不大。可能这与我们在传统文化背景下分析案件的思维方式不无关系。

如今，回顾和总结我国刑法学界对抢劫罪构成要件的论述，并结合司法实践中存在的问题，不难发现，在抢劫罪的构成要素中，关于抢劫罪的主体和主观故意的认识比较一致，而对危害行为和侵害对象的争论最大，它们也是研究抢劫罪犯罪构成的重点和难点。因此，本书论述抢劫罪的犯罪构成主要分行为和对象两大部分。本章主要论述危害行为，即抢劫罪的实行行为。在此之前，就抢劫罪主体的几个问题先作简要探讨。

一、抢劫罪的主体

抢劫罪的主体本为一般自然人主体，即年满 16 周岁以上，具有刑事责任能力的自然人。但由于抢劫罪的严重社会危害性，我国《刑法》第 17 条第 2 款又规定"已满十四周岁不满十六周岁的人"犯抢劫等罪应负刑事责任。对此一般并无争论。但问题是，我国《刑法》第 269 条关于转化型抢劫的规定是："犯盗窃、诈骗、抢夺罪，为窝藏赃物，抗拒抓捕

---

❶ 张明楷：《刑法学（第四版）》，法律出版社 2011 年版，第 850~853 页。

❷ 周光权：《刑法各论（第二版）》，中国人民大学出版社 2011 年版，第 82~85 页。

❸ 陈兴良主编：《刑法学（第二版）》，复旦大学出版社 2009 年版，第 376~380 页。

❹ 曲新久主编：《刑法学（第四版）》，中国政法大学出版社 2011 年版，第 431~432 页。

❺ 阮齐林：《刑法学》，中国政法大学出版社 2011 年版，第 525~526 页。

或者毁灭罪证而当场使用暴力或者以暴力相威胁的,依照本法第二百六十三条的规定定罪处罚。"转化型抢劫的犯罪主体似乎成为了一种特殊身份的主体。由于14~16周岁的人对其实施盗窃、诈骗、抢夺等行为本不负刑事责任,一旦遇到该年龄段的行为人先实施盗窃、诈骗、抢夺犯罪,后为窝藏赃物,抗拒抓捕或者毁灭罪证而当场使用暴力或者以暴力相威胁的,是否可适用《刑法》第269条转化抢劫呢?可能是受到前行为不要求构成盗窃、诈骗、抢夺犯罪的司法解释的影响,❶在2006年之前,司法实践中作出了肯定回答,如下面就是一起不满16周岁的未成年人犯转化型抢劫的案例。

【案12】被告人姜某,男,1986年6月30日生,汉族,初中文化程度,无业。2002年3月13日晚7时许,被告人姜某在上海市浦东新区某地乘被害人不备,抓住被害人孙某的左手腕,抢夺得被害人手中的三星牌388型移动电话1部,价值人民币3 777元。之后,姜乘出租车逃跑,被害人孙某亦乘出租车紧追其后。至浦东新区某十字路口时,被告人姜某下车继续逃跑,并用路旁的水泥块砸向协助抓捕的出租车驾驶员严某头面部,致严某头面部多处软组织挫伤,鼻骨骨折,经鉴定,该伤属轻伤。上海市某区人民法院认为,被告人姜某以非法占有为目的,趁人不备,公然夺取他人财物,价值人民币3 000余元,数额较大;被告人姜某在逃跑途中,为抗拒抓捕而实施暴力,将协助抓捕的人员砸成轻伤,其行为已构成抢劫罪,依法应予处罚。鉴于被告人姜某犯罪时不满16周岁,系初犯,案发后认罪悔罪态度较好,故依法予以减轻处罚。遂依法判决被告人姜某犯抢劫罪,判处有期徒刑1年6个月,并处罚金人民币500元。一审宣判后,未发生上诉和抗诉,判决发生法律效力。❷

---

❶ 参见最高人民法院、最高人民检察院针对四川省高级人民法院和四川省人民检察院的有关请示,于1988年3月16日作出的《关于如何适用刑法第153条的批复》。
❷ 陈建明、汪鸿滨:"姜某抢劫案——不满16周岁的人犯抢夺罪为抗拒抓捕当场实施暴力致人轻伤的如何处理",载《刑事审判参考》2002年第5辑(总第28辑)。

对于这个问题的争论，不能不提最高人民检察院和最高人民法院所持的不同意见。2003年4月18日，最高人民检察院研究室《关于相对刑事责任年龄的人承担刑事责任范围有关问题的答复》（以下简称2003年最高检《关于相对刑事责任年龄的答复》）第2条规定："相对刑事责任年龄的人实施了刑法第二百六十九条规定的行为的，应当依照刑法第二百六十三条的规定，以抢劫罪追究刑事责任。但对情节显著轻微，危害不大的，可根据刑法第十三条的规定，不予追究刑事责任。"这似乎肯定了相对刑事责任年龄的人可以成立转化型抢劫。而鉴于抢劫罪系处罚较重的罪行，为了进一步落实挽救、教育违法青少年，保护未成年人权益的刑事政策，最高人民法院2006年1月施行的《关于审理未成年人刑事案件具体应用法律若干问题的解释》（以下简称2006年最高法《关于未成年人刑事案件的解释》）第10条第1款却规定："已满十四周岁不满十六周岁的人盗窃、骗、抢夺他人财物，为窝藏赃物、抗拒抓捕或者毁灭罪证，当场使用暴力，故意伤害致人重伤或者死亡，或者故意杀人的，应当分别以故意伤害罪或者故意杀人罪定罪处罚。"该规定似乎又排除了该年龄段的行为人实施《刑法》第269条规定的前行为不能转化为抢劫罪。至此，构成转化抢劫的主体似乎重新"回归"为16周岁以上的行为人。无论是从理论还是司法实践看，对于该问题的争论至今并未结束。

在理论上，有学者认为，已满14周岁不满16周岁的人，如果其行为不能成立盗窃罪、诈骗罪、抢夺罪，就不成立抢劫罪的主体。14～16周岁的未成年人，即使盗窃、诈骗、抢夺数额特别巨大的财物，事后使用暴力窝藏赃物、抗拒抓捕、毁灭罪证的，只要没有造成被害人重伤、死亡的，就不能追究行为人的刑事责任。而另一类观点认为，已满14周岁不满16周岁的人，如果实施《刑法》第263条所规定的抢劫罪的，不论是否抢到财物，也不论是否造成被害人伤害，均可成立抢劫罪。因此，从罪刑相适应的角度看，这类行为人，应当承认其可以成为转化型抢劫罪的主体。持这类观点的学者，一般将《刑法》第269条中"犯盗窃、诈骗、抢夺罪"中的"罪"解释为"罪行"，而非严格的刑法学意义上符合犯罪构成的犯罪。笔者认为，在这里，争论者的立场或者视角并不相同，否定论者是立足于"主体"的特殊性，强调对这样的未成年主体，要加以特殊保护，实施盗窃等行为不宜转化为盗窃，似乎侧重犯罪学立场；肯定论者更强调的是"行为"，只要是实施盗窃等行为的，加之符合一般抢劫罪的责任年龄（14周岁）即可转化为抢劫，似乎侧重于刑法学的立场。下面的一个案例就比较典型。

【案13】犯罪嫌疑人陈某（15周岁）携带一根钢筋、一把折叠刀窜至被害人王某家中，在户内偷盗时被刚好回到家的王某发现。王某便拿出手机要打电话报警，陈某从口袋里拿出折叠刀威胁叫王某不要报警，否则就要用刀刺伤王某。后在夺刀拉扯过程中，陈某手持折叠刀刺伤王某的脸部致流血受伤。经鉴定，王某的伤情未达到轻微伤。

对本案陈某的行为如何定性，主要存在"入户抢劫"和"无罪"两种不同意见，两种意见的结果可谓大相径庭。为什么会这样？很值得研究。

前一种意见的主要理由有三。其一，我国刑法并未对各种不同抢劫行为所对应的刑事责任年龄分别作出区分，对各种抢劫行为均应统一以14周岁作为追究刑事责任的起点年龄。其二，入户抢劫不同于转化型抢劫，且入户抢劫系刑法特别规定，具有优先适用的效力，而本案被告人实施"入户+盗窃+使用暴力致人流血受伤"，因存在"入户"情节，且在户内当场实施暴力，应该依法认定为"入户抢劫"，直接适用《刑法》第263条第（1）项的规定，不存在认定构成转化型抢劫的问题。其三，应准确掌握最高人民法院的解释第10条的适用效力、范围和立法精神。2003年最高检《关于相对刑事责任年龄的答复》和2006年最高法《关于未成年人刑事案件的解释》在规定内容上并不存在直接冲突。后者仅对"当场使用暴力，故意伤害致人重伤或者死亡，或者故意杀人的"出现重伤、死亡两种特殊情形作出了特别规定，对其他情形并未规定；而前者对所有已满14周岁不满16周岁的人作出了能普遍适用的原则性规定，但未对"故意伤害致人重伤、死亡或者故意杀人"的特殊情形作出规定，故两者并无明显的矛盾。已满14周岁不满16周岁的人盗窃，为窝藏赃物、抗拒抓捕或者毁灭罪证，当场使用暴力，若故意伤害造成重伤或死亡、故意杀人的，应优先适用最高法的解释，分别以故意伤害罪或者故意杀人罪定罪处罚；若并非故意伤害造成重伤或死亡、故意杀人，使用暴力造成其他情形的,则应适用最高检的批复,认定为转化型抢劫。2006年最高法《关于未成年人刑事案件的解释》第10条的立法精神和目的,其实质是从罪名适用角度保护未成年人。因相对刑事责任年龄人员的刑事责任范围,只有刑法这一基本法律才有权作出界定,最高法是无权作出任何限制性或扩大性的规定,但在对行为涉及多个罪名时应如何适用的问题上,其有权依法作出解释。该条款是对未成年人同时涉嫌两项以上罪名(罪行)应如何选择适用罪名的特别规定。❶

笔者认为,上述理解值得商榷。主要说两点:首先,入户抢劫与转化型抢劫确是两种类型的抢劫犯罪,但不能放在同一层面进行比较。入户抢劫是相对于普通抢劫罪而言的加重犯,二者在本质上是以法定刑为标准的区分;而转化型抢劫则是针对原本非实施抢劫行为,后转化为抢劫的情形,转化型抢劫可以是普通抢劫罪,也可以是由非抢劫行为转化为抢劫犯罪后,因具备加重要件再进而升格为抢劫加重犯的情形。所以,这里的顺序很重要。对于非抢劫犯,只有先转化为抢劫后,才可能成立抢劫加重犯。不可能是先升格在转化。上述观点的错误首先就误解了这个抢劫加重犯的基本原理。简而言之,抢劫加重犯(包括入户抢劫)是在构成抢劫罪的前提下再行升格的加重情形。

其次,2003年最高检《关于相对刑事责任年龄的答复》和2006年最高法《关于未成年人刑事案件的解释》在规定内容上是存在冲突的。我们必须承认这一点。2006年最高法的解释第10条的立法精神和目的,的确是从罪名适用角度保护未成年人。且相对刑事责任年龄人员的刑事责任范围,只有刑法这一基本法律才有权作出界定,最高法也无权作出任何限制性或扩大性的规定。但是,上述最高法的解释第10条第1款并不是针对行为人的行为在涉及多个罪名时应如何适用作出解释。这里根本不存在几个罪名的选择适用问题,因为已满14周岁不满16周岁的人实施盗窃、诈骗、抢夺他人财物的行为本就不构成犯罪,而是直接规定了在当场使用暴力的情况下构成故意伤害(致人重伤或者死亡),或者故意杀人罪的情形。特别是对该条的理解必须结合第2款的规定,即"已满十

---

❶ 吕楚程、魏海洲:"15岁入户盗窃被发现后当场使用暴力的行为解析——兼谈相对刑事责任年龄的人承担刑事责任的范围",载《中国检察官》2012年第6期。

六周岁不满十八周岁的人犯盗窃、诈骗、抢夺罪,为窝藏赃物、抗拒抓捕或者毁灭罪证而当场使用暴力或者以暴力相威胁的,应当依照刑法第二百六十九条的规定定罪处罚;情节轻微的,可不以抢劫罪定罪处罚"。如果已满14周岁不满16周岁的人也是如此,就完全没有必要要这个第2款了。如果说第1款没有完全否定已满14周岁不满16周岁的人可以构成转化型抢劫的话,那么,第2款的存在就足以否定了这一点。在这里,最高法的解释不是对相对刑事责任年龄人员的刑事责任范围作出限制或扩大,而仍然是在解释《刑法》第269条的适用范围,或者说是基于未成年人的特性,有意限制第269条对于相对刑事责任年龄人员的适用。这一点还是符合刑法解释的原理的,就像把"犯盗窃、诈骗、抢夺罪"理解为不必构成犯罪一样。

所以,笔者坚持认为,14～16周岁的人不能成为转化型抢劫罪的主体。对于14～16周岁的人,在实施盗窃、诈骗、抢夺行为后,又实施了窝藏赃物、抗拒抓捕、毁灭罪证的行为的,不宜认定为是《刑法》第269条规定的转化型抢劫罪;如果事后使用暴力的行为造成了被害人重伤、死亡结果的,可以追究其故意伤害罪、故意杀人罪的刑事责任。再次进一步阐述以下理由。

第一,从定罪的基准来看,转化型抢劫的社会危害性不能同普通抢劫罪完全等同。对于转化型抢劫而言,虽然行为人实施了暴力行为,但此种暴力与《刑法》第263条所规定的普通抢劫罪中的暴力是有差异的。一般抢劫罪的行为人是一种积极主动型暴力。在转化型抢劫中,行为人在实施盗窃、诈骗、抢夺行为时并没有使用暴力的故意,仅仅是在盗窃、诈骗、抢夺后,为了窝藏赃物、抗拒抓捕或者毁灭罪证而使用暴力。相对而言,这种暴力,是一种事后的、被动型的暴力,其主观上追求的不是要伤害被害人。因此,此种情形下的暴力较之普通抢劫罪中的暴力,对于被害人的危害性是比较小的。对于被害人而言,面对普通抢劫罪的暴力,或许难以逃避,因为普通抢劫罪的暴力行为是行为人获取财物的手段行为。而当被害人面对转化型抢劫中的暴力的情况下,只要不实施积极抓捕盗窃、诈骗、抢夺的行为人,或者即使放弃追捕等行为,一般是不会遭受转化型抢劫中暴力伤害的。

第二,对于14～16周岁的人适用转化型抢劫罪,有违罪刑法定原则之嫌。根据《刑法》第 17 条第 2 款的规定，已满 14 周岁不满 16 周岁的人，犯故意杀人、故意伤害致人重伤或者死亡，强奸、抢劫、贩卖毒品、放火、爆炸、投放危险物质的，应当负刑事责任。因此，对于 14~16 周岁的人，刑法只能对其所实施的此八种行为进行评价。如果认为 14~16 周岁的人在实施盗窃、诈骗、抢夺行为后，又实施了窝藏赃物、抗拒抓捕、毁灭罪证的行为，其暴力行为造成了被害人伤害的；将此种行为认定为是转化型抢劫罪，则说明刑法对于行为人实施的"盗窃、诈骗、抢夺"行为进行了评价，这与刑法第 17 条第 2 款关于 14~16 周岁的人承担刑事责任的范围的规定不相符。

第三，基于对未成年人保护的刑事政策考量，应当否认 14~16 周岁的人可以成为转化型抢劫罪的主体。对于未成年人刑事案件，我国一贯坚持"教育为主，惩罚为辅"的原则，司法实践中对于未成年人犯罪均作了较为宽大的处理。基于刑事政策的考虑，对于 14~16 周岁的人，结合其社会危害性，以及他们不够成熟的社会认知能力，不能把他们纳入转化型抢劫罪的主体范围。

第四，对于 14~16 周岁的人，如果在实施盗窃、诈骗、抢夺行为后，通过实施暴力来窝藏赃物、抗拒抓捕、毁灭罪证的，如果造成被害人重伤、死亡结果的，完全可以追究行为人故意伤害罪、故意杀人罪的刑事责任。因此，对于造成严重后果的行为人，不存在放纵犯罪的可能。

此外，2006 年最高法《关于未成年人刑事案件的解释》第 10 条第 2 款还规定："已满十六周岁不满十八周岁的人犯盗窃、诈骗、抢夺罪，为窝藏赃物、抗拒抓捕或者毁灭罪证而当场使用暴力或者以暴力相威胁的，应当依照刑法第二百六十九条的规定定罪处罚；情节轻微的，可不以抢劫罪定罪处罚。"该规定与刑法规定一般主体的犯罪相一致，但后面一段如何理解也是问题。笔者认为，这里的情节轻微，是指行为人后面实施的暴力或者以暴力相威胁的情节轻微，主要看是否造成伤害后果，包括轻微伤。如果结合整个案情，综合衡量得出"情节显著轻微，危害不大的"，当然同样是可以依据《刑法》第 13 条不作为犯罪处理。

但是，在未成年人参与成年人犯罪的抢劫案件中，如何认定未成年人的刑事责任，理论上就比较复杂。有的学者曾经结合案例，对"无责任者与有责任者的共同事后抢劫"的问题进行过探讨。

【案14】17周岁的甲与13周岁的乙共谋盗窃，甲入室行窃，乙在门外望风。甲、乙的盗窃行为被被害人A发现后，甲、乙为抗拒抓捕而当场共同对A实施暴力。乙的行为导致A重伤，或者不能查明A的重伤由谁造成。对此应如何处理？

根据我国刑法理论通说关于共同犯罪成立条件的观点，由于本案乙没有达到法定年龄，其行为并不成立犯罪，乙与甲也就不构成共同犯罪。如果乙与甲不构成共同犯罪，那么，就不能适用部分实行全部责任的原则，只能分别处理（按单独犯处理）。在分别处理的情况下，如果要甲对A的重伤负责，必须证明A的重伤由甲的行为造成。结局是，甲的行为虽然成立事后抢劫，但其不能对A的重伤承担责任。这种结论虽然对甲很有利，但恐怕难以被人接受。所以，要对该案例得出妥当的结论，必须重新认识共同犯罪的成立条件。而要重新认识共同犯罪的成立条件，需要重新构建犯罪论体系。

我国《刑法》第25条第1款明文规定，共同犯罪的行为主体必须是"二人以上"。在通常情况下，"二人以上"都是达到法定年龄、具有责任能力的人，因而"二人以上"都承担责任。但是，在刑法中"犯罪"的含义有所不同，"共同犯罪"也可能具有不同理解。事实上，存在"二人以上"均承担责任的共同犯罪和"二人以上"中仅有一部分人承担责任的共同犯罪。换言之，现实中存在没有达到法定年龄的人与达到法定年龄的人共同故意实施符合客观构成要件的违法行为的现象。❶在这种情况下，虽然没有达到法定年龄的人具有责任阻却事由，但仍应认定其与达到法定年龄的人所实施的犯罪为共同犯罪。例如，13周岁的人与18周岁的人，共同轮奸妇女的，❷应认定为强奸罪的共同犯罪，对18周岁的人应适用轮奸的法定刑。再如，13周岁的人与16周岁的共同抢劫他人财物

---

❶ 因为没有达到法定年龄的人，完全可能具有刑法上的犯罪故意（包括认识因素和意志因素）。

❷ 从生理条件讲，13周岁的男性已经具备"性犯罪"的能力，这是客观事实。我国发生过13岁男孩子跟父母到浴场洗浴，结果"被性服务"的案例。

的，应作为共同犯罪处理，进而合理地处罚 16 周岁的人（如主犯、从犯）。❶ 就以上案例而言，乙与甲构成一种意义上的共同犯罪，即乙故意实施了事后抢劫的实行行为，而且知道自己与甲共同实施事后抢劫行为。在此情形下，应认定乙与甲的共同行为造成了 A 的重伤结果。所以，乙与甲成立事后抢劫的共同正犯。根据部分实行全部责任的原理，甲不仅成立事后抢劫罪，而且应对 A 的重伤承担刑事责任。但是，由于乙具有责任阻却事由（没有达到法定年龄），对其不能以犯罪论处。也就是说，无责任者与有责任者共同事后抢劫的，应在认定成立"共同犯罪"的前提下，对有责任者贯彻部分实行全部责任的原则，对无责任者以缺乏责任为由，不以犯罪论处。❷

笔者认为，上述观点似乎有过于强调共同犯罪客观性的一面，不过，鉴于共同犯罪是修正的犯罪构成的原理，对共同犯罪的成立条件有必要"网开一面"而非"求全责备"；这样做虽然加大了具备责任年龄的责任方的刑事责任，但从刑事政策考虑，有益于有责任者谨慎对待与无责任者共同实施危害社会的行为，对被害人也是公平的。

最后，需要强调的是，刑法理论中一般所言抢劫罪的犯罪构成是指抢劫罪的基本构成而言，抢劫加重犯虽然也是一种独立的犯罪形态，有时基本罪未必能完全包容加重犯的构成要素，❸ 但是，加重的犯罪构成毕竟是由基本犯罪构成衍生而来；认识了抢劫基本罪的犯罪构成，一般不难理解其加重的构成要素。

---

❶ 如果采取传统的犯罪论体系，就会认为，共同犯罪的成立要求"二人以上"都必须达到法定年龄、具有责任能力，但产生了难以解决的问题。例如，达到了法定年龄的 A 与 B 共同故意实施伤害行为，但 A 没有责任能力。对此，应认定 A 与 B 构成故意伤害的共同犯罪，即使不能查明谁的行为造成了重伤结果或者查明 A 的行为造成了伤害结果，B 也应对该伤害结果负责。如若按照传统观点否认 A 与 B 成立故意伤害的共同犯罪，则难以处理本案。

❷ 张明楷："事后抢劫的共犯"，载《政法论坛》2008 年第 1 期。

❸ 如致人死亡作为抢劫结果加重犯的重要构成要素，是否可以被抢劫基本罪的构成所包容，不无争论。

二、抢劫罪的危害行为

通览各国或地区刑法，几乎无例外规定了抢劫罪行为方法的特殊性，但对抢劫方法的内容和范围的规定却有一定差异。例如，《德国刑法典》❶第249~251条规定了抢劫罪，其中第249条规定的一般性抢劫行为，即"以暴力或危害身体或生命相胁迫"的抢劫，在此，暴力的范围似乎没有特殊限制；其他抢劫加重犯则是根据暴力造成的后果加重法定刑。其第251条规定："轻率致他人死亡的，处终身自由刑或10年以上自由刑。"这说明德国刑法对于以故意杀人为手段抢劫财物的，不能定抢劫罪，即其暴力范围不包括故意杀人。而《法国刑法典》❷是在"盗窃罪"一章中一并规定的盗窃和抢劫罪，盗窃或者抢劫使用的暴力要依据其造成的后果（如造成被害人完全丧失劳动力超过8天等）承担相应惩罚；其对于"实施暴力"本身也没有程度上的要求，如"盗窃之前、同时或者之后，对他人实施暴力，未造成完全丧失劳动能力之情形"，处5年监禁并科50万法郎罚金。《俄罗斯联邦刑法典》第162条规定为"使用危及生命、健康的暴力，或以使用此种暴力相威胁而进行的侵袭"，其危害行为不仅不包括"其他方法"，而且，即使使用了暴力，但不危及生命、健康，也不构成抢劫罪，只能定抢夺罪。我国台湾地区的相关规定第328条对强盗罪的危害方法的规定是"强暴胁迫药剂摧眠术或他法"，这和我国大陆刑法一样广泛；但是，其限定要达到"致使不能抗拒"的程度，才构成强盗罪。我国《刑法》第263条规定，抢劫罪在客观方面表现为行为人实施暴力、胁迫或者其他侵犯人身权利的方法，当场夺取他人财物或者迫使他人交付财物的行为。抢劫行为由暴力、胁迫或其他方法行为和劫取财物的目的行为两部分组成，二者在行为人主观目的的支配下，相互配合，构成完整的抢劫行为。其中，学界对抢劫罪的方法行为争论更大。而方法行为包括暴力行为、胁迫行为和其他方法行为。

---

❶ 徐久生、庄敬华译：《德国刑法典》，中国法制出版社2000年版。
❷ 罗结珍译：《法国刑法典》，中国人民公安大学出版社1995年版。

（一）抢劫罪的暴力行为

由于使用暴力抢劫财物是最常见的抢劫罪，因此，有必要更多关注抢劫罪的暴力方法问题。

1. 暴力与抢劫罪的暴力方法行为

关于暴力的含义，存在不同认识。从广义而言，暴力是加害人对被害人实施的一种有形物理力量，包括强制和打击，如殴打、伤害、捆绑、禁闭等。暴力包括对人身的暴力和对财物的暴力。但对抢劫罪而言，是否包括对财物的暴力，则有不同理解。有的国家（如意大利）刑法明文规定，只能"采用对人身的暴力"；也有的国家（如日本、韩国、越南、中国）刑法没有作明确的限定。日本刑法理论认为，暴力必须是指向人的，但却不一定是直接对人的身体施行的，即使是对物施加有形力，若能抑制被害者的意思、行动自由，一般就能视为本罪的暴力手段。❶ 我国也有学者认为："暴力方法，主要是指对人身实施强烈的打击或强制，……但是，根据刑法第289条规定，在'聚众打砸抢'中，'毁坏或者抢走公私财物的，除判令退赔外，对首要分子，依照本法第263条的规定定罪处罚'，即以抢劫罪论处，这里包含了对财产的暴力。"❷ 但是，笔者认为，抢劫罪的暴力是用来排除被害人反抗的，而对财产实施暴力（如砸毁等），并不能直接排除被害人的反抗，只有可能使被害人产生恐惧而不敢反抗，也就是说，其实质是胁迫。至于《刑法》第289条规定，对聚众"打砸抢"，毁坏公私财物的，也和抢走公私财物一样，要依照抢劫罪定罪处罚，这里包含故意毁坏公私财物的"打砸抢"行为对于人身权利的威胁是显而易见的；缺乏这种侵害，就不应该成立拟制型抢劫罪，而仍然要依照《刑法》第275条规定的故意毁坏财物罪定罪处罚。

暴力之首要含义是从外部施加的强制性力量；其次是物理性强制力而不是化学性破坏力；❸ 再次，这种强制力具有足以使一般被害人产生畏

---

❶ ［日］大塚仁：《刑法概说（各论）》，有斐阁1992年日文版，第208页。

❷ 高铭暄主编：《新编中国刑法学（下册）》，中国人民大学出版社1998年版，第763页。

❸ 利用化学物质损伤人体的结果，仍然属于物理性结果，因此这种损伤力仍然属于物理性强制力。

惧心理从而不敢抗拒或者足以使一般被害人不能抗拒。如果这几点不至于导致反对意见的话，暴力就应当是指直接作用于人体或物体的、足以抑制被害人反抗的物理性的强制力量。

在刑法不同罪的规定中，暴力的含义也有不同；即使同为最狭义的暴力，强奸罪与抢劫罪的暴力也有区别，前者不包括故意杀人，后者由刑法明文规定可以由故意杀人构成。应当注意的是，我国《刑法》第263条规定的暴力是行为人为排除或压制被害人的反抗，以便当场夺取其财物而实施的。如果是基于其他目的而对被害人实施暴力，之后临时起意当场占有其财物的，即使此种暴力行为在客观上为行为人当场占有财物提供了条件，也不能视为抢劫方法的暴力，对这种拿走财物的行为也不应定为抢劫罪。如强奸犯将被害妇女打昏并强奸后，见被害人的手提包掉在地上，遂起意将手提包拿走。由于强奸犯打被害妇女的目的不是劫取财物，此时拿走被害人手提包的行为是否构成抢劫罪遂有疑问。

2. 抢劫罪实施暴力的对象

一般说来，抢劫罪的暴力是指针对被害人的身体施加的打击或强制行为，行为人使用暴力的目的就在于排除被害人的反抗，致使被害人不敢反抗或不能反抗，从而劫取其财物。如果暴力针对的是被害人的财物，即使在行为实施过程中造成了被害人的人身伤害，亦不能以本罪论处。如直接夺取他人手中的钱包，直接抢夺被害人耳朵上的耳环等，就因暴力直接指向财物而构成抢夺罪。所以，在通常情况下，这里的暴力应当是针对财物的占有者，而占有人不一定是所有人，可以是保管人、持有人，特殊情况下也包括非法的持有人（下文有论述）。作为抢劫对象的财物与占有人（被害人）一般存在于同一场合，但并不绝对，如在共同抢劫中，一部分行为人看守被害人，另一部分行为人持从被害人身上搜得的银行卡到银行取钱，这种情况下财物与被害人就不在同一场合，仍然构成抢劫罪。暴力行为也并非只有一个场合，如行为人实施暴力后又押解被害人到其家中取财，暴力又延伸到被害人家中。

在讨论暴力的对象范围时，有两个争议问题。

其一，抢劫罪实施暴力的对象一般是控制着财物的所有者、保管者和持有者，而不能是与目标物无关的其他人。比如，甲在深夜欲进一农村信用社行窃，见有乙、丙两个青年在门前闲谈，妨碍其作案，遂上前要他们"滚开",由此引起双方争执。在争执中,甲掏出刀子将乙杀死,丙逃走。然后甲撬锁进入信用社盗窃了数万元的现金逃走。甲的行为构成故意杀人罪和盗窃罪,不构成抢劫罪。但如果甲先前是把守卫信用社的保安杀死,其行为当然就构成抢劫罪。如果甲误认为乙、丙二人系看守者而将其杀害,后取财,是否认定抢劫则有争议。现在的问题是,如果行为人明确针对在现场中与财物的所有人、保管人、持有人有某种特殊关系的其他人实施暴力的,应当如何认识。有学者认为,该种情况仍应当视为使用"暴力方法"。❶ 也有观点认为,这实际上是以暴力作为胁迫,而迫使财物所有人、保管人、持有人当场交出财物,不应当认定为是使用"暴力方法",而属于"胁迫方法"。❷ 即通过对相关人实施暴力威胁被害人,从而迫使被害人就范。因此,这时的暴力实际上是对被害人的胁迫,与对被害人直接施加暴力、夺取其财物有所不同。

笔者认为,这种情况下,被害人与现场的其他人之间存在何种关系是需要加以考虑的。如果暴力施行的对象是与被害人有密切亲属关系的,这种关系往往也会迫使被害人交出财物,比如行为人只对现场的老人或者未成年人实施暴力,即使不打算对同在现场的老人的子女或者未成年人的父母实施暴力,而且他们也认识到自身不会遭受暴力侵害,他们也会因不忍父母或者子女受害而交出财物。将这种情况理解为对财物所有人的胁迫是不妥当的,因为胁迫的含义是被害人本人受到威胁,感到自己将要受到行为人施加的暴力。此时,应当将暴力的直接对象与被迫要交付财物者视为一个整体,对整体中的任何个体施行暴力,也是对整体的暴力。在这里,因牵涉第三人受害的问题,所以有必要把抢劫与绑架区别开来。2001年11月8日最高人民法院《关于对在绑架过程中以暴力、胁迫等手段当场劫取被害人财物的行为如何适用法律问题的答复》指出:行为人在绑架过程中,又以暴力、胁迫等手段当场劫取被害人财物,构成犯罪的,择一重罪处罚。❸ 这里的"被害人"显然是指被行为

---

❶ 叶高峰主编:《暴力犯罪论》,河南人民出版社1994年版,第306页。

❷ 王作富:"认定抢劫罪的若干问题",载《刑事司法指南》2000年第1辑。

❸ 这是最高人民法院对福建省高级人民法院〔2001〕128号《关于在绑架过程中实施暴力或以暴力相威胁当场劫取被害人财物的行为如何适用法律问题的请示》的答复。

人控制在手的人质,而不是所要索取钱财的人质的亲属。此时因控制了人质,人质就成为暴力的对象,对于该行为认定抢劫罪没有过多疑问。上述批复将此情形理解为犯罪竞合,故择一重罪处罚。而我们所要讨论的却是,并非从被控人质身上取得钱财,而是借侵害人质以胁迫在场的相关亲属交付钱财的情况。将其理解为抢劫罪的暴力行为,直接适用抢劫罪而不是绑架罪更合适,也可避免把简单问题复杂化。

【案15】2012年4月11日晚8点多,天下着雨,被害人周女士开着一辆白色路虎车到温州市汤家桥北路附近接在上艺术培训班课程的4岁女儿。就在周女士把车靠边,将女儿抱进后排车座,正想绕到前面驾驶座边的车门口时,从一旁闪出的任某(30多岁,河北石家庄人)飞快打开车门,钻进车后排。任某手里的尖刀在黑夜里闪光,刀尖已抵住女儿的脖子,周女士立即尖叫救命。她的叫声一下子引来很多路人,其中一对夫妻停下来,把周女士开的路虎车的去路堵住,并招呼其他路过的车一起包围路虎车。周女士哭着哀求车内的男子,但任某只是挥手让周女士赶紧开车,可路虎车已经被团团围住。在接下来的僵持状态下,围着的人们愤怒地指责车内的劫匪,要求任某放人。直到有名妇女上前拉开车门,并对车内喊话后,劫匪下车逃走。任某被抓获后供述,他到温州本是想来找工作,可钱用光了工作也没找到;从亲戚朋友那借了点钱又被人偷了,他已经好几天没吃饭;案发当晚,他看到周女士女儿上车后,就跟了上去,本是想开口敲诈一两千元钱,可他还来不及张口,就被发现和包围了。❶

本案任某针对周女士4岁女儿的暴力行为对于认定本案是抢劫、绑架还是敲诈勒索具有决定意义。如上所述,将本案直接定抢劫罪(未遂)是合适的。

其二,抢劫罪的暴力是否包括对物的暴力,这也是存在争议的。

在通常人看来,似乎直接针对特定物的公开施暴也是"抢劫"。如有

---

❶ 陈聪、胡柱、杨丽:"温州街头睡衣女一句话'秒杀'劫匪 4岁女孩获救",载浙江在线,2012年4月16日访问。

这样一个案件，2011年10月5日清晨6时20分许，广州市白云区钟落潭镇竹料管理区庆宏路口处，一家银行的柜员机（ATM）网点发生一宗蒙面歹徒抢劫未遂事件。两蒙面男子撬铁门，并试图用土制炸弹将其炸开，因网点的报警器自动报警，两人慌忙逃窜。据警方初步调查，涉事柜员机通道旁的一扇铁门有被撬压痕迹，但没有被撬开，未造成经济损失。现场地面有少量爆竹碎纸残留物，没有发现雷管和引爆装置，故排除使用炸药的可能。有媒体报道说是"抢劫ATM机"。❶ 而刑法理论通常认为，抢劫罪的暴力是用来排除被害人的反抗的，而对财产实施暴力（如砸毁）并不能直接排除被害人的反抗，只有可能使被害人产生恐惧而不敢反抗，也就是说，其实质是胁迫。❷ 这样理解一般来说是正确的，确实存在行为人以毁坏现场物品的方式威胁被害人，可能对之实施类似的暴力，从而构成胁迫。例如，行为人使用凶器当被害人的面打砸财物，即实施对物的暴力，迫使被害人交付财物，此时就可评价为以暴力相威胁。但在某些情况下是否属于胁迫，值得研究。如行为人在公共汽车站抢夺被害人手提包，拉倒了被害人，仍不罢休，继续拉包不放，拖行被害人，终致被害人多处擦伤。本案行为人既没有对被害人实施暴力，也没有胁迫被害人，只有对物（手提包）的强制暴力，正是这一暴力致使被害人身体受到伤害，从而构成抢劫罪。因此，有日本刑法学者认为，暴力虽必须是指向人的，但不一定是直接对人的身体施行的，即使是对物施加有形力，若能抑制被害者的意思、行动自由，一般就能视为本罪的暴力手段。❸ 笔者认为这是正确的。这种情况在飞车抢夺案件中最为常见，犯罪分子抓住被害人随身物品不放，随着机动车的行驶，拖行被害人，致被害人伤亡的，应以抢劫罪论处。飞车抢夺曾有不小的争论，主要是没有正确理解抢劫罪的暴力问题，不承认对物的暴力。最高人民法院2002年7月16日《关于审理抢夺刑事案件具体应用法律若干问题的解释》第5条规定，实施抢夺公私财物行为，构成抢夺罪，同时造成被害

---

❶ 陈海生等："蒙面人试图用土制炸弹炸开铁门抢劫ATM机"，载金羊网－新快报，2011年10月6日访问。

❷ 刘明祥：《财产罪比较研究》，中国政法大学出版社2001年版，第118页。

❸ ［日］大塚仁：《刑法概说（各论）》，转引自刘明祥：《财产罪比较研究》，中国政法大学出版社2001年版，第118页。

人重伤、死亡等后果，构成过失致人重伤罪、过失致人死亡罪等犯罪的，依照处罚较重的规定定罪处罚。这一规定对于"造成被害人重伤、死亡等后果"持何种心理态度在所不问，有全盘否认对物的暴力之嫌，否则，如果承认对物的暴力，则对造成以上后果的行为可以理解通过物对被害人施加的暴力，因而构成抢劫罪。正是出于这种考虑，为弥补以上规定的不足，最高人民法院2005年《审理抢劫、抢夺案件的意见》第11条专门规定了"驾驶机动车、非机动车夺取他人财物行为的定性"，即对于驾驶机动车、非机动车（以下简称"驾驶车辆"）夺取他人财物的，一般以抢夺罪从重处罚。但具有下列情形之一，应当以抢劫罪定罪处罚：（1）驾驶车辆，逼挤、撞击或强行逼倒他人以排除他人反抗，乘机夺取财物的；（2）驾驶车辆强抢财物时，因被害人不放手而采取强拉硬拽方法劫取财物的；（3）行为人明知其驾驶车辆强行夺取他人财物的手段会造成他人伤亡的后果，仍然强行夺取并放任造成财物持有人轻伤以上后果的。自此，可以理解为，抢劫罪的暴力方法应该包含了对物施加暴力。

3. 抢劫罪实施暴力的程度

与其他暴力行为一样，抢劫罪的暴力也是有强有弱，相应地，引起的危害结果也会有轻有重，轻者可无损健康，重者可致人重伤、死亡。但是，暴力型犯罪对行为人所实施的暴力都有一个程度上的要求，达不到或超出了所要求的程度范围，就构不成这一罪，可能成立另一犯罪。如妨害公务罪，行为人对正在执行公务的国家机关工作人员有轻微的顶撞、拉扯或挣脱行为，不属于暴力妨害公务。但如果行为人的暴力行为造成国家机关工作人员重伤或死亡，则构成故意伤害罪或故意杀人罪。抢劫罪的暴力，其上限和下限如何，一直是争论的焦点。

对此，有的国家刑法有明文规定。如《俄罗斯刑法》第162条规定，抢劫罪的成立以"使用危及生命或健康的暴力，或以使用这种暴力相威胁"为成立条件；《瑞士刑法》第139条规定，只有"加暴行于人，使其生命身体受急迫危险或以其他方法使不能抗拒者"，才构成抢劫罪。"苏俄最高法院全会1966年3月22日决议指出，'以侵占他人财产为目的实施的侵袭行为，对受害人造成轻度身体伤害或者根本没有造成任何健康损害，但在使用暴力之时对受害人生命或健康构成现实危险的'，应根据关于强盗罪责任的条款定罪"。❶ 也有许多国家的刑法对暴力程度没有作限制性规定，如日本、意大利、韩国等。不过，即便是在这些国家，有的也通过判例和学说作出限制性的解释，要求暴力、胁迫达到一定程度，才构成抢劫罪。如日本的判例和通说认为，作为抢劫罪方法的暴力、胁迫，不能从广义上理解，而是指达到足以抑制对方反抗程度内的暴力、胁迫。采用没有达到这种程度的胁迫方法，使对方产生畏惧并交付财物的，构成恐吓罪。那些规定暴力须"危及健康或生命"的国家，显然是认为，抢劫与抢夺罪都是公然夺取他人财物，但前者比后者的危害性大得多，处罚也重得多。以轻微的无损于健康的暴力夺取财物，其危害性达不到抢劫罪那样严重的程度，而与普通抢夺罪无大差别，故不宜以抢劫罪论处。笔者认为，虽然在实践中具体认定暴力是否危及健康或生命，有时也可能会产生争议，但从横向罪刑关系的协调性考虑，上述立法思想还是值得称道的。

我国《刑法》对抢劫罪暴力的下限，即最起码的程度要求，没有明确的规定。有人认为，必须是"足以危及其身体健康或者生命安全，致使被害人不能抗拒，任其当即抢走财物，或者被迫立即交出财物"。❷ 也有学者说："这种暴力必须针对人实施，并要求足以压制对方的反抗，但不要求事实上压制了对方的反抗，更不要求具有危害人身安全的性质。"❸ 也有著述认为，只有足以危害被害人的生命与健康的暴力，才能构成抢劫罪的暴力行为，未达此程度的侵犯人身而非法占有财物的行为，只能构成抢夺罪。例如，将被害人绊倒或按倒后夺走财物；乘被害人拿出钱包之机猛击其手臂，将钱包打落在地后，拿起钱包逃离；甲将被害人抱住而由乙夺走其财物，等等，由于暴力均未达到危害被害人健康的程度，不能定抢劫罪，而只能构成抢夺罪。❹ 亦有观点主张，抢劫罪的暴力不要求达到危及人身健康、生命或使被害人不能抗拒的程度，只要达到使被

---

❶ ［俄］斯库拉托夫等主编，黄道秀译：《俄罗斯联邦刑法典释义（下册）》，中国政法大学出版社2000年版，第428~429页。

❷ 林准主编：《中国刑法教程（修订本）》，人民法院出版社1994年版，第435页。

❸ 张明楷：《刑法学》，法律出版社2011年版，第850页。

❹ 转引自赵秉志主编：《侵犯财产罪疑难问题司法对策》，吉林人民出版社2000年版，第36页。

害人恐惧，反抗能力受到一定程度的抑制即可。❶ 有的主张："只要行为人对他人实施暴力的目的，是使被害人不能或不敢反抗，以便夺取其财物，不论事实上是否能遏制或者排除被害人反抗的勇气和能力，就可以构成抢劫罪。"❷ 这些主张有一个重要理由是：有时同样的暴力对不同的被害人可能产生不同程度的作用，要确定暴力是否达到了足以使被害人不能抗拒的程度，难以用具体的标准来掌握认定。❸ 还有一些观点结合实践认为，抢劫行为人实施暴力的意图在于排除被害人的反抗，并不追求对被害人身体健康或生命安全造成损害。将人伤害、重伤甚至杀死，固然是暴力，一般的拳打脚踢、捆绑禁闭、扭抱推搡等，因其对他人人身有强制、打击作用，亦可成为本罪的暴力。以上观点主要可分为两类，一是强调暴力程度和实际效果的客观标准，❹ 二是强调暴力目的的行为人标准。

抢劫罪的暴力必须达到抑制被害人反抗的一定程度，这是由抢劫罪的性质所决定的。在以上争议观点中，有的标准明显失之过严，如对被害人进行捆绑、禁闭等强制手段，显然不足以危害身体健康或生命安全，但根据通常的经验，应该理解为抢劫的暴力手段；将它们排除于暴力之外，无疑将缩小抢劫罪的定罪范围。但怎样判断把握暴力是否达到构成抢劫罪所要求的程度呢？综合日本刑法理论界的主张，主要有两种：一为主观说，主张以行为人的主观认识作为判断的标准。如果行为人认识到即使采用客观上轻微的暴力、胁迫方法，就能抑制对方的反抗，那就应该视为抢劫罪的暴力、胁迫。例如，犯罪人用玩具手枪胁迫对方夺取其财物的场合，被害者以为是真枪而不敢反抗；由于犯人预见到会达到这样的效果，因此构成抢劫罪。二是客观说，认为应该从暴力、胁迫的性质来作判断，也就是以是否达到足以抑制普通人反抗的程度作为客观的判断标准。就前述用玩具手枪胁迫的实例来说，由于从客观上看，这

---

❶ 赵秉志主编：《新刑法教程》，中国人民大学出版社1997年版，第626页。
❷ 王作富："认定抢劫罪的若干问题"，载《刑事司法指南》2000年第1辑。
❸ 高铭暄主编：《新编中国刑法学（下册）》，中国人民大学出版社1998年版，第764页。
❹ 日本的客观说认为，暴力应以是否达到足以抑制普通人反抗的程度为标准，但普通人是一个抽象的概念，这样的标准很难掌握。刘明祥：《财产罪比较研究》，中国政法大学出版社2001年版，第121页。

种胁迫不能认为是抢劫的方法，所以不能构成抢劫罪。日本的判例和通说主张客观说。但是，"普通人"是一个抽象的概念，"足以抑制普通人反抗的程度"的标准也很难掌握。因此，客观说的学者主张，对这一标准予以具体化。一般认为，应该综合考虑被害者的有关情况，如被害者的人数、年龄、性别、性格等；行为的状况，如作案的时间、场所等；还有行为人的有关情况，如暴力、胁迫行为的表现形式、行为人的外貌等。即使是用同样的威胁言辞，白天与晚上可能会使对方产生不同程度的恐惧效应；服装、神态不同，也会使人产生不同的心理反应；对未成年人和妇女，采用轻微的暴力，往往就能抑制其反抗。总之，综合各种因素判断，如果认为某种暴力、胁迫从社会观念上，足以使一般人陷入不能反抗或者不敢反抗的状态，那就可以认为是抢劫罪的方法行为；反过来，就不能构成抢劫罪。

笔者认为，对抢劫罪暴力的下限，应在客观标准的基础上兼顾主观标准，即一般情况下应以客观标准来认定行为人是否采取了足以抑制被害人反抗的手段，但在某些特别情况下，宜采主观标准，以免放纵犯罪。如行为人持玩具枪胁迫被害人交出财物，行为人持玩具枪的行为客观上不足以抑制被害人的反抗；又如行为人不知对方是武术教练，而赤手空拳企图制服对方，客观上没有制服的可能；这些情况若采用客观标准，则行为人的行为不构成抢劫罪；与一般的社会观念不合，是不可取的。当然，在采用主观标准时，应严格掌握，暴力情节严重的才构成抢劫罪；对于情节显著轻微，危害不大的，应当适用《刑法》第13条，不以犯罪论处。

在这个问题上，完全根据被害人的感受或者完全脱离被害人的感受而仅仅根据行为人的认识来建立标准，都是不够合理的。合理的标准，应当全面地考虑暴力行为施加和被施加者双方的认识；在行为的动态关系中，以行为人实施这种强制力的目的为基础，结合一般被害人的感受来判断。在此，之所以主张以一般被害人的感受作为建立标准的依据，除了公平性的考虑外，主要考虑了标准的客观性问题。否则，具体到个案中的被害人，是否"足以抑制反抗"就很难说得清楚。且不说在典型的抢夺罪案件中有的被害人不敢抗拒，就是在一般扒窃案件中或者一般入室盗窃案件中，都有一些被害人"蒙着被子"不敢吱声的，显然不可把这样的案件认定为抢劫。

无论如何,抢劫罪的暴力最低限度,不要求必须使被害人完全处于不能反抗之状态。同样程度的暴力,对不同的人可能产生大不一样效果。比如,为抢劫财物而对被害人拳打脚踢,如果是对一个柔弱女子或少年儿童,可能使其完全丧失反抗的勇气和能力;但是,如果对一个训练有素的武警战士,则根本不可压制其反抗。显然不能因此就认为,对后者不能构成抢劫罪。在一般情况下,只要行为人对他人实施暴力的目的,是使被害人不能或者不敢反抗,以便夺取其财物,不论事实上是否能实际遏制或者排除被害人反抗的勇气和能力,就都可以构成抢劫罪。但是,如果由此得出结论说,认定抢劫罪根本无须考虑暴力的程度,同样值得商榷。例如,甲用右手提着一个皮制手包走在路上,乙乘其不备朝其右手背打了一巴掌,手包掉在地上;乙捡起手包就跑,在不远处被群众抓住。有的认为,对乙应定抢劫罪,因为乙使用了暴力;有的认为应定抢夺罪,因为暴力十分轻微,且系乘被害人不备而为之,对被害人也未形成身体或精神上的明显强制力。笔者认为,打一巴掌即使可以算做一种暴力,显然,从犯罪的角度看,也非常轻微,并且尚未形成对他人身体的强制,亦非对他人的胁迫,与乘人不备从他人手中夺走手包没有多大区别。也就是说,仅此一动作不足以使行为的危害性质发生质的飞跃,达到严重侵害他人人身权利和财产权利的程度。因此,笔者认为,虽然刑法没有规定暴力的下限,但是,对暴力只作形式的理解,根本不考虑其对人身权利侵犯的程度和其他情节,也是不妥当的。

【案16】2011年7月29日23时10分许,被告人田某某至上海市延安中路、成都南路路口附近人行道,见被害人曹某独自行走,遂起歹意。其上前从身后捂住曹某的嘴,并将其向延中绿地拉扯。在遭到曹某奋力反抗后,田某某又以语言相威胁,向曹某强行索取人民币100元。得款后,田某某即逃离现场。被害人报警后,公安机关在瑞金二路、延安中路路口将田抓获,并从其身上缴获赃款。法院认为,被告人田某某以暴力、威胁手段抢劫他人财物,其行为已触犯刑律,构成抢劫罪。依法判

决被告人田某某犯抢劫罪，判处有期徒刑3年，并处罚金人民币3 000元。❶

本案田某某对被害人实施了拉扯和言语威胁的方法，看起来并不具有太大的强制力，且是在当地闹市区，但发生的时间为夜晚11点多，针对一个女子实施的上述行为使得被害人产生恐惧，而被迫交出财物，可以认定为抢劫罪的暴力方法。

【案17】王某与邹某因经营业务上的事曾闹过矛盾，王某一直记恨在心。2007年7月的一天晚上，王某在回家的路上碰上单身一人的邹某，于是将邹某打了一阵，邹某害怕，所以装着已被打晕在地。王某见其晕倒，临时起意将邹包里的一品牌手机拿走，邹某知道但是怕再挨打而装作晕倒不知，看着王某将自己的手机拿走。

对本案定性，一种观点认为王某的行为构成盗窃罪；另一种意见则认为王某的行为符合转化型抢劫，应定性为抢劫罪。定抢劫罪的理由是：本案中王某的抢劫行为不是典型意义上的抢劫。王某取得手机的方法是公然使用暴力，是在邹某知情，但怕再次挨打而不能、不敢反抗的情况下取得的，而不是在邹某不知情的情况下拿走的。王某的行为符合最高人民法院2005年《审理抢劫、抢夺案件的意见》第8条"行为人实施伤害、强奸等犯罪行为，在被害人未失去知觉，利用被害人不能反抗、不敢反抗的处境，临时起意劫取他人财物的，应以此前实施的具体犯罪与抢劫罪实行数罪并罚"的规定。至于本案行为人误认为自己是盗窃他人手机，该认识错误不影响抢劫罪的成立。从王某角度而言，客观上是秘密窃取；但从邹某角度而言，其主观认识是劫取。因为行为人的认识错误，影响的是行为人是否要负刑事责任，而不影响行为的犯罪构成。行为人所认识的事实与实际发生的事实虽非具体一致，但二者在法律规定的构成要件上相同时，就足以认定犯罪成立。不管邹某是否清醒，王某的行为实际上已使邹某处于不能抗拒之中。尽管邹某已察觉王某在拿其

---

❶ 上海市黄浦区人民法院［2011］黄浦刑初字第47号刑事判决书。

手机，由于担心再次被打，对王某的行为不敢阻止。❶ 笔者认为这种理解是正确的。

【案18】20岁安徽女孩阿兰在杭州庆春路附近一家单位上班，她与好同事小莲是老乡。小莲两年前交往了一个19岁男友姓卢，二人分手后为避免卢某纠缠，小莲对阿兰说，"如果卢某问起自己住哪里，千万别告诉对方"。2012年2月19日，阿兰刚到单位，有同事告诉她，小莲的前男友来单位找人。当晚9点半，阿兰下班，被卢某偷偷跟踪。晚上10点左右，到家门口的阿兰开门时，突然被跟踪的卢某强行推门而入，且进门后将房门锁起来。进屋后，卢某不停询问小莲的地址，阿兰称不知在哪里。卢某纠缠不放，两人一直僵持到第二天凌晨1点左右。阿兰借口睡觉，要赶卢某出去。卢某却从厨房拿出一把菜刀，逼迫阿兰说出小莲的去向，两人由争吵升级到拉扯起来。见阿兰反抗，卢某用菜刀将阿兰左手虎口处划了道伤口。阿兰被迫安静下来。卢某遂用电线捆绑起阿兰，脱掉阿兰的衣服，用手机拍下阿兰的裸照和视频，称她如不说出小莲的消息就把裸照放到网上。阿兰依旧不松口。卢某又拿走阿兰的钱包，说："你再不说，就给我5 000块钱，不然，我就去小莲老家找她算账。"无奈之下，阿兰答应给卢某钱的要求。卢某放开阿兰，让她到银行取款机前。卢某威胁阿兰，如果她敢报警或逃跑，就把她的裸照传到网上去。但因取款机里已没多少钱，阿兰只取出了1 300余元。卢某拿走1 300元后，拖着阿兰去网吧上网，说是等天亮以后，再到外面去继续取款。两人来到一家网吧时已是次日凌晨4点。网吧里人不多，网吧工作人员也只剩下一个女收银员兼网管。卢某开机玩游戏，他让阿兰在旁边看着。上了一会儿网，卢某答应阿兰提出要去上厕所的要求。在厕所里，阿兰拿出取钱时ATM机上打印出的银行小票，又用随身的钥匙把自己虎口上的伤口戳破。沾着自己的血，阿兰在小票的背面写下"帮我报警"四个字。从厕所里出来后，阿兰趁机偷偷将小条扔给那名女网管。网管见鲜血写成的求救纸条，马上拨打了110。很快，民警赶到现场将卢某抓获。卢某

---

❶ 周兴中："临时起意'拿走'手机的行为构成何罪？"，载中国法院网，2009年2月11日访问。

拍下的阿兰裸照和视频成了指控卢某使用暴力抢劫的有力证据。2012年3月初，嫌疑人卢某因涉嫌抢劫罪被杭州江干区检察院批捕。❶

　　本案的特殊性在于行为人是以限制被害人人身自由的方式，实施轻微伤害，捆绑被害人，且非法取得被害人裸照等，施加有限的暴力，取得被害人的财物。正是在上述暴力威慑下，被害人不敢离开，也使本案具有不同于典型抢劫案件的特殊性。

　　再来看抢劫罪的暴力上限。主要是抢劫罪的暴力是否包括故意杀人的方法？认识这个问题涉及到对《刑法》第263条规定的"致人死亡"的结果加重犯的理解。关于"抢劫致人死亡"是否包括故意杀人的问题，我国理论界还是存在过争论的，在1997年《刑法》修订前，争论就很大，主要有否定与肯定两类观点。

　　先看否定论的观点。

　　在施行1979年《刑法》期间，就有人列举多种理由进行论证：(1)实施杀人又进行抢劫的，明显构成故意杀人罪和抢劫罪；(2)不能把杀人作为手段，把抢劫作为目的，它们是两种目的的犯罪；(3)不能把杀人和致人死亡等同起来，致人死亡中不包括杀人在内；(4)不能因为故意杀人罪和抢劫罪最高法定刑都是死刑，为了省事就以抢劫罪判罪处刑；(5)在既杀人又抢劫的犯罪中，杀人不是抢劫的牵连犯，也不属于结合犯。❷还有的理由是：(1)按照结果加重犯的原理，抢劫致人死亡不能包括抢劫杀人；(2)结果加重犯要立法机关规定，其他任何机关、个人无权认定或者解释；(3)抢劫致人死亡包括抢劫杀人可能轻纵罪犯；(4)放火致人死亡也不包括故意杀人；(5)没规定抢劫杀人为结合犯，不等于抢劫杀人是结果加重犯；(6)从来龙看去脉，抢劫致人死亡不能包括故意杀人。抢劫杀人应该是抢劫和杀人两个罪。❸

---

❶ "女孩被闺蜜男友挟持拍裸照写血书求救机智脱身"，载《今日早报》2012年3月7日。

❷ 朱娱斋："谈既杀人又抢劫的案件如何定罪问题"，载《法学》1982年第10期。

❸ 肖开权："也论抢劫中故意杀人的定罪问题"，载《法学研究》1988年第3期。

1997年《刑法》施行后，有学者亦提出，"以不包括故意杀人为宜"。❶ 具体说来，"在劫取财物过程中，为制服被害人反抗而故意杀人的"，表明行为人的行为已经构成抢劫罪，在遭遇抵抗的情况下又起意实施故意杀人的行为，显然是出于两种不同故意而实施的不同犯罪行为；是否认为是属于牵连犯而以抢劫罪定罪？如果认为属牵连犯，则存在以故意杀人罪定罪处罚的可能性，因为故意杀人罪不仅排列在抢劫罪之前，其法定刑也重于抢劫罪。就"为劫取财物而预谋故意杀人"的情况而言，可以是"为劫取财物而预谋故意杀人并杀了人的"，也可以是"为劫取财物而预谋故意杀人，但实际上并没有故意杀人"；在没有实施杀人的情况下认定为抢劫罪是合适的，但为劫取财物而预谋故意杀了人并获取财物，既可以是实施杀人并当场获取其财物，也可以是杀人后在恰当的时间里获取其财物；但无论是何种情况，行为人获取财物的方法行为无疑是在被害人的继承人不知情的情况下秘密窃取而获得财物，根据法理分析，性质当属故意杀人罪和盗窃罪。所以，司法解释是否认为该种情况为故意杀人罪与盗窃罪结合而为的抢劫罪，值得进一步探讨。所以，对于先抢劫财物后杀人的，都认为应定二罪；对于先杀人后抢劫财物的，反而不能定故意杀人罪，只能定比故意杀人罪轻的抢劫罪，在理论上和实践上都不具有说服力。

另外，有人认为，抢劫过程中的故意杀人行为，完全符合故意杀人罪的构成要件，应以故意杀人罪定罪处罚。杀死被害人后取走被害人财物的，还成立侵占罪。主要理由是：首先，这违背了罪刑法定和罪刑相适应原则。尽管"抢劫致人死亡"作为抢劫罪的加重情节，最重也能判处死刑，然而其法定刑是"十年以上有期徒刑、无期徒刑或者死刑"，是从低往高排列的。而《刑法》第232条故意杀人罪条文规定的基本法定刑最重也是判处死刑，但是从高往低排列的。其次，将抢劫过程中的故意杀人行为评价为抢劫罪，没有反映犯罪的本质，无助于满足报应的要求和一般预防与特殊预防的功利目的的实现。再次，将抢劫过程中的故意杀人评价为抢劫罪，无助于减少抢劫罪作为财产罪的死刑的适用。又次，将抢劫过程中的故意杀人行为以故意杀人罪论处，有助于减少结果

---

❶ 王作富："认定抢劫罪的若干问题"，载《刑事司法指南》2000年第1辑。

加重犯的成立范围，还有利于结果加重犯未遂的处理。❶ 这种观点也有一定代表性。

再看肯定论的观点。

在1997年《刑法》修订前，一些学者就持该主张。❷ 到最高人民法院2001年5月22日出台《关于抢劫过程中故意杀人案件如何定罪问题的批复》明确规定："行为人为劫取财物而预谋故意杀人，或者在劫取财物过程中，为制服被害人反抗而故意杀人的，以抢劫罪定罪处罚。行为人实施抢劫后，为灭口而故意杀人的，以抢劫罪和故意杀人罪定罪，实行数罪并罚。"在此，明确肯定了肯定说的观点。有的观点进而分析了抢劫"致人死亡"包括故意杀人行为的理由，（1）《刑法》第263条并没有明文将"致人死亡"限定为过失，认为只能是过失与间接故意，则不符合犯罪构成原理；既然过失致人死亡的，属于抢劫致人死亡；故意致人死亡的，当然也属于抢劫致人死亡。（2）当场杀死他人取得财物的行为虽然同时触犯了故意杀人罪，但以抢劫罪论处，完全可以做到罪刑相适应，不会轻纵抢劫犯。（3）将当场杀害他人取得财物的行为以抢劫罪论处，可以避免定罪的混乱；将当场杀害他人取得财物的行为认定为抢劫罪，与将故意重伤他人后当场取走财物的认定为抢劫罪，也是协调一致的。❸

除此以外，肯定论者还进一步列举了如下一些理由：如高铭暄教授在解释1979年《刑法》中的抢劫罪"致人死亡"是否包括故意杀人时认为，应当包括抢劫财物当场使用暴力把人杀死或者用毒药把人毒死的情况，因为实践中杀人常常被用来作为抢劫财物的手段。❹ 1997年《刑法》对抢劫罪致人死亡未作任何修改，因此，对《刑法》第263条中的抢劫致人死亡应理解为包括故意杀人。世界上有些国家或者地区在抢劫罪中规定"致人死亡"的同时，又另设"抢劫杀人"的专条或专款，如保加利亚，其抢劫罪中的"致人死亡"就只包括过失致人死亡，因为故意杀

---

❶ 陈洪兵："抢劫杀人的应定故意杀人罪"，载《法律适用》2007年第8期。
❷ 杨敦先："试论抢劫罪的几个问题"，载《法学研究》1983年第2期；赵秉志："抢劫中故意杀人的定罪问题"，载《法学研究》1987年第4期；等等。
❸ 张明楷：《刑法学》，法律出版社2011年版，第863页。
❹ 高铭暄：《中华人民共和国刑法的孕育和诞生》，法律出版社1981年版，第206页。

人的内容已经被明确分离出去了。而我国刑法并未把抢劫罪中的过失致人死亡与故意杀人分别规定，也未单独规定抢劫杀人罪。❶ 因此，将我国《刑法》第263条中的"抢劫致人死亡"理解为包括故意杀人，符合立法原意。还有学者从分析暴力的含义着手，认为在抢劫罪基本构成中的暴力与加重构成中的暴力在程度上应有所区别，即基本构成中的暴力手段仅限于轻伤害，而加重构成中的暴力才包含故意杀人的内容。❷

笔者基本赞同肯定论的观点。从司法实践中看，为当场占有他人财物而对被害人使用暴力，当场致人死亡的案件，行为人对被害人死亡的心理态度有的是过失，有的是故意。对于过失致人死亡的，按抢劫罪处罚，一般没有争议。对于故意致人死亡的，从杀人与占有财物的不可分割的直接联系看，实际上是一个行为同时触犯故意杀人罪（图财杀人）和抢劫罪（杀人抢劫）两个罪名，符合想象竞合犯的特征。在理论上应当从一重罪处断，似乎不是只能定抢劫罪。但比较此时的抢劫罪和故意杀人罪，适用抢劫罪（加重犯），不仅"对应"行为人图财的主要目的，而且，还可以适用罚金刑，更加契合了对行为人的处罚；而且二者最高都是死刑，结果也不会放纵犯罪。以上是杀人既遂的情况，如果是预谋先杀人后夺财而结果杀人未遂，又不具备《刑法》第263条的抢劫罪的8种加重情节的，则按照既遂吸收未遂的原理，也是适用抢劫罪为妥，而不是在《刑法》第232条规定的"死刑、无期徒刑或者10年以上有期徒刑"档次之内从轻或者减轻处罚。当然，还有一种情况，预谋故意杀人劫财，不仅未杀死被害人，也未劫得财物的，此时是故意杀人罪（未遂）与抢劫罪（未遂）的竞合，对这种情况，以故意杀人罪（未遂）论处，还是适当的和必要的。但这已经不是上述最高人民法院2001年的批复所涵盖的内容了。

不过，在理解抢劫罪的暴力方法时，虽然我们认同"抢劫致人死亡"可以包括故意杀人，但并不意味着凡是抢劫案件中的杀人行为，都一律以抢劫加重犯定罪处罚。属于抢劫罪加重构成的杀人行为，必须限于为夺取财物而当场将被害人杀死的情形范围内，同时必须考虑抢劫（致人

---

❶ 刘明祥：《财产罪比较研究》，中国政法大学出版社2001年版，第111页。
❷ 赵秉志主编：《侵犯财产罪》，中国人民公安大学出版社2003年版，第55页。

死亡）罪是否能够足以"容纳得下"已经完成的故意杀人行为。对这个问题，本书在论述抢劫致人死亡的加重犯时，会做进一步论述。另外，在实践操作层面，2001年最高人民法院《关于抢劫过程中故意杀人案件如何定罪问题的批复》，平息了司法实践部门的争论，统一了司法实践中的做法，在一定意义上是可取的，但要达到理论与实践的完美结合，最好是由立法机关修订法律，以结合犯形式，增设抢劫重伤罪和抢劫杀人罪。❶ 而期待这种立法修正将是一个久远的话题。

对飞车抢劫（或者抢夺）他人财物的案件，定性常有争议。2008年深圳发生过两名河南籍男子骑摩托车抢包，并将一名女被害人拉倒、拖死的案件。当时，正在街上行走的年轻女子，因突遭摩托车劫匪抢包被扯倒在地并被拖拉，以致重型颅脑损伤而身亡。辩护律师认为：此案应该定性为抢夺而不是抢劫，因为被告"没有采用暴力、威胁的手段"去抢女事主的财物。❷ 在一般人看来，此类事件中抢财行为的暴力性质无可置疑。如有观点就提出，驾车抢劫中实施的"突抢、猛扯、狠拖"等强制力就是暴力，可能给受害人造成的伤残、死亡就是"威胁"，而劫匪作案用的摩托车就是伤人害命的"凶器"。这才是对暴力抢劫比较科学和客观的解读。但这是否就是《刑法》第263条规定的"暴力"呢？

【案19】2003年7月30日晚，被告人纪甲提议利用驾驶摩托车抢夺单身妇女的挎包，纪乙当即表示同意，二人随即驾驶劲隆150型摩托车积极寻找抢夺对象。晚9时30分许，二被告人驾驶的摩托车行至常州市第三人民医院门前，见被害人邹某骑电动自行车经过，即尾随其后。至武进金城齿轮厂处，被告人纪乙驾驶摩托车追上邹；被告人纪甲猛拉邹某挎于右肩上的挎包，纪乙加大油门，致邹某连人带车倒地，二人抢得挎包后逃离现场，包内有现金100余元及价值595元的摩托罗拉998手机一部等物品。经法医鉴定，被害人邹玲因重度颅脑损伤死亡。检察机关指控两被告人纪甲、纪乙犯故意杀人罪，于2003年11月3日向法院提起公诉。法院开庭审理后认为，两被告人行为均已构成故意杀人罪，且属共

---

❶ 马克昌主编：《犯罪通论》，武汉大学出版社2000年版，第651页。
❷ 《新快报》2008年1月23日。

同犯罪，遂依法判处两被告人死刑，剥夺政治权利终身。

在本案审理中，主要是对二被告人的行为是否构成暴力有争议。法院认为，本案被告人系乘人不备利用行使的机动车猛力拉扯并夺走被害人随身携带的挎包，从而导致被害人倒地死亡，这不符合抢劫罪的暴力特征，故不能按抢劫罪论处。主要理由是：根据我国刑法的规定，抢劫致人死亡的，仅仅是抢劫罪的加重情节，不改变犯罪的定性；2002年最高人民法院《关于审理抢夺刑事案件具体应用法律若干问题的解释》第5条规定，"实施抢夺公私财物行为，构成抢夺罪，同时造成被害人重伤、死亡等后果，构成过失致人重伤罪、过失致人死亡罪等犯罪的，依照处罚较重的规定定罪处罚"。因此，如果被告人构成抢夺罪，而又造成了被害人死亡的后果，在罪名的认定上就有可能发生转变。本案中，对被害人的死亡结果，被告人应该是具有放任的故意，即被告人的目的是非法占有被害人的财物，为了这一犯罪目的而放任了另一危害后果的发生。因为二被告人均是正常成年人，应当知道利用高速行驶的摩托车抢夺正在以较快速度行驶的电动车上的他人的挎包，会造成骑车人连车带人倒地摔伤、甚至摔死的结果。据此，本案二被告人的抢包行为同时构成抢夺罪和故意杀人罪，属于想象竞合，须择一重罪处罚，即认定故意杀人罪。但后来，鉴于飞车抢夺案件的特殊性，最高人民法院2005年《审理抢劫、抢夺案件的意见》第11条专门规定了"驾驶机动车、非机动车夺取他人财物行为的定性"，即对于驾驶机动车、非机动车夺取他人财物的，一般以抢夺罪从重处罚。但具有三种情形之一，应当以抢劫罪定罪处罚，其中第（3）种情形是"行为人明知其驾驶车辆强行夺取他人财物的手段会造成他人伤亡的后果，仍然强行夺取并放任造成财物持有人轻伤以上后果的"。而本案的情况正好符合该情形。所以，自2005年《意见》施行后，对类似本案的案件均应该定抢劫罪的加重犯（致人重伤、死亡）。

【案20】2009年10月10日21时许，被告人唐某骑一辆轻便摩托车途经上海市思南路近建德路时，见女青年方某某单独行走在思南路人行道上，便生歹念。被告人唐某骑轻便摩托车折回、驶上该人行道相向至被害人身前，趁其不备，从被害人手中抢夺诺基亚牌N97型手机（价值人民币4 320元）1部后驾车逃跑。被害人方某某见状即返身上前抱住被告人身体，但被告人唐某仍驾驶轻便摩托车加快车速，致被害人被强行拖曳数米后倒地，造成全身多处软组织擦挫伤（经法医鉴定，已构成轻微伤）。次日，被告人唐某将犯罪所得的移动电话机予以销赃，得款人民币3 250元。2009年10月12日，公安人员将被告人唐某抓获。在庭审过程中，对于造成被害人轻微伤的后果是否属于被告人实施的暴力行为所致，是控、辩双方对本案定性分歧的焦点。辩护人的辩护意见是，被告人唐某实施抢夺后驾驶轻便摩托车逃跑中，对其被被害人抓住仍驾车逃跑可能会造成他人伤害的后果的行为，具有一定放任态度，但此行为仅表现出一种挣脱力，这与针对被害人实施暴力的性质是不同的，故应该构成抢夺罪。公诉意见认为，本案被告人驾驶的是机动车辆，马力大，车速快，被害人只要对被告人实施接触性抓捕且不放手的话，被告人仍驾车加速挣脱，必然会对实施抓捕人员造成一定的伤害后果，这种利用机动车特殊挣脱力所造成的危害后果往往不亚于一般对被害人实施暴力或者以暴力相威胁所造成的危害后果。因此，本案被告人为抗拒抓捕驾驶机动车将被害人拖曳数米后致被害人倒地受伤的行为，应当认定其对被害人使用暴力。法院判决认为，被告人唐某以非法占有为目的，抢夺他人财物达人民币4 000余元，数额较大，且被告人唐某为抗拒被害人对其实施抓捕，采用驾驶机动车将被害人强行拖曳的暴力行为，致被害人倒地受伤，其行为构成抢劫罪，应依法判处3年以上10年以下有期徒刑，并处罚金。遂依法判决被告人唐某犯抢劫罪，判处有期徒刑3年3个月，并处罚金人民币3 000元。❶

本案被告人利用摩托车行驶时的特殊挣脱力抢走被害人的财物，并强行拖曳被害人造成轻微伤，符合2005年《审理抢劫、抢夺案件的意见》第11条规定的情形（2），即"驾驶车辆强抢财物时，因被害人不放手而采取强拉硬拽方法劫取财物的"，故定抢劫罪是正确的。

---

❶ 原上海市卢湾区人民法院［2010］卢刑初字第23号刑事判决书。

（二）抢劫罪的胁迫行为

何谓抢劫罪客观方面的胁迫行为，各国刑法也规定不一。诸如"以暴力相威胁""以重伤相威胁或置他人于重伤之恐惧""以危害生命健康的暴力相威胁""使其感到自己或他人有立即死亡、受伤的恐惧"，等等。我国刑法学界也有不同看法，如有的刑法教科书指出"我国刑法对胁迫自然应理解为以暴力相威胁"，❶或者"以当场实施暴力相威胁"。❷这是我国学界的通说。有的著作则提出："恐吓或胁迫，其能否成为抢劫犯罪中的胁迫，并不在于内容如何，而在于能否造成使他人明显难以抗拒这一结果。任何形式的恐吓或逼迫，不管其内容是暴力的，还是非暴力的，只要其能够令人明显难以抗拒，就足以成立抢劫犯罪中的胁迫。"❸例如，甲深夜守候在路旁，乙由此经过，甲装鬼跳出来将乙吓跑，丢下财物被甲占有，甲构成抢劫罪，这就是非暴力的胁迫。类似观点认为，胁迫是指告知对方将要对其予以加害，以对其进行精神强制。至于胁迫的内容，若对胁迫加害的种类、性质人为加以限制，可能导致对权利保护不力的局面。❹还有观点认为，从构成要件上说，通说的限制缺乏法律根据，因为即使并非以当场实施暴力相威胁，也完全可能压制对方的反抗。但是从司法认定的角度来说，如果不作这样的限制，则容易扩大抢劫罪的处罚范围。❺

笔者认为，我国刑法规定的抢劫罪的方法比其他国家广泛，但是，把胁迫理解为以实施暴力相威胁，还是适当的。因为，抢劫的胁迫必须是当着被害人的面发出，而且必须是当场能够实现的，而这样的胁迫，唯有暴力这一形式。不能说装鬼吓人等能使人恐惧的方法都可构成胁迫。例如，某人在商场里突然大叫："有炸弹！"吓得许多人丢下财物四散奔

---

❶ 高铭暄主编：《刑法学》，法律出版社1982年版，第484页。
❷ 高铭暄、马克昌主编，赵秉志执行主编：《刑法学》，北京大学出版社、高等教育出版社2005年版，第554页；赵秉志：《侵犯财产罪》，中国人民公安大学出版社2003年版，第59页。
❸ 甘雨沛等编：《犯罪与刑罚新论》，北京大学出版社1994年版，第640页。
❹ 陈兴良主编：《刑法学（第二版）》，复旦大学出版社2009年版，第376～377页。
❺ 张明楷：《刑法学（第四版）》，法律出版社2011年版，第850～851页。

逃,该人乘机掠走财物,就只能定盗窃罪,不能定抢劫罪。再如,巫婆利用迷信思想,引起他人恐惧,遂获取恐惧者交付的钱财,构成的是诈骗罪,也不能定抢劫罪。以上实例都是引起他人恐惧,但不构成抢劫罪,关键在于行为人不是以自己将要实施的侵害行为恐吓他人。通说把构成要件中的胁迫限定为暴力威胁,就是一种对构成要件的理解,不存在缺乏法律根据的问题,还是如何解释构成要件的问题。其他的理解同样如此。

至于在他人家中安置炸弹"限三天之内交付100万,否则遥控爆炸"的案例,❶ 笔者认为不构成抢劫罪。如果行为人真的安置了炸弹,那就是爆炸罪和敲诈勒索罪的竞合,一般要定爆炸罪;如果行为人安置炸弹是虚假的,亦不成立抢劫罪,否则,真有扩大抢劫罪的处罚范围之嫌。

所以,本书认为,抢劫罪的胁迫,是指对被害人以当场实施暴力相威胁,进行精神强制,从而使其产生恐惧而不敢反抗,抢走其财物或者迫使其交出财物的行为;胁迫的内容是立即、当场对被害人施以暴力。至于行为人是否真有实施暴力的意思以及是否确有实施那种暴力的能力,则在所不问。采用胁迫方法抢劫的特点有二。一是以行为人自己或受其支配的他人将立即对被害人实施暴力相威胁,例如,以当场杀害、伤害、殴打等进行恐吓。威胁的方式不限,但如果没有任何胁迫的表现,只是被害人自己胆小感到恐惧,眼见行为人拿走其财物而不敢制止,则不能构成胁迫。有的还可能是利用特定的危险环境进行胁迫,如在夜间偏僻的地区,喝令他人"站住,交出钱来",使被害人产生恐惧,不敢反抗,亦可构成本罪的胁迫,不过此时构成胁迫应该加以严格限制。二是胁迫的目的是使被害人不敢反抗,而当场夺取或者迫使被害人当场交付财物。如果采用胁迫方法,是要求被害人答应日后交付财物,则有可能构成敲诈勒索。胁迫必须是向被害人当面发出,如果是通过书信或者他人转告的方式让被害人得知,亦不是本罪的胁迫。

至于胁迫将要使用暴力指向的对象,一般是被害人本人,但也可以是被害人的女儿、父母、妻子等亲属。不过,这些亲属必须也在犯罪现场。如果行为人使用"虚假"的暴力欺骗、胁迫被害人,使其信以为真

---

❶ 张明楷:《刑法学(第四版)》,法律出版社2011年版,第851页。

而产生恐惧被迫当场交出财物的，仍属本罪的胁迫。行为人如果不是在当场取得财物而是限期交出财物，则不是本罪的胁迫。

还有关于胁迫的程度是否有限制的问题，应该与前面的暴力程度做同样的理解。抢劫罪的胁迫不要求胁迫行为事实上达到"使对方不能抗拒的程度"，或者达到"足以压制对方反抗的程度"。因为同样的威胁，对不同的人会产生不同的作用，能否抗拒或者足以压制，难有统一的标准。如果说胁迫要有程度的话，那就是先根据一般人的观念，判断在此情此景被害人是否不能或者不敢反抗，再考虑当时双方的力量对比情况。而且，不能说在暴力威胁面前，被害人毫无畏惧地进行了反抗，行为人就不构成抢劫罪。根据被害人胆小还是胆大以及行为人是否知晓这一点，来判断是定抢劫罪还是敲诈勒索罪，恐怕是缺乏说服力的。因为胆子大小如何判断，本身就是一个问题，甚至是一个非法律的问题。但是，也要把抢劫罪的胁迫与乘人之危以提供援助为条件索取财物区别开来。例如，甲在公路上被一汽车撞成重伤，血流不止，司机畏罪驾车逃走。乙驾驶摩托车由此路过，甲向乙呼救，请乙送他去医院。乙提出要甲给他500元钱才肯帮助，甲出于无奈，只好答应了乙的要求。则乙的行为既不符合社会道德准则，也可承担一定的民事责任，但不构成抢劫罪。不过，依照笔者的辨析，无论是对暴力、威胁的程度不做特别强调的通说观点，还是反对通说的一些观点，他们对此问题，判断的标准实际上并无太大的分歧。针对具体案件，都会结合行为者和被害方双方的人数、年龄、性别、身体强弱、行为的时间场所、环境，以及附随状况、有无凶器等具体情节，进行综合判断。

【案21】2006年4月，郑州一名男大学生郑某某自述了他在别人诱骗下误入一个卖淫团伙的巢穴，被逼与卖淫女发生性关系和被搜走钱财的事件。当天郑某某从郑州赶赴洛阳应聘，他顺利地通过了面试。两天后，郑来到洛阳火车站，准备返校。为了早一点回学校，郑某某准备放弃买火车票，改乘汽车。正当他要离开火车站售票厅时，一名中年男子劝诱郑为省钱坐他的车。他跟着这名男子，来到火车站对面的一条巷子里。路上，这名男子对郑某某说："我给你几张'名片'，以后你帮我宣传宣传。"他跟着这名男子走进一家客栈后才明白"名片"的含义。这名男子带着郑某某在一家叫涌泉招待所的小客栈停了下来。在里面，受到几个大个子男人威吓，以及几个女人的轮番谩骂后，郑某某"被逼无奈……太想离开了，就只好和那个女的发生了那件肮脏的事情……"接下来，他遭到了搜身。"那两个男的进了屋，要我交钱。我就问多少钱，他们说，有多少给多少。……他说，本来做一次只要50元的，你浪费了我们的时间，所以收你250元，另外150元还给你，你坐车回去吧。"

一时间，"郑某某事件"引起了社会各界的关注，特别是对于"男性被强奸如何定性"，以及"加害人是否涉嫌变相抢劫"等问题讨论热烈。如有观点认为，在该"事件"中，加害人诱使郑某某进入客栈，强迫其同卖淫女发生性关系，之后从受害人手里获得金钱。在事件过程中，郑某某曾主动提出给钱，请求不与卖淫女发生性行为，但被拒绝了。针对这一过程，加害者之所以强迫郑某某发生性行为，其实是一种心理攻势，这样可以使被害人在事后不敢报警。"加害人构成抢劫罪，以交易的名义实施抢劫"。❶ 本案对于郑某确有胁迫的因素存在，但这种胁迫并不明显包含暴力加害的内容，加上郑某"被迫"与卖淫女发生了性关系的所谓"交易"行为，笔者认为不足以成立抢劫罪的胁迫。如果郑某坚决拒绝后受到殴打或者更加明显的暴力威吓，或者被搜走身上财物，而不是被迫发生性关系，那就可能构成抢劫罪。

【案22】被告人王某2008年5月2日划着小船在河面上打鱼，恰逢李某一家三口前往该地游玩，李某为渡过小河，便花30元钱请王某渡他一家三口过河。当小船行至河中间时，李某的儿子李甲（15岁）没有站稳落入了水中，因李某一家均不会游泳，李某便恳求王某下水去救人。王某发现李某像是有钱人，便想趁机敲他一笔，说河水很深，不肯下去，除非李某给他2 000元钱。李某无奈将身上的全部现金855元钱和一部价值1 500元的手机给了李某，李某才跳入水中将李某的儿子救起。后李某报警将王某抓获。

---

❶ 童光来："大学男生被逼与卖淫女发生关系"，载《华夏时报》2006年5月16日。

有一种意见认为，王某的行为不构成犯罪。李甲落水不是王某的故意行为所致，故王某没有下水救人的法律义务，其要挟取财行为属于道德及民法调整范围。第二种意见认为：王某的行为构成敲诈勒索罪。理由是李甲的落水证明王某没尽到安全使李某全家渡过河的义务；李甲落水后，王某不但不下水救人，反而产生了非法占有他人财物的故意，而且采用要挟的手段向李某索要财物，受害人李某在被迫无奈的情况下交出财物，且数额较大，其行为应构成敲诈勒索罪。第三种意见认为：王某的行为构成抢劫罪。理由是李甲落水后王某有义务积极施救，因为王某本应按约定将李某一家安全渡河，在李甲落水后有义务积极施救，但其却不履行义务（不作为），并意图取财，胁迫被害人或其亲属当场交付财物，其行为更符合抢劫罪的特征。王某正是以不救人相要挟，迫使被害人当场交付财物，符合强行劫取中的胁迫情形。故王某行为应构成抢劫罪。在抢劫罪中对于胁迫的传统理解，都认为和暴力一样是一种主动作为。对于犯罪嫌疑人采取不作为的胁迫方法进行劫财的行为是否构成犯罪，也有观点认为这种行为是敲诈勒索。但在敲诈勒索罪中，如果被害人不满足行为人的要求，则行为人威胁的内容不具有当场实施性，而上述情况是，如果被害人不交出财物，满足行为人图财的目的，威胁的内容即不予救助是当场实施的，故这种情况下应定抢劫罪。❶

笔者认为，对王某的行为不宜以犯罪论处。可以这样理解：一是行为人在乘客落水后有能力救助而不予救助，构成民事违法，可以通过民事责任进行追究，不宜轻易动用刑罚追责，这也是刑法谦抑性的体现。而且乘客乘坐不安全船只也是要承担安全风险的。二是抢劫罪作为最严重的犯罪之一，其规范的暴力威胁行为应该是直接侵犯被害人人身权益的行为，而不包括间接影响危害后果的行为。本案王某入水救人自身也有风险的，再说，如果王某不会游泳，那是否还要其奋不顾身呢？"法律不强人所难"，也是这个道理。即使王某对救人要求高报酬，在一定意义上也是一种风险对价，可以是个是否公平的问题，而不宜上升到刑法应对的高度。打个比方，公共交通工具上发生劫匪暴力抢劫乘客的案件时，

---

❶ 胡风云："不作为的胁迫劫取钱财是否构成抢劫罪"，载中国法院网，2009年3月5日访问。

是否司乘人员都必须予以救助呢？否则，一旦被害人受暴力致死，他们就是不作为犯罪了？轮渡过江时，如果有人落水，是否轮渡司机也得入水救人呢？

（三）关于抢劫罪的"其他方法"行为

作为抢劫罪的方法行为，是否以暴力、胁迫为限？多数国家刑法规定仅以暴力、胁迫为限，如德国、意大利、韩国、泰国、奥地利、俄罗斯等。日本刑法对采用"使他人昏醉"之方法而"盗取其财物"的行为，规定了特殊的昏醉抢劫罪。"苏俄最高法院全体会议在1966年3月22日决议中建议将为了侵占他人财产而使用烈性安眠药物和其他迷幻药物（如用克洛菲啉加烈性酒）导致受害人失去知觉的情形定为强盗罪"。❶ 但也有一些国家刑法规定，抢劫罪的方法除了暴力和胁迫之外，还包括其他方法，至于其范围则并未加以限定。如瑞士、越南等国刑法就是采取这种立法例。

我国刑法规定抢劫罪的非法行为还包括"其他方法"。❷ 并且，从我国的司法实践和刑法理论通说的解释来看，抢劫罪的"其他方法"无非是指用酒灌醉、用药物麻醉、使用催眠术等"昏醉"方法。❸ 一般认为，这里的"其他方法"必须是与暴力、胁迫相类似的侵害人身权利的方法，是同暴力、胁迫方法相当的、足以使被害人不敢或不能抗拒从而交出财物或者听任行为人拿走财物的方法；这些方法使他人身体受到强制或者使其身体机能发生变化，从而失去保护财物的能力。同时，这些方法必须是行为人为了排除被害人的反抗，以便当场占有其财物而采取的。并不是所有的使被害人不知、不能反抗的方式都能成为《刑法》第263条规定的"其他方法"。如果是因行为人的过失使他人处于不能反抗的状态，临时起意占有其财物的，不能定抢劫罪，只能定盗窃罪或抢夺罪。

---

❶ ［俄］斯库拉托夫等主编，黄道秀译：《俄罗斯联邦刑法典释义（下册）》，中国政法大学出版社2000年版，第429页。

❷ 对此，我国《唐律》就有规定，除典型强盗罪外，"若与人药酒，及食使狂乱，取财，亦是"。

❸ 高铭暄主编：《新编中国刑法学（下册）》，中国人民大学出版社1998年版，第766页。

例如，甲骑车在公路上不慎将一老人撞倒，老人腿部受伤不能起立，甲不但不救助，还公然将老人甩在路旁的包裹（内有衣服和千元钱）拿走占为己有。甲构成抢夺罪。再比如，甲从王某的身后将王某的眼睛蒙住，说："猜猜我是谁？给你三次机会"。王某说："对不起，先生，我不认识你，请你放手。"趁着这个机会，甲的同伙乙将王某放在地上的皮包拿走。等王某睁开眼睛，甲、乙二人已逃之夭夭。此案中甲的行为不能认为已经侵犯了被害人的人身权利，或者说其侵犯人身权利的程度还远没有达到抢劫罪的侵害要求。本案的行为本质上是一种欺骗行为，即在一段时间内使王某误认为行为人甲看错了人，使王某转移了自己保管自己财产的注意力，并没有通过对被害人的人身权进行侵害以实现其犯罪目的。故只可能成立盗窃罪。

随着社会发展变化，抢劫罪的行为方式也发生了新变化，除了用药麻醉、用酒灌醉、利用催眠术催眠、用毒药毒晕毒死或将清醒的被害人乘其不备锁在屋内致其与财产隔离等方法劫取他人财物等方法外，还出现了一些新型的犯罪案件，如泼香蕉水、喷辣椒水等危险液体或冒充艾滋病人用带血的针管吓唬被害人抢财物的行为，"非典"时还有谎称是"非典"病人以传染疾病为名吃饭不给钱的案例。对于利用这些手段获取他人钱财行为，是否定抢劫罪需要理论上加以阐释。

（1）以酒致醉被害人，趁其醉酒或昏睡之机取走其财物的行为。

对此，在我国刑法理论界也曾有过不同认识：一种观点认为应认定为盗窃罪。因为醉酒在一般情况下并不危害人的健康，因而不能认为灌醉是侵犯人身权利的行为；灌醉只是盗窃罪的预备行为，其后趁人昏睡时拿走其钱物的行为符合盗窃罪的特征。❶ 另一种观点认为，灌醉同麻醉一样都是侵犯他人人身的行为，是行为人对被害人人身的一种非法强制，它排除了被害人对财物的有效保护；因此，对把被害人灌醉、乘其昏睡取其财物的行为，应认定为以其他侵害人身的行为实施的抢劫罪。❷ 笔者认为，对先以酒灌醉，尔后趁被害人昏睡而拿走其财物的行为，不可一概而论。如果被害人喝酒达到一定量后拒绝再喝，而行为人强行将其灌

---

❶《法学季刊》1984 年第 2 期，第 78 页。

❷ 赵秉志主编：《侵犯财产罪研究》，中国法制出版社 1998 年版，第 62 页。

醉；或者在不容易致醉的低度酒中掺进大量高度酒，在被害人不知情时骗其过量饮用致醉，并以此作为使被害人失去保护财物能力的方法，趁其昏睡拿走其财物的，这同强行使被害人服用安眠药、或在其食物中秘密投放安眠药，致被害人昏睡后取财具有同样的性质，应该以抢劫罪论处。但是，即便行为人有趁被害人醉酒昏睡后拿走其财物的意图，如果只是用言词劝诱、刺激被害人过量饮酒，被害人是否继续饮用还有自主决定的余地，由于被害人不服输而过量饮酒致醉，行为人趁机拿走其财物的，则不属于用"其他方法"抢劫，而可能构成盗窃罪。在这种场合，被害人醉酒是由他自己的行为引起的，行为人的劝诱、刺激只是其过量饮酒的诱因，显然，不能将劝诱、刺激有意识能力人饮酒的行为，评价为与暴力、胁迫相当的侵害人身权利的行为。还有人就此提出"劝醉取财"与"灌醉取财"不同。在"劝醉而取财"的情形中，虽然行为人具有使被劝人醉酒的故意，但被害人自己不仅没有人身权益遭到侵犯的感受，也没有现实的人身侵犯以及人身侵犯的可能——仅仅是接受劝说大量饮酒而已，对自己可能的醉酒状态持明知且放任的态度（这一点根本区别于药物麻醉方法）；行为人只是在被害人自陷于醉酒状态的前提下，实施了秘密窃取被害人财物的行为。而在"灌醉而取财"情形中，不仅行为人具有灌醉被害人的故意，而且被害人是在不愿意喝醉的情况下被强行灌醉的，"灌醉"已经具有"暴力"意义。因此，将"劝醉而取财"的行为归属于采用秘密方法的盗窃罪更为恰当。❶ 笔者认为，在现实生活中，朋友之间酒桌上的"劝酒"和"灌酒"的差异一般只是手段程度上的差别而已，其法律意义的不同则必须考虑行为人的主观动机和目的。行为人为什么劝酒或者灌酒，决定着其取财行为的性质。如果是基于活跃气氛等善意，但在劝酒后乘被害人醉酒而取财，就属于盗窃；如果本是基于非法占有他人钱财的恶意，将"劝酒"作为取财的手段，当然属于抢劫。灌酒亦如此。单纯谈论"劝酒"和"灌酒"的区别，则脱离了讨论问题的法律意义。

---

❶ 冯亚东、刘凤科："论抢劫罪客体要件之意义"，见高铭暄，马克昌主编：《刑法热点疑难问题探讨（上）》，中国人民公安大学出版社 2002 年版，第 751～752 页。

【案 23】赵某（男）和王某（女）系刚大学毕业的同居情侣。赵某以给王某找工作为由，从王家先后骗到十几万元，钱逐渐花光而工作仍没有眉目。知晓实情后，王某无奈原谅了男友。这时，王某从母亲那里得知姥爷家存有大量贵重的古董，在赵某的提议和说服下，两人合谋去窃取古董。2009 年 11 月 19 日，两人来到王某姥爷家，寒暄后赵某假意离开，王某依预谋在奶茶里加入安眠药给两位老人喝，二老喝后因困倦熟睡。赵某得信后返回屋里翻箱倒柜寻找古董，两个多小时什么也没找到，急躁中失手碰倒桌上瓦罐，惊醒了姥爷。王某躲入门后，姥爷看到正在翻找东西的赵某，惊呼"抓贼"。情急之下，赵某拿出随身携带的刀子向老人颈部连刺五六刀，致毙命。临走为毁灭证据，赵某点燃了床上的被子和蚊帐，然后死拉硬拽将吓傻了的王某带走，王某的姥姥在大火中丧生。其实，王某之母所说的古董并不存在，只是王某的姥爷姥姥因儿女不孝，谎称家有古董以诱儿女常回家看看。❶

本案犯罪行为可分为两个阶段：一为赵、王二人构成共同犯罪的阶段，始于二人共谋，终于被王某的姥爷发现并呼喊；二为赵某单独犯罪的阶段，即赵某刺杀王某的姥爷和放火。在前一阶段：赵、王二人以非法占有被害人财物为目的，按照事前的合谋，王某以安眠药使被害人昏睡，赵某在此便利条件下窃取财物。他们的行为属于简单的共同犯罪。因实际上古董并不存在，赵、王二人不可能得手，他们的共同抢劫行为属于因意志以外的原因未能得到财物，应认定赵、王二人为抢劫罪（未遂）。在后一阶段，赵某用随身携带的刀子猛刺老人的要害部位颈部多刀将老人杀死，临走时为了毁灭证据又实施了放火行为而烧死了王某的姥姥。这两种行为均系赵某个人临时起意所为，王某虽在现场，但她客观上并未参与，主观上也没有与赵某有犯意沟通，因而应由赵某一人对过限行为（杀人行为和放火行为）负完全刑事责任，王某对此不应负责任。在这里，由于前一行为已构成抢劫罪，故后行为不再存在转化抢劫的问题。需要讨论的是，赵某刺杀王某姥爷的行为和放火的行为是否构成故

---

❶ 田甜："一起简单共犯实行过限案的法理分析"，载《人民法院报》2011 年 2 月 16 日。

意杀人罪一罪,还是构成故意杀人罪和放火罪两个罪。

(2) 将被害人锁在屋内致其与财产隔离,从而非法占有其财物的行为。

在司法实践中,还有这样一类案件:行为人趁财物的所有人或保管人在屋内之机,将屋门锁上、拧住或堵住,在财物所有人或保管人知晓的情况下,非法拿走其屋外的财物,但并未对其本人人身实施胁迫或强力打击。对这类案件有人主张定盗窃罪,也有人主张定抢劫罪。如有这样一案:丙到某饭店吃饭,看到老板李某的柜台里面有不少钱,便心生歹念,于是丙就让李某去给自己炒两个菜。李某说:"炒菜师傅已经下班,你到别家店去吃吧!"丙百般请求,李某无奈就锁好钱柜去了厨房。等李某进了厨房,丙便将其反锁在里面。过了一会儿,李某感觉不对劲,就想从厨房出来,但是出不来,李某从窗户眼睁睁地看着丙将自己钱柜里的钱全部拿走。有的观点认为,此案中行为人丙的行为仅仅是在一定时间内限制了被害人的人身自由,该行为不属于"暴力或者胁迫",刑法之所以将使用药物、毒品、酒精等物品将被害人麻醉后取财的行为解释为"其他方法"是因为这些行为的社会危害性与实施"暴力、胁迫"具有一致性。一方面,药物、毒品、酒精会伤害到被害人的身体;另一方面,被害人被麻醉后,完全丧失自由意志,很容易二次被害。❶

再看一个案例。甲、乙等五人经过预谋,于某日深夜驾驶汽车并携带钢管、绳索等工具进入某林区木材堆放地点盗窃木材。甲、乙二人负责在附近的看守人员住地门前放哨,其余三人则负责驾车和装运木材。当三人从木材堆放处经看守人员门前盗运第二趟时,被在屋内的看守人员丙、丁二人发现,二人正要出屋制止,负责放哨的甲、乙二人立即拿携带的钢管从外面把门顶住(门是向外开的)。丙、丁二人用钎子撬门也撬不开,便砸坏门心板向外泼水,甲、乙二人仍顶住门不放。丙、丁二人随后用电话报警,乙见状即转到屋后扯断电话线。其余三案犯则在甲、乙指挥下继续转运木材。因为屋门被顶住,窗户上又安有钢筋护栏,丙、丁二人隔窗眼睁睁地看着10根圆木(价值2 000余元)被非法拉走。对

---

❶ 田坤:"对抢劫罪中的'其他方法'的认定",载中国法院网,2008年10月15日访问。

此案的定性，有的认为应定盗窃罪，有的认为应定抢夺罪，有的认为属转化型抢劫罪，还有的认为直接定抢劫罪，而在这后一种意见中，对于抢劫的手段，有的认为是暴力手段，有的主张是暴力、胁迫之外的其他侵犯人身的手段。

笔者认为，对这类案件直接定抢劫较为合理。当着财物占有者的面违背其意愿夺取其财物，一般只可能构成抢劫罪或抢夺罪，区分二者的标志是看有无抑制被害人反抗的侵害人身行为。在上述类型的案件中，行为人利用客观有利条件，并采取锁住、堵住门窗等手段，将被害人禁闭于屋内，这就是一种抑制被害人反抗的侵害人身权利的行为；以此作为夺取财物的手段，属于抢劫性质。但这是采用"暴力"的方法，还是采用暴力、胁迫之外的"其他方法"呢？有的观点认为，这类案件的实质是利用禁闭财物所有者或占有者的手段，使之无法保护财物，从而夺取其财物，但不属于抢劫罪"暴力"的禁闭。因为行为人并非是采用强行绑架、推拉等手段强力禁闭被害人，而是利用被害人在屋内的便利，关锁门窗将其禁闭，这属于抢劫罪"其他方法"的禁闭。如果把未对人身施加强力的禁闭视为暴力，则与暴力的含义和人们的一般理解都不合。❶

另有一些观点认为，作为抢劫方法的"暴力"并非要达到危害人的生命或健康的程度，只要是针对被害人实施的并足以抑制其反抗即可。将被害人禁闭于一定场所，剥夺其自由，使之失去保护财物的能力，这应该在抢劫方法的"暴力"含义的范围之内。至于禁闭的手段可能多种多样，例如，将被害人推拉进房间关闭，诱骗进房间关闭，趁其在房间时将门锁上，等等，它们只有形式上的差异，而并无实质的不同。假如趁某人熟睡时用鱼网将其网住、使之不能挣脱，在其惊醒后当着其面搬走其家中的财物，这同趁其入睡时将其卧室门反锁，在其知晓的情况下搬走其客厅的财物完全相似，只不过前者是利用鱼网将其网住，而后者则是利用房门和锁的封闭性能将其禁闭，对二者的性质没有必要区别对待。

笔者赞同前一主张。就后一观点所举事例而言，前后两种情况（对

---

❶ 赵秉志：《侵犯财产罪》，中国人民公安大学出版社2003年版，第64页。

被害人实施强力加以禁闭和利用房屋自身封闭性加以禁闭）还是有必要区别的，主要理由是：行为人直接对被害人施加强力可以导致被害人的正面反抗，可能引起更严重的人身伤害后果，显示抢劫罪的本质特征，而后者避免了双方直接对抗，对被害人人身权利的影响相对要小，将这二者区别开来，也是划分社会危害性所必要的。

（3）以猥亵手段吓走女被害人后非法占有财物的案件。

如行为人以非法占有他人财物为目的，采用脱掉裤子露出隐私部位的猥亵方法吓走女性受害人，拿走财物，对该行为存在认定强制猥亵妇女罪、盗窃罪、侵占罪、抢劫罪等不同意见。中国法院网上曾经讨论过一个这样的案例。

【案24】某日傍晚，戴某看见女青年高某独自一人用手推着一台新买的电脑经过小巷，戴某见周围没有其他人，遂走到高某前面，突然脱下自己的裤子，露出阴部。高某见状大惊，丢下电脑，转身就跑。戴某将高某的电脑拿回家，占为己有。

对戴某的行为如何定性，存在盗窃罪与抢劫罪之争。认为戴某的行为构成抢劫罪的理由是：戴某以非法占有他人财物为目的，向周围无人的单身女青年高某，突然脱下裤子，露出阴部，这对高某而言，不仅仅是一种猥亵，而且足以令其产生将要遭受性侵犯的恐惧；在这种恐惧心理的支配下，高某选择逃离（这也是高某避免性侵犯的唯一方法）。戴某的行为实质上是采用性威胁的方式，使被害人放弃反抗，从而迫使其交出财物的行为，因此，戴某的行为构成抢劫罪。❶

赞同盗窃罪的理由有：①从案情上看，很难判断戴某实施猥亵行为是猥亵的目的，还是非法占有财物的目的。②从刑法中关于抢劫罪和强制猥亵、侮辱妇女罪的罪状来看，如使用以暴力、胁迫或者其他方法强制猥亵妇女或者侮辱妇女就构成强制猥亵、侮辱妇女罪，如使用暴力、胁迫和其他方法劫取财物的就构成抢劫罪，据此可见，猥亵行为并非是

---

❶ 周军、严长龙："以猥亵手段吓走女青年后取得财物如何定性"，载中国法院网，2007年4月26日访问。

刑法意义上的抢劫行为。③抢劫罪是基于行为人实施抢劫致使被害人不敢反抗、不能反抗，从而行为人当场直接夺取、取走被害人占有的财物或迫使被害人当场直接交出财物。也就是说，除了被害人被麻药、酒精等药物暂时控制自由意志外，被害人应意识到自己的财物被劫取而不敢反抗。戴某实施猥亵行为时并未声明抢劫，也未要求被害人留下财物；被害人基于害怕被戴某猥亵，为迅速逃离而将财物扔下，而不是基于抢劫不得已留下财物。还有观点认为，正确处理本案，需要分析戴某实施猥亵行为的目的。若是为了劫取财物而使用猥亵手段，尽管猥亵手段并非是刑法意义上的抢劫行为，但是行为人基于抢劫的故意而实施，其主客观并没有不统一，应认定其构成抢劫罪。若是纯属为了寻找个人刺激而实施猥亵行为（没有使用强制手段），但猥亵行为未构成犯罪，可由公安机关进行治安处罚，其将被害人财物占有的行为应认定为盗窃罪。该财物并非是遗忘物或埋藏物，戴某应明白该电脑物权情况，趁物主不在，而秘密窃取，应构成盗窃罪。若不能查明戴某实施猥亵行为的主观目的，根据我国刑法理论主客观归一的原则，宜采用从轻原则，认定戴某构成盗窃罪。❶

笔者认为，对本案适用抢劫罪应该慎重。前一种观点认为，行为人实质上是采用"性威胁的方式"，使被害人放弃反抗，从而迫使其交出财物的行为。但显示身体隐私部位是否就是"性威胁"、"性威胁"是否是暴力威胁，均值得商榷。如果行为人以强奸被害人相威胁，从而取得被害人的财物，则可成立抢劫罪，因为强奸包含暴力行为的。后一观点认为，要考虑行为人实施猥亵行为的目的，若是为了劫取财物而使用猥亵手段，则行为人基于抢劫的故意而实施，其主客观并没有不统一，应认定其构成抢劫罪。该理由亦不充分。财产犯罪都是以非法占有为目的，就当实施猥亵行为时具有侵财的目的，但不能因此认为就是抢劫的目的。否则，有循环论证的嫌疑。所以，在行为人尚未实施侵犯被害人的猥亵行为前，认定其取走被害人电脑的行为构成抢劫罪缺乏足够的依据。从社会危害性的评价来看，这类案件离抢劫罪尚有距离。

---

❶ 赵斌、汤向明："以猥亵手段吓走女青年后取得财物应定盗窃罪"，载中国法院网，2007年4月27日访问。

（4）用泼香蕉水、喷辣椒水等危险液体抢劫的案件。

浙江、广西等地均出现了行为人使用香蕉水、辣椒水或类似的刺激性液体喷洒受害人的眼睛，并趁机抢走受害人身上财物的案件。用上述危险液体喷洒受害人以劫取被害人财物的案件，一般都以抢劫罪论处没有问题。不过，在下面一个案件中，李某等人向被害人头部和脸部喷洒可乐，并趁机夺财的行为，如何定性值得探讨。

【案25】2009年11月末至12月初，李某等人在晚上尾随被害人进入住宅小区单元楼道，并将随身携带的可口可乐瓶内的可口可乐液体摇晃出泡沫，当被害人走到楼道台阶转角处时上前抢被害人的挎包。在与被害人撕扯的同时将可乐液体泼洒到被害人的头上和脸上，使被害人对突然被喷洒到头和脸部的液体产生心理恐惧丧失反抗能力时，随即拖拽并将其挎包抢走。李某等人采取同样手段，共抢劫了多名被害人钱物，后被公安机关抓获。

有种观点认为，本案应构成抢夺罪。李某等人用可乐液体泼被害人脸部的目的是抢夺财物，泼可乐只是转移被害人注意力的行为，而抢夺罪也存在针对被害人人身实施一定程度的暴力，但这种暴力没有达到抢劫罪所要求的侵犯他人人身安全的程度。第二种观点认为，应构成抢劫罪。主要理由是：本案中李某等人主观上明显具有非法占有被害人财物的目的，其非法劫取他人财物的主观故意非常明确。其次，行为人实施抢夺行为时，被害人是来不及抗拒，而不是被暴力压制不能抗拒，也不是受胁迫不敢抗拒，这是抢夺罪与抢劫罪的关键区别。本案李某等人的行为实质就是使被害人对突然被喷洒到头和面部的液体产生心理恐惧和害怕心理，这种心理必然会降低被害人的反抗能力，使被害人发生恐惧而不敢反抗、不能反抗，从而放弃反抗，客观上达到了足以抑制和降低被害人反抗的效果，并由此当场劫取了财物，侵犯了公民的人身及财产权利，构成抢劫罪。❶

---

❶ 马琳娜："冒充有害液体泼洒被害人夺取财物的行为定性"，载《中国检察官》2010年第6期。

笔者认为，在此类案件中，分析案发时行为人与被害人之间的动态关系，结合行为人夺取被害人财物时的过程，被害人精神和心理上遭受的恐惧和伤害肯定大于其身体本身的受害程度，即使被害人因此放弃抵抗而交出财物，但这是否就是抢劫仍有问题。实践中使被害人受到惊吓的方法可能越来越多，有时还取决于被害人的心理承受力。但只要该方法一般并不对被害人的人身造成直接的伤害（将被害人吓病、吓死属于特例），就不得轻易纳入抢劫的"其他方法"之中。此时，把行为人向被害人泼洒可乐作为其实现抢夺目的的一种手段，并不超出对抢夺罪的理解范围。或者说此时是行为人找到了一种"更有效"的抢夺方法，而不是我们要降低抢劫方法的门槛。

《人民法院报》讨论过的一个案件也有相似性。

【案26】某日，一位六旬老妇在散步时，突然有一中年男子从其后面将其抱住，吻其脸及耳根，就在老妇大异时，中年男子迅速离去。老妇回家后，发现一对铂金耳环已被"窃"走，价值2 000余元。

本案有抢夺、盗窃和抢劫三种分歧意见。定抢劫罪的主要理由是：抢夺是"公然夺取"财物，其"抢"着力于物，而非人。本案中的中年男子将老妇人抱住，具有暴力性质，是直接针对受害人人身的行为，而非直接针对财物，所以不能认定为抢夺。本案男子实施了"抱"的行为致老妇不能反抗，实施了"吻"的行为致老妇不知反抗。这两个行为均是"拿"的先行行为，与"拿"的结果具有因果关系。❶ 定盗窃罪的理由如下：案中行为人从身后抱住老妇人强吻的行为并不能使老妇人达到不能或不知反抗的程度。或者说，中年男子"强吻"六旬老妇人，是其自己没有提防或感觉突然而不反抗，并不是不能反抗或不知反抗。而且"不能反抗或不知反抗的状态"应该有一定的持续时间，才构成抢劫罪，否则，很难区分某些情形下的抢劫与抢夺。本案中年男子只是乘受害人诧异时，拿走了金耳环。所以男子的行为只能理解为通过转移受害人注

---

❶ 杨仓仓："以'吻''窃'物如何定性"，载《人民法院报》2008年1月23日。

意力的手段，达到秘密窃取金耳环的目的。而且受害人也是在回家后才发现自己丢了金耳环。❶ 笔者不赞同对本案定抢劫罪。

(5) 装鬼等吓唬人而取财的案件。

行为人采取在夜晚打扮装鬼的方法吓唬被害人，使受害人因害怕而忘记带走财物，行为人趁机取得财物，对该行为就存在定抢劫罪还是盗窃罪的分歧意见。笔者认为，为非法获取财物而装鬼吓唬被害人，实际也是使被害人产生心理恐惧，的确会对被害人产生心理和精神上的强制力，造成了被害人反抗能力降低或者丧失，但这同样不得轻易认定为抢劫罪。不过，日本的类似案件存在定抢劫罪的做法。据日本读卖新闻报道，2009年日本神户地区发生多起"唬人抢物"的抢劫案。抢匪对受害人喊："你的包包中有蛇！"受害人的瞬间反应就是吓得立刻将包包丢开，抢匪也因此得逞。神户市东滩区警方表示，一名81岁妇人从诊所走出时，一名男子走过来向她说："你的包包有蜥蜴！"结果这名老妇立刻将包包丢开，抢匪拿着就逃逸无踪了。警方说，2009年4月12日和22日、5月8日，也有类似的抢劫案发生，分别是84岁、74岁、82岁的女性受害。抢匪对她们说，你的包包有蛇、有蜥蜴或有蜜蜂，让她们在惊吓时遭抢。因抢匪下手的对象都是高龄人士，日本警方判断很可能是同一人犯案。❷

(6) 以传播病毒为名恐吓受害人非法取财的案件。

2003~2004年前后，武汉、安徽等地陆续发生多起"利用艾滋病"犯罪的案件。❸ 后来，深圳等地也曾出现犯罪嫌疑人持装有红色液体，声称有艾滋病病毒或其他病毒的针筒实施抢劫，威逼被害人交出随身携带

---

❶ 周兴中："以'吻''窃'物应构成盗窃罪——与杨仓仓同志商榷"，载《人民法院报》2008年2月14日。

❷ 王斯："日本劫匪高喊'你的包包有蛇'立刻得逞"，载《环球时报》2009年5月12日。

❸ 例如，2004年6月，湖北省武汉市汉阳区法院对全国首例艾滋病被告人刘某抢劫、盗窃一案进行宣判，刘某被判处有期徒刑11年，剥夺政治权利1年，并处罚金人民币1万元。犯罪人刘某10年前染上毒瘾，1999年查出染有艾滋病病毒。为筹集毒资，刘某多次敲诈、抢劫被抓获，却因其患有艾滋病，找不到合适的收押场所被屡次释放。2003年10月，经专题研究，武汉市公安局为此专门设置一单独关押点，收押刘某。2004年5月，安徽省利辛县人民法院也审理了安徽省首起被告人陆某某"利用艾滋病犯罪"案。

的现金、手机等物品。据报道，2013年1月，武汉市武昌区法院审理一起"女大学生夜乘的士被抢劫，疑遭司机扎艾滋针威胁"的抢劫案件。同月，广东中山市一名男子手持带血针筒威胁刚从银行提款出来的前供职公司财务，声称自己得了艾滋病，顺利抢得被害人手中的23.8万元现金，后被警方追回。

有人认为，上述类似行为针对被害人人身施加暴力、胁迫以外的影响，同样达到了排除被害人的反抗，使被害人因害怕被感染病毒而不敢反抗的情形，应认定为抢劫罪的其他方法行为。而非典时谎称是非典病人以传染为名吃饭不给钱的案件，实践中有认定抢劫罪还是寻衅滋事罪的分歧。笔者认为，对这类案件，如果行为人仅仅实施了携带声称有艾滋病等病毒的针筒（实际上没有病毒），以针刺为威胁，夺取或者敲诈他人钱财的，一般不宜定抢劫罪。如果行为人确是携带有病毒的针筒，或者是带血的针管，以此威胁，当场索要财物的，那其行为就与暴力、胁迫行为"相当"，应该认定为抢劫罪的"其他方法"。

总之，对于上述一些特殊的"吓人型"侵财案件，不能仅仅因为被害人受到了心理或者精神恐惧而交付或者放弃财物，被行为人取得，就认为行为人的行为构成抢劫罪的方法行为。不能为了打击这些犯罪，而降低构成要件的要求将它们向抢劫罪靠拢。试想，如果盗窃嫌疑人半夜装扮成鬼样入户盗窃，也可能把被害人吓得半死，是否因此而转化为抢劫罪呢，显然不行！极少数特殊的个案，不宜被类型化为抢劫罪的构成要件的要素。这也是刑法谦抑性的一种表现吧。

【案27】2011年7月3日，被告人李甲、李乙窜至位于眉山市闹市区的环湖西路"肯德基"快餐店外，盗窃了被害人孙某放置于"肯德基"快餐店外的电瓶车。孙某发现车不见后经人指点，发现二被告人正驾驶被盗车辆在不远处缓慢前行。孙某及其妹等人马上追击，在小北街口将二人追上，孙某并叫女儿报警。见被拦下后，二人不是束手就擒，而是在众目睽睽之下上演了疯狂的一幕。李甲、李乙都说自己系吸毒人员，并谎称患有艾滋病，还先后拿出自己使用过的一次性注射针筒相威胁。李乙先拿注射针筒向孙某刺去，与孙某及其妹抓扯在一起，其手中的注射针筒被打落在地。见状，李甲又拿注射针筒同李乙一起对孙某进行殴打,将孙某手臂刺伤后逃离现场。2011年7月8日,李甲、李乙再次窜至眉山城区小北街"小康佳美"外盗窃电瓶车时被当场抓获。经法院审理查明,二人并无艾滋病,只是诈称想令被害人知难而退。2012年8月3日,眉山市中级人民法也宣判过一起抢劫案,两名手持一次性注射针筒在闹市区抢劫的被告人分别被眉山市法院以抢劫罪判处有期徒刑3年6个月和有期徒刑3年2个月。❶

【案28】2012年12月20日上午10时许,某公司财务吴女士从银行取完钱(总共23.8万元现金)后和司机陈某两人驱车赶回,路遇已被公司辞退的旧同事宋某(51岁,安徽人)。宋某快步上前和他们打招呼,请求坐他们的顺风车回公司找老板谈事情。吴女士见是旧同事,没多想便让他上了车。上车后,坐在后排的宋某突然拿出带血的针筒,在自己手臂上扎了一下,声称自己得了艾滋病,并威胁吴女士和司机陈某带他去见公司老板,要质问老板为什么无理解雇他。吴女士见状非常害怕,恳求宋某不要伤害他们,更害怕钱被抢走。不料,刚才取到的钱款还是引起了宋某的注意。当宋某发现车里面的一大包钱后顿起贪念,并威胁吴女士:"这钱归我了!"吴女士见宋某手中拿着针筒,不敢反抗,不得已把钱给了他。得手后,宋某很快带着抢来的23.8万逃走。后民警将藏匿在老家的嫌疑人宋某抓捕归案,追缴赃款20万元。

最后,再谈谈抢劫罪的目的行为。

抢劫罪的目的行为通常被称为"强取"或"劫取"他人财物的行为。即在采用暴力、胁迫等侵害人身的方法压制或者排除被害人反抗的基础上,行为人夺取对方的财物,或者迫使对方交付财物。某种取得财物的行为是否具有强取的性质,是抢劫罪成立与否的关键。分析抢劫罪的目的行为,难点在于认识暴力、胁迫等方法行为与取得财物之间的因果关系。

一般来说,强取到财物意味着暴力、胁迫与取得财物之间必须有因

---

❶ "两女子谎称艾滋病闹市针筒扎人抢劫获刑",载中国新闻网,2012年8月3日访问。

果关系。在通常情况下，行为人总是先采取暴力、胁迫或者其他方法，抑制被害人的反抗，而后直接夺取其财物或迫使其交出财物。不过，也有先夺取财物紧接着对被害人施行暴力、胁迫的抢劫实例。在这种场合，行为人在抢劫意思支配下的方法行为，与目的行为的先后顺序是颠倒的，但实质上暴力、胁迫行为是确保取得的财物的方法，如果没有暴力、胁迫，最终也不可能得到财物。所以，仍然可以说两者之间具有因果关系。

应该指出，在有些国家（如日本）的司法实践中，并不一定很重视两者之间的因果关系。例如，日本法院有判例认为，行为人趁被抑制反抗的被害者不注意时拿走其财物的行为，构成抢劫罪；还有判例认为，由于被告人的暴力、胁迫，使被害人将所持财物放置现场而逃走，此后予以夺取的行为，也成立抢劫罪。不过，也有判例认为，行为人为了强取他人财物而对其进行胁迫，被害人因恐惧而逃走时掉下了财物，而后取得这种财物的行为，不构成抢劫罪。据此，有学者认为，只要实施了暴力、胁迫行为，并趁机取得占有了财物，就可以认为是强取，并不一定要求两者之间有严格意义上的因果关系。但是，如果暴力、胁迫与取得财物之间没有直接的联系，也就应该否定两者之间有因果关系，抢劫罪也就不能构成。❶

也有学者引用日本学界的观点把此时的因果关系与抢劫的既遂和未遂形态挂钩。如多数学者认为，暴力、胁迫和财产的强取之间有因果关系，抢劫既遂才成立；暴力、胁迫手段必须是基于强取的意思实施，强取的结果是在实施暴力、胁迫以后才得以实现的。所以，为抢劫财物对被害人使用暴力，被害人在逃跑过程中财物丢失，被行为人捡拾的，应该成立抢劫罪未遂和侵占罪。❷ 如果不能肯定上述因果关系，即使当场取得财物，也不能认定为强取财物。例如，实施暴力、胁迫等行为虽然足以压制反抗，但实际上没有压制对方的反抗，对方处于怜悯之心而交付财物的，只成立抢劫未遂。❸ 这依然说明，如果行为人强取得到财物，该结果（行为）与暴力、胁迫之间应该存在因果关系。

---

❶ 参见［日］前田雅英：《刑法各论讲义》，东京大学出版社1995年版，第221~222页。

❷ 转引自周光权：《刑法各论》，中国人民大学出版社2011年版，第84页。

❸ 张明楷：《刑法学（第四版）》，法律出版社2011年版，第852页。

有这样一个案件，某甲因做生意赔了钱，遂起意抢自行车，并买了一把水果刀准备作案用。某日上午，某甲到距县城几公里远的大路上伺机作案。下午2时许，当女青年某乙骑自行车驮着两个提包过来时，某甲突然上前用手强行抓住某乙的自行车把，另一只手伸入自己衣袋内欲掏取水果刀。某乙因害怕而急忙跳下自行车逃走，某甲遂非法占有了自行车和两个提包。对这类案件定抢夺罪还是定抢劫，有过争议。❶ 基于刑法规定了携带凶器抢夺定抢劫罪，故这种案件应该以抢劫罪论处。

如果行为人取得了财物是其他原因（包括暴力行为）所致，例如强奸、伤害、斗殴过程中，被害人在现场遗落了财物，行为人拾得占为己有，不能构成抢劫罪。例如，某农民甲在某市一郊区旅游点附近闲逛，在一较僻静之处，见一女青年某乙走来。甲见四周无其他行人，顿起淫心，遂上前抓住乙用力往旁边一树林里拖，欲行强奸。因乙奋力反抗，甲猛击乙头部，将其击昏后就地将乙强奸。奸后甲看到乙的手提包甩在不远处，捡起拿回家后发现内有手机及千余元现金等财物，据为己有。对这类案件的处理有两种意见：一种意见主张定强奸罪和抢劫罪，另一种意见主张定强奸罪和盗窃罪。笔者赞同后一种意见。案中甲对乙实施殴打，目的是意图强奸乙，具有强奸的故意，而无抢劫的故意。尽管在客观上，甲的殴打行为确实使乙丧失了反抗能力，从而为甲在无阻碍情况下占有乙的财物创造了条件。然而，不考虑行为人的主观认识因素，将整个作案过程中的两个阶段的行为"嫁接"在一起，使暴力既作为定强奸罪的构成要素，又作为定抢劫罪的根据，不符合犯罪构成的原理。再看一个案例：甲男拦路截住乙女欲行强奸，乙女说："正来例假不方便的，身上有500元钱你拿去找小姐吧。"甲男遂放过乙女，而拿走了钱。本案甲男的行为定抢劫罪既遂应没有悬念，问题是他使用的是暴力、胁迫还是其他方法值得研究。

但是如果行为人的暴力行为处在持续的过程中，在取得财物时这种暴力行为仍然存在，则仍属于抢劫，如非法拘禁中搜走被害人身上的财物，即使被害人没有反抗，也应当认为是抢劫行为。这不存在对非法拘

---

❶ 赵秉志、时延安：《抢劫罪的概念及其构成特征》，载中国刑法网，抢劫罪专题。

禁行为重复评价的问题。又如强奸案行为人在强奸过程中，顺手夺取被害人的财物，应以强奸罪和抢劫罪并罚。有学者认为，强奸后趁被害人处于极度恐惧状态，当面拿走其财物，是利用了强奸行为对被害人产生的胁迫效果，这种拿走财物的行为应定抢劫罪。❶

在受到惊吓的案件中，被害人因恐惧而放弃财物的情况比较复杂，这要从产生恐惧的原因加以分析。非因行为人的原因，如在偏僻路段树林中惊鸟飞起，被害人弃物逃跑，路过此处的行为人拾得财物，则属不当得利；在特定环境中，因行为人的突然出现，使被害人误认为遇到抢劫，而弃物逃跑，虽然行为人因自身的原因而得到财物，但因无抢劫的故意，当然不构成犯罪；行为人因其他犯罪故意，如意图伤害者从路旁举刀冲向被害人，被害人因惊吓弃物逃走，由于行为人突然持刀冲出的行为属于以暴力相威胁，因此拾得被害人丢弃的财物，应以抢劫罪论。当然，行为人出于抢劫故意而拦路威吓，致使被害人因恐惧逃跑，因此取得财物，无疑属抢劫。

---

❶ 刘明祥：《财产罪比较研究》，中国政法大学出版社2001年版，第128页。

第三章　抢劫罪的犯罪构成（二）

本章主要研究抢劫罪的客体与对象问题。

客体对于具体犯罪具有重要意义，客体与对象的关系亦十分密切。但抢劫罪的对象甚为特殊，它不仅反映出抢劫罪客体问题的复杂性，且自身内容广泛，并涉及不同犯罪的界分。

一、抢劫罪的客体

刑法学通说认为抢劫罪侵犯的是双重客体，包括人身权益和财产权益，从总体上看，这并无争论。但如何表述尚有分歧，其中存在两个主要争论点，一是关于财产权益的表述问题，二是财产法益和人身法益谁主谁次的问题。

对于前一个问题，《人民法院报》曾开辟"侵犯财产罪"专题阐述张明楷的观点。张老师立足于犯罪本质之法益侵害说理论指出，犯罪的本质是侵犯法益，对具体犯罪的客体理解不同，对构成要件的理解就会产生差异。并对传统的通说理论即所有权说[1]提出了质疑：（1）所有权说只保护自物权，而不保护他物权。然而，他物权的内容比所有权丰富，应当受到刑法的保护。例如，债务人或者第三人盗窃质权人所留置的质物的，侵害了质权人的对质物的占有与收益权利，符合盗窃罪的特征。（2）财产性利益完全可以成为抢劫、诈骗等罪的对象，故债权可能成为抢劫、诈骗等罪的客体。但是，通说仅将财产所有权作为财产犯罪的客

---

[1] 高铭暄、马克昌主编：《刑法学》，北京大学出版社、高等教育出版社2005年版，第552页。但是，原先的"所有权说"现在有向"公私财产权利说"转换的趋向。赵秉志：《侵犯财产罪》，中国人民公安大学出版社2003年版，第48页。

体，这又使得刑法的保护范围过窄，不符合刑事立法精神和司法实践。（3）市场经济的发展使得所有权的部分权能与作为整体的所有权在一定时空条件下发生分离，对于这种相对独立的、从所有权中分离出来的权能，刑法应予保护。如果认为刑法只是保护所有权整体，结局只是保护处分权，那么，实际上就否认了所有权的权能可以分离，也过于缩小了刑法的保护范围。同时，张老师提出所有权说在实践中也存在困惑：（1）根据该说，对于盗窃自己所有而由他人合法占有的财物的行为，不能认定为盗窃罪，缺乏合理性。❶（2）根据该说，对于盗窃或者抢劫他人占有的违禁品、赌资、用于犯罪的财物等的行为，难以认定为盗窃罪或抢劫罪，因为这种行为没有侵犯占有者的所有权。通说常常认为这种行为侵犯了国家的财产所有权，但事实上并非如此。根据民法原理，在国家应当没收而还没有没收的情况下，国家对应当没收之物实际上并没有所有权。

这样一来，张老师认为，侵犯财产罪的客体首先是财产所有权及其他本权，其次是需要通过法定程序恢复应有状态的占有；但在相对于本权者的情况下，如果这种占有没有与本权者相对抗的合适理由，相对于本权者恢复权利的行为而言，则不是财产犯罪的客体。这里的"财产所有权"包括对财产的占有权、使用权、收益权和处分权，而且将其作为整体来理解和把握。"本权"包括合法占有财物的权利（他物权）以及债权；在合法占有财物的情况下，占有者虽然享有占有的权利，却没有其他权利尤其没有处分权，否则就是享有所有权了。"需要通过法定程序恢复应有状态"，既包括根据法律和事实，通过法定程序恢复原状，也包括通过法定程序形成合法状态。张老师的理由包括：（1）随着社会的发展，财产关系日益复杂化，所有权与经营权相分离的现象普遍存在。如股份公司中所有人对其所有物的支配权，转化为仅对财产价值形态享有收益

---

❶ 对此，张老师举例说，在分期付款购买商品的情况下，双方约定，在买方付清全部货款以前，商品由买主占有，但所有权属于卖方。而卖方在买方交付一部分货款后，将商品窃回。按照所有权说，卖方的行为没有侵害他人的财产所有权，只是取回了自己所有的财物，因而不构成盗窃罪。这一结论难以令人接受。再比如，甲将自己的摩托车借给乙后，又从乙处偷回来，并接受乙的"赔偿"。根据所有权说，甲的行为不成立盗窃罪。这也不合适。

权为主的股权；物权与债权相互交融；信托业中受托人、信托人、受益第三人对有关财产享有何种权利亦不甚明了。在如此复杂的财产关系面前，不能仅以所有权作为财产犯的法益，而应当将所有权以外的一些利益也作为法益予以保护。（2）保护财产所有权的前提，是有效地保护对财物的占有本身。无论是对于所有人本人而言，还是对非所有人而言，占有都是实现其他权能的前提。既然如此，对占有本身就必须进行保护，否则必然造成财产关系的混乱。然而，为了保护基于正当合法理由的占有，其前提是有必要保护占有本身。将需要通过法定程序恢复应有状态的占有作为刑法保护的客体，实际上才更有利于保护财产所有权。（3）在民法上属于非法占有，而刑法有保护的必要。在民法上，非法占有确实不受到保护，但这在民法上只是意味着应当通过法律程序恢复应有状态，而不是说"因为行为人非法占有他人财物，所以该占有本身不受法律保护"。在与所有人相对抗的意义上说，行为人的占有确实是非法的，但相对于其他人而言，这种占有本身就是受法律保护的，即法律不允许他人任意侵害行为人非法占有的财物。也就是说，民法不保护非法占有，意味着应当根据民法将财物返还给所有权人；而刑法保护这种非法占有，意味着他人不得随意侵害该非法之占有。根据这种主张，一些司法难题可以得到解决。例如，盗窃或者抢劫他人占有的违禁品、赌资或者用于犯罪的财物等的行为，应认定为盗窃罪或抢劫罪。

张老师的上述观点实际上就是意图扩大刑法保护财产权益的范围，从司法实践中的难点问题出发，寻求解决问题的方法，无疑具有现实意义。特别是刑法中的所有权、债权等概念的法律意义与民法上的是否完全一致，当民法对这些概念的研究不断丰富、完善之后，相应的刑法观念是否也需要更新呢？也许局限于成文法的特点，在研究方法上，张老师也是采取了从问题找对策的做法。但如果出现一个问题，就来寻找一种"对策性"理论，人们必然会质疑这种理论又能解决多少问题。该理论解决问题的普遍性就有待时间和实践来检验。但就如今的现状而言，张老师的观点对于解决抢劫罪的客体和对象问题还是具有重要的借鉴意义。而且，由于抢劫罪的客体的双重性，新的侵犯财产罪的客体理论对于抢劫罪的另一客体的研究也许也能产生积极意义。至于张老师所言抢劫罪的客体包括他物权和债权的问题，笔者在随后论及抢劫罪的对象时，再作探讨。

近年来,对于所有权说,亦有其他观点,着重指出财产罪侵害的法益范围宜作宽泛的理解,其内涵应包括保护物权,即权利人依法对特定物享有直接支配和排他的权利,包括所有权、用益物权和担保物权,以及保护有保留的非法占有。非法占有是指其占有没有法律依据。这种占有从所有权中分离出来后,需要通过法定程序才能恢复其应有的状态。如 A 将诈骗 B 所得赃物藏于家中,只有司法机关依法追缴返还或 B 通过附带民事诉讼,才能恢复其应有状态——物归原主。此前,若第三人 C 将该赃物盗走,则 C 的行为依然成立盗窃罪。所谓有保留的非法占有,是指这种非法占有没有合适理由不能对抗财产所有人的所有权,因而保留财产所有权人对非法占有的对抗性,即财产所有权人窃取被他人盗、抢的财物时,原盗、抢者的非法占有不是刑法保护的法益。上例中,若所有人 B 将被骗赃物窃走,则不成立盗窃罪。这样,就避免了刑事处罚范围的不必要扩大。与所有人相比,行为人的占有是非法的。但相对于其他人而言,这种占有是应当通过法律程序才能恢复应有状态。在此之前,这种占有状态,其他任何组织或个人没有法律依据都无权加以改变。民法不保护非法占有,意味着应当根据民法将财物返还给所有人;而刑法保护非法占有,意味着他人在法律程序之外不得随意侵犯该占有。[1]

笔者认为,关于抢劫罪客体的所有权说在理论和实践中的确遇到了新的挑战,有些案件根据所有权说明显受阻,难以处理。但无论是张明楷教授所言的"财产所有权及其他本权以及需要依法改变现状的占有",还是其他类似观点,实际上都是缘于原来所有权的含义过窄,需要对其加以扩展、延伸而已;其中最主要问题则是对于一些临时性的财产占有状态,是否能适用刑法保护。如在借给别人的物品后又盗窃甚至使用暴力手段抢回来,是否构成相应的侵犯财产罪?无论是肯定或者否定的观点似乎都不足以说服对方。再如,在自己的财物被国家机关依法扣押或者没收后,趁机盗窃或者抢回,这是构成相应的侵犯财产罪还是成立妨害公务罪?还有,与所有权不同的债权债务等利益(张老师所言之本

---

[1] 苏建召:"财产罪法益范围应作宽泛理解",载《检察日报》2010 年 7 月 30 日。

权），遇到暴力手段加以侵犯时，尽管实践中偶有判决，认定抢劫罪的说理依据却仍显不足或牵强。

　　另外，随着实践发展，知识产权越来越具有重要价值。知识产权本身也不同于一般物权或财产权，知识产权可以被盗（如盗窃商业秘密），但是否可能被抢呢，用传统所有权理论是否能解决知识产权被抢的问题。再则，现代社会中股权也不同一般的财产权，与知识产权一样，有关股权的纠纷往往被以民事诉讼方式解决，是否也可能发生股权被"抢劫"的问题呢？在2011年十一届全国人大四次会议上，有代表建议我国修改刑法，将公民的股权、知识产权等列入公民个人财产的范畴。一份题为《关于修改刑法将侵害股权的行为明文定性为"侵犯财产罪"的立法议案》提出，侵犯股权主要有三种行为：一是公民或法人派往目标公司的代表利用职务的便利，通过伪造签名或签章等手段，将目标公司股权占为己有；二是大股东利用管理公司的机会，出具虚假手续，将小股东的股权据为己有或非法转让；三是目标公司的管理人员，通过虚假股权转让合同、虚设债权冲抵债务、诉讼欺诈和洗钱等手段，将股权据为己有或非法转让。以上种种侵害股权行为产生的纠纷，一般被作为民事纠纷诉诸人民法院进行审理或者以行政处罚的方式解决，此种救济途径对股权保护及对侵害行为惩罚的力度明显不足。主要原因在于：一是侵占行为人所获得的非法收益可能已被转移或者挥霍，无法返还；二是侵占行为可能使公司失去有利的市场时机，给公司生产经营带来的巨大损害无法挽回；三是侵占的非法手段多样化、复杂化、系列化，无法通过一两个诉讼实现股权返还的目的。但基于民事及行政救济途径的不足，有些被害人希望以刑事案件处理程序解决，但公安机关却难以处理，原因在于：《刑法·分则》第五章"侵犯财产罪"中的"财产"是否包括"股权"法律没有明文规定；另一方面，即便认定股权属于"侵犯财产罪"中的"财产"，侵害股权的行为与各个具体罪名也无法相吻合。因此，常见极不合理的刑罚现象：一万元被盗或被侵占，可得到刑法的保护，而价值几百万甚至几十亿的股权被非法侵占，却得不到刑法的有效保护，

这与法律的宗旨相悖。❶

　　在笔者看来，无论是迎合打击犯罪需要的扩张性说理，还是固守传统理论和自认坚持罪刑法定原则的价值理念，二者的碰撞与调和恐怕是未来发展的趋势。对于这个问题，给出一个双方都认可的结论为时尚早。笔者将在下面的犯罪对象问题及一些相关案例中继续探讨。

　　抢劫罪的行为人必须采用暴力、胁迫或者其他侵害人身权利的方法夺取财物，其方法行为侵害受害人的人身权利，其目的行为侵害受害人的财产权利，这是抢劫罪客观方面和客体的基本特色。那么，在抢劫罪的双重客体中，何者为主要客体呢？对此，理论界有几种不同的认识。一种观点认为，公私财产权利是抢劫罪的主要客体。因为抢劫罪是以非法占有为目的的，实施暴力、胁迫行为毕竟只是一种手段，这就是刑法分则体系中不把它列入"侵犯公民人身权利罪"之章，而仍归属于"侵犯财产罪"一章的决定性因素。❷ 另一种观点认为，公民人身权利是抢劫罪的主要客体。理由在于，使用暴力等手段抢劫公私财物，会危及他人的健康和生命，其危害大于对公私财物的侵犯，因而其主要客体应是侵犯人身权利。还有一种观点认为，对抢劫罪的两款规定应当区别对待，公私财产权利是抢劫罪第 1 款（现行《刑法》第 263 条前半段）的主要客体，公民人身权利是抢劫罪第 2 款（现行《刑法》第 263 条后半段）的主要客体。这前一种观点，是我国刑法理论界的通说，后两种观点为少数学者所主张。❸

　　比较以上三种观点，今天支持通说者仍然居多。在支持的理由中，最主要的理由是我国刑法分则正是根据双重客体的主要客体对犯罪进行分章、归类形成类罪名的，因为抢劫罪的罪质是一种以强取他人财物为特征的财产犯罪。与其他财产犯罪相比，抢劫是采用暴力、胁迫等侵害人身的方法强取他人财物，盗窃是采用秘密方法窃取他人财物，诈骗是采用欺骗方法骗取他人财物，抢夺是公然夺取他人财物，敲诈勒索是采

---

❶　王飞、杨进等："人大代表质疑偷万元现金判刑窃百亿股权者无罪"，载大洋网—广州日报，2011 年 3 月 12 日访问。

❷　金凯主编：《侵犯财产罪新论》，知识出版社 1988 年版，第 40 页；王作富："认定抢劫罪的若干问题"，载《刑事司法指南》2000 年第 1 辑。

❸　赵秉志：《侵犯财产罪》，中国人民公安大学出版社 2003 年版，第 48 页。

用威胁讹诈的方法诈取他人财物；这些犯罪都只是在夺取财物的方法上有差异，在罪质上并无不同。而且，"从逻辑上观察，双重客体——双重权利二者并非并列和等价关系"；"人身权利和财产权利在抢劫罪构成模型中一为手段，一为目的；二者的关系不能忽略，不能混淆，更不能颠倒"。❶ 正因为如此，大陆法系各国无论是在刑事立法还是在刑法理论上，都毫无争议地把抢劫罪归为财产犯罪。我国1979年《刑法》和1997年《刑法》也都将抢劫罪置于"侵犯财产罪"一章中。所以，认为抢劫罪的主要客体是公私财产权利的观点，不仅有理论基础，而且有法律根据。抢劫罪的主要客体是公私财产权利，还取决于抢劫罪主观与客观要件的内容和特点。❷ 相反，如果仅以人身权利重于财产权利为由，就认为抢劫罪的主要客体是人身权利，那么，妨害公务等一些以暴力、胁迫为方法的犯罪，也存在同样的侵犯人身权利的现象；如果都将人身权利作为主要客体，纳入侵犯人身权利罪的范畴，除了不能准确揭示这类犯罪的本质特征之外，还会导致侵犯人身权利罪的恶性膨胀。另外，支持通说者认为，一部分抢劫罪的主要客体是公私财产所有权，而另一部分抢劫罪的主要客体是公民人身权利的观点，不符合有关犯罪客体的理论，有悖法理；因为同种犯罪的基本构成与加重构成，只有危害程度上的差异，并无罪质的不同，而决定罪质的主要客体自然应该相同。

笔者认为，通说将财产权利作为抢劫罪的主要客体固然有法律和理论上的根据。但在这里，在行为人犯加重罪的情况下，犯罪客体是否可以发生变化？如果发生一定变化，就必然违背了什么法理呢？上述观点难以作答。笔者认为，在同一罪名之下，犯罪的危害形式和侵害法益的程度可以不同，客体内部的逻辑结构是可能发生变化的。最明显的例子是，我国刑法规定了众多的转化犯，例如，《刑法》第247条规定的刑讯逼供罪和暴力取证罪、第248条规定的虐待被监管人罪和第292条规定的聚众斗殴罪等，它们都是因为"致人重伤、死亡"而改变了罪质，即客体的改变导致罪名发生变化。在刑法没有改变罪名的前提下，为什么就不能承认在复杂客体的情况下，不同客体之间的地位同样有可能发生变

---

❶ 冯亚东、刘凤科："论抢劫罪客体要件之意义"，载《华东政法学院学报》2003年第2期。

❷ 赵秉志：《侵犯财产罪》，中国人民公安大学出版社2003年版，第49页。

化呢？那种认为方法（或手段）行为和目的行为的逻辑关系决定目的行为针对的客体永远是主要客体的观点，并不全面。最明显的例子，如我国刑法的绑架罪就规定在侵犯公民人身权利一章，但对于勒索财物的绑架罪（多数绑架案件属于这一类）来说，绑架人质只是手段行为，勒索财物才是目的。在这种情况下，又如何解释绑架罪的客体呢？显然并不能根据目的决定论来下结论。就抢劫罪而言，在抢劫致人重伤、死亡的情况下，人身权利上升为主要客体更能够为人们的普遍观念所接受。实例中，犯罪人为了抢劫几十元钱甚至几元钱而将被害人打死，其行为主要侵害了什么权益是不言而喻的。通说也认为，抢劫罪之所以成为财产罪之首，设置了比其他财产罪更重的法定刑，根本的原因就在于它同时还侵犯他人的人身权利。必须承认，而今，在处理不同的抢劫案件时，执法者的观念已经开始从考虑强取财物的价值大小转向更多地考虑抢劫的手段对被害人危险的程度及其所造成的后果了。在某种意义上，这彰显了当代社会刑法对人的生命价值的关怀。还有，根据最高人民法院有关解释性文件规范，以杀人为手段劫取财物的，仍然定抢劫罪，这也说明在抢劫罪侵害双重客体中，人身权益也是可以排在财产权益之前的。至于把抢劫致人死亡的抢劫罪的主要客体理解为人身权利对犯罪形态等其他理论的积极影响，❶ 笔者后面再作论述。

二、抢劫罪的对象

在我国刑法理论中，关于犯罪对象的研究和观点颇多。早期多数观点认为，犯罪对象是犯罪行为所指向的具体物或者人；后有学者在"人""物"之外还增加了"信息"。❷ 再后来，一些学者进一步综合研究犯罪

---

❶ 有的学者也注意到，抢劫罪双重客体的逻辑关系对该罪终了形态划分标准具有直接影响。冯亚东、刘凤科："论抢劫罪客体要件之意义"，载《华东政法学院学报》2003年第2期。

❷ 何秉松：《犯罪构成系统论》，中国法制出版社1995年版，第242页；阮齐林：《刑法学（第三版）》，中国政法大学出版社2011年版，第78页；曲新久主编：《刑法学》，中国政法大学出版社2011年版，第88页。

对象问题。如有的学者经过研究，认为犯罪对象是指能够表明犯罪客体存在形式的客观事物，是犯罪客体的现象形态。❶ 有学者总结为犯罪客体关联说、犯罪客体说、犯罪客观要件要素说以及行为对象说等；在对各种观点加以剖析、评判的基础上，把犯罪对象定义为：犯罪对象是指根据刑法规定，犯罪行为作用或指向的，表明刑法所保护的一定主体的权利或利益的客观实在。❷ 最近一些年来，对犯罪对象的研究有了进一步发展，如有的学者强调，犯罪对象是指表明刑法保护法益之存在形式、反映法益本质的现象形态，包括物、人、信息和行为等形式。❸ 张明楷教授则认为，行为对象也叫犯罪对象（行为客体），❹ 一般是指实行行为所作用的物、人与组织（机构）。❺

综观各类观点，犯罪对象几乎包括物、人和其他能够体现一定权益关系的种种载体，如信息、秘密、知识产权、商业信誉以及行为和组织机构，等等。由于刑法对具体犯罪的规定不同，危害行为的对象有的相同，有的不同，有的甚至非常独特。就抢劫罪而言，我国《刑法》第263条明确规定抢劫罪的犯罪对象是"公私财物"，但即使是在整个侵害财产的类罪名中，"财物"的范围在刑法学界亦争论不休。张明楷教授在论及侵犯财产罪构成要件时，详细阐明了行为对象问题。他认为，作为财产罪对象的财物，总体上，包括具有价值和管理可能性的一切有体物、无体物和财产性利益。不具有交换价值但具有主观价值的财物，至少能成为抢劫罪、盗窃罪的行为对象；科技的发展使抢劫、盗窃不动产成为可能；从人体分离出来的器官、血液、精液、头发等，也是财物；债权凭证和虚拟财产也是刑法上的财物，等等。❻

的确，从世界各国来看，随着社会经济的发展，"财物"的范围有不断扩大的趋势：从有体物扩大到无体物，从动产扩大到不动产，从合法

---

❶ 李洁：《犯罪对象论》，中国政法大学出版社1998年版，第45页。

❷ 徐振华：《犯罪对象研究》，广西人民出版社2006年版，第16~33页。

❸ 冯军、肖中华主编：《刑法总论》，中国人民大学出版社2008年版，第292页。

❹ 陈家林教授也认为，在外国刑法学中，行为客体就是犯罪对象的意思；陈家林：《外国刑法通论》，中国人民公安大学出版社2009年版，第156页。

❺ 张明楷：《刑法学（第四版）》，法律出版社2011年版，第163页。

❻ 同上书，第841~845页。

物扩大到非法物，从财物扩大到其他利益。而从早期认识来看，财物通常仅指有体物、动产、合法物，但固守这个范围，也会使有些具有较大社会危害性的犯罪行为无法定罪，与一般社会观念的要求不符，因此刑法不得不作些变通。我国《刑法》第265条对盗接他人通信线路、复制他人电信号码或者明知是盗接、复制的电信设备、设施而使用的，定盗窃罪；最高法院对盗窃罪的司法解释早已明文规定，电能等无体物可以成为盗窃的对象。对于非法占有虚拟财产的行为，司法机关早就作出了诸多有罪判决。因此，我国的财产犯罪对象已从法律明文规定扩大到了无体物。有学者认为，鉴于扩大财物的范围可能有违反罪刑法定主义的嫌疑，"最好的办法是以有体性说为原则，同时法律规定哪些无体物以财物论，对法律无明文规定的无体物，不得任意解释为财产罪对象中的财物"。❶从抢劫罪的行为特点看，无体物的完全占有或控制，需要持续一定时间才能完成，电力、电信码号等无体物不能成为抢劫罪的行为对象，不符合抢劫罪的当场取得财物的犯罪特征。有观点提出，假设行为人以暴力、胁迫等方式强行要求给自己提供电力、电信通讯等服务的，可以敲诈勒索罪定罪处罚。如果行为人没有使用暴力方式，只是强行要求使用电力、天然气等财物的，应按寻衅滋事罪定罪处罚。❷笔者认为，这又涉及其他罪的认定问题，恐怕不好一概而论。进一步说来，则不是本书所要深入探究的。基于抢劫罪侵犯的法益特性，加上各国刑法对财物的概念和范围大多未作很明确的界定，相应地对抢劫罪行为对象的理解也产生诸多论争，主要涉及以下若干方面问题。

（一）抢劫罪的对象是否包括他人的"身体""自由"

在抢劫罪中，行为人采取暴力、胁迫或者以其他方法，对被害人实施暴力威胁，使之产生心理恐惧，不能反抗或者不敢反抗，以达到非法占有他人财物的目的。抢劫行为有两个指向目标，一个是具体的人，他是某种权利的主体；另一个是具体的物，它是合法权利的物质表现。在日本，有学者提出，抢劫罪的行为对象除了他人的财物之外，还包括他

---

❶ 刘明祥：《财产罪比较研究》，中国政法大学出版社2001年版，第170页。
❷ 陈清浦："抢劫罪行为对象若干问题研究"，载中国刑法网，抢劫罪专题。

人的"身体、自由"。❶ 因为抢劫罪是一种复行为犯，作为其手段的暴力、胁迫行为，一般是针对他人人身；即使不是针对他人人身，起码也会使他人精神上受到压制，也就是说，侵害他人的精神自由是无疑的。过去，我国有关抢劫罪的著述在论及抢劫罪的犯罪对象时，大多数只提到公私财物，而忽视了被害人的人身。也有少数学者提出，在抢劫罪双重对象的划分中，把暴力、胁迫或者其他方法所及的人作为抢劫的第一重对象，侵夺对象所及的物为第二重对象。❷ 近年来，有观点指出，抢劫罪侵犯的对象具有双重性，一方面是财物，另一方面是被害人的生命、身体。❸ 有学者进一步指出，如果论及抢劫罪的对象忽视被害人的人身，"这样就使得抢劫罪的犯罪对象与其双重客体间发生不协调的现象，使公民人身权利这一客体失去了犯罪对象上的对应与体现。……由抢劫罪的双重客体所决定，其犯罪对象也是双重的。被害人人身是抢劫罪的手段行为指向的对象，……公私财物是抢劫罪的目的行为借助其手段行为指向的对象"。❹ 笔者认为这种理解是正确的。实际上，抢劫犯罪不指向一定的"人"，也就不成其为抢劫罪，而且，抢劫罪针对的人和物有着非常密切的联系。所以，后面论及的抢劫罪的对象类型，都是在"公私财物"这种对象之下再作的分类研究，而不是否定抢劫罪的对象包括"人"。

至于"他人"的身体、自由中的"他人"，是否仅限于自然人，日本刑法理论界有不同观点。有的学者认为，作为本罪暴力行为对象的人，只能是自然人，法人是一种社会组织，应该排除在外；但是，胁迫行为的对象，则不以自然人为限，法人之类的拟制的人，也能受到胁迫。例如，犯罪分子到某公司，告诉公司职员，若不交出公司财物，就要放火烧毁其公司。在这种场合，受胁迫的被害对象与财物的被害对象就是公司或法人。当然，这其中是以公司职员（自然人）作为中介的，公司职员作为法人组织的一员，间接地受到精神上的强制。问题是，当受害法

---

❶ [日] 大塚仁等编：《刑法解释大全（第9卷）》，青林书院1988年日文版，第306页。转引自刘明祥：《财产罪比较研究》，中国政法大学出版社2001年版，第115页。

❷ 甘雨沛等主编：《犯罪与刑罚新论》，北京大学出版社1991年版，第623页。

❸ 陈兴良主编：《刑法学》，复旦大学出版社2009年版，第378页。

❹ 赵秉志：《侵犯财产罪》，中国人民公安大学出版社2003年版，第47页。

人是国家时,它是否也能成为抢劫罪胁迫的对象呢?一般来说,国家是刑罚权的主体,国家的意思自由不应该也不可能被制约,因此,在国家财产受到抢劫罪的胁迫行为侵害时,应该认为受胁迫的对象是管理国家的公务员。由此可见,受胁迫的对象与财物的所有者即使不同,也不影响本罪的成立。❶ 笔者认为,作为抢劫罪行为对象的受胁迫者与财物的所有者可以是不同的人,但是,被胁迫的对象只能是自然人(不能是法人)。因为作为抢劫罪方法之一的胁迫,其直接效果是使他人精神上受到压制、不敢反抗,被迫交出财物或让犯罪人劫走财物。这就要求被胁迫的对象必须是能够理解胁迫内容的、有意识的自然人,法人没有意识能力;在犯罪分子胁迫公司职员若不交出公司财物,就要放火烧毁其公司的案例中,受胁迫的对象实际上就是公司员工。

抢劫罪的行为对象,通常是指财物的所有者、保管者或者持有者,不可能是与抢劫财物无任何关联的人。但在有的情况下,由于存在一定的社会关系,"其他相关在场人"也能成为被强制者。如果针对在抢劫犯罪现场的某人实施暴力或胁迫行为,能对财物的所有者、保管者或持有者产生精神强制,以达到劫取财物的目的,而行为直接指向的对象并非所有者、保管者或者持有者本人的,则此对象就是"其他相关在场人"。因此,"其他相关在场人"具有以下特征:(1)处在抢劫犯罪现场;(2)能够被抢劫手段行为直接强制;(3)不是财物的持有者、保管者、所有者;(4)行为人主观上认为以此可达到劫取财物的目的。如当着财物持有者的面,对其在场的亲属实施暴力打击迫使其交出财物的,财物持有人的亲属即为"其他相关在场人"。在这种抢劫中,作为行为对象的人,并不仅限于财物所有人、占有人或者持有者的亲属,持有者本人也因其亲属遭受暴力或者胁迫,精神受到了强制,这种胁迫与针对其本人实施的胁迫,性质上并无重大差异;因此,持有者本人也是抢劫罪的行为对象。当然,如果行为人以特定目的抢劫控制某人,如实施暴力手段劫取婴儿的,那就构成拐卖儿童罪或者拐骗儿童罪了。

---

❶ [日]大塚仁等编:《刑法解释大全(第9卷)》,青林书院1988年日文版,第309页。转引自刘明祥:《财产罪比较研究》,中国政法大学出版社2001年版,第116页、第134页。

（二）抢劫对象是否包括不动产

抢劫对象是否包括不动产，各国的刑法的规定也不尽相同，一般可分作两大类。第一类，有的国家刑法明文规定仅限于动产，不包括不动产。如1999年生效的《德国刑法典》第249条规定："一、意图为自己或第三人不法占有他人财物，以暴力或危害身体或生命相胁迫抢劫他人动产的，处1年以上自由刑"，❶ 1968年的《意大利刑法》第628条、1944年公布的《西班牙刑法典》第500条也有类似规定。另一类是一些国家刑法对此未作明文规定，只是将抢劫的对象概括为财物或财产，如《俄罗斯刑法典》《泰国刑法典》等。有人认为《日本刑法典》第235条之二规定了侵夺不动产罪，肯定了不动产可以成为盗窃罪的行为对象，从而肯定了不动产也可以成为抢劫犯罪的行为对象。❷ 但是，盗窃罪与抢劫罪的行为对象并非完全重合，能为盗窃罪所侵犯的未必属于抢劫罪的行为对象。1960年日本刑法增加了侵夺不动产罪以后，就不动产能否成为盗窃罪的行为对象的争论随之终止，但不动产能否成为抢劫罪的行为对象的争论却仍在继续。在日本，通说认为，不动产不能成为普通抢劫罪的对象。但也有学者认为，采用暴力、胁迫手段侵夺不动产，有可能构成抢劫利益罪。❸ 在我国，由于土地所有权只能由国家和集体所有，而不能由个人所有，因此，不存在抢劫土地的问题。要讨论的，就是以暴力、暴力胁迫或者其他强制方法非法占有他人所有的房屋的行为能否按抢劫罪处理的问题。对此问题，刑法理论界也有不同的见解，有否定论，也有肯定论。

持否定论者认为，抢劫罪具有当场取得财物的属性，而能够当场取得的财物只能是动产，不动产则不能被当场取得。❹ 抢劫罪的性质决定了行为人只能是当场取得财物，而当场可以取得的财物只能是动产，因为

---

❶ 徐久生、庄敬华译：《德国刑法典》（Strafgesetzbuch），中国法制出版社2000年版，第177页。

❷ 赵秉志主编：《中国刑法案例与学理研究（分则篇·四）》，法律出版社2001年版，第8页。何鹏主编：《外国刑法简论》，吉林大学出版社1985年版，第206页。

❸ ［日］大谷实：《刑法讲义各论》，成文堂1990年日文版，第214页。

❹ 赵秉志：《侵犯财产罪研究》，中国法制出版社1998年版，第72～73页。

只有动产才便于携带移离，不动产是难以当场取走并非法占有的。另外，从我国刑法对抢劫罪所规定的构成要件也可以看出，不动产不能成为抢劫的对象，不能以国外存在把不动产作为抢劫对象的立法例，作为我国刑法中的抢劫罪的对象包括不动产的理由。❶"抢劫罪的财物只限于动产，非法抢占不动产的，不属于抢劫罪"；❷ "强行霸占他人之不动产……虽带有抢劫性质，但同刑法规定的抢劫罪之特征并不吻合，因此，值得研究"。❸

持肯定说的人则认为，"当场取得"，不能狭义地理解为当场拿走，应该理解为财产所有权人当场失去了对财物的掌握控制。针对房屋这种不动产的抢劫，只要犯罪行为人使用强制手段当场使房屋之合法所有权人失去占有，从而掌握和控制了该房屋，其行为就可定抢劫罪。❹ "抢劫罪的对象既可以是动产，也可以是不动产，如使用暴力手段当场非法占有、控制他人房屋的，使用暴力手段，迫使他人当场写出免除债务的承诺书的，应认定为抢劫罪"。❺ 其理由：刑法规定抢劫罪的行为对象是公私财物，并没有因财物是否具有移动性而作分类，更没有把不动产排除在外。用暴力、胁迫方法将他人赶出家门，霸占房产，若不以抢劫罪论处，在行为人的手段行为不构成其他犯罪的情况下对其只作民事处理，判令退还房屋，未免轻纵罪犯；❻ 同时，不动产作为抢劫罪对象有外国立法例可循，在一些国家和地区刑法中，抢劫不动产就等于劫取了财产上的不法利益。我国刑法虽无此种规定，但从有利于保护公私财产和人身安全出发，有必要把不动产纳入抢劫罪的对象范围。因此，不宜将不动产一概排除在行为对象范围之外。❼ 折中说认为，如果采取抢劫方法将不

---

❶ 赵秉志：《侵犯财产罪》，中国人民公安大学出版社2003年版，第51页。

❷ 何秉松主编：《刑法教科书》，中国法制出版社2000年版，第909页。

❸ 苏惠渔主编：《刑法学》，中国政法大学出版社1994年版，第569页。

❹ 李亮："对不动产能否成为抢劫罪对象的探析"，载《河北法学》2001年第2期。

❺ 张明楷：《刑法学（下）》，法律出版社1997年版，第760页。

❻ 金子桐等：《罪与罚——侵犯财产罪和妨害婚姻、家庭罪的理论与实践》，上海社会科学院出版社1987年版，第15页。

❼ 高铭暄主编：《新编中国刑法学（下册）》，中国人民大学出版社1998年版，第762页；高铭暄、马克昌主编：《刑法学》，北京大学出版社、高等教育出版社2005年版，第552页。

动产可分离的部分，如房屋的门窗、土地上的树木、庄稼、果实等当场劫走，行为人也可以构成抢劫罪。❶

还有学者同意肯定说的结论，认为房屋作为不动产之所以可以成为抢劫罪的对象，并非因为犯罪人可以通过暴力、胁迫等强制手段在表面上掌握、控制他人的房屋，而是因为犯罪人使用暴力或者以暴力相威胁不仅可以当场掌握、控制他人房屋，而且在掌握控制以后，可以进一步采用暴力或者胁迫手段迫使被害人将房屋的所有权在形式上转移给行为人。例如，行为人使用暴力将房屋的所有人赶出房屋后，又使用暴力逼迫房屋所有人当场到房产登记部门办理了房产变更手续，使自己成为房屋形式上的所有人。这种通过暴力或者暴力威胁将他人所有的房屋非法占为己有的行为完全符合抢劫罪的构成要件，对此，应按抢劫罪定罪处罚。而对于那些仅仅是使用暴力或者暴力威胁将房屋所有人赶走后自己控制、占有房屋，但并没有通过强制手段（通常是一种暴力威胁）当场（变更房屋所有权的当场）获得房屋形式上所有权的，则不能以抢劫罪论处。❷ 类似观点亦认为，在行为人以非法占有为目的，以暴力、胁迫或以其他方法强令被害人签订不动产买卖、赠予合同等书面文件，并意图依据该书面文件办理登记过户手续从而强占他人不动产的情形下，房产可以成为抢劫对象。主要理由是：不动产具有成为抢劫对象的可能性；不动产作为抢劫对象可以满足抢劫罪"当场夺取财物"的客观要求；"不动产本身不可移动性"不能成为否定说的理由；承认不动产在特殊情况下可以成为抢劫罪的对象是刑法保护不动产法益的要求。❸

笔者认为，不动产不能成为抢劫罪的行为对象，这是由抢劫罪的犯罪特征和不动产本身的不可移动性所决定的。动产和不动产原本是民法上物的一种分类，民事立法上一般不对动产和不动产下定义，而是通过例举和排除的方法加以界定，即对不动产作例举规定，不动产之外即为

---

❶ 陈兴良主编：《罪名指南（上册）》，中国政法大学出版社 2000 版，第 777 页。

❷ 李希慧："抢劫罪的对象、标准及转化问题研究"，载《人民检察》2007 年第 18 期。

❸ 李文广、赵剑："特殊情形下不动产能否成为抢劫罪犯罪对象"，载《人民检察》2012 年第 22 期。

动产。根据我国司法解释，土地、附着于土地的建筑物及其他定着物、建筑物的固定附属设备为不动产，其余为动产。❶有关法律和司法解释对此作了肯定。最高人民法院《关于贯彻执行〈民法通则〉若干问题的意见（试行）》第186条规定，土地、附着于土地的建筑物及其他定着物、建筑物的固定附属设备为不动产。《担保法》第92条规定，本法所称不动产是指土地以及房屋、林木等地上定着物。抢劫罪的客观方面对取得财物有两点要求：一是财物能被行为人占有、携带、移离，二是要求取得财物当场实现的可能性。而当场可以取得的财物只能是动产，因为只有动产才可以携带、移离，并实际控制据为己有。门窗、林木、庄稼在和房屋、土地分离之前属于不动产的一部分；在分离以后，已从形式上转化为动产，对此实施抢劫实质上是抢劫的动产，而非不动产。在民法上，不动产和动产二者的公示原则存有较大区别。动产的交付和公示方法是占有，适用善意取得制度和取得时效；而不动产的交付和公示原则采用的是登记方法，未经有效登记，不发生所有权的移转，不适用善意取得制度。因此，对于行为人强行侵占的不动产，被害人可以较容易地通过政府机关收回，恢复自己的财产权利；行为人不能当场对不动产完全控制和随意处置，无法实现所有权中的处分权能。行为人若以暴力、胁迫或以其他方法强令被害人签订不动产买卖、赠予合同等书面文件，并办理登记过户手续，这种情况下，不动产也不能认为已被移离，因为这些合同的签订违背了民法和合同法的诚实信用原则和契约自由原则，缺乏合法要件；受胁迫的一方亦可行使撤销权，使上述合同行为归于无效，由此进行的不动产登记手续当然无法实现所有权的移转。而且，这种经过国家机关转移登记房屋产权的过程与抢劫罪原本具有的"当场劫取财物"的含义已相差甚远。实践当中对于使用暴力胁迫、强行入住，非法拘禁他人，霸占他人房屋的，可以定非法拘禁罪或者非法侵入他人住宅罪。行为人有伤害、杀人行为的，可以定故意伤害罪、故意杀人罪等。为霸占房屋土地，而毁坏财产的，可以以故意毁坏财物罪处罚。如果符合《刑法》第293条列举的"强拿硬要或者任意损毁、占用公私财

---

❶ 余能斌、马俊驹主编：《现代民法学》，武汉大学出版社1995年版，第333页。

物",则应该按寻衅滋事罪定罪处罚。对于只属于一般违法行为,则应按行政法规处理,或者责令其承担相应民事责任。以笔者之见,将某种极端情况或者极小可能发生的情形勉强归入到某个罪名之下,对于这个罪名的理解意义不大。

也要看到,虽然不动产的不可移动性决定了行为人不可能当场夺取占有,但确有可能强行占用,以取得一定的利益。正如有学者认为,侵财犯罪的"非法占有"应该解读为意图非法所有,而非传统观点所认为的非法取得所有权;以此为出发点,进而基于不动产物权转移以登记作为转移的标识,认为行为人不可能永久性非法所有,被害人可以通过合法的手段恢复所有权的行使,行为人只能暂时性地使用、收益。❶ 考虑到由于以暴力、胁迫等手段强行取得不动产带来财产上的利益,因而有的国家在刑法中规定抢劫利益罪也是有道理的。但即使是在这些国家,也并不认为行为人是取得了不动产本身,而只是认为其取得了利用不动产所带来的财产性利益。我国刑法没有规定抢劫利益罪。根据罪刑法定的原则,尚不能把外国刑法所包含的抢劫利益的情形,解释为成立《刑法》第263条的抢劫罪。至于我国刑法有无必要增设抢劫利益罪,则是需要另外探究的问题。另外,在我国的司法实践中,未能转移所有权的不动产已经成为贪污受贿罪的行为对象,不能因此证明不动产可以成为抢劫罪的对象,因为贪污受贿主要侵犯的是国家工作人员职务行为的廉洁性,贪污贿赂不动产的行为与抢劫不动产还是有本质区别的。

(三) 抢劫的对象是否包括无体物或限于有经济价值之物

无体物,也有人称为无形物,通常是指人们的肉眼不能观测到的物质,如电、煤气、天然气、虚拟财产、电讯号码等。笔者认为,它们能否作为抢劫罪的对象,不能一概而论。

最高人民法院在1998年3月17日施行的《关于审理盗窃案件具体应用法律若干问题的解释》第1条第3款明确规定:盗窃电力、煤气、天

---

❶ 该观点来源于2007年11月14日由中国人民大学刑事法律科学研究中心和北京市怀柔区人民检察院联合主办的"财产犯罪疑难问题研究"学术研讨会上的田宏杰教授发言。

然气可以构成盗窃罪。但对于抢劫这些物质的行为能否按抢劫罪定罪处罚，则没有相应的司法解释加以说明。有学者认为，既然采用秘密的方法盗窃上述无形物可以构成盗窃罪，那么，采用暴力、胁迫或者其他强制手段获取上述无形物的行为无疑也可以构成抢劫罪。因为盗窃罪和抢劫罪都是侵犯财产的犯罪，二者侵犯的对象都是公私财物；二者的区别主要是犯罪方法的不同，前者表现为秘密窃取的方法，后者则表现为暴力、胁迫或者其他强制手段。通过秘密方法可以非法占有无形物，通过强制手段当然也可以非法占有无形物。因此，对于司法实践中所发生的使用暴力、暴力威胁或者其他强制手段迫使他人当场为自己无偿提供电力、煤气等无形物的行为，应以抢劫罪定罪处罚。❶ 笔者不完全同意这种看法。

　　刑法理论中，对有体物和无体物的划分存在着争议，主要存在有体性说和管理可能性说。有体性说认为，有体物是以固体、液体、气体的物理状态存在的财物，电力等无体物不是财物。管理可能性说认为，财物不仅包括有体物，有管理可能性的无体物也是财物，无体物同样具有从刑法上给予保护的必要性。在管理可能性说中，又以"物理的管理可能性"的观点影响较大。❷ 从界定整个财产罪的行为对象的范围、角度出发，对财物作有体物和无体物划分确有必要，但对于抢劫罪个罪而言，笼统地称有体物或无体物能否成为抢劫罪的行为对象似为不妥。有论者认为，"有体物可以成为抢劫罪的行为对象，没有疑义"，❸ 同样存在值得商榷之处。如不动产虽为有体物，但一般不能成为该罪的行为对象。认定抢劫罪的行为对象，不需作有体物和无体物的划分；对于无体物是否能成为抢劫罪的对象，也要分别而论。如像电力这类物不宜成为抢劫罪的行为对象，因为对这类财物难于占有或者控制，对其使用需要持续一定时间才能完成，不符合抢劫罪的当场取得财物的犯罪特征。从犯罪

---

　　❶ 李希慧："抢劫罪的对象、标准及转化问题研究"，载《人民检察》2007年第18期。

　　❷ 刘明祥：《财产罪比较研究》，中国政法大学出版社2001年版，第22～23页。

　　❸ 王作富："认定抢劫罪的若干问题"，载《刑事司法指南》2000年第1辑，第5页。

学的角度看,行为人也不愿意实施这类难以做到也非常危险的"抢劫"行为。行为人若以暴力胁迫等方式强行要求他人给自己提供电力服务的行为,可能构成其他犯罪,甚至是危害公共安全的犯罪。但对于煤气、天然气则有不同。这类无体物已经容易被人控制使用,比如装载在罐里被人利用。行为人可能使用暴力、胁迫方法,通过一定方式强行劫取他人装在一定容器中的煤气、天然气,这时是可以构成抢劫罪的。

如果使用暴力威胁方法强行使用他人手机,消费他人的电话费,是否也可以构成抢劫罪呢?下面的案例可以给出新的启示。

【案29】何某路遇陌生人赵某在持手机打电话,待赵某话毕,何某对其说:"借你手机打个电话行不?"赵某不同意。何某挥拳将赵某打倒在地,随后拾起赵某被打落的手机打了一个电话,打完后把手机丢还给了赵某。经查实,赵某的手机价值2 500元,何某给赵某造成的话费损失为11元3角8分。另外,赵某遭受轻微伤。

本案的何某如果能够定罪的话,主要有寻衅滋事和抢劫罪之争。定抢劫罪就涉及财物和数额的认定问题,是以手机的价值即2 500元为抢劫数额,还是应以给赵某造成的话费损失即11元3角8分为犯罪数额(不包括何某的手机价值在内)呢?有观点认为,电话费作为一种金钱支出,具有财产的属性,可以成为抢劫罪的犯罪对象。理由是《刑法》第265条规定:以牟利为目的,盗接他人通信线路、复制他人电信码号或者明知是盗接、复制的电信设备、设施而使用的,依照盗窃罪的规定处罚。由此可见,电信费用作为财产的一种特殊存在形式是为我国刑法所确认的。既然电信费用可作为盗窃罪的犯罪对象,其也应该可以成为抢劫罪的犯罪对象。本案何某表面为"借用"手机,但这里的借用与寻衅滋事里的强行占用不同。占用一般不会造成被害人的财产损失,充其量只会造成被占用物的磨损和自然损耗,而借用手机,除了将手机作为通信工具占用外,还直接占有了手机之外的被害人的话费,所以借用手机实际包含了两个性质不同的行为,即占用手机和占有并消耗话费。何某公然对赵某实施了暴力,并当场占有、损耗了其话费,符合抢劫罪的客观构成要件。另外,何某虽占用赵某的手机,但事后又主动归还了,所以赵

某手机的价值不应计算在何某的抢劫数额之列。❶

笔者认为，以《刑法》第265条对盗窃罪的有关规定做依据来判定本案可以成立抢劫罪，似乎给人类推定罪的感觉。因为该条本身是一个特别性规定，只适用特殊情况。本案定性为寻衅滋事似乎更加合理，没有理由认为寻衅滋事之"占用"不会给被害人造成一定的物质性损害。当然，要构成寻衅滋事罪还必须符合"情节严重"的条件，否则只能做无罪处理。但这个案件的提出，对于理解抢劫的对象"财物"的属性无疑具有一定的现实意义。

与煤气和电力相比，专有技术似乎也有无体物的属性；作为非专利技术的专有技术，属于知识产权范畴，但其载体往往是有形的。那么，用暴力、胁迫等方法劫取他人的技术成果，如工业设计图纸、工艺流程等技术资料，是否构成抢劫罪呢？回答应当是否定的。的确，专有技术的载体是有形的，但是技术成果的价值不在于其载体本身，而是在于载体所包含的技术运用于生产当中所能产生经济效益。而技术却是人的经验与智慧的结晶，是无形的东西。虽然以前最高人民法院在司法解释中曾规定，盗窃重大技术成果的，应以盗窃罪论处。❷ 但新刑法却是把技术成果作为商业秘密的内容加以保护的。《刑法》第219条第1款规定，"以盗窃、利诱、胁迫或者其他不正当手段获取权利人的商业秘密的"，构成侵犯商业秘密罪。实际上，行为人即使以暴力、胁迫等方法劫取他人技术成果，当场占有的是他人技术资料的载体（如图纸等），而不可能当场占有他人的技术或者商业秘密，因为取得和实现专有技术或者商业秘密总是需要一个消化过程；在此期间，行为人可以通过其他方式救济自己的技术损失。因此，该行为难以成立抢劫罪，但可能涉嫌其他犯罪。

随着社会发展，无体物是否能够作为抢劫罪的对象与物的经济价值可能发生交叉联系，这也是值得研究的问题。

关于抢劫之物是否以具有经济价值为必要，中外刑法理论也存在不同见解。在外国刑法学中，有的主张，财物的价值包括客观价值和主观

---

❶ 本案例及观点来源于海南法官彭志新的博客文章。http://blog.sina.com.cn/s/blog_48fe0b3b010005u4.html。

❷ 1992年12月11日最高人民法院、最高人民检察院《关于办理盗窃案件具体应用法律的若干问题的解释》。

价值；其中的客观价值是指财物具有的客观经济价值，而主观的、感情的价值，不需要用金钱评价，如情书、照片等。还有观点主张，财物价值包括交换价值和使用价值，没有交换价值的物品可能具有使用价值，如情书。❶ 对于财物的价值是从主观方面还是从客观方面判断，同样存在争论。有学者认为，作为侵犯财产罪对象的财物，并不要求具有客观的经济价值；即使它客观上没有经济价值，也不失为侵犯财产罪的对象，如某些纪念品本身并不一定具有客观的经济价值，但所有人、占有人或者持有人认为它具有价值的，社会观念也认为这种物是值得刑法保护的，就应属于刑法所保护之物。❷ 我国有学者支持主观价值说，即财物不一定具有经济上的交换价值；只有主观的、情感的价值之物，一般的社会观念认为对这些财物的占有也有必要用刑法加以保护的，也是刑法中的财物。❸ 另有观点认为，某种物品经济价值的有无或大小：（1）应坚持客观的判断标准，不能以主观标准来评判，某种物品是否具有经济价值，主要通过市场供求关系等因素来体现；（2）能够带来潜在经济效用的某些物品，也应当视为具有经济价值性；（3）经济价值性不是一成不变的。❹ 并且认为，判断标准要从以下几个方面去把握：（1）判断标准的客观性，即通过市场供求关系来体现经济价值；（2）判断标准的现实性和历史性；（3）判断标准的发展性；（4）判断某一物品不能以有无价格为依据；（5）判断财物有无价值应按照立法规定和社会一般认识来理解。❺ 还有学者持比较广泛意义的观点，认为作为财产罪的对象的财物，必须具有价值，但财物的价值包括交换价值（客观价值）和使用价值（主观价值），既无交换价值也无使用价值（非经济学意义）的物，才不是财产罪的对象。❻ 在这里，对所有者、占有者具有精神的、情感的意义也是一种使用价值。

---

❶ 转引自张明楷：《刑法学（第四版）》，法律出版社2011年版，第842页。
❷ 张明楷：《刑法学（下）》，法律出版社1997年版，第759页。
❸ 陈兴良主编：《刑法学》，复旦大学出版社2009年版，第373页。
❹ 赵秉志：《侵犯财产罪》，中国人民公安大学出版社2003年版，第147~148页。
❺ 赵秉志主编：《中国刑法案例与学理研究（分则篇·四）》，法律出版社2001年版，第116页。
❻ 张明楷：《刑法学（第四版）》，法律出版社2011年版，第843页。

笔者认为，争论问题首先应该区别价值与经济价值。刑法是要保护法益的，被刑法保护的对象无疑应该具有价值，毫无价值可言的东西就没有保护的必要。但抢劫罪的对象是否还必须具有经济价值呢？对于仅仅具有精神或者情感价值的东西，我国民法已经纳入保护范围，如珍贵照片胶卷被洗照片者丢失应该予以赔偿。从经济的角度讲，某些寄托一定情感的物未必具有经济上的价值，但对于所有人或者占有者而言，却弥足珍贵，把这样的物纳入抢劫罪的对象即"财物"的范围并不违背罪刑法定原则。所以，抢劫罪作为财产犯罪的一种，它的行为对象一般应具有经济价值。但在客观上没有经济价值，而所有者、占有者在主观上认为有价值之物，亦能成为抢劫罪的行为对象。不过，这类情形的发生往往具有非常特殊的原因，对于被害人有情感价值的东西对于行为人而言未必有价值；❶ 行为人抢劫该物可能是事出有因，是否定罪还有其他因素需要考虑，如社会危害性大小、非法占有目的等，如果是属于民法调整范畴的，更不能定罪处罚。而且，这类物的主观价值是其本身直接具有的价值，也就是该物在形成或者使用过程中已经具有的特殊意义，而不是因其被毁坏或者失去而延伸出来的不利影响或者结果。如果被抢劫的物能够及时弥补、还原（如身份证件），那就不是这里所说的主观价值本身的含义；并不是属于被害人的独有之物都是抢劫罪的行为对象。当然，由于这种主观价值之物不能计算经济数额的大小，所以，抢劫这类物，一般不能构成"数额巨大"的加重犯，应该以一般抢劫罪论处。

【案30】农家子弟刘某自幼丧母，三兄妹靠父亲拉扯大。因家境贫寒，为保证学习成绩优异的刘某不失学，姐姐只上到初中，弟弟只念了小学就辍学了。刘某深知自己身系全家人的希望，学习刻苦，并以优异成绩考入某县二中。2003年11月，他出于好心为即将入伍的同学周某担保了一笔90元的债务。2004年6月7日上午，当刘某走进高考点大门的一刻，债主方某挡住了他，一定要刘某立即偿还90元钱。刘某苦苦哀求："今天没带钱，等考完试后再还。"然而方某说，今天不还钱就不要参加考试，而且趁刘某不备一把抢去了他装着身份证、准考证等参加高

---

❶ 如果被抢劫之物因特殊意义已有市场价，那就是有经济价值之物了。

考必备的证件及文具袋。一年一度的高考就这样与刘某擦肩而过。刘某为此承受了极大打击，经鉴定为"重度抑郁症"。方某为此被行政拘留15日，并被刘某提起民事诉讼而赔偿了6 000元。❶

本案对方某抢走刘某准考证、身份证等证件造成刘某不能参加高考的行为性质如何认识？有的认为，方某的行为只能受民事法律规范的调整；有的认为，应作为抢夺国家机关公文证件罪处理；有的则认为，方某已构成了抢夺罪。本案要认定方某的行为构成抢夺罪，关键在于其夺取他人的准考证、身份证等证件是否属于具有一定经济价值的财物。也就是抢夺罪中所夺取的"公私财物"的属性或本质特征到底是什么？是只能包括具有经济价值的财物，还是可涵盖证件、票据、权利证书等能够取得或将要取得经济价值的物品？如果是前者，那方某抢夺的不是财物或者说是该财物不具经济价值而不符合抢夺罪的客体特征；如果是后者，则方某的行为符合抢夺犯罪的构成要件。本案的分歧意见就是由此而形成，其意义显然不止于本案。

有观点认为，本案被抢的身份证、准考证也是物，不过，构成抢夺罪要求的财物须达到一定数额，这就涉及物的价值尤其是经济价值的问题。身份证、准考证等权利证书本身经济价值并不高，只不过它所能带来潜在的或间接的经济价值不限于证书本身。准考证实际上是考生与考试机构签订的能够证明该考生权利义务关系的协议，虽本身未标明经济价值大小，但从方某愿意赔偿的数额可看到，其应当算具有一定价值的"公私财物"。接下来的问题是准考证、身份证等价值究竟如何计算？方某的行为对刘某所造成的危害，有些是难以用金钱计量的，如耽搁1年的时间和精力，还有精神的创伤等，但这些仍然难以有计算标准。从危害程度来计算，方某的行为可能超过一般抢夺罪造成的危害，但不难判断司法者极小可能会对行为人处以抢夺罪（撇开抢夺的非法占有目的不谈）。原因还是归结为财物的价值属性问题，这是司法"无奈的选择"。笔者亦认为，本案即使是方某使用暴力夺取他人的身份证、准考证，从

---

❶ http：//lu‐lawyer.blog.163.com/blog/static/25905904200721 3102812454/．翁亚琼："身份证、准考证被他人抢夺而致无法参加高考——从本案看抢夺罪'公私财物'范围"，2005年11月30日访问。

财物的属性来看，也不能定抢劫罪。当然，这与抢劫罪主观上应当具有"非法占有目的"也是一致的，因为方某并非是为了得到被害人的身份证和准考证。当然，从权益损害或者回复情况看，本案刘某还完全有权对方某提起民事诉讼，请求其赔偿民事损失，包括精神损失。

在抢劫的对象是否包括无体物或限于有经济价值之物这个问题上，网络虚拟财产（或者财富）能否称为抢劫对象很值得研究。近年来，对这个问题的探讨多限于盗窃网络财产，显然这对于抢劫理论价值具有可借鉴性。

网络虚拟财产有广义和狭义之分。广义的虚拟财产是指在网络环境下，模拟现实事物，以数字化形式存在、既相对独立又具独占性的信息资源。狭义的虚拟财产即虚拟有形财产，或称虚拟物，是对现实环境中有形的物质财富的模拟。常见的网络虚拟财产主要包括：（1）游戏账号等级；（2）虚拟货币；（3）虚拟装备（武器、装甲、药剂等）；（4）虚拟动、植物；（5）虚拟ID账号及游戏角色属性等。其中虚拟货币最具有代表性，包括游戏币、门户网站或者即时通讯工具服务商发行的专用货币，如Q币、泡币、U币、百度币、酷币、魔兽币、天堂币、盛大点券等。

针对网络财产现象，我国有关管理部门也正在采取相应的措施加强相关制度的建设。如2008年10月，针对北京地税向国家税务总局提出《关于个人通过网络销售虚拟货币取得收入及征个人所得税问题的请示》，国家税务总局作出了《关于个人通过网络买卖虚拟货币取得收入征收个人所得税问题的批复》，该批复意味着，个人通过网络买卖虚拟货币取得收入应缴纳个人所得税。但针对网络财产的盗窃等行为，即使在国外，如何认定也有较大差异。

韩国是网络游戏发展比较发达的国家。根据韩国警察厅统计，仅2002年1~10月，与网络有关的犯罪达到2.5万件，其中与网络游戏有关的虚拟犯罪占到26%，达到6 519件。另据汉城警察厅搜查部发表的电脑犯罪现状调查结果显示，全体犯罪中网络游戏的黑客攻击及欺诈占47.9%，一般欺诈占10.7%，黑客及病毒传播占7.4%，个人信息侵害占6.1%。据报道，2004年韩国警方接到网络财产被侵害的网络犯罪报案数量达到22 000件，占全部网络犯罪数的一半多；韩国一年当中有10 187

名青少年因为盗窃虚拟财产而被捕,其中大部分被起诉和获刑。❶ 据韩国有关专家分析,因为好奇心、冲动而引起犯罪的少年明显减少,反而在网络游戏现金交易等财产取得上的欺诈行为增加,而实施这种犯罪行为的多以青年、中年为主。当韩国政府注意到在网络游戏现金交易等财产取得上的盗窃、欺诈等行为迅速增加时,就开始正视虚拟财产的归属问题,并明确规定网络游戏中的虚拟角色和虚拟物品独立于服务商而具有财产价值。服务商只是为玩家的这些私有财产提供一个存放的场所,而无权对其作肆意的修改或删除。可见,韩国把网络虚拟财产等同于一种"电子货币",当然具有财物的属性。韩国明确规定,网络游戏中的虚拟角色和虚拟物品独立于服务商而具有财产价值,网络财物的性质与银行账号中的钱财并无本质的区别。

在我国香港,近年来"网上武器失窃"案也是层出不穷。2002年6月10日,香港地区一名16岁的男孩在铜锣湾一网吧玩一个网上角色扮演冒险游戏后离开,但之后他发现自己游戏账户内15件武器(斗篷、盔甲、宝剑)被他人私自转移到其他账户,总值达5 000元,于是报警求助。商业罪案调查科科技罪案组经过深入调查后,发现事主于6月10日离开铜锣湾一网吧后,他的游戏账户即被他人重新登入,而他账户内的武器亦被转移至其他账户。调查人员翻查计算机记录,最后成功确认三名游戏用户的身份,怀疑他们与窃案有关,涉嫌触犯"有犯罪或不诚实意图而取用计算机"的罪名。这是香港警方首次侦破盗取网上游戏虚拟财产的案件。在2002年香港警方一共接获272宗计算机犯罪案,其中涉及非法入侵计算机系统案164宗,其他计算机盗窃案25宗,较前年大幅上升四成半及近一倍。在国际拍卖网站"eBay"或香港本地的网站,时常会有网络游戏中的武器出售,一些热门游戏如 *DiabloII* 及 *Everquest* 中的罕见武器,炒价更会高达过百美元,部分玩家直言,这类在网上拍卖的武器大多来历不明。香港警方认为,网上游戏的武器已经变成可以转移及具有金钱价值的东西,对于这种在虚拟世界的新兴罪行,香港警方已经成立专门的项目部门处理。若以偷窃手法取得游戏武器,无论金额多

---

❶ Joshua Fairfield, Virtual Property, *Boston University Law Review*, Vol. 85:1047, p. 1088.

少，均属违法，一经定罪，最高可被判入狱 5~10 年。为有效治理愈来愈多的计算机和互联网方面的信息科技违法犯罪，香港政府已陆续修改了各项条例。例如，根据《电讯条例》第 27A 条，任何人藉电讯，明知而致使计算机执行任何功能，从而在未获授权下取用该计算机所保有的任何程序或数据，即属违法，最高刑罚罚款 20 000 元。《刑事罪行条例》第 200 章第 161 条规定，有犯罪或以不诚实意图取用电脑而使其本人获益或引致他人蒙受损失，最高刑罚可判监禁 5 年。如以欺骗手段取得财产的，根据该条例第 201 章第 17 条的规定，最高刑罚可判监禁 10 年。

在我国台湾，网络游戏犯罪案件数量占整个网络犯罪的第二位。以 2002 年为例，总数 3 000 多件的网络犯罪里就有 1 000 余件属于网络游戏犯罪案件，犯罪型态包括：盗取玩家的虚拟宝物、虚拟货币、游戏账号，用社交或是木马工具入侵或骗取虚拟物品、账号。关于虚拟财物之物权效力，"法务部"于 2001 年 12 月解释，有关线上游戏账号及道具资料，均是以电磁记录方式储存在游戏服务器中，该游戏角色及道具虽为虚拟，然在现实世界中均有一定财产价值，玩家可透过拍卖或交换，与现实世界财物并无不同。由此，线上游戏之虚拟财物在法律上视为动产，玩家对其所有权受法律保护。盗用他人账号者，亦得依"刑法"第 320 条"意图为自己或第三人不法之所有，而窃取他人之动产者，为窃盗罪"之规定进行处理。

1997 年台湾"立法院"通过"刑法"修正案，将第 323 条"电能、热能及其他能量，关于本章之罪，以动产论"，修正为"电能、热能及其他能量或电磁记录，关于本章之罪，以动产论"。修正案把"电磁记录"列为动产，盗取网络游戏账号内的虚拟宝物的案件终于有法可循。目前台湾针对网络游戏的犯罪行为，已有实际判决，如台北"地方法院刑事简易判决书"九十年度简字第 3993 号，依嫌犯连续以诈术得财产上不法之利益，处拘役 50 日，如易科罚金，以 300 元折算 1 日，缓刑 2 年。由于台湾地区刑法学学界及司法实务界一向认为："刑法"上所称之窃盗，须符合破坏他人持有、建立自己持有之要件，而电磁记录具有可复制性，其与电能、热能或其他能量经使用后即消耗殆尽之特性不同；且行为人于建立自己持有时，未必会同时破坏他人对该电磁记录之持有（例如：以复制之方式取得他人电磁记录），因此，将电磁记录窃盗纳入窃盗罪章规范，与"刑法"传统之窃盗罪构成要件有所不同。为此，2002年底台湾通过"刑法"修改案，将第323条"电能、热能及其他能量或电磁记录，关于本章之罪，以动产论"，改回"电能、热能及其他能量，关于本章之罪，以动产论"。2003年6月27日，台湾"刑法"增订第36章"计算机犯罪专章"，其中新增"无故入侵电脑罪"规定："无故输入他人账号密码、破解使用电脑的保护措施或利用电脑系统的漏洞，而入侵他人的电脑或其相关设备者，处三年以下有期徒刑、拘留或并处以十万元以下罚金"。而新增"保护电磁记录"的规定（第359条）则明订："无故取得、删除或变更他人电脑或其相关设备的电磁记录，致生损害于公众或他人者，处五年以下有期徒刑、拘役或科或并科二十万元以下罚金。"不过，在台湾"刑法"增订计算机犯罪专章后，关于虚拟世界的纠纷是否该以"刑法"论处的问题，律师界有人持反对观点，认为纯粹虚拟世界的活动，应该只是游戏的一部分，不适合"刑法"来规范。但台湾"法务部检察司检察官"则认为，谈虚拟宝物窃盗和诈欺是否应以"刑法"处罚，虽然有学术上之价值，但过去二年来，"法官"和"检察官"对于此类案件已有高度共识，均判处有罪；而且从"法律"的角度观察，虚拟宝物确实具有价值，不管游戏厂商允不允许买卖虚拟宝物，虚拟宝物都有"行情表"，玩家之间的买卖及交易非常普遍，很难仅因为是游戏，就否定这些计算机资料受法律保护之价值。不过，由于这类案件数量庞大，情节多属轻微，为了避免浪费检警有限之侦查人力，也为了让玩家之间可以经由和解而免除诉讼之困扰，2003年6月27日施行的"计算机犯罪专章"，已经将计算机犯罪原则上列为告诉乃论。台湾"检察官"表示，"事实上，很多玩家只是希望把东西要回来而已，不一定要置对方于罪，也因此，游戏公司若能协助玩家将被盗的宝物、账号寻回，在新的计算机犯罪法律架构下，玩家间有很高的和解机会"。所以，在2003年6月"刑法"未增定计算机犯罪专章之前，"司法"实务上还是将这些案件以"刑法"中的窃盗、强盗、诈欺与恐吓等罪论处。由于当中很多案件的当事人都是未成年人，故多数案件的裁定都是在"少年法庭"；为保护少年的权益，这些案件的结果都不会公布，相对地也希望涉嫌犯罪的少年有改过自新的机会。至于成人涉及的案件也有数百件，这些，显示出虚拟世界的犯罪在数量上就十分惊人。

在我国内地，规制计算机和网络犯罪的法律是由刑法典和专门法规共同构成的，但均未对侵犯虚拟财产等行为作出明确规定。1997年《刑法》有关于计算机犯罪的规定，即《刑法》第285条规定："违反国家规定，侵入国家事务、国防建设、尖端科学技术领域的计算机信息系统的，处三年以下有期徒刑或者拘役。"第286条规定："违反国家规定，对计算机信息系统功能进行删除、修改、增加、干扰，造成计算机信息系统不能正常运行，后果严重的，处五年以下有期徒刑或者拘役；后果特别严重的，处五年以上有期徒刑。违反国家规定，对计算机信息系统中存储、处理或者传输的数据和应用程序进行删除、修改、增加的操作，后果严重的，依照前款的规定处罚。故意制作、传播计算机病毒等破坏性程序，影响计算机系统正常运行，后果严重的，依照第一款的规定处罚。"在已经颁布和实施的《关于维护互联网安全的决定》《计算机信息系统安全保护条例》等法律、法规和行政规章当中，也有相关预防、打击计算机和网络犯罪的规范，但它们不是罪刑规范。

不过，以上法律、法规对网络虚拟财产的规定和直接保护仍是一片空白。而近几年来，侵犯网络虚拟财产的案件时有发生，理论界的争论也直接影响了司法实践部门的具体操作，以至于在司法实践中"各自为政"。以网络发达地区为例，深圳公安局网警支队几乎每天都会收到数宗关于虚拟财产失窃案的举报，但是"基本没有立案"。据了解，上海市高级人民法院对侵犯虚拟财产案件的处理，仍然有较大争议。即使在确定有罪的情况下，对罪名的定夺也有不同意见，比如破坏计算机信息系统罪、非法经营罪、盗窃罪或者诈骗罪等。

我国各地司法机关对盗窃网络虚拟财产案件已判决多起，但对于这类案件如何定性，司法实践部门仍然处在尝试和观望阶段，处理的结果也多有不同。特别是在早期，有的不作为违法犯罪处理，有的是追究相关民事责任。如2003年我国首起虚拟财产失窃案，即"李宏晨诉北极冰"案，法院判决被告北京北极冰科技发展有限公司恢复原告李宏晨在网络游戏"红月"中丢失的虚拟装备，并返还原告购买105张爆吉卡的价款420元，赔偿交通费等各种费用1 140元，驳回原告李宏晨的其他诉讼请求。❶ 后来，定罪案件越来越多。

有的定侵犯通信自由罪，如发生在深圳的全国首宗 QQ 盗号案。2005年，金某等人先后在辽宁省海城市成立了 3 个工作室，雇用多人为其从事窃取他人 QQ 号码的工作。金某向各工作室提供"挖掘鸡（机）""木马"等软件程序，教授各工作室人员用上述软件进行网站扫描、发掘漏洞，并且上传保存为 TXT 文本格式的"小马""大马"等后门程序以控制被其入侵的网站服务器；再利用其上传的"小马"和"大马"等后门程序，修改被黑网站的首页，使被黑网站的首页链接到其所有的服务器上，再用漏洞利用程序窃取对方的 QQ 账号和密码。然后，金某以盗取 1 个 QQ 号 5 厘钱的标准计算，发放各工作室人员的工资。其间，常某等人最高领取了人民币 7 000 元的工资。金某等人把盗取的 QQ 账号和密码销售给被告于某，于某为此先后支付了 6 万余元人民币。然后，于某又请人将这些 QQ 账号里携带的 Q 币集中到指定的 QQ 账号里，再将这些被盗 Q 币转卖给他人。2006 年 1 月，这些人将盗窃所得的 130 多个 QQ 号码在网易、淘宝等网站上出售。2006 年 12 月，深圳市公安局宣布，破获了这起迄今为止全国最大规模的互联网虚拟财产盗窃案。经查证，自 2005 年 5 月以来，以金某、衣某为首的盗窃团伙，采取大量侵入商业或政府网站，通过在网站上放置网络病毒的方法，非法窃取 QQ 号码、游戏账号等数百万个，涉案金额数百万元，非法获利 70 多万元。该团伙 43 人被抓获，11 人被批准逮捕。深圳市南山区法院以"侵犯通信自由罪"对 11 名被告人判处 6 个月至 1 年不等的有期徒刑，并追缴违法所得。法院判决的主要理由是：从腾讯 QQ 软件的主要功能来看，应被认为主要是一种即时通信工具，盗卖 QQ 号码应适用我国《刑法》第 252 条"隐匿、毁弃或者非法开拆他人信件，侵犯公民通讯自由权利，情节严重，处一年以下有期徒刑或者拘役"的规定以及全国人大常委会《关于维护互联网安全的决定》关于"非法截获、篡改、删除他人电子邮件或者其他数据资料，侵犯公民通信自由及通信秘密的，依照刑法有关规定追究刑事责任"的规定，认定为侵犯通信自由罪，犯罪嫌疑人盗卖虚拟财产的非法所得应

---

❶ 张博、李思："国内首例虚拟财产失窃案宣判"，载中国法院网，2003 年 12 月 19 日访问。

被认为是情节严重的表现。由于以往我国司法实践领域对盗窃QQ账号行为的认定尚属空白,所以本案的判决具有重要的标本意义,它意味着法律明确界定盗窃QQ号码属于犯罪行为。但法院认为,QQ号码本质上是一种网络服务,并且这种服务自申请QQ号码时起通常就是免费的。公诉机关未提供证据证实本案的QQ用户在申请QQ号码和实现QQ软件功能过程中向腾讯公司是否支付和支付了多少费用,也没有证实QQ号码具有法律意义上的经济价值并属于刑法意义上的财物。我国的相关法律均未将QQ号码等纳入刑法保护的财产对象之列,而盗窃罪的犯罪对象是"公私财物",所以该案不能定盗窃罪。无论结果如何,本案的处理方式在一定程度上震慑了侵犯虚拟财产的违法犯罪活动,但就犯罪所得与相应的处罚来说,还是较轻的。这里,似乎蕴涵了刑事法律中的"疑罪从轻"原理。

有的定破坏计算机信息系统罪,例如,浙江省金华市婺城区人民法院对一起"网络盗窃大案"即作出了这样的判决。2004年12月,被告人祁建编制了一截取"传奇"网络游戏用户账号、密码的特洛伊木马程序(cmcc木马程序),并将该cmcc木马程序发送给被告人陈某等人。被告人陈某为了窃取"传奇"网络游戏用户的虚拟装备进而牟取非法利益,雇佣了被告人曾某非法入侵金华市公安局网吧管理系统的网站,将cmcc木马程序加入其中,严重影响了各网吧内计算机的正常运行,致使大量在各网吧内上网的"传奇"网络游戏用户账号、密码被截取。被告人陈某利用截取的账号、密码、大量盗取"传奇"网络游戏用户虚拟装备,并通过网站交易,牟利近百万元。法院经过审理认为,被告人陈某、曾某、祁某违反国家规定,对计算机信息系统中的应用程序进行增加操作,后果严重,其行为均已构成破坏计算机信息系统罪。该案被称为以刑事手段打击盗窃"虚拟财产"行为的第一案。对本案的审理,正是考虑到该案被告人所窃的装备系网络游戏中的虚拟财产,无法以实物形态呈现,其具体价值难以认定,因此,认定盗窃罪似乎缺乏足够的要件。以现行刑法规定的有关计算机信息系统的犯罪来追究侵犯虚拟财产的行为,似乎更符合这种行为的本质特征。同时,也避免了关于虚拟财产刑法保护问题上的价值冲突。可见,这类观点对案件性质的分析更侧重于,刑法保护的重点是社会管理秩序和计算机信息系统的安全,而不是虚拟财产的电子数据或者网络玩家精神上的娱乐。

有的定为职务侵占罪。例如，2005年1月，担任上海信息产业集团有限公司游戏中心的程某，利用职务便利，将300余个"上游棋牌"用户的账号和密码复制到自己家中的电脑内；一个月后，他辞职离开了该公司。同年3月，程某将上述用户账号、密码以及1 500余万枚价值人民币3万余元的游戏金币出售给潘某。潘某在明知自己所收购的账号、密码以及游戏金币是赃物的情况下，仍进行收购，并支付给程某人民币1.3万元。后潘某又将其中的200余个账号、密码以人民币1万余元的价格出售给他人。最终，这笔虚拟财产交易被查处，程某、潘某主动投案。一审法院以职务侵占罪判处被告人程某有期徒刑1年，缓刑1年；以销售赃物罪判处被告人潘某拘役6个月，缓刑6个月，并处罚金人民币3 000元。潘某以原判量刑过重等为由，提出上诉。二审法院对这起案件进行了审理，认为，程某、潘某的犯罪对象是网络虚拟财产，其危害结果仅发生在网络空间，且均有自首情节，遂以职务侵占罪对被告人程某改判免于刑事处罚；以销售赃物罪对被告人潘某改判免于刑事处罚。

有的认定为盗窃罪。如早在2004年，广州市的颜某经短期聘用，成为当年广州某娱乐有限公司《大话西游Ⅱ》两周年年庆活动的工作人员。他伪造玩家的身份证，将假身份证复印件传真回网易公司，以安全码被盗为由，骗取网易公司修改了那些玩家的安全码。他拿着新的安全码在广州的数个网吧里将那些玩家的"神兽剑精灵、猴精、斩妖剑"等装备分别卖出，获利折合人民币近4 000元。颜某被法院判决成立盗窃罪。2006年11月，上海市的赖某利用黑客密码破解工具软件，获取了服务器系统管理员的密码。之后，赖某在该网站注册了名为"漂亮的小蜘蛛""美丽的花孔雀"两个系列的200个账号，盗取大量互联星空点数和游戏金币出售，共计得款人民币3万元。赖某又以相同手法盗窃、出售游戏金币，获利1 000美元。赖某也被法院判决成立盗窃罪。[1]再看两起发生在浙江的案子。2005年2月，家住宁波市海曙区的张某在网上出售某网络游戏的游戏账号，并在帖子上介绍说，该账号不仅级别很高，而且有很不错的装备。江苏省南通市的申某按帖子上的电话联系了张，双方将

---

[1] 沈志先主编：《法官自由裁量精义》，法律出版社2011年版，第159页。

价格定在4 800元。同年3月上旬,申某将4 800元打进张某的银行卡里,张则将游戏账号和密码给了申某。申某拿到游戏账号后高兴地玩了几天,可没过多久,申某再次上线时发现游戏账号被盗了。申某赶紧电话联系张某,却发现张某的手机已经停机。申某感到自己被骗后报警。通过调查,宁波警方将张某抓获。张涉嫌盗取账号的案件被送交宁波海曙区检察院起诉。检察机关认为,虚拟财产可以成为盗窃罪的犯罪对象。后法院审理对张某作出了有罪判决。❶ 2006年6月,原永嘉县某网吧收银员王某破译了所在网吧充值账号的密码。2006年7月3～19日,王在永嘉县多个网吧中非法盗用实在网吧的游戏充值账号,窃得金额折合人民币3 710元。该网吧的老板发现自己游戏账户充值的销售额与成本对比不正常后,查询销售记录发现,7月份有人多次盗用他的账号进行非法充值。经过调查,永嘉县公安局将王某抓获。检察机关以盗窃罪对王某提起公诉。法院经审理认为,被告人王某以非法占有为目的,采取秘密手段盗用他人游戏充值账号为自己充值,数额较大,其行为已构成盗窃罪。鉴于本案事实情节,2007年1月,浙江省永嘉县人民法院对被告人王某以盗窃罪判处拘役2个月,罚金3 000元。笔者认为,上述围绕游戏装备、游戏币以及网游账号被盗案的判决具有很大的启发意义,在一定程度上体现了国内司法实务界对网络虚拟财产的承认,具有积极的意义。

上述不同定性,无疑是理论争议在实践中的体现。例如,有的意见认为,在法律、法规没有对网络上的虚拟财富明文保护的情况下,不宜匆忙定性;根据罪刑法定原则,这类犯罪嫌疑人的行为不构成犯罪。理由如下:(1)形形色色的网络游戏吸引了众多玩家,他们沉迷于虚拟的网络世界中,为了得到一个高级的游戏ID号,要投入大量的时间、精力和金钱(网络费),网络游戏中的一件件宝物都凝聚着玩家的心血。有些玩家为了省力,直接用钱去向他人购买网络游戏中的宝物,因此账号的丧失直接意味着财富的丧失。但由于我国至今仍无一部法律对网络中的虚拟财富进行规范,遂使对虚拟财富的保护呈现出真空状态,对这类嫌疑人的行为进行定罪尚无法律依据。(2)网络游戏财富的所有权人界定,

---

❶ "宁波宣判一起网游账号盗窃案,被告获盗窃罪",载http://tech.sina.com.cn/i/2006-01-26/1018830257.shtml,2007年11月8日访问。

无法律依据。依法律对财产的分类来看，网络虚拟财产同无体物财产最相类似，但网络游戏中的虚拟财产在法律上无法找到其归属。更重要的是，侵犯财产罪的财产，应具备财产所有权明确以及财产所有权人是自然人的要件，然而网络游戏中的虚拟财富，其所有人难以确定，是玩家还是游戏公司，抑或是玩家和游戏公司的共有财产？现行法律对此，也没有明确界定。如果是游戏公司或者是玩家和游戏公司共有的财产，那么这种财产是不能成为抢劫罪的犯罪对象的。（3）网络游戏财富不具有经济价值属性。作为财产罪侵害对象的财物必须是有价值之物，否则，刑法无需给予保护。并且财物的价值只限于金钱价值或交换价值，只能从客观上来作判断。如果某种物品不具有金钱价值或金钱价值很低，但却有其他方面的重要价值，如打印在一张纸上的重要国家机密，刑法不应该从财产权益的角度进行保护，因为行为对象所体现的社会关系或法益，主要并非财产权。如果某种物品不具有金钱价值，但所有者、占有者认为有特殊价值，如情人写给自己的信，即使收集者认为极为珍贵，也由于它体现的不是财产权益，同样不能成为财产罪侵害的对象。虽然在我国，网络游戏账号、财富的黑市交易事实确实存在，但还没有像美国和我国台湾地区那样，形成热门PRG游戏的角色拍卖市场，缺乏公开交易市场。因此，网络游戏财产目前其交换价值还不能确定，所以其经济价值性亦有待法律的肯定。目前，我国物价部门还只停留在给实物定价的阶段，给虚拟物品的定价尚只是理论上的探讨。虚拟物品对于着迷的游戏玩家来说，是昂贵的，但对于其他人来说，它们毫无意义。如果根据销赃数额来确定犯罪数额也不妥当，因为如果行为人在实施抢劫、盗窃、抢夺、诈骗网络财富的行为后，销赃的人依据销赃数额可以定罪，没有销赃的或者数额不够的（如贱卖）就不能定罪，这样会让人产生误解——法律惩治的是行为人销赃的行为，而非抢劫、盗窃、抢夺、诈骗网络财富的行为。但销赃只是不可罚的事后行为而已。另外，在技术上，网络游戏中的每一件虚拟物品都是一组由0和1组合而成的特别数据；它们是游戏者在游戏过程中产生的电磁记录，仅存在于其赖以生存的虚拟空间和游戏环境中，具有数字性、无形性和依赖性。游戏币及游戏装备也是一种比特数据，只不过其以不同的外观形式出现，如钱币、盔甲、宝刀、钻石等。这些虚拟财产虽然属于法律意义上的物，但始终是网络游戏这个整体的组成部分，其本身不能独立于网络游戏这个计算机软件而单独存在，也就无法单独计算出其财物价值；在对犯罪人定罪量刑时，游戏币和游戏装备不宜计入抢劫数额，也就不能称为抢劫罪的对象。

对于这个问题，笔者持肯定论的观点；从长远来看，立法需要跟上时代步伐。

首先，网络虚拟财产是刑法中的"财物"。持肯定论者目前已占多数，但他们对于网络虚拟财产的法律属性也有不同看法：（1）所有权说。这种观点认为虚拟财产是一种电磁记录，是一种广义的物，是玩家付出了精力、时间等劳动性投入或者直接通过货币购买而取得的，享有当然的所有权。（2）知识产权说。该观点主张网络虚拟财产是玩家的智力成果，认为玩家智力性的劳动投入才创造出网络虚拟财产，并创造性地搭配、组合出独一无二的网络游戏角色。（3）债权说。这一观点从游戏运营商与玩家是一种服务合同关系的角度出发，认为虚拟财产的本质是一种债权性权利，是应该受到法律保护的。他们认为在这种服务合同关系中，游戏本身和游戏中的各种辅助功能都是运营商提供服务的一部分，这是消费者和服务提供者的法律关系。❶ 还有观点主张，网络虚拟财产属于无形财产，其本质是一种信息权利。❷

在持反对意见的观点中，有一种代表性观点将虚拟财产区分为两类进行分析：一类是网络中的 QQ 账号、游戏账号、电子邮件地址等具有某一软件系统准入性特点的账号；另一类是游戏金币、装备和其他游戏中的"财富"。笔者认为，前一类虚拟财产可以当作一种财产性权利，而后一类虚拟财产则根本不能被视为财产。原因如下：前一类虚拟财产具有某一软件系统准入性特点的账号，对于用户来说具有即时通信、休闲游戏等用途，具有财产性利益。这些准入账号可以在网络中被占有、使用和处分，但是无法评估其价值。同时，大部分网络 QQ 等账号和游戏账号可以由网络经营商无限制配置，可以由任一用户无限制免费申请，该类虚拟财产的这一特点使之难以归类于知识产权的范围，而是类似于公共

---

❶ 程伟："论网络虚拟财产的法律属性"，载中国法院网，2005 年 10 月 11 日访问。

❷ 廖明友："网络虚拟财产的民法保护"，载中国法院网，2007 年 1 月 10 日访问。

资源。这部分网络资源是人人得以使用而无须额外付费的，就像空气和阳光一样，不应被视为私有财产。对于后一类虚拟财产，则既不应视为财产性权利，更不应具有现实财产的法律地位。第一，该类虚拟财产既不能归类于劳动产品、也不能归类于非劳动产品的财产范围。第二，虚拟财产离开了特定的游戏程序环境，就无法存活，这是它的天然特征，区别于现实中的财产性权利。第三，对虚拟财产难以适用现实财产的相关法律规定。第四，如果虚拟财产在立法上被确定为具有等同于现实财产的法律地位，则会引发一系列的法律问题，如：（1）网络运营商和正在网络上兴起的代练公司（以雇工玩游戏获得虚拟财产再转让为营利手段的公司），将在短时间创造巨大财富，形成经济增长泡沫；（2）网络运营商可以无限量发行的QQ币或金币，将冲击我国正常的金融管理秩序；（3）网络运营商的游戏规则将实际起到法律的效力，甚至高于法律效力，网络运营商就成了实际的立法者。❶ 还有人认为，虚拟财产是商家不当敛财、巧取豪夺的一个圈套。如果保护虚拟财产，将盗窃虚拟财产行为犯罪化，不但遏制不了虚拟财产盗窃案，反而会诱导更多的青少年和社会精英加入游戏队伍，同时，也会扰乱金融秩序。❷

具体说来，笔者持肯定论的理由如下。

其一，从财物的经济属性来看，盗窃对象必须具有经济价值，网络虚拟财产也存在着其固有价值，"玩家的虚拟财产不仅在网络游戏中具有使用价值，而且由于形成了现实需求，已经成为可以交易的一种现实化的商品"。有学者已经从几个方面对虚拟财产给予了肯定性论证：虚拟财产的获得，主要是通过个人劳动，同时，客观存在伴随性的财产投入；虚拟财产的获得，可以通过实际购买的方式获得；虚拟财产和真实财产之间存在着市场交易；虚拟财产与真实货币的固定兑换方式已经存在。❸ 从学理角度来说，虚拟财产也是有价值的：（1）虚拟财产具有满足人的

---

❶ 郑国辉："虚拟财产也是'财产'的法律认定"，载中国法院网，2008年1月31日访问。

❷ 侯国云："保护虚拟财产会扰乱金融秩序"，载《中国青年报》2007年4月6日。

❸ 如瑞典公司MindArk开发的《安特罗皮计划》；这款游戏是由玩家通过运营商将真实货币兑换成虚拟货币，再利用虚拟货币在游戏中从事商业或其他活动，然后玩家利用在游戏中得到的虚拟货币，通过MindArk按一定比例兑换成真实货币。

精神需要的功能。经济学中的财产，指的是能带来收益或效用的物或资源，而效用的含义就是能够满足人们的物质利益和精神需求；财产的价值不单单体现在其物质属性上，还应该能够满足所有者的精神需求。（2）盗窃、抢劫和诈骗虚拟财产的行为人，主要动机和目的是占有他人的财产，当他用所侵犯的虚拟财产同他人进行交易时，就获得了现实的经济收入，实现了利润的增长。更有甚者，有人通过此种方式很快致富。当侵害虚拟财产的行为人获取现实的经济收入之时，就是受害人现实的经济利益遭受损失之时，由此也说明了虚拟财产是有价值的，否则，侵犯虚拟财产的行为人就不可能获取现实的经济利益，从而也没有可能具有侵犯虚拟财产的强大动机。[1]

其二，从财物的物理属性来看，盗窃对象应当是能被人通过秘密手段利用、支配或转移的财产。从行为方式的角度来看，盗窃一般财物的行为易于为人理解，但盗窃虚拟财产的行为确实不同。网络虚拟财产是虚拟的网络本身以及存在于网络上的、具有现实财产性的电磁记录，它具有物理的存在性。盗窃虚拟财产主要是通过 ID 号码或账号来盗取，由于 ID 或账号密码的破解非常容易，所以行为人易于得手。但盗窃虚拟财产的行为人往往既不"潜身"，也不"掩面"，就大行其"盗"。这是因为在网络技术环境下，行为人可以躲在终端的背后，隐瞒自己的真实身份、性别、年龄、相貌等，即处在无标识的状态下，忘乎所以；他忘记了应充当的社会角色、所占据的社会地位和必须承担的社会责任，产生了为所欲为的欲望和冲动，做一些平时所不可能做和不敢做的事情。这时，"行为的物理因素虚化，即网络行为的物理属性已经虚化为单一的人机交互动作"，"网络行为的外在物理动作变成了单一的指令输入动作"；"在网络中，无论人们想要实施何种行为，都必须通过计算机网络输入指令来执行"。[2]"输入指令"这一简单的动作，是一种具有社会意义和文化意义的虚拟行为，而且体现了传统物理世界中同效的社会意义和文化意义的相应行为；盗窃虚拟财产行为虽然没有传统的物理世界中行为的

---

[1] 许富仁、庄啸："传统犯罪对象理论面临的挑战——虚拟犯罪对象"，载《河北法学》2007 年第 2 期。

[2] 刘守芬、方泉："行为与责任：基于网络技术的几点适应性考量"，载《北京大学学报》（哲学社会科学版）2004 年第 3 期。

特征,"但它仍旧满足既有的人的需要,实现着同样的社会效果,体现着同样的社会价值"。❶ 据此,可以得出结论:盗窃虚拟财产行为和盗窃一般财产行为,在本质上并无不同,而仅仅在行为方式上有差异。如果仅靠"方式不同"这种外在的识别方法,就认定不符合刑法规范的话,那就违背了法律规范具有抽象性和反复适用性的概括性功能。

其三,从财物的法律属性来看,盗窃对象应当是未被法律除斥的他人财产。由于玩家对虚拟装备除有使用权外,还有占有、使用、收益、处分这四项所有权的基本内容,故虚拟装备应属玩家所有的私人财产。它由劳动产生,能在不同游戏者之间进行有偿或无偿转让,也能为人力所控制,能够流转,在玩家操控下在虚拟人物间转让交换。有报道称,目前,网络游戏中最值钱的一把刀可卖到1万~2万人民币,一位北京玩家还专程坐飞机到广州以6万元价格购买一把极品宝刀。据新浪游戏网报道,《热血传奇》中的传送戒指被玩家出价到4万元人民币的天价收购。也就是说,在虚拟财产未在所有人支配下转让或流转给其他玩家之前,相对于其他玩家来说,这个虚拟财产就应该是"他人"的财产;而且虚拟财产也不是枪支、弹药、爆炸物等被法律排斥的他人财产,所以说它是能够作为盗窃罪的对象的。我国司法实践中,对抢劫网络虚拟财产的行为,北京、河南等地司法机关已作出了定抢劫罪的判决。如,2004年,游戏迷张某召集同学王某、赵某、孙某等5人,计划抢走常欺压他们的"魔法师"刘某的账号和密码;于次日将刘带到人民公园,采取踢、打等手段,逼其说出自己"传奇"游戏卡账号和密码。2005年7月14日,郑州市二七区人民法院认定,6名中学生抢劫虚拟财产构成抢劫罪,但考虑其犯罪情节轻微,判令免予刑事处罚。❷ 而抢劫与盗窃都是以财产为对象的。

需要强调的是,对待刑法领域的"虚拟财产"等新生事物,要用发展的眼光看,不能采取回避的态度。"技术是一柄双刃剑",计算机技术的飞速发展给人类社会带来的不仅仅是便捷、进步和幸福,犯罪问题也如影随形。虚拟世界的公平、道德和秩序,同样须依赖现实社会的法律

---

❶ 刘守芬、方泉:"行为与责任:基于网络技术的几点适应性考量",载《北京大学学报》(哲学社会科学版)2004年第3期。

❷ 中原新闻网:郑州晚报,2005年8月5日访问。

制度建设。当玩家的"宝贝"在网络游戏中被骗、被偷、被抢之后，寻求不到法律的保护，就很可能演变为通过现实中的暴力来解决虚拟世界中的问题。只有网络的法制建设与时俱进，互联网的发展才会真正走上健康、法治的轨道。

现实中的物，不管是有体物还是无体物，之所以有价值，最关键的是因为人们在创造过程中付出了劳动和智慧。价值通过使用价值体现，通过交换价值衡量。而且，随着社会发展，财产的内容应该发生延伸，享有财产的手段也更加丰富。要从行为的角度理解财产，即你有权利做什么、有权利获得什么，而且这种行为最终可以通过转让、用金钱来衡量。从这个角度讲，财产已扩大为一种权益。其实，不少学者早就提出了这样的观点。如有台湾学者认为，所谓财产，是指具有经济价值且依一定的目的而结合的权利、义务的总体；❶ 德国法学家也认为，"原则上个人的财产是由这个人所具有的金钱价值的各种权利的总体构成"。❷ 此外，英美普通法也认为，"财产是一组权利。这些权利描述一个人对其所有的资源可能占有、使用、改变、馈赠、转让或阻止他人侵犯"。❸ 虽然这些不同的提法构筑的是"财产"在现实世界的衡量标准，但由于所探讨的正是现实世界中所发生的、有关虚拟物品的实实在在的法律关系的定性及各种法律纠纷的解决，因此这一标准也适用于对虚拟物品"财产"属性的判断。如今，在丰富多彩的现代社会，继续把财产局限于实物的观点是僵化和落后的。

的确，反对者认为，认定虚拟财产为法律上的"财物"，会带来不少挑战，如它们有的有公共资源的属性，有的对金融秩序可能产生影响等，但这些问题，通过科学发展和加强管理，在发展的过程中是可以逐步克服和控制的。如2007年3月2日，文化部、公安部、信息产业部等14个部委联合印发《关于进一步加强网吧及网络游戏管理工作的通知》，规定："中国人民银行要加强对网络游戏中的虚拟货币的规范和管理，严格

---

❶ 李宜琛：《民法总论》，台湾：正中书局1977年版，第174~175页。
❷ ［德］卡尔·拉伦茨著，王晓晔、邵建东等译：《德国民法通论》，法律出版社2003年版，第410页。
❸ ［美］罗伯特·考特、托马斯·尤伦著，张军等译：《法和经济学》，上海三联书店1996年版，第125页。

限制网络游戏经营单位发行虚拟货币的总量以及单个网络游戏消费者的购买额；严格区分虚拟交易和电子商务的实物交易，网络游戏经营单位发行的虚拟货币不能用于购买实物产品，只能用于购买自身提供的网络游戏等虚拟产品和服务；消费者如需将虚拟货币赎回为法定货币，其金额不得超过原购买金额；严禁倒卖虚拟货币。违反以上规定的，由中国人民银行按照《中国人民银行法》相关规定予以处罚。"发布这样的规章，对于管理这类问题既是一次探索，无疑也是一种进步。

事实上，人们对客观事物及其规律的认识有一个由浅入深、由少到多不断丰富、深化的过程。在网络技术还未出现之前，人们不可能超前认识到网络技术环境下出现或将要出现的问题。在此境况下，传统刑法理论没有针对网络技术环境里出现的犯罪情况而总结理论成果；由此可以推论，完全以传统刑法理论资源来诠释盗窃虚拟财产的行为，势必会有其局限性。

传统司法观念不承认虚拟财产的价值属性。究其原因，不仅仅是观念上的障碍，更有刑法理论上的障碍。传统刑法理论认为："犯罪对象，是指犯罪分子在犯罪过程中对之直接施加影响的，并通过这种影响使某种客体遭受侵犯的具体的人或物。"❶ 也有人表述为："行为对象也叫犯罪对象（行为客体），一般是指行为所作用的法益的主体（人）或物质表现（物）。"❷ 从上面、即对象的概念来看，"虚拟财产"既不是具体的物，更不是具体的人。如果用这种传统刑法理论来解释"虚拟财产"的话，盗窃虚拟财产的行为就很难定性。因此，那种认为盗窃虚拟财产的行为不构成犯罪的观点，并非仅仅是局限于刑法规范上的障碍，而且也是刑法理论和刑法观念上的障碍。在这种情况下，就需要更新刑法理论及适用刑法的解释技术。在这里，同样应该用发展的眼光看问题，这也是一种刑法理论的与时俱进。

也许有些学者也承认虚拟财产是有价值的，但又觉得只是一个网络游戏，而且又是虚拟的，并不是现实中的客观存在物，而且认为："实际上玩家在游戏的过程中已经获得了乐趣，实现了其娱乐的目的，换句话，

---

❶ 马克昌主编：《犯罪通论》，武汉大学出版社1999年版，第125页。
❷ 张明楷：《刑法学》，法律出版社2007年版，第149页。

他投入的金钱和精力的价值得到了体现，因此盗用游戏 ID 和虚拟物品并没有给玩家造成直接的经济损失，不能认定为盗窃。"❶ 另外，否定论者有一个最坚实的理由是：这类行为法无明文规定，如果定罪就违背了罪刑法定原则。笔者认为，否定论者的观点实质上仍然是源于观念上的障碍。在法律方面，根据《刑法》第 264 条规定的盗窃"公私财物"和《刑法》第 91 ~ 92 条规定，并没有严格限定是什么具体财产，而且《刑法》第 92 条第（4）项有"依法归个人所有的股份、股票、债券和其他财产"的弹性规定。由此可见，从法律适用的角度来看，并没有严格的法律规范障碍；法律适用的障碍也不在于立法语言的表述，而在于对立法语言表述如何进行解释的问题——解释需要自足的理论阐释。在此，需要观念的进步和解释学的革新。

其次，关于网络虚拟财产的价值评估问题。

对于网络虚拟财产的价值评估问题，我国目前没有明确的价值评价机制。而通常盗窃罪涉案物品的价值，是依照《最高人民法院关于审理盗窃案件具体应用法律若干问题的解释》（以下简称 1998 年《解释》）第 5 条明确规定的被盗涉案物品价值额的具体计算方法。但由于网络游戏装备等虚拟物品系新兴事物，该规定对其价值认定并未作具体规定。网络游戏装备和账号的出售价格往往低于其实际花费的价值，如对于网络盗窃犯罪都按照销赃额来计算犯罪金额，则无论是对于打击网络犯罪还是保护玩家利益都是不利的，故而应重新考虑与网络虚拟财产相关的价值评估机制。

由于网络虚拟财产是网络用户拥有的动态债权，虚拟财产的供求关系变化很快，而且用户交易中会有感情色彩，因此虚拟财产的市场值和真实值的波动很大。笔者认为，司法实践中对虚拟财产的认定使用过以下一些方法，值得参考：（1）以社会必要劳动时间为准，计算虚拟财产的价值。这是马克思主义政治经济学中关于商品价值的论述。社会必要劳动时间是一个平均时间，因此要计算获得某虚拟财产的社会必要劳动时间，是一个涉及很多部门并且前提条件比较多的方法，准确性高但是

---

❶ 朱铁军："虚拟财产失窃案所引发的刑法思考"，载《网络安全技术与应用》2004 年第 3 期。

可行度小。(2) 根据用户真实货币的投入计算虚拟财产价值。这个方法对用户有些不公平，因为游戏投入的不仅是真实的货币，还有时间和感情，这些是不能用真实货币来计算的。(3) 根据市场交易价格来确定虚拟财产的价值。虚拟财产的交易市场是根据其需求产生的，但是市场的不规范、不完善，使其确定的价值可信度和参考度不是很高。(4) 网络运营商对虚拟财产的定价。由于运营商是必然要盈利的，因此它的定价是站在对自己有利的角度进行的。这个价格不能准确地反映虚拟财产的价值，但是也值得参考。

在我国尚未建立相关的网络虚拟财产的价值评估机制之前，笔者认为，根据上述审理盗窃案件《解释》的规定，"销赃数额高于本解释计算的盗窃数额的，盗窃数额按销赃数额计算"，原则上认可销赃价格作为定案依据。而上述《解释》又规定，被盗物品的价格，应当以被盗物品价格的有效证明确定。考虑到上述方法（4）容易得出一个对被盗虚拟财产的估价结论，虽然它不是由法定鉴定机关出具的，但如果与前面三种方法没有重大矛盾，就可以视为被盗网络游戏虚拟装备价格的有效证明。

2006年初，广州天河区法院审判了一起窃取、出售他人的网络游戏装备案，网易公司对被盗虚拟财产出具了估价结论（被盗装备价值虚拟货币69 070万大话币，折合人民币4 605元）；法院依此认定被告张某盗窃罪成立，判处张某有期徒刑1年、缓刑2年，并处罚金5 000元。❶ 笔者认为，这里的虚拟财产价值评估还是比较科学的，因为：(1) 运营公司具有相对独立性。盗窃犯罪嫌疑人的盗窃行为损害的是玩家的合法权益，被害人应向犯罪嫌疑人索赔，而非运营商，所以，运营商与被害人、犯罪嫌疑人之间均无利益冲突，具有相对独立性。(2) 运营公司具有出具虚拟财产价格证明的主体资格，其估价是权威的、客观真实的。该公司作为独立的网络游戏研发商、运营商，开发虚拟任务及虚拟装备等虚拟财产，预先设定了财物的各方面属性、数据及相关计算方法，对整款游戏及玩家均有效。且为玩家提供游戏平台，并有专门技术人员进行全方位监测、管理，非常熟悉游戏各方面的运营情况，包括交易价格，也保

---

❶ "盗号犯法！一男子盗窃网游账号判刑一年"，载 http：//game. zol. com. cn/26/264987. html，2007年12月2日访问。

存了案发时段交易情况的原始记录；同时，游戏中涉案虚拟财产与虚拟货币（大话币）、虚拟货币与游戏充值卡（点卡）、游戏充值卡与人民币之间的交换关系相对稳定，形成了客观的交易市场，并早已得到运营商的确认。基于上述原因，该公司计算出来的游戏虚拟装备的价格是权威的，也是虚拟财产真实价值的客观反映。（3）运营公司所作的估价结论（4 605元）并未超出合理范围，与犯罪嫌疑人销赃所得（3 750元）相差不大，是正常估价的结果，符合盗窃销赃案件的一般规律，即销赃价格低于市场正常价格。所以，虽然无法定鉴定机关的估价，但运营公司的估价结论是权威的、客观真实的，是涉案赃物的有效价格证明，应予以采纳为本案证据，作为涉案物品价格的有效证明。

当然，还可以探求更多、更为科学的估价方法，如台湾游戏社群网站游戏基地的热门线上游戏讨论区中，就有"虚拟宝物参考价格"，玩家可依此买卖。在各大拍卖网站上，经常会发现对网络游戏中的虚拟道具、财物等进行拍卖。甚至出现了交易指导机制和专业电视栏目，比如台湾中视"数字游戏王"电视节目，开设了一周"虚拟宝物盘市行情分析"栏目，邀请游戏厂商、电玩杂志、网站及老手玩家共同罗列热门道具排行表，❶ 等等。

【案31】2005年12月22日晚7时许，宋某伙同他人来到一网吧内，见被害人廖某、宋某某正在玩"梦幻西游"网络游戏，宋某便要被害人廖某让开，被害人廖某予以拒绝。宋某等人就强行将被害人廖某拉起来，并问被害人廖某、宋某某游戏账号密码，对方未告知。宋某等人就以殴打相威胁，被害人廖某、宋某某被迫将密码告诉给宋某。随后，宋某将游戏账号里1 500多万的游戏币及游戏装备转走。经估价鉴定，被转走的游戏币及游戏装备价值人民币2 151元。法院审理认为，被告人伙同他人使用暴力威胁手段，劫得游戏币及游戏装备，价值人民币2 151元，其行为已触犯刑律，构成抢劫罪。因被告人宋某另外伙同本案其他被告人持枪抢劫作案一次，劫得现金600元，据此，法院依照相关法律规定，判决

---

❶ 于志刚："关于网络游戏中虚拟财产法律性质的思考"，载《法制日报》2003年7月10日。

被告人宋某有期徒刑15年，剥夺政治权利2年，并处罚金10 000元。❶

本案行为人宋某以暴力相威胁手段取走游戏币及游戏装备是否构成抢劫罪？显然，法院最后采取扩张解释，将游戏币及游戏装备归属于法律意义上的财产。

最后，还有几种"物"也值得一提。像电信号码（如特殊的手机吉祥号），如同虚拟财产一样，作为一种无体物，当今社会已有其价值表现形式，许多人愿意出高价购买吉祥号码。对于使用暴力威胁手段当场逼迫他人把自己的手机吉祥号码永久转移给行为人的行为，不排除构成抢劫罪的可能，只是如何计算犯罪对象的价值还有待探讨。从有利于被告人的立场出发，择轻处罚是适当的。至于还有人提出"抢劫'劳动力'"的概念，就似乎离罪刑法定原则制度下的抢劫罪相距甚远了。论者由前几年发生的"黑砖窑事件"引发对抢劫罪的"另类"分析，认为传统理论"忽视对受害人因被迫劳动所生产的应由其享有合法权益的劳动成果及相关财产权益的保护，如果这方面的权益受到保护与重视，那么对黑砖窑类事件的定性将不再仅仅局限于非法拘禁、故意伤害、故意杀人，而将突破现有的处理方式，将其定性为抢劫"。❷ 这种分析恐怕更多地具有政治性意义，而缺乏法律依据。对被迫劳动的劳动者的权益保护，不是将其纳入抢劫罪的范围就能解决的问题。有的地方还发生过哄抢彩票的事件，❸ 引发笔者对彩票是否可以称为抢劫对象的联想。事实上，由于

---

❶ 袁子禄："以暴力相威胁转走游戏币及游戏装备构成抢劫罪"，载中国法院网，2007年11月27日访问。

❷ "抢劫罪研究之抢劫'劳动力'——由黑砖窑事件引发的抢劫罪另类分析"，载商都法制网（郑州），2012年1月2日访问。

❸ 2012年6月15日早7时左右，在锦阜高速公路上，一辆由北京开往吉林的彩票配送车遭遇车祸，车内的体育彩票散落一地。就在消防人员抢救伤者的时候，有一部分闻讯赶来的人竟打起了地上彩票的主意。一位现场目击者表示，他亲眼看到偷偷拿彩票的就有十多人，还有一部分人更是在围观之际，公开抢走了部分彩票。事故处理完，车辆所有者——体彩中心的工作人员经过清点发现，去除损坏的20多包彩票，车上一共遗失了15 044包彩票。锦州市体彩中心的工作人员介绍，这次遗失的彩票中"超值现金"最高奖可中100万元人民币。经过计算，这次车祸中遗失的15 044包彩票总销售价值达900多万元。"辽宁一彩票配送车遇车祸价值902万彩票遭哄抢"，载国际在线，2012年6月23日访问。

彩票的特殊性，其实际价值往往无法估计。那么，这批遗失的彩票会不会中大奖且能够兑奖呢？据当地体彩中心介绍，他们已在全国销售系统中将这批遗失的彩票作出特殊标记，不能参与正常兑奖。但在法律属性上，彩票似乎应该属于财物，而这里存在着彩票能不能实现其价值的问题。如果拿明知是非法获得的中奖彩票去兑奖，则构成诈骗罪；如果是利用暴力胁迫手段逼迫出售彩票的人员交出彩票并获奖的，同样可能构成抢劫罪。不过，这里的彩票与财产性利益相关，出现这样的问题应该对我国的相关立法有所启示。

（四）抢劫对象是否包括违禁品、赃物或者其他非法物、扣押物

所谓违禁品，是指依照国家有关法律、法规的规定，禁止公民私自制造、留存、使用、占有的物品，如枪支、弹药、爆炸物、毒品、淫秽物品等。对于赃物、违禁品或者其他非法物、扣押物，从国外判例和刑法学者的著述来看，可以成为抢劫等侵财犯罪的对象，这几无争议，而主要分歧在于法理根据不同。一说认为，事实上的持有本身就是财产罪的保护法益，即使是违禁品，只要是在他人的持有、掌握之下，就应该予以保护。一说认为，违禁品是被禁止所有、占有的物品，不具有所有权，但对违禁品只有根据法律手续才能没收，相对于第三者不是根据法律手续的夺取行为，应该予以保护。还有观点认为，即便是违禁品，民法上也还是有所有权，只不过是国家基于行政目的禁止私人持有，因此在它没有成为没收的对象之前，其所有权应予保护。❶

在我国，有学者主张，财产罪侵犯的客体是所有权以及其他需要通过法律程序恢复应有状态的占有，没收违禁品也需要通过法律程序，故对违禁品的占有也是刑法所保护的客体，违禁品能成为刑法上的财物。❷有观点认为，对违禁品或赃物，应分别没收归公或上缴国库的，所有权归国家行使；应归还合法持有人的，所有权仍属于该财物的合法所有人。对前者实施抢劫的，是对国家所有权的侵犯；对后者实施抢劫的，是对

---

❶ 刘明祥：《财产罪比较研究》，中国政法大学出版社2001年版，第31页。
❷ 张明楷：《刑法学（下）》，法律出版社1997年版，第760页。

原所有者所有权的再侵犯。二者从本质上都是对非己所有财物的非法占有。❶ 还有学者认为，违禁品可能成为财产犯罪的对象，一是因为财产罪保护的占有是人对财物事实上的所持关系；另一方面，在国家没收程序启动之前，他人对违禁品的占有系平稳占有，而法律保护平稳占有，归根到底是为了维护占有状态背后的法秩序。刑法保护违禁品占有者的权利，不是宣告行为人对其持有、处置行为的合法性，而是为了确保国家依法追缴这些财产。❷

不过，也有反对的观点，认为被害人对违禁品、赃物的持有本身即是非法的，持有人对违禁品、赃物并不享有所有权，"作为财产罪保护对象的财物，理应是足以体现一定所有权关系的物，违禁品既然是法律禁止持有的物品，不能体现所有权，合理的结论应该是不能成为财产罪的侵害对象"。❸ 在反对的观点中，有的强调，伪造的货币等物品因本身没有价值，所以不能成为抢劫罪的对象；若抢劫过程中致人死伤的，可以按侵犯生命、健康的犯罪定罪处罚，抢劫后明知是伪造的货币而持有使用或者贩卖的，由于侵犯了国家关于货币的管理制度这一新的法益，故构成持有、使用、出售假币等犯罪。

另有观点指出，要依据违禁品所有权的归属区别对待，如有的毒品是用于科研、教学或者医疗活动的，为一定的单位合法所有，抢劫这种毒品当然构成抢劫罪，因为这种抢劫行为侵犯了他人的财产所有权；有的毒品是违法犯罪分子非法持有的，这些毒品当然应由国家予以没收，但国家没收后不一定予以保存、利用，而往往是加以销毁，就很难说国家对其具有所有权，所以，对抢劫这种毒品的行为不宜定抢劫罪，可以根据具体情况分别处理。为了走私、贩卖毒品而抢劫其他不法分子的毒品却又没有抢劫到手的，可按贩卖、走私毒品罪的犯罪预备处理；抢劫到手且数量较大的，可按走私、贩卖毒品罪的预备犯与非法持有毒品罪的想象竞合犯处理；为了吸食毒品而抢劫他人毒品并抢到手且数量较大的，可以按非法持有毒品罪定罪处罚。淫秽物品不存在所有权归属问题，任何部门、任何单位都不可能合法所有淫秽物品，抢劫淫秽物品不能构

---

❶ 陈清浦："抢劫罪行为对象若干问题研究"，载中国刑法网：抢劫罪专题。
❷ 周光权：《刑法各论》，中国人民大学出版社2011年版，第79页。
❸ 刘明祥：《财产罪比较研究》，中国政法大学出版社2001年版，第32页。

成抢劫罪。可分别不同情况确定性质：为贩卖淫秽物品而抢劫淫秽物品的，定贩卖淫秽物品罪的预备犯；为传播淫秽物品而抢劫的，如果以营利为目的，定传播淫秽物品牟利罪的预备犯，如果不以营利为目的，则定传播淫秽物品罪的预备犯。财物还必须能以经济价值衡量。最高人民法院有关司法解释对于"盗窃违禁品，按盗窃罪处理的，不计数额，按情节轻重量刑"，实际上从侧面否定了毒品、淫秽物品等的财物属性。❶

由于抢劫枪支、弹药、爆炸物已经被作为一种独立的犯罪规定在危害公共安全罪中，这里勿需讨论。按照我国《刑法》第64条之规定："违禁品和供犯罪所用的本人财物，应当予以没收。"在国家还没有依照法定程序对财物予以没收之前，难以认为国家就当然取得了违禁品的所有权，因而也就不能认为该违禁品体现为一种财产所有权关系。而刑法理论通说认为，作为财产罪侵害对象的财产，必须能够体现财产所有权关系。由于毒品、淫秽物品等是法律禁止私人所有、持有的，一般不能体现财产所有权关系，原则上不能成为财产罪的侵犯对象。但是，最高人民法院2000~2008年的《全国法院审理毒品犯罪案件工作座谈会纪要》（以下简称《审理毒品犯罪案件纪要》）均规定：抢劫毒品的，按抢劫罪定罪。其中2008年12月颁布的《审理毒品犯罪案件纪要》的第一部分就规定"盗窃、抢夺、抢劫毒品的，应当分别以盗窃罪、抢夺罪或者抢劫罪定罪，但不计犯罪数额，根据情节轻重予以定罪量刑。盗窃、抢夺、抢劫毒品后又实施其他毒品犯罪的，对盗窃罪、抢夺罪、抢劫罪和所犯的具体毒品犯罪分别定罪，依法数罪并罚。"❷ 在这里，定罪并没

---

❶ 李希慧："抢劫罪的对象、标准及转化问题研究"，载《人民检察》2007年第18期；宁积宇等："窃取违禁品不宜一概认定为盗窃罪"，载《检察日报》2009年5月25日。

❷ 最高人民法院对毒品案件的法律适用问题，先于2000年4月出台了《全国法院审理毒品犯罪案件工作座谈会纪要》（《南宁会议纪要》）。2004年12月姜兴长副院长在全国法院刑事审判工作座谈会上的讲话和2007年4月张军副院长在部分法院刑事审判工作座谈会上的讲话，又对审理毒品犯罪案件的一些法律适用问题进行了阐述。2008年5月，在北京召开的全国法院刑事审判工作座谈会上对《南宁会议纪要》展开讨论。2008年9月，最高人民法院专门召开全国部分法院审理毒品犯罪案件工作座谈会，又对该纪要进行讨论和研究；根据会议讨论提出的意见和建议对该纪要进行修改和完善，形成《全国部分法院审理毒品犯罪案件工作座谈会纪要》，并于2008年12月1日颁布，即法〔2008〕324号文。

有区分毒品的来源。笔者亦认为，以所有权说来解释对侵夺非法物的定罪问题，确有缺陷。

违禁品是法律禁止一般人占有、使用的物品，其占有状态本身就是非法的，没有合法的占有权，所有权自然就不完整。违法所得财物不是依法取得，当然也没有所有权。所谓国家对违禁品的所有权也解释不通，国家追缴和没收违禁品，目的是销毁，而民法认为所有权都是服务于一定经济目的的，很难说销毁也是所有权的行使方式。所谓原物所有人的所有权，实际上是抽象的所有权或者一种虚拟的权利，因为原物所有人已丧失占有，盗窃、抢劫的对象是所有权人之外的人，而不是所有权人，因此，将原物所有权人视为盗窃、抢劫行为的被害人也不合法律逻辑。笔者认为，盗窃、抢劫违禁品及他人违法所得财物的行为，之所以要加以刑事制裁，并不是为了保护违禁品和违法所得财物的持有人的所有权，而是因为这种行为有悖社会管理秩序，需要加以禁止和惩治。或者说，在本质上，这类侵犯财产的抢劫犯罪，其客体是复杂的，表面上看是侵犯财产权益，实际上是侵犯了社会公共秩序或国家管理秩序。对这一客体问题的认识，正如前文的介绍，张明楷老师的看法是"需要通过法定程序恢复应有状态的占有"，大约也有近似的道理吧，只不过更加"含蓄"一些。为此，笔者的主张是：

（1）违禁品、赃物能成为抢劫罪的行为对象，除非法律已经明确规定为其他罪的。如我国《刑法》第127条规定，抢劫枪支、弹药、爆炸物的，构成抢劫枪支、弹药、爆炸物罪，因此，枪支、弹药、爆炸物不是抢劫罪的行为对象。但在这种情况下，侵害的法益具有复杂性，不能用所有权关系来解释。抢劫违禁品如果不构成抢劫罪，仅以其抢劫到手后的非法持有状态定罪处罚，❶不足以对暴力胁迫劫取财物的行为进行制裁，会出现罪刑失衡现象，有的甚至不能构成犯罪（如抢劫毒品未遂），未免宽纵犯罪。同时，对这类行为加以打击，还是抑制行为人将违禁品、赃物加以利用的需要。

（2）将这类犯罪按照抢劫罪或者盗窃罪处理，法律依据主要来自相关司法解释的规定，但适用起来仍有期待完善的问题。1998年《解释》

---

❶ 刘明祥：《财产罪比较研究》，中国政法大学出版社2001年版，第32页。

第 5 条规定："被盗物品的数额，按照下列方法计算：……（八）盗窃违禁品，按盗窃罪处理的，不计数额，根据情节轻重量刑。"2005 年《审理抢劫、抢夺案件的意见》之七规定："以毒品、假币、淫秽物品等违禁品为对象，实施抢劫的，以抢劫罪定罪；抢劫的违禁品数量作为量刑情节考虑。抢劫违禁品后又以违禁品实施其他犯罪的，应以抢劫罪与具体实施的其他犯罪实行数罪并罚。"可见，上述规定不仅明确了定罪问题，还对抢劫或者盗窃对象的数量或者数额大小与量刑的关系进行了规范。到 2008 年，最高人民法院《审理毒品犯罪案件纪要》也作了同样的规定。可见，现行的相关司法解释只是规定抢劫毒品以抢劫罪论处，没有明确抢劫毒品的犯罪数额可以参考毒品非法交易的黑市价格来认定。在同一规定中出现这种情形，恐怕不是解释者的疏忽，而应理解为规定确有不同，即抢劫毒品的数量无须折算为相应的数额，这大概是出于不好计算违禁品价值的考虑。这样一来，从罪刑法定原则和有利于被告人的角度出发，无论行为人抢劫毒品的数量、质量是多少（没有具体价值数额就不能计算"数额巨大"），都只能在基础法定刑幅度内处刑，即 3 年以上 10 年以下有期徒刑幅度内处刑。但这里的确有一个问题，那就是毒品非法交易的价格总是客观存在且比较明显的，计算起来也比较方便；如果抢劫的数量很大，就可能达到"数额巨大"，若不计算其价格，很可能轻纵犯罪。如《刑法》第 348 条规定，非法持有甲基苯丙胺 50 克以上的，处 7 年以上有期徒刑或者无期徒刑。相比较而言，抢劫罪是重罪，抢劫甲基苯丙胺数百克就没有理由不在 10 年以上判刑。而要在 10 年以上处刑，在没有其他升格量刑的情形下，必然要对所抢毒品在数额上予以价格量化，而毒品没有合法的交易市场，故其量化的标准只能是来自非法交易的价格。同样的道理，对于抢劫假币的行为，若为了劫取假币在抢劫过程中致人死伤的，可以成立抢劫加重犯；如果抢劫前不知道是假币，抢劫后明知是伪造的货币而持有、使用或者贩卖的，则应该数罪并罚。但是，为了实施假币犯罪，而抢劫假币的，应该构成牵连犯，择重罪而处理。由于假币没有市场价格，也无黑市价参考，法律也没有定罪量刑的数量标准，因此，抢劫假币，不存在数额巨大的抢劫加重犯；但如果符合其他如入户抢劫等抢劫罪的，仍应以抢劫加重犯定罪处罚。当然，话又说回来，从总体社会危害性的角度考虑，把抢劫毒品理解为"坏人对坏人"的犯罪，法定刑有利于被告人也许可以给我们一丝"慰藉"。

由以上分析财产罪的犯罪对象问题还可发现，我国刑法对违禁品的特殊保护存在有待完善的地方。例如，刑法对于违禁品这类对象，是否需要"平等对待"，即都规定非法持有型犯罪，而现行《刑法》只规定了非法持有枪支、弹药罪（《刑法》第128条第1款），持有假币罪（《刑法》第172条），持有伪造的发票罪（《刑法》第210条之一），非法持有国家绝密、机密文件、资料、物品罪（《刑法》第282条第2款），非法持有毒品罪（《刑法》第348条）。还有，如何对待非法持有违禁品本身、非法从其他非法持有人处获取违禁品，以及再持有、使用或者买卖等行为之间的关系。这些，都是值得研究的问题。

【案32】2006年4月，被告人陈某得知薛某携带有毒品，便与被告人季某合谋抢薛的毒品。季将薛骗至案发地点，两被告人用事先准备好的手铐铐住薛，劫得薛随身携带的现金1万元及药片1 500粒。约半小时后，陈、季又将薛强行带至陈的临时住处，由陈负责看管。季后又劫取薛藏匿的药片1 500粒。陈将3 000粒药片藏匿于暂住地。薛被放后即报警，上述药片也被缴获。经鉴定，药片共重852.36克，均检出甲基苯丙胺和MDMA（俗称"摇头丸"）成分。审理本案的法官认为，被告人不仅抢了852.36克毒品，还抢了1万元现金，根据罪责刑相适应原则，也应该对被告人在有期徒刑10年以上量刑。❶

（3）在我国，既然司法解释明确将盗窃违禁品以盗窃罪论处，正如刑法规定盗窃、抢夺、抢劫枪支、弹药罪一样，立法机关也完全可以规定盗窃、抢夺、抢劫毒品罪。因此，长远来看，对于违禁品及违法所得财物的抢劫行为，从立法上解决是为根本之道。在目前刑法无明文规定的情况下，通过司法解释以盗窃罪、抢劫罪等财产罪论处，只能是权宜之计。如果设立新的罪名，不仅可以解决抢劫罪的犯罪客体和对象之疑

---

❶ 马超杰、黄军辉："抢劫毒品如何定罪"，载《人民法院报》2006年11月7日。

惑，还可以避免"坏人"（如毒贩）成为被害人的尴尬局面。❶

除了违禁品、赃物之外，实践中发生较多的还有强抢被有关部门依法扣押的财物的案件，其中扣车案最多。对这类案件定抢劫罪也不乏争论。如2008年5月，昆明市城管局、交通局、市政公用局、市公安局等部门联合掀起了一场整治非法营运的"执法风暴"。在此期间，昆明市官渡区发生了一桩奇特的"劫"案：一名"抢劫者"因"抢"走被执法部门扣押的自家微型车（"黑车"），被警方定性为"抢劫犯罪"。2008年6月8日下午，他在拉客时被运政部门的工作人员查获。由于不承认自己是"非法营运"，他拒绝在暂扣单上签字，只是将微型车锁了后便离开。随后，执法人员将其车拖到一停车场存放。当晚8时许，"黑车"司机约上朋友到车场，将自己的车开回。第二天上午，这名"抢劫者"到派出所自首，主动承认开走车辆的行为。警方遂以涉嫌抢劫罪将其刑事拘留。此案引发疑问：强行开回自己的车辆，是否算非法占有他人财物？强行开车者应该受到行政处罚还是刑事处罚？❷ 问题的关键在于，这位"抢劫者"在此案中并不存在非法占有他人财物的情况。或者说扣车以后，运政部门对这辆车"黑车"是否就拥有法律上的"财产权益"。"黑车"的"黑"，应该是指没有办理营运手续而擅自上路营运，并非指该车是事主因偷、抢而非法占有的。从《物权法》对"物"的权利保护来看，动用刑法来惩罚抢回自家被扣车辆的行为是不是过度，这无疑是值得研究的。而实践中类似案件不在少数。

【案33】2003年8月25日下午，黄某驾驶自己以1 000元价格购买的一辆无牌豪爵125C摩托车在公路上被正在执勤的交警依法暂扣，黄也在暂扣证上签名。交警即委托群众张某驾车回停车场等待处理，黄某遂追至半路拦截张某，并将其殴打倒地后抢走其摩托车。案发后警方在黄

---

❶ 举一案例：被告人刘某到被告人邓某处购买毒品1小包用于吸食，后又向邓某要求赊购1小包，遭到了邓的拒绝；刘某即掏出随身携带的一把水果刀威胁邓某，邓某夺刀时被刺成轻微伤，随即大喊抢劫；刘某逃跑后被抓获。该案对刘某定抢劫罪，对邓某定贩卖毒品罪。如此一来，贩毒的邓某成了抢劫罪的被害人。当然，如果设定新的抢劫毒品罪，那么其犯罪对象如何解释也是值得进一步研究的。

❷ 《中国青年报》2008年11月8日。

某家中再次扣押到该辆摩托车。

【案34】2006年2月2日,一辆挂有顶灯、显示牌和门标的捷达出租车行驶到沈阳市大东区小北关街时,被正在巡逻的交通执法人员发现破绽。经查对,证明该车为"套牌车"。30多岁的司机万某当场承认车子有问题,并且配合完成了执法程序。随后,执法人员把违法车辆送到了某区车管所。当晚6时许,车管所门卫老魏被一帮人骗开门后用绳子捆绑住腿和脚,司机万某用手里的备用车钥匙,打开车锁后将车开走。派出所民警经多次寻找才将嫌疑人万某抓获,并以涉嫌抢劫罪将其刑事拘留。沈阳市交通局行政执法人员说:"执法人员给被处罚者下达了法律文书后,就是对车辆实行了暂时扣留;在暂扣期间,车辆已不归个人所有,属于国家财产。采用各种手段'抢劫'这些车辆,已经构成了刑事犯罪。"[1]

对上述两起案件,运用民法原理解释其权利关系并不存在疑问。在民法上,占有权能与所有权能是可以分离的。也就是说,非所有权人也可以根据法律规定或所有权人的意思而占有他人所有的财产。两案中执法人员依法扣押黄某的摩托车和万某的套牌出租车,车辆因执法行为而由国家机关合法占有,虽然所有权没有转移,但该二车已置于国家机关管理之下,属于被国家机关管理的私人财产。《刑法》第91条规定,两案中的两被扣押车辆都应以公共财产论。上述行为人因车被扣押,不是采取合法手段取回该车,而是采取半路拦车、殴打受交警委托的驾车者和捆绑看管人的方法强行抢走车辆,其行为似乎符合抢劫罪的特征。不过,对此类案件定抢劫罪存在两大问题:一是由于被抢对象是车辆,价值一般达到巨大,定抢劫罪,就构成抢劫数额巨大的加重犯,要判处10年以上有期徒刑或者无期徒刑,这恐怕明显有悖于罪责刑相适应原则,难以让人接受;二是由于被抢财物的特殊性,在主观上,行为人往往认为属"自己家的"东西,没有抢劫他人财物的故意,这样综合来看,司

---

[1] "夜闯车管所绑更夫抢走被扣黑车 司机涉嫌抢劫罪",载辽宁日报—北国网,2006年5月28日访问。

法机关对这类案件适用抢劫罪的规定底气不足,难免出现不同的处理。

【案35】2010年3月上旬,张某在梅江区一间汽车修理厂购买了一部拼装大货车。2010年9月8日,因车辆没有合法证件而被派出所扣押。2010年9月27日,交警大队民警带着某公司的一名拯救队工作人员黄某去派出所处理这部扣押的车辆;交警委托黄某将扣押的车辆开回交警大队处理,其后黄某单独驾驶车辆回去。黄某驾车途中,正好被张某发现,张某看见自己被扣押的车被一名陌生人开着,于是将货车拦下。黄某向张某表明身份,并说要将车开到拯救队去。张某说这是我的车,并大声叫黄某下车,黄某害怕张某会对自己不利便下车,并说以后有什么事由张某负责。张某不理,将货车开走。张某的行为如何定性?遂有抢劫罪、妨害公务罪甚至无罪之争。

认为张某的行为不构成犯罪的理由是:(1)张某对被扣押车辆未丧失财物所有权;(2)张某在抢回车辆过程中大声说话的行为,不应认为构成抢劫罪的胁迫和其他手段;(3)拯救队工作人员黄某的身份不符合妨害公务罪中规定的国家机关工作人员的身份。[1] 这起案件所涉及的问题,显然不仅仅是有罪、无罪之争。

【案36】1999年11月间,被告人江某与张某(在逃)等人合伙购买了Yjl4型卷烟机和YZ23型接嘴机各1台用于制售假烟。同年12月9日,张得知诏安县打假队将要查处的风声,即告知江某。江某于当晚组织被告人黄某和江某某(在逃)等人将上述两台机器搬到2辆农用车上,转移到诏安县岭下溪二级电站暂放。同月10日上午,云南省公安厅、诏安县工商局、烟草局等机关单位组成的联合打假车队,在诏安县岭下溪二级水电站查获了3辆农用车装载的2台制假烟机及另一台接嘴机。张某与被告人江某得知后,即以每人50元报酬聚集数百名不明真相的群众,在诏安县霞葛镇庄溪桥头拦截、围攻打假车队,将查扣的载有制假烟机器

---

[1] 钟晓明、杨学林等:"抢回被公安机关扣押车辆行为的定性",载正义网,2010年11月11日访问。

的农用车上的执法人员董金坤等人拉出驾驶室进行殴打。被告人黄某与江某某等人乘机开走3部农用车。随后，张某与被告人江某又聚集鼓动黄某、黄某某等一群人，四处寻找打假队的摄像，照相资料，欲毁灭证据。后在诏安县烟草局闽E40957号工具车发现TRV-240摄像机、奥林巴斯牌照相机时，张某带头用石头砸破车门玻璃，抢走并砸坏摄像机和照相机；执法人员进行制止时，遭到被告人黄某某等人殴打，直至公安人员赶到现场时，被告人等才逃离。被劫走的3辆装有制假烟机器的农用车于同年12月14日被追回。经法医鉴定，执法人员董金坤等人的伤情为轻微伤。

漳州市中级人民法院认为：被告人江某、黄某、黄某某在张某的组织、指挥下聚集、参与拦截打假车队，打伤执法人员，哄抢被依法查扣的制假烟机器并损毁打假证据资料、器材，数额特别巨大，情节恶劣，其行为已构成聚众哄抢罪。在共同犯罪中，被告人江某既是机主，又在哄抢中起煽动、指挥作用，系首要分子，应对全案负责，依法应从重处罚。被告人黄某虽被纠集，但在哄抢、转移机器时积极主动，起骨干带头作用，是主犯，但其地位、作用稍次于江某；被告人黄某某被纠集后参与哄抢、损毁摄像、照相资料、器材、小货车，殴打执法人员，同属主犯，但其作用及地位稍次于被告人黄某。依照《刑法》第268条判决：被告人江某犯聚众哄抢罪，判处有期徒刑10年，并处罚金人民币1万元；被告人黄某犯聚众哄抢罪，判处有期徒刑9年，并处罚金人民币5千元；被告人黄某某犯聚众哄抢罪，判处有期徒刑8年，并处罚金人民币5千元。一审宣判后，被告人江某、黄某、黄某某均以原判定性错误为由提出上诉。福建省高级人民法院经审理查明：原判认定各被告人参与聚众拦路将被诏安县打假队查扣的装载着卷烟机和接嘴机的3部农用车强行开走，砸破打假队的工具车车窗玻璃，抢出录像机和照相机，损坏录像机，取走录像带，打伤打假队员3人致轻微伤的事实清楚，证据确凿。福建省高级人民法院认为，上诉人江某、黄某、黄某某明知打假队系国家机关工作人员且正在执行公务，而聚众拦截、打伤打假队员，强行开走被查扣的装载用于制造假烟机器设备的车辆，打破车窗玻璃，抢走拍摄的录像带和照相机，其行为均已构成妨害公务罪，且情节严重。上诉人江某积极参与、煽动不明真相的群众，围攻打假车队，打伤打假队员，抢走录像带和照相机,在犯罪中起主要作用,系主犯。上诉人黄某被纠集参与犯罪,开走装载制假机器,行为积极,亦系犯罪中之主犯。上诉人黄某某积极参与犯罪活动,参与围攻、殴打打假队员行为,但系从犯。原判对各上诉人定聚众哄抢罪与我国刑法规定的犯罪构成要件不符,量刑有误,应予纠正。遂依法判决:撤销漳州市中级人民法院对被告人江某、黄某、黄某某的一审刑事判决;上诉人江某犯妨害公务罪,判处有期徒刑3年;上诉人黄某犯妨害公务罪,判处有期徒刑2年;上诉人黄某某犯妨害公务罪,判处有期徒刑2年。❶

本案被告江某等人采用暴力手段,聚众抢回被国家机关工作人员依法扣押的制假设备的行为应定何罪,是本案争论的焦点。二审法院认为,被告江某等人实施暴力威胁行为,妨害国家机关工作人员依法执行职务。本案"依法执行职务",包括从开始实际执行职务时至职务执行完毕的全过程,即从查扣被告人的制假设备到案发时的返回途中,均应视为在执行职务的过程中,而非执行职务完毕。被告人却以对抗执法的故意和目的,聚众以暴力在中途拦截执法车辆,公然夺回被依法查扣的制假设备,符合妨害公务罪的构成特征,应以妨害公务罪定罪处罚。而《刑法》第263条规定的抢劫罪和第268条规定的聚众哄抢罪,均属于侵犯财产的犯罪。这两个罪都是以非法占有公私财物为目的,侵害公私财物的所有权,这与以对抗国家机关工作人员依法执行职务,妨害国家机关依法管理活动的妨害公务罪具有本质上的区别。本案被告人并不是要非法占有公私财物,而是不法对抗国家机关的打假执法活动,意欲夺回自己已被国家机关工作人员依法查扣的制假设备,不构成抢劫罪或聚众哄抢罪。不过,本案判决没有阐明被告人的制假设备等非法财物是否属于其自有财产,这些财物无疑属犯罪工具,具有不法财产性质;既然属不法财产,是否能为被告人"自有"呢?刑法如何认识"自有"的非法财物这个概念,理论上如何解决这个问题,值得研究。

---

❶ "江某等妨害公务案——聚众以暴力手段抢回被依法查扣的制假设备应如何定罪",载《刑事审判参考》2002年第5辑(总第28辑)。

第三章 抢劫罪的犯罪构成（二）

【案37】22岁的卢某喜欢玩摩托车。纪某和蒋某也和他年龄相仿，三人是老乡，同在杭州工作。某日，卢某驾驶一辆进口铃木GSX-R1000摩托车在上城区某路段被交警拦住。因为其所驾车型与其驾驶证上的准驾车型不符，而且没有悬挂机动车号牌，交警依法暂扣了卢某的摩托车，并出具了扣押凭证。由于提供不了发票，担心拿不回车，卢某扮作"口罩男"，叫了两个小兄弟，半夜持液压钳和木棒进入停车场，停车场保安眼睁睁地看着他们把摩托车强行开走。案发后，三人被警方缉拿归案，摩托车再次被扣押。

此案开庭审理时，对事实部分，双方均无争议，但在该判抢劫罪、还是妨害公务罪，抑或是非法处置查封、扣押财产罪上，检察官和被告的律师展开了辩论。

检察官表示，应当以抢劫罪追究刑事责任，且由于涉案摩托车经评估后价值35 000元，故根据《刑法》的相关规定，应判处卢某等至少10年以上有期徒刑。在理论界，该观点具有一定代表性，主要表现为对"财产权益"进行的解释，即在通常情况下，抢劫罪侵犯的是他人所有的公私财产所有权，但在特定情况下，当所有人的财产依法与所有人暂时分离、为非所有人合法占有时，如果所有人采用暴力、胁迫或者其他手段将这些财物抢劫走，同样构成抢劫罪。如抢劫抵押权人保管的抵押物，包括抢劫《刑法》第91条规定的"在国家机关、国有公司、企业、集体企业和人民团体管理、使用或者运输中的私人财产，以公共财产论"的财物，也属于这种情况。因为这类财物依法与所有人暂时分离后，实际的合法占有者已经属于该类财物的相对所有者、保管者和守护者。在这种情况下，原所有人采取暴力、胁迫或者其他手段对这些财物进行抢劫，就是侵犯他人的财产权益。虽然本案卢某称那辆摩托车是他自己的，但是当时这辆车处于被交警扣押的状态，是被警方停放在那个停车场上；被国家机关管理的私人财产也应属于公共财产，何况卢某本身就没有合法购车凭证。

卢某和纪某的律师则认为，被告人的行为应定妨害公务罪更准确。理由是，被告人卢某没有非法占有公共财产的动机和目的，不存在抢劫的主观故意。纪某和停车场保安的笔录都表明，当晚拿车时，卢某说的是"我们只是来拿回自己的东西",说明卢某主观上只是想要回自己的摩托车。同时,根据现行法律,被扣押的摩托车并没有被规定为是公共财产,摩托车只有在被公安机关没收后才能成为公共财产。因此,本案若被定性为抢劫罪,从逻辑上分析,就混淆了"非法占有他人财物"与"非法抢回自己财物"的本质区别,导致"自己抢自己东西"的荒谬结论。实际上,本案侵犯的客体是公安机关的行政执法权,不是摩托车的所有权,本案涉及的摩托车只是个"道具";从社会危害性分析,卢某只是扰乱了公安机关的正常管理秩序,是妨害公务的行为。可以假设的是,如果卢某的摩托车被交警扣押时,当场纠集到本案的另两名被告人,并采用暴力从民警手中抢走摩托车,公诉机关也只会认为构成妨害公务罪。相反,被告人没有采用当场劫取而是事后劫取,也不是针对民警而是针对保安采用暴力威胁方法,反而要认定抢劫罪;就其社会危害性而言,前者的危害性应大于后者,如果前者定轻罪,后者定重罪,显然不合理。不过,定妨害公务罪也有问题。刑法规定的妨害公务罪必须是阻碍国家机关工作人员依法执行职务,而一般停车场管理人员无疑不属于此类主体。根据最高人民检察院2000年4月24日作出的《关于以暴力威胁方法阻碍事业编制人员依法执行行政职务是否可对侵害人以妨害公务罪论处的批复》:对于以暴力、威胁方法阻碍国有事业单位人员依照法律、行政法规的规定执行行政执法职务的,或者以暴力、威胁方法阻碍国家机关中受委托从事行政执法活动的事业编制人员执行行政执法职务的,可以对侵害人以妨害公务罪追究其刑事责任。本案中停车场管理人员显然也不是国家机关中受委托从事行政执法活动的事业编制人员,管理查扣的车辆亦不是执行行政执法职务;如何解释妨害了什么公务,成为认定妨害公务罪的难点。

还有人认为,本案应定为《刑法》第314条规定的非法处置被扣押财产罪;理由是,定该罪更契合本案行为所侵犯的法益。但是,第314条规定的犯罪属于妨害司法的犯罪,其对象是被司法机关查封、扣押、冻结的财产,并不包括交通警察等行政执法机关的扣押物。如果本罪的犯罪对象从司法机关改为国家机关,那适用本罪处理这类案件还是合适的。在某种意义上,这给解决此类问题提供了一些思路。

通过对以上一些案件的分析,笔者认为,对这类案件,可做以下三种处理：（1）以暴力、威胁方法阻碍国家机关工作人员依法执行职务，符合妨害公务罪构成要件的，依法以该罪论处，这是较多的情况；（2）如果来自行为人的被扣押财物确实没有合法依据的（不包括存在购买瑕疵，或者缺乏一定手续的情况），行为人却实施暴力、胁迫方法从被扣押处（如停车场，或者受扣押机关委托开往停车场等处）强制抢回已经被扣押的财物的，则可以认定为抢劫罪；（3）对于其他强制抢回确属自己但因有违法行为而被依法扣押的财物的行为，不以犯罪论处，除非立法对该行为做出适当的定罪解释；虽不以犯罪论处，有关部门可给予严厉的行政处罚。

（五）抢劫对象是否包括赌资、赌博物的问题

根据前述2005年《审理抢劫、抢夺案件的意见》之七的规定："抢劫赌资、犯罪所得的赃款赃物的，以抢劫罪定罪，但行为人仅以其所输赌资或所赢赌债为抢劫对象，一般不以抢劫罪定罪处罚。"《人民法院报》曾经登载的一起南京法院审理的案例对此作了说明。

【案38】2001年10月至12月间，被告人陈某、陈某某、李某、林某及张某（另案处理）、柯某（另案处理）等多次在南京市白宫大酒店客房内，利用麻将聚众赌博，每次输赢额均在人民币数万元至数十万元不等。其中被告人陈某参与赌博两次。2001年12月31日晚，陈某某、李某合伙与林某、陈某及张某在白宫大酒店1819房间进行赌博过程中，陈某发现陈某某有作弊行为，双方遂发生纠纷。陈某某跑出房屋，被陈某强行拉回屋内。陈某、张某打电话喊来被告人张某某、蔡某、林某等人，不让陈某某等离去。其间，陈某、张某某对陈某某有殴打行为，林某也打电话喊来翁某等人到场。陈某某承认其赌博作弊之事，陈某、张某即要求陈某某退赔赌博损失，经李某协调，陈某某答应赔偿人民币38万元，并当场由李某拿出人民币5万元。之后蔡某、林某等人将陈某某拘押在房间内，陈某、张某某开车随李某到安徽省滁州市拿回人民币13万元，并由陈某某写下20万元人民币的借条，后陈某等人离去。林某、翁某等人继续将陈某某等拘押在房间内，在林某的同样要求下，陈某某写下10万元的借条，林拿回价值13万元的油料欠单，并于次日上午，由陈

某某从银行取出人民币5万元交给林某。陈某某、李某在白宫大酒店被拘押至次日。2002年1月2日晚，陈某某、李某向南京市公安局玄武区分局韶山路派出所报案，称其在赌博过程中遭人抢劫，向公安机关提供了本案其他被告人的线索，并协助公安机关抓获了其他被告人。

江苏省南京市某区人民法院审判结果是：被告人林某犯抢劫罪和赌博罪，被告人陈某、张某某、蔡某、林某、翁某犯抢劫罪；被告人陈某某和李某构成赌博罪。二审法院经审理认为，原审法院判决认定上诉人林某、原审被告人陈某某、李某犯赌博罪，事实清楚，证据确实，定性准确，量刑适当，应予维持。但原判决认定上诉人陈某、林某、张某某、蔡某、翁某及原审被告人林某犯抢劫罪，适用法律不当。经查，本案系在赌博中作弊引发纠纷所致，上诉人陈某、林某等人向陈某某要求退赔钱物，是基于与陈多次聚赌，且陈某某在赌博中作弊欺骗、存在非法债务关系而提出的。原判决认定上诉人及原审被告人共同实施抢劫，缺乏事前、事中预谋和通谋的相关证据。上诉人陈某、张某某对陈某某有殴打行为，主要是出于对陈某某在赌博中作弊欺骗行为的不满和气愤。原判决认定上诉人主观上具有非法占有他人财物的故意，证据不足。因此，原判决认定上诉人陈某、林某、张某某、蔡某、翁某及原审被告人林某犯抢劫罪，缺乏事实和法律依据，应予纠正。但上诉人陈某、林某为索取非法债务，以强制方法，剥夺他人人身自由；上诉人张某某、蔡某、翁某及原审被告人林某参与限制、拘押他人，其行为均已构成非法拘禁罪。故二审判决：维持原审法院对被告人陈某某、李某定赌博罪的定性；改判上诉人（原审被告人）陈某犯非法拘禁罪，上诉人（原审被告人）林某犯非法拘禁罪和犯赌博罪；上诉人（原审被告人）张某某、蔡某、翁某犯非法拘禁罪，原审被告人林某犯非法拘禁罪。

本案涉及赌资或者赌债等非法财产能否作为抢劫罪的犯罪对象问题。但总的来看，根据司法解释，赌资、赌债等非法财产可以成为抢劫罪的对象。在赌博过程中使用暴力、胁迫等手段抢回所输赌资或所赢赌债，属于"事出有因"，行为人的主观目的是将赌资、赌债索回，与一般抢劫罪非法占有他人财物的意图不完全相同。如果行为人使用暴力等手段构成其他如非法拘禁罪、故意伤害罪等犯罪的，可依照刑法的相关规定定罪处罚。如果行为人以非法占有为目的，抢取财物明显超出自己所输赌资或所赢赌债范围的，可根据案件具体情况以抢劫罪处理。

【案39】被告人王某在2008年春节期间，同赵某赌博并输掉近3万元。事后，王某怀疑赵某是串通其他参赌人员作弊才赢的钱，便伺机报复。2008年4月5日，王某伙同其道上的"兄弟"李某，准备找赵某讨个说法。当晚，王、李二人将正在回家路上的赵某截住，并询问关于赌博作弊的事情，赵某予以否认，还讥讽王某牌技太差，输钱在情理之中。王某大怒，与李某一同对赵某实施殴打，并抢走赵某身上现金6 000元。事后，赵某被鉴定为轻伤。

一种意见认为，依据2005年《审理抢劫、抢夺案件的意见》第7条的规定，行为人仅以其所输赌资或所赢赌债为抢劫对象，一般不以抢劫罪定罪处罚，王、李二人虽然抢走了赵某身上的6 000元，但并没有超出王某所输赌资的范围，不构成抢劫罪。王、李二人非法损害他人身体，并造成他人轻伤，其行为已触犯《刑法》第234条之规定，可按照故意伤害罪定性处理。另一种意见认为，虽然上述意见第7条规定，行为人仅以其所输赌资或所赢赌债为抢劫对象，一般不以抢劫罪定罪处罚，但抢回所输赌资或所赢赌债的行为应当仅限于在赌博活动现场实施，行为人事后实施抢回所输赌资或所赢赌债的行为，仍然应当构成抢劫罪。具体理由是：（1）赌博活动是一种违法活动，赌博参与者的赌资依法应予没收，在法律意义上属于国家所有，抢回自己所输赌资仍然可构成抢劫罪；（2）司法解释之所以作出阻却构成抢劫罪的规定，是基于在赌博活动的现场，行为人主观上对于所输赌资或所赢赌债的性质，毕竟不像抢劫罪中对于他人财物的性质那样，认识得清晰和明确，其主观故意的内容与典型的抢劫犯罪不同，而事后暴力胁迫抢回所输赌资的行为，其主观故意已与普通的抢劫行为并无二致；（3）从法律效果来看，如果机械地理解上述相关规定，认为只要行为人抢取财物未明显超出自己所输赌资或所赢赌债范围，均可阻却成立抢劫罪，必然会造成社会秩序混乱；（4）从证据法角度来看，行为人一旦离开赌博活动现场，就无法证明哪些是自己所输赌资或所赢赌债，因为货币是种类物，一旦进入流通环节就无法分辨,行为人在事后实际上已不可能"以其所输赌资或所赢赌债为抢劫对象"。因此,行为人事后实施抢回所输赌资或所赢赌债的行为,无论是否明显超出自己所输赌资或所赢赌债范围,均应当成立抢劫罪。❶

笔者认为,从立法本意推不出司法解释之所以作出阻却构成抢劫罪的规定必须是,在赌博活动的现场;抢回赌资的行为更不至于达到引起社会秩序混乱的严重程度。只是因为二者故意的内容有别,最高人民法院才作出"阻却抢劫罪"的上述意见规定。而"必须是在赌博现场"的限制条件,恐怕是主观臆断的"限制解释"。而且,在一定意义上,司法解释对"抢回赌资"的行为作如此评价,也蕴涵了法律"反感"赌博的道德意义。所以,笔者认为本案不宜定抢劫罪。

【案40】被告人蔡某在2007年8~11月间,同他人赌博并输赌资人民币1.9万元,怀疑参赌人员惠某某、徐某某(已另案处理)曾用带"记号"的牌与其赌博。2007年11月,蔡同被告人孙某某(其妻)计议抢回以前的输资,共抢得人民币2.2万元,随后蔡某将自己身上的钱和抢得的人民币共4.3万元交孙某某带离现场。案发后,被告人蔡、孙等人均到公安机关自首。❷

对于本案,有观点认为,依照最高人民法院2005年《审理抢劫、抢夺案件的意见》第7条的规定,被告人所抢的钱款数额明显超出其赌博所输的范围,构成抢劫罪。笔者则认为,本案应定赌博罪。因为行为人在实际抢回所输赌资的过程中,不太可能在数额上完全等同于以前所输赌资;如果仅机械地理解有关司法解释的规定,鉴于抢劫罪不以数额大小作为定罪依据,稍有超出,就可能成立抢劫罪,这就很可能导致相关解释无从适应。

【案41】2007年3月30日21时30分许,被告人陈某、金某伙同冯

---

❶ 周瑞星、罗真:"本案应当构成故意伤害罪还是抢劫罪?",载中国法院网,2009年2月1日访问。

❷ 臧道玉:"抢劫赌资超出所输范围是否应定抢劫罪?",载中国法院网,2008年11月27日访问。

某、陈某某（均已被判刑）等人经事先预谋，窜至位于上海市青浦区重固镇新联村新力241号周某经营的"洪强杂货店"，由被告人陈某、金某及冯某等人在外接应，陈某某进入店内将1台赌博机抢走（内有现金人民币154元）。当被害人沈某某等人发现被抢财物，欲阻止陈某某时，站在店外的被告人陈某等人即持刀威胁，后驾车逃离现场。案发后，涉案的赌博机（含赃款）已被没收。另查明，被告人陈某到案后，提供线索协助司法机关抓获同案犯陈某某。法院审理认为，被告人陈某、陈某某伙同他人以非法占有为目的，采用持刀威胁等方法劫取他人财物，其行为均已构成抢劫罪，依法均应惩处。被告人陈某到案后有立功表现，依法可从轻处罚。鉴于被告人陈某、陈某某到案后认罪态度较好，可酌情从轻处罚。遂依法判决被告人陈某犯抢劫罪，判处有期徒刑3年，并处罚金人民币3 000元；被告人陈某某犯抢劫罪，判处有期徒刑3年6个月，并处罚金人民币4 000元。❶

这起案件也肯定了即使是用于非法经营的财产，其他人也不能实施抢劫，否则便构成抢劫罪。

（六）抢劫对象是否包括债权债务等其他财产性利益

财产性利益，是相对于财物而言的，它本身不是财物，但具有一定的物质性内容，直接体现为某种经济利益。这种利益既可能是永久的利益，也可能是一时的利益；既可能是积极利益，也可能是消极利益。积极利益是指取得权利之类的含有积极增加财产意义的利益，消极利益是指免除债务之类的不消极减少财产而产生的利益。取得财产性利益的方法，主要有三种类型：一是使对方负担债务，如设定债权；二是使自己免除债务或延期履行债务；三是接受别人提供的劳务。❷ 作为财产罪侵害对象的财产，包括财物（金钱和实物）与利益（财产性利益）两类。所

---

❶ 参见上海市青浦区人民法院［2010］青刑初字第498号刑事判决书。

❷ ［日］前田雅英：《刑法各论讲义》，东京大学出版社1995年第2版，第166页。转引自刘明祥：《财产罪比较研究》，中国政法大学出版社2001年版，第38~39页。

以，财产犯罪可以划分为财物罪和利益罪。❶ 财物罪是以财物作为侵害对象的财产罪，利益罪又称为利得罪，是指以财产性利益为侵害对象的财产罪。

但财产性利益能够成为哪些财产罪的对象，各国做法不一。如日本刑法将强盗罪、诈欺罪、恐吓罪规定为既是财物罪又是利益罪。但我国关于财产罪的刑法条文都仅使用"财物"一词进行表述，于是，需要回答的问题便是：能否将利益作为部分财产罪的侵害对象？在我国，刑法学界已基本认同诈骗罪对象宽于盗窃罪对象，有学者就此提出财产性利益是诈骗罪的对象。❷ 诈骗罪的对象包括财产性利益也是各国通行的做法。同时，由于恐吓罪（类似于我国的敲诈勒索罪）也是被害人基于瑕疵而同意交付的夺取罪（有的称之为交付罪），所以认定恐吓罪的对象包括财产性利益也就顺理成章。但问题是，像抢劫罪和盗窃罪这样违反被害人意思的夺取罪，其对象能否包括财产性利益？如果发生了抢劫、盗窃财产性利益的行为，是作为抢劫罪、盗窃罪对待，还是不能入罪而以其他方式处理？因为刑法条文都表述为"财物"，那为何只有诈骗、敲诈勒索等财产罪的对象可以包括财产性利益，而抢劫或者盗窃却不行？这至今还是刑法学研究的疑点问题。在实践中，财产性利益能否成为抢劫罪的对象，已经是一个客观存在的问题。比如说，如果肯定这类抢劫对象的话，那么，为了赖掉债务而当场杀死债权人的行为，是否与为了抢劫财物而当场杀害被害人同样认定为抢劫致人死亡的加重犯，而不是故意杀人罪呢？

《日本刑法》在第236条第1款规定了普通抢劫罪，即"以暴行或者胁迫方法强取他人的财物的，是强盗罪，处五年以上有期惩役"。其第2款则规定："以前项方法，取得财产上的不法利益，或者使他人取得的，与前项同。"❸ 据此，有的学者指出该条规定了抢劫利益罪，或强盗得利罪，有的称之为"二项抢劫"。❹《韩国刑法》第333条规定："以暴力或

---

❶ 刘明祥：《财产罪比较研究》，中国政法大学出版社2001年版，第4页。
❷ 张明楷："财产性利益是诈骗罪的对象"，载《法律科学》2005年第3期。
❸ 张明楷译：《日本刑法典》，法律出版社1998年版，第76页。
❹ 张明楷：《外国刑法纲要》，清华大学出版社1999年版，第615页；刘明祥：《财产罪比较研究》，中国政法大学出版社2001年版，第132页。

者胁迫方法强取他人财物或者取得其他财产上之利益,或者使第三人取得的,处三年以上有期劳役。"❶ 可见其是直接规定抢劫罪的对象包括财物和财产上的利益。这里的所谓利益,是指财产性利益,即除财物之外的具有财产价值的利益,与不动产是两回事。它可以分为积极利益(如取得债权)和消极利益(如消灭债务),还可包括附带等价报酬的劳务。❷ 利益本身是否合法,一般不影响本罪的成立。如日本有判例认为乘客对非法营运的出租车司机,采取暴力、胁迫手段免除车费,构成抢劫利益罪。不过,也有判例认为,嫖客对卖淫女采取暴力、胁迫手段免除嫖资,不构成抢劫罪。因此,有学者提出,本罪的对象虽然不以私法上受保护为限,但必须是刑法上值得保护的利益。❸ 德国和意大利殊有不同,《德国刑法》第 249 条规定的抢劫罪的对象只限于动产,而第 263 条规定的诈骗罪的对象为"财产",包括动产、不动产等财物以及财产性利益。《意大利刑法》第 628 条和第 640 条也分别作了类似规定。

在我国,刑法没有明文规定抢劫财产性利益的犯罪。以前对于拒付出租车费、吃霸王餐、暴力解决嫖资纠纷等,都是由公安机关作为治安案件处理,也有的可以寻衅滋事等刑事案件处罚。理论界虽有不同看法,但也未形成通说,如有的观点仍然认为,财产性利益不可能成为盗窃、抢劫等财产犯罪的对象。❹ 不过,近几年来,赞成抢劫财产性利益罪的肯定说观点逐渐多了起来,但具体认识还是不一致。有的观点把同为财产犯罪的抢劫、盗窃与诈骗犯罪相比较,认为仅仅依靠被害人是否容易恢复自己的权利作为能否纳入犯罪圈,并不能让人接受。抢劫、盗窃获取财产性利益的情形,大量的也难以恢复原状,更何况抢劫、盗窃是违反被害人意志的夺取行为,抢劫更是非平和的暴力行为,在行为性质上比起同样是财产罪的诈骗罪更为恶劣。诈骗财产性利益的行为能够入罪,抢劫、盗窃利益行为反倒不能入罪,这在法理上说不过去。在转化型抢

---

❶ 金永哲译:《韩国刑法典及单行刑法》,中国人民大学出版社 1996 年版,第 53 页。
❷ 刘明祥:《财产罪比较研究》,中国政法大学出版社 2001 年版,第 132 ~ 133 页。
❸ 转引自刘明祥:《财产罪比较研究》,中国政法大学出版社 2001 年版,第 38 ~ 39 页。
❹ 谢望原等主编:《刑法分论》,中国人民大学出版社 2008 年版,第 254 页。

劫的情形下，作为转化型抢劫基础的"犯盗窃、诈骗、抢夺罪"，其对象也应是具有财产属性的。如果只将诈骗利益行为入罪，势必形成这样的结论：诈骗利益，为窝藏赃物、抗拒抓捕或者毁灭罪证而当场使用暴力或者以暴力相威胁的，便能转化为抢劫罪；而盗窃、抢夺利益的，却不能转化为抢劫罪。仅仅是因为盗窃的是财物，还是利益，便决定是否能转化，这也难以令人接受。举例来看，行为人乘坐出租车到达目的地后，一种情形是趁司机不备窃取车上现金，后被发现，为抗拒抓捕打伤司机而逃；另一种情形是为拒付车费，趁司机不备打开车门逃走，后同样被发现，为抗拒抓捕打伤司机。这两种情形在是否能构成转化型抢劫问题上，不应该有实质区别。❶

笔者认为，在我国《刑法》没有明文规定抢劫财产性利益罪的前提下，对于以暴力拒付出租车费、吃霸王餐、暴力解决嫖资纠纷等行为，以抢劫罪定性处理依据不足。以抢劫与诈骗相比较来说明问题未必妥当。如生活中骗取财产性利益比抢劫财产性利益的可能性更大，在以其他法律足以治理相关违法行为的情况下，就没必要动用刑罚手段。再以上述举例来看，行为人乘坐出租车到达目的地后，乘司机不备窃取车上现金，后被发现，为抗拒抓捕打伤司机而逃，对此定抢劫罪于法有据。另一种情形则不同，行为人为拒付车费，趁司机不备打开车门逃走，后被发现，为抗拒抓捕打伤司机，在这种情况下，赖账的行为不属于盗窃、诈骗、抢夺的前行为，"抗拒抓捕"也不存在，缺少这个前提条件，就不能构成转化型抢劫，二者当然有实质的区别。所以，在行为人未构成其他犯罪的情况下，对这类行为不以犯罪处理为妥。

这里最有争议的还是：围绕欠条发生的暴力赖债（抢走记载真实债权债务关系的欠条）或者暴力设债（逼迫他人写下本不存在欠条）的行为是否要定抢劫罪。对此，也颇有争论。

有的观点认为，欠条是一种债权凭证，作为一种文书，它是有体物，在此意义上说，它是财物。欠条只是代表债权（资金返还请求权）这样一种财产性利益，如果这张欠条是债权债务关系的唯一凭证，那么，债

---

❶ 王骏："抢劫、盗窃利益行为研究"，载《中国刑事法杂志》2009年第12期。

权人丧失欠条也就意味着财产受到损失。逼迫被害人写出无真实债权债务关系的欠条的行为，实际上是使被害人无端背负债务从而遭受财产损失，与抢劫财物使被害人遭受财产损失并无差异，应当认定为抢劫罪。❶有人认为使用暴力逼迫不欠债的人写下欠条的行为可以定抢劫罪。❷ 也有人认为，抢劫欠条后销毁以图消灭债务，以及使用暴力逼迫不欠债的人写下欠条的行为不能定抢劫罪，而消费后采用暴力威胁手段不支付财物的行为却可定抢劫罪。❸ 还有学者作了更具体的分析，认为行为人使用暴力、暴力威胁逼迫他人在本不欠自己债务的情况下写下欠条这种行为可以构成抢劫罪，因为欠条是一定数额的金钱凭证，使用暴力、威胁等手段逼迫他人立下欠条交给自己，就意味着侵犯了他人一定数额的财产所有权，即使最终因为行为人意志以外的原因没有实现所设定的债权，那也不影响其行为构成抢劫罪，只涉及是构成抢劫罪既遂还是未遂的问题。而通过暴力、暴力威胁或者其他强制手段使被害人允诺免除债务是否构成抢劫罪不能一概而论，而是应具体情况具体分析。如果行为人使用暴力等强制手段不仅使他人答应免除其所欠的债务，而且当场要回有关债务的凭证，应按抢劫罪处理；如果行为人使用暴力等强制手段仅仅是使他人允诺免除其所欠的债务，甚至是写下了承诺书，但并没有销毁有关债务凭证，那就不能构成抢劫罪。因为在这种情况下债务并没有消灭。对于通过暴力或者威胁而获取劳务的行为，则不能定抢劫罪，对个人暴力强迫他人劳动的，可根据具体情况按照故意伤害罪、非法拘禁罪等处理。❹ 下面的案例是较早支持肯定说的观点。

《检察日报》曾经登载一起案例：2002 年 4 月，李某乘坐陈某的出租车。到达目的地时，李某支付了 100 元车费后，想赖掉其余的 60 元，遂掏出水果刀威胁陈某放自己走。陈某见状即与其扭打并大声呼救。李某

---

❶ 王骏："抢劫、盗窃利益行为研究"，载《中国刑事法杂志》2009 年第 12 期。

❷ 阮齐林：《刑法学（第三版）》，中国政法大学出版社 2011 年版，第 532 页"练习 1"。

❸ 朱建华主编：《刑法分论》，法律出版社 2011 年版，第 252 页。

❹ 李希慧："抢劫罪的对象、标准及转化问题研究"，载《人民检察》2007 年第 18 期。

将陈某刺伤后逃走。❶ 类似的案件"云南日报网"也有过报道。对于这种案件，有人就主张定抢劫罪。主要理由是：（1）在主观上，行为人是想以暴力、胁迫手段不支付车费（包括部分车费）。（2）从客观上看，行为人为赖掉出租车费，用暴力手段威胁并刺伤出租车司机。这类案件中最易引起争议的就是行为人是否劫取了"财物"。行为人的目的是不支付出租车费，即不履行法定的债务，似乎不是取得某项"财物"。但刑法中的"财物"与民法上的"财物"是不是一个概念？或者刑法中的"财物"应当理解为"财产"，不仅包括民法上的物，还应包括民法上的债？我国《刑法·分则》第五章的章名就叫"侵犯财产罪"。但该章在规定具体个罪时，使用的却是"财物""款物""资金"等词，由于"款物""资金"等也属"财物"的范畴，因此只有将刑法中的"财物"与"财产"理解为同一意思，才能合理解释《刑法·分则》第五章类罪与个罪间措词的差异。这类案件的行为人并没有想从被害人处直接取得财物，但却可以使他人不能实现自己的债权，从而强行取得相应的财产或财产性利益，其行为与通过实施暴力、胁迫行为直接从他人处取得财物并无二致。（3）从客体看，行为人的行为明显侵犯了被害司机的财产权益和人身权益。该行为虽在一定程度上也侵犯了国家对出租车市场的管理制度及公平诚信的市场交易秩序，但这只是因侵犯他人财产权和人身权而延伸出来的、次要的法益。这种观点还认为，并不是以暴力、胁迫手段拒不履行债务的行为均可构成抢劫罪。在这类案件中，所有证据都依赖当场的事实，债权债务只能当场实现。只要行为人离开现场，受害司机的债权就永远无法实现，这就相当于行为人取得了被害人相应的"财物"。而在一般的债权债务纠纷中，债权人仍可通过诉讼等救济方式请求债务人履行债务。

再看暴力劫取欠条消灭债务的案例。如甲从乙处借得 10 000 元现金并向乙出具了欠条，不久甲产生赖账的念头，遂在某夜邀人对乙大打出手，逼其交出欠条，从而使乙失去请求偿还 10 000 元现金的依据。对甲的行为应如何处理？有人就认为，甲的行为可以成立抢劫罪。因为：

---

❶ 曹海青、郎贵梅："以暴力手段拒付车费能否构成抢劫罪"，见刘佑生主编：《疑案精解（总第 1 辑）》，中国检察出版社 2003 年版，第 136 页。

(1) 行为人使用暴力手段,达到不归还的目的,是对他人财产权利的侵犯;(2) 行为人虽未当场将他人财物非法转归己有,但其抢走欠条,使被害人可能因无法提供证据而丧失在法律上讨回债务的可能;(3) 虽然行为人未当场取得具体财物,但实际以另一种方式增加了自己的财产,结果与当场抢到财物无异,故应构成抢劫罪。❶ 反对以上观点者同样有之。另有人认为,采用暴力、胁迫手段销毁或者强行索回债权凭证的行为,是债务人基于消灭自身所负的债务而产生的非法行为,无论从民事或者刑事的角度来看,都是违法的,但如何定性,不能一概而论。具体来说,主要有以下两种情况:第一种情形,行为人之间对债权凭证所记载的债权债务关系的基础关系本身就存在一定纠纷和争议,一方行为人即使采用了一些非法手段例如暴力、胁迫将另一方或他人手中持有的原有的债权凭证予以销毁或者强行索回的,一般不应以刑事犯罪论处,而只能作为一般的民事经济纠纷来加以处理。如果债务人在采用暴力手段索回、销毁债权凭证行为的过程中,将对方予以故意伤害或者造成死亡的,则可能构成故意伤害罪或者故意杀人罪。第二种情形是,行为人之间的债权债务关系清楚明确,双方不存在任何争议和纠纷,而是债务人出于非法占有的目的,企图采用暴力、胁迫手段将原有的债权凭证予以索回或者销毁,以达到消灭债务的目的的,则可以定抢劫罪。强行索回或者销毁债权凭证的行为,与一般使用暴力抢劫财产的行为性质有所不同,但刑法对事物的观察应当透过现象看本质,刑法中抢劫罪所侵犯的客体是公私财产的所有权,并非某种实物性的财产。债权凭证记载着一定的财产权利,也是债权人能够向债务人主张自己应有债权(财产权利)的唯一凭证,失去它,意味着债权人有可能会丧失自己本应享有的一定财产的所有权。所以,在这种情形下,基于消灭自身债务等非法目的,而采用暴力手段索回、销毁债权凭证的行为,应当认定为抢劫罪。❷

在实际生活中,以消灭债务或设立债权为目的,针对欠条实施的暴力行为屡屡发生,对这类案件的处理纷争不断。

---

❶ 王作富:"认定抢劫罪的若干问题",载《刑事司法指南》2000年第1辑。
❷ 叶琦:"采用暴力、胁迫手段索回、销毁债权凭证行为的司法认定",载《人民法院报》2009年4月8日。

【案42】黄某因经营生意欠张某现金1.1万元,债权人张某多次向黄某索要欠款未果。后张某听说刘某、杜某等人经常为他人讨要债务,于是托人找到刘某、杜某为其讨债,并许诺付30%提成。次日,张某因感到30%提成太高而反悔,提出不再让刘某、杜某等人为其讨债,刘某、杜某等人不同意,遂以暴力威胁手段强行从张某身上搜出欠条,并持该欠条找债务人黄某索要欠款5 500元,黄某将该欠条销毁。刘某、杜某将5 500元钱私分。

本案中,刘某和杜某为达到非法占有他人私财物的目的,以暴力、威胁手段强行从张某身上搜出欠条,并持该欠条找黄某索要欠款5 500元,黄某将该欠条销毁,刘某、杜某将5 500元钱私分。从这一过程可以看出,刘某与杜某抢劫欠条的行为是手段,取得财物是目的。实质上这与当场抢走财物并没有本质的区别。刘某、杜某的行为符合抢劫罪的构成要件,应以抢劫罪对其定罪处罚。❶ 但本案是行为人(第三人)从债权人身上劫得欠条,以该欠条向债务人索要钱款,欠条因此消灭,但这是否足以消除黄某与张某的债权债务关系呢?张某尚可通过其他救济手段向黄某索还欠款,定抢劫罪理由不充分。况且本案张某作为抢劫案件的被害人还值得研究。

【案43】何某欠程某1万余元,程某多次向何某讨要未果。一日程某上门索债,并呆在何某家不离去。何某与朱某合谋后,冲上去殴打程某,并连续施暴10余分钟直至程某无还手之力。后经检验,程某身上多处软组织挫伤。之后何某和朱某勒令程某交出欠条,因程某未随身携带,遂逼迫程某写下"收到何某12 000元整,账目算清,永无纠葛"的收条,并签名和按下手印。

有观点认为,何某通过暴力迫害被害人程某出具收条并占为己有的行为不能构成抢劫罪。因为抢劫财产性权利凭证后其期待性利益能否实

---

❶ 刘飞:"从本案浅谈债权能否成为财产类犯罪的犯罪对象",载《中国法院网》2008年12月3日。

现尚存疑问。另有人认为，何某行为构成抢劫罪。因为欠条、收条是代表一定财产利益的有价凭证，应当纳入抢劫罪的对象"公私财物"的范畴。债权人失去欠条，其效果与被抢走一定数额的财物无异。债权债务关系中的财产性利益紧密依附于有关债权凭证，两者属于形式和内容的关系，在暴力赖债的行为中，债务人只要劫取债权凭证就可以免除返还义务，就能达到非法占有的目的。虽然抢劫欠条或收据只是获得了期待性财产利益，就是说未直接侵犯到被害人的财产权，但债权人事后举证的措施实际上是事后救济手段，其性质和一般抢劫案的被害人事后去追回被抢劫财物是一样的。所以不能以可否讨回债务来判断受害人的财权是否受到侵害。❶ 以上观点对抢劫欠条等消灭债务的行为与获得期待性财产利益之间的关系有不同见解，这一点倒是研究这类问题需要解决的。

最高法院 2001 年公布过一则较有影响的案例（以下简称戚某案），似乎也肯定了通过暴力消灭债务从而劫取利益的行为可以成立抢劫罪。

【案 44】被告人戚某与倪某等人签订建筑安装工程合同后，收取倪某人民币 10 万元作为质量保证金，后因工程未施工，倪某要求退还保证金。戚某无力归还保证金，便与张某等商量后找来王某等人帮忙。戚以还款为由将倪骗至办公室，王等人令倪交出欠款凭证，倪不从，王等人用玻璃杯敲击倪的面部，致其面部皮肤裂伤。倪被迫交出欠条，并在戚起草的收条上签字，承认收到 10 万元。倪某因治病造成直接经济损失 4 000 余元。

上海市金山区人民法院和上海市第一中级人民法院分别经过一审和二审，❷ 均认定被告人戚某等人构成抢劫罪，主要理由是刑法规定的抢劫罪所侵犯的不仅仅是实实在在的有形财物，而且更主要是侵犯了公私财产的合法所有权。欠款凭证本身虽不是财产，但却是财产权利的主要证明凭证，在特定情况下，等于同值的财产。同时，"非法占有目的"与"事先对他人财产的占有状态"并非一回事，戚某事先占有 10 万是基于

---

❶ 吴伟："抢劫债券凭证之行为定性"，载《中国检察官》2008 年第 11 期。
❷ 当时笔者正在上海市第一中级人民法院刑二庭工作，也参加了对该案件的研讨。

与对方签订的合同，其占有状态是合法的，只是在合同解除的情况下，戚某不仅不归还10万元欠款，而且以暴力方式取回欠条，并强迫被害人倪某在收条上签字，此时就实现了非法占有10万元欠款。而且，戚某等人的抢劫行为已经实施终了，债务已经消灭，属于犯罪既遂。❶

对以上案件，肯定成立抢劫罪的观点进一步指出，抢劫罪对财产所有权的侵犯方式包括使已得到的所有权失去，也包括使应得的所有权得不到。在所有权转移之前消灭债权债务关系将导致他人不能取得所有权，也就侵犯了他人的财产权益，所以，以暴力方式消灭债权债务关系的行为也就是以暴力方式侵犯他人财产权的行为。而认定债权债务关系消灭与否，并非取决于最终是否真的消灭了该关系，而是行为人当时的行为是否足以使该关系消灭。"足以消灭"而未实际消灭也定罪是因为：只要行为人实施了足以造成危害后果的行为即可认定为侵犯了刑法所保护的客体。抢劫罪仅是侵犯财产所有权，而非使他人的所有权消灭。如果在一般情况下其行为足以使债权债务关系消灭，即使在某种特定情况下并未使其消灭，对行为人的行为也可以认定为足以使债权债务关系消灭。所以，在戚某案中，行为人抢走欠款凭证，既使被害人丧失了主张其债权的凭证，又使其丧失了证明其债权存在的证据，从形式上消灭了债权债务关系。而且，也就是在戚某等人消灭该关系的同时，戚某对10万元保证金也实现了非法占有。

还有人认为，刑法规定的抢劫罪所侵犯的对象不仅仅是有形的实实在在的财物，也包括具有财产权利的债权性证明文书。最高人民法院《关于民事诉讼证据的若干规定》第2条规定："当事人对自己提出的诉讼请求所依据的事实或者反驳对方诉讼请求所依据的事实有责任提供证据加以证明。没有证据或者证据不足以证明当事人的事实主张的，由负有举证责任的当事人承担不利后果。"在这类案件中，一方面，可以肯定行为人在事后对欠款是拒不认账的；另一方面，被害人已是既无欠条又被迫出具了收条，也无其他证据证明。这就使得其因无法提供证据而丧失在法律上丧失财产所有权。再次，行为人用暴力撕毁欠条，并逼迫被

---

❶ "戚道云等抢劫案——为消灭债务采用暴力、胁迫手段抢回欠款凭证的行为如何定性"，载最高人民法院刑事审判庭主办的《刑事审判参考》2001年第3期。

害人写下假收条的行为,并不是只想赖账,而是从根本上消灭自己的债务,非法占有被害人的财物,增加自己的财产,即通过丧失他人权利而使自身获取利益,也就是非法占有。❶

为了更深入全面地研究这类问题,下面再举两个抢劫欠条被认定成立抢劫罪的案例。

【案45】2001年3月,被告人王某雇用受害人为其经营的饭店进行装修,双方约定装修费为28 000元。至2002年1月26日,被告人王某尚欠被害人装修费12 500元,当日王某亲自为受害人书写12 500元的欠条一张。2002年6月13日中午,王某约受害人商议装修费结算事宜,并商定王某再支付受害人10 000元装修费即结清欠款事宜。当日,王某将10 000元钱交给受害人,受害人将欠条放置于桌上,当受害人数钱时,被告人何某、张某等人将欠条撕碎扔在受害人的脸上后,被告人何某从受害人手中将10 000元现金夺回,用钱戳受害人的脑门处,威胁受害人,后被告人王某劝阻了另两名被告人的行为,受害人趁机离开。后王某为酬谢被告人何某等人,将其中的4 000元交予何某,被告人何某分给被告人张某现金1 000元。受害人报案后,王某等三被告人先后被抓获归案。一审法院审理认定三名被告人的行为已构成抢劫罪。2003年7月,天津市第二中级人民法院下达终审判决,维持了一审法院判处三名被告人有期徒刑10年、7年、3年的判决结果(以下简称王某抢劫案)。

【案46】陈某因经营饭店、养狗场向张某某(女)借款,并向张出具金额为人民币10万元人民币的借条。2009年3~4月,陈分两次共归还张某某1万元(均由张某某男友王某代收)。为消灭余下的9万元债务,陈某伙同被告人陆某某纠集任某某等人经事先商量,于2009年4月17日晚6时许,以归还借款为由,将张某某的男友王某及其朋友沈某某骗至上海市青浦区一茶室包房内,采用刀砍被害人王某、持刀威胁被害人沈某某等方法,逼迫被害人王某写下代张某某收到9万元欠款、以前

---

❶ 颜梅生:《逼迫债权人交出欠条并出具收据构成抢劫罪》,载中国法院网2007年3月14日。该观点针对的是下文的余某抢劫案。

的借条作废的收条,后该收条被陈某带离现场。经鉴定,被害人王某构成轻微伤。法院审理认为,被告人陆某某伙同他人以非法占有为目的,采用暴力、胁迫的方法逼迫他人写下收条以消除债务,数额巨大,其行为已构成抢劫罪,遂依法判决被告人陆某某犯抢劫罪,判处有期徒刑10年,剥夺政治权利2年,并处罚金人民币1万元。❶

下面还有两起使用暴力强迫被害人写下"莫须有"的欠条的抢劫案。

【案47】被告人张某为归还赌债而预谋劫财,遂于2010年7月17日中午12时许,在上海市青浦区徐泾镇一铁路涵洞处拦下途经此处的被害人芮某某,捂住被害人的嘴巴后将其强行拖进铁路涵洞南侧50米处的小树林内,劫得现金人民币800元,后将现金归还给被害人。而后,被告人萌生奸淫歹念,遂按住被害人的头部强迫其进行口交,后强行与其发生了性关系,并再次强迫被害人进行口交,随后,被告人又从被害人处劫走现金人民币550元,并在逼迫被害人写下金额为人民币5 000元的借据后才让被害人离开,后被害人从被告人处追回赃款人民币550元。法院审理认为,被告人张某以非法占有为目的,采用暴力手段劫取他人财物;被告人张某又违背妇女意志,采用暴力手段强行与妇女发生性关系,其行为已分别构成抢劫罪、强奸罪,依法均应惩处并予以数罪并罚。在抢劫犯罪中,被告人张某已着手实施犯罪,但因意志以外的原因而未能劫得人民币5 000元,属犯罪未遂。遂依法判决被告人张某犯抢劫罪,判处有期徒刑4年;犯强奸罪,判处有期徒刑3年7个月,并处罚金人民币3 000元,决定执行有期徒刑7年,并处罚金人民币3 000元。❷

【案48】2005年8月20日下午,被告人朱某、陈某与陈某某、文某、何某(均已判刑)、吴某(另案处理)等人经商量,以做广告为由将被害人黄某某骗出进行殴打,后蒙住其头部将其强行带至上海市青浦区朱家角镇一小树林内,采用言语威胁的方法劫得其手机1部,并逼迫其

---

❶ 上海市青浦区人民法院[2010]青刑初字第405号刑事判决书。
❷ 上海市青浦区人民法院[2010]青刑初字第679号刑事判决书。

说出其面包车内有现金和银行卡（包括取款密码）的事实，后由被告人陈某某与吴某至受害人的面包车内劫得现金2 000元及农业银行卡1张，并从该卡内取款3 000元。后被告人朱某、陈某等人又蒙住被害人黄某某的头部将其带至上海市松江区佘山镇某处，在逼迫黄写下金额为15 000元的欠条后才让其离开。另查明，2009年12月24日，范某（已判刑）还在福建省福州市纠集被告人朱某和熊某（均已判刑或者另案处理）等人共同实施敲诈勒索犯罪。法院审理认为，被告人朱某、陈某伙同他人以非法占有为目的，采用暴力、胁迫的手段劫取他人财物，数额巨大，其行为均已构成抢劫罪；被告人朱某又伙同他人以非法占有为目的，敲诈勒索他人财物，数额较大，其行为又已构成敲诈勒索罪，依法亦应惩处并予以两罪并罚。在抢劫犯罪中，两被告人已着手实行犯罪，但由于意志以外的原因而未能劫得15 000元，系犯罪未遂，对于未遂部分可依法从轻或者减轻处罚。在敲诈勒索犯罪中，被告人朱某起次要作用，是从犯，依法应当从轻或者减轻处罚。鉴于被告人朱某部分抢劫犯罪系未遂、具有自首情节，敲诈勒索犯罪系从犯；鉴于被告人陈某认罪态度较好，部分抢劫犯罪系未遂，遂依法判决被告人朱某犯抢劫罪，判处有期徒刑5年，并处罚金人民币5 000元；犯敲诈勒索罪，判处有期徒刑1年6个月，并处罚金人民币1 000元，决定执行有期徒刑6年，并处罚金人民币6 000元。被告人陈某犯抢劫罪，判处有期徒刑6年，并处罚金人民币6 000元。❶

在这两起案件中，法院判决均将逼迫被害人写下的欠条记载的数额作为抢劫数额加以认定，但均系犯罪未遂，适用减轻处罚的规定。以上案例表明，司法实践已经把使用暴力、胁迫的方法强制消灭债务（债务方灭失欠条）或者强制设立债务（迫使被害人出具欠条）的行为认定为抢劫罪。笔者认为，这种认定亟待从学理上进一步阐释。针对上述判决成立抢劫罪的理由，笔者认为尚需作以下具体分析。

其一，要从民法上分析欠条、收条与财物的关系。

欠条、收条与财物等本属于民法上的概念，为了保持法律的一致性，

---

❶ 上海市青浦区人民法院［2011］青刑初字第216号刑事判决书。

除了特别规定外，刑法中的民事概念应与民法的界定保持一致。从法律发展来看，现代社会越来越多的刑事案件涉及民事法律关系和行政法律关系问题，如果撇开部门法本身来谈刑法的概念，很可能会走入误区，造成部门法之间的矛盾。除非有足够的理由另行界定。

欠条是记载双方当事人债权债务关系的一种文书，与有价支付凭证、有价证券、有价票证相比，有以下特点：（1）欠条是书面合同，记载了债权人和债务人的名字；（2）欠条不能在市场上自由转让和流通，虽然根据民法原理和合同法的规定，债权可以依一定条件转移，但一般应征得原债务人的同意，或者应当及时通知债务人，这就使转移受到严格的限制，转移的范围也极为狭窄；（3）欠条不具有即时兑现性，其灭失并不完全意味着债权人必定丧失财产，债权人可以通过其他证据，向法庭请求实现债权。因此，欠条不同于有价支付凭证、有价证券或者有价票证，甚至连不能即时兑现的记名有价支付凭证、有价证券和有价票证也算不上。刑法规定的有价证券主要是指资本证券，包括股票、债券、投资基金债券，❶有价票证指车票、船票、邮票等，有价支付凭证指金融票证和提货凭证，包括汇票、本票、支票、委托收款凭证、汇款凭证、银行存单及其他银行结算凭证、信用证及附随单据文件、信用卡、仓单、货单。有价支付凭证、有价证券和有价票证的特征是能够转让和流通。最高法院1998年《关于审理盗窃刑事案件具体应用法律若干问题的解释》第5条规定，不记名、不挂失的有价支付凭证、有价证券和有价票证不论是否能够即时兑现，均按票面额及案发时应得收益计算，股票按当日交易所成交价计算。记名的有价支付凭证、有价证券和有价票证，分三种情况：票面价值已定并能即时兑现的，按票面数额和案发时应得利息或者可提货物的价值计算；票面价值未定，但已经兑现的，按实际兑现价值计算；不能即时兑现的记名有价支付凭证、有价证券和有价票证，或者能即时兑现的有价支付凭证、有价证券和有价票证已被销毁、丢弃，而失主可以通过挂失、补领、补办手续等方式避免实际损失的，票面数额不作为定罪量刑的标准，但可以作为定罪量刑的情节。以上这

---

❶ 鲜铁可编著：《金融犯罪定罪量刑案例评析》，中国民主法制出版社2003年版，第144页。

些均未提到欠条作为侵害对象。

再从抢劫罪侵犯的客体来看，如前所述，一般认为其侵害的权益为财产所有权关系。从民法角度来看，所有权这一概念通常在三个层面上使用：（1）财产所有权法律制度；（2）财产所有权法律关系；（3）所有人对其所有物依法享有的占有、使用、收益和处分等权利。作为一种民事权利，所有权是指财产所有人依照自己的意志通过其所有物，进行占有、使用、收益和处分等方式，独占性支配其所有物，并排斥他人非法干涉的永久性权利。❶ 所有权是一种支配的权利，是物权完全、充分的唯一形式，是最典型的物权，❷ 而债权则是权利人与特定的义务人之间的一种权利义务关系，权利的指向明确而具体。欠条是一种债权债务关系的载体，其意义在于证明债权人与债务人之间权利义务关系的存在，在民事纠纷中起到证据的作用。根据民事诉讼法的规定，合同关系在不存在书面合同的情况下，经两个无利害关系人的证明，依然是可以被证实的。也就是说，债权债务关系如果客观存在，而欠条被毁，所导致的结果将是债权人在举证上的困难，并不必然导致债权的无法实现。也就是说，毁灭欠条，并不必然导致他人财产权的丧失。这类案例中行为人抢走或者毁灭欠条，是给被害人行使债权制造障碍，侵害的是欠条所记载的债权。而抢劫罪侵犯的客体能否从财产所有权延伸到债权呢？

笔者认为，一般解释抢劫罪时，总在强调抢劫罪的对象要具有能当场被取得、转移等客观特性，这对于这个问题的理解同样重要。不能在解释这个问题时，就不承认该特性了。在抢劫欠条的案件中，财物的占有往往早已发生移转，并不是通过抢欠条的行为当场实现的，所以，抢欠条与劫取财物存在重大差异，行为人并不能当场取得财物，这与抢劫罪的客观方面特征不符合。肯定说的支持者总在强调，暴力灭债行为在形式上消灭了债权债务关系，而认定该债权债务关系消灭与否，并非取决于最终是否真正消灭了该关系，而是行为人当时的行为足以使该债权债务关系消灭，行为人用暴力撕毁欠条，并逼迫被害人写下假收条的行为，是意图从根本上消灭自己的债务，非法占有被害人的财物。这样的

---

❶ 江平主编：《民法学》，中国政法大学出版社2000年版，第347页。

❷ 同上书，第320页。

解释是没有充足说服力的。特别是"足以"的说法似乎使抢劫罪有危险犯的"味道"（抢劫罪也不是行为犯）。试图非法占有他人财物的行为多种多样，问题是行为人不能当场劫取自己通过债权债务关系已经占有的财物。毁灭欠条（包括逼迫他人写收条）只是毁灭了债存在的证据，而不能等同于取得了他人因为债而交换出去的财物。如果抢走欠条即是抢走财物，构成抢劫罪，那么行为人没有把欠条抢走，而是当场把欠条损毁，是否要构成毁坏公私财物罪呢？❶

其二，将暴力毁灭欠条的灭债行为定抢劫罪，势必带来其他烦琐的民法问题，影响案件的刑事判决。

正如有学者指出，如果欠条本身存在瑕疵或是本就已经超过了诉讼时效，还能构成抢劫罪吗？❷ 该观点认为，在现代经济活动中，欠条无处不在，欠条的书写有很大的随意性。日常所见欠条，有的可能没有日期或署名；有的金额书写不规范，字迹模糊、随意涂改、无法辨认；有的内容不知所云，甚至还有强迫他人或欺骗他人书写的欠条。如果被告人使用暴力等手段抢劫了存在上述瑕疵的欠条的话，那么，刑事法官在认定该份欠条价值的时候，如何去面对并解决欠条本身存在的瑕疵呢？譬如欠条上所书写的金额看不清楚，既像100 080元又似1 000.80元，甚至还有涂改的地方，而被告人只知道其所抢的物品中就这么一份欠条，究竟上面的金额是多少并不清楚（因为其并不知道欠条的由来），如果被害人本人也无其他证据证实该欠条上的金额，那么是否需要刑事法官对该份欠条的真实性及合法性先来个调查再断案呢？如果该份欠条正好又是一个民事纠纷的双方在为其真实性和合法性打民事官司而法院尚未有定论的证据，或者即使法院已经以此欠条判决被告应当归还原告货款100 080元，而被告认为只欠原告1 000.80元，因此不服上诉，二审尚未裁判时，刑事法官将如何对刑事案件进行断案呢？是以抢劫的数额无法确定判决被告人无罪呢，还是认定抢劫未遂呢？

还有，过了诉讼时效的欠条，除了债务人自愿偿付以外，这样的欠

---

❶ 周军："逼迫债权人交出欠条并出具收据不构成抢劫罪"，载中国法院网，2007年3月16日访问。

❷ 洪春："抢劫欠条可否定抢劫罪"，载 http://law.asiaec.com/fxlw/516454.html.

条等于一张废纸。我国《民法通则》对诉讼时效有明文规定，一般为2年，还有4种特定的情形为1年的，最长的还有20年的，同时还规定了诉讼时效的中止、中断等情况，而诉讼时效是一种看似简单实际处理起来较为复杂的法律问题。一份欠条其是否尚在诉讼时效期内，是否已经是一张废纸，往往是债权人与债务人争论的焦点。在现代经济社会中，仅仅因为欠条的诉讼时效而产生民事纠纷已够复杂了。而判定欠条是否有诉讼时效，只有产生纠纷后由法院经过民事审判而裁决。试想，如果犯罪嫌疑人抢了一张书写于1998年1月1日而还款日期为2000年1月1日的欠条，如没有其他情况，该份欠条的诉讼时效应该在2002年1月1日止，那么犯罪嫌疑人于2002年2月1日作案，是不是认定该份欠条已没有价值了呢？那如果该份欠条可能还存在时效中断的情况，或是被害人正在因该份欠条的时效中断正与债务人打官司尚无定论，又或是犯罪嫌疑人作案的时间是在2001年12月1日，似乎欠条尚在时效内，那么如果债务人还在为还款日期的真伪性与债权人打官司，那么刑事法官又如何对刑事案件作出判决呢？

再回到欠条是否属于公私财物的问题上来。毫无疑问的是，欠条只是证明具有某种财产权利的一种凭证，它本身不是实际意义的财产。撇开"公共财物"不论，《刑法》第92条对"公民私人财产"是这样规定的："……（一）公民的合法收入、储蓄、房屋和其他生活资料；（二）依法归个人、家庭所有的生产资料；（三）个体户和私营企业的财产；（四）依法归个人所有的股份、股票、债券和其他财产。"所以，就目前的刑法而言，对财产只规定了"什么什么样"的财产是财产，并没有规定财产的"凭证"也是财产，当然股份、股票、债券因具有流通或转让性本身即是财产，不是"凭证"，而仅作为凭证的欠条（或称收条、借条、还款协议等）很显然并不在刑法规定的"财产"范围内。将欠条纳入刑法侵财犯罪保护的对象，将来，有的经济合同或者协议恐怕也可能遇到这样的问题。

其三，将暴力毁灭欠条的灭债行为定抢劫罪，不仅扩大了抢劫罪的治罪范围，还可能导致混淆抢劫罪与其他犯罪的区别。

抢劫欠条的行为确实侵犯了他人的人身权利，但其本质还是一种非法赖账不还的行为，就双方的债权债务而言，可通过民事法律去调整。

对于一般性赖债行为，刑法涉及这一领域，不仅带来上述一些复杂不清的问题，恐怕还有违刑法的谦抑精神。而且，如果行为人使用暴力、胁迫手段，对债权人造成伤害，或者有故意杀人情节的，完全可以按故意伤害罪或故意杀人罪定罪处罚。如果非法拘禁的，也可构成非法拘禁罪。

【案49】李某某到刘某某承包经营的速递公司打工，并与刘共同租住在北京市东城区花一小区内。后刘某某以2万元的价格将速递公司经营权转包给李某某。刘多次向李催要转包费，李无钱支付，遂趁刘熟睡之机，持斧头猛砍刘的头部和颈部，致其死亡。北京市第二中级人民法院认定李某某的行为构成故意杀人罪，对其判处刑罚。❶

在这起案件中，李某某的行为同样是为消灭债权而使用暴力，对该案定故意杀人罪没有疑问。而与同样是暴力灭债的上述其他几个案件相比，不会有人考虑本案还有抢劫的成分在里面。《刑事审判参考》对李某某案的分析是：李某某为逃避支付2万元转包费而将刘某某杀害，其故意杀人的动机是为了逃避债务，达到非法占有2万元转包费的目的，从刑法上当场劫取财物这一抢劫罪的客观特征来看，这里的财物必须具有即时取得、可转移的特点，所以本案中的方式并不是刑法意义上的当场劫取。以逃避债务为目的故意杀人，仅可以使原有的债权债务关系归于消灭。该案中行为人并未当场取得实际已为李某某行使的承包经营权，也不可能取得公司的所有权，缺少抢劫罪的犯罪对象。从犯罪的主观故意来看，抢劫罪中应是先产生非法占有目的，后发生非法占有行为，而该案中行为人在产生非法占有他人财物的主观犯意之前已实际占有了债权项下的财物，不需要通过故意杀人去劫取。

在本案中，李某某是想用消灭债权人主体的方式消灭债权债务关系。而要消灭债权债务关系，只有完全消灭该关系的客体或者主体的一方或双方，但李某某的行为仅仅消灭了与之签订合同的债权人，该债权人消灭后尚有其继承人可以主张债权（排除了债权人无继承人的特殊情况），所以李某某的行为实际上只消灭了向刘某某这一特定债权人履行的行为，

---

❶ "李春林故意杀人案"，载最高人民法院《刑事审判参考》2002年第2辑。

也就是部分消灭了客体，无论主体的一方或是客体均未被完全消灭，李某某的暴力行为并没有消灭债权债务关系。由此可见，暴力未必能够消灭债权债务，这往往只是行为人或者债务人一方的主观想法，其危害性和罪责主要还是在于对被害人人身权益实施了侵犯。而对于行为人因此给债权人造成的实现债权的障碍，可以从债权自身的风险和其他及时的救济途径加以考虑。实际上，被害人更关心自己的债权能否得到实现，而不是对被告人治罪。从前面几个案例看，有的被害人完全可以及时报警获得警方出具的证据以证明债权债务真实情况，原来的债权债务关系能够得到证明；有的案件行为人本身就有当场劫取部分财物（既遂）的行为，不必要以未遂的欠条作为抢劫数额的依据，这样的判决反而使认定犯罪数额复杂化。

其四，解决这类问题，仍然要坚持刑法的基本原则，从长远来看，还需要从立法着手。

我国现行的刑法遵从罪刑法定原则，就目前的法律而言，抢劫欠条意图灭债的行为能否构成抢劫罪并无具体的法律规定或司法解释。而欠条这种非实质意义上的"财产"，具有极大的不确定性，如果以此作为抢劫罪的财物对象，给实际的审判工作会带来意想不到的"困境"。所以，抢劫欠条不宜定抢劫罪，如果被告人使用暴力、威胁等行为构成其他犯罪，照样可依法定罪处罚，再将抢劫欠条作为可能导致被害人债权得不到及时有效追偿的一种酌定从重情节，或许这更符合罪刑法定原则的精神。

从现行法律规定来看，也无法得出欠条可以作为抢劫罪的犯罪对象的结论。目前对于抢劫罪的犯罪对象，法律、法规、司法解释并没有作出包括财产性利益的规定。涉及债权债务关系凭证的刑事司法解释只有最高人民法院1998年《解释》。但即使是根据该解释来分析，也不能得出欠条可以成为抢劫罪的犯罪对象的结论。在该解释中，有价支付凭证（如存折）被认为是盗窃罪的犯罪对象，但该解释并未将盗窃罪的犯罪对象扩大到一般债权债务关系的凭证。而且，根据该解释第5条第2款第（2）项的规定，"不能即时兑现的记名有价支付凭证、有价证券、有价票证或者能即时兑现的有价支付凭证、有价证券、有价票证已被销毁、丢弃，而失主可以通过挂失、补领、补办手续等方式避免实际损失的，票面数额不作为定罪量刑的标准,但可作为定罪量刑的情节"。这里强调的是有价凭证所记载的财产性利益实现的可能性与造成的权利人的实际损失。而欠条作为一种普通的债权债务关系凭证,它的被毁弃或者被迫出具设立,并不必然导致财产的积极增加或者消极减少。

笔者认为,通过暴力劫取利益的行为若以抢劫罪论处,刑法或者至少是司法解释应有明确的规定,最高法院公布的相关案例是否有以判例来引导司法的意思,尚不好确定,因为我们毕竟不是判例法国家。可以预见的是,利益犯罪如果在我国成立,其牵涉面会很广,大量的民事纠纷案件、治安案件将可能被定罪起诉,因此仅以判例来指导也不妥当,对此,立法机关应该考虑从何种角度制定或者修正法律。

为此,笔者就暴力灭债或者强制设债的行为不定抢劫罪增加如下两点思考:(1)对这类暴力赖账或者设债的行为,所涉欠条是否属于"财物",是否属于刑法中的"当场",是否契合"非法占有目的",均有较大争议,若坚守刑法之罪刑法定原则,以不定抢劫罪更为合适。(2)从社会危害性来看,刑法还是应该严格区别暴力赖账或者设债与抢劫财物的犯罪行为,二者的危害性是否相当存有疑问。对于暴力赖账或者设债的行为,被害人主要是人身受害还是财产受害值得区分,对于前者,治罪有法可依,对于后者,必须考虑侵害财产权益是否达到需要刑法治罪的程度,如果不构成其他犯罪,受害者可以通过民事诉讼维护其合法权益,在民事诉讼中也可以由法院对其采取必要的训诫等惩罚措施。其实,面对恶劣的赖债者,即使没有实施暴力、威胁行为,债权人想通过正常的民事诉讼实现其债权也难有期待。其债权风险早就存在了。而这也正是债权人一开始就应该考虑的风险。这种风险在一定意义上阻却了刑事追责。

最后,探讨以信用卡、活期存折等为抢劫对象的问题。

这个问题首先源于《刑法》第196条对信用卡诈骗罪的规定,该条第3款规定:"盗窃信用卡并使用的,依照本法第二百六十四条的规定定罪处罚。"即盗取信用卡构成盗窃罪须"盗窃信用卡并使用"。又1997年《关于审理盗窃案件具体应用法律若干问题的解释》第10条规定,盗窃数额应当根据盗窃后使用的数额认定。如果没有使用,就不能计入犯罪数额，也就不构成犯罪。❶ 但即便如此，还是存在盗窃后使用信用卡未遂等问题。抢劫罪作为财产犯罪同样存在数额问题。根据上述刑法解释原理，信用卡卡片本身几乎没什么经济价值，抢劫信用卡后不加以使用的话，抢劫行为似乎难以作为犯罪处理。事实上，抢劫犯取得信用卡后，通常都会加以使用，如果经过使用得不到财物，就可能抛弃信用卡。

而在实际生活中，行为人在抢劫信用卡后，逼迫受害人说出密码后到取款机取款的情况最为常见。对行为人劫得信用卡事后并使用信用卡的行为如何定性有不同观点。第一种观点认为，抢劫信用卡的行为可以构成抢劫罪，其后的使用行为如果达到数额较大标准，构成信用卡诈骗罪，二者存在牵连关系，可以按牵连犯来处理。❷ 第二种观点认为，抢劫信用卡的行为不构成犯罪，其后的使用行为才是真正侵犯刑法所保护的法益行为，使用抢劫得来的信用卡符合信用卡诈骗罪中"冒用他人信用卡"的情形，应当以信用卡诈骗罪论处。因为抢劫罪是一种财产罪，而信用卡卡片本身的经济价值很低，如果抢劫行为显著轻微，取得财物数额非常小，危害不大，就应当根据《刑法》第13条但书的规定，不定抢劫罪。如果暴力、胁迫等侵害人身的手段行为危害性很大，如伤害、杀害了被害人，也只能按其他犯罪定罪处罚，而不能定抢劫罪。❸ 第三种观点认为，抢劫信用卡后未当场使用，而是事后使用，应根据使用对象不同认定为抢劫罪与信用卡诈骗罪（盗窃罪）两罪，数罪并罚。❹ 第四种观点认为，抢劫信用卡并使用的，不应区分当场使用和事后使用，都应当评价为抢劫罪一罪。❺ 还有观点认为，对于抢劫信用卡后并未使用，而事后自己破解密码又使用的行为，应当以抢劫罪与信用卡诈骗罪并罚。❻

---

❶ 如果多次盗窃信用卡，但均未使用呢？还是很值得研究的。

❷ 赵秉志、许成磊："盗窃信用卡并使用行为的定性分析与司法适用"，载《浙江社会科学》2000年第6期，第10页。

❸ 刘明祥："抢劫信用卡并使用行为之定性"，载《法学》2010年第11期，第148~149页。

❹ 张明楷：《诈骗罪与金融诈骗罪研究》，清华大学出版社2006年版，第720页。

❺ 吴允锋："也论抢劫信用卡并使用行为之定性——与刘明祥教授商榷"，载《法学》2011年第3期，第144页。

❻ 高尚："抢劫信用卡并使用行为争议问题分析"，载《中国检察官》2013年第4期（下）。

笔者认为，抢劫信用卡的行为既侵犯了信用卡持卡人的人身权利，还使他人的财产处于危险状态，已经具备法益侵害性。在主观上，抢劫信用卡的行为人无疑具有劫财的主观故意；在客观上，抢劫的客观行为更是刑法处罚的重点。评价抢劫信用卡的行为，仅仅看其获得了多少财产权益，或者无视其先前的暴力、威胁行为都是片面的。所以，把抢劫信用卡事后使用的行为定信用卡诈骗罪是不妥的。

那么，抢劫信用卡事后使用的行为是否应当予以单独评价呢？笔者认为，抢劫信用卡事后使用的行为应当与抢劫信用卡的行为一同整体性评价为抢劫罪，事后使用劫得的信用卡属于行为人主观故意的实现，是整个犯罪行为顺理成章的一部分。有的观点认为这是"事后不可罚的行为"，❶同样不正确。事后不可罚的行为是犯罪构成的自然延伸，前提是前面的行为已经完整构成犯罪（既遂）了。而事后使用劫得的信用卡与以暴力、威胁方法获得信用卡的行为是在同一个故意支配之下进行的，把基于同一抢劫故意的数行为分开评价是"人为复杂化"。正如有观点所言，"如果实现不同犯罪构成的行为是针对同一法益的同一次侵犯过程中，只能成立一个犯罪，给予一罪的处罚，如果认为成立数罪，则属于重复评价"。❷因此，尽管事后使用信用卡的行为单独从犯罪构成要件的角度而言，符合刑法中冒用他人信用卡的诈骗行为，然而基于一个抢劫的故意，该行为并未超出抢劫罪主观故意和所侵害法益的范围，故对其不必再予以单独评价。另外，这种情形与抢劫罪"当场性"的要求也不矛盾，后者是前行为的必要延伸，对此是不难理解的。所以，笔者基本赞同第四种观点。

至于说行为人是否分数次提取信用卡中的钱款，或者是在抢劫信用卡后自行"破译"信用卡密码而取出钱款的，这些在本质上都没有什么两样，都应该定一个抢劫罪，只是数额上有变化而已，抢劫数额是实际取得的总数额。

比较特殊的是，如果行为人用劫得的信用卡取完款后，又到特约商户冒充被害人签名消费或者恶意透支的，此时，其非法消费行为确又侵

---

❶ 高尚："抢劫信用卡并使用行为争议问题分析"，载《中国检察官》2013年第4期（下）。

❷ 庄劲：《犯罪竞合：罪数分析的结构体系》，法律出版社2006年，第138页。

犯了新的法益——国家关于信用卡的管理制度,属于冒用他人的信用卡行为,又构成了信用卡诈骗罪。一般说来,整体来看还是作为抢劫一罪评价为妥,但如果后行为确实与前面的行为阻断了联系,属于另起犯意,只是利用了原来的信用卡而已,该冒充消费或者恶意透支行为,那就超出了抢劫罪的构成要件范围,可以考虑另行成立信用卡诈骗罪。

关于抢劫活期存折的问题,如果无需凭借相关证件即可到银行兑现的,笔者还是倾向于将抢劫活期存折及其兑现的行为,以抢劫罪一罪评价,抢劫数额即为实际兑现的数额。如果抢劫犯抢劫信用卡或者活期存折,尚未来得及使用或者兑现即被抓获的,或者因为不懂得使用而丢弃的,是否一律以无罪处理?笔者认为,只要不属"情节显著轻微,危害不大的"情形,应该作为抢劫未遂处理。

第四章 抢劫加重犯（一）

我国《刑法》第 263 条规定了 8 类抢劫加重犯，或称加重的抢劫情形，限于篇幅，本书将它们分三章进行论述。本章包括入户抢劫和在公共交通工具上抢劫两种加重犯。

一、入户抢劫

（一）"户"的意义及其认定

"户"有家的意思，既是居者安身立命之地，也是其最重要的财产。从立法本意分析，《刑法》之所以将"入户抢劫"规定为抢劫罪的加重处罚情节，目的在于强化对人们在户内也即在家里这一特定环境中的人身权利、财产权利的法律保护。"户"是有人居住且相对封闭的场所，有一定的安全防范措施，是"户"与一般抢劫犯罪场所的根本区别。在此种处所中，一旦犯罪分子侵入，被害人往往孤立无援，更易受到侵害。正如有学者言，户的生活安全属于社会基本安全之一，是人类社会生活正常进行的最起码条件。此种条件若得不到维持，则社会的稳定性将被打破，社会将陷于一片混乱，一切秩序都将不复存在。[1]

对于"户"的特殊保护可参见其他立法例。我国台湾地区"刑法"第 330 条规定夜间侵入强盗罪，其所谓侵入"住宅"，乃人类日常居住之场所，公寓亦属之。至公寓楼下之"楼梯间"，虽仅供个住户出入通行，然就公寓之整体而言，该楼梯间为公寓之一部分，而与该公寓有密切不

---

[1] 张文显主编：《法理学》，北京大学出版社、高等教育出版社 2003 年版，第 398 页。

可分之关系。❶ 故我国台湾地区"刑法"中的住宅系指供居住之房屋，包括承租之旅社房间、公寓或公寓楼下之楼梯间，或者个人与学生宿舍等。❷ 其含义甚广。根据日本刑法理论和判例，所谓住宅，是指人们饮食起居的场所，需要一定的结构、设备，不包括地道、汽油罐、山中洞穴等。而旅馆一室连续使用时也可成为使用人的住宅。在一幢建筑物中，被划分出的房间也可各自成为独立住宅，公共住宅、家庭公寓当然是住所，屋檐下的走廊隔阂、公共住宅里的楼梯间、通道、屋顶平台也是住宅。屋脊之上也是住宅。以围墙包围起来的围绕地用来居住的也算住宅。❸《俄罗斯联邦刑法典》第162条第2款第（3）项规定非法潜入住宅、房舍或者其他库房强盗罪。在其刑法释义中是这样定义住宅的：是指人们经常或者临时居住的房舍（个人房屋、单元房、旅馆或者疗养院的房间、别墅、园林小屋等）及用于休息、存放财物或者满足人们其他需要的部分（阳台、玻璃凉台、储藏室等）。不用于或者不适用于经常或临时居住的房屋（如与住房不相连的地窖、货仓、车库和其他经营用房），不能认为是住房。❹

　　由于在中国"户"的类型多种多样，如何界定"户"和"入户抢劫"，存在很多争议。从文义解释来看，《新华字典》把"户"解释为：（1）一扇门；（2）人家；（3）户口。《现代汉语辞海》关于"户"的解释有：（1）门；（2）人家、住户；（3）门第；（4）户头；（5）姓。能与刑法条文中所规定的"户"关联最密切的含义是"人家"。据此，"户"之本意一般是指"私人住宅"或者"个人居住地"之意没有疑问。入户抢劫不仅侵犯公民的人身权和财产权，而且还危及公民的住宅居住安全，存在非法侵入住宅的问题。问题是在我国，"私宅"或者"个人居住的地方"同样丰富多样，1997年《刑法》实施之后，这个问题很快就暴露出来了，特别是后来抢劫案件出现了大量新情况，入户抢劫的争议也越来

---

❶ 林纪东、蔡墩铭、郑玉波等编纂：《新编六法全书》，台湾五南图书出版公司1997年修订版，第878页。

❷ 林山田著：《刑法各罪论（上册）》，台湾菩菱印刷厂2000年版，第305页。

❸ ［日］前田雅英著，董番兴译：《日本刑法各论》，台湾五南图书出版公司1999年版，第111页。

❹ 俄罗斯联邦总检察院编，黄道秀译：《俄罗斯联邦刑法典释义》，中国政法大学出版社2000年版，第412页。

越多，应该是远远出乎立法者的意料。为此，最高人民法院2000年和2005年的两个解释性文件都对"户"进行了规定，足以说明其复杂性。

回顾起来，对于入户抢劫之"户"的理解，在1997年《刑法》颁布之初，观点很多，归纳起来大致有以下狭义和广义两大类观点：

（1）狭义观点。有人认为，"户"指居民住宅（包括住室和宅院），不包括其他场所。❶ "户"仅仅指居民私人住宅（包括住室和宅院），不包括其他场所。❷ 这是比较早期的观点。有的人认为，入户抢劫是指非法闯入或潜入居民家中实施抢劫，不包括进入机关、团体、企业事业单位的办公室、教室、仓库，以及公共娱乐场等抢劫。❸ 有人认为，"户"指固定住所，即以此为家的场所，如私宅及学生宿舍等，但不包括宾馆房间及值班宿舍等临时居住场所。❹ 还有的认为，"户"是指公民日常生活、居住及家庭主要生产、生活资料的放置场所，临时工棚不属于这里的"户"，等等。

（2）广义观点。有人认为，入户抢劫是指在允许特定人员出入、生活、工作的地方抢劫，这里的"户"既包括公民的住宅和院落，也包含机关、团体、企业事业等单位的院落和办公室，还包括以船为家的渔民的渔船和旅客在旅店居住的房间等。❺ 还有人认为，入户抢劫是指在公民长期、固定生活、起居或者栖息的场所抢劫，除了私人住宅之外，还包含以船为家的渔船、牧民居住的帐篷，甚至宾馆房间、固定值班人员的宿舍等，在实际功能和心理感觉上存在与私人住宅相同的场所，也应纳入"户"的范围。❻ 有的认为，入户抢劫是指在公民生产、生活的封闭性场所抢劫，除了私人住宅之外，其他供人们生活、学习的建筑物，如

---

❶ 周道鸾、张军主编：《刑法罪名精释》，人民法院出版社1998年版，第547页。

❷ 胡康生主编：《中华人民共和国刑法释义》，法律出版社1997年版。较多学者同意该观点。

❸ 高铭暄主编：《新编中国刑法学》，中国人民大学出版社1998年版，第769页。

❹ 熊洪文："再谈对抢劫罪加重情形的认定"，载《人民检察》1999年第7期。

❺ 最高人民检察院刑事检察厅编：《最新刑法释义与适用指南》，中国检察出版社1997年版，第427页。

❻ 周振想、林维："抢劫罪特别类型研究"，载《人民检察》1999年第1期。

国家机关、企业事业单位、人民团体、社会团体的办公场所、公众生产、生活的封闭性场所，也在"户"的范围之内，❶等等。

鉴于存在以上争论，2000年最高人民法院颁布的《关于审理抢劫案件具体应用法律若干问题的解释》（以下简称2000年《解释》）的第1条就对入户抢劫作了专门规定，即入户抢劫是指"为实施抢劫行为而进入他人生活的与外界相对隔离的住所，包括封闭的院落、牧民的帐篷、渔民作为家庭生活场所的渔船、为生活租用的房屋等进行抢劫的行为"。此后，2005年最高人民法院又颁布了《关于审理抢劫、抢夺刑事案件适用法律若干问题的意见》（以下简称2005年《意见》），该意见再一次明确了"户"的范围，即"户"在这里"是指住所，其特征表现为供他人家庭生活和与外界相对隔离两个方面，前者为功能特征，后者为场所特征"。

这样一来，认定入户抢劫的"户"的标准就基本确定下来，那就是坚持两个基本特征：一是为生活所用的功能特征，即为他人家庭生活所用，如渔民作为家庭生活场所的渔船；二是与外界相对隔离的场所特征，而不是要求绝然封闭，如与房屋相连的封闭的院落。这种理解在"入户盗窃"被立法承认后，直接"移植"到了一些盗窃案中，如2013年8月，上海市崇明法院判决一起入户盗窃的案件，被告人陆某就是将邻居自家院内的菜地里埋的48万元钱挖走，后被法院认定为"入户盗窃"，判处其有期徒刑6年，并处罚金6 000元。❷

为生活租用的房屋同样具备上述两个特征，也应认定为"户"。一般情况下，集体宿舍、旅店宾馆、临时搭建工棚等不应认定为"户"，但在特定情况下，如果确实具有上述两个特征的，也可以认定为"户"。另外，对于办公场所、商场等营业场所，由于并不具备这种特征，不应认定为"户"。上述司法解释对"户"的外在形式未作严格限制，它可以是华丽的别墅，也可以是简陋的茅屋、帐篷、渔船或是为家庭生活租用的房屋等。不过，如果是乞讨者在路边就地取材搭建成临时居住的简陋草棚，是否是"户"还是问题，值得研究。

---

❶ 肖中华："论抢劫罪适用中的几个问题"，载《法律科学》1998年第5期。
❷ "菜地里埋48万元被邻居挖走翻墙盗款后又埋自家鸡棚"，载《i时代》2013年8月21日。

对"户"的理解,还应该联系私人生活、家庭关系与家庭生活的含义,从而正确把握"户"的功能特征。根据词典解释,家庭是指以婚姻和血缘为纽带的基本社会单位,包括父母、子女及生活在一起的其他亲属;生活是指"生存;活着","为了生存和发展而进行的各种活动"。据此,家庭生活应是指以婚姻和血缘为纽带的基本社会单位,包括父母、子女及生活在一起的其他亲属为了生存和发展而进行的各种活动。当然,单身的成年人一人生活也是一种"家庭生活"。其次,应注意户与室的区别,室通常指"房屋""房间",可以理解为房屋的空间范围。这样一来,在多人(户)群租一户(如三室一厅的房子)的情况下,从一个房间(室)到另一个房间(室)能不能理解为"入户"也是问题。我想这个时候的"入室"抢劫不是刑法意义上的入户抢劫。不过,如果几户人家各居一室,那又是否各自为户呢?这同样也是问题。在刑法修改过程中,曾有学者提出过以"入室抢劫"来代替"入户抢劫"的观点,最终没有被立法机关采纳。显然,刑法规定"入户抢劫"而没有规定"入室抢劫",是取"户"字的严格意义,特别是具有家庭生活的内涵,不能随意扩大。

此外,最高人民法院颁布的上述解释性文件都使用了"住所"一词来解释"户",而"住所"在我国其他法律规定中也有特定含义,且它与"住宅"含义接近,理解时也是要加以考虑的。但这里的"住所"不同于我国民法中规定的"住所",而应当与非法侵入住宅罪中住宅的本义基本相同。在民法上,住所是一人以久住的意思而经常居住的某一处所。构成住所有两个条件,即久住的意思和经常居住的事实,并且一个人只能有一个住所。❶ 非法侵入住宅罪中的住宅,通常是指自然人以久住或者暂住的意思而居住的处所,在法理解释上,供人居住和生活的场所都应视为住宅。通常认为,其范围有院墙的以院墙为界,没有的或公寓楼群,则应以居室(门、墙等)为界。❷ 而非法侵入住宅罪的立法意图是要保障公民住宅不可侵犯的权利,维护公民的居住安全。所以,理论上对该罪的住宅是采取广义解释的,包含供他人暂时居住的集体宿舍、旅店宾

---

❶ 彭万林:《民法学》,中国政法大学出版社1997年版,第67页。
❷ 高铭暄、马克昌主编:《刑法学(第四版)》,北京大学出版社、高等教育出版社2010年版,第537页。

馆、招待所、疗养院等场所，这与2000年《解释》和2005年《意见》中"户"的限制解释含义相反。此外，理解这里的"住所"，还可以参考一些国家民法典的规定，根据"定居""经常居住"或"平常居住"的事实来确定，至于是不是有在该地久住的意思，倒不是一定要加以考虑的。❶ 然而，实践总是走在立法的前面，围绕"入户"抢劫的问题，形形色色的新案例还在延续发生，有的情况仍然有较大争论，值得进一步研究，下面就两类情形加以研讨。

1. 学生集体宿舍或者单位员工宿舍、旅店宾馆是否属于"户"

最高人民法院2005年《意见》提出，一般情况下，集体宿舍、旅店宾馆、临时搭建工棚等不能认定为"户"，但在特定情况下，如果确实具有上述两个特征的，也可以认定为"户"。对此，不同的学者提出过不同的见解。有的认为，国家机关、企事业单位、人民团体、社会团体的办公场所以及旅店宾馆、临时搭建工棚等由于不属于个人生活居住的场所，故而不能成为"户"；由于不具有家庭关系的多人在学生、职工集体宿舍同居一室，学生、职工的集体宿舍在居住者之间没有相对独立的场所特征，故而一般也不属于"户"。当然，并无家庭关系的两人以上合租的公寓、套房等，不同于集体宿舍，就居住者与外界的关系而言，完全具有供生活居住与外界相对隔离的特征，所以，理应属于"户"的范畴。❷ 另有学者认为，集体宿舍、旅店宾馆、临时搭建工棚等一般情况下不认定为"户"。因为上述场所不具有家庭生活的功能。但在特定情况下如果确实具有上述两个特征的，也可以认定为"户"，如临时工棚在供家庭生活时。❸ 还有人认为，对于集体宿舍、旅店宾馆、临时搭建工棚等是否属于"户"，不能一概而论。对于集体宿舍，由于它是大多数人在组成家庭以前所必须经过的一种特殊的家庭生活——集体家庭生活，居住在某一个宿舍的个体之间虽无家庭近亲属关系，但形成了一种较为紧密的关系，经常以该集体的名义进行学习、生活，在此集体中住宿、学习，其实就

---

❶ 韩德培主编：《国际私法》，武汉大学出版社1983年版，第100页。
❷ 肖中华："论'入户抢劫'的司法认定"，载《刑事司法指南》总第24集，法律出版社2005年版，第4页。
❸ 熊选国主编：《刑法刑事诉讼法实施中的疑难问题》，中国人民公安大学出版社2005年版，第211页。

是一种临时的家庭形式，宿舍人员在集体中享有私生活的自由和生活上的安宁权，免受他人干扰和窥探，不可否认它的私密性。而且，宿舍与宿舍之间相对独立，宿舍在安全防范上具有门锁等安全防范措施，宿舍中的个体对此空间享有占有、使用、支配和自由进入的权利，非经同意他人不得随意出入，对外界完全具有排他性。对集体宿舍应该认定为"户"。至于旅店、宾馆，如果行为人的抢劫目的是所在旅店宾馆房间内的临时生活的住户的财物，那么行为人的行为所侵害的就是所在房间的客人的财产安全、客人的身体健康以及客人的私人生活的安宁，对此行为就应该认定为"入户抢劫"。只要旅店、宾馆客人入住了客房，他们支付了住宿的费用，就享有了客房内财物的使用权，享有了此客房的占有、使用、支配和自由进入的权利，客房就成为了其私密的空间，成为了客人临时的生活场所。❶ 该观点还以"酒店式公寓"为例论证了其属于"户"的理由。所谓"酒店式公寓"，又称服务式公寓（Service Apartment），是一种配有全套家私的、提供基本酒店服务并配有全套厨房设备的住宅公寓。它是一种特殊的既提供酒店专业服务又拥有私人公寓或共管公寓的私密性和生活风格的商业综合体。❷ 酒店式公寓通过单位出售给个人投资者，然后收回统一管理，能最大限度地提高投资回报，投资者可以居住，不住期间可以由管理者出租。在香港，酒店式公寓被划定为住宅，完全不同于酒店；而在当今大多数国家和地区，酒店式公寓介于酒店和公寓两者之间，常被当做住宅发展，而不是商业住所。❸

笔者认为，如果被害人确是以酒店为家，特别是酒店式公寓经常被人长期租住，这与一般的城市租房者就没有什么两样，问题是大多数旅馆只是客人临时居住而已，哪怕是一家人在那住上十天半月，也谈不上属于此处的"户"。事实上，社会上像家的地方太多了，不能凭什么保安措施和私密性等因素来决定是否是"户"。

2. 合租房是否可以成为入户抢劫的对象

随着流动人口和外来务工人员增多，合租现象成为当代城市生活的

---

❶ 罗猛：" '入户抢劫'若干问题研究"，见《刑事司法指南》总第45集，法律出版社2011年版，第15页。

❷ "关于酒店式公寓的探讨"，载http://tj.house.sina.come.cn，2006年11月10日最后访问。

❸ 同上。

一部分。合租人往往是 2 人以上，有的可能会达到 10 人以上，❶ 上述场所在一般情况下均是用于日常休息和群体生活的地方，自由出入有一定限制，并不完全具备户的属性中供家庭生活、居住所用及与外界相对隔离的特征，能否以"户"对待呢？

　　在日常生活中，典型的家庭生活，表现为具有亲属关系的成员比较固定地共同生活在一处房屋内。也就是说一处房屋（如某小区 10 号 301 室）一般住一户，这个时候室与户保持一致性。但也有可能一个大室（如三室一厅）里面住着几户人家，这些人家的成员并不具有亲属关系，甚至原本就不认识，他们过着各自独立的家庭生活，每家有固定的房间，同时也共用大室中的公共部分（如厨房、卫生间）。这实际上是几个"小户"共同生活在同一个屋檐下。在这种情况下，刑法意义的户有两种理解：一是该住所（大室）整体上具有与外界相对隔离的特征，里面居住的成员亦比较固定，是几户家庭共同生活居住的场所，应当认定为刑法意义上的"户"。外面的行为人非法侵入这样的房屋中实施抢劫，即使发生在公共区域（如共用的厨房、卫生间），也属于"入户抢劫"。对这种"户"的抢劫与对典型意义上的一个家庭居住的"户"的抢劫，其社会危害性并无质的差异。二是在这样的大室里面住着的几户人家（室内面积小而居住的户数过多的，俗称"群租户"），只要是以此为家庭生活处所的，其各自独立的空间也是"户"。外来的行为人如果针对大室里面的特定小户成员，实施抢劫的，当然也是"入户抢劫"无疑。另外，如果以被害人对所居住的房屋是享有全部的租赁权，还是享有部分房间的租赁权，来区分刑法中的"户"，从而导致人身财产权益受到不同的保护，这不仅是刑法上的不平等，恐怕也是一种经济上的不平等。值得注意的是，有的出租屋是不具有家庭成员身份的人共同租用的住所，如单位为方便临时不回家的员工过夜而租用的房屋。此时，居住者或者承租人相互之间没有相对独立的私人空间，且人员流动性大，该住所应属于群体共同休息和活动的场所性质，不能认定为刑法意义上的"户"。

　　上面说到的是，共同租住的房屋，只要是为各自家庭生活所用，对于各自租住的人而言，属于刑法意义的"户"。外面的人非法进入这样的

---

❶　上海、北京等一些大城市群租房现象普遍就是实例。

户内实施抢劫,应该定为"入户抢劫"。而实践中还有一种情况,那就是室内共同租住的一方非法进入另一租住人单独租住的房间内(非共用的公共区域)实施抢劫,是否也属于刑法中的入户抢劫呢?2008年上海市浦东新区人民法院判决了一起这样的案件。陈某某曾因抢劫被判过刑,2007年年底,他与妻子租住在浦东张江地区一套群租房内。原本二室一厅的房屋被分隔成5户,每户人家都有独立的房门。2008年1月27日,其他住户都已回家过春节,只有住在最北面房间的小周还在,四处筹钱无果的陈某某从共用的厨房拿起菜刀和塑料绳敲开小周的房门,将他捆绑并用透明胶封嘴后,卷走小周钱包及抽屉内的钱款共计1万多元后逃走。本案经浦东新区人民法院审理,判决陈某某有期徒刑12年,剥夺政治权利3年,罚金人民币1.2万元。法院审理认为,虽然陈某某与被害人借住在同一套居室内,但从场所特征看,各自房间均为相对独立、封闭的空间;从功能特征看,租户租住的房间都是供各自家庭或个人生活使用的场所,符合我国刑法关于"户"的特征界定。因此,陈某某构成入户抢劫。❶ 辽宁省辽阳市文圣区人民检察院也起诉过一起租客抢劫同住户主的"户中户"案件。被害人王某将自己所有的一套住房中的一室出租给被告人常某某,被害人王某自己住一室。2004年12月20日晚,被告人常某某和洪某等三人在常的房屋内饮酒后,进入被害人王某的房间让王某吸烟,王拒绝并要求二人离开其房间。被告人洪某不满,遂上前殴打王某,以及当时正在王某房间内的朋友刘某某。洪某等人进而提出向王某要钱。后三被告人拿走了被害人放在房间立柜内的3 000元人民币后,回到被告人常某某自己的房间。❷ 对于发生于"户中户"的劫案,"户中户"是否属于"入户抢劫"中的"户"同样是值得研究的问题。

有人主张,共同租住人在同一屋檐下,一方抢劫另一方不能算入户抢劫,主要理由是,他们本是长期居住在一起,相互之间的"入户"方便而随意,彼此防范心理也大为降低,人身危险性和社会危害性都不如

---

❶ 绍波:"抢'群租房邻居'算不算入户抢劫",载《新民晚报》2008年7月10日。

❷ 张眉:"'户中户'的抢劫不属于'入户抢劫'——文义解释法之'读出'规则与目的解释法的有机结合",载《人民法院报》2006年4月24日。案例提供人:辽阳市文圣区人民法院王颖姝。

典型的"入户抢劫"那样大。比如，针对上述辽宁的那起"户中户"劫案，反对定"入户抢劫"者提出如下理由：（1）由于被告人与房东即被害人居住在同一个单元房内，尽管在民法意义上实为两户，各有各的居室，然而就整个单元房来讲，他们仍然是在共同的生活空间中，共同的生活空间也为被告人实施犯罪提供了一定的可能性与便利，这一点与典型的入户抢劫存在根本不同。（2）因为共同的生活空间，造成被害人的私密空间对于犯罪行为人来说，相对隔离性差了很多。还有，被告人的行为由于是在其居住的住所内发生，他们共同生活在一个单元房内，其犯罪的主观恶性要比以实施抢劫为目的，进入他人住宅进行抢劫的犯罪行为在主观恶性方面要小得多，人身危险性、社会危害以及犯罪行为造成的恶劣影响等方面也相对要小。将本案这种"户中户"进行的抢劫界定为入户抢劫，不仅与立法目的不相吻合，而且也有违刑法的罪刑相适应原则。所以，该案中被告人进入的同一单元房的另一个房间，不应视为"入户抢劫"意义上的"户"，应当将这种"户中户"的情况"读出"刑法关于"入户抢劫"的规定。❶ 笔者认为，这些理由均不成立。

首先，共同租住的房屋，只要是用于家庭生活，也是刑法意义的"户"，虽然他们不算典型意义的户，但对于刑法保护法益的基本价值而言，二者没有区别。外面的人无论是进入大的单元室抢劫，还是针对大单元室里面的某个小户抢劫，都是入户抢劫。而刑法中的"户"的标准是客观的，固定不变的，不能因为来的是邻居熟人、亲戚朋友，就发生改变。居住同一屋檐下的共同租住人，一般各自有自己独立的家庭生活空间，一方进入另一居住者室内就是"入户"。

其次，反对者的根本理由是"共同的生活空间也为被告人实施犯罪提供了一定的可能性与便利"，"私密空间""相对隔离性差了很多"。这些都属于犯罪的外部条件、内心动机等非构成要件的要素，更多属于犯罪学中犯罪预防的内容，对行为性质的界定没有决定意义，其刑法意义最多也是量刑的酌定情节而已。况且，就人身危险性而言，住在一个单元室的人，本已相互熟悉了解，更应该值得信赖，相互之间发生抢劫犯

---

❶ 张眉："'户中户'的抢劫不属于'入户抢劫'——文义解释法之'读出'规则与目的解释法的有机结合"，载《人民法院报》2006年4月24日。案例提供人：辽阳市文圣区人民法院王颖姝。

罪的可能性自然极少。这与共同租住人生活空间近，相对隔离性差也是相一致的。在这种情况下还实施犯罪并不能反映行为人主观恶性小，与认定"户中户"是不是刑法意义的"户"也没有多大关系。立法固然要重点针对典型的类犯罪加以打击，但对极少数的"非典型"犯罪，不能因为其不典型而排除在外，还是要坚持罪刑法定原则。

依笔者之见，这类案件的特殊空间对刑法中"户"的界定没有影响，倒是与"入户目的的非法性"的考量有关。由于相互之间比较熟悉，出入较为方便随意，彼此进入他人房间相对容易，因此，其非法性侵入的判断应该从严考察。最高人民法院的2005年《意见》在阐释入户抢劫时，特别强调了"为实施抢劫"而进入住户这一条件。在上述辽宁的"户中户"劫案，被告人进入被害人的居室之前，并没有实施抢劫的犯意，而是为了让被害人吸烟，之后双方发生争执，被告人先对被害人实施了殴打，而后才抢劫被害人的财物。这种情况不符合为实施抢劫而进入他人住所的条件。法院应该以行为人入户不具有非法性而排除"入户抢劫"，本案定性为临时起意的"在户抢劫"是正确的。

对于这种在同一单元房内共同住户的抢劫案件，还有一种观点认为要区别不同情况进行认定，该观点就北京市西城区法院曾经判决的一起户主勾结外人抢劫借住自己家中的朋友的案件，阐明了不同看法，"同住人之间在居住场所实施户内抢劫的，无论是进入同住人所居住的房间进行抢劫，还是对方已知同住人要实施抢劫而采取防范措施后，同住人仍强行进入住宅实施抢劫的，都不宜认定为入户抢劫。但是，对于同住人假装陌生人入户对另一同住人实施抢劫的，应当认定为入户抢劫。对于同住人伙同他人入户对另一同住人实施抢劫的，应当全案认定为入户抢劫"。[1] 笔者认为，这种观点同样不足取。对于犯罪行为的定性，不能因为行为人进行外表伪装，就改变了行为的性质；也不能因为行为主体是单独犯罪，还是内外勾结的共同犯罪而加以区分，这种区分没有足够的法理依据，甚至背离共同犯罪的原理。至于论者提出的共同居住的空间"隔离性差""私密性弱"等原因，笔者上面已经作了分析辩驳。

---

[1] 本案案号为：北京市［2007］西刑初字第728号，［2008］京一中刑终字第1157号；案例编写人：北京市高级人民法院罗鹏飞、西城区人民法院肖志勇。

实际上，在有同住人参与的室内抢劫案件中，如何定性，首先仍然取决于同住人的房间是否是其"户"的问题。如果像上述区别对待论者所举案例，被抢劫者只是因朋友关系等原因在户主家临时性借宿，此时其借住的房间还是户主的房间之一，其住所仍然是户主的"户"，这时不存在"户中户"的问题。如果户主在自己户内对临时借住人实施抢劫，其行为当然就不属于"入户"抢劫，而是"在户"抢劫了。同样的道理，如果户主勾结外面的人抢劫自己户内的"客人"，表面上看像是"入户"抢劫，只不过进入的户是犯罪人之一的户，此时，这里的"入户"可以认为是经户主同意的"侵害行为"，户主是所谓的"被侵害人"，可以运用刑法中的"被害人承诺"理论进行认识。从而，大大阻却了入户的违法性程度。不妨假设，如果户主家仅仅居住其一人（或者其本人是单身），共同犯罪人不可能危害户主的其他家人，此时，抢劫行为仅仅针对真正的被害人即借住人，这个时候，由于入户得到了户主同意，就"入户"而言遂没有违法性，就不能定性为入户抢劫，而只是一般抢劫。从侵害的客体进行分析，同样可以得出这样的结论，因为户主的人身、财产权益，特别是该户的住宅安宁并没有受到侵害。从刑法谦抑的立场来看，对共同犯罪人也应该从轻考虑。相反，如果外面的人未经户主同意，以抢劫户主家中暂住的其他特对象为目的，进入户主家中实施抢劫，此时定性为入户抢劫是完全符合立法意旨的。

所以，笔者认为，在这样的共同犯罪案件中，经过户主许可，或者户主也是犯罪人之一的，抢劫的受害对象仅仅只是户主家中的其他特定外人，只有该特定人的人身财产权益遭到侵害，谈不上侵犯了其所在的"户"内家庭生活的安全性、私密性。这种情形不认定为"入户抢劫"更符合立法设立此类加重犯的价值取向。

下面再通过一些案例进一步研讨入户抢劫的"户"的认定问题。

【案50】2012年17岁的闽侯人小林在福州某服装店打工。一天凌晨，小林清点完服装后独自一人回家。当她走进楼道时，突然身后窜出一名男子，一手拿着水果刀，一手按住她的肩膀，说道："抢劫！"小林乖乖地配合，倒出包内所有东西，把里面的500块现金全部给了男子。她并没有大叫，也没有反抗，只是说道："好倒霉啊，我父母离异，又刚被男友抛弃,今天又遇上了抢劫。"小林的一句话似乎刺到了劫匪的神经,便把架在小林脖子上的水果刀移开。"我们的处境……"男子说道。小林见其似乎放松了防备,便提议到楼上自己租住的房子里坐一坐,聊一聊。上楼后两人各自诉说自己的处境。小林说,她自己早早辍学出来打工,生活也不尽如人意。而持刀抢劫男子也姓林,是福州某大学的大一学生。林某说,前不久,他在网络上认识了一位女孩,他们俩相约见面,结果女网友爽约,他就在街上瞎逛到半夜,结果摸摸自己口袋只剩下2元钱,而且下个学期学费还没有着落,心里顿起歹念。后林某觉得小林独自一人在福州生活也不容易,就把抢来的500元现金还给了她。而小林并没有全部拿回钱,而是拿出300元递给林某,让他先用着。聊了半天,小林拿出20块钱和一把钥匙说:"我饿了,你下楼帮我买点吃的吧。"待林某走后,小林马上发短信向房东求助。就在林某买完宵夜返回小林的住处时,房东正好赶过来了。林某自称是小林的男朋友。房东见林某并不像是抢劫犯,并好心帮忙开门,见没有什么异常便离开了。而此时,林某发现小林已不在房内,到处找也找不到,就掏走了小林包里剩下的200块现金后,准备离开。躲在隔壁的小林看到后,很是气愤,再次联系房东和保安,将林某抓住。❶

本案不宜认定入户抢劫。行为人是受被害人之邀进入其住处,且后来的案情发展反映出行为人主观上并无入户抢劫的意图,也未在室内实施暴力威胁行为,综观全案,主客观恶性也不大。至于行为人后来偷偷掏走小林包里剩下的200元现金的行为是否构成入户盗窃则是另一个问题。

【案51】进入寺庙抢劫。2000年10月初,黄某、张某得知某寺庙近期在兴修寺院的房子,寺内可能有钱,便商议到该寺抢劫。同年10月7日,黄某约周某在本县雅阳镇碰面,准备了西瓜刀等作案工具,并约被告人林某共同抢劫。当晚20时许,四人齐集在张某家中拟订了抢劫计

---

❶ "大一学生囊中羞涩持刀抢劫17岁夜归女智擒劫匪",载东南网,2012年8月17日访问。

划。当晚 23 时许，林某伙同黄某、周某蒙面进入该寺，按张某指示的位置和事先分工，林某在住持房间外望风，周某在住持卧室前冒充亲戚叫门，诈门不开后，周即强行踢门闯入卧室，当时，该卧室临时由民工赖某某夫妇居住，周持刀威胁赖，并砍伤其右手食指，后因赖某某夫妇大声呼救，三人逃离现场。被告人林某于 2003 年 6 月 9 日投案自首。法院审理认为，本案应该认定入户抢劫，遂判决被告人林某伙同他人以暴力威胁方法抢劫财物，其行为已构成抢劫罪。鉴于抢劫系犯罪未遂且有自首情节，可对被告人林某减轻处罚。遂依法判决：被告人林某犯抢劫罪，判处有期徒刑 8 年，并处罚金 3 000 元。

笔者认为，本案的特殊性在于行为人是意图抢劫寺庙里的钱财，但住在里面的却是修庙的农民工，如果被抢劫的对象是庙内居住的僧人，只要这里的僧人以庙为家，认定入户抢劫似乎没有问题，但抢劫对象是临时居住庙内的修庙工人，此时该住地的确不是被抢者的"户"，不过，犯罪对象认识错误并不能影响案件的性质，仍然应该以入户抢劫论。

【案 52】到赌友家抢劫赌资等财物。2005 年 12 月 13 日晚上，温某到宋某家中与李某、周某等赌博。温某输掉数千元钱后说"有人换骰子了，大家都不能离开"，即打电话给刘某，让其来要回赌资或"收拾"宋某等人。于是，刘某、尚某携带刀具进入宋某家中，与温某持刀砍伤了李某、周某，威逼李某、周某等人掏出随身携带的 1 万余元后，还逼周某写了 7 万元欠条一张，并让宋某、李某签名。经鉴定，李某的损伤构成轻伤，周某构成轻微伤。❶

由于本案涉及抢劫赌资问题，认定被告人的行为是否构成入户抢劫犯罪，首先应认定抢劫赌资是否构成抢劫罪。2005 年《审理抢劫、抢夺案件的意见》第 7 条规定，关于抢劫特定财物行为的定性，抢劫赌资、犯罪所得的赃款赃物的，以抢劫罪定罪，但行为人仅以其所输赌资或所赢赌债为抢劫对象，一般不以抢劫罪定罪处罚。本案温某仅输掉数千元

---

❶ 《检察日报》2006 年 4 月 27 日。

钱，却当场抢劫1万余元，并逼他人写了7万元欠条，不是以其所输赌资为抢劫对象，因此应认定为抢劫罪。但是，在本案中，宋某家本来具备"户"的功能特征和场所特征，但在当时特定条件下，其实质已经转变为聚众赌博的场所，已不具备刑法上"户"的构成要件，且本案中被抢劫的对象系参赌人员和赌资，而非针对宋某及其家庭成员和家庭财产，宋某及其家庭成员的人身权、财产权亦未受到实际损害，因此，笔者认为，本案中，温某等三人的行为应属于一般的抢劫，不属于"入户抢劫"。不过，本案的后来者是携带刀具入户的，具有明显的非法性，赌博场所如何认定，临时起意抢劫的故意如何认定等，都还是值得探讨的问题。再者，如果案情发生变化，假如行为人温某等也抢劫了户主宋某的财产，那情况是否会发生改变呢？说到底，这类案件在认定时还是不可千篇一律。如果温某确实属于赌博时临时起意抢劫，一般应不认定"入户抢劫"为宜；如果温某本来就是以赌博为借口，图谋实施抢劫的，那仍然应该认定"入户抢劫"。

【案53】抢劫卖淫者住处。被告人赵某、肖某、王某、陈某、刘某经预谋后，于2009年7月间，在北京市东城区、朝阳区、丰台区、海淀区等地，通过网络聊天与卖淫女联系，后以嫖娼为由，进入卖淫女的住处，采用持刀、言语威胁等手段，实施抢劫4起，抢劫金额5万余元。2010年3月29日，北京市东城区人民法院审理认定，被告人赵某、肖某、王某、陈某、刘某以非法占有为目的，结伙以暴力手段入户劫取他人财物，数额巨大，且被告人赵某、肖某、王某、陈某系多次抢劫，5名被告人的行为均已构成抢劫罪，遂判决被告人赵某等11~13年不等的有期徒刑。

对于本案，法院判决认为，被害人的住处不属于经营场所，王某等5名被告人持刀进入被害人居住场所，对被害人实施抢劫，属于法律规定的入户抢劫。笔者认为，要根据行为人实施抢劫时该房屋发挥的主要功能，来确定该房屋是否属于户。不可因为兼具其他合法或者非法功能，而否定对其"户"的保护。而且，在法律上要认定一个地方是否为经营场所，是需要从营业执照上的内容、地理位置如是否临街、周边环境是否有类似营业场所、内部设施、招牌以及周围群众对场所性质的认知程度等方面综合认定，不能认为只要在家里偶尔或临时有交易行为就认定其丧失"户"的特征。不过，本案在二审期间，还有一个值得注意的问题，王某等人在实施一起抢劫行为时，发现卖淫女的住处内，还有一名嫖客，进而对这名嫖客也实施了抢劫，那么王某等人抢劫嫖客的行为，是否也构成入户抢劫呢？笔者赞成，"户"的界定对"事"而不对"人"。此处的"事"是指住所具有的供他人家庭生活和与外界相对隔离的事实，此处的"人"是指住所内的居住者。"对事不对人"，是指只要住所具有供他人家庭生活之用和与外界相对隔离的事实，就构成《刑法》第263条中规定的"户"，一般不问住所内停留的是何人。因为该条除了保障公民的人身和财产权利外，还要保障"户"的生活安宁和人们对"户"的安全信赖利益。刑法之所以将入户抢劫规定为加重处罚情节，就是因为入户抢劫危及公民家庭生活，户内所有在场的人及其财产，都将不可避免地受到罪犯的侵害或威胁。行为人以抢劫的意图进入公民住宅，即使抢劫行为的对象并非住宅主人，仍然侵犯了公民住宅不受侵犯的权利。故在本案中，王某等人抢劫嫖客的行为，仍属于入户抢劫。另外，本案也属多次抢劫的加重犯情形，具有加重犯竞合的量刑情节，应该一并予以考虑。

（二）入户抢劫的客观方面要素

在行为人具备"为实施抢劫"而入户的主观故意之后，接下来研究"入户抢劫"在客观方面的表现，具体内容包括"入户"和"抢劫"的客观要素，以及二者之间的关联性。

1. 入户的行为方式

《新华字典》对"入"的解释为：（1）跟"出"相反：①从外面进到里面；②收进。（2）合乎、合于。（3）入声，古汉语四声之一。《现代汉语辞海》对"入"解释为：（1）由外到内；进来进去；（2）参加到某种组织中；（3）进项、收进；（4）合乎、合于；（5）入声。可见，"入户"的"入"则取"从外面进到里面"的含义为妥。不过，如果行为人只是将部分身体进入被害人的户内，且对被害人实施暴力威胁行为是否算"入户"得结合具体案情进行研究，下面也有相关案例。

如前所论，刑法对入户抢劫予以加重处罚的另一个重要理由还在于，入户行为本身具有对他人住宅的非法侵入性。是非法侵入他人住宅与抢劫他人财物之双重违法犯罪行为的结合，共同导致了较户外实施的一般性抢劫行为具有更大的社会危害性。如果缺少非法侵入他人住宅的前提行为，单纯对户内突发的一般性抢劫行为加重处罚，就缺乏足够的事实依据或理由。故"入户行为的非法侵入性"是认定入户抢劫时应当把握的重要特征。从实际情况看，其主要表现有两种：一种是非法闯入或潜入他人的住所实施抢劫犯罪，入户行为具有明显的非法侵入性，这也是常见典型的入户抢劫案所表现出来的特征；另一种是行为人故意隐瞒自己的违法犯罪意图，凭借谎言或其他方面的伪装骗得应允进入他人的住宅后，实施抢劫犯罪，入户行为具有欺骗性和隐藏的非法侵入性。至于"入"的方式则多种多样，有的是秘密潜入、有的是暴力进入、有的是假借某种理由进入，还有的由于相互熟悉公开进入等。鉴于讨论入户抢劫的客观方面要素，是以行为人已经具备入户抢劫的主观意图为前提的，其入户的非法性已经存在，所以，不管其进入他人之"户"的方式如何具有隐蔽性，均应视为非法侵入。

【案54】被告人魏某与被害人华某系朋友，案发前双方互有来往，在交往中被告人魏某获悉被害人华某比较富有，遂产生了劫财的意图。经与同案犯张某商量，决定利用麻醉手段抢劫。2001年3月的一天傍晚，被告人魏某与张某到被害人华某家串门，适逢被害人华某一人正在吃饭，于是一起饮酒。就餐中，两被告人在被害人华某的酒杯中下了麻药，待药性发作，两被告人劫得手表、现金等物价值9 000余元。

从实际生活情况看，犯罪嫌疑人利用熟人或朋友的身份，一般不需要依靠暴力或欺骗手段就能够进入被害人的住宅。熟人或朋友利用串门之机进入户内抢劫是否属于入户抢劫？

有人主张，在该案中两被告人以熟人朋友的身份，利用串门之机进入被害人的室内，就进入户内的行为本身来说是正常、合理的，入户行为不构成对他人住宅的非法侵入，因此对两被告人的户内抢劫只能定为普通抢劫而不能定为入户抢劫。笔者不同意这样的观点。本案两被告人事前预谋抢劫被害人，并携带好麻醉药，完全符合"为了实施抢劫"的主观目的，虽然其因熟人关系，入户的行为方式是"平和"的，但这种方式是假象而已，如果被害人知道真相显然不会同意其入户。不能只看入户的外表形式，刑法没有要求必须是以暴力方式"入户"，利用熟人或朋友关系是一种被害人"假想同意"，不能以此阻却行为人侵入他人住宅的非法性。同样地，如被告人与被害人素不相识，不通过暴力、秘密等非法手段就不能进入室内，被告人若以欺骗的方法骗得受害人的同意后入室实施抢劫，也应属入户抢劫。比如，假冒物业管理人员或以推销产品为名，骗得受害人信任后进入室内进行抢劫。在这类以欺骗方法入户而实施的户内抢劫，受害人的本意同样是拒绝被告人进入室内，被告人以欺骗手段入户违背了受害人的意愿。这与本案假借熟人关系入户具有相同的性质，都是欺骗。而从法律上看，以欺骗手段入户与以暴力、秘密等非法手段入户在性质方面是一样的，均属对他人住宅的非法入侵，发生的户内抢劫都属于入户抢劫。基于本案的原理，下面列举的一些麻醉抢劫案例也都是持肯定入户抢劫的观点。

【案55】吴某系玉桥歌舞厅服务员，2002年6月与前来歌舞厅唱歌的仲某相识。2002年9月15日晚，仲某邀请吴某吃饭，吴某带好友李某一同前往吃饭、唱歌，之后，吴某、李某想曾陪仲某吃饭、唱歌均未拿到小费，故欲对仲某进行报复。吴某、李某将由李某提供的安眠药粉放在吴某的包中，一同到了仲某家中。三人在喝酒过程中，乘仲某上厕所之机，吴某将安眠药粉放进其酒杯，凌晨1时许，当仲某睡着后，吴某、李某窃取了一部手机及现金5 000元。❶

行为人抢劫故意形成后，入户是否得到户内居住者明示与默示同意，对入户抢劫的构成有何影响？笔者认为，入户非法性的实质是指入户前具有抢劫的预谋而非表现为入户是否经过被害人的允许。本案吴某、李某虽然以合法形式入户，但因其在入户前即具有抢劫的故意与预谋的非法意图，即使是仲某邀请行为人入户并不能改变其非法入户的实质，亦

---

❶ 朱锡平："入户的非法性是否构成入户抢劫的前提"，载《人民法院报》2008年4月16日。

不能阻却行为人吴某、李某入户抢劫的构成。实践中有的预谋抢劫在入户时往往表现为利用债务关系、亲属关系、推销员、维修人员身份作掩护，行为人入户前得到被害人的同意，甚至是被害人邀请而入的。这不能改变其入户的非法性实质。

2. 抢劫的被害人是否限于户主或者其家人

在进入他人住宅实施抢劫的案件中，行为人抢劫的具体对象首先肯定是户内的人（无人就成盗窃了），但抢劫行为实施时处于户内的人既可能是在户内居住生活的人即户主和其家庭成员，也可能是其他的人，或者还包括其他人，如户主的亲戚、朋友，或者前来拜访、玩耍、临时逗留的人，甚至可能是从事不法交易者、非法闯入者，等等。此时，行为人可能是针对户主及其家人实施抢劫，也可能是针对在户内的其他特定对象实施抢劫，还有可能是进入户内随意抢劫户内的人员。比如，某户主与其朋友在自己家中聚会，行为人入户后只对户主的朋友实施了抢劫；行为人见小偷在他人户内偷东西，以抢劫的故意入户对小偷实施抢劫。这些是否属于入户抢劫呢？实践中还曾发生过这样的案例：陆某等5人知道汤某与苏某在褚某家赌博，即持刀闯入褚某家（褚某也在家）对汤某与苏某实施了抢劫。❶ 是否能够认定陆某等构成入户抢劫呢？对这类案件尚有种种争议。

有人认为，既然抢劫行为的对象并非住宅主人，也就谈不上侵犯户中公民的居住权，这和在其他场所实施抢劫没有什么区别，所以不宜认定为入户抢劫。如有学者举例说，吴某等三被告人窜至居民季某家，谎称本与其素不相识而在季某家做活的油漆工周某欠债不还，遂以暴力威胁逼迫周某交出所谓"欠款"，后周某被迫向季某借款交给吴某等人，吴某等人得钱后逃走。否定是入户抢劫的观点认为，这时被告人的"入户"实际上是进入被害人的工作场所，而非入户抢劫所针对的居民住所。❷ 类似观点还认为，入户抢劫的对象只能是户主，因为刑法之所以将入户抢劫规定为法定加重情节，一个重要原因是入户抢劫直接威胁到了户内居民的人身和财产安全。入户抢劫中的"户"不仅是一个场所的概念，而

---

❶ 最高人民法院刑事审判第一庭、第二庭编：《刑事审判参考》，2004年第2期。

❷ 毛国芳："是入户抢劫还是一般抢劫"，载《人民司法》1999年第5期。

且更重要的是与住所内的公民人身及财产权利相联系的概念。从这个意义上说，入户抢劫还内含着一个实质性内容，即必须是以户主家为对象所实施的抢劫。对户主家以外的其他人实施抢劫，虽然也侵犯了户主的住宅安全，但没有侵犯户主的人身与财产权。虽然也侵犯了其他人的人身与财产权，但户保护的应该是户主本人的人身与财产权。所以对于上述情况不应认定为入户抢劫。❶

有人则认为，刑法并未将入户抢劫限定为"进入被害人家中抢劫"，因而把进入公民住宅抢劫其他人的情形排除在外，是没有法律依据的。还有人认为，这类问题应区别对待：如果行为人入户之前就有对"户"实施抢劫的故意，没有针对特定目标作案的意图，只是在事实上造成对某户家中家庭成员以外的第三人被抢的，应按照"入户抢劫"处理；如果行为人在入户之前就明确认识到该户中的某人为该户家庭成员以外的第三人，并明确只对该人实施抢劫而不打算对该户家庭成员进行抢劫的，以不认定为"入户抢劫"为宜。另有人主张，要结合行为发生时"户"所承载的实际功能进行分析、判断，如在家中开设赌场，已经使住所的家居功能发生变化，对在此户中赌博的第三人实施抢劫，不能认定为入户抢劫。并举例佐证：有王某等人密谋抢劫在甲家中赌博的多人，事前议定只抢劫赌博者用于赌博的财物，王某等人进入甲的家中对参加赌博者数人进行了抢劫，也包括甲，主张王某等人不构成入户抢劫的理由是王某等人抢劫对象不是甲的家庭财产，也没有对甲进行人身伤害。❷

还有人针对前面几种观点提出，行为人以抢劫的意图进入公民住宅，即使抢劫行为的对象并非住宅主人，仍然侵犯了公民住宅不受侵犯的权利。因为刑法中的非法侵入住宅罪，即是指未经允许非法进入他人住宅或经要求退出无故拒不退出的行为。❸ 在户与外界相对隔离被害人孤立无援的情况下，该行为不仅严重危及户内所有在场人员的人身及财产安全，而且也侵犯了客居住宅或者前来拜访、玩耍、临时逗留的人（当然也包括住宅主人在内）对于户的安全的信赖利益。而所谓"区别对待"的立

---

❶ 张永红："'入户抢劫'新论"，载《河北法学》2006 年第 11 期。

❷ 肖中华："入户抢劫是否仅限于被害人的'户'"，载《人民法院报》2006 年 1 月 18 日。

❸ 马克昌主编：《刑法学》，高等教育出版社 2003 年版，第 498 页。

场存在严重的逻辑缺陷,这一观点混淆了入户抢劫行为和抢劫对象的概念。该观点进而赞同,无论从刑法用语的文理解释,还是按立法精神抑或立法宗旨对户进行目的解释,都没有理由对户作出仅限于被害人的户的解释。且司法实践中已有住宅的主人找外人来自己家中对客人实施抢劫被法院认定为入户抢劫的判例。❶

对这个问题,肖中华教授主张,"入户抢劫"的"户"不应限于被害人的住宅,进入公民住宅抢劫任何人的财物的,都应认定为"入户抢劫"。理由是:(1)刑法条文没有将"户"明文限制为被害人的"户",因此进行限制解释可能没有完全揭示用语"户"的外延。相反,将进入住宅抢劫住宅主人以外其他人的财物的行为解释为"入户抢劫",解释结论不仅在"刑法用语可能具有的含义"范围之内,而且在逻辑上可以避免刑法的漏洞。(2)从刑法设立"入户抢劫"这个加重情节的目的看,也没有限制解释的必要性和合理性。刑法将"入户抢劫"设立为加重情节,旨在强调公民日常居住的私人生活场所相对封闭,当犯罪分子进行抢劫时,被害人往往由于身处孤立无援的境地而难以得到救助。另外,"入户抢劫"不仅严重侵犯他人财产权利、身体健康和生命权利,还严重侵犯到一般人认为最为安全的居住安全。因此,从立法宗旨进行目的解释,不能得出抢劫"户"中家庭成员以外的其他人的财物不成立"入户抢劫"。那种对被害人是不是户主或家庭成员、是短暂居住还是长期居住、是行为人有意选择的抢劫对象还是随意选择的抢劫对象等因素的考虑,是在"理会琐碎之事",大可不必。这样的思考反而将简单问题复杂化,是法律"过剩"思维的表现。归根到底,这些抢劫行为侵害的法益与其他入户抢劫没有本质区别,只是形式不同而已,刑法没有必要如此细致地加以区分。

在此,笔者基本赞同肖教授的观点,并且补充以下看法:(1)入户抢劫并非抢劫"户"本身,而是抢劫户中人或者户内财物。在最高人民法院2000年和2005年的两个司法解释中,对"户中人"并无限制性规定,关键在于"户"的性质之辨别,因此,刑法对本加重情节旨在强调

---

❶ 袁剑湘:"论入户抢劫中'户'的界定——兼论入户时的犯罪目的",载《河北法学》2010年第4期。

"户"的特定地域和职能属性，而无需关注谁之"户"以及户中是什么人。(2) 对户内第三人的抢劫属于入户抢劫，须强调一个前提，那就是如果户主也在场的时候，行为人公然施抢，户主已经意识到自己家中发生劫案（虽然不是针对自己家人）。❶ 相反，如果户主根本没有意识到行为人是在实施抢劫犯罪（如借口逼债要钱），或者行为人和受害的第三人双方确实存在一定民事纠葛，这时户主的人身财产权利并没有因此受到威胁和侵害，就不能定性为入户抢劫。可以进一步假设，如果户主勒令双方到户外解决问题，或者让行为人离开自己的家，而行为人继续在户内实施暴力，其抢劫行为暴露出来，对户主及家人人身财产安全带来威胁，仍然应该认定为入户抢劫。❷ (3) 现实生活中被害人和"户"的关系可能呈现出多种样态，刑法在此关注的是被害人的人身和财产法益在户内受到侵害，而完全没有必要顾及和区分种种零碎的情节，这正是西方法律谚语"法律不理会琐碎之事"或者"法官不理会琐碎之事"的应有含义。❸ 这让我想起了一些研究存在的类似问题。例如，司法实践中，案件中的危害行为经常复杂多样，如果一味追求把握案件的每一个细节，恨不能面面俱到，滴水不漏，结果很可能导致情节无从把握，定罪犹豫不决，甚至多重定罪，定罪情节与量刑情节不分。比如，故意杀人案件中可能忽略其中的轻伤害行为，诈骗案件忽略可以进一步区分出的一小部分其他性质的欺骗行为，销售假冒注册商标的商品案件可能忽略其中销售小部分商品商标标识的行为，既遂案件可能忽略其他性质的预备行为、中止行为，等等。刑法理论中的附随行为一般不定罪，连续犯、牵连犯等只定一罪都蕴涵了这样的理念。在刑法学研究不断深入细致过程中，一些观点刻意地把本是同质的实际问题拆开来区别对待，"逐一研究"，分别处理，甚至由此发明出几个新鲜案例或者辞藻来，我认为这都

---

❶ 逄锦温：“抢劫罪司法认定中若干问题的探讨”，载《法学评论》2002年第1期。

❷ 郭立新等主编：《刑法分则适用疑难问题解》，中国检察出版社2000年版，第173页。

❸ 张明楷：《刑法格言的展开》，1999年版，第102~116页。不过，张教授对此格言的解释是限于刑法的谦抑精神，强调限制刑罚的调整范围，注意实行非罪化。特别是，法官适用具体案件时，对零零碎碎的事实情节要注意辨识甄别，不要觉得什么都重要，以至于让琐碎之事混淆了视线，使案件人为复杂化。

是法律琐碎思维的表现，是研究者在搞学术"虚假繁荣"。

还有一个问题，入他人之户抢劫临时居住的第三者的财物是否属入户抢劫？

【案56】刘某因经常到王某某开设的棋牌室打牌而与王相识。并且，刘某多次输钱。后刘某见王某某的棋牌室生意兴旺，便起意抢劫王的钱财。某个周日，刘某得知王某某要到其女友綦某家中过夜看房，并且知道其女友当日外出游玩家中无他人居住，便邀约另一犯罪嫌疑人沈某某于深夜守候跟踪王某某到綦某家中。当王某某打开綦某家房门刚要锁门时，紧随其后的沈某用力往前推门而跟进，后将房门反锁，刘某掏出水果刀对王某某实施威胁，抢得其随身携带的现金5 300元和价值约2 500元诺基亚手机一部。

本案刘某和沈某的抢劫行为是否属于入户抢劫？核心问题在于行为人进入的"户"并非被害人的住所地，更不是被害人的家。主观上，行为人进入綦某家就是为了抢劫王某某，客观上抢劫的对象非常明确，虽然地点是在綦某家，但此时行为人明知綦某家中没有别人，綦某的"户"只是行为人抢劫选择的具体地点而已，与一般抢劫无本质差异。故综合本案主客观方面的情节，对刘某和沈某不宜定入户抢劫加重犯。

3. 暴力胁迫行为和劫取财物的行为是否必须发生在户内

在典型的入户抢劫中，行为人以户内的人为抢劫目标，入户后通过对户内家庭成员施以暴力、胁迫或者其他手段抑制其反抗，从而当场获取财物。也就是说，实践中常见的暴力强制或者暴力胁迫行为，以及劫取财物的行为发生在户内似乎不成为问题。但是，如果出现暴力强制或者暴力胁迫行为发生在户外，或者劫取财物的行为发生在户外，是否还是定性为入户抢劫遂有争论。其中，最有疑问的是，行为人在户外对被害人实施暴力强制或者胁迫，没能获取财物，继而强制被害人进入其户内取财的，是否能认定为入户抢劫？对这个问题，在最高人民法院2005年《审理抢劫、抢夺案件的意见》规定"暴力或者暴力胁迫行为必须发生在户内"之后，争议很大。

2007年《人民法院报》还曾经载文进行过探讨。2007年11月7日

《人民法院报》刊登《户外施暴欲户内取财能否认定入户抢劫》一文。该文介绍案情如下：2007年3月30日下午6时许，被告人朱某骑自行车行至迟营乡尹楼村东南时，碰见该乡大迟营村村民王某骑自行车回家，顿生歹意。朱某追上王某，将其从自行车上拉下按到地上，用双手卡住王的脖子，几分钟后将手松开，让王某和他一起将自行车推到路边沟中，然后向王某索要200元钱，并威胁如不给钱就把她送到外地的黑厂去受罪。被害人王某因身上无钱，便答应回家给朱某找1 000元钱。随后朱某挟持王某到其家中拿钱，因王某没有找到钱而未得手。后王某父亲外出寻找女儿未果报警而事发。作者程东坡、李继涛认为被告人朱某的行为属于入户抢劫。主要理由是对"暴力或者暴力威胁行为必须发生在户内"不要过于狭窄地理解。就本案来看，朱某在户外对被害人王某实施暴力威胁等行为，后又挟持王某到其家中欲取得财物，朱某入户后虽未对被害人实施暴力威胁等行为，但其前面的行为仍对被害人有持续的影响，仍受其牵制，应认定为暴力发生在户内。对此观点，另一学者刘飞发表了不同意见，认为被告人朱某的行为不属于入户抢劫，而属于一般抢劫。理由如下：本案被告人朱某进入被害人王某的住家，目的是取得被害人王某向其许诺的1 000元钱，被害人王某的许诺是因受到被告人朱某的胁迫才作出的。此时的"入户"取钱是被告人朱某抢劫行为的延伸，具有附属性，且被告人朱某并未再次对被害人王某实施暴力殴打及言语胁迫。被告人朱某的行为虽然符合抢劫罪的构成要件，但是其"入户"取钱的行为，并非刑罚意义上的"入户抢劫"，其行为不能构成加重的抢劫罪。根据罪刑法定原则，对被告人朱某的行为只能按一般抢劫罪（未遂）定罪处罚。❶ 还有赞成不成立入户抢劫的理由是，行为人到户内取财，实质上是户外"当场"的延伸，应认定为一般抢劫。但应排除一种情形，即行为人跟随被害人至户内后，又临时起意占有其他财物，进而采取暴力手段劫取该财物，此时行为人"入户"有非法占有他人财物的主观故意，与随后的抢劫行为还有一定牵连关系，可视为"纯正入户抢劫"的特殊表现形式。❷

---

❶ 刘飞："户外施暴欲户内取财不能认定为入户抢劫"，载《人民法院报》2007年11月12日。

❷ 赖大庆："'入户抢劫'及其认定"，载《人民检察》2003年第1期。

笔者认为，本案不应该把前面实施的暴力行为与后面取财行为截然分开对待，因为取财行为也是在暴力胁迫下进行的，期待此时被害人在户外反抗行为人的暴力也不符合实际，不能因此认定被害人"许诺回家取钱"是兑现承诺。这样的"许诺"显然不能得到法律的承认。本案行为人先在"户外"对被害人进行暴力强制，使之不能反抗，然后，"入户"取财。无论行为人是与被害人共同"入户"还是当着被害人的面单独入户取财，均应视作暴力胁迫行为从户外至户内的延伸。由于该行为已经危及公民居住安全，使户主产生了极度心理恐惧，且行为人取得财物具有"当场性"，符合刑法规定的"入户抢劫"的犯罪客体要求，故应认定为"入户抢劫"。❶

【案57】2007年10月14日19时许，被告人毛某某在他人家里喝酒后回家，路上途经邻村的邓某家，毛某某知邓某丈夫长期在外打工，见邓某独自一人在家中准备洗澡，毛某某便尾随其后，待邓某进入卫生间后，用肩撞开其卫生间木门，用手摸邓某的身体下部，邓某随手拿一铁块反抗，将毛某某脑壳击打了一下，毛被打后恼羞成怒，从邓某手中夺过铁块打击邓某头部，并抢走邓某耳环一对。经鉴定，耳环价值人民币800元。湖北省汉川市人民法院经审理认为，被告人毛某某非法侵入他人住宅后，以暴力的方法强制猥亵妇女，其行为已构成强制猥亵妇女罪，在猥亵行为实施后，又对被害人实施抢劫，其行为亦构成抢劫罪。被告人毛某某犯数罪，依法应数罪并罚。遂判决被告人毛某某犯强制猥亵妇女罪，判处有期徒刑1年；犯抢劫罪，判处有期徒刑4年，并处罚金2000元。决定执行有期徒刑5年，并处罚金2000元。

本案对被告人的抢劫行为是否应当认定为入户抢劫有过分歧。法院最后采纳了否定"入户抢劫"的意见。"进入他人住所须以实施抢劫等犯罪为目的"的犯罪并非指一切犯罪。对这里的非法性不能孤立地理解，而要结合最高人民法院2000年《解释》第1条的规定来理解，即抢劫的

---

❶ 刘维兵："'入户抢劫'的四种特殊情形"，载《检察日报》2006年7月11日。

故意须在入户之前形成。虽然2005年《意见》在描述"入户"目的的非法性时使用了"抢劫等"词汇来表述这类犯罪，但这里的"抢劫等"只包括《刑法》第263条所规定的抢劫、法律拟制的《刑法》第267条所规定"携带凶器抢夺"和《刑法》第269条所规定的"转化型抢劫"这三种情形。即以实施抢劫为目的进入他人住所；或携带凶器以实施抢夺为目的进入他人住所；或者以实施盗窃、诈骗、抢夺为目的进入他人住所。而"以实施盗窃、诈骗、抢夺为目的进入他人住所"，还必须同时具备"行为人为窝藏赃物、抗拒抓捕或者毁灭罪证而当场使用暴力或者以暴力相威胁"与"暴力或者暴力胁迫行为发生在户内"这两个条件时，才能认定为入户抢劫。本案被告人虽然有为实施强制猥亵妇女犯罪而进入他人住所的"入户"目的的非法性，被告人在实施强制猥亵行为后所又实施的抢劫被害人耳环的行为，应认定为临时起意的抢劫行为，不构成入户抢劫。❶

（三）入户抢劫的主观方面要素

行为人入户之前是否必须有抢劫的故意？这是很有争论的问题。

在此争论过程中，一些学者提出"在户抢劫"与"入户抢劫"应该有区别。如有人认为，如果是合法性入户，临时起意抢劫，属"在户抢劫"而非"入户抢劫"。而有的则认为不论入户前有无抢劫故意，只要入户后抢劫的，就是入户抢劫。因为入户后临时起意抢劫，同样严重破坏被害人对家的安全感，其危害性并不比持抢劫故意入户的小。❷ 有的观点认为，在户中抢劫是否认定为入户抢劫，关键要看行为人入户是违法入户还是合法入户以及入户的动机。❸ 还有人综合以上观点主张分四种情况区别对待：（1）先有抢劫故意而后入户抢劫，当然是入户抢劫。（2）为了盗窃、诈骗、抢夺财物而入户，因发现有人在家转而实施抢劫，或者骗局被揭穿或者抢夺不成，转而实施抢劫，应当视为入户抢劫。（3）出

---

❶ 付桂林："如何理解抢劫案件中入户目的的非法性"，载中国法院网，2009年3月10日访问。

❷ 熊洪文："再谈对抢劫罪加重情形的认定"，载《人民检察》1999年第7期。

❸ 李肯："准确认定入户抢劫应注意的几个问题"，载《法制日报》1998年7月11日。

于其他动机、目的非法侵入他人住宅，例如，为报复泄愤毁坏他人财物，或者为进行流氓滋扰，在进行非法活动过程中或之后临时起意进行抢劫的。这与先有抢劫故意而入户抢劫没有重大区别。（4）以合法理由进入他人住宅，突发抢劫的，不宜视为入户抢劫。更有观点认为，从刑法对危害社会行为的统一性角度出发，应该弱化"入户抢劫"的主观目的的评价，强化对"入户抢劫"的抢劫地域性规定，所以，把"入户抢劫"改为"户内抢劫"为宜。❶ 以上观点基本都不考虑入户抢劫的主观故意因素。

如今，学术界对此问题的看法，比较一致的是：先就有抢劫故意而后入户抢劫的，属典型的入户抢劫；以正常合法的理由（一般也会得到许可）进入他人住宅，后临时起意或者突发抢劫的，不属入户抢劫。而对于为了盗窃、诈骗、抢夺财物而入户，因发现有人在家转而实施抢劫，或者骗局被揭穿或抢夺不成，转而实施抢劫的，应否认定为入户抢劫仍有争议；而对出于其他非法动机、目的入他人之户，如为了故意毁坏他人财物、故意伤害、侮辱强奸等，而进入他人之户内，在进行非法活动过程中或之后临时起意抢劫的，是否也认定为入户抢劫，则争论最大。而对于以其他非法目的入户后，再临时起意实施抢劫的问题，产生上述争议的主要原因何在？笔者认为，根据最高人民法院2000年《解释》第1条第2款之规定，"对于入户盗窃，因被发现而当场使用暴力或者以暴力相威胁的行为，应当认定为入户抢劫"，又根据最高人民法院2005年《意见》第1条中"入户实施盗窃被发现，行为人为窝藏赃物、抗拒抓捕或者毁灭罪证而当场使用暴力或者以暴力相威胁的，如果暴力或者暴力胁迫行为发生在户内，可以认定为'入户抢劫'"之规定，这二者仅仅规定"入户盗窃"可以转化为"入户抢劫"，这就给人遐想的余地：能否将此处的"盗窃"推及其他财产犯罪甚至是其他所有的违法犯罪呢，这种疑问显然是可以理解的，何况上述解释性文件中还用了"等"这样不确定的字眼。

肯定以其他非法目的入户后临时起意抢劫也能构成入户抢劫的理由

---

❶ 罗猛："'入户抢劫'若干问题研究"，载《刑事司法指南》总第45集，法律出版社2011年版，第27页。

是：行为人敢于闯入私人住宅为非作歹，并且在住宅中进行抢劫，从主观与客观相结合上看，其行为已经构成对他人住宅和被害人财产权利、人身权利的严重危害，其社会危害程度与先有抢劫故意而入户抢劫的情形并没有大的区别。最高人民法院的解释性文件既然肯定了入户盗窃因被发现而当场使用暴力或以暴力相威胁的行为可认定为入户抢劫，对出于抢劫、盗窃之外的其他非法目的入户而后以暴力、胁迫或其他方法实施的抢劫行为自然也可认定为入户抢劫。❶ 也有反对者认为，如果以其他非法目的入户而后临时起意实施抢劫，尽管抢劫行为也在户内发生，客观上也侵犯了他人的住宅安全以及人身、财产权利，然而无以体现行为人较大的主观恶性与人身危险性，不足以适用极重的法定刑。而且，入户盗窃而当场使用暴力或以暴力相威胁认定为入户抢劫本身是否妥当，仍值得研究。行为人入户盗窃也存在不顾阻碍实施犯罪的故意，也能体现出其一定的主观恶性与人身危险性，但是以盗窃为目的入户与以抢劫为目的入户所体现的行为人的主观恶性及人身危险性是存在较大差别的，仅以其后来在户内实施了抢劫就认定为入户抢劫不妥。这样定性有扩大打击范围、滥用刑罚之嫌。最高人民法院的解释性文件所持观点，实际上是将入户盗窃的预备行为解释为入户抢劫的预备行为，在一定程度上违反了刑法规定的罪刑法定基本原则。且在 2000 年《解释》没有将入户诈骗和入户抢夺之两种转化型抢劫情形解释为入户抢劫的情况下，也不能将之"类推"为入户抢劫。故建议，还是应该将入户抢劫中行为人的主观目的限于"为实施抢劫"。至于行为人以绑架、杀人为目的非法入户而后起意抢劫的，其主观恶性虽大，但仍然不宜认定为入户抢劫，对此情形可以绑架罪（预备）、故意杀人罪（预备）与抢劫罪并罚，从而实现罪与刑相适应，不一定非要认定为入户抢劫。❷

笔者认为，故意是抢劫罪必须具备的主观归责要素，对于"入户抢劫"的认定同样离不开对其主观要素的考量。但对于加重犯的主观要素的研究还是研究加重犯理论的薄弱环节，如何具体认识加重犯的归责要

---

❶ 陈立：《财产、经济犯罪专论》，厦门大学出版社 2004 年版，第 444～447 页。

❷ 张永红："'入户抢劫'新论"，载《河北法学》2006 年 11 月第 24 卷第 11 期。

素还是很值得探讨的问题。有观点认为,加重构成犯罪的归责要素包括责任能力、事实性认识、违法性认识以及期待可能性。❶ 但该观点也只是根据大陆法系犯罪构成理论理论提出了概括性看法。笔者认为,违法性认识和事实性认识是这里要重点关注的问题。

就入户抢劫而言,其主观故意显然有别于一般的抢劫罪,也不是入户故意与抢劫故意的简单相加,或者说不是只要故意(非法)入户和故意抢劫即可。争论问题还在于是否要求行为人在入户之前即有抢劫的故意?如果说抢劫的故意容易理解,入户的故意内容包括哪些认识因素和意志因素呢?

关于违法性认识,我国通说对犯罪故意采取的是违法性认识不必要说,只要行为人明知其行为及行为结果的危害性,不要求明知行为及行为结果的刑事违法性,❷ 即使没有违法意识也成立犯罪故意。在我国1997年《刑法》规定"入户抢劫"后,如前所述,诸多观点已经认识到了"入户"的合法性与非法性问题。而违法性认识问题从一般的犯罪构成,进入加重的犯罪构成中来,问题就进一步复杂化了。

笔者认为,如果是合法入户当然就不存在入户抢劫之说。一般说来,合法入户是指行为人以正当目的、经户主同意而入户,此外为非法入户。非法入户与合法入户的判断标准只能是户主是否同意,或者推定同意。合法入户包括两种情况:一是户主明确同意行为人入户,如对方上门谈欠款纠纷如何解决。当然,户主同意的意思表示应该是自愿和真实的;二是推定户主同意。在特定的情况下,尽管没有户主明确的同意,但根据法律或事实可以推定行为人入户合法,例如,户内着火,他人入户抢救被困人员和财物;帮助入户抓捕正在盗窃的窃贼等。至于行为人入户的目的或动机是否合法与正当不能作为认定合法入户或非法入户的标准。即使行为人以违法犯罪的故意入户,但只要是户主自愿真实同意或者可以推定同意的,也仍然属于合法入户而不是非法入户。例如,卖淫女带领行为人至自己居住的场所进行淫乱活动,行为人在户内实施抢劫的,

---

❶ 卢宇蓉:《加重构成犯罪研究》,中国人民公安大学出版社2004年版,第49~54页。

❷ 高铭暄、马克昌主编:《刑法学》,北京大学出版社、高等教育出版社2010年版,第116页。

或者行为人一直想入户抢劫被害人，一天被害人邀请行为人到自己家里玩，行为人却趁此便利入户而对被害人实施抢劫，这些都不能认定为入户抢劫。如果是合法入户后，经户主要求，无正当理由拒不退出，并且实施抢劫的，笔者认为，这虽然也侵犯了公民的住宅安全，但仍然不具备"入户"的非法性，与一般的"在户抢劫"并没有质的区别，所以也不宜定为入户抢劫。

在最高人民法院先后颁布 2000 年《审理抢劫案件的解释》和 2005 年《审理抢劫、抢夺案件的意见》后，由于其明确规定，"为实施抢劫行为而进入"以及"进入他人住所须以实施抢劫等犯罪为目的"，入户抢劫的主观故意要素更加明确，那就是行为人入户之前，须具有实施抢劫等犯罪目的。但问题是，入户的故意如何理解，即行为人对进入他人住处的认识因素如何把握呢？司法解释并没有明确这个问题。这实际上涉及故意的事实性认识问题。有人认为，事实性认识，是指对构成要件中不需要评价的事实的认识。对于加重构成而言，需要注意的是行为人对加重因素的认识。并提出以一般人的标准判断行为人有无认识可能性。结果加重犯、数额加重犯和情节加重犯的构成都要求行为人有事实性认识。❶ 但该观点没有进一步阐述情节加重犯的事实性认识的内容。还有观点主张，非法入户目的的范围只能是实施犯罪，对于行为人实施违法行为如卖淫嫖娼、赌博等入户的，应排除在入户非法性目的范围之外，不过，非法入户的目的不仅限于实施抢劫犯罪，还可包括实施盗窃、诈骗、抢夺、强奸、故意伤害等其他犯罪。❷

对于入户抢劫的案件，通常是从第三人的角度客观评价是否属于"户"，但这种评价是否应该考虑行为人的主观认识因素呢？或者说入户抢劫作为严重故意犯罪，故意的内容包括哪些，是否应该包括行为人对所进入之处乃他人之"户"的明知？对此，可以先从司法解释的规定着手研究。

最高人民法院 2000 年《审理抢劫案件的解释》规定，入户抢劫是为

---

❶ 卢宇蓉：《加重构成犯罪研究》，中国人民公安大学出版社 2004 年版，第 50～51 页。

❷ 项谷、张菁：《抢劫犯罪法律适用问题新探——以最高法院《两抢意见》与上海市《'两抢一盗'意见》为视角》，载《上海政法学院学报》2006 年第 6 期。

了实施抢劫行为而进入属于"户"的范围进行抢劫的行为,入户实施盗窃被发现当场使用暴力劫取财物的行为,也以入户抢劫论;2005年《审理抢劫、抢夺案件的意见》又规定,认定入户抢劫时应当把握"入户"目的的非法性,进入他人住所必须以实施抢劫等犯罪为目的,抢劫行为虽然发生在户内,但行为人不以实施抢劫等犯罪为目的的进入他人住所,在户内临时起意实施抢劫行为的,不属于"入户抢劫"。可见,司法解释明确了,认定入户抢劫时,要求"入户"目的的非法性。但如何理解"为了抢劫",以及"入户"目的的非法性呢?有的观点认为,把握"入户"的非法性,不能一概而论,既不能作限制理解,将入户的目的限制于实施抢劫行为;也不能作扩大解释,认为只要入户具有非法目的,不管非法目的与实施抢劫行为之间是否具有关联关系,只要入户目的非法并在户内实施了抢劫行为,则一律构成入户抢劫。而应当综合考虑目的本身的非法性和目的与抢劫行为之间是否存在一定的联系,如果行为人入户的目的是实施抢劫、盗窃等与非法占有为目的有关的行为,应当认定为入户抢劫;相反,如果行为入户的目的并非与财产有任何关系,即使行为入户目的不合法,且在户内实施了抢劫行为,也不应以入户抢劫论处。例如,甲与乙发生矛盾,甲被乙打了一顿,被打后不服气准备到乙家报复;甲遂进入乙家,发现乙有数码相机,遂产生占有的念头,即采用威胁手段将乙的相机抢走。此时虽然甲进入乙家的目的非法且在乙家实施了抢劫行为,但不应认定甲的行为为入户抢劫。如果行为人入户目的是实施盗窃行为,入户目的具有非法性且有非法占有的故意,就符合入户抢劫的主观评价。❶ 显然,这种观点没有进一步说明,为什么只有非法侵入行为具有非法占有他人财物的故意(或者与财产有关)时,才符合入户抢劫的主观评价。若是以强奸妇女的故意侵入他人住宅,后临时起意实施抢劫的,就不是入户抢劫了。其法理依据值得商榷。主要是此种情形的入户强奸行为和一般抢劫行为相加如何就得出了入户抢劫的结果呢?此时如果定强奸与入户抢劫两罪并罚是否过重呢?

的确,我们都认同一个基本观念,刑罚的轻重要与犯罪的主观恶性

---

❶ 杨菁:"从该案看如何认定入户抢劫",载中国法院网,2007年2月1日访问。

与客观行为的社会危害性大小相适应。一般说来，入户抢劫与在户抢劫在主观方面有重大差别，入户抢劫必须是为了实施抢劫犯罪而进入他人住所内，在户抢劫则在进入他人住所前或者进入他人住所时，并没有抢劫的意图，而是在他人住所内另行产生抢劫的故意。具体而言，要在坚持刑法基本原则的情况下解决这个问题，关键是要运用刑法中关于转化犯和罪数的理论，特别是对复杂行为之间关系进行具体分析。

在我国《刑法》第269条规定的转化型抢劫犯罪中，基本犯罪行为包括盗窃、诈骗和抢夺，对于转化为抢劫罪而言，它们的地位是同等的，最高法院的规定没有包括诈骗和抢夺，可能是因为盗窃比较常见，可能性大。正如有的观点所言，入户盗窃在最高法院"入户抢劫"认定的条款中起到的是提示性、例证性的规定，绝非是对转化型"入户抢劫"的解释性、拟制性条款。从入户诈骗、抢夺的行为社会危害性来看高于入户盗窃，将其使用暴力或者以暴力相威胁的行为拟制为"入户抢劫"是合理的。❶ 此时，如果非法入户行为人的行为仅仅转化为一般抢劫，与普通的转化犯没有任何差异，定罪量刑就没有涵盖非法侵入住宅的危害性，对于户内居民财产和人身权益的保护也是不公平的。而且，这时认定转化型加重犯只是在抢劫罪一个罪的程度内加以调整，也符合行为人的主观因素（非法占有目的），并不违背罪刑法定原则。再来看以其他如故意毁坏财物、伤害、强奸等犯罪意图进入他人之户后，临时实施抢劫的情况，此时行为人原本实施的故意毁坏财物、伤害、强奸等行为，与后面实施的抢劫行为依法不能转化为一个罪，也不存在吸收、牵连或者连续、包容等罪数关系，如果前面的行为成立犯罪，就与后面的抢劫罪一样，形成相互独立的数罪关系。在主观上，前罪故意的内容与抢劫罪的主观故意也无法融合成所谓"新的、更重"的故意。这时对行为人以前罪和"入户抢劫"进行数罪并罚就有重复评价之嫌，只有把后来的抢劫罪（属于一般抢劫，除非符合其他加重犯条件，如数额巨大）与前面的犯罪数罪并罚，则既没有放纵犯罪，也更符合罪数理论，是正确的选择。

对于入户抢劫加重犯与转化犯的关系问题，本书将在后面有关拟制

---

❶ 罗猛："'入户抢劫'若干问题研究"，载《刑事司法指南》总第45集，法律出版社2011年版，第30页。

型抢劫的内容中作进一步的研究。

【案58】阿东是已婚男人,却时常想着尝尝与同性之间发生关系的滋味。2012年3月初,阿东趁其妻子上夜班之机,在一男同性恋网站付费邀请一会员到家中"共度良宵"。应阿东邀请而来的男子绰号叫"小六",在深圳龙岗、坪山一带的同性恋圈子中十分有名气。事发当晚,阿东一个人在家,"小六"来后两人发生关系。但是,阿东还觉得不过瘾,向"小六"提出玩SM(性虐待)游戏。于是,"小六"用绳子将阿东绑得跟粽子似的。但"小六"却没有按照阿东想象的故事情节进行,他开始在阿东家大肆翻找起来,搜出几百元现金之后,又从阿东口袋中搜出银行卡,逼阿东说出密码,随后取走数千元。阿东光着身子,又被绑着,也不敢喊叫。等"小六"劫财离开之后,阿东挣扎着报了警。"小六"被抓获归案后,对犯罪事实供认不讳,因涉嫌抢劫被刑事拘留。❶

本案犯罪嫌疑人"小六"和被告人阿东的行为都具有非法性,嫌疑人是受被害人的邀请进入其家中,并发生非法性关系后,借机实施了抢劫行为。如果嫌疑人入户之前就已存抢劫的歹意,那就应该认定为入户抢劫。

其次,对于入户抢劫,行为人主观上是否还应该对"户"具有明知的认识呢?有的观点认为,立法对"户"采取的是客观评价标准,要求"户"必须具有用于家庭生活的功能特征和与外界相对隔离的场所特征,户已经显示与其他场所不同的外表特征和内在功能特征。入户抢劫的主观评价,主要体现在行为人对"进入"户的目的和动机,而不应该要求行为人对"户"有明知的认识,因为:(1)不管行为人对户是否具有"明知",不会影响对户的评价,也不能改变户作为与外界相对隔离的用于家庭生活固定场所的客观事实。(2)行为人对户是否"明知"并不影响其社会危害性。刑法之所以对"入户抢劫"进行专门评价,主要考虑其社会危害性。住所是公民最基本人身权利和财产权利的庇护场所,也

---

❶ 伟涵、徐庆辉:"深圳男子趁妻夜班邀男网友玩SM被劫财",载大洋网(广州),2012年4月6日访问。

是公民赖以生存、抵御灾害的最后屏障，如果遭到侵害，往往易遭受灾难性侵害，不管行为人对"户"是否明知，对住户来说已经将该场所作为自己最安全的庇护场所，其造成的伤害都是一样的。(3) 2005年《意见》并未要求对户具有明知意识。(4) 从诉讼证据来说，往往难以认定被告人具有对"户"的明知。❶ 这种观点强调了入户抢劫之目的与动机的违法性，而否定行为人对"户"应该具有主观上的明知，即对"户"无需有违法性认识。

另有观点认为，对"入户"的评价，不仅仅是要有客观的评价，而且还要包含主观的评价在内，在《刑法》第263条中，"入户抢劫"并不是抢劫罪的客观加重处罚条件。入户抢劫是抢劫罪的加重情节，刑法上也给予了非常严厉的处罚，应从故意的规范的概念阐述之，不但要求行为具有"进入"的故意，而且要求行为人对"户"必须具有概念因素的"明知"，如果行为人选择某个户进入实施抢劫行为，但主观上确信该场所并非"户"，如果以"入户抢劫"论显非合理。

具体说来，"入户抢劫"的主观要素内容应该包括：

其一，根据最高人民法院2000年和2005年的两个解释性文件，"入户抢劫"的行为人在主观上必须是为了实施抢劫，亦即行为人在到"户"内之前主观上已有抢劫的犯罪故意，而非单纯地客观上"在户内"实施抢劫。这可以说是法律对入户抢劫作为抢劫罪的加重犯最基本的主观限制。如果行为人不以实施抢劫等犯罪为目的进入他人住所，而是在户内临时起意实施抢劫的，不属于"入户抢劫"。

其二，即使行为人"为了实施抢劫"的主观故意可以明确，"入户"的认定也应以行为人明知进入的犯罪场所系"户"为认识前提。这是从犯罪故意的角度作出的规范意义的解释。刑法以"入户"修饰"抢劫"，作为抢劫行为实施时足以影响量刑轻重的一种重要状态或情节，惟有从故意的规范概念去阐释之，才能贯彻罪刑相适应原则。故意的"入户"行为，并不能单纯地、完全地理解为故意的"进入"，而且行为人对于"户"必须具有故意概念意义上的"明知"。"明知"作为故意的认识因

---

❶ 杨菁："从该案看如何认定入户抢劫"，载中国法院网，2007年2月1日访问。

素而存在，从认识因素角度体现行为人的主观恶性。假如有确实充分的证据证明行为人选择某个场所而进入实施抢劫行为，但其主观上确信这个场所并非"户"，则以"入户抢劫"定性并不合理。对此，肖中华教授举过一个案例，甲、乙两人均为中学生，因经济窘迫而预谋抢劫。为容易得逞，甲、乙商议"不能去抢劫居民楼"而只能去抢劫中学学生宿舍。某日晚，两人携带匕首、绳子、手电筒等作案工具至某中学1号学生宿舍二层，连续对201、202和203号房以暴力胁迫方法实施抢劫，抢得人民币180元等。下楼欲逃离现场时，甲发现一楼的103室阳台上晾的衣服质量较好，便对乙说："这个寝室的学生蛮有钱的，我们干脆进去一趟！"于是两人闯入103室，发现该室是一对新婚青年教师的宿舍，赶忙退出逃跑。对于该案中甲、乙两人闯入青年教师居家生活的宿舍是否成立"入户抢劫"存在争议：有人认为，两行为人主观上是为实施抢劫，客观上进入了"户"，无疑属于"入户抢劫"。有人则认为，两行为人虽属于"入户抢劫"，但由于在犯罪预备阶段中止了在"户"内的抢劫，所以，综合整个案情不宜以"入户抢劫"论处，而应只认定先行的对201、202和203房的抢劫行为。肖教授就此认为，甲、乙两人的行为不能评价为"入户抢劫"，但理由并不是"入户抢劫"后出现了犯罪中止，因为犯罪中止与"入户抢劫"没有必然冲突和矛盾，犯罪中止也不能阻却"入户抢劫"。甲、乙两人的行为不能评价为"入户抢劫"的理由是行为人主观上虽然有抢劫的故意，但没有"入户"抢劫的故意，当行为人发现该场所是教师的"户"时自动放弃抢劫的行为，其意义不是表明行为人"入户抢劫"后中止犯罪，而是表明行为人没有抢劫"户"的主观心态。❶

另外，行为人对"户"的主观认识，还应该包括认识到自己进入的是"他人"的"户"。如果行为人在自家住宅内或者进入自家住宅（如假冒成劫匪）实施抢劫的，不属于"入户"，也不属于"在户抢劫"。

所以，笔者认为，"入户抢劫"在主观上，对"入户"和"抢劫"都应该有故意的认知。二者相互联系地共同构成行为人"入户抢劫"的主观方面的内容。就前者而言，一方面要求行为人对"入"具有意思支

---

❶ 肖中华："入户抢劫问题研究之二：入户抢劫主观评价的内容"，载《人民法院报》2006年2月8日。

配,另一方面是行为人还要对"户"具有明知的认识要素。这也正是我国刑法理论之主客观相统一原则的具体要求。抢劫属于严重的直接故意犯罪,作为情节加重犯的"入户抢劫",刑法对其主观认识要素无疑应该更加严格,除了具备一般抢劫罪的主观要素之外,还应该要求对"人"与"户"都要有必要的主观认识。我国刑法中的故意是一种实质的故意概念,要求直接故意犯罪的行为人要认识到实质的违法性,即认识行为的社会意义和结果的社会危害性质。"户"作为一种特定意义的重要场所,入户抢劫,如果脱离"户"的社会意义来认识,其主观危害性势必大为减弱。

　　我们大可不必担心行为人寻找借口否认其对"户"的认识,因为"户"是人们基本生存不可缺少的最常见的"物质形式",是所谓人人有户(达到"居者有其屋"是理想的社会政策状态),人人也知户,根据一般的生活常识与社会经验法则对"户"并不难判断。所以,没有足够的证据,行为人根本否认不了对于侵入他人"户"的认识。而且,刑法对于行为人行为的认识,不苛求以刑法之规范概念进行完全对号入座式的认识,只要认识到规范概念所指示的与犯罪的社会危害性相关的概括性意义即可。不能一味强调打击或者担忧定罪困难,而有违刑法原理,而实际上行为人以足够的理由排除对户的认识往往更加困难。如果对少数案件作出这种排除,那岂非更加证明了法律适用的全面和公正性!这正是法官必须使行为人的日常语言世界与刑法的专业语言世界相联系,穿梭于民众语言与法律语言之间,从而进行判断。❶ 相反,把"户"绝对地排除于行为人的主观认识因素之外,没有法理依据,更不能以司法解释没有明确规定作理由。很简单,司法解释不可能穷尽一切,法官要剔除司法解释依赖症!否则还要研究刑法理论做什么。

　　最后,笔者的结论是,从主观方面看,除了典型的入户抢劫(直接进入他人之户实施抢劫)和典型的在户抢劫(以一般日常理由入户后临时起意抢劫)外,要区别两种情况,分别对待:一是行为人入户实施盗窃、诈骗、抢夺罪,为窝藏赃物、抗拒抓捕或者毁灭罪证而当场在户内使用暴力或者以暴力相威胁的,依法应该认定为入户抢劫一个罪;二是

---

❶ 张明楷:《刑法学(第三版)》,法律出版社2007年版,第217页。

行为人入户实施其他非盗窃、诈骗、抢夺的犯罪，后又临时起意抢劫的，如果前行为构成犯罪，则应该以普通抢劫罪（除非构成其他加重犯情形）和前罪数罪并罚。

二、在公共交通工具上抢劫

在公共交通工具上抢劫可能危及不特定多数人的人身财产安全，这正体现出此类行为在侵害法益方面不同于一般抢劫的特性。正是侵犯法益的多重性和重要性决定了"在公共交通工具上抢劫"成立抢劫犯罪的加重犯。我国刑法将"在公共交通工具上抢劫"作为一类加重犯，其立法用意，主要正是取决于它侵害客体的复杂性和特殊性。

（一）刑法中的公共交通工具

一般认为，公共交通工具是指为不特定的多数人提供运送服务的各种车辆、轮船、航空器等正在运营中的机动交通工具。但在法律上如何理解"公共交通工具"却存在不同的认识。如从文意解释入手，有人把公共交通工具只限定在"公交车"的含义上，有人却主张，要全面理解交通工具的公共性，而且"公共"的含义可大可小，不能仅把公共性限定在公共交通性上，公共交通工具的含义应为公共的交通工具。还有人认为，解决文意上的争议应从立法目的入手，对其进行目的解释。设立"在公共交通工具上抢劫"的实质原因在于该行为不仅侵犯了一般抢劫罪的双重客体，而且危及了不特定多数人的人身财产安全。据此，成立"在公共交通工具上抢劫"对交通工具要有特别限制，即交通工具必须承载多数人，承载多数人应为公共交通工具之本质特征。依据这一特征，公共交通工具的含义理解为公共的交通工具更合理，其最本质的属性为公共性。但这同样也存在如何认识"公共性"的问题。显然，"公共性"不仅仅是个法学领域的概念范畴，但研究抢劫加重犯则只能在刑法的价值意义上理解"公共性"。

在1997年《刑法》实施后，诸多认识把正在从事旅客运输的火车、轮船、飞机，以及各种公共汽车、电车、大中型出租汽车认同为"公共交通工具"没有疑义。但实践当中小型出租车的争议很快出现了，有的地方先认定抢劫出租车成立该种抢劫加重犯，后来又觉得不妥，开始出现否定的做法。在理论上也出现了对抢劫出租车问题的争论。还有抢劫非法营运载客的车辆，在火车上的相对独立区域实施抢劫等是否也认定"在公共交通工具上"抢劫？类似问题都反映出对"公共交通工具"理解上的理论纷争。

针对这个问题，最高人民法院 2000 年《审理抢劫案件的解释》第 2 条规定："刑法第二百六十三条第（二）项规定的在'公共交通工具上抢劫'，既包括在从事旅客运输的各种公共汽车、大、中型出租车、火车，船只，飞机等正在运营中的机动公共交通工具上对旅客、司售、乘务人员实施的抢劫，也包括对运行途中的机动公共交通工具加以拦截后，对公共交通工具上的人员实施的抢劫。" 2005 年《审理抢劫、抢夺案件的意见》第 2 条进一步规定，根据 2000 年《解释》第 2 条之规定，"'在公共交通工具上抢劫'，主要是指在从事旅客运输的各种公共汽车、大、中型出租车、火车、船只、飞机等正在运营中的机动公共交通工具上对旅客、司售、乘务人员实施的抢劫。在未运营中的大、中型公共交通工具上针对司售、乘务人员抢劫的，或者在小型出租车上抢劫的，不属于'在公共交通工具上抢劫'"。这样一来，可以归纳出，刑法上的公共交通工具应该具备如下两个基本特征：

（1）公共性，即公共交通工具为不特定多数人提供搭乘和运输服务。公共性是公共交通工具的本质特征，这里的"公共"二字至关重要，行为人侵害的对象是包括乘客和司机在内的公众，"之所以强调'公共交通工具'而非'一般交通工具'，也是从公共交通工具乘客在绝大多数情况下为'多人'和'不特定'这一公共性和社会性的本质特征出发的"。[1] 但是，不特定多数人的外延是否包含不特定的 2 人甚至是不特定的 1 人（甚至包括仅仅司机 1 人）的情况，还有争议。有人认为，抢劫行为发生在能够且实际承载多数乘客的、正在运行过程中的公共交通工具上。[2] 笔

---

[1] 李建国、李文军、周起华："浅析'入户抢劫'和'在公共交通工具上抢劫'"，载《国家检察官学院学报》2002 年第 1 期。

[2] 黄祥青："如何认定在公共交通工具上抢劫"，载《人民法院报》2005 年 9 月 21 日。

者认为,这类加重犯侵害不特定多数人的权益,并非等同于侵害行为必须发生在3人以上的公共交通工具上,对他人权益的侵害应该联系到其危害公共安全的可能性上加以认识,由于是营运车辆,在没有乘客的情况下,司售人员被抢劫也可能导致车辆非正常行驶引发交通事故,从而危害公共安全。以个案的特殊性否定这类犯罪的普遍性是不恰当的。否则,发生了这类案件,不仅要查实车上有几个人,还得查清楚车辆行驶时周边是否有人,车辆是否可能冲击行人等情况,依这种思路很可能导致一些案件成为悬案或者疑案。同样道理,如果行为人出于特殊动机专门针对乘客中的某个特定对象实施抢劫(行为人甚至声明与其他人无关),如趁夜间最后末班车尾随特定"仇人"上车抢劫,此时同样应该依该加重犯论处。处理在营运的交通工具上抢劫的案件,不应取决于公共交通工具中实际乘坐的人数多少,而是不问乘坐人数有多少,也不问实际抢了几个人,都应适用该情节加重犯。车上人数少,危害公共安全的可能性不大只能作为量刑考量的要素,不能因此否定"公共交通工具"的公共性特点。我们没有理由以危害公共安全程度不大把只抢劫司售人员的情况排除在外。

(2)营运性,是指公共交通工具必须是正在从事运营活动之中。即本罪中的"公共交通工具",应当是指正在运行过程中的大、中型汽车、火车、船只、飞机等公共交通工具,只有在运行过程中的公共交通工具上抢劫的行为,才能既危及不特定多数人的人身和财产权利,又危害公共交通运输安全,从而较抢劫罪的基本犯具有更为严重的社会危害性,借此从另一方面强化加重处罚的事实依据和理由。❶ 这里的营运性包括从起点到终点的整个营运过程。在这个过程中任何时候实施抢劫,都是"在公共交通工具上抢劫"。以公共汽车为例,在某路公共汽车还未收班之际,那些停车待客或者排队等候的车辆都属于正在运营之中的公共交通工具;即将收班的最后一辆公交车在下客之后(当天不再载客)回队途中,也是营运的公共交通工具。相反,如果抢劫行为不是针对运行过程中的旅客、司售、乘务人员实施,而是针对停驶期间其他在交通工

---

❶ 黄祥青:"如何认定在公共交通工具上抢劫",载《人民法院报》2005年9月21日。

上活动的人员实施的,如抢劫夜间在一辆停靠车站的公共汽车上睡觉的打工者,或者在车上打扫卫生的清洁工人,这样的抢劫就不属于《刑法》第263条所指的"在公共交通工具上抢劫"。

【案59】一段时间以来,深圳警方接到多起报案,受害人称深夜乘坐868路公交车,被司乘人员强行搜走钱后赶下车。2012年初警方控制了一辆可疑巴士,并抓获犯罪嫌疑人徐某元(男,43岁)、龚某明(男,37岁)、张某(男,37岁)、郭某山(男,42岁),其中张某是新近参与者。负责开山寨868路汽车的徐某元自称于2010年被裁员后,遂谋划到深圳弄辆公交车拉客抢钱。其他两个同伙郭某山、龚某明同意出资入伙。2011年他们再次来到深圳后,三人凑起5万余元,其中到东莞花4万余元买了一辆报废的巴士,花1万余元将车辆喷涂成868线路的外观。为了更好地掩盖山寨车,他们到报废的公交车停车场偷了一副原868线路的真车牌。自此,他们在深夜出现在深圳的沙井、福永、石岩、龙华、平湖一带兜客。乘客上车后,伪装成售票员的郭某山、龚某明开始向乘客要钱,经过逐一搜索将乘客的钱抢走。对不服从的乘客,两名男子则实施暴力,等跨区之后就将所有乘客赶下车去。由于担心会被发现,这个团伙成员在白天就将车辆停在一些小路边。由于司机要"轮班上岗",他们后来又招了老乡张某入伙。2012年2月13日凌晨,他们依旧出现在龙华汽车站附近,并抢劫了包括保安、妇女在内的9名乘客。2月13日清晨5时46分,一名中年妇女报案称,她在龙华上了一辆868路公交后,被司乘人员暴力威胁抢走90元,全车9个乘客无一例外全部被抢,其中有反抗的乘客被打,868路行驶到平湖后司乘人员就把9个人赶下车。❶

这起抢劫案件很有意思,徐某元等人是以冒充公交车载客的形式实施抢劫。其中包括实施了盗窃他人机动车牌照、非法营运等违法行为。但其主要危害行为是以假公交车诱骗真乘客上车后实行抢劫,但其中也有运送乘客的成分。笔者认为,对这种危害行为不宜认定为在公共交通

---

❶ 徐超:"前公交司机买报废车伪装成公交车抢劫乘客",载《南方都市报》2012年3月7日。

工具上抢劫。但行为人的行为应该符合"多次抢劫"的特征，可以多次抢劫的加重犯定性处理。

（二）在公共交通工具上抢劫的客观表现形式

对于"在公共交通工具上抢劫"，最高人民法院2000年《解释》指明两种情况，一是直接在交通工具上（车内）抢劫，二是拦截机动交通工具实施抢劫。但是，如果拦截长途客运汽车后，并未上车对车上的人员实施抢劫，而是在车外强令或者要挟司机或车上其他人员交付财物后才放行，这种发生在车外的抢劫又是否是"在公共交通工具上抢劫"呢？此时，拦截车辆后在车外实施暴力胁迫抢劫，一般并不直接危及交通运输的安全，同拦截车辆后把车上人员赶下车后抢走该车辆有相似之处，后者不以"在公共交通工具上抢劫"论处，那么，拦截车辆强令车上人员交付财物是否认定为抢劫加重犯？

对此，理论界的认识还是很不一致。有的认为"在公共交通工具上抢劫"应指行为人本身就在交通工具上，或者拦截交通工具后上车抢劫，如果只是拦截交通工具以暴力胁迫方式抢劫，并未进入交通工具的，仍按一般抢劫认定。有的则认为，对上述规定的理解不应拘泥于字面而应把握立法精神。不论抢劫是在交通工具"上"还是"下"，其社会危害性是完全相同的，应一并认定。至于行为人是在车上动手，或者是拦截车辆，以暴力威胁使乘客将财物扔到车下，或者是威逼乘客下车，在车下实施抢劫，只是抢劫方式、方法不同，其社会危害性质没有区别。就个案而言，不同的抢劫方式、方法，危害程度可能有所不同，但这只能在具体量刑时予以考虑。

笔者认为，"在公共交通工具上抢劫"主要是指上述解释中前一种情况，即在"正在运营中的机动公共交通工具上对旅客、司售、乘务人员实施的抢劫"，至于"对运行途中的机动公共交通工具加以拦截后，对公共交通工具上的人员实施的抢劫"，包括拦截该公共交通工具后上车抢劫车内旅客及司售、乘务人员的财物，也包括以砸损车窗玻璃、殴打司售人员等暴力方式迫使旅客、司售、乘务人员交付财物的情形。如果只是针对车辆通行路线及司售、乘务人员，拦截车辆以暴力或者暴力相威胁，逼迫司售人员交付所谓"过路费""买路钱"的，不宜认定"在公共交通工具上抢劫",有可能是寻衅滋事,也可能是普通的抢劫罪。如果是在道路通行过程中发生纠纷,行为人把民事纠葛上升到暴力劫取司售人员财物的,亦不能认定为"在公共交通工具上抢劫"的加重犯。

就本抢劫加重犯的行为特征来说,抢劫行为是否要求"公然性"是争论较大的问题。比如,有观点就强调"在公共交通工具上抢劫"的"公然性"特征,认为该特征既能由此揭示行为人主观犯意的顽固性,又能显现抢劫行为对不特定多数人权利和公共交通运输秩序及安全的严重危害性;从而凸显立法者给予加重处罚的必要性和正当性。与此相反,倘若抢劫行为系在公共交通工具上秘密实施的,如近年来在列车上时有发生的"麻醉抢劫"行为,行为人诱骗被害人喝下投入1~2片安眠药的饮料,乘被害人昏睡之机,劫取其财物后下车逃逸。对此不能认定"在公共交通工具上抢劫"。理由是,行为人意图抢劫特定的个人,并且不希望被其他人发现,客观上也是仅仅劫取特定个人的行李等财物,无论是从行为人的主观恶性程度考察,还是从抢劫行为的客观危害性方面评判,其与在其他场合发生的抢劫罪的基本犯行为并无明显区别。该种麻醉抢劫行为并不具有同时危害不特定多数人的人身、财产权利和公共交通运输秩序及安全的严重社会危害性,将其排除于"在公共交通工具上抢劫"的范围之外,具有质的合理性;如果简单地将其作为情节加重犯予以加重处罚,则易生罪罚不当之弊。❶

还有类似观点认为,刑法典中没有对"在公共交通工具上抢劫"作出"公然"性规定,是一个"开放的漏洞",应当用目的性限缩对其弥补。因为"在交通工具上抢劫"被处以10年以上有期徒刑直至死刑,说明该犯罪极其严重,不仅对公民人身权、财产权造成侵害,也严重损害了公共交通的运行安全,进而损害了公众对公共交通工具的安全感、信任感。如果只是秘密进行抢劫,典型的如在公共交通工具上用麻醉方法抢劫,一般情况下不为他人知晓,不以"在公共交通工具上抢劫"论处。所谓限缩解释,是指法律条文所规定的文义过于宽泛,在解释法条时,将其文义限制于较为狭窄的范围之内,以求得准确适用法律的一种法律

---

❶ 黄祥青:"如何认定在公共交通工具上抢劫",载《人民法院报》2005年9月21日。

解释方法。对法律条文之所以需要进行限缩解释或扩张解释，是由语言文字的模糊性和开放性决定的。❶ 还有人认为，麻醉抢劫不具备危及不特定多数人人身财产安全之主观罪过要素，又无危及不特定多数人安全之客观表现，故不成立"在公共交通工具上抢劫"，且这一点与"入户抢劫"存在重大区别。

笔者认为，把"公然""为公众所知晓"作为本抢劫加重犯的条件，确实是对法律文义进行了限缩，而这种限缩缺乏足够的依据。何为"公然"，"直接面对多数人"是"公然"，但"仅直接面对某个人，但是却是在众人面前实施，很可能被他人看见"也是公然。"公然"实施犯罪的本质特征就在于极其蔑视社会秩序，有些抢劫行为虽然没有直接面对众人，但是从当时的环境氛围和时空条件来讲，依然可以认定为对社会秩序的蔑视，如在列车的公共厕所内抢劫，该公共厕所具有频繁使用性、多人多次性使用等特点，行为人尽管针对的是厕所内的某个人，但厕所距车厢仅几步之遥，一节车厢有上百人，运营高峰时连过道上都挤满乘客，如果厕所边的乘客都可觉察到厕所内的犯罪行为，对安全和秩序必然质疑和担忧，在这种时空中实施犯罪，说是"公然"并无不妥。因此，笔者认为，"公然"并非必须直接面对众人，并非只有在多人的视野所及之处才是公然。❷

至于说行为人的主观认识问题，不能忽视法律上的"故意"有其特别含义，事实上，行为人对于所在公共交通工具的认识一般不会有疑问，对于抢劫的行为性质也不会有疑问。麻醉抢劫行为人主观上只是不想被人发觉，麻醉是其认为容易得逞犯罪目的的方法，这与行为人犯罪的主观故意没有必然关系。行为人可能现在针对某特定对象麻醉抢劫，接下来可能是针对其他不特定对象实施麻醉抢劫，对象的不特定性是同样存在的。旁边人应该知晓而不知晓，或者知晓了假装不知晓都不是认定行为人行为性质所要考虑的要素。归根到底，公共交通工具对于社会公

---

❶ 肖晚祥："目的性限缩与限缩解释"，载《人民法院报》2006年3月22日"理论与实践"周刊第54期。

❷ 举个不恰当比喻，在多个盲人面前实施犯罪同样具有公然性。即使某厕所内只有一名妇女（此时不可能有别人到来），犯罪分子对其实施奸淫行为，同样属于"在公共场所"犯罪。

秩序具有重要意义，刑法给予突出保护是必要的。"在交通工具上抢劫"的本质特征就是行为人在特定交通工具内针对不确定的多数人实施抢劫。在具体抢劫作案时，行为对象必然是确定的。一般说来，行为人只要主观上具有在运营中的公交工具上抢劫的故意，客观上实施了暴力劫财的行为，无论其具体的抢劫手段是公开还是秘密的，无论其行为是否被他人察觉，均构成在交通工具上抢劫。将"公然性"作为在公共交通工具上抢劫的特征不能涵盖此类犯罪的本质特征，也与立法意图不完全吻合。因此，对于行为人在交通工具上以麻醉方式抢劫特定旅客，符合在公共交通工具上抢劫特征的，应认定为在公共交通工具上抢劫。[1] 这里同样蕴涵了罪刑法定的原则。

还有一点需要强调，那就是行为人先是实施盗窃，在被发现后发生犯意转变，即刻转而直接实施暴力劫取财物，这种情形不属于转化型抢劫，因为主观上不是"为窝藏赃物、抗拒抓捕和毁灭罪证"而实施暴力，应该直接定为抢劫罪，加上因为发生在公共交通工具上，所以，亦应认定为"在公共交通工具上抢劫的"抢劫加重犯。

【案60】刘某、关某和张某相携来到北京，但到北京后没有找到工作，生活困难。1998年8月22日，被告人刘某便邀约关某某、张某某一同前往一临时车站行窃，刘某对二人说："这里最好找钱，人多又乱，丢了钱也不会注意，出了事也好逃跑。"当天，三人开始扒窃，次日晚21时许，三被告乘人多拥挤之机前去车门处扒窃。当被告人关某扒窃乘客曹某的钱包时被其发觉，关某不等曹某叫喊，猛地一拳击在曹某的左眼上，被告人张某也上前打曹某一耳光，接着刘某朝曹某的腹部击一拳。乘客孙某指责三被告的非法行为，三被告又一拥而上朝孙某一顿拳打脚踢。后刘某、关某继续追打曹某，直至曹某苦苦哀求为止。事后，经法医鉴定，曹某右眼眉骨破裂，左手食指、中指指骨骨折。法院经审理认为，被告人刘某、关某、张某以非法占有为目的，在公共客车上实施盗窃行为，被发现后即对被害人进行殴打，甚至动用凶器对被害人及其他

---

[1] 顾保华："《关于审理抢劫、抢夺刑事案件适用法律若干问题的意见》的理解与适用"，载《人民司法》2005年第11期。

旅客进行伤害，其盗窃行为虽数额不大，不构成犯罪，但三被告人的行为符合《刑法》第 269 条规定的以抢劫罪定罪处罚的情形，故判决：被告人刘某犯抢劫罪，判处有期徒刑 5 年，并处罚金；被告人关某犯抢劫罪，判处有期徒刑 4 年，并处罚金；被告人张某犯抢劫罪，判处有期徒刑 4 年，并处罚金。❶

本案判决存在两点认识错误。（1）判决误判这是一起转化型抢劫，混淆了转化型抢劫与由盗窃直接转向抢劫的（犯意转变）抢劫罪；（2）抢劫加重犯的转化是否需要以前罪构成犯罪为前提也值得研究。后一问题本书在后面有进一步论述。我们的观点是不需要前罪构成犯罪。

（三）"公共交通工具"的范围问题

1. 公共交通工具是否包括小型出租车和非法营运载客车辆

从交通运输本身来看，为社会公众提供运输服务的机动交通工具，无疑包括各种出租汽车。如 1984 年城乡建设环境保护部、公安部关于公布《城市公共交通车船乘坐规则》第 1 条规定："凡乘坐公共汽车、电车、地铁列车、旅游客车、出租汽车、索道缆车以及城市水上客运船只等的乘客，都应当遵守本规则。"1994 年 1 月 1 日实施的《城市公共交通车船乘坐规则》第 2 条规定："本规则所称城市公共交通车船是指在城市中供公众乘用的公共汽车（含中、小型公共汽车）、电车、地铁列车、旅游客车、出租汽车、索道缆车以及城市水上客运船只。"所以，在交通运输意义上，公共交通工具的范围，包括从事旅客运输的各种公共汽车、客运中巴车、有轨电车、无轨电车、客运列车、高架列车、地铁列车、各类出租汽车、长途客车、旅客列车、民航客机、载客船只等。而对于常见的小型出租轿车，早先也是包括在内的。

后来，随着对抢劫加重犯研究的深入，以及实践中出现了一些新情况新问题，有的学者开始提出刑法之"公共交通工具"不包括小型出租车的观点。首先，比较"公共汽车"与"出租汽车"的本质差别，可否

---

❶ "盗窃转化成抢劫罪——需要数额较大吗？"，载 http://law.ddvip.com，2006 年 10 月 31 日访问。

定出租汽车的"公共汽车"属性。从语义上来看，出租汽车不是公共汽车，二者是并列而不是从属关系，❶ 从运营特点比较，出租汽车与公共汽车相比有显著区别。其次，出租汽车对不特定的公众开放的特征并非是将其划入公共交通工具的依据，乘客乘坐公共汽车后，其他任何人无须经其同意，均有权搭乘同辆公共汽车，车内形成的是一个公共场所；但用车人租用了出租汽车后，未经其同意其他任何人均无权同时搭乘，车内形成的是特定的而不是公共场所。另外，从罪刑相当原则看，被抢劫的出租汽车具有非公共交通工具属性。❷ 其他一些类似看法也主要是基于这样的理由：刑法解释不能不关注犯罪行为的客观危害性与所处刑罚之严厉性程度的匹配和相当，以满足刑罚适用的公正性要求。适当地缩小"在公共交通工具上抢劫"的认定范围更能体现我国刑法的基本原则和法治精神。这种把小型出租车排除在"公共交通工具"之外的观点，最终为最高人民法院所采纳。最高人民法院在 2005 年《审理抢劫、抢夺案件的意见》中明确把"在小型出租车上抢劫的"情形排除在"在公共交通工具上抢劫"之外。但需要注意的是，2005 年《意见》规定的是"在小型出租车上抢劫的"，结合上述"纪要"的内容，这主要是指针对出租车司机的抢劫，是否能够得出所有抢劫出租车的行为都不属于"在公共交通工具上抢劫"尚有疑问。如果行为人用拦截的方法（如开车追堵、堆放障碍物等）逼迫出租车司机停车，后对司机和车上乘客一并实施抢劫，此时的出租车从其属性和功能上看，显然属于公共交通工具，对这样的案件不认定本抢劫加重犯于法无据。再比如，在一些地方常有几个人拼

---

❶ 中国社会科学院语言研究所主编的《现代汉语词典》对"公共汽车""出租汽车"等词语作了如下解释：（1）公共汽车，供乘客乘坐的汽车，有固定的线路和停靠站；（2）出租汽车，供人临时雇佣的小汽车，多按时间或里程收费；（3）公共，属于社会的，公有公用的；（4）出租，收取一定代价，让别人暂时使用。从上述词语解释来看，"供人临时雇佣的小汽车，多按时间或里程收费"的小汽车亦即"出租汽车"，显然不等于或不属于"供乘客乘坐的、有固定的线路和停靠站"的"公共汽车"。

❷ 韦群林、王海涛："论出租车不是我国刑法中的'公共交通工具'"，见杨敦先、苏惠渔、刘生荣、胡云腾主编：《新刑法施行疑难问题研究与适用》，中国检察出版社 1999 年版，第 416 ~ 419 页。

一部小车出行的情况,❶ 如果里面有乘客抢劫其他乘客,是否属于本加重犯呢?分析这种案件,还是不能离开抢劫加重犯的客体特征,以及对于公共交通工具之"公共性"的认识。前面在论及"在交通工具上抢劫"的加重犯客体特征时,强调该加重犯不仅侵犯被害人的人身权利和财产权利,还严重威胁社会公共交通安全秩序,使人们对公共运输安全丧失信心,也是对社会公共秩序的破坏。如果行为人假扮乘客在出租车上抢劫司机,由于其不是针对众多乘客实施的,未直接侵害不特定多数人的生命财产安全,社会危害性相对较小,一般不认定为"在公共交通工具上抢劫"。但是,不容忽视的是,小型出租车虽然载客量较少,但它与其他客运汽车一样面向不特定的公众提供服务,具有公共交通工具的"公共性"特征,而载客量的大小不是公共交通工具的本质特征,不应成为判断是否是公共交通工具的标准。否定这类案件的加重犯性质恐怕也是于法无据。

关于在黑车、黑船上抢劫的问题。

所谓"黑车、黑船",是指没有办理合法手续而投入实际运营中的车辆,也可能是超出自身营运路线和范围的车辆,因而其根本不具有合法营运性,或者在一定范围内运营是非法的。❷"黑车、黑船"在现实生活中大量存在,并且有旅客乘坐,这是不能回避的事实,特别是春运或节假日、农民工返乡、学生放假、遇天气恶劣等特殊时段,黑车、黑船存在"用武之地",这时也容易成为犯罪分子抢劫的对象。尽管黑车不具有合法的身份,然而其实际上具备公共运输旅客服务性的特点,此时抢劫行为同样直接侵犯了多数旅客的人身和财产权利,刑事判断注重事实合理性,不能将黑车、黑船排除在"公共交通工具"之外。

有观点将所谓"黑车"排除在"公共交通工具"之外,缘于为了维护公共交通营运管理秩序,但无合法营运资格的"黑车"能否营运与在"黑车"上实施抢劫能否构成抢劫加重犯毕竟是两个不同性质的问题,刑

---

❶ 多年来,在上海市龙阳路地铁站一带,经常有出租车以拼车的形式候客,拼到4人后,再去浦东飞机场接客,而拼车者各自只需出20~30元的费用。

❷ 2010年中央电视台新闻频道曾经报道过北京某路段存在相同车号(如131路)却不是同一个单位车辆的营运大客车实例。还报道过一些地方学校班车都是临时租用的不具有校车资格的车辆,等等。

事立法规定情节加重犯所要关注的不是公共交通工具的营运手续和程序合法与否,而是驾乘公共交通工具的公民的人身权利、财产权利,以及公共交通安全秩序法益,而不在于公共交通工具从事营运的资格问题。"黑车"在载客运营过程中,与其他客运汽车同样具有公共服务性和运输乘客的功能,具有公共交通工具"公共性"的本质特征。❶ 在"黑车"实际营运过程中,上述刑法法益依然存在,不因交通工具营运合法与否而受改变。"在刑法将个人人身、财产等合法权益抽象为社会利益予以保护时,应当重视其社会性,即重视量的不特定。不特定性是'公共'的核心,表明结果的难以预料和难以控制,意味着随时有向多数发展的现实可能,因此,不特定或者多数人使用的交通工具应当被认为是公共交通工具。"❷ 对于在实际承载了多数乘客,但没有取得营运证照的"黑车"上或者隶属学校等单位的大、中型客车上实施抢劫的行为,应当认定为"在公共交通工具上抢劫"。正如有观点所言,在集体出游的校车上抢劫与在为出游而集体包租的公交客车上抢劫并无质的区别,无论是"黑车"还是"公共服务性",都是对上述交通工具的形式属性所作的判断或描述,其对评价抢劫行为实质上的社会危害性大小来说,通常没有多大的意义或者影响。❸

【案61】2004 年 6 月 3 日凌晨 3 时许,被告人罗某、卢某、陈某伙同一黑衣男子(另案处理)经合谋后,驾驶一辆无营运资质的中型客车(牌号为粤 Y·08605)到广州市芳村区窖口客运站附近,由陈某驾驶汽车,罗某假扮乘务员,卢某与黑衣男子假扮乘客,将被害人郑某、薛某骗上车;行驶途中卢某以郑某碰跌其眼镜为由要求郑某赔偿损失,并与同案黑衣男子持小刀、铁棍等作案工具,对郑某、薛某实施殴打、搜身,致郑某轻微伤,抢得两被害人人民币 800 元、爱立信无线移动电话机 1

---

❶ 春节假期,上海几大火车站因出租车运力不足,半夜还有大量滞留旅客的现象,为此,一些车站协管人员主动安排平时不受欢迎的"黑车"载客,此时"黑车"的"公共性"特征很明显。

❷ 周振想、林维:"抢劫罪特别类型研究",载《人民检察》1999 年第 1 期。

❸ 黄祥青:"如何认定在公共交通工具上抢劫",载《人民法院报》2005 年 9 月 21 日。

台、银戒指1枚及工商银行储蓄卡等物品；行至同德街粤溪村时，罗某、卢某将两被害人推下车；后三被告人在回到同德街鹅掌坦西街一停车场时被跟踪追捕的公安人员抓获。公诉机关认为，被告人罗某、卢某、陈某结伙在公共交通工具上抢劫，其行为已触犯了《刑法》第263条第（2）项之规定，均构成抢劫罪。提请法院依法判处。被告人罗某的答辩强调，车是其私人的，不是公共交通工具。辩护人也辩称，本案所涉车辆是被告人罗某买来作为作案工具之用，并非经交管行政部门批准买来营运之用，因此该车并非公共交通工具。❶

本案公诉机关指控：三行为人利用正在营运的中巴车接载旅客到明确的目的地途中，在车上持械对旅客实施抢劫，其犯罪对象是乘坐中巴车的不特定的多数人，而实施犯罪地点是正在营运的中巴车上，其性质符合《刑法》第263条第（2）项及最高人民法院2000年《审理抢劫案件的解释》第2条之规定，是"在公共交通工具上抢劫"行为。辩护方认为：涉案的中巴车不是经过法定管理部门依法批准、核发运营执照和核定运营线路，进行运营有偿服务的公共交通工具，而是行为人为实施抢劫用来引诱被害人上车的特定作案工具；犯罪对象是那些乘坐非法营运车辆的相对不特定当事人，比相关刑法条文所要保护的正在营中的交通工具上的、不特定的旅客及司机、乘务人员的范围要窄，不属于"公共交通工具上抢劫"，应以一般的抢劫罪定罪处罚。法院采纳了辩方观点，对几名被告人以抢劫罪判处3～8年有期徒刑，并处罚金。笔者赞同法院的判决结果。

2. 公共交通工具是否包括单位内部接送职工用的班车，以及小区、超市的班车等

有论者认为，公共交通工具是指供公众（不特定的多数人）使用的交通工具，因而供单位内部使用的交通工具如工厂学校班车并非是公共交通工具。❷ 也有人认为，对在公共交通工具上的抢劫行为作加重处理，是由于这种抢劫的社会危害性大，对于社会秩序的侵害也更加严重。在

---

❶ 广州市白云区人民法院（2004）云刑初字第1376号刑事判决书。
❷ 肖中华："论抢劫罪适用中的几个问题"，载《法律科学》1998年第5期。

刑法将个人人身、财产等合法权益抽象为社会利益予以保护时，应当重视其社会性，即重视量的多数性。涉及多数是"公共"的核心，显然，校车、厂车或者小区班车应当认为是公共交通工具。❶ 也有观点认为，单位内部人员乘坐的大、中型客车不具有"公共服务性"，主张将其排除于公共交通工具范围之外。且在这样的内部班车上抢劫，其抢劫行为可能产生的社会影响相对较轻，对公共交通事业的破坏也没有那么大，等等。

如前所述，公共交通工具的本质特征在于其"公共性"，这里的"公共性"表现为乘坐对象的公众性，可以是社会上不特定的个人，也可以是不特定或特定的多数人。另外，"公共性"意味着交通工具行驶区域和范围的开放性，如果车辆只是用于本单位内部区间如校区、厂区范围内运送本单位职工（或者学生），同样也不是刑法中的"公共交通工具"。有学者归纳了这样的理由，从立法精神和缩小解释的立场上把握，本罪中交通工具的公共性，决定了其运行区间应当具有一定的社会性，即以运行在城镇、乡村等社会公共道路上的交通工具为限。只有这种面向社会公众服务、运行在开阔空间里的交通工具，才通常具有遭遇车匪路霸侵害的危险性。单纯在一个单位内部定点运行的交通工具，通常线路短、运速慢，况且在单位范围内一般都建立了必要的安全防范网络，即令偶尔发生抢劫行为，一般亦危害面较小，与"在公共交通工具上抢劫"的多面严重社会危害性相比，二者还不可相提并论。❷ 笔者是赞同该观点的。

但是，如果单位内部接送职工上下班的大型交通工具要经过城市的街道或乡村公路，沿途接送本单位职工，则应该视为公共交通工具。因为这种交通工具同城市的公共汽车具有相同的性质，不能因为乘坐的是本单位职工，就否定其"公共"性。试想，单位用自己的班车运送职工集体外出旅游或者参观学习，如遇到犯罪分子抢劫，这同租用公共汽车运送被抢劫并没有什么不同。那些主张在单位接送职工上下班的大型机动交通工具上抢劫不能认定为"在公共交通工具上抢劫"的论者也认为，

---

　　❶ 转引自张国轩：《抢劫罪的定罪与量刑》，人民法院出版社2001年版，第346页。

　　❷ 黄祥青："如何认定在公共交通工具上抢劫"，载《人民法院报》2005年9月21日。

这种情形还是应当认定为"在公共交通工具上抢劫"。❶ 笔者还是坚持，刻意地分割一些同质的现象，就是不尊重事物的普遍性原理，以表面上主观想象的"社会危害性程度"为借口搞区别对待是不妥当的。不能把量的区分上升到质的区别。

最高人民法院的司法解释强调该加重犯的抢劫对象是"正在运营中"的交通工具，对"正在运营中"也需要正确认识。比如，对于未处于运营状态中的公共交通工具上的司售、乘务人员实施抢劫是否属于"在公共交通工具上抢劫"？对于这个问题，笔者认为，公共交通工具承载的旅客具有不特定多数的特点。这是该交通工具在行使公共交通的功能时，也就是在运营时才具备的特征。在未运营时就不具备这种特征，对于未处于运营状态中的公共交通工具上的司售、乘务人员实施抢劫不属于在公共交通工具上抢劫。❷ 这基本不存在争议。但是，对于在公共交通工具的始发站、终点站、长途客运服务区登车实施抢劫的行为，是否属于这里的情节加重犯呢？有人认为，因为此时的公共交通工具并非处于正在运行过程中，抢劫行为并不危害公共交通运输安全，故不宜认定为"在公共交通工具上抢劫"。❸ 笔者不赞同这种观点，这里涉及对"运营"的理解问题。按文义解释的方法，"运营"就是指"运输营业"，即从交通工具打开车门、舱门等形式允许乘客登上交通工具这一时起，至到达目的地后乘客离开交通工具止，这就排除了正在修理、歇业或未投入运营的交通工具的范围。有观点认为，"运营"就是在"运行"过程中，一旦在运行中的公共交通工具上发生抢劫行为，往往容易引发乘车秩序混乱，并干扰司机的正常驾驶，以致危害公共交通运输安全，而严重危害公共交通运输安全是"在公共交通工具上抢劫"区别于普通抢劫罪的一个重要特点。笔者认为不能把这二者混为一谈。最高人民法院 2000 年《审理抢劫案件的解释》第 2 条对"在公共交通工具上抢劫"的解释先后使用了"运营"和"运行"两个词语。在这里二者的运用各有其含义，不能

---

❶ 张国轩：《抢劫罪的定罪与量刑》，人民法院出版社 2001 年版，第 347 页。

❷ 顾保华："《关于审理抢劫、抢夺刑事案件适用法律若干问题的意见》的理解与适用"，载《人民司法》2005 年第 11 期。

❸ 黄祥青："如何认定在公共交通工具上抢劫"，载《人民法院报》2005 年 9 月 21 日。

等同。"运营"是运输经营的意思,而"运行"是针对拦截正在行进中的交通工具而言的,此时机动车辆正在行驶当中,处于作业状态。"运行"的车辆不一定"运营",如新车开出来试车。"运营"的车辆不一定"运行",如长途客车在中途停车让旅客方便、购物或者休息一下等。所以,"运营中"并非仅指车辆在"行进之中",在长途客运服务站点,有些旅客下车休息,而有些滞留在车上,此时客车并没有将旅客安全送达终点站,而是稍作休息,还会继续行程,此时段车辆仍处于运营之中。对于在始发站或者终点站的公共交通工具,笔者亦认为一般是运营中的交通工具。交通工具是否处于运营状态不取决于其处在什么地方。不管是在始发点,还是终点站,只要公共交通工具处于开始接纳旅客到旅客离开交通工具这段时间都属于运营中。因为在始发点、终点站抢劫,要么交通工具还没有结束运营,要么交通工具刚刚投入运营,是运营的起点和终点,应该包含在"运营中"。至于在歇息过夜状态的公共交通工具,也不可能发生司乘人员或者乘客被抢劫的问题。

  前面谈到的单位班车实际上也存在"运营"意义上的问题。如今一些单位班车具有时空上的开放性,有的班车行驶路途还较远,且中间设置不同的上下站点,有的虽同为一个单位,但是许多人之间并不熟识;这种定时定点的上上下下,算不算"运营中"呢?也许有人认为,"运营中"意味着要收费,所以,单位为外出旅游而集体租赁公交客车属于这里的"公共交通工具",而单位职工乘坐自己单位的大巴集体出游遭到抢劫却不按"在公共交通工具上抢劫"论,这就会造成同一事实给予不同法律评价的不公平后果。再说,对于行为人来说,其主观上完全不必要认识到抢劫的是单位自己的车辆,还是单位租赁的车辆,而且并不能因车上乘客系同一单位而影响行为人犯罪的主观恶性。❶ 至于说小区班车以及超市购物班车,更是已经实际具备了一定的公交车的运输职能,很多设有班车的小区附近的居民也可交费(只是路途短,较便宜)乘坐。超市班车往来居民区和购物中心,其乘客具有更大流动性,对这些车辆实施抢劫,与在公交线路上的车辆中抢劫并无差异,应该认定"在公共交

---

  ❶ 从犯罪学角度看,行为人会考虑到抢劫单位班车难度更大,因为同一单位人员经常乘坐班车多数相互熟悉,遇到违法犯罪可能会积极共同抵御。而且,作为陌生者的行为人混进班车也不容易。

通工具上抢劫"。如果因为超市班车载客去购物不收费而不认定为营运中,那显然不合情理。所以,"正在运营中"的公共交通工具是指在载客途中(哪怕上面没有客人,或者只有一两个客人)的公共交通工具。这也反映了刑法之"公共交通工具"的公共性与营运性二者之间的存在相互依存的辩证关系。

关于只针对公共交通工具中的少数人或特定人实施抢劫的问题。

有观点认为,这里从事多数旅客运输的交通工具是指能够且实际承载多数乘客的公共交通工具。[1] 言外之意,如果公共交通工具上没有承载多人,即使在公共交通工具上抢劫,也不能认定为该种情节加重犯。还有观点认为,如果行为人看到公共交通工具上人数较少而临时起意实施抢劫,不能定在"公共交通工具上抢劫"。[2] 笔者认为,上述观点均不正确,不应当以公共交通工具上实际乘客人数的多少来评判是否定性为"在公共交通工具上抢劫"。

危及不特定多数人的人身财产安全是"在公共交通工具上抢劫"的重要客体特征,但它并不要求交通工具上的多数人是绝对不特定的。实际上,在一辆运营的公共交通工具上,一定短暂时间内其乘坐人员可能是固定的,特别是在行为人实施抢劫时,乘坐人员当时就是固定的,这些并不影响"在公共交通工具上抢劫"之成立。这里危及不特定多数人的人身财产安全,是针对公共交通工具的特性而言,是指事物的普遍性,而不是特殊性。不能因为行为人行为时的实际情况"特定"而否定公共交通工具的公共属性。有人针对最高人民法院2005年《审理抢劫、抢夺案件的意见》中强调了公共交通工具的两个属性(公共交通性和正在运营中),认为"这两个属性在体现交通工具的公共性上具有一定意义,但在具体司法实践中会显现出一些不足",[3] "强调交通工具的公共交通性会缩小公共交通工具之外延"。笔者认为,刑法设置该情节加重犯仅仅是

---

[1] 黄祥青:"如何认定在公共交通工具上抢劫",载《人民法院报》2005年9月21日。

[2] 韦贵莲:"认定'在公共交通工具上'抢劫的几个问题",载中国法院网,2006年6月15日访问。

[3] 凯:"论'在公共交通工具上抢劫'的司法认定",载正义网,2007年5月24日访问。

针对公共交通而言，并非针对所有的"公共性事业"，其他运输领域只要是体现出公共性特征，就应该纳入"公共交通工具"范围中来。旅游公司接送游客的大巴，其公共性表现在它今天接送你们，明天可以接送他们，后天接送的客人又不一样，而不能因为接送的客人是同一单位的就否定其"公共性"，把公共交通理解为"有乘客上上下下的公共汽车"那更是狭隘的个人见解。

另外，"在运营中"确实并非公共交通工具之本质属性。但这里强调这个特征正是为了防止扩大该加重犯的打击范围。如果在运营中的无人售票公交车上，除劫匪外无其他乘客，劫匪对仅有的司机一人行抢。此时车上承载的乘客的确不具多数性，该抢劫行为此时也不可能危及不特定多数人之安全，但是应该注意，刑法强调的是犯罪行为侵害的法益，而不是关注行为之"此时此刻"的实际结果，少数特殊性是不能推翻普遍性。只要行为人认识到是在公共交通工具上抢劫，不论抢劫的是一个人还是数人，就构成该抢劫加重犯。另外，2005年《意见》在确定公共交通工具外延时使用的词语为"主要指"，为进一步解释"在公共交通工具上抢劫"留有余地。

【案62】2004年10月13日晚上7时许，杨某（身高1.50米，轻度精神发育迟滞）在自贡市大安区凤凰乡远达花园车站乘上贡井至大安的11路公交车后，站在被害人黄某身旁，用身体碰撞黄某，见黄没有什么反应且公交车内光线较黑，即产生抢劫恶念，遂将随身携带的水果刀拿在手中对着被害人黄某，并小声叫黄"把钱拿出来"。黄某因惧怕被迫将其包内15元现金交给杨某，后在公交车靠站时下车离去。2004年10月15日下午4时许，黄某与他人在杨某住地将杨某挡获并报案。一审法院认为，被告人杨某的行为已构成在公共交通工具上抢劫，遂依法判决：被告人杨某犯抢劫罪，判处有期徒刑10年，并处罚金人民币2 000元。被告人杨某不服，以原判认定事实不清、量刑过重等为由提出上诉。二审法院认为，被告人杨某以非法占有为目的，采取持刀威胁的胁迫手段，强行劫取被害人财物的行为已构成抢劫罪。但杨某实施抢劫犯罪的地点虽在公共交通工具上，其行为并未危及公共交通工具上的公共安全，故对其不应适用《刑法》第263条第（2）项"在公共交通工具上抢劫的"

规定。遂判决：撤销一审判决；上诉人（原审被告人）杨某犯抢劫罪，判处有期徒刑3年，并处罚金人民币1 000元。

该案在一、二审审理中均有争议。一审的结论认为，本案完全符合《刑法》第263条第（2）项对"公共交通工具上"抢劫的情节加重犯的规定。不过，该意见也认为对杨某在"10年以上有期徒刑、无期徒刑或者死刑"的幅度内量刑过于严厉，实属量刑过重。这也正是一审法院对本案定案以后仍然感到的困惑。而二审的意见认为，行为人杨某实施抢劫行为的地点虽在公共汽车上，但杨某的抢劫行为只针对了被害人一人，其胁迫的情节并不恶劣，劫取的财物也极少，对被害人本身的人身和财产权利的侵犯并不严重，更未侵犯公共交通工具上其他人的人身财产安全。故适用抢劫加重犯的法定刑不符合罪责刑相适应的刑法原则，而应根据其主观恶性和抢劫犯罪的具体情节、后果及造成的社会危害按一般抢劫犯罪的量刑幅度决定刑罚。有人还据此认为，从本案的法律适用过程来看，《刑法》第263条第（2）项对抢劫犯罪加重处罚的情形之一规定为"在公共交通上抢劫的"，显然是不严谨不科学的，不能完全体现其立法用意。该观点还建议可将之修改为"在公共交通工具上抢劫，危及或足以危及公共安全的"。笔者认为，这起案件确有特殊，但二审改判的理由比较牵强。对社会危害性的评价不能取代依法适用法律。案例的特殊性不能妨碍一般原则的适用。不过，该案的确反映出对这类加重犯在量刑上如何体现罪责刑相适应原则尚存弊端。

第五章 抢劫加重犯（二）

本章论述抢劫银行或者其他金融机构以及多次抢劫、抢劫数额巨大的加重犯。

一、抢劫银行或者其他金融机构

金融是经济活动的核心，作为金融活动的基本主体，银行和其他金融机构承担着国家货币的发行与回笼，存款吸收和贷款发放，现金流通和转账结算，金银外币、有价证券的买卖等多种金融经济任务，是国家动员和分配社会闲散资金的必经渠道，又是国家对经济进行宏观调控的重要环节。抢劫银行或者其他金融机构的行为必然危及经济发展和社会稳定，而且，这类行为通常伴随有其他犯罪活动，其社会危害的影响力极大。虽然《刑法》第263条规定该加重犯以"银行或者其他金融机构"为犯罪对象，但其实际对象仍然是金融机构的金融类资产，而不是银行或者其他金融机构的一般性财物。银行是常见的金融机构，刑法之所以把银行和其他金融机构并列表述，并且用"或者"一词连接，是因为抢劫金融机构的犯罪在实践中大都是表现为针对银行的劫案，包括抢劫运钞车的案件。❶另有部分抢劫信用社和邮政储蓄机构的案例。而抢劫非银行金融机构的案件则极为少见。

---

❶ 在众多抢劫银行或者金融机构的案件中，针对运钞车的抢劫案件最为多见。事实上，与银行等金融机构相比，运钞车的流动性使其更容易被劫持控制。在国外，这类案件也时有发生。据报道，英国几年前因金融危机就使运钞车劫案大增。2008年11月共发生53起抢劫运钞车案件，9月共发生27起。参见"英国：金融危机使运钞车劫案增加"，载新华网，2008年12月5日访问。

（一）对银行以及其他金融机构的再认识

银行或者其他金融机构不是一个简单的法律概念，从金融机构的分类看，信用社、储蓄所和邮政储蓄机构仅仅是我国金融机构中很小的一部分。如果犯罪人抢劫其他银行或者金融机构，很可能带来新的课题。这需要从经济学与金融学意义上认识金融以及金融机构。

在金融学领域，金融或者金融服务的内容可概括为货币的发行与回笼，存款的吸收与付出，贷款的发放与回收，金银、外汇的买卖，有价证券的发行与转让，保险，信托，国内、国际货币结算；等等。在功能上，金融机构通常提供以下一种或者多种金融服务：（1）在市场上筹资从而获得货币资金，将其改变并构建不同种类的更易接受的金融资产。这种业务形成金融机构的负债和资产。这是金融机构的基本功能，行使这一功能的金融机构是最重要的金融机构类型；（2）国内、国际的货币结算服务；（3）代表客户交易金融资产，提供金融交易的结算服务；（4）自营交易金融资产，并把这些金融资产出售给其他市场参与者；（5）帮助客户创造金融资产，并把这些金融资产出售给其他市场参与者；（6）为客户提供投资建议、保管金融资产、管理客户的投资组合等。上述第一种服务涉及金融机构接受存款的功能；第二种服务为支付结算功能；第三种和第四种服务是金融机构经纪和交易功能；第五种服务为承销功能，一般提供承销的金融机构也提供经纪和交易服务；第六种服务则属于咨询和信托功能；等等。

而金融机构，首先必须是"机构"无疑，否则就谈不上是金融机构。《汉语大辞典》关于"机构"条目的解释为："机构 jīgòu：①机械的内部构造或机械内部的一个单元：传动～｜液压～。②泛指机关、团体或其他工作单位：外交～｜这个～已经撤销了。③机关、团体等的内部组织：～庞大｜调整～。""金融机构"符合《汉语大辞典》"机构"条目②、条目③两项，这两项的中心词是"单位"和"组织"，即"金融机构"中的"机构"含义只有两项，这两个含义就是：一是有一定的资金、人员、设备、设施的经营场所或组织，二是组织的人事构成。从金融实践来看，中国人民银行手册界定的"金融"和"金融机构"为：金融，是指货币资金的融通，可分为直接金融和间接金融，此两种资金融通方式的区别在于有否金融机构介入，没有则为直接金融，有则为间接金融。金融机构，是指专门从事货币信用活动的中介组织。在百度的"百科名片"中，"金融机构"也有专门的解释，即金融机构是指专门从事货币信用活动的中介组织。这样一来，"金融机构"只能是一种开展金融活动的组织或经营单位，不是组织或经营单位就无所谓"金融机构"。

由于我国金融市场发展较晚，金融业尚不发达，无论其基本制度的构建，还是金融创新，都深受西方发达国家的影响。不妨先看看国外金融机构的概况。以美国为例，在美国佛罗里达亚特兰大大学教授杰夫·马杜拉（Jeff Madura）所著的《金融市场与机构》（原书第8版）一书中，❶金融机构被划分为存款金融机构和非存款金融机构。前者是最主要的金融中介，它们从盈余方吸纳资金，并通过贷款或者购买有价证券将其提供给资金赤字方。存款金融机构包括：（1）商业银行，扮演金融市场的主角，为资金盈余者提供多样化的存款账户，然后通过直接贷款或者购买债务证券的方式将资金贷给需求者。美洲银行、摩根大通、花旗集团、美联公司、美国太阳信托银行等商业银行的金融资产已经超过1 000亿美元。（2）储蓄机构，包括储贷协会（Savings and Loan Associations, S&L）和互助储蓄银行（Savings Banks）。（3）信用社，信用社和商业银行以及储蓄机构相比有以下不同点：①它们是非营利性的；②信用社只给本社会员提供服务，会员受共同的约束，即必须属于一家非营利性发起机构（如共同的雇主或工会）。由于上述特点，信用社比其他存款机构的规模要小，其资金也主要是给信用社会员提供贷款。Navy、北卡罗来纳州的State Employees以及Pentagon等信用社的金融资产已经超过50亿美元。非存款金融机构包括：（1）金融公司，大多数金融公司通过发行有价证券筹集资金，并贷给个人或小公司。每一类金融机构都有其特定的市场定位，占据一定的金融市场份额。很多大型金融公司隶属于美国运通、福特汽车、通用汽车、通用电气等大型跨国公司。（2）共同基金，共同基金是通过向资金盈余者出售基金份额，用筹集到的资金投资于有价证券市场，形成一个资产组合。通过购买证券投资资金和货币市场共同基金，拥有少量资金的个人投资者也可实现多样化的投资组合。

---

❶ 何丽芬译，机械工业出版社2010年版，第10~13页。

此外，还有证券公司、保险公司以及养老基金等。从这些金融机构的资产规模看，商业银行、养老基金和共同基金占有最大比重（分别占20%～25%），其次是保险公司证券公司和储蓄机构，它们大约共占25%。

再看我国金融学界对"金融机构"的界定。理论上有的直接称之为"金融机构"，如在王松奇教授编著的《金融学（第二版）》中，就是把"金融机构"作为专章论述的，但该书也使用"银行与非银行金融中介结构"❶的说法。也有不少著作则称为"金融中介"或者"金融中介机构"。如黄达教授编著的国家级精品课程《金融学（第二版）》指出，"从事各种金融活动的组织，林林总总，统称为金融中介（Financial Intermediary, Financial Intermediation），也常称为金融机构（Financial Institution）、金融中介机构。"❷ 有的教材把"金融中介机构与金融体系"作为专章论述。❸ 所以，在金融学理论上，金融机构与金融中介机构是一个意思，没有本质区别。简单地说，金融机构主要就是指从事货币信用活动的金融中介组织，其具体经济活动的中心产品则是各种金融服务。

经过30多年的改革开放和经济发展，我国目前形成了以中国人民银行为中心，以国有商业银行为主体，多种金融机构并存，分工协作的金融中介机构体系格局。❹ 在分类上，最常用的分类标准也是按照是否属于银行系统，划分为银行金融机构和非银行金融中介机构。前者是指经营货币商品受信与授信业务、发行信用货币、管理货币流通、充当信用中介、调剂资金余缺、办理货币存货与结算业务的金融机构。其中，中国人民银行、政策性银行以及各商业银行的职能又有很大差别，特别是中国人民银行作为国务院的组成部门，是制定执行货币政策、维护金融稳定、提供金融服务的国家宏观调控部门，也是我国最高的国家金融管理机关。后者是指不经营一般银行业务的金融机构，以发行股票和债券、

---

❶ 王松奇编著：《金融学（第二版）》，中国金融出版社2000年版，第60页。
❷ 黄达编著：《金融学（第二版）》，中国人民大学出版社2009年版，第123页。
❸ 朱新蓉主编：《金融概论》，中国金融出版社2003年版，第89页。
❹ 黄达编著：《金融学（第二版）》，中国人民大学出版社2009年版，第128页。

接受信用委托、提供保险等形式筹集资金，并将所筹资金运用于长期性投资。包括经监管机构批准设立的信托公司、金融资产管理公司、财务公司、金融租赁公司、汽车金融公司、货币经纪公司、保险公司、证券公司、基金公司、境外非银行金融机构驻华代表处等。不过，把中国人民银行纳入金融机构范围，这在金融界内部存在一定分歧，比如，外汇管理局、银监会、证监会、保监会这些国家金融管理机关是否也要列入金融机构呢？有的观点认为应该列入，并将其命名为金融管理机构，其余金融机构被命名为接受金融管理的机构；也有观点认为由于以上机构的主要职能为对特别金融的监管，与传统意义的金融活动不同，故不应列入。笔者赞同后一观点。

不过，随着我国金融业的不断发展，一些从事支付结算业务的非金融机构与金融机构之间的关系较为特殊。特别是近年来出现了一些在收付款人之间作为中介机构提供部分或者全部货币资金转移服务的机构，如支付宝、财付通、储值卡公司等。这些服务主要包括网络支付、预付卡的发行和受理、银行卡收单等。此类机构从事的支付业务与金融机构从事的货币结算业务有类似之处，但它们并未被归入金融机构。为了规范这些机构的支付业务，中国人民银行于 2010 年 6 月公布了《非金融机构支付服务管理办法》，并于 2010 年 9 月 1 日起实施。非金融机构提供支付业务应当依据以上管理办法开展业务和实施行为，同时需要接受中国人民银行监管。❶ 至于银行自动取款机（Automatic Teller Machine，ATM）是否属于"金融机构"后面再作探讨。

根据《中国金融年鉴》记载，2010 年的金融年鉴记载内容有"金融

---

❶ 该管理办法第 2 条规定，该办法所称非金融机构支付服务，是指非金融机构在收付款人之间作为中介机构提供下列部分或全部货币资金转移服务：（1）网络支付；（2）预付卡的发行与受理；（3）银行卡收单；（4）中国人民银行确定的其他支付服务。该办法所称网络支付，是指依托公共网络或专用网络在收付款人之间转移货币资金的行为，包括货币汇兑、互联网支付、移动电话支付、固定电话支付、数字电视支付等。该办法所称预付卡，是指以营利为目的发行的、在发行机构之外购买商品或服务的预付价值，包括采取磁条、芯片等技术以卡片、密码等形式发行的预付卡。该办法所称银行卡收单，是指通过销售点（POS）终端等为银行卡特约商户代收货币资金的行为。该办法第 3 条规定，非金融机构提供支付服务，应当依据该办法规定取得《支付业务许可证》，成为支付机构。支付机构依法接受中国人民银行的监督管理。未经中国人民银行批准，任何非金融机构和个人不得从事或变相从事支付业务。

管理机构"和"金融机构"之分,❶ 前者包括中国人民银行、国家外汇管理局、中国银监会、中国证监会和中国保监会。后者包括诸多的组织结构,可以划分为银行,包括政策性银行、国有控股商业银行、邮政储蓄银行、中小商业银行、农村合作金融机构和外资银行;非银行金融机构,包括数量庞大的财务公司、四大资产管理公司、证券、期货和商品交易所、证券公司和保险公司、上海黄金交易所、中国外汇交易中心暨全国银行间同业拆借中心、中国银联股份有限公司。在理论上,也有人认为,非银行金融机构应该包括农村合作金融机构、城市信用合作社,还认为在境内开办的外资、侨资、中外合资金融机构可单独作为一类。以上各种金融机构相互补充,构成了我国完整的金融机构体系。

接下来,根据抢劫罪保护法益的特征,进一步分析这类抢劫加重犯的对象问题。

根据传统刑法对抢劫罪对象的理解,刑法规定的抢劫金融机构固然是指以金融机构为对象所实施的抢劫活动,但金融机构作为一种组织单位本身显然无法被抢劫行为人非法占有。或者说,行为人所要劫取的对象往往也并非金融机构本身,而是金融机构所拥有的特定财物或者权益。❷ 对此,最高人民法院 2000 年《审理抢劫案件的解释》第 3 条规定,"刑法第二百六十三条第(三)项规定的'抢劫银行或者其他金融机构',是指抢劫银行或者其他金融机构的经营资金、有价证券和客户的资金等"。"抢劫正在使用中的银行或者其他金融机构的运钞车的,视为'抢劫银行或者其他金融机构'"。这样一来,人们普遍认为本加重犯的具体抢劫对象似乎就是"银行或者其他金融机构的经营资金、有价证券和客户的资金等"。该解释显然是要缩小"金融机构"的"射程范围",但这样的解释是否与刑法真实的所谓"立法原意"相吻合呢?在这里,必须进一步认识刑法规定抢劫"银行或者其他金融机构"的特别意义。

《刑法》第 263 条对抢劫金融机构的规定,只明确了抢劫的单位对象

---

❶ 中国金融年鉴编辑部:《中国金融年鉴(2010)》,中国金融年鉴杂志社有限公司 2010 年版。

❷ 关于"金融机构能不能成为抢劫罪的对象"的命题,笔者认为这取决于如何界定"金融机构"的内涵和外延,既然我们日常能说"某某家被抢了","家"可以成为抢劫的对象,那么,"金融机构"同样是可以成为抢劫对象的。

的性质，却未限定财物本身的性质特征。立法者只把金融机构而不把其他机构作为特殊的保护对象加以规定，并不是因为前者的任何财物都有着与其他组织单位内的财物不同的特殊价值。能够代表金融机构财产权益的特殊性，并且需要作为特殊保护对象的，只是在于其所经营的资产（包括资金等表现形式）有着特殊意义。

从字面上的解释来看，"银行或者其他金融机构"作为一种社会组织本身是无法被抢劫占有的，而银行和其他金融机构所拥有的所谓"财物"，除了货币（或者现金）、贵金属或者客户存放在银行保险柜的特殊商品等财物之外，更多的是其他类的金融资产，它们在本质上都体现出金融工具的价值。而刑法并未明确抢劫金融机构中的"什么东西"，这就为我们留下了"想象的空间"。

在理论上，资产是一种具有明确归属关系、可给所有者带来远期收益的财产或者权利。资产通常划分为生产资产、非生产资产和金融资产三类。而在国民经济核算体系（SNA）中，金融资产从统计出发可以分类为：（1）货币黄金和特别提款权；（2）通货和存款；（3）股票以外的证券（包括衍生金融工具）；（4）贷款；（5）股票和其他权益；（6）保险专门准备金；（7）其他应收或者应付账款。[1]可见金融资产更似一个动态的概念，而它们能否成为抢劫的对象不是一个简单的问题。我们固然可以把金融机构的固定资产以及相关的无形资产[2]排除在抢劫罪的具体对象之外，但除了货币资金、贵金属、客户资金以及可兑现的有价证券之外，其他就不会成为抢劫金融机构的犯罪对象了吗？笔者认为，如果行为人从金融机构中劫走某种金融资产，虽然行为人未必能够以此变现获利，但完全可能给金融机构本身直接造成重大经济损失，这时同样应该承担抢劫加重犯的刑事责任。尽管目前还未见发生这样的案件，然而在众多不同类别的金融机构中，随着多种多样的金融工具和金融方式的诞生，犯罪方法智能化，不能排除抢劫金融机构的对象范围有从银行资金向其他金融资产扩大的可能，特别是"内行"作案更是如此。事实上，从司法实践来看，借条等债权凭证都已经成为抢劫罪的对象了。当然，

---

[1] 王松奇编著：《金融学（第二版）》，中国金融出版社2000年版，第60页。

[2] 如金融机构的客户数据和交易信息也是金融机构的重要资产，且这些相关数据可以直接用来出售，获得大额现金回报。

客户存放在金融机构的各类财物,虽然所有权非金融机构所有,但无疑属于这类加重犯的抢劫对象。

从立法精神看,抢劫银行或者其他金融机构主要是指进入金融机构实施抢劫(抢劫运钞车除外),"抢劫银行或者其他金融机构"与在银行或者其他金融机构中抢劫不同。实践当中,若犯罪分子实施的抢劫行为确实是指向金融机构(如银行),而其实际抢劫所得恰好为客户尚未存入或者已经支取的大额现金(未出金融机构范围),这些现金在未存入银行或者储户已取出后就不属于银行的资产,但是否还算抢劫金融机构呢?笔者倾向于对这种抢劫行为不宜认定抢劫金融机构的加重犯。至于银行是否应该对此承担民事赔偿责任则是另一回事。

(二)从盗窃自动取款机的案件看"抢劫银行或者其他金融机构"问题

论及抢劫金融机构,不能不想到"盗窃金融机构"的问题。虽然《刑法修正案(八)》取消了"盗窃金融机构"的规定,但有关解释还是具有独立的研究价值。笔者认为,即使《刑法修正案》取消了盗窃金融机构的规定,无论是出于什么原因,有一点是需要肯定的(除了废除盗窃罪死刑的规定),那就是在如何理解"盗窃金融机构",特别是盗窃自动取款机的案件的问题上,分歧很大。不仅如此,关于盗窃自动取款机的案件之争实际上可以延伸到我们所要讨论的抢劫银行或者其他金融机构的问题中来。

自1997《刑法》规定"盗窃金融机构"以来,实践中对于盗窃自动取款机(Automatic Teller Machine,ATM)内存款的案件虽有争议,很多司法机关仍是按照"盗窃金融机构"来处理的。其主要法律根据是最高人民法院1998年《解释》第8条的规定,即"盗窃金融机构,是指盗窃金融机构的经营资金,有价证券和客户的资金等,如储户的存款、债券、其他款物,企业的结算资金,股票,不包括盗窃金融机构的办公用品、交通工具等财物的行为"。对上述司法解释,如今学者们普遍的理解是,盗窃金融机构,实际上是盗窃金融机构经营管理并体现金融工具价值的资产(包括债券等)。因而,只要是金融机构经营管理的资产,不论金融机构将其置于何种控制范围之内,对其进行盗窃,都属于盗窃金融机构。

以现金资产为例,如对金融机构的运钞车中的押解资金盗窃、对银行工作人员的押解资金盗窃,都属于盗窃金融机构。在几年前广州发生的许霆案中,广州市中级人民法院从一审以盗窃罪判处许霆无期徒刑,剥夺政治权利终身,到后来改判5年有期徒刑,都是认定许霆的恶意取款行为属"盗窃金融机构"。❶ 也就是说,从广州市中级人民法院判决,到后来核准此案的最高人民法院,都是把许霆取款的机器或设备(Machine),即广州市商业银行某处自动取款机(ATM)当成或确认为"金融机构"的。

在当初许霆案审判过程中,一些学者也支持了一审法院的定罪观点,《人民法院报》2008年4月1日第5版"法治纵横"栏目刊登了陈兴良教授《许霆案的法理分析》和张明楷教授《许霆案的定罪与量刑》两篇文章,两位教授赞同许霆案定盗窃罪的观点,而且是属于"盗窃金融机构"。陈兴良认为,自动取款机当然不是金融机构,但《刑法》第264条规定的"盗窃金融机构"是"盗窃金融机构的财物"的缩略语,因为金融机构本身是不能成为盗窃罪的对象的。对此,1998年最高人民法院《审理盗窃案件的解释》第8条明确规定,只要承认自动取款机中的款项是金融机构的经营资金,就难以否认许霆的行为属于盗窃金融机构。张

---

❶ 2006年4月21日晚10时许,许霆到广东省高级人民法院对面广州市商业银行某处自动取款机(Automatic Teller Machine)前取款,许霆的银行卡内存款余额为170元人民币,当时他想取出100元人民币,操作输入取款金额时,许霆误将数字100输入成了1 000,让他想不到的是自动取款机竟然真的"吐"出了1 000元人民币,而且他的银行卡存款余额仅减少了1元人民币。此后,许霆将此告知了同事郭某,两人如法炮制,许霆相继171次从这台取款机上取出款项金额达175 000万元人民币,广州市中级人民法院一审以盗窃罪("盗窃金融机构")判处许霆无期徒刑,剥夺政治权利终身,并处没收个人全部财产,追缴被告人许霆的违法所得175 000元发还银行。许霆上诉后,广东省高级人民法院将该案发回原审法院重审。2008年3月31日,广州市中级人民法院再审判决认为,许霆盗窃金融机构,数额特别巨大,依法本应适用"无期徒刑或者死刑,并处没收财产"的刑罚。鉴于许霆是在发现银行自动柜员机出现异常后产生犯意,采用持卡窃取金融机构经营资金的手段,其行为与有预谋或者采取破坏手段盗窃金融机构的犯罪有所不同;从案发具有一定偶然性看,许霆犯罪的主观恶性尚不是很大。故对许霆可在法定刑以下判处刑罚。遂依据有关规定判决被告人许霆犯盗窃罪,判处有期徒刑5年,并处罚金2万元。2008年8月,最高人民法院依法裁定:核准广东省高院的判决,对许霆可以适用《刑法》第63条第2款的规定,在法定刑以下判处刑罚。

明楷教授认为，金融机构经营资金的存放地点、存放状态，不影响对金融机构经营资金的认定。ATM机内的现金，明显属于金融机构的经营资金。盗窃金融机构，只是法条的省略表述。许霆并没有盗窃ATM机，而是盗窃了ATM机中的现金，ATM机中的现金是银行的经营资金，故许霆盗窃了金融机构的经营资金。总之，二位教授的理由就是许霆盗窃了银行放置在ATM机内的经营资金，故属于盗窃金融机构。笔者虽然赞同法院对许霆案定盗窃罪以及判处被告人5年有期徒刑的量刑结果，但该结果是基于盗窃数额特别巨大而作出的，对于几级法院都认定许霆案属于盗窃金融机构的结论值得商榷：

其一，基于金融机构的特定含义，盗窃银行自动取款机内存款的行为不能定性为"盗窃金融机构"。

如前所述，金融机构是一种组织单位，即使如同有的学者所言，刑法或者司法解释的规定是语言表述上的缩略，但根据罪刑法定原则，立法用语是不能与日常用语同等对待的。再从解释的规定看，最高人民法院《审理盗窃案件的解释》第8条规定的上半部分规定，"盗窃金融机构的经营资金、有价证券和客户的资金等"，这里看不出"经营资金"是哪里的资金，即是"金融机构"这个组织内一定场所的资金呢，还是只要是"金融机构"这个组织所有的资金都算"金融机构"的"经营资金"？如果只要是"金融机构"这个组织所有的资金都算"金融机构"，那么司法解释把许霆案中许霆取款的机器或设备规定为"金融机构"，与"金融机构"本意中的"机构"是指经营场所或组织明显不相符合。再看该解释第8条的下半部分规定，即"……如储户的存款、债券、其他款物，企业的结算资金、股票，不包括盗窃金融机构的办公用品、交通工具等财物的行为"。它明确告诉我们，法律和司法解释中的"盗窃金融机构"盗窃的资金，是"盗窃金融机构"这个"机构"中一定场所的资金，而且要进入这个"机构"的场所盗窃才能是"盗窃金融机构"，否则，就不存在什么"金融机构的办公用品、交通工具"的问题了，只有是一定场所内的"金融机构"，才存在场所内的"办公用品、交通工具"问题。

有的观点认为，许霆案是将ATM机当做金融机构的延伸物，但某物的"延伸"恰恰就不是该物本身，基于刑法和民商经济法相关术语内涵和外延的区别，将刑法中的金融机构等同于经济法中金融分支机构的做法，也值得商榷。就在许霆案发生后，浙江省嘉兴市桐乡工商部门就曾提出一种观点：我国各中资商业银行提供的 ATM 机与行外自助银行，同属商业银行的分支机构。而《商业银行法》第 21 条规定：经批准设立的商业银行分支机构，由国务院银行业监督管理机构颁发经营许可证，并凭该许可证向工商行政管理部门办理登记，领取营业执照。否则，这些银行"窗口"有无照经营之嫌。对此，也有人明确反对，ATM 机和银行外自助银行，"连一个人都没有，算什么机构呢"？从实际做法来看，银行设立柜员机、自助银行，通常只需向监管部门报批，并没有被监管机构要求办营业执照。一家股份制银行人士认为，柜员机、自助银行都应属银行设立的一种便利设备，通常从属某一营业网点，而网点都办有营业执照，该执照应涵盖柜员机、自助银行，自助设备并非"无照经营"。❶ 可见，银行 ATM 机原本就是金融机构便民的一种机器设施，不是银行网点本身，更不是金融机构。

此外，"金融机构的经营资金"情况也千差万别，并非只要涉及盗窃"金融机构的经营资金"都是"盗窃金融机构"。比如，银行或者信用社的工作人员带着本单位的经营资金到另一地发放小额贷款（假设数额为 3 万元），在现场办公时因为工作人员疏忽包里装的银行的钱款被偷了，此种情况认定为"盗窃金融机构"十分勉强。又比如，信用社的职员把一笔 10 万元款项送到不远处的另一家银行，途中被劫，恐怕也不能定"抢劫金融机构"。刑法规定严厉打击盗窃、抢劫金融机构的犯罪行为，其立法意旨不可忽视一点，那就是对银行工作人员和国家金融秩序的特殊保护。正是如此，如果是在银行营业机构内部的 ATM 机上实施盗窃的，才应该认定"盗窃金融机构"。这样的案例也的确发生过。如 2010 年 2 月 15 日，河南省永城市工商银行永城支行营业厅内的自动取款机操作间的防盗门被撬，三台自动取款机内 826 500 元现金不翼而飞。

其二，在许霆案发生前，对于盗窃 ATM 机内存款的行为也是有争论的，一些司法机关没有认定为"盗窃金融机构"，而在许霆案之后，对这类案件一概认定为"盗窃金融机构"，由于其法定刑起点过高，结果导致

---

❶ "许霆案再涌反思 ATM 是否属银行分支机构起争议"，载金羊网—羊城晚报，2008 年 6 月 29 日访问。

量刑普遍偏重。

实践中,盗窃取款机的案件大都是以暴力❶手段破坏取款机的构造,以意图获取 ATM 机内钱款的行为。而且与抢劫银行的案件相比,现实生活中盗窃自动取款机的案件时有发生。不过,在许霆案之前,实施暴力损毁取款机盗窃取款机内钱款的案件鲜见定性为盗窃金融机构的。如 2006 年 11 月,临沂市兰山区人民法院依法审理了当地首例盗窃银行自动取款机案,被告人王某在某商业银行支行门口一自动取款机前,用弹簧刀撬动该自动取款机,欲窃取该取款机内的现金,因弹簧刀被别断未果。后经该银行工作人员证实,该自动取款机内当时存有现金 113 200 元人民币,其插卡口和出钱口被撬坏,主板参数也被敲坏,致使该取款机不能继续使用,维修价值为 3 万余元。后法院判决被告王某犯盗窃罪,判处有期徒刑 6 年,并处罚金 1 万元。❷ 我国其他地方也发生过类似案件。

类似许霆案在 2001 年的云南就发生过,当时云南曲靖市中级人民法院和云南省高院判决了一起被告人何某盗窃自动取款机案,该案与许霆案极为类似。❸ 在这起案件中,被告人何某也是盗窃银行自动柜员机(ATM)中的钱款,也是在银行自动柜员机出故障之时非法取出自动柜员机内的大额资金,只是两案犯罪金额不同,从判决结果来看,两起案件的一审判决都是以盗窃罪判处被告人无期徒刑,但何某案一、二审均没有认定"盗窃金融机构"。而自许霆案判决后,全国各地对以暴力手段破坏取款机,以窃取取款机内钱款的案件几乎一边倒地以"盗窃金融机构"定性。通过网络搜索,这样的案件比比皆是。如 2009 年 2 月,北京市通州区人民法院审理了一起盗窃案,一名 90 后男子在深夜砸坏路边一农业

---

❶ 这里是指针对物而不是对人的较广义的暴力。

❷ 孟凯、刘瑞娟:"临沂兰山区人民法院审理首例盗窃银行取款机案",载琅琊新闻网,2006 年 11 月 21 日访问。

❸ 被告人何某于 2001 年 3 月 2 日持只有 10 元的农行金穗卡到设在云南民族学院的建行 ATM 机上查询存款余额,未显示卡上有钱。何某当即按键取款 100 元,时逢农行云南省分行计算机系统发生故障,造成部分 ATM 机失控,ATM 机当即按何某指令吐出现金 100 元。何某发现这一现象后,继续按键取款,共 6 次提取现金 4 400 元。后何某在 7 台 ATM 机上,连续取款 215 次共取出现金 425 300 元(两日共取款 429 700 元)。当天下午何某将钱送回家中藏匿,在路上打电话通知其母到农行为金穗储蓄卡挂失,并连夜返回昆明。

银行自动取款机，当场被民警抓获。后经查实，当时取款机内存有人民币 21.09 万元，经鉴定被砸毁的自动取款机价值人民币 1.4 万元。行为人属盗窃未遂。法院最后依法被判有期徒刑 10.5 年，剥夺政治权利 2 年，并处罚金人民币 1.1 万元。❶ 2010 年 10 月，贵州黔南州中级人民法院二审判决莫某盗窃取款机案，莫某等人乘四周无人之机，将取款机监控设备破坏，并用水泥砖将自动取款机砸坏，企图盗走自动取款机内的存款，后被人察觉而匆匆逃离现场。经查，被破坏的自动取款机价值 6 万余元，该取款机被毁坏时机内存有现金 20 余万元。法院判处莫某有期徒刑 7 年，并处罚金 2 万元。❷ 这些案件基本上都是犯罪未得逞，但法院的宣告刑期都在 7～10 年，有的还是 10 年以上，对于未遂的盗窃案，判这样重的刑期还是值得反思的。而且，以取款机内实际存在的资金额为判案依据也值得反思。如今通过刑法修正取消了"盗窃金融机构"的规定，虽然立法主要有限制和废除死刑的考虑，但另一方面反映了这类盗窃案件的存在的确凸显了原来立法之不足。

其二，如果把盗窃取款机的行为认定为"盗窃金融机构"，还将带来盗窃转化为抢劫后，是否定性为"抢劫金融机构"的实际难题。

与此盗窃罪类似，最高人民法院 2000 年《审理抢劫案件的解释》对"抢劫金融机构"也进行了限制性解释。其第 3 条规定，《刑法》第 263 条第（3）项规定的"抢劫银行或者其他金融机构"，是指抢劫银行或者其他金融机构的经营资金、有价证券和客户的资金等。抢劫正在使用中的银行或者其他金融机构的运钞车的，视为"抢劫银行或者其他金融机构"。据此，如果在银行等金融机构的办公地点抢劫一般办公用品、生活用品，甚至银行职员身上的现金、手机等，均不能认定为"抢劫银行或

---

❶ 窦娟："19 岁男孩失恋后砸取款机盗窃钱款未遂获刑十年半"，载中国法院网，2009 年 2 月 20 日访问。

❷ 黎杰："起贪念盗砸银行自动取款机陷囹圄终审被判七年有期刑"，载黔南热线，2010 年 10 月 9 日访问。

者其他金融机构"。❶ 再结合前面对金融机构的理解分析，"银行或者其他金融机构"一般是需要有人经营管理的（下班时间也应该有人值班守护），没有银行工作人员经营或守卫的"银行或者其他金融机构"不是"银行或者其他金融机构"，此种情况也包括"运钞车"。但 ATM 机不同，除了检查或者加款，一般不会有银行工作人员守候在旁边，银行网点实行正常上下班，而 ATM 机则是每天 24 小时"工作"。我们可以说抢劫银行，可以说抢劫运钞车，但不能说抢劫自动取款机。自动取款机不存在被抢劫的问题，在这个意义上，不能把自动取款机等同或类推为银行、运钞车或者其他类金融机构。不过，明知是银行等金融机构工作人员运送的资金等金融资产而实施抢劫的，应定为抢劫金融机构；趁银行工作人员对自动网点的自动取款机开机检查或者点钞加款时实施抢劫，也应该视为抢劫金融机构。

　　自动取款机虽然不存在被抢劫的问题，但如果行为人盗窃自动取款机后，根据《刑法》第 269 条的规定，此时的盗窃行为可能在一定条件下成立抢劫罪，而一旦认定盗窃取款机属盗窃金融机构，那就存在成立拟制型抢劫金融机构的问题，这是否合理呢？如果不承认这种转化犯，就违背了刑法自身的规定；如果承认此转化，带来的结果将是，定盗窃金融机构（实际案例证明自动取款机内往往都载有数额特别巨大的钱款），法定刑是无期徒刑或者死刑，而转化为抢劫金融机构后，法定刑确实 10 年以上有期徒刑、无期徒刑或者死刑，这种重罪向轻罪转化的逻辑矛盾不言自明。该矛盾的存在证明了盗窃自动取款机的行为定性为盗窃金融机构是不合理的。由此再次说明《刑法修正案（八）》取消盗窃罪中"盗窃金融机构"这一法定刑档次的合理性。

　　可以断言，以后盗窃取款机的案件不会再被定性为盗窃金融机构了。如上海法院审理的这起案件：2012 年 6 月 6 日凌晨，1983 年出生的拾荒

---

❶ 如有这样一起案件，2009 年 3 月 25 日下午，在南京草场门某银行内的理财间发生了一起抢劫储户的案件。当时一名年轻男子殷某行窃被发现后，竟亮出腰间的一把"手枪"，并威胁银行保安放他出去，最终被保安和存款市民一同抓获。民警赶到现场后，从他的挎包中找出刚刚偷窃到的 2 700 元钱。殷某从 1997 年至此次被抓获曾因吸贩毒、聚众斗殴、扒窃多次被公安机关处理。这次为了筹措毒资，他进城准备行窃，未得手，便窜至该银行。而那把枪是殷某三天前在网上花 300 元购买的仿真手枪。

男邓某走到上海轨道交通 8 号线黄兴路站时,从 4 号出入口卷帘门下的空当钻进了地铁站。他在站内兜了几圈,打起了几台 ATM 取款机的主意。于是,他来到上海银行、中国农业银行的 ATM 机前,用车站内的灭火器等物品撬砸取款机的出钱口,砸了很长时间,直到砸出一个洞仍不见钱的踪影,终被车站工作人员发现而逃离。经查明,案发时上海银行 ATM 机内有现金 72 万余元,中国农业银行 ATM 机内有现金 34 万余元。另外,上海银行 ATM 机出钞口及出钞口零件损坏,经鉴定受损价值为 1.2 万余元;中国农业银行 ATM 机插卡口、出钞口及显示屏损坏,经鉴定受损价值为近 1 万元。上海市闸北区法院审理认为,邓某以非法占有为目的,欲盗窃 ATM 机内的巨大钱款,且已着手实行犯罪,其行为已构成盗窃罪,且属犯罪未遂,遂以盗窃罪判处邓某有期徒刑 3 年,并处罚金人民币 1 万元。❶ 该案同样没有被认定为"盗窃金融机构"。

现在看来,无论如何,社会对许霆案的呼吁和检视无疑是有益司法进步的。当年,无论是批评传统垄断性质的银行受到特殊的保护,形成了一贯的"霸王作风",还是批评司法机械主义适用法条等,这些诉求似乎应验了几年后社会情势的发展。与此同时,几年后的许霆还是相信,自己的犯罪实际上是银行自身记错了账,导致给一张余额不足的银联卡多发放了款项,这种关系是银行和储户之间的债务关系,而不是取款人实施盗窃。所以,2013 年 5 月,许霆再次选择申诉。无论结果如何,许霆案不仅成为刑法领域的重要案例,也应该引起金融法乃至商法领域的足够关注。

在此,笔者还想强调几点:一是,在认识金融机构这个概念上要更新观念,随着我国社会主义市场经济的发展,以及我国金融业的进一步改革开放,将来允许私人及国内外企业介入银行等金融服务业时,对金融机构的"特别保护"也要采取开放宽容的态度,不能再在我国刑法和相关司法解释中把金融机构的"经营资金"等同于"金融机构"予以特别保护。二是,随着金融业的快速发展,金融机构的职能可能发生变化,特别是金融服务的电子化,如电子交易、网上银行等,现金的使用和流

---

❶ 王俊莎、顾一琼:"深夜猛砸 ATM 机欲偷钱",载《文汇报》2012 年 10 月 30 日。

通在银行等金融机构中会越来越少，而其他金融资产的流通交易更加频繁，如果行为人利用暴力胁迫的方法，并运用高科技手段劫取那些并非经营资金、有价证券和客户资金的金融资产，很可能造成比针对取款机的犯罪更大的危害；相反，有的金融机构越来越市场化，它们可能对金额秩序的影响越来越小，将这种金融机构排除在抢劫加重犯的范围之外是有必要的，这也是应该加以前瞻和研究的。

还有，也许是"抢劫金融机构"的题外话，就权当是笔者画蛇添足吧。银行等金融机构自身在经营服务过程中的"招敌"行为会不会也是诱发抢劫或者盗窃犯罪的一个外因？至少一些经济学界的观点早就认识到中国银行业已成为赚钱最多的企业，但银行等金融机构也被诟病为承担社会责任最少，或者最爱推脱责任的企业。这一点与金融机构及其管理者高盈利、高收益、高待遇很不相称。

据中国银监会发布的《中国银行业监督管理委员会 2011 年报》数据显示，中国银行业金融机构 2011 年税后总利润为 1 987 亿美元。其中大型商业银行税后净利润 1 055 亿美元，占整个中国银行业收入 53%，继续引领中国上市公司最赚钱的行业。值得注意的是，商业银行们赚钱主要还是靠利息和手续费。2011 年全球最为盈利的 5 家银行中有 4 家是中国的，它们在 2011 年的利润总和为 1 300 亿美元，占到这一地区银行利润总和的 1/3。巴克莱银行是去年全球第 18 大盈利银行，据《银行家》数据，该银行税前利润为 91 亿美元，占整个西欧全部银行利润的 20%。中国建设银行 2011 年的净利润为 269 亿美元（1 694.39 亿人民币），几乎 3 倍于巴克莱银行。2012 年 10 月，长沙市长张剑飞接受采访时说，中国的地方政府债务还有个问题，我们银行存贷比全世界最高，存款利率是 3%，贷款利率是 6%，所以中国的银行全世界效益最好。老百姓存款并没有得益，而银行实际上是得益的，这是以加重地方财政负担为代价的。现在不允许地方政府发债，甚至还要提高利率。全国人民都在给银行打工。[1] 张市长的看法似乎印证了一种民间说法，"围着领导转的会升官，围着钱转的会发财"。

---

[1] "长沙市长：全国人民都为银行业打工"，载《潇湘晨报》2012 年 10 月 6 日。

至于责任（包括社会责任和法律责任）问题，银行等金融机构即使亏损也有高薪福利的做法早就引起社会众多不满。一些金融机构出了问题就把包袱甩给国家和社会（如银行呆账坏账后的资产打包甩卖、证券公司破产案等），而并没有人来承担应该承担的法律责任。那些享受过好处的老总们早已在其他金融机构另谋高就。在银行、保险公司等金融机构消费，普通民众更是屡屡遭受霸王条款的不公。保险公司更多地只考虑为自己"保险"。银行消费者如储户在金融机构的损失往往赔偿无门，如他们在银行的存款和信用卡被他人取走或者盗用，银行总是一味推卸责任。银行内部员工利用职务便利实施诈骗客户的犯罪，银行也会把责任推得一干二净。银行总是能找到以刑事责任追究犯罪，而避免承担对受害客户的民事赔偿责任的门道，这无疑也是受到了某些国家力量的支持。前面提到的把盗窃取款机等同盗窃金融机构，就是某些传统力量支持下的错误认识。中国银行业已经当之无愧地成为中国赚钱最多、责任最少的企业。或许正是意识到以上问题，银行业已经开始强调对金融消费者的保护，把金融消费者保护作为银行业监管的重要目标。❶ 法律在保护金融机构的同时，应该考虑权利义务（或者责任）对等的基本法治原则，避免金融机构推卸法治社会不可丢失的责任意识。银行等金融机构强调提高服务意识的同时，更应该提高法律意识，培育法治思维。在这个问题上，司法对它们的推动还远远不够。不可否认，我国金融业自身存在的突出问题与抢劫金融机构的犯罪没有直接关系，但从它们都是社会问题的角度来看，从社会分层和贫富冲突来的大背景看，二者还是有关系的。

值得一说的是，近年来一些地方发生了普通的年轻人抢劫银行的案件。这些案件的实施者与影视剧情中的金融大盗完全不是一回事，其中反映出的社会问题更加突出。下面的几起就比较典型。

【案63】2009年7月12日中午12时许，北京科技大学肄业学生黎某在校内的中国银行营业厅，先是以炸毁银行相威胁，然后持水果刀劫持

---

❶ 尚福林："保护金融消费者权益是监管者的重要使命"，载《人民日报》2013年2月5日。

了一对正在办理业务的情侣,并通过银行右侧窗口递入一纸条向工作人员索要10万元现金。工作人员被迫将现金交给男子。男子拿到钱后,又掏出一瓶疑似汽油的液体威胁身旁众人,并趁机逃离。作案时黎某情绪激动,浑身颤抖。当日14时许,民警在校园内西门附近一树林里发现一黑包,包内有一白色塑料袋、10万元现金、黎某的学生证和一些衣物。检方认为黎某犯有绑架罪,公诉人表示事发之后,黎某被鉴定患有抑郁症、强迫症,还有口吃。根据家属和律师的说法,黎某属于限制行为能力人。黎某是来自江西农村的一个孩子,家境贫困,但从小品学兼优,小时候就有口吃的毛病,因为家穷,没有得到彻底的治疗。16岁的时候考上北京科技大学也让他成为贫困家庭甚至整个村子的希望。但是家里需要借钱供他上学,给他很大的压力,他就一边上学一边打工,学习成绩也受到了影响。因为好几门功课没有及格,最后不得不肄业。黎某在庭上表示,他对犯罪行为非常悔恨。黎某现年52岁的父亲,在黎某事发之后一个月之内就白了头发。2010年8月,北京海淀区人民法院一审以抢劫罪判处被告人黎某有期徒刑10年,剥夺政治权利1年,并处罚金2万元。❶

在这起案件中,行为人不仅实施了绑架人质的行为,而且还以此勒索银行,当场劫走数额巨大的钱款,法院最终以抢劫罪一罪定性是正确的。

【案64】2011年6月19日,被告人富某在替朋友到邮政银行七里墩支行办事时,因自己家庭经济拮据又有购出租车的还贷压力,遂产生抢劫恶念。被告人富某为掩人耳目而乔装打扮并进行踩点后,持匕首趁中午银行员工交班又无客户之际闯入储蓄营业厅,朝两名当班员工刺戳,造成该二人死亡,并抢走人民币3.9万余元。在侦查阶段,公安机关受嫌疑人亲属委托,申请兰州大学第二医院司法精神病鉴定所对富某进行精神病司法鉴定,鉴定结论为富某作案时及目前未见精神异常,故应有完

---

❶ "北科大学生抢银行案一审宣判以抢劫罪被判10年",载中国广播网,2010年8月4日访问。

全责任能力。2011年12月8日上午，天水市中级人民法院对"6·19"抢劫七里墩邮政支行并杀害两名银行员工的被告人富某进行公开宣判，法院认定被告人富某以暴力手段抢劫金融机构且数额巨大，抢劫中又以残忍手段刺戳两名银行员工并致二人死亡，依法判处被告人富某犯抢劫罪，判处死刑，剥夺政治权利终身，并处没收个人全部财产。❶

本案法院认定被告人以暴力手段抢劫金融机构，且数额巨大，抢劫中又以残忍手段刺戳两名银行员工并致二人死亡，即被告人的抢劫行为构成抢劫金融机构与抢劫数额巨大的两个加重犯的竞合，同时还成立抢劫致人死亡的加重犯，对被告人判处死刑是适当的。

【案65】犯罪嫌疑人万某23岁，毕业于上海财经大学。2013年4月10日上午11时，万某穿着厚外套、戴着口罩和帽子，来到位于上海浦东新区的张江路的工商银行张江支行营业厅内，万某先是取了一个号，坐在等候区的椅子上与其他人一同等候。直到11点01分，他跟随一名中年女客户进入银行内的隔间，拿出了一把水果刀，突然喊道："别动！别动！每个柜台都拿钱。""我数到三十，一、二、三……"万某开始数数。为了确保客户安全，女员工开始把柜台上的钱装进万某递过来的橙色购物袋里。就在营业员拿钱的过程中，有人摁响了警铃。万某拿到装钱的购物袋后，迅速转身出了小隔间的门，跟着其他客户一起走出了银行。几名银行员工也随即追了出去。万某跑出不远还摔了一跤。在僵持了十几秒钟后，万某把钱扔进一辆路过的小车车窗后，又跑了几百米才拦到一辆出租车逃走。次日凌晨，正在暂住处睡觉的万某被抓获。万某供述自己是在作案前一天才开始谋划抢银行的，没想到会有那么多人站出来追堵自己。万某还反思自己的行为：为何犯罪，自己也想不通。❷

2013年4月23日，上海浦东新区人民检察院以涉嫌抢劫罪对万某依

---

❶ 哈丽娜、宋一泓："天水'6·19'抢劫银行案被告人富荣一审被判处死刑"，载《兰州晚报》2011年12月9日。

❷ 倪冬："上海大学生抢银行案件细节：案发前一天才谋划"，载《新闻晨报》2013年4月18日。

法批准逮捕。这是一起典型的抢劫金融机构的案例,作为一名知名财经大学毕业的大学生,万某实施抢劫犯罪无疑让人唏嘘不已。

【案66】犯罪嫌疑人杨某来自河北农村,家境比较困难。2005年,他大学毕业后留京工作,在一家公司做高速公路设计员。杨某一心想挣大钱,但又不愿多付出,总嫌工作累,于是频频跳槽,每份工作最多只干两年就辞职。2010年10月,辞职在家的杨某经人介绍认识了女朋友张某。出于虚荣心,杨某谎称其在一家知名IT公司担任部门经理,月薪过万。交往期间,杨某有过工作,但很快又辞掉,整天在家无所事事。为了留住女友,杨某却一直谎称有工作,月薪5 000元。案发前不久,两人已经开始筹备婚事,准备购买一套首付款31万元的二手房。张某自己出了10万元,加上杨某的4万元,还差17万元。杨某一口承诺剩余的钱自己来解决,但他四处借钱未果,又不敢告诉女友实情。2013年4月15日是交首付款的最后期限。眼看日子一天天逼近,杨某抢劫的念头也越来越强烈。早在2012年下半年失业后,他就动过抢劫念头,并从网上购买了麻醉药、电棍以及绝缘手套等作案工具,但一直没敢下手。4月14日,他选定了作案目标,还特地买了一辆自行车。因当天银行人比较多,用帽子和口罩遮住脸的杨某一直等到5点下班时间保安锁了门。杨某敲门说他的银行卡丢失在银行内,大堂经理王某找了一会儿向他摆手,但杨某说听不见,让对方开门。王某刚打开一条缝,杨某就冲了进去,搂住对方的脖子并用刀挟持。王某挣脱开杨某后,与银行内另一名同事持椅子,保安员则用警棍,合力将杨某逼到角落里。杨某边挥舞着短刀,边大喊:"快给我准备30万!"但最终被银行工作人员制服。警方也很快到达现场,整个过程不到5分钟。庭审时,检方建议判处其有期徒刑10~12年。庭审后,杨某告诉记者说,当初如果跟女友坦白说自己没工作,也许就不会发生这件事了。现在想想,感觉真的太不值得。❶

对上述两起几乎同时发生在上海和北京的抢劫银行案,定罪量刑不

---

❶ "北京IT男买不起房抢银行女友称其性格内向",载《北京晨报》2013年8月7日。

是难事，两名年轻人抢劫银行的原因恐怕更值得思考。

二、多次抢劫

"多次"犯罪，是刑法处罚的重点对象。究其渊源，"多次犯罪"体现出"惯犯"的属性，[1] 在主观方面，行为人一次又一次地产生犯意，并付诸行动，显现其主观恶性程度之深、罪错心理之强，有必要特别预防；在客观方面，行为人一次又一次地实施犯罪，或严重侵害国家和社会利益，或严重侵害公民的人身和财产权利，或严重影响社会管理秩序，故客观危害性更大，立足一般预防的立场也很有必要给予关注。在"多次"犯罪中，"多次抢劫"，不仅反映行为人主观恶性较大，而且在客观上势必严重影响社会安宁、危害正常的社会秩序。不过，也有反对者认为，我国《刑法》第263条把"多次抢劫"规定为抢劫罪的加重犯不够妥当。因为作案的次数对抢劫罪的社会危害性程度并不起决定作用，起决定作用的是抢劫的手段和侵害的对象乃至抢劫数额的多少以及造成的危害后果等。况且，刑法对盗窃、诈骗、抢夺、敲诈勒索等财产罪，都有加重犯的规定，但并未把"多次"作案作为加重犯来规定，盗窃罪中"多次盗窃"只是与盗窃"数额较大"相并列的构成犯罪的情节，而在抢劫罪中"多次抢劫"却成为与"抢劫数额巨大"相并列的加重法定刑的情节，这有失协调、统一性。[2] 笔者认为，这种观点有一定合理性，但在刑法已经确立这一加重犯后，刑法规定"多次抢劫"加重犯合理的一面只能作为严格界定"多次抢劫"的潜在根据了。

（一）"次"与《刑法》中的"多次犯罪"

《新华字典》对"次"的基本解释是："（1）第二：次日。次子。次

---

[1] 我国以前有的司法解释在表述多次危害行为时，有的就是采用"一贯"等表达方式。如1987年最高人民法院、最高人民检察院《关于办理盗伐、滥伐林木案件应用法律的几个问题的解释》第5条之（3）就规定"一贯盗伐、滥伐或屡教不改的"。把"一贯"改为"多次"，无疑显现了刑事立法与解释学的进步。

[2] 不过，《刑法修正案（八）》将"多次"增加为敲诈勒索罪的加重情节。

等。次要。(2) 质量、品质较差的：次品。次货。(3) 等第，顺序：次第。次序。名次。(4) 化学上指酸根或化合物中少含两个氧原子的：次氯酸。(5) 中间：胸次。(6) 量词，回：次数。初次。三番五次。(7) 旅行所居止之处所：旅次。舟次。次所。"而刑法中犯罪的"次"显然是指上述 (6) 的含义，即犯罪的次数或者回数。显然，根据这一汉语字面的解释，难以深入理解"多次犯罪"的含意。

对于什么是"次"，我国刑法及有关解释本身也无明确的界定，而在理论上，刑法学界对"次"的认定提出了一些具体规则，但还是显得比较零碎，未能形成一个完整的认定标准。也有学者就"次"的定义提出了颇有见地的看法，指出，"次"是指在同一时间、同一地点，在侵害行为侵害能力范围内针对所有对象的单个侵害行为。"次"作为一个计量单位，在不同的场合还需进行价值限定。❶ 刑事司法实践对这个问题也颇有争议。有人举例说，被告人在一个月内的 9 个夜晚，先后窜至某县的数个乡镇的 70 多户村民家的羊舍内，窃羊 100 多只，价值 2 万余元。被告人盗窃的手段是，先到村民的羊舍将羊杀死，藏匿附近，待杀死数户人家的若干只羊后再返回家中，用摩托车将死羊运送回家。对被告人的盗窃次数，有人认为盗窃 9 次，有人认为是 70 多次，还有人认为，行为人杀死羊后运送死羊返回家一回才算 1 次。争论之大可见一斑。

根据学界归纳，认定刑法中"次数"的规则，大致可以概括为一元论与多元论的观点。一元论是将与危害行为有关的一个因素作为次数认定标准，具体包括主观说和客观说两种。主观说认为，应以行为人的主观意思作为次数认定标准，基于一个意思决定而实施的行为应认定为一次；基于多个主观意思实施的行为成立多次。客观说认为，应以行为人具备客观方面的要件的次数多寡来认定。客观说中，又有行为说、结果说、时间说、地点说、对象说等多种观点。行为说认为应以行为单复作为次数的认定标准，实施一个行为，成立一次；实施多个行为，成立多次。结果说认为应以结果多少作为次数认定标准，发生一个结果，成立一次；发生多个结果，成立多次。时间说认为应以时间异同作为次数的

---

❶ 王飞跃："论我国刑法中的'次'"，载《云南大学学报（法学版）》2006 年第 19 卷第 1 期。

认定标准，发生在同一时间内的行为，成立一次；发生在不同时间的行为，成立多次。地点说和对象说如时间说一样，依此类推。

多元论认为，不管是主观标准还是客观标准，单纯用一种因素确定次数多寡缺乏合理性。如主观标准以行为人主观意思作为次数认定标准，行为人基于一个意思，实施多个行为、侵害多个权利主体、造成多个结果，也只能认定为一次，明显不合理。而一元论中各种客观说均有各自的局限性。如行为说认为应以行为多寡认定次数多寡，但行为究竟应当包含哪些因素，这里的行为和刑法中通常所说的危害行为有何区别，难以界分。而按照结果说的理论，一个伤害行为造成多人重伤、多人轻伤的行为应认定为多次，也难为大家所接受。时间说中所说的同一时间究竟包括多久，如何界定不明确。地点说对行为地点的范围如何确定也是争议很大的问题。对象说同样存在缺陷。为此，多元论主张，判断次数标准应综合多种因素进行确定。有的认为，次数的认定规则有四，即同时同地规则、单独追究规则、完成形态规则、排除计数规则等。其中的同时同地规则是指行为人在一个相对集中的时间和相对固定的地点进行连续犯罪只能认定为一次犯罪；单独追究规则是指作案次数不以犯罪既遂为标准而以行为人的行为可以单独追究刑事责任为依据；完成形态规则是指对未完成形态不能追究刑事责任的行为必须以行为完成为前提；排除计数规则是指对作案次数的认定必须将实体法要求不能处理如不满14周岁实施的危害行为和不能重复处理的如已经作过行政处理或民事处理的或者是超出规定期限的（如最高法院关于多次盗窃需发生在1年以内的规定）作案次数予以排除。❶ 上述规则中前面三个规则是对"次"从正面进行限定的，但该规则没有给"次"一个完整的界定。最主要的是上述的同时同地用相对集中和相对固定来限定，实质还是难以揭示"次"的内涵，无法给人一个明确清晰的标准。❷

也有学者将多次盗窃中的"次"界定为在1年以下某一非过于短暂的时段内，在一定的公私场所，行为人从产生盗窃犯意开始，经着手准

---

❶ 王志平："如何认定本案盗窃数额及次数"，载《人民检察》2000年第7期。
❷ 王飞跃："论我国刑法中的'次'"，载《云南大学学报（法学版）》2006年第19卷第1期。

备盗窃，到实施盗窃并达到既遂，即构成一（次）盗窃。❶ 该界定强调了时间、地点、侵害行为的完成的三者合一标准，这对于一种典型的"次"的认定是有参考意义的，但对于很多复杂的情形不一定适用，它仍然没有给出区分一次或多次的普遍性标准。还有学者提出，多次抢劫，是指抢劫 3 次以上。一般要求在不同时间、不同地点作案。如果在同一地点，不间断地对两个以上的人依次实施抢劫，则应视为一次抢劫。行为人预定计划要连续抢劫数户人家，符合连续犯罪特征的，也应视为一次抢劫。❷ 这种观点（以多次抢劫为例），与前一个观点比较，强调了对连续犯应该作为一次犯罪对待，但也没有进一步延伸得出"次"的界定标准，再说，什么是"不间断"，什么是"连续"，都是有争论的概念。又有人认为，"次"是指在同一时间、同一地点，在侵害行为侵害能力范围内针对所有对象的单个侵害行为，在认定次时，应主要从行为的客观征状来把握。主要包括同一时间、同一地点和单个侵害行为等要素。❸ 这种观点特别强调"次"是"在侵害行为侵害能力范围内"，实施"单个侵害行为"，在界定了"次"的含义的同时，也容易导致对"次"的限定，继而有扩大"次数"范围的倾向，从而可能扩大刑罚的打击面。还有观点借助判断"一次行为"的理论，主张"根据社会一般观念来判断行为次数就是我们不得不然的选择"，❹ 该观点还是过于概括模糊，缺乏具体明确性。

笔者认为，理解刑法中的"次"，确应坚持主客观标准综合衡量，且以对客观因素的考察为主。但完全不顾行为人的主观犯罪意思，来认定"次"也是不全面的。同时，对"次"这一概念的界定，与其他法律概念相比，不仅要考虑一般社会观念的接受和认同，也需要考虑法律所要求的价值涵义。把"次"理解为完成单个的危害行为过于简单化，同样地，要把这一概念所要求的行为时间固定于某个点或者某个时间段，如一小

---

❶ 贺平凡："论刑事诉讼中的数量认定规则"，载《法学》2003 年第 2 期。
❷ 刘明祥："论抢劫罪的加重犯"，载《法律科学》2003 年第 1 期。
❸ 王飞跃："论我国刑法中的'次'"，载《云南大学学报（法学版）》2006 年第 19 卷第 1 期。
❹ 叶肖华："连续犯在我国的批判解读"，载《中国刑事法杂志》2009 年第 10 期。

时或者一天、一月、一年内，把行为地点固定在一定的地域范围，如一栋楼、一条街、一个城镇等，这些均不现实，也无必要。概括地讲，刑法中的"次"就是指行为人基于一个意思决定，在紧密联系的时空范围内，实施侵犯他人权益的一个行为过程。这样，对于刑法中的"次"的理解必须把握以下三点：（1）出于一个意思决定；（2）在紧密联系的时空范围内；（3）实施完成或者被迫中断一个侵犯法益的行为过程。

由于刑法中对一次或者多次行为的规定，都是指的故意犯罪，而且大多只限于作为形式的直接故意犯罪，所以，行为人一般应该有具体的犯罪动机和明确的犯罪目的，对于所要实施的行为的性质和后果也应该有大概的认识。不同行为人的认识能力不同，对行为过程的认识可能存在差异。而且，由于是作为形式的直接故意犯罪，行为人往往会进行积极预谋和计划，预谋和计划的内容直接决定着该次犯罪的实施情况。在随后的行为过程中，行为人主观上只要不违反该意思决定的基本内容，哪怕有所变化，也不能成立新的意思决定。

在客观上，对于时空条件的把握有较多争论。有的观点认为，这里的时间，必须在同一时间。同一时间既包括时间点，也包括时间段。在瞬间即可完成的行为，同一时间为时间点；需要较长时间才能完成的行为，同一时间为时间段，后者应排除时间隔断，即足以导致行为无法继续进行的时间段，如行为人需继续实施侵害，则需重复先前已经实施的一定动作。例如，行为人在同一房内盗窃财物，其在盗得一定财物后返回家中移送赃物，随后又去该房盗窃。行为人回家的时间则为时间隔断。笔者认为，故意犯罪恐怕在瞬间即可完成的行为极少，果真如此，对于"次"的认定也没有什么困难。而对于同一时间段的认识，以上盗窃的例子也不恰当，行为人到同一住户家盗窃财物，在盗得一定财物后返回家中移送赃物，随后再返回该房继续盗窃，其间转移赃物不能算是隔断成两次犯罪。这种情况认定为一次犯罪为妥。除非第一次返回后，决定改日再去（盗窃），那才可能成立时间隔断。如果行为人在盗窃了甲住宅中的财物运回家后，准备再到甲家中盗窃时，意外地发现甲家中亮灯，遂转移至甲的邻居乙家中进行盗窃，由于后一盗窃行为是后来决意的，与前面的盗窃也不具有承接性，此时应该认定两次盗窃。不过，如果行为人决定一周偷或者抢一次，偷什么、在哪儿抢都没决定，这种意思决定过于空洞，其认识内容实际上构不上一个具体的犯罪决意，所以，其后每周一次的犯罪行为，应该分别各论。它们不能成为一次犯罪的理由。

对于空间范围，有人认为必须是在同一地点，地点的范围根据危害行为的危害能力以及侵害行为发生位置的特殊性来确定。同一地点如果是某一与外界隔绝而独立的地点，如独立的一套房屋、一间仓库、一台车上等，这样的地点不依附其他空间而独立存在往往没有争议。但对处于一定范围之内而又存在若干相对独立的场所，如一栋楼房之中的不同办公室、一个单元的若干住户等，具体认定为一个地点还是认定为若干个地点，有较大分歧。有人认为，同一地点是一个相对的概念，由司法人员凭经验确定。例如，行为人在一幢楼里连续撬窃了三家居民住宅，应认定为一次。反对者认为，由于每户住宅独立又与外界隔绝，因此，每户住宅均应认定为一个地点。如果根据经验判断，那么这一同一地点的范围究竟可以覆盖多大？紧邻的两幢楼里面的多户住宅是否可以认定为同一地点？一个小区乃至一个小镇上分散坐落的几栋房屋可否认定为同一地点？这样将导致同一地点的范围既可以无限扩张，又可能导致同一地点的范围无限缩小。笔者认为，产生上述争论的原因在于孤立地认识地点问题。如果把地点和时间结合成一个统一的空间形态来看，问题就容易得多。比如，行为人一夜之间在县城及周边地区盗窃若干个小区的数十户人家（只要有此本领），尽管被害人有的相距甚远，只要开始已有决意的，就应该认定为同一空间范围，否则可能出现某人一夜之间实施数十次盗窃的结论。同样地，如果行为人驾车盗窃另一车辆上的财物，只要是一直跟随该车盗窃，哪怕跑了上百公里，中间还可能有偶尔的间断（如停车加油、吃饭），只要一直是在跟踪盗窃，也算做一次盗窃。不过，如果中途更换对象，改为盗窃其他车辆，哪怕路线和方法等完全相同，由于犯意发生了改变，就不再属于一次盗窃。还有，如果地点中途发生转移，但不改变行为的性质，危害行为前后承继，还是应该认定为一次。如聚众淫乱过程中，为将淫乱活动实施完毕，从一个地点转移至另一地点，前后的淫乱活动具有承接性，就应认定为同一时空范围内的一次犯罪。但如果地点转移后，前后行为的内容发生了显著变化，如淫乱人数和形式改变等，那就是产生了新的犯意，时空范围也发生改变了，就不能再认定为一次犯罪。

最后，就是实施完成或者被迫中断一个侵犯法益的行为过程。刑法中的"次"是针对危害行为的数量词，而不是一定指犯罪，因为有些"次"行为只有多次实施才能构成犯罪。刑法中的"次"的最基本内涵是一个侵犯法益的行为过程，最为典型的是实施某个单一的危害行为，包括若干个前后连贯、服务于主观目的的同一性质的危害动作。一个单一的危害行为一般由准备、着手、实施、完成等若干动作和阶段有机连接而成。有的观点强调这些动作之间不能中断，否则就算一次新的危害行为了。笔者认为，只要期间的中断事实对危害行为的继续完成没有实质性的阻隔，还是在行为人主观决意之下的，就仍然是一次行为。例如，如果行为人第一次抢劫一职工宿舍被周围群众发现而赶走，不久行为人再次来到该宿舍实施抢劫，这要算两次抢劫；相反，如果行为人在抢劫过程中，见有协警经过而停止下来，假装与被害人是熟人谈生意，等协警走后继续抢劫被害人，这还是一次抢劫。

不过，在认定是否单个侵害行为的时候，有时与侵犯的对象有关。有的危害行为能够同时侵害多个对象，如在行为人的淫威之下，同时对车上的所有乘客逐一搜身抢劫，行为人对每一乘客的抢劫，都依赖先前已经实施的登车、暴力威胁等行为，即使在受到个别乘客的反抗而再次实施暴力或者威胁，也是对前面已经实施的暴力威胁行为的补强。不过，行为人站在某地拦截过往车辆抢劫财物的情况比较复杂，此时的抢劫均需要对每一车辆实施拦截和暴力威胁，进而搜抢财物，后面拦截抢劫的行为不依赖拦截前面车辆的行为。所以，拦截每一车辆抢劫财物的行为似乎均为一次独立的犯罪。但在笔者看来，这种情况认定为一次抢劫为宜。这种情况涉及后面要论及的连续犯与多次犯罪的关系，如何认定连续犯情形下的犯罪"次数"下文有进一步的探讨。

正是因为"次"不是单指一个单一危害行为的完成，它具有特定的刑法价值蕴涵，就使得刑法中的"多次"成为一个较难把握的概念，亟待加强研究。

从我国刑法规定来看，刑法中的"多次"是指实施相同性质的危害行为的次数较多，而不是指同一行为人分别实施不同罪名的犯罪（如杀人、盗窃和放火），加起来是多次犯罪，这种犯数罪的情形不是我们研究的"多次犯罪"。1997年《刑法》实施以来，尽管"多次"在刑法或者相关司法解释的规定中有明显增多的趋势，然而研究者并不多。

何秉松教授在《刑法教科书》中指出，"多次犯罪是当代犯罪的一个相当普遍的现象"，"是罪数理论应当高度重视并深入研究的重要问题"。他在论及罪数的分类时把一罪分为单纯的一罪、选择的一罪、复合的一罪以及多次的一罪（重复的一罪），其中"多次的一罪"即"指同一个犯罪构成多次重复成立的一罪"。❶ 该观点似乎表明，"多次"犯罪是犯罪构成的重复，是多个犯罪的集合体。张小虎教授则立足"多次行为"的理论定性，对"多次犯罪"进行了颇有价值的探讨。他认为我国刑法中的"多次行为"，存在"数个违法行为、连续犯、同种数罪"的情形，其规范类型有三：基本犯罪构成要素、加重犯罪构成要素以及累计数额处罚载体，在此基础上，再对多次行为的犯罪形态及立法模式等提出了其独到的见解。❷ 还有研究者认为，多次犯罪属于现象范畴，是指还未经法律评价的原始的犯罪现象。广义的多次犯罪是指，在自然状态下观察，犯罪人的行为呈一系列，并且这一系列行为都具有犯罪的性质。广义的多次犯罪经过法律评价后，结果为数罪的多次犯罪，可称之为"真正的多次犯罪"；而结果为一罪的多次犯罪，经过法律评价最终只成立一罪，因此可称之为"假性的多次犯罪"。可见，这种观点把多次犯罪划分为一罪和数罪两大类型。❸ 王飞跃教授认为，"次"是指在同一时间、同一地点，在侵害行为侵害能力范围内针对所有对象的单个侵害行为。"次"作为一个计量单位，在不同的场合还需进行价值限定。"多次"作为构罪标准时，以该行为达到应当受行政处罚的危害程度对"次"进行价值限定；"多次"作为加重情节时，以该行为应当受刑罚处罚"次"进行价值限定。在认定次时，应主要从行为的客观征状来把握，具体包括时间、地点、危害行为。❹ 笔者认为，目前"多次犯罪"在刑法理论中还不是一个约定俗成的概念，从表面上看它是一种犯罪现象，并不依赖刑法的规

---

❶ 何秉松：《刑法教科书》，中国法制出版社1997年版，第425～427页。
❷ 张小虎：《犯罪论的比较与建构》，北京大学出版社2006年版，第777～782页。
❸ 张鸥：《试论多次犯罪》，中国政法大学2005硕士论文。
❹ 王飞跃："论我国刑法中的'次'"，载《云南大学学报（法学版）》2006年第19卷第1期。

定而客观存在，但从实质上分析，作为定罪量刑的对象，研究多次犯罪不应离开刑法的规定，不能离开刑法的价值分析。所以，多次犯罪说到底还是一种刑法现象。为了研究方便，不妨把《刑法》条文中规定有"多次"的犯罪统称为"多次犯罪"，"多次抢劫"就是典型立法例。因此，这里的"多次犯罪"不是一种单纯的犯罪学意义的犯罪现象，也不是一种特殊的犯罪类型，而是指刑法规定的某一犯罪在行为人多次实施相同性质的客观危害行为时如何定性和处理的特殊刑法问题。

在我国刑法中，除了常见的盗窃和抢劫犯罪之外，现行刑法大约有十多处法律条文有"多次"犯罪的规定，主要集中于破坏社会主义市场经济秩序罪、侵犯财产罪、妨害社会管理秩序罪以及贪污贿赂罪中，涉及的罪名主要有：走私普通货物、物品罪、偷税罪、聚众斗殴罪、聚众淫乱罪、组织他人偷越国（边）境罪、运送他人偷越国（边）境罪、走私、贩卖、运输、制造毒品罪、盗掘古文化遗址、古墓葬罪、强迫卖淫罪、贪污罪等。特别是2011年通过的《刑法修正案（八）》对敲诈勒索罪的构成要件以及寻衅滋事罪的法定刑档次进行了修正，增加了"多次"实施危害行为的规定。与刑法的规定相适应，我国最高司法机关的司法解释对于一些常见多发的"多次犯罪"给予了必要的关注。其中，司法解释对"多次盗窃"规定较早，如1998年《解释》第4条规定，对于1年内入户盗窃或者在公共场所扒窃3次以上的，应当认定为"多次盗窃"，以盗窃罪定罪处罚。3次亦成为危害行为是否"多次"的公认标准。有的观点还为此提供了理由：（1）根据体系解释，刑法中的多次均指3次以上；（2）限定为1年以上，体现刑罚的及时性，有利于实现打击效果；（3）盗窃案件的秘密性，决定在证据上主要依赖被告人口供和被害人陈述，很多情况下无法起获赃物，限定为一年也是调查取证的现实需要；（4）现实社会中"小偷小摸"的广泛性，限定为1年内体现了刑法谦抑性的要求。❶

除了盗窃罪外，我国其他相关司法解释大都是在解释情节加重犯时，规定"多次"作为"情节严重"的情形之一，这就使"多次"成为这些

---

❶ 李勇等："如何理解修正后的盗窃罪具体罪状"，载《检察日报》2011年6月6日。

罪情节加重犯的法定条件。如2002年11月5日《最高人民法院关于审理偷税抗税刑事案件具体应用法律若干问题的解释》第5条将"多次抗税的"规定为抗税罪的一种情节加重犯。但抢夺罪的司法解释有所不同。2002年7月16日《最高人民法院关于审理抢夺刑事案件具体应用法律若干问题的解释》对"一年内抢夺3次以上的"进行了规定。如果抢夺财物的数额达到"数额较大"的标准，"一年内抢夺3次以上"的，就要从重处罚。如果行为人抢夺的数额接近"数额巨大"和"数额特别巨大"，又属"一年内抢夺3次以上的"，则可成立抢夺罪的加重犯。笔者认为，如果司法解释没有作这样的规定，"多次"一般是酌定的量刑情节，最多只能成为情节犯基本罪的客观方面的构成要件，而不能理解为升格法定刑的条件。而针对刑法关于"多次抢劫"的规定，最高人民法院2005年《审理抢劫、抢夺案件的意见》第3条作了较为详细的规定，即《刑法》第263条第（4）项中的"多次抢劫"是指抢劫3次以上，对于"多次"的认定，应以行为人实施的每一次抢劫行为均已构成犯罪为前提，综合考虑犯罪故意的产生、犯罪行为实施的时间、地点等因素，客观分析、认定。对于行为人基于一个犯意实施犯罪的，如在同一地点同时对在场的多人实施抢劫的；或基于同一犯意在同一地点实施连续抢劫犯罪的，如在同一地点连续地对途经此地的多人进行抢劫的；或在一次犯罪中对一栋居民楼房中的几户居民连续实施入户抢劫的，一般应认定为一次犯罪。该解释性规定成为刑法中"多次"型犯罪的方向性标准，该规定对于理解和认定"多次抢劫"，乃至"多次"型犯罪具有重要的指导意义。但进一步研究其具体内容，理解"多次抢劫"还需要明确：多次抢劫与连续犯罪是何种关系、"多次抢劫"的立法本意是否意味着多次抢劫的每次抢劫行为都要符合独立的犯罪构成；等等。

（二）多次抢劫与连续犯的关系

最高人民法院2005年《审理抢劫、抢夺案件的意见》特别强调"基于同一犯意在同一地点实施连续抢劫"的情况不属于"多次抢劫"，并3次运用"连续"一词，很容易使人想到连续犯的概念，是否能由此得出连续犯只能算一次抢劫而不是多次的结论呢？对此，有学者指出，行为人按照预定计划连续对多人实施抢劫的行为，符合连续犯特征，行为人的数个犯罪行为统一于一个总的犯罪的概括的故意,因此,应当以一次犯罪计算。❶ 有的观点认为,《刑法》第 263 条将"多次抢劫"规定为法定刑升格的条件,就是将连续犯以一罪论处的例证。❷ 有人认为,我国刑法中规定的多次行为包括同种数罪、连续犯和数个违法行为等形态。❸ 以该观点推理,连续犯属于多次犯罪之一种情形。还有学者认为我国刑法和司法解释规定了众多的"多次犯罪",就是连续犯的证明。我国刑法只规定了"多次行为",而没有直接规定连续犯。而且,从这些"多次"规定所包容的犯罪形态来看,完全可以涵盖传统理论中的连续犯的犯罪形态。这才是我国刑法真正的立法实际,而我们的刑法理论却无视这一立法实际,造成了理论严重脱离实际的窘境。我们应该转入研究"多次行为",并用"多次行为"的概念来取代传统理论上的连续犯概念,而不应再株守既往理论,纠缠于连续犯的种种无谓争论之中。❹ 这更涉及多次犯罪与连续犯之间是何种关系的理论问题。

但如何理解连续犯本是一个争议较大的问题。

连续犯是大陆法系国家的立法现象。据考证,连续犯一语,首见于 1913 年费尔巴哈(Feuerbach)起草的德国《巴伐利亚刑法典》,其含义是:"犯罪如对于同一客体或同一人实行数次时,连续该数次行为,认为单一事实,但量刑应予加重。"后来德国一些邦的刑法典相继设有连续犯的规定,但 1871 年《德国刑法典》规定,数个独立行为,数次犯同一之重罪或轻罪,因而应受数个有期自由刑者;"应将各刑中之最长期刑再予加重,作为并合刑而宣告之",则是按实质数罪,采加重主义,并合处罚。其后联邦德国刑法典也无连续犯的规定。法国仅在学说和判例上承认连续犯,法律未加规定。奥地利、瑞士均没有连续犯的规定。1968 年修正的《意大利刑法典》第 81 条第 2~3 款规定:"基于同一犯罪意思,而以多数作为或不作为,重复触犯同一法律规定为'单一之犯罪行为'",

---

❶ 王作富:"认定抢劫罪的若干问题",载《刑事司法指南》2000 年第 1 辑。
❷ 张明楷:《刑法学(上)》,法律出版社 1997 年版,第 329 页。
❸ 张小虎:"多次行为的理论定性与立法存疑",载《法学杂志》2006 年第 3 期。
❹ 叶肖华:"连续犯在我国的批判解读",载《中国刑事法杂志》2009 第 10 期。

是连续犯的专条。日本刑法自1947年以后也已无连续犯规定。英美刑法无连续犯的概念,因为其刑法上处刑范围较大,宣告两个自由刑可以合并执行,无规定连续犯的必要。❶ 我国台湾地区"刑法"则一直保留连续犯的规定,也许是这一原因,台湾学者对连续犯的研究甚广。但在2005年台湾修正"刑法"草案通过后,其修正的"刑法"条文亦"基于连续犯原为数罪之本质及刑罚公平原则之考量",遂"删除本条有关连续犯之规定"。"至连续犯之规定废除后,对于部分习惯犯,例如窃盗、吸毒等犯罪,是否会因适用数罪并罚而使刑罚过重产生不合理现象一节",可以"发展接续犯之概念,对于合乎'接续犯'或'包括的一罪'之情形,认为构成单一之犯罪,以限缩数罪并罚之范围,用以解决上述问题"。修正的"刑法"删除连续犯的规定,合乎刑法理论上与国外刑法接轨,自当认为适宜。❷ 我国《澳门刑法》第29条虽有连续犯的规定,但争论也很大。其主流观点强调行为人连续犯罪须有"可相当减轻行为人罪过之同一外诱因"。澳门司法机关认定连续犯的条件是:数次实现同一罪状、实行的方式相同、全面故意、使到实行方便且可相当减轻行为人罪过的同一外在情况持续。❸

立法上的差异还源自中外刑法理论对连续犯存废之争。

废止说的理由是:(1)连续数行为都独立成罪,仅论以一罪,有鼓励犯罪之嫌;(2)将连续犯作为一个整体的犯罪看待,欲查清广泛的全部犯罪事实,延长侦审时间,难以迅速审结,势必妨害人权,影响司法信誉;(3)"既判力"的适用,审理一部犯罪,判决效力及于他部,有悖于罪刑相当原则;(4)连续实施数个独立的犯罪,不仅在实质上是数罪,而且在诉讼上也是数罪,并无以一罪论处的理由。德国学者批评连续犯在法治国思想上值得怀疑,从刑事政策上看也存在问题。可能赋予特别危险的行为人以特权。❹ 我国有观点主张,《刑法》第89条使用了"连

---

❶ 高仰止:《刑法总论》,台湾五南图书出版公司1980年版,第347~348页。
❷ 马克昌:"我国台湾地区刑法修正述评",载《中国刑事法杂志》2005年第4期。
❸ 石磊:"澳门刑法中的连续犯研究",载《中国刑事法杂志》2008年9月号。
❹ [德]冈特·斯特拉腾韦特、洛塔尔·库伦著,杨萌译:《刑法总论Ⅰ——犯罪论》,法律出版社2006年版,第432~433页。

续"二字就是确立了连续犯是一罪的观点,这是一种牵强附会的解释。❶

存置说的理由是:(1)连续犯是客观上存在的法律事实,无消灭的必要;(2)删除连续犯,允许超法律的解释,易生弊端;(3)对连续的犯罪以数罪合并处罚,裁判主文将不胜枚举;(4)对漏罪事实,又得随时追诉审判,影响司法的稳定,且对被告不利;(5)对同一客体反复实施犯罪,实质上是一行为或一罪,只应科以一罪之刑。还有观点认为,"通说以为对于连续犯仍应予以保留,然在刑事政策上若不宜适用连续犯之规定时,不妨在特别法中设排斥其适用之规定"。❷ 还有人认为,基于同一犯罪故意发动的多次行为,并无逐一处罚的必要,而将数个犯罪行为按一罪论处的连续犯,恰恰符合了以纠正犯罪人主观恶性为目的的主观主义刑法思想。❸ 连续关系的存在,反映了行为人多次犯罪背后的人格一致性,对连续犯以一罪处断是人格一致性的要求。❹

从实践来看,我国台湾地区废除连续犯后给实践带来了新的问题。近年来,台湾"最高法院刑事庭"会议决议,吸毒犯在一段时间内反复吸毒,采"一罪一罚"论,也就是吸毒犯被抓到一次,判罚一次;由于吸毒犯多有毒瘾,如多次被抓,刑期累计很可观。过去吸毒犯在同时间反复吸毒就逮,都以"连续犯"判决,但加重其刑到1/2;"刑法"修正案2007年7月实施,删除"连续犯"规定。像吸食海洛因,为6个月到5年有期徒刑;吸食安非他命,为3年以下有期徒刑。举例来说,修法前,一名吸毒犯一年被抓到3次吸食海洛因,以最低刑6个月,再加重1/2来判决,为9个月有期徒刑;修法后,采一罪一罚,就算每次处最低6个月徒刑,加起来18个月。接续犯说,是把吸毒犯在一段时间内反复吸毒的行为,当作一个犯罪,以免一罪一罚,造成刑罚过重的不合理现象;接续犯的前提是吸毒犯基于一个犯意吸毒。一罪一罚说则认为,刑法废除连续犯,本意在避免鼓励犯罪,恢复到每一次犯罪的独立评价;吸毒犯每次吸毒都为满足各次的毒瘾,满足毒瘾后,吸毒行为即已完成,都

---

❶ 庄劲:"论连续犯概念之废除——兼论同种数罪的并罚模式",载《求索》2007年第1期。
❷ 高仰止:《刑法总论》,台湾五南图书出版公司1980年版,第368~369页。
❸ 杨大器:"论连续犯",载台湾《法令月刊》第30卷,第11页。
❹ 柯耀程:《变动中的刑法思想》,中国政法大学出版社2003年版,第308页。

是各自独立的行为。法官认为，看起来一罪一罚对吸毒犯不利，其实在严格证据要求下，每一次吸毒都要有相当证据才能判决。

对于连续犯，我国早期的《刑法草案》第22稿第73条规定："连续几个行为犯一个罪名的，按照一个罪论处；但是可以从重处罚。"后来该条规定被删除，其理由为："何谓'连续行为'，认识上不太一致，法律上规定了，容易引起争论，不如由学理上去解释，更灵活些。"❶ 现行刑法中未明确规定连续犯，但在我国《刑法》第89条关于追诉时效的规定中提到"犯罪行为有连续……状态"，这成为我国刑法承认连续犯的法律依据。从《刑法·分则》来看，《刑法》第153条和第383条均规定，对多次走私或者贪污未经处理的，按照累计数额处罚，二者也常被认为是连续犯的实例。但是，什么是连续犯刑法并无明文规定，留给理论上进行解释。而我国刑法学通说认为，连续犯是基于同一的或者概括的犯罪故意，连续实施性质相同的数个行为，触犯同一罪名的犯罪。❷ 同时，上述通说界定出连续犯有4个特征：基于同一的或者概括的犯罪故意；实施的数个行为性质相同、独立成罪；数个行为具有连续性；数个行为触犯同一罪名。笔者认为，这4个特征实际上就是3个，"性质相同与独立成罪"与"触犯同一罪名"实质上是一个意思，因为若性质不相同或者不独立成罪就谈不上"触犯同一罪名"。❸ 我国台湾学者在总结连续犯的成立要件时虽表述有异，但也多采取三特征说。❹ 有的虽然举出4个要件，将"侵害同种类法益"与"犯同一罪名"分立，但从其举例和论说来看，二者实为同一特征。❺ 笔者认为这三个特征应该是：（1）基于同一的或者概括的犯罪故意；（2）连续实施数个性质相同的危害行为；

---

❶ 高铭暄：《中华人民共和国刑法的孕育和诞生》，法律出版社1981年版，第106页。

❷ 张明楷：《刑法学（上）》，法律出版社1997年版，第328页；高铭暄、马克昌主编：《刑法学》，北京大学出版社、高等教育出版社2010年版，第207页。

❸ 也有观点持三特征说，如（1）连续的同一犯罪故意；（2）连续实施数个可以独立成罪的行为；（3）触犯同一罪名。马克昌主编：《犯罪通论》，武汉大学出版社1999年版，第695～698页。

❹ 陈朴生：《刑法专题研究》，台湾政治大学法律学系法律丛书（十九）1988年版，第517～518页；高仰止：《刑法总论》，台湾五南图书出版公司1980年版，第349～350页。

❺ 韩忠谟：《刑法原理》，台湾大学法学院事务处1981年版，第366～367页。

（3）数个行为独立成罪并触犯同一罪名。具体说来，笔者对这三个特征作以下理解。

（1）基于同一的或者概括的犯罪故意，这是连续犯的主观特征。

在连续犯主观特征上，存在整体故意与连续故意的对立。"所谓'整体故意'是指行为人在进行连续犯罪之第一个行为前，在主观上，对于整体连续犯罪中之各个犯罪行为即具有认识，并决意实现后续之数个触犯同一罪名的行为"，而连续故意是指"在犯罪行为后始产生再进行相同之下个行为之意思"。❶ 两者的关键区别在于，整体故意要求行为人在连续行为之前就对后续的相同行为有所认识，其对连续行为的认识是自始确定的；而连续故意则要求在进行一个行为之后才产生后续相同行为的意思，其对连续行为的犯罪意思自始并不确定。为限制连续犯之适用范围，德日等国的理论与实务一般主张以整体故意作为连续关系成立的主观条件。但我国的刑法理论通说将连续犯的主观特征表述为"同一的或概括的犯罪故意"，❷ 同一犯罪故意，指行为人预计实施数次同一犯罪的故意，每次实施的具体犯罪都明确包含在行为人故意内容之中。概括的犯罪故意，指行为人概括地具有实施数次同一犯罪的故意，每次实施的具体犯罪并非都包含在行为人的故意之中。❸ 这种表述用"同一"解释"同一的故意"，用"概括"解释"概括的故意"似乎并不周全。而且，说"故意内容"或者"故意"包含"每次实施的具体犯罪"，这也不符合犯罪故意的基本原理，犯罪故意是行为人对危害结果所持的心理态度。故意作为罪过内容，是犯罪的主观方面要素，其本身属于犯罪的有机组成部分，如此界定就有部分包含整体的意思。依笔者之见，"同一的犯罪故意"，是指行为人对将要连续实施的数次性质相同的危害行为和结果有具体的认知，并希望或者放任危害结果的发生；而"概括的犯罪故意"，是指行为人对将要连续实施的数次性质相同的危害行为和结果只有一个

---

❶ 谢中：《刑法概要》，台湾神州图书出版有限公司2001年版，第148页。

❷ 有观点主张，主观上的连续意图分为确定的连续意图和非确定的（或概括的）连续意图两种。两种连续意图没有本质区别。张明楷：《刑法学（上）》，法律出版社1997年版，第328页。更有早期观点认为连续犯主观上的同一犯意在广义上就是概括的犯意。金子桐："浅论连续犯"，载《社会科学》1981年6期。

❸ 高铭暄、马克昌主编：《刑法学》，北京大学出版社、高等教育出版社2010年版，第207~208页。

总体性的认识，不排除产生新的类似的危害行为和结果，但它们仍没有超出行为人的总的犯罪意图之外。从相同点看，二者在主观上都具有一个整体性犯意，有预定的犯罪计划，或者有一个总的犯罪目标，或者能预见一个总的犯罪结果。其主要区别在于，前者对犯罪的内容计划得更为具体明确，而后者只有一个大致规划，随时可能超出预谋，侵害新的对象，危害范围更广。

"同一犯罪故意"不是仅仅指出于一个动机或者一个犯罪目的，也不是"同一个犯罪故意"。❶ 作为认识对象，任何一个具体犯罪的构成要件的事实总是特定的，同一危害行为在同一时间和地点、针对同一个对象、发生同一个危害结果的，只能存在一个犯罪故意。一个犯罪故意只能构成一个罪。连续犯也是如此，其各个具体犯罪的故意均有自己的内容，不可能是同一个。这里的"同一"应该理解为"同样性质"的意思。这种意义的连续犯中的数个犯罪均有自己的具体的犯罪故意，只不过它们属于同一性质。在这个问题上，我国台湾学者都是称为"单一决意"或"单一犯意"，而且，"单一决意"与"意思单一"有别，前者是对两个以上犯罪事实之概括的预见，后者则为对于特定犯罪事实的具体认识。❷ 内地学者关于"同一故意"的观点也许正是来源于台湾学者所言的"单一决意"。

"概括的犯罪故意"更不是"同一个犯罪故意"的意思。由于有的犯罪在案发时并没有一个非常明确具体的计划，甚至有的危害行为（假设性质相同）是出于新的犯意而产生，此时必须分析能否被先前的故意所概括。而且这里涉及对连续犯范围的限制问题，此时行为人至少对后面的行为及其后果还是有概括性认识，不是违背其预先的本意的。举个例子，行为人 A 因待遇问题意图报复公司两个主要领导，在甲领导办公室中伤害甲后，再赶往乙领导家中伤害乙，A 对实施的两次伤害行为及伤害结果的认识是清楚的，为同一犯罪故意，属连续犯。如果 A 在从甲办公室出门时，把不相干的路人丙也伤害了，那此行为就不属连续犯，而是数罪了。此时 A "想报复社会"的辩解是无力的。又假设，如果 A 在

---

❶ 这里明显不同于徐行犯，徐行犯客观上实施了数次性质相同的危害行为，但主观上是出于同一个犯罪故意。

❷ 高仰止：《刑法总论》，台湾五南图书出版公司1980年版，第349页。

进入乙家时,发现乙的未成年儿子丁也在,就出于报复心理把乙和丁都伤害了,则此行为就可能属基于"概括的犯罪故意"的连续犯。

上面谈到连续犯在主观上都预先具有一个整体性的犯意,连续犯的行为人于犯罪前对整个犯罪的动机、目标、计划以及犯罪结果具有整体性认识或期待。同时,连续犯的行为人对于犯罪行为的认识还包括对危害行为之间的连续关系的认识。无论是基于同一的犯罪故意,还是概括的犯罪故意,行为人对数个犯罪行为之间的连续关系都有所预见,并且对各个具体犯罪的连续进行状态都持希望发生或追求其发生的心理态度。至于行为人实施犯罪开始以后,每次犯罪的具体内容如何,不是行为人一开始能够认识到的,是可能变化的。连续犯的这种整体性认识,正是主观主义刑法思想体恤的人性的弱点的反映。整体性更趋向"一"的概念。这在一方面说明连续犯不同于单独的一次犯罪的社会危害性,同时也说明连续犯跟相互独立的典型数罪也存在差异。如果行为人开始实施犯罪并无连续的意思,而是在完成第一次后觉得有利可图,遂实施第二次同样性质的犯罪,这就不具有连续犯罪的意思,而成立数罪。这种主观因素也是对连续犯的一种必要限制,以区分于数罪。因而,并非所有连续实施性质相同的罪名的犯罪现象都属于刑法中的连续犯,不能仅仅从客观上评价连续犯。

(2)连续实施性质相同的数个危害行为,这是连续犯的客观方面特征。

连续犯,在客观上是连续实施性质相同的数个危害行为,即危害行为具有连续性。所谓行为的连续性,是指前一行为与后一行为有一定时间间隔,前一行为未经处理,又实施了后一犯罪行为。刑法理论对于数个行为的连续性的判断存在不同主张。一是主观说,强调行为人主观上有连续的犯罪决意;二是客观说,强调数个行为客观上存在外部的类似和时间上的联络;三是折中说,强调将上述二者结合起来加以考虑。我国刑法理论通说则坚持主客观统一的标准。❶从本质上讲,连续关系是犯罪的连续意图及其所制约的犯罪故意与犯罪行为的连续状态的统一,犯

---

❶ 高铭暄、马克昌主编:《刑法学》,北京大学出版社、高等教育出版社2010年版,第208页。

罪的连续意图与犯罪行为的连续状态相互作用于一个统一体中，两者相辅相成。犯罪之间连续关系成立的主观根据，是行为人的连续意图及其制约下的数个同一犯罪故意；犯罪之间连续关系成立的客观基础，是行为人所实施的数个相对独立的犯罪行为连续进行的状态。❶ 笔者认为，刑法中的"主客观统一"标准不必作为放之四海的标准，它应该是一个整体的评价标准，例如，评价犯罪构成要求主客观的统一，但评价犯罪客体或者犯罪主体时是否还要来个"主客观统一"呢？这个问题已有学者提出过不同看法。❷ 笔者认为，评价是否是连续犯应当把连续犯作为一个整体来考虑，包括对其主观条件和客观条件的评价，二者应当相统一，这时采用的应该是主客观统一标准。但是，在分别评价连续犯的主观条件或者客观条件时没有必要再来个"主客观统一标准"了。将连续性作为连续犯的客观特征来判断，就只需评价数个行为在客观上的表现，主要是对连续性自身的客观判定。即笔者还是主张客观说。在刑法理论上，客观说依行为客观方面侧重点不同，可以分为：时间说（犯罪事件和地点有连接）、结果说（结果单一）、方法说（行为的手段方法同一）、机会说（利用同一机会）、类似说（行为外部有相类似的特征）、法益说（侵害同法益）、罪质说（罪质同一）等。❸ 在此，笔者基本同意连续性在客观上表现为"性质相同、手段类似和时间上前后连续"的观点，即对于连续性的判定应该结合实施犯罪的时间、方法、结果等多方面的客观情况进行综合判断。这里的连续性，不是当时当地接连利用客观条件，相继实施同种危害行为，否则就可能成为徐行犯或者接续犯了。

---

❶ 高铭暄主编：《刑法学原理（第2卷）》，中国人民大学出版社1993年版，第580~581页。

❷ 有学者对刑法学界流行"折中说"提出批评时指出，"我国刑法学当前比较严重的问题还有：对许多重大问题，态度暧昧，似是而非、不能解决问题的折中说流行。其中，流传最为广泛、影响力最大的折中说就是'主客观相统一'，'主客观相统一'这类口号，使得思维简单化，混淆了很多复杂的关系，容易使人误解为主客观要件同等重要，是半斤八两的关系。其实，这是对刑法客观主义的最大的误解"，"主客观相统一的提法，的确带来了表述上的便利。但是，也有为刑法主观主义开道的功效"。周光权："刑法学的西方经验与中国现实"，载《政法论坛》2006年第2期。

❸ 转引自陈兴良：《刑法适用总论（上卷）》，法律出版社1999年版，第690~691页。

第五章 抢劫加重犯（二）

为了进一步认识连续性的评定标准，不妨对上述客观说中的"机会同一说"加以分析。机会同一说认为，所谓机会同一性，是指行为人因其基于同一的外在客观环境条件而连续实施的数个犯罪行为，这一同一的外在客观环境条件对连续实施的数个犯罪行为来讲机会是同一的。因而凡这种具有机会同一性的连续犯罪现象都可称之为连续犯。❶"行为人实施某具体行为事实时，其数个行为间，客观上是否利用同一机会，应自全体犯罪过程加以观察，如行为人实现一个犯罪之外在客观环境条件，一直持续者，即具有机会同一性。只行为之时间、空间是否密接，固为判断其外在客观环境条件是否持续之重要标准，但并非判断之绝对标准"。❷ 但该说之"机会同一"和"同一的外在客观环境条件"如何认识确是问题。笔者认为，这种观点混淆了连续犯和接续犯的概念。接续犯是指行为人出于一个故意，以性质相同的数个举动或者行为，接连不断地完成犯罪的情形。例如，某人入室盗窃，在甲房间窃得一台彩电，搬上车后又在乙房间窃得一台电脑，还在丙房间窃走一台冰箱。在此，虽然有数个盗窃举动或者行为，但只构成一个盗窃罪。接续犯的数个性质相同的举动或者行为具有接续性。这里的接续性，是指数个举动或者危害行为具有密接性。这种密接性表现为：在时间上先后继起，在空间上密不可分，因而可以将数个具有密接性的举动或者行为视为一个整体的犯罪行为。与同一犯罪故意的连续犯相比，接续犯客观方面实施的一系列性质相同的举动或者行为在时间与空间上表现出不可分离的完整性。刑法没有必要把它们区别开来，因此，从构成要件要素上判断，接续犯应为一罪。依笔者之见，实践中出现的行为人结伙在长途客车上逐一劫取乘客财物的案件涉及的是接续犯的概念。

谈到接续犯不能不提另一个概念徐行犯。很多学者认为徐行犯与接续犯是一样的意思，如日本的大场茂马在论述接续犯与连续犯的区别时，就是把接续犯等同徐行犯对待的。其主张成立接续犯应当具备的条件是：（1）在法律上适合同一构成犯罪事实，且对于同一法益为之；（2）在事实上有不可分离之密切关系，且以同一机会接续实行。所以，接续犯与

---

❶ 金玲："论连续犯之机会同一性的判定方法"，载中国法院网，2009 年 8 月 6 日访问。

❷ 甘添贵：《罪数理论之研究》，中国人民大学出版社 2008 年版，第 25 页。

连续犯最大区别在于：连续犯有连续犯意，接续犯没有，仅系利用同一机会而承继地发生犯意而已。❶ 常举例子如：连续发数弹杀害一人，于同夜数次从一个仓库接连盗窃财物，此数次的行为并无时间间断地进行着（事实上有间断），但从社会上一般人的观念来看，认为是一次法定事实。所以，"接续犯之数个动作，唯一个单独构成犯罪，但却受包括的评价而被认为只应成立一罪，是以其系单纯一罪"，这与连续犯本系数罪而以一罪论，且有时间间隔，地点也不尽相同，明显有别。❷ 笔者认为对接续犯和徐行犯还是加以区别为妥。徐行犯是指行为人基于一个犯罪故意，连续实施数个在刑法上无独立意义的举动或者行为，但这些举动或行为共同构成在刑法上具有独立意义的一个犯罪行为，因而侵害同一法益，触犯同一个罪名的犯罪形态。构成徐行犯的原因主要可分为两种：一是行为人主观上有意将本可以一次性完成的犯罪行为分解为数个在刑法上无独立意义的举动或者行为，其总和却构成一个犯罪行为。例如，某甲意图毒杀某乙，某甲将足以致命的毒药均分为五份（每份未达致死量），在一周内分五次给某乙服食，结果造成某乙一周后死亡。二是由于客观因素或行为人意志以外的因素的影响，致使行为人只能以多个举动或危害行为构成一个完整的在刑法上具有独立意义的犯罪行为。人们常举的事例是，某甲为毁坏某乙的房屋，今天掀其一片瓦，明天拆其一块砖。日积月累，致使某乙的房屋倒塌，从而达到毁坏他人房屋的目的。又如，某甲意欲盗窃700斤大米（价值2 100元），但限于其体力和作案的机会短暂，每次只能窃走100斤大米，某甲终于在一周内窃得700斤大米。

可见，正是由于"整体性的故意"把连续犯、接续犯和徐行犯拉得很近。但三者在客观方面的区别还是很明显的。接续犯强调客观方面时空的密接性，各个举动或者行为的联系非常密切，是接连不断地实行，所以，接续犯整体性或者完整性更强；而徐行犯的各个举动或者行为可能存在一定的时间间隔，外形显得有些松散。同时，接续犯的各个举动或者行为独立性强，只是因为前后密接，没有必要独立评价；而徐行犯

---

❶ 转引自韩忠谟：《刑法原理》，台湾大学法学院事务处1981年版，第368~369页。

❷ 蔡墩铭：《刑法总则争议问题研究》，台湾五南图书出版公司1988年版，第344~345页。

是行为人为达到目的而有意徐缓地实行犯罪,其时空跨度大,整体性不够强。与接续犯和徐行犯相比较,连续犯的各个危害行为不存在很密接的关系,也不是行为人有意徐缓地实施犯罪,在构成要件上能够独立评价,也有必要进行独立的评价。

下面就一些观点经常列举的事例作具体分析。

例1,行为人受被害人委托,于被害人出国一年期间,不定时到被害人家中查看,而行为人在此期间内,多次盗窃被害人家中财物,其盗窃行为虽有数次,唯其实现一个盗窃罪之外在客观环境条件,具有持续性,因此,该数个行为系利用同一机会实施。若每次盗窃构成犯罪,应该以连续犯论,对此笔者是赞同的。

例2,"某甲,以杀乙全家的意思,反复实施杀人行为,将乙及乙的父、母、兄、弟分别杀死",这一命题是否认定为连续犯?若根据上述"机会同一性"之判定方法,某甲的数个杀人行为未必都是连续犯。如果甲持刀奔至乙家,在其家中接连将其父、母、兄、弟杀死,此种情形确属"机会同一",但不是连续犯,而是接续犯,直接定一个杀人罪即可。将这一命题评价为连续犯完全是简单问题复杂化。司法实践中也是作为一个整体的行为(数个举动)和构成一罪来认识的。但是,如果甲持刀奔至乙家,碰巧其家人不在家(或不全在家),甲于是另择不同的日期、地点,伺机将其家里的数人分别杀死,这样的情形似乎不具有同一的客观环境条件,缺乏机会同一性,似乎不能认定为连续犯。笔者则认为正好相反,该命题也是典型的连续犯,不必做数罪处理。

例3,行为人持刀,在房间中追杀某被害人,虽客观上有多次砍杀行为,唯该数次砍杀行为均在房间中,自全体犯罪过程考察,其供行为人实现一个杀人犯罪之外在客观环境条件具有持续性,因此,该数个行为乃利用同一机会而实施。纵使被害人逃出房间,行为人紧追而砍杀,客观上仍具有利用机会之同一性。倘若被害人逃出房间后,行为人追失,隔日或越数日再复行砍杀,则实现一个杀人犯罪之外在客观环境条件已经变更,自难认为具有机会同一性。笔者认为,这个命题根本不是连续犯的事例,行为人实施的就是针对一个人的杀人行为,只不过前者属于未遂,后者是继未遂后的再次犯罪,若既遂,就应该后者吸收前者,而不是连续犯的问题,应该属于后行为(重行为)吸收前行为(轻行为)

的吸收犯形态。这正好说明，连续犯亦要区别于吸收犯，如果一行为能吸收另一行为，仅成立吸收关系，而非连续关系。

所以，笔者不赞同以"机会同一性"来判定连续犯的客观特征。在同一时间、地点实施性质相同的犯罪，这种情形很可能就是一罪。相反，在连续犯的情况下，各危害行为的时间、地点一般都不相同，至少不是也难以同时相同。日本、我国台湾地区等的实践就出现过对于跨月经年的数个相同行为也被认定为连续犯的判例。事实上，我国一些司法解释也有这样的倾向，比如，最高院《关于于审理破坏土地资源刑事案件具体应用法律若干问题的解释》第9条规定："一年内多次实施本解释规定的行为未经处理的，按照累计的数量、数额处罚。"笔者以为，对于作为累计计算犯罪数额的多次行为，其时间上限为1年是必要的，超过1年的不应再累计数额以一罪论，而应认定为实质数罪予以并罚。至于其他类型的连续行为，其时间跨度应更为接近，如果时间跨度过大，即使能肯定其整体故意的存在，也不应该认定为连续犯，至少这超出了一般社会观念的想象。

总之，连续犯反映了数个本可独立成罪的危害行为之间的法律关系，考察连续犯不是有意去分割犯罪行为，而是因为行为人有整体的犯意，且两个以上性质相同可独立成罪的行为之间，出现了某种密切联系的法律事实，需要加以整体评价分析。加上此时刑法予以一罪处罚更加具有现实性和可操作性。

（3）数个危害行为独立成罪，且触犯同一罪名，这是对成立连续犯的必要限制。

数个行为触犯同一罪名的前提是数个行为已经独立成罪。数个行为不是数个举动。以数个举动实施一个犯罪行为，如接续犯、继续犯，都不是数个独立的犯罪行为，不发生连续性的问题。也就是说，同一行为人连续实施的不同行为均已具备独立的犯罪构成要件。❶ 正是因此，我们一直坚持连续犯本为数罪，但作为一罪处断。"同一罪名"在理论上曾经

---

❶ 有观点认为我国刑法中的连续犯，也包括数个行为都不独立成罪或者只是部分独立成罪的情况。该观点又认为："如果连续实施同一种行为，但每次都不能独立构成犯罪，只是这些行为的总和才构成犯罪的话，可以称为徐行犯。"二者显然互相矛盾。张明楷：《刑法学（上）》，法律出版社1997年版，第328页。

有同名说、同条说、同章说和同质说之争论。❶ 日本的龙川幸辰就认为："所谓'同一罪名',纵令无解为同一犯罪构成要件之意,然于犯情性质上,亦应限制于基本犯与加重结果犯,普通犯与特别犯,既遂与未遂,及单独犯与共犯等之间。"❷ 归根结底在于法益说和罪质说之争。通说主张后者,即"系指性质相同之罪而言,而非仅侵害相同之法益"。❸

刑法保护的法益包括国家法益、社会法益和个人法益,而个人法益在性质上又可区分为个人专属法益(如人身法益)和非专属法益(如财产法益)。"在德国通说对于连续关系的适用限制,除在客观条件上加以限制外,更要求所侵害同一法益必须严格区分,其乃将法益概略区分为一身专属性法益和财产法益,同时又将一身专属性法益的侵害区分为同一人或不同人。对于行为侵害不同人之一身专属性法益的行为组合,视为排除连续关系的适用。对于非一身专属性法益的财产法益,在成立连续关系上,并不加以设限。"❹ 我国也有学者主张:"对于个人专属法益的犯罪,尤其是其中法定刑较低的犯罪,宜采取同法益说,否则难以做到罪刑相适应。例如,对于连续故意造成二个不同人轻伤的行为,宜认定为同种数罪目实行并罚。对于侵犯非专属法益的犯罪如侵犯财产罪,则宜采取同种法益说。如连续盗窃、诈骗不同被害人的财物的,可认定为连续犯,以一罪论处。"❺ 笔者对此也持相同的看法,以限制连续犯的存在范围为可取。

由于我国刑法已经通过司法解释明确了各个具体犯罪的罪名,罪名具体化已经得到广泛认可,所以"同一罪名"完全可以理解为就是同一个罪名。但是由于犯罪的复杂性,罪名也很复杂,在分类上,有概括性罪名和选择性罪名之分,也有单一罪名和集合罪名之分。犯罪性质相同,罪名并非完全一致,如选择性罪名;罪名虽然相同,但其犯罪构成和罪

---

❶ 陈朴生:《刑法专题研究》,台湾政治大学法律学系法律丛书(十九),1988年版,第518页。
❷ 洪福增主编:《日本刑法判例评释选集》,台湾汉林出版社1977年版,第174页。
❸ 蔡墩铭:《刑法总则争议问题研究》,台湾五南图书出版公司1988年版,第341页。
❹ 柯耀程:《变动中的刑法思想》,中国政法大学出版社2003年版,第335页。
❺ 张明楷:《刑法学》,法律出版社2003年版,第371页。

刑单位不一样，如集合罪名。❶ 结合我国刑法的具体规定，所谓犯罪性质完全相同，可以分别按下列几种情形具体确定：（1）罪名完全相同。刑法中，一般是一条文一罪名，两个以上的行为触犯相同的罪名，犯罪性质也就完全相同。罪名相同的犯罪，基本犯及其加重、减轻犯，普通犯与特别犯，单独犯与共犯，既遂犯与未遂犯、预备犯都可以成立连续犯。（2）犯罪具体名称不同，犯罪构成同一，也可成立同一罪名。在立法技术上，立法者往往对犯罪构成相同而将不同的犯罪名称作列举性规定，这一类的条文，即使名称不同，也应视为同一罪名，如《刑法》第125条规定的"非法制造、买卖、运输邮寄、储存枪支、弹药、爆炸物罪"，若行为人先实施了制造枪支的行为，后来有实施了邮寄爆炸物的行为，其触犯的罪名仍然相同。（3）不同条或款的某些犯罪，法律明确规定，甲条、款规定的犯罪，以乙条、款规定的犯罪"论处""处罚"，两条、款间可以成立同一罪名。如第263条规定抢劫罪，第269条规定犯盗窃、诈骗、抢夺罪，为窝藏赃物，抗拒逮捕或者毁灭罪证而当场使用暴力或者以暴力相威胁的，依抢劫罪定罪处罚等，可以成立同一罪名。

可见，连续犯的成立有严格的条件限制，并不是在较短时间内接连实施性质相同的犯罪都是连续犯。如果行为人要证明自己连续实施的同一罪名的犯罪是连续犯，就必须为自己实施的犯罪存在"同一的或者概括的犯罪故意"进行有效的辩解。实践当中，那些相隔数年的"追踪型"犯罪，即使行为人一直都是出于一个整体上的犯罪决意，恐怕因"时过境迁"，也难于认定"同一的或者概括的犯罪故意"。所以，连续犯的范围还是比较有限的，加上刑法总则规定对连续犯"从犯罪行为终了之日起"计算追诉时效，笔者赞同将连续犯作为一次犯罪对待，那种认为连续犯应归入"法定的一罪"❷ 的观点也正是这个意思。

那么，连续犯是不是区分抢劫次数的一个标准呢？如果把连续犯作为评定一罪还是数罪的依据，对认定"一次"还是"多次"犯罪有没有实质影响呢？

如有学者认为，行为人按照预定的计划连续对多人实施抢劫的行为，

---

❶ 赵廷光教授把仅具有单一犯罪构成类型和罪刑单位的罪名称为单一罪名；把具有2~4个犯罪性质相同但社会危害程度不等同的罪刑单位的罪名称为集合罪名。

❷ 张明楷：《刑法学（上）》，法律出版社1997年版，第329页。

第五章　抢劫加重犯（二）

符合连续犯的特征。而连续犯虽然有数个独立的犯罪行为，但是由于行为人的数个犯罪行为统一于一个总的犯罪的概括故意，因此应当以一次犯罪计算。❶也有人认为该种观点值得商榷。连续犯虽然属于一罪，但行为人毕竟有数个犯罪行为，这数个犯罪行为虽然统一于一个总的犯罪概括故意之中，但数个犯罪行为之间仍然具有相对独立性，这也是连续犯与单一犯罪的重要区别。❷连续犯虽然属于一罪，但"一罪"并不等同于一次犯罪，只是说连续犯虽有多个犯罪行为，但只作为一罪处理，而不实行数罪并罚。如果对连续犯只作为一次犯罪处理，势必得出行为人以概括的犯罪故意，在一段较长的时期内多次实施抢劫的行为，也只能作为一次犯罪处理的结论。因为在这种情况下，行为人的行为也属于连续犯，而这个结论显然难以成立。❸

笔者认为，连续犯作为处断的一罪，这只是说对于连续犯中的多个犯罪行为只作为一罪处理，不实行数罪并罚，但并不能得出这是将数个犯罪行为作为"一次"犯罪处理。笔者认为，根据连续犯理论，将数个或者数次抢劫犯罪行为作一罪处理，也是要区别情况加以对待的。

如果数个或者数次抢劫犯罪行为是基于一个概括的抢劫故意，实施数个抢劫行为在时间及空间上联系非常紧密，不必分离的，如连续抢劫发生在"一个较短的时段里"和"大致相同的地点"，无论是在理论上还是实践中都应认定为一次抢劫为妥。最高人民法院2005年《审理抢劫、抢夺案件的意见》规定的就是这种情况。"对于行为人基于一个犯意实施犯罪的，如在同一地点同时对在场的多人实施抢劫的"，这属于接续犯的情形，以一罪论，当属一次犯罪；"基于同一犯意在同一地点实施连续抢劫犯罪的，如在同一地点连续地对途经此地的多人进行抢劫的"，以及"在一次犯罪中对一栋居民楼房中的几户居民连续实施入户抢劫的"，这都属于连续犯情形，由于在同一地点或范围内，加上时间的连续性强，也认定为一次犯罪。尽管如此，司法解释对以上连续犯的范例作为一次犯罪对待，并不能得出所有的连续犯都只能作为一次犯罪的结论。如果

---

❶ 王作富："认定抢劫罪的若干问题"，载《刑事司法指南》2000年第1期。
❷ 吴振兴：《罪数形态论》，中国检察出版社1996年版，第234~236页。
❸ 谢彤："'多次抢劫或者抢劫数额巨大'的理解与适用"，载《福建政法管理干部学院学报》2003年10月第4期。

基于一个概括的抢劫故意，行为人实施数个在时间或空间上相对独立的数次抢劫犯罪，例如，犯罪嫌疑人甲为获得购买一辆新款手机的钱款，拉拢乙密谋踩点抢劫，他们接连两天连续在某县的三个街区四次抢劫多名受害人，在第二天夜晚最后一回抢劫时被抓获。这种情况，行为人出于一个概括的犯罪故意，因时间的连续性以及地域范围有限还是足以认定为连续犯，但因数个抢劫行为在时空上明显相互分离，不宜认定为一次抢劫犯罪。所以，笔者认为，将连续犯按照一罪处理，这里的"一罪"不仅包括常见的一个或者一次犯罪，也包括"一个包含有多次犯罪的总体性犯罪"的意思，即包括多次型的情节加重犯。坚持这样的理论观点，不仅为连续犯的研究留下了更大的空间，也在一罪与数罪之间增加了一个"多次罪"的概念层次，必将进一步丰富我国的罪数理论，使罪数理论的研究更为深入和细致化。相反，如果把所有的连续犯按一罪处理的情形等同于"一次犯罪"，这种一刀切的绝对化做法也是对最高人民法院解释的误读，不仅会限制连续犯的存在范围，也可能不利于打击那些有必要予以严重惩治的连续犯罪。

（三）多次抢劫中的单个犯罪构成及其停止形态的评价

成立"多次抢劫"，是否其中的每次必须达到犯罪程度，对此，刑法学界存在不同观点。一种观点认为，立法者将"多次抢劫"作为抢劫罪的严重情节之一，是基于多次实施抢劫行为人的主观恶性较大，侧重点并不在于客观上有多大的危害，因此，只要有3次或3次以上的抢劫行为，不论每次抢劫行为是否构成犯罪，都是"多次抢劫"。[1] 有学者还列出这样的理由：立法者将"多次抢劫"作为抢劫罪的严重情节之一，是基于多次实施抢劫的人的主观恶性较大，侧重点并不在于客观上有多大的危害。[2]

另一种观点认为，"多次抢劫"究其实质是抢劫罪的同种数罪。所谓同种数罪，是指犯罪构成完全相同的数个犯罪行为，例如数次杀人、数

---

[1] 赵秉志主编：《疑难刑事问题司法对策（三）》，吉林人民出版社1999年版，第144页。

[2] 肖中华："论抢劫罪适用中的几个问题"，载《法律科学》1998年第5期；郭立新等主编：《刑法分则适用疑难问题解》，中国检察出版社2000年版，第177页。

次抢劫等。可见"多次抢劫"意味着每次抢劫必须达到犯罪的程度。❶支持者也列出了自己的理由，因为主客观相一致是我国刑法定罪量刑都应当遵守的原则。立法者之所以将"多次抢劫"作为加重构成的抢劫罪，一方面固然是由于行为人主观恶性较大，另一方面则是由于其客观危害也大；"多次抢劫"作为加重构成的抢劫罪，实际上是立法者将同种数罪作为加重情节处理的典型。❷ 更何况，每次抢劫是否构成犯罪，也在很大程度上反映了行为人的主观恶性的大小。如果行为人抢劫多次，但其中构成抢劫罪的次数不足 3 次，则不构成加重构成抢劫罪。在司法实践中，有些未成年人出于以大欺小、以强凌弱，多次使用语言威胁或者使用轻微暴力强行索要其他未成年人的生活、学习用品或者钱财的，并不构成加重构成的抢劫罪。如果综合具体案情，认为该未成年人的多次抢劫行为不再属于情节显著轻微，已经达到了犯罪程度构成犯罪的情况下，也只能将该未成年人的多次抢劫违法行为作为一次犯罪行为处理。如果认为"多次抢劫"不以每次抢劫达到犯罪程度为条件，势必会造成处罚严重不当的结果。❸ 另有学者给出了这样的理由：我国现行刑法是行为刑法，而非行为人刑法。❹ 这意味着，虽然犯罪的结果——刑罚是由行为人承担，但惩罚的根据是行为的社会危害性，而非行为人的人身危险性。这不仅体现在《刑法》第 13 条犯罪概念中，也体现在刑法犯罪构成要件的具体描述里。《刑法》第 263 条明文规定，"以暴力、胁迫或者其他方法抢劫公私财物的"是抢劫罪。可见犯罪分子"受惩罚的界限是他行为的界限。"❺ 行为的社会危害性达到应受刑罚惩罚的程度构成犯罪，不仅是刑事立法的基准，也是司法裁判的依据。况且，现行刑法中，纯正处

---

❶ 张国轩：《抢劫罪的定罪与量刑》，人民法院出版社 2001 年版，第 208 页。

❷ 周振想、林维："抢劫罪特别类型研究"，载《人民检察》1999 年第 1 期。

❸ 谢彤："'多次抢劫或者抢劫数额巨大'的理解与适用"，载《福建政法管理干部学院学报》2003 年 10 月第 4 期。

❹ 我国有的学者认为，我国刑法既不是"行为刑法"，也不是"行为人刑法"，而是两者的高度有机统一的刑法。王作富：《中国刑法研究》，中国人民大学出版社 1988 年版，第 30 页。

❺ 《马克思恩格斯全集（第 1 卷）》，人民出版社 1956 年版，第 141 页。

罚行为人的例子，除了赌博惯犯外，已经没有了。❶ 据此，我国刑法在刑事法治的要求下，行为人的主观主义色彩进一步淡化。诸如惯犯之类的行为人特征一般作为犯罪情节加以认定，并且大多数是司法量刑情节，只有极少数是立法情节。不可否认，"多次抢劫"的立法情节亦有人身危害性的内容，但是，在行为社会危害性理论统摄下的我国刑法，更多关注的是行为本身的危险程度，要求每次抢劫行为达到犯罪程度是其必然的结论。"多次抢劫"究其实质是抢劫罪的同种数罪。对于同种数罪当不当并罚，尽管理论界主张不一，却应当坚持罪刑相适应原则。只有"多次抢劫"的加重犯要求每次抢劫行为必须构成犯罪，唯有如此，刑事立法才显逻辑理性。❷ 还有少数人主张，"多次抢劫"，既包括数次抢劫且都构成犯罪，符合连续犯特征或同种数罪的抢劫行为，也包括数次中有一次或几次尚未构成犯罪的抢劫行为。❸

最高人民法院2005年《审理抢劫、抢夺案件的意见》则坚持了肯定的观点，明确规定刑法规定的"多次抢劫"，是指抢劫3次以上，并应以行为人实施的每一次抢劫行为均构成犯罪为前提。据此，多次中的每次抢劫行为都是独立的犯罪构成，都必须被认定为抢劫罪。但是，能否由此得出结论：所有刑法规定的"多次犯罪"之成立，都要求组成多次犯罪的每一次犯罪须独立成罪呢？

不过，这里可以延伸一个问题，如前所述，我国刑法中的"多次犯罪"从犯罪成立与法定刑的配置来看，包括三种情形：（1）一部分犯罪以"多次"作为成立基本犯的必要条件之一，如多次盗窃构成盗窃罪，多次参加聚众淫乱活动构成聚众淫乱罪。（2）占多数的"多次"犯罪则是成立该罪情节加重犯的条件之一，如多次抢劫属抢劫罪的情节加重犯，多次聚众斗殴是聚众斗殴罪的情节加重犯，属于这种情形的还有组织他人偷越国（边）境罪、运送他人偷越国（边）境罪、盗掘古文化遗址、

---

❶ 而1979年《刑法》惯犯的条文有4个：第152条的惯窃惯骗罪；第118条的以走私、投机倒把为常业的犯罪；第168条以赌博为常业的犯罪；第171条规定的一贯制造、贩卖、运输鸦片、海洛因、吗啡等毒品的犯罪。

❷ 李佑喜、严一鸣："'多次抢劫'犯罪的认定"，载《人民检察》2002年第5期。

❸ 赵秉志：《侵犯财产罪》，中国人民公安大学出版社2003年版，第135页。

古墓葬罪、强迫卖淫罪等。(3) 还有一部分犯罪，其犯罪成立与法定刑的配置主要取决于犯罪数额或者数量的大小，所以法律规定，多次实施构成要件的危害行为，未经处理的，按照累计数额或数量计算。❶ 即根据它们犯罪数额或数量的大小，确定是成立基本罪，还是成立升格法定刑的加重犯。它们包括走私普通货物、物品罪、偷税罪、走私、贩卖、运输、制造毒品、贪污罪、受贿罪等。为此，有必要分三种情况讨论这个问题。

其一，上述 (3) 强调的是犯罪数额或数量的总和，每一次的犯罪数是多少在所不问。不过，在盗窃罪的情况下，如果危害行为既符合多次盗窃的条件，且多次盗窃数额的总和又达到了"巨大"甚至"特别巨大"，此时，不能再认定为盗窃罪的基本犯，而应该升格为相应的加重犯。所以，适用"多次盗窃"不仅要考虑是否成立"多次"，还要考虑多次盗窃财物数额总和是否达到了升格法定刑的条件。

其二，上述 (1) 和 (3) 两种情形显然都不要求行为人实施每一次危害行为都须达到犯罪危害程度的要求，(1) 本身就是将"多次"作为成立基本罪的条件，当然不要求每次都构成犯罪，但是否只要是多次实施 (如多次盗窃) 就构成相应犯罪的基本罪 (如盗窃罪) 呢？这里需要分析"次"在刑法意义的价值蕴涵问题。"次"的本意，主要是指在同一时间、地点，实施完成单个的行为或者活动。但将"次"作为一个计量单位，运用到刑法的不同场合，不能不对其进行价值层面的思考，这也是有的学者提出的所谓"价值限定"，即"多次"作为基本罪构成要件时，应以该行为每次都达到应当受行政处罚的危害程度；作为加重罪的构成要件时，要以该行为每次应当达到应受刑罚处罚的程度。❷ 前者以盗窃罪最为典型。最高人民法院颁布1998年施行的《关于审理盗窃案件具体应用法律若干问题的解释》第4条规定：对于一年内入户盗窃或者在公共场所扒窃3次以上的，应当认定为多次盗窃。这里就将"多次"从

---

❶ 笔者认为，这一部分"多次犯罪"的"多次"可以包括两次，而不是像其他多次犯罪那样只能是3次或3次以上。即两次犯罪，未经处理的，也按照累计数额或数量计算。

❷ 王飞跃："论我国刑法中的'次'"，载《云南大学学报（法学版）》2006年第19卷第1期。

盗窃的时间——一年，地点——户和公共场所进行了限定。尽管这种限定存在一定弊端，比如，将行为地点作为次的限定，仍无法排除轻微危害行为的非犯罪化处理。假设行为人一年内3次入户盗窃，每次均只盗窃一点柴米油盐之类，依照该解释的字面意思，也应作为犯罪处理。这样做，不符合我国《刑法》第13条对于犯罪性质的界定，也明显背离刑法应有的谦抑精神。但这种限定还是可以给我们认定刑法中"次"的价值含义提供一定参考。2011年2月《刑法修正案（八）》重新修正了盗窃罪之后，"多次盗窃"与"入户盗窃""携带凶器盗窃、扒窃"一起，与"数额较大"并列成为了盗窃罪的基本罪的客观构成要件，由此，上述司法解释第4条的规定应该重新加以理解。"多次盗窃"与"入户盗窃"和"在公共场所扒窃"已经是构成要件的并列关系，不再互相交叉或者重叠。"多次盗窃"应该回归其本来含义。就社会规范和法律责任的法理意义而言，刑法规范和刑事责任是所有社会规范的最后保障层次，刑法是后盾法也是这个意思，把这个原理应有到"次"的理解上来，那就要求"次"的价值限定应当在达到需要予以行政处罚的危害程度，对一般的轻微违法行为应当排除在刑法中的"次"的调整范围之外。即刑法中以多次行为作为构成犯罪要件的场合，其每次的社会危害程度都必须达到行政违法的程度。如果连行政违法都构不上，就不必纳入刑法的考察范围。

其三，这里需要重点研究的是上述情形（2），即最高人民法院对多次抢劫的解释是否能推而广之，涵盖情形（2）中的所有罪名。例如，多次强迫他人卖淫是否要求其中的每一次强迫行为都独立成罪？这首先需要分析最高法院作出这样的司法解释原因，笔者认为，最高法院的考虑主要是基于以下因素：第一，加重犯是对基本罪法定刑的升格，需要贯彻主客观相统一的原则。它既要考虑行为人的主观恶性程度，又要考虑客观实际危害。第二，在加重基本罪法定刑的情况下，如果仅仅考虑行为人的主观恶性，不符合刑法的谦抑精神，被告人将处于非常不利的境地。第三，这样的解释也有利于实践中对每一次危害行为的合理判定，避免产生不必要的争议，特别是能够避免将危害不大的轻微违法行为纳入加重犯的治罪范围。对不能独立成罪的多次危害行为，如果其中有的已经独立构成犯罪，就直接按照该罪基本罪处理，其他危害行为作为酌定情节考虑，如果都不能独立成罪，则按照其他非刑罚处罚方法处理，这样做并不会放纵违法犯罪。可见，上述几点理由同样适合于情形（2）的其他"多次犯罪"，对它们的适用同样要求组成多次犯罪的每一次犯罪应当独立成罪。对这个问题，有些观点经常举到学校的未成年学生多次抢劫低年级更小学生少量财物的案例，如已满15周岁的未成年学生刘某3次抢劫多名小学生共计价值不足50元的财物，应该如何处理？一些观点就认为这种案件不能定为"多次抢劫"。笔者认为，犯罪年龄不能影响多次犯罪的认定，对这种案件只要每一次抢劫都构成犯罪同样应该认定为"多次抢劫"，只不过对于他们应该依法"从轻或者减轻处罚"。对于未成年人犯罪立足保护、从严控制是一个问题，而"多次犯罪"的认定是另一个问题，二者不能混同，不能一概把未成年人排除在"多次犯罪"之外。

另有观点从对"次"的"价值限定"立场出发，指出，作为加重情节之一的"多次"，应当理解为每次行为都具有应当适用刑罚加以制裁的社会危害。并举例说，如行为人有3次抢劫，有两次均为既遂，另有一次为犯罪预备，按照《刑法》第22条第2款的规定，对预备犯，可以比照既遂犯从轻、减轻处罚或者免除处罚。如果属于犯罪预备的此次抢劫属于可以免除处罚的情形，该次抢劫预备的行为就不能计入多次抢劫中的一次，对该行为人就不能按照多次抢劫定罪量刑。[1] 笔者不同意该看法。因为《刑法》第37条规定的"免予刑事处罚与非刑罚处罚措施"针对的是"情节轻微不需要判处刑罚的"情况，实质上就是定罪免刑。既然定罪了，说明行为人此次犯罪行为具有一定社会危害性，只是由于其他"情节轻微"的原因，从刑罚适用的目的出发，才免除其刑罚。但如果行为人在此后还再次实施了其他犯罪，说明其主观恶性程度大，原来的免除措施没有起到应有效果，应该一并考虑前后几次犯罪（此前一般不可能，否则不会免除处罚），来综合评价其刑罚处罚。所以，这里只需考察每次行为是否构成犯罪，而把刑罚处罚放到最后来统一评价，对于定罪免刑的那次还是要计算在多次之内。

---

[1] 王飞跃："论我国刑法中的'次'"，载《云南大学学报（法学版）》2006年第19卷第1期。

接下来的问题是，犯罪的预备、未遂等未完成形态，能否构成"多次犯罪"中的一次或者数次，这也是颇有争论的。诸多观点包括肯定说、否定说和折中说等。

就多次抢劫而言，在肯定说中，有的观点认为，立法者规定"多次抢劫"的要旨，在于关注犯罪行为的次数，而不在于犯罪是何等形态，抢劫预备、未遂等未完成形态并不影响多次抢劫的认定。"多次抢劫"并不要求以每次行为之既遂为前提，只要是在追诉期限之内即可。❶ 有的认为，立法规定是基于多次抢劫行为人主观恶性较大，侧重点不是在于客观上有多大的危害，因此，不论每次抢劫行为是否构成犯罪，构成犯罪的行为是否达到抢劫既遂状态。❷ 还有类似观点认为，抢劫预备、抢劫未遂只是犯罪的未完成形态，在处罚上可以根据刑法的规定适当从宽。但无论是犯罪的未完成形态还是犯罪的完成形态，其本身都是一次独立的犯罪，犯罪形态如何，并不影响犯罪次数的认定。而立法者将"多次抢劫"规定为加重构成的抢劫罪，其关注的侧重点仅仅在于行为人实施抢劫犯罪的次数，而不在于该犯罪行为是否已经完成。因此，"多次抢劫"中，只要每次抢劫行为构成犯罪，无论其犯罪形态如何，都构成加重构成的抢劫罪。实际上，"多次抢劫"不仅包括犯罪预备、犯罪未遂的情形，还可以包括犯罪中止，而不仅仅局限于犯罪的既遂。❸

在否定说中，有的观点认为，多次抢劫不应包括多次抢劫预备、多次抢劫未遂的情形。因为"多次抢劫"作为抢劫罪的加重犯，应该从严掌握，而预备抢劫虽然也可能构成犯罪，但毕竟未着手实行，抢劫未遂虽已着手实行，但同抢劫既遂相比危害性还是要小一些。❹ 另有赞成此观点者认为，"将抢劫预备、未遂和中止也计算在内，则违背罪刑相当的刑法基本原则"。❺ 还有观点具体阐述了这样的理由，从《刑法》第263条规定的抢劫罪的法定刑阶位来看，一般抢劫的既遂形态最低法定刑是3

---

❶ 周振想、林维："抢劫罪特别类型研究"，载《人民检察》1999年第1期。
❷ 龚培华、肖中华：《刑法疑难争议问题与司法对策》，中国检察出版社2000年版，第508页。
❸ 谢彤："'多次抢劫或者抢劫数额巨大'的理解与适用"，载《福建政法管理干部学院学报》2003年10月第4期。
❹ 刘明祥："抢劫罪的加重犯"，载《法律科学》2003年第1期。
❺ 沈志民：《抢劫罪论》，吉林人民出版社2005年版，第109页。

年有期徒刑，而包括3次的"多次抢劫"犯罪最低法定刑为10年有期徒刑，据此，"多次抢劫"的每次抢劫罪应为既遂犯罪。多次抢劫未遂、多次抢劫预备的刑事责任显然比多次抢劫既遂的要轻。刑事责任量的大小同犯罪行为发展阶段密切相关；把"多次抢劫"理解为既包括抢劫既遂，又包括抢劫未遂、预备、中止未完成犯罪的，并适用加重刑罚，就是没有洞察这种深刻的关系，因而违背罪刑相适应原则。❶

还有意见认为，"多次抢劫"应当以每次抢劫均达到犯罪既遂为条件，多次不包括多次抢劫预备、多次抢劫未遂的情形，即如果既遂次数未达到多次的，就不属于加重构成的抢劫罪。该观点还认为，"多次抢劫"尽管是情节加重犯，毕竟有自己的特质，它要求每次抢劫行为都构成犯罪且达到既遂形态，否则其法定刑同抢劫基本犯的法定刑缺乏内在联系，而抢劫罪基本犯的法定刑是基于犯罪既遂形态来设置的。对于没有着手实行犯罪的多次抢劫预备，和虽实行了抢劫，但未得逞又未伤及他人人身的多次抢劫未遂，认定为"多次抢劫"而适用加重构成刑罚，显然有悖于罪刑相适应原则。如果"多次抢劫"中有犯罪中止的情况，适用此款更是难以想象。❷

还有赞同者给出如下理由：❸ 加重构成犯是相对基本犯构成而言的，是在基本犯罪构成要件的基础上附加某些要件，具备这些要件时，法律后果就有量的增加的情形。❹ 就抢劫罪加重犯来看，加重犯在基本犯罪构成上所附加的特殊要件，本来是包括在基本犯罪构成要件中的，只是基于国家刑事政策的考虑，将这些特殊要件彰显出来，并规定了较重的刑罚。因此，在德国刑法中，将这些加重犯称为非独立的变形犯。❺ "多次抢劫"并不像其他情节加重构成那样附属于基本犯罪构成，相反，"多次

---

❶ 李佑喜、严一鸣："'多次抢劫'犯罪的认定"，载《人民检察》2002年第5期。

❷ 张国轩：《抢劫罪的定罪与量刑》，人民法院出版社2001版，第362~363页。

❸ 李佑喜、严一鸣："'多次抢劫'犯罪的认定"，载《人民检察》2002年第5期。

❹ 李海东：《刑法原理入门》，法律出版社1998年版，第46页。

❺ ［德］汉斯·海因里斯·耶赛克、托马斯·威根特著，徐久生译：《德国刑法学教科书》，中国法制出版社2001年版，第326~327页。

抢劫"内在地包含基本犯，它是几个"以暴力、胁迫或者其他方法抢劫公私财物"的犯罪，甚至在字面上也包括其他抢劫情节加重犯。诚如有的学者认为，"多次抢劫"实质就是抢劫的同种数罪，它并非纯正的情节加重犯，而是抢劫的同种数罪，故对"多次抢劫"犯罪每次都应罚当其罪。从《刑法》第263条规定的抢劫罪的法定刑阶位来看，一般抢劫的既遂形态最低法定刑是3年有期徒刑，而包括3次的"多次抢劫"犯罪最低法定刑为10年有期徒刑，据此，"多次抢劫"的每次抢劫罪应为既遂犯罪。

还有人强调，就同样犯罪而言，多次抢劫未遂、多次抢劫预备的刑事责任显然比多次抢劫既遂的要轻。刑事责任量的大小同犯罪行为发展阶段密切相关；把"多次抢劫"理解为既包括抢劫既遂，又包括抢劫未遂、预备、中止未完成犯罪，并适用加重刑罚，就是没有洞察这种深刻的关系，因而违背罪刑相适应原则。总之，从罪刑相适应原则的内涵来分析，"多次抢劫"犯罪仅限于犯罪既遂形态。

此外，还有折中的观点，把"多次抢劫"与惯犯之特性相比较，认为抢劫未遂行为一般也可计入抢劫次数，而不宜将社会危害性并非十分严重的多次抢劫预备行为纳入其中。❶ 还有人提出，未遂的行为能否算为一次，判断标准要根据具体场合来确定。如果是判断作为加重情节之一的多次中的"次"，应当以该次行为是否应当受到刑罚处罚来判断。因此，未遂的行为能否算为一次，要视情况而定；❷ 等等。

笔者认为，这个问题在最高法院的解释出台后，有必要重新统一认识，只要多次抢劫中的每一次抢劫行为均构成犯罪，就成立抢劫罪的加重犯。一般而言，犯罪停止形态是在具备犯罪的本质特征基础上再来探讨的问题，只有某一形态被评价为"情节显著轻微危害不大"时，才不是犯罪。所以，无论是预备、未遂，还是中止犯，只要已符合犯罪的本质特征，构成犯罪的，就都可以作为多次犯罪中的一次，除非不能评价为犯罪。对这样的基本理论问题不能模棱两可，也不能刻意去寻找理由"灵活对待"。至于认定"多次"之后处刑轻重的问题，不是认定"多

---

❶ 黄祥青："如何认定多次抢劫"，载《人民法院报》2005年10月12日。
❷ 王飞跃："论我国刑法中的'次'"，载《云南大学学报（法学版）》2006第19卷第1期。

次"时应该考虑的。试想,根据上述折中论的观点,1次预备犯和2次既遂犯不能成立"多次",但3次未遂犯却可成立"多次",这既缺乏足够的法律依据,也明显与情理不符。当然,对于多次犯罪中,有一次甚至两次以上为未完成形态的,同样可以适用从轻或者减轻的规定。这个并不违背刑法的相关理论,也完全符合罪责刑相适应原则。❶

【案67】2011年5月9日凌晨,被告人高某至上海市A宾馆前台处,采取蒙面、持刀威胁被害人寇某的方法,抢得宾馆营业款人民币2 400元后逃逸。2011年5月10日凌晨,被告人高某至上海市B宾馆前台处,采取蒙面、持刀威胁被害人封某的方法,迫使封某将柜台内的营业款交出。后因封某求饶,高某没有拿走封某交出的营业款。2011年5月11日凌晨,被告人高某至C宾馆前台处,采取蒙面、持刀威胁被害人张某的方法,抢得营业款2 500元后逃逸。2011年5月11日,被告人高某因有实施抢劫C宾馆的重大嫌疑被传唤到案后,主动交代了第一、二次抢劫事实。原审判决认为,高某以非法占有为目的,多次当场使用暴力胁迫手段,劫取他人财物,其行为已构成抢劫罪,应处10年以上有期徒刑、无期徒刑或者死刑,并处罚金或没收财产。高某部分犯罪系中止,依法予以减轻处罚。据此,对高某犯抢劫罪,判处有期徒刑7年,剥夺政治权利1年,并处罚金人民币7 000元。二审判决认为,高某以非法占有为目的,采用暴力、胁迫方法,当场劫取他人财物,其行为已构成抢劫罪,其中部分抢劫行为系犯罪中止,且未造成损害,依法应当免除处罚。据此,二审纠正原审判决,对高某犯抢劫罪,判处有期徒刑4年6个月,并处罚金人民币4 000元。❷

本案一审和二审争议的焦点在于,高某第二次的抢劫行为中止是否应当免除处罚以及免除处罚的行为是否应当计入多次抢劫的次数。

对于前一个问题,根据《刑法》第24条第2款的规定,对于中止

---

❶ 这里还可以引申出多次抢劫是否也像"入户抢劫"一样,也有未遂形态(如3次抢劫都未遂)等问题,限于文章主旨不作进一步探讨。

❷ 素贤、秦现锋:"理性把握'多次抢劫'的认定标准",载《法制日报·法学前沿"案例精析"》2012年7月11日。

犯，没有造成损害的，应当免除处罚；造成损害的，应当减轻处罚，故对于中止犯是否免除处罚的依据在于行为人的行为有无造成实际损害。本案高某在第二次对被害人封某实施抢劫的过程中，因为被害人的求饶，没有拿走封某交出的营业款，属主动放弃犯罪，应该符合犯罪中止的成立要件，不过，分歧在于，一审法院以高某抢劫犯罪情节恶劣（如持刀威胁）为由未对被告人免除处罚；而二审法院认为此次抢劫中止没有造成损害，应当依法免除处罚。笔者认同二审的观点。

但是，应当免除处罚的犯罪中止该不该计入多次抢劫的次数呢？

最高人民法院2005年《审理抢劫、抢夺案件的意见》第3条规定，对于"多次"的认定，应以行为人实施的每一次抢劫行为均已构成犯罪为前提，综合考虑犯罪故意的产生、犯罪行为实施的时间、地点等因素，客观分析、认定。二审认为，对"多次抢劫"应以每一次抢劫均构成犯罪且应当处以刑罚为条件，不包括应当免除处罚的犯罪中止，这是值得商榷的。笔者认为，2005年《意见》说得很清楚：对于"多次"的认定，应以行为人实施的每一次抢劫行为均已构成犯罪为前提，并不排除定罪免罚的情形。对于多次抢劫给予的处罚不是基于每次抢劫的刑罚量的相加，而基于对全案犯罪社会危害性的整体性考虑。如前所述，即使计算为多次抢劫，仍然可以考虑其中一次属于犯罪中止，同样可以适用总则对"犯罪中止"的处罚原则。这不存在处罚量上的矛盾。事实上，行为人第二次中止犯罪后，又实施了第三次抢劫行为，这说明行为人并未真正改恶从善，而重处"多次抢劫"就是为适应行为人人身危险性趋重的特质。对于本案在认定"多次犯罪"的前提下，再予以从轻或者减轻处罚，既考虑了行为人有中止之"善"，又顾及了其屡次之"恶"，更加符合刑罚适用的公正价值。所以，一审法院的判决似乎更有道理。

三、抢劫数额巨大

（一）关于抢劫数额的具体计算问题

根据最高人民法院2005年《审理抢劫、抢夺的意见》，抢劫罪数额的认定标准可以参照最高人民法院有关司法解释对盗窃罪犯数额的规定。这样一来，抢劫罪中关于数额的规定一般是：500~2 000元以上是数额较大；5 000~20 000元以上是数额巨大，后者为前者的10倍。行为人通过抢劫所实际获取的财物达到数额巨大的标准，就属于"抢劫数额巨大"。同时，2005年《意见》对实践中常见的抢劫信用卡、存折、机动车辆的数额认定作出规定，即抢劫信用卡后使用、消费的，其实际使用、消费的数额为抢劫数额；抢劫信用卡后未实际使用、消费的，不计数额，根据情节轻重量刑。所抢信用卡数额巨大，但未实际使用、消费或者实际使用、消费的数额未达到巨大标准的，不认定为该类抢劫加重犯。显然，这里认可信用卡与现金财物有本质差异，因为信用卡的使用还需要密码等其他程序性或者辅助措施，发卡银行对信用卡能够进行必要的监管和控制。

而行为人劫取机动车辆当作犯罪工具或者逃跑工具使用的情况比较复杂，需要重点研究。

最高人民法院2005年《审理抢劫、抢夺案件的意见》第6条规定，为抢劫其他财物，劫取机动车辆当作犯罪工具或者逃跑工具使用的，被劫取机动车辆的价值计入抢劫数额；为实施抢劫以外的其他犯罪劫取机动车辆的，以抢劫罪和实施的其他犯罪实行数罪并罚。该规定与最高人民法院1998年《关于审理盗窃案件具体应用法律若干问题解释》第12条第（3）项规定保持了一致，即对于为了盗窃其他财物或实施其他犯罪盗窃机动车辆的行为，应以盗窃罪定罪处罚或以盗窃罪与所犯之罪实行数罪并罚。❶ 但是，该意见规定的是一般常态、典型的情况，实践中还存在一些非常态、非典型的情形，值得研究。如根据最高人民法院2000年《审理抢劫案件的解释》精神，抢劫出租车司机不属于抢劫罪的加重犯，但如果抢劫出租车司机后，又驾驶该出租车逃跑的，因出租车司机随身携带的钱款和营业款数额一般不大，但机动车本身的价值可能属于"数额巨大"，根据上述意见，似乎应认定为数额加重犯，并在10年有期徒刑以上量刑，笔者认为，对此应该区别对待，不能单纯根据损害结果搞

---

❶ 顾保华："《关于审理抢劫、抢夺刑事案件适用法律若干问题的意见》的理解与适用"，见《刑事审判参考（总第43集）》，法律出版社2005年版，第79页。

客观归罪。有这样一个实例：2003年9月30日凌晨1时许，被告人黄某、陆某经预谋，携带水果刀、胶带纸等至上海市浦东新区川沙镇汽车站附近，扬手招了被害人袁某驾驶的桑塔纳出租车。当车驶至川沙镇川展路附近时，黄、陆二人采用持刀威胁的方法，劫得袁某的人民币500元、摩托罗拉移动电话1部、金戒指1枚等财物。之后，两名被告人将袁某用胶带纸封嘴、绑手关进该车后备箱，并由黄某驾车至上海市南汇区三灶镇后弃车逃逸。对此案是否将该机动车的价值计入抢劫数额，争论很大。根据一般的犯罪构成理论，本案被告人主观上是否具有非法占有机动车辆的目的，成为能否认定抢劫加重犯的关键。笔者认为，虽然被害人的人身受到限制，但其与机动车辆自始至终"人车合一"，尚未完全丧失对机动车辆的控制。被告人之后将车和人一同抛弃的行为，客观上与抢劫罪行为人使用暴力或暴力威胁迫使被害人失去对财物控制（使财物与所有人、管理人相分离）的行为特征不相符合，主观上并无非法占有机动车辆的故意，仅是借车逃跑而已。因此，不宜将机动车辆计入抢劫对象数额，否则，违背了定罪的主客观相一致原则。此外，司法实践中，还有行为人将被害人塞入出租车后备箱后，被害人趁其不备逃脱，但行为人并不知情，仍驾车逃至某处后将车丢弃的情形。对此，因行为人主观上还是不具有非法占有机动车辆的故意，对机动车辆的价值同样不宜计入抢劫数额。不过，如果行为人在被害人途中逃脱以后，再将车辆丢弃的，则应将机动车的价值计入抢劫的数额，即可能构成该抢劫加重犯。

（二）如果行为人针对数额巨大的财物实施抢劫但未得逞该如何认定

司法实践当中，如果行为人针对数额巨大的财物实施抢劫，由于意志以外的原因而未得逞，或者只是获取其中部分财物，数额没有达到巨大的标准，是否也构成"抢劫数额巨大"的加重犯呢？对此，我国刑法学界也存在三种不同的观点：

第一种观点为"实际所得说"，认为所谓"抢劫数额巨大"，是指实施犯罪后的实际所得数额。将明显以数额巨大甚至特别巨大的财物为抢劫目标但未遂的情况，也按本加重犯处理，实际是将抢劫的指向数额与加重犯罪构成要件中的所得数额相混淆。还有人结合犯罪停止形态理论，认为，《刑法》第263条是把"抢劫数额巨大"作为加重犯来规定的，而加重犯并无未遂可言。也就是说，只有犯罪分子实际抢到了数额巨大的财物，才能认定为"抢劫数额巨大"，适用加重法定刑来处罚。否则，就只能按普通抢劫罪处理。这是比较早期的观点。

第二种观点为"加重犯未遂说"，认为"抢劫数额巨大"是指行为人实际抢得的财物数额巨大，对于行为人以数额巨大的财物为抢劫目标但所抢数额客观上未达到巨大标准，或者因意志以外的原因未能抢得财物的，应按其实际取得的财物数额从重量刑，或按抢劫数额巨大的未遂犯处罚。❶ 也有人认为，所谓"抢劫数额巨大"，是指行为人实际抢得的财物价值额巨大。如果行为人以数额巨大的财物作为抢劫目标，但实际抢到手的财物并未达到数额巨大标准，或者因意志以外的原因未能抢到数额巨大的财物，对此，可以按"抢劫数额巨大"的未遂犯处罚。❷ 还有观点主张，"抢劫数额巨大"应当根据主客观相一致的原则来认定，在行为人主观上是以数额巨大的财物为目标，但由于意志以外的原因而未能得逞，或者在该价值巨大的财物具有可分性，行为人实际获取的数额未能达到巨大时，都应当以加重构成罪的未遂论处。❸

第三种观点主张"加重犯从轻说"，认为"抢劫数额巨大"一般是指行为人实际取得财物的数额巨大，但也并不排除某些特殊情况下用主客观相一致的原则去认定"抢劫数额巨大"，如行为人明显以数额巨大甚至特别巨大的财物为抢劫目标，以珍贵文物为抢劫目标的，即使行为人最终因意志以外的原因未抢得财物或者所抢得财物数额客观上未达到巨大标准，也应认定为"抢劫数额巨大"，不过对于这种情形，可以酌情从轻处罚。❹

笔者基本同意第二种观点，主张该种情节加重犯存在未遂犯形态。不过，在行为人针对价值巨大的财物实施抢劫时，若未能获取数额巨大

---

❶ 郭立新、杨迎泽主编：《刑法分则适用疑难问题解》，中国检察出版社2000年版，第177页；张国轩：《抢劫罪的定罪与量刑》，人民法院出版社2001年版，第363页。

❷ 张国轩：《抢劫罪的定罪与量刑》，人民法院出版社2001年版，第363页。

❸ 谢彤："'多次抢劫或者抢劫数额巨大'的理解与适用"，载《福建政法管理干部学院学报》2003年10月第4期。

❹ 肖中华："论抢劫罪适用中的几个问题"，载《法律科学》1998年第5期。

的财物,"按其实际取得的财物数额从重量刑"与"按抢劫数额巨大的未遂犯处罚"是不可等同的。对此不能模棱两可,只能选择其一。至于有观点主张适用的"主客观相一致原则",被有的刑法学者戏称为刑法"放之四海而皆准"的真理。该原则的确让人"既想得之,又难近之"。如果现在要用也不是适用于"某些特殊情况下",只不过适用该原则时要注意与刑法其他规则相结合,否则很难或者根本做不到"主客观相一致"。因为,主观与客观有时恰恰是有冲突的。发生冲突时,以谁为主、如何一致就是问题。笔者不主张论证问题时动不动就抬出"主客观相一致原则",刑法上的客观主义和主观主义是经常难以调和的。第三种观点与第二种观点在从轻处理的价值意义上是一致的,但酌情从轻并非未遂犯的处罚原则,我国《刑法》第23条第2款规定的是,"对于未遂犯,可以比照既遂犯从轻或者减轻处罚"。

在司法实践中,"抢劫数额巨大"一般是以行为人实际获取的财物的数额大小来确定其成立的标准,因为刑法所设之罪及配置的法定刑都是以实践当中该罪的既遂形态为模型的,而既遂形态也是实践当中该罪最常态的表现形式。因为只有把某个具体犯罪的常见典型的犯罪形态或者模型确定为该罪的既遂形态,才能使"既遂"有标准可循,并规定出适当的法定刑,这也是笔者在《犯罪既遂的理论与实践》一书中始终坚持的基本观点。[1] 当然,具体罪的既遂形态的确立也要考虑立法技术和设罪目的等要素。如果先主观假设一个罪的既遂形态如何如何,但这种状态永远不可能出现,那这种假设一般是没有意义的,也是不正确的。抢劫罪是实践中的多发性犯罪,从实际情况看,绝大多数抢劫是劫取到财物的,所以,以抢劫到财物为其既遂标准不难理解,其加重犯大都也是这样。[2] 也就是说,一般的抢劫,行为人实施抢劫时,是劫得多少算多少,即使被抢劫者身上有其他巨款,只要没有被发现劫走,或者没有连同所驾驶的汽车一起被劫走,就还是普通抢劫,而非抢劫加重犯。因为此时行为人主观上对劫取财物的数额多少具有不确定的认识,与客观上实际劫得的数额相一致。但是,如果行为人是明确针对特定的巨额财物实施

---

[1] 金泽刚:《犯罪既遂的理论与实践》,人民法院出版社2001年版。
[2] 对于"抢劫致人重伤、死亡的"情形,如何认识其未遂形态,笔者另作专门论述。

抢劫，行为人主观恶性就更大，一旦由于意志以外的原因未能得逞，若还是按照普通型抢劫处罚，就与前一类情形没有差别了，也就是罚不当罪了。照此推理，还会得出一般抢劫如果未得逞，无须定罪处罚，这显然是不正确的结论。因此，在（能够证明）行为人主观上是以数额巨大的财物为抢劫目标，但由于意志以外的原因而未能得逞，或者在该价值巨大的财物具有可分性，行为人实际获取的数额未能达到巨大时，都应当以抢劫加重犯的未遂论处。

学界对于"抢劫数额巨大"有不同理解，在很大程度上是受1998年《解释》的影响所致。该司法解释第1条规定，"盗窃数额，是指行为人窃取的公私财物的数额"，"盗窃未遂，情节严重，如以数额巨大的财物或者国家珍贵文物等为盗窃目标的，应当定罪处罚"。笔者认为，该解释混淆了定罪标准与量刑标准，其合理性颇有疑问。在以数额较大的财物为目标实施盗窃的，盗窃未遂的情况下，只是对行为人可以根据法律的规定从宽处罚，而不属于是否成立盗窃罪的问题。而且如果对以数额巨大的财物或者国家珍贵文物为盗窃目标的行为，只按一般盗窃罪处罚的话，也与法律规定的一般盗窃罪的构成要件"数额较大"是不相符合的。单纯以行为人实际获取财物的数额大小来定罪处罚，忽视行为人的主观方面恶性，还可能导致定罪不当的结果。如有的学者指出，"犯罪人本意在于小偷小摸，但是意外地偷到大量财物，自己尚未发觉，或者发觉后马上送回失主手里。这种情况下如果以实际盗窃数额来认定犯罪，则有客观归罪之嫌"，"犯罪人本意在于盗窃巨款，而因为意外因素只窃取到很少的财物。此种情况下如果以实际盗窃数额来认定犯罪，则显然是轻纵犯罪人"。[1] 笔者是赞同这种认识的。上述错误认识归根到底是混淆了犯罪本质、犯罪构成与犯罪停止形态的区别，错误理解了《刑法·总论》与《刑法·分论》的关系。笔者主张，即使在一般盗窃未遂的情况下，也有可能适用《刑法》第13条"但书"的规定，"不认为是犯罪"，将明确针对数额巨大的财物实施犯罪而未得逞的行为认定为相应的加重犯（未遂形态），完全符合法理，也不会不利于被告人。在最高人民法院

---

[1] 赵秉志主编：《中国刑法案例与学理研究·分则篇（四）侵犯财产罪》，法律出版社2001年版，第171~172页。

2005年《审理抢劫、抢夺案件的意见》之十明确了"七种处罚情节同样存在既遂、未遂问题"之后,这个问题应该得到充分的认识。当然,认定行为人主观方面的内容时,应当有充足的根据加以证实,对这种"证实过程"则应该坚持有利于被告人的原则。

总之,虽然我国刑法对抢劫罪的数额加重犯与其他加重犯一样规定了同样档次的加重法定刑,但从实践来看,适用刑罚时应该对这类加重犯的危害性与其他加重犯的差异有足够的认识。下面的案例也能说明这一点。

【案68】2012年1月28日9时许,被告人师某和燕某拉着小推车、拎着水果出现在被害人姜女士家门口。骗开门后,师某自称是来买玉石,确定家中没有别人,就猛地将姜女士按倒在地并捆在椅子上,还掏出刀架在对方脖子上。随后二人将4万元现金以及客厅内一块重达108千克的黄色玉石抢走。二人打车离开,随后与在高速口等候的被告人王某接头。回到河南后,师某将玉石卖给南阳一个雕刻玉石的人,获得赃款22万元,燕某分得3.9万元,王某拿到1.9万元,师某留下20.2万元,大部被挥霍。后该玉石已由姜女士自己花22万元从买主手里购回。而经北京市朝阳区价格认定中心鉴定,姜女士这块玉石价值4 320万元。对此,师某表示,她真的不知道这块石头这么值钱,师某还说,她在卖石头过程中,专业人士都说这不是和田玉。被告人的辩护律师也均认为,这个鉴定价格远远超出市场价,应当以购买的价格作为依据。"就算是三年增值,也不会那么夸张!"律师提出要在异地重新鉴定。此外,律师想当庭追问被害人玉石的来源和购买价,法官表示庭后向被害人核实。公诉人表示,玉石价值应以权威机构认定的为准。被害人姜女士否认玉石是花27万元购买的,称它价值上亿都不为过,但拒绝透露具体的买价和来源。❶

本案显然不能以被害人当初购买这块玉石的价格计算其被抢时的价值。但其实际价值的计算应当由专门的玉石权威机构鉴定,而不能够由

---

❶ "女子抢劫价值4 320万玉石受审哭称不知这么值钱",载《北京晨报》2012年10月26日。

一般的鉴定中心进行。在被抢劫的特殊财物市场价难以确定的情况下，确立较为中间的保守值是必要的。不过，本案无疑属于"抢劫数额巨大"的情形，且与"入户抢劫"构成抢劫加重犯的竞合，应当从重处罚。

【案69】现年29岁的程某、谢某曾分别因盗窃、抢劫被判过刑，后又预谋抢劫。2011年1月22日，程某、谢某在密云县骗租一辆女子驾驶的黑车，并在密云县开发区合伙将女司机杀害抛尸，抢走轿车及现金，共计价值7.5万余元。同月25日中午12时许，他们携带猎枪，驾驶抢劫的轿车来到顺义区一银行附近，预谋抢劫时，被民警发现并当场展开抓捕。当时，二人抗拒抓捕，谢某在车内开枪将民警王某打致重伤，程某驾车逃离。当日下午1时许，为摆脱民警追捕，二人驾车窜至顺义区赵全营镇，持枪抢劫一辆价值9 500元的客车。行至昌平区小汤山镇时，二人又持枪抢劫一辆价值7.4万余元的小客车，之后又想抢劫另一辆轿车时未能得逞，程某开枪向对方轿车射击。当日晚11时许，程某在怀柔一网吧被抓。两天后，谢某落网。经查，程某所持猎枪是从其舅舅刘某手里借的。刘某自1996年以来一直非法持有该枪，藏于家中。程某于2008年间将枪借走。程某持枪抢劫后于当日将枪交还刘某。刘随后将其藏于一处石缝内。2012年4月法院审理后以抢劫罪、故意伤害罪、非法持有枪支罪，判处程某死刑，立即执行；以抢劫罪、故意伤害罪判处谢某死刑，缓期两年执行；以非法持有枪支罪判处刘某有期徒刑3年。法院同时判决程某和谢某共同赔偿被害女司机家属共计62万余元。❶

这起案件的犯罪人真所谓罪恶累累，法院如何定罪量刑比较复杂。特别是犯罪人的前后实施了多个抢劫加重犯，包括多次持枪抢劫、抢劫致人死亡、抢劫金融机构（预备犯）以及多次抢劫数额巨大，有的犯罪还是持枪抢劫与抢劫数额巨大的加重犯竞合情形。笔者认为，根据本案实际危害，并结合犯罪人的主观恶性，应该对两被告人均判决死刑立即执行。对被告人未见适用死缓的理由。

---

❶ "两男子劫杀女黑车司机逃跑时枪击刑警获死刑"，载《京华时报》2012年4月23日。

【案70】2013年元旦后的一个夜晚，家住上海市普陀区香溢花城小区的王先生随身带着一个装有5叠现钞的小包走出小区东门，此时，王先生丝毫没有注意，自己的钱包已被另一名男子盯牢。就在这时，香溢花城保安部主管文某下班后正好和两人迎面而过。当时他并没察觉两人有什么异常，但就在和他们擦身而过后几秒钟，就听到有人大叫"抢劫了"。实施抢劫的，正是那名尾随王先生的年轻男子。该名男子拽住王先生藏有现金的小包，左手同时掏出了一根棒状的物品。文某回头正好看见这一场景，他急忙上前，与歹徒搏斗。歹徒倒地后还握着那根棒状的高压电击棒。在其他人帮助下，抢劫者终被制服。经清点，散落地上的5万元现金一张没少。❶

这起案件应该认定为抢劫数额加重犯的未遂形态，这也证明这类加重犯是存在未完成形态的。

【案71】2011年6~7月，被告人罗某、李某先后使用虚假身份到太原市汇锦花园老年活动中心工作。同年11月13日6时许，二人用事先配制的门禁卡进入汇锦花园2号楼并躲藏于1单元11层的楼梯间。6时30分左右，二人趁山西焦煤集团原董事长家中保姆徐某某用钥匙打开1101室外门之机，采用暴力手段将其控制，夺下钥匙进入门内。罗某持仿"六四"式手枪、李某持刀进入房间后，先后将家中的李某某、白某某、钟点工徐某某控制，采用暴力、胁迫手段，劫取走家中大量人民币、美元、欧元等外币和银行卡等物品。以上被抢财物价值共计人民币10 788 585.6元。中午12时左右，罗某、李某驾车逃离。次日，二人在石家庄落网。法院经审理查明，被告人罗某、李某抢劫财物价值共计人民币1 078万余元，抢劫数额巨大，而且是入户持枪抢劫，这些都是法定加重情节。最终法院当庭宣判，被告人罗某犯抢劫罪，判处死刑，缓期2年执行，剥夺政治权利终身，并处没收个人全部财产；被告人李某犯抢劫罪，判处无期徒刑，剥夺政治权利终身，并处罚金50万元。同时，法院经审理还查明，2006年7~8月，罗某通过彭某购买了一支仿"六四"

---

❶ 罗剑华："香溢花城业主带5万现金出门走出小区就被抢劫"，载《新闻晨报》2013年1月6日。

式手枪和两发"六四"式子弹，罗某先后给了彭某8 000元。被告人罗某除犯抢劫罪，还犯非法买卖枪支罪，此罪判处有期徒刑4年，决定执行抢劫罪刑期。被告人彭某犯非法买卖枪支罪，判处有期徒刑5年。❶

这是一起罕见的抢劫数额特别巨大的案件。案发之初，人们对于抢劫犯的关注远不如对被害人的关注。因为家财万贯的被害人的特殊身份更容易引发世人的种种联想。事实上，有关部门很快对被害人作出了行政上的处理。本案行为人抢劫如此数额巨大的财物，也没有被判处死刑，正说明《刑法》对"多次抢劫或者抢劫数额巨大的"行为配置死刑的法定刑没有必要。

【案72】2012年10月24日，在上海松江大学城，姚小姐驾驶奥迪车去商业广场购物，不料刚停完车就被两名陌生男子劫持上了车，之后又因反抗被丢出车外并受伤，两名男子在拿走车内3 300元现金后，弃车逃离。公安机关接报后，第二天凌晨在上海市金山区将两名犯罪嫌疑人抓获。据了解，两名犯罪嫌疑人被警方抓获后，公安机关找到了涉案的奥迪轿车，以及遗留在车内的1部手机和4张价值750元的消费卡。经鉴定，奥迪车价值46万元，手机价值2 645元。女司机左侧额颞部硬膜外出血，外伤性蛛网膜下腔出血和右枕骨骨折，已构成轻伤。上海市松江区法院审理认为，被告人何某和陶某以非法占有为目的，采用暴力手段，劫取他人财物，数额巨大，并致人轻伤，已构成抢劫罪。陶某到案后，有协助公安机关抓捕同案犯的行为，属有立功表现，可从轻处罚。而且，陶某在家属配合下，已赔偿姚小姐经济损失2万元，可酌情从轻处罚。后法院判处何某有期徒刑14年6个月，剥夺政治权利4年；判处陶某有期徒刑10年6个月，剥夺政治权利2年，两人均被并处罚金1万元。

显然，本案是认定被告人"抢劫数额巨大的"，被害人的奥迪汽车被计算在抢劫数额之内了。

---

❶ 贺锴、刘宇："山西焦煤集团原董事长家中被劫财物案宣判"，载《山西晚报》2012年12月14日。

第六章 抢劫加重犯（三）

本章论述抢劫致人重伤、死亡，冒充军警人员抢劫，持枪抢劫和抢劫军用物资或者抢险、救灾、救济物资的加重犯。

一、抢劫致人重伤、死亡

"抢劫致人重伤、死亡"是传统刑法理论中最典型的结果加重犯立法例。对这类结果加重犯的本质问题，理论上有单一形态说、符合形态说以及危险性理论等学说之争，还有主张以危险性说为基础的过失说，主张者认为这样既调和了责任主义，又避免了用危险性说的结果责任为其理论根据之嫌，同时也能说明行为人的刑罚被加重的根据。❶ 但该过失说显然解释不了对结果持故意的心理态度的结果加重犯的本质问题。这在抢劫罪的结果加重犯中表现尤甚。亦有观点认为，我国刑法诸多"致人死亡"的规定顺应了客观主义的刑事立法潮流。在客观主义那里，客观行为及其实害是刑事责任的基础，具有根本意义；而在主观主义那里，客观行为只是行为人危险性格的征表，而不具有基础的意义。❷ 的确，现行刑法大量地使用"致人死亡"，即以致人死亡结果的发生与否来影响行为人刑事责任的有无和大小，这就加大了客观结果对刑事责任的影响力，体现了新刑法向客观主义倾斜的趋势。此外，危害行为与加重结果的因果关系问题以及结果加重犯的罪过特征亦是诸多争论的焦点。如今，对抢劫罪结果加重犯的研究，在这些问题上依然没有达成一致，尚有深入

---

❶ 李邦友：《结果加重犯基本理论研究》，武汉大学出版社2001年版，第83～87页。

❷ 张明楷：《刑法的基本立场》，中国法制出版社2002年版，第59页。

研究之必要。

（一）抢劫致人死亡的因果关系

对于基本行为与加重结果之间的因果关系的认定，其旨在探求行为人承担加重责任的理论根据。同样，认定抢劫致人死亡，首先就要对行为人的危害行为与致人死亡结果之间的因果关系进行分析。先看一则案例：

【案73】2012年5月一个晚上11时后，在厚街凤山公园内，一对男女在车上亲热，结果遭遇几名匪徒敲车窗抢劫。慌忙中，男子跳进池塘逃生，结果不幸溺亡。经调查了解，有以3人为主的犯罪团伙专在晚上11时后对情侣下手抢劫。2012年5月25日警方在厚街镇抓获3名犯罪嫌疑人廖某、黄某和李某，缴获铁管、管制刀具等作案工具一批，以及白金手链、项链各1条、1辆摩托车等赃物。上述犯罪嫌疑人承认，自2012年4月，廖某等3人以乡情为纽带，伙同另外4名男子（在逃）在新塘社区凤山公园一带持铁管、管制刀具等作案工具，一般选择在晚上11时以后，以情侣为作案目标，在凤山公园一带作案20余宗。❶

本案在犯罪嫌疑人实施抢劫过程中，是否造成慌忙逃生的被害人不幸溺亡，这是否构成抢劫致人死亡，这无疑是很有争议的问题。认识这个问题，必须从分析结果加重犯的因果关系理论入手。

1. 结果加重犯的因果关系理论

关于因果关系的理论，德国早先提出的是条件说，即在实行行为与危害结果之间，只要存在"没有前者，就没有后者"的条件关系，就存在刑法因果关系，该说一度流行甚广。原因说是在克服条件说弊端的基础上提出来的、限制条件说（太广）的因果关系学说。后来，相当因果关系学说成为德、日等大陆法系刑法学中占通说地位的因果关系理论，也成为这些国家和地区刑法判例常采用的因果关系理论。这种理论认为，

---

❶ 陈臣："情侣亲热时遭匪徒敲车窗抢劫男方跳塘逃生溺亡"，载《广州日报》2012年5月30日。

在引起结果发生的诸多条件中，"依一般人的经验、知识即人类之全部经验、知识，即所谓经验法则，认其对于发生结果相当者，则该行为即为法律上之原因。换言之，即以伦理上可发生结果之各条件中，若某条件对于结果之发生，依吾人日常生活经验（经验法则），认为系必然条件，或系'或然条件'，或'可能条件'者，则条件对于结果之发生即为相当条件或相当原因"。❶ 也就是"相对性"说明该行为产生该结果是通例，是比较符合规律的，而非异常。❷ 在该说看来，条件说扩大了承担刑事责任的范围，原因说又忽视了判断因果关系时所必需的社会评价。但相当因果关系说内部也存在主观说、客观说、折中说之争，争论的焦点是应当根据何种范围的事实判定因果关系。相当因果关系说的观点被逐步发展中的刑法犯罪构成理论所吸收，成为刑法客观归责理论的内容。客观归责理论所要回答的问题是，哪些具有因果关系的结果具有刑法联系并应当如何加以认定与解决。❸ 该理论主张应当区别因果关系问题和归责问题，用条件说判断前者，用客观归责理论考虑后者，认为以行为人的实行行为与构成结果之间存在条件关系为前提，当行为产生了法所禁止的危险，且该危险实现了构成要件的结果时，就可肯定客观归属。该理论以条件关系公式为基础，由于根据条件关系不能明确因果关系的存在，所以试图将条件关系在一定关系范围内进行限定。❹ 客观归责理论认为，客观归责理论中的客观归责要素，亦即所谓行为人的预见可能性在客观归责作用中只是一个假象，它不是决定于人类意志的支配可能，而是决定于行为人的行为是否制造了足以引起构成要件上法益侵害结果的法律上重要的风险。以风险原则判断客观目的性，则可以为结果犯创造一个共通的原理而不受因果律的影响。❺ 在结果加重犯情况下，如果基本犯罪中的特殊危险在结果中反映出来，而结果加重犯的结果与基本犯罪又具

---

❶ 洪福增：《刑法理论之基础》，台湾"刑事法"杂志社1977年版，第109～110页。
❷ 陈兴良：《口述刑法学》，中国人民大学出版社2007年版，第154页。
❸ 李海东：《刑法原理入门（犯罪论基础）》，法律出版社1998年版，第53页。
❹ ［日］大谷实著，黎宏译：《刑法总论》，法律出版社2003年版，第161页。
❺ 转引自许玉秀："检验客观归责的理论基础——客观归责理论是什么？"，载《台湾"刑事法"杂志》第38卷第1期。

有联系，则应当认定有客观归责。❶ 不过，也有人认为，客观归责"这种立场实质上与相当因果关系说没有大差"。❷ 还有观点认为，客观归责理论存在限定条件在实践中不易把握、在刑法学体系中的地位有待确定等不足，但在条件关系成立的前提下，可以通过客观归责理论、构成要件的行为要素以及故意和过失的要求来加以适当限制。❸

1953 年以前，《德国刑法总则》未设立结果加重犯的一般规定，其司法机关在实务中采用条件说因果关系肯定结果加重犯的因果关系。后来因受到一些著名刑法学家的抨击，德国于 1953 年在《刑法总则》第 53 条明确对结果加重犯作出一般规定，且条件说的因果关系在司法实务中受到限制。主导相当因果关系理论的德国学者克里斯（Kries）认为，对结果加重犯加重处罚的合理性仅在于，基本犯招致严重结果的危险，以至于只能考虑对结果的产生典型有利的行为人的行为。❹ 恩基希（Engisch）认为，结果加重犯的基本犯罪行为具有内在地引起加重结果的高度盖然性的危险，二者之间必须存在类型性的、相当的引起与被引起的关系。特别是对于相当性的判断，可分"广义的相当性"和"狭义的相当性"两个阶段，后者主要是针对有其他条件介入的情况。日本刑法总则未设立结果加重犯的一般规定，刑法关于因果关系的理论与实践做法出现复杂的观点纷争。日本在司法实务中多是采取条件说的因果关系，而理论上赞成相当因果关系论者也不少。如大塚仁认为，关于结果加重犯，日本判例的一贯立场是，只要在基本犯罪与重的结果之间存在条件性的因果关系，就可以认定结果加重犯的成立。判例的立场几乎等于承认了结果责任，是不妥当的。"作为结果加重犯的成立要件，对重的结果，在需要存在行为人的过失的同时，还需要在基本犯罪与重的结果之

---

❶ [德]汉斯·海因里希·耶赛克、托马斯·威根特著，许久生译：《德国刑法教科书》，中国法制出版社 2001 年版，第 352 页。

❷ [日]大塚仁著，冯军译：《犯罪论的基本问题》，中国政法大学出版社 1993 年版，第 106 页。

❸ [德]汉斯·海因里希·耶赛克、托马斯·威根特著，许久生译：《德国刑法教科书》，中国法制出版社 2001 年版，第 339 页。

❹ 同上书，第 348 页。

间存在其他犯罪中同样意义的因果关系"。❶

在强盗致死伤罪的案例中，日本"通说和判例率直地阐释为，死亡的结果只要是从强盗时所进行的行为中产生的就已足够，并不需要是伴随着强盗的实行行为的东西。例如，判例指出'强盗伤人之罪，是实施强盗者在实施强盗时，由于给他人造成了伤害而成立的，只要伤害是在强盗时形成的，即使不是上述作为强取财物的手段的行为的结果，也构成强盗伤人之罪'。对不是因被告人作为强取财物手段的暴行、而是因家人惊呼、在恐慌逃走时被害人受伤的事案、强盗罪的被害人在逃出时掉进小河受伤的事案的，都认定成立强盗致伤罪"。❷ 日本昭和十五年发生过一案例，被告人对64岁的被害人索要零花钱，遭到拒绝后对被害人施加暴行，致使被害人跌落壕沟。由于被告人上述罪行，被害人生前患有心肌肥大，引起心脏麻痹而死于壕沟中。大审院判决认为，"因被告之暴行，使被害人所受之伤害与其死亡之间有因果关系存在之事实，就综合原判决所举示之证据……则足以明之"。❸ 日本最高法院在昭和二十六年九月二十日的有关判决中承袭了上述见解："在成立伤害致死罪中，伤害与死亡之间，必须具有因果关系，而不必预见致死之结果。"❹ 但昭和四十五年三月二十六日日本东京高等裁判所对一强盗致死案的判决认为："强盗犯人对于被害人所使用的暴力本身的强度，在通常的情况下不会引起死亡的结果，但是由于被害人患有严重的心脏疾病，受到极其轻微的外力都可能引起死亡，因而发生死亡结果的事例。当时的医生认为被告人并不知道被害人患有严重的心脏疾病，因而从折中的相当因果关系说的立场判断被告人的行为与被害人的死亡之间没有相当因果关系。"❺

日本的通说和判例认为，对于强盗致死伤罪，即使基本犯罪的强盗

---

❶ ［日］大塚仁著，冯军译：《犯罪论的基本问题》，中国政法大学出版社1993年版，第111～112页。

❷ 同上书，第113页。

❸ ［日］木村龟二等著，洪福增译：《日本刑法判例评释选集》，汉林出版社1977年版，第58～59页。

❹ ［日］川端博著，余振华译：《刑法争论二十五讲》，中国政法大学出版社2003年版，第275页。

❺ ［日］野村稔著，全理其、何力译：《刑法总论》，法律出版社2001年版，第136～137页。

行为未遂，既然产生了致死的结果，就应当适用结果加重犯的规定，因为这是为适应强盗罪致死的事态而设立的特别犯罪，出现强盗致死的结果就是结果加重犯的既遂。死伤结果与抢劫行为之间应当有一定联系，这种联系意味着死伤结果是由与抢劫相关联的行为所引起，但不能要求死伤结果必须由作为抢劫手段的暴力、胁迫行为所直接产生。❶ 不仅如此，日本的判例中还有扩大结果加重犯的因果关系范围的现象。"强盗致死罪是着眼于强盗时容易致人死伤的情况而设立的特别犯罪，因此，为了保护被害人，有必要稍微扩大其适用"。❷ 所以，日本判例倾向认为，在强盗致人死亡的情况下，只要致人死亡的结果是在强盗时的机会实施的行为就可以了，不必是强盗行为本身直接引起的结果。不过，对此，大塚仁进行了批判，如果这样，"对像强盗犯人同伙在犯罪的现场争夺盗品、互相斗打，使对方伤、死的情形等，不是就不得不认为是强盗致死、伤罪吗？""这样说到底不符合本罪的旨趣"。

还有有一点，对引起重结果的基本罪行为的判定不能拘泥于重结果必须是被告人亲手引起的，如被告人抢劫被害人的财物，被害人仓惶逃离，被害人逃离时不小心，被石头绊倒受到重伤，其财物被被告人劫去。本案被害人的重伤虽不是被告人亲手实施的暴力行为引起，而是被告人在实施暴力胁迫行为过程中，被告人为防卫自己，由于被害人的意志以外的原因被绊倒而受重伤，应理解为是被告人的暴力、胁迫行为所引起，因为它们之间完全具有相当的因果关系。所以，"虽然不限于强盗罪的实行行为，但需要是强盗时所进行的行为，而且至少是基于与指向被害人的强盗行为具有密切关联性的行为产生了死伤的结果时，才应当适用强盗致死伤罪"。"根据结果加重犯的特殊性质，在因果关系上可以认为是通常应该在实行行为与结果之间考虑这种原则的例外。"❸ 大塚仁之"原则的例外"的观点似乎意味深长。

对此"抢劫之机"，大谷实教授的解释则是："只要是在着手实施抢劫后，在该抢劫之机所实施的行为所导致的结果就行"。"按照刑法第240

---

❶ 转引陈兴良主编：《刑法学》，复旦大学出版社2009年版，第384页。
❷ [日] 大塚仁著，冯军译：《犯罪论的基本问题》，中国政法大学出版社1993年版，第113页。
❸ 同上书，第114页。

条的立法宗旨，只限于该原因行为在性质上通常是伴随抢劫所实施的场合，即和抢劫行为有密切关系的场合"。如抢劫过程中过失将婴儿踩死，为报私怨利用抢劫之机将仇敌杀害等，不能说是在抢劫之机实施的行为。❶

在我国，还有学者对日本刑法中的抢劫致人死伤罪的因果关系之争作了这样的归纳：第一种观点是手段说，认为死伤结果只能是由作为抢劫手段的暴力、胁迫行为直接产生，否则，就只能对引起死伤的行为单独定罪。第二种是机会说，认为只要是在抢劫的机会中引起死伤结果，就可能构成。第三种是关联性说，或者称折中说，强调至少死伤结果必须是由与抢劫相关联的行为所引起。日本法院的判例多采取机会说。❷ 上述大塚仁的观点似乎接近这里的第三种观点，大谷实的观点更接近第二种。依笔者之见，上述日本学者的观点其实并无太大差别。

总之，国外的判例在结果加重犯的因果关系上较多地采用条件说，有扩大结果加重犯范围的倾向。虽然也偶有采相当因果关系的判例，仍不具有普遍性。❸ 而机会说和关联性说也是对因果关系的一种外在形式的解释和判断。如判例的结论"在强盗时的机会所进行的行为"与"死伤结果"之间具有因果关系就肯定强盗致伤死罪的成立，显得过于宽泛。相对而言，日本刑法通说和判例对抢劫致人死伤罪的因果关系的判断比作为基本罪因果关系的要件的判断还是显得要宽松一些。至于前面提到的可能遇见说和过失说，则是在主观上判断行为人对加重结果的罪责问题，笔者将在下一个问题中再作探讨，依据我国的刑法理论，宜把因果关系与主观罪过问题分层次进行研究。上述学说纷争其实与对犯罪构成理论体系的认识差异有关。

我国刑法中的因果关系问题，在20世纪50年代吸收了前苏联刑法理论中的"必然因果关系"说。在受到批评后，刑法学界又提出刑法中除了必然因果关系外，还存在偶然因果关系，并称这种学说为"必然与偶

---

❶ ［日］大谷实著，黎宏译：《刑法各论》，法律出版社2003年版，第178页。
❷ 刘明祥：《财产罪比较研究》，中国政法大学出版社2001年版，第161～162页。
❸ 李邦友：《结果加重犯基本理论研究》，武汉大学出版社2001年版，第56页。

然相统一的因果关系说"。❶ 再后来,学界对刑法因果联系的性质作进一步分析,指出该性质指犯罪实行行为在一定的具体条件下,合乎规律地引起危害结果的发生。这种规律是不以人的意志为转移的,是客观的。作为原因的实行行为必须具有引起危害结果发生的实在可能性;而且该危害行为还必须合乎规律地引起该危害结果的发生。刑法中的因果关系遂成为"合乎规律的引起与被引起的关系"。❷ 由于这种"合乎规律的引起与被引起的关系"是客观的,不以人们的意志为转移的关系。❸ 刑法因果关系不仅包括行为与结果之间客观存在的事实因果关系,同时也要具备法律所要求的法律因果关系,是事实因果关系与法律因果关系的统一。事实因果关系是刑法因果关系的基础,而法律因果关系则是刑法因果关系的本质。❹ 这样一来,在认定致人死亡因果关系时,首先应当确定危害行为与死亡结果之间是否存在事实上的因果关系,即行为与结果是否是必要条件,然后根据因果关系的法律标准加以限制。这种观点大约是来源于英美刑法普遍认同的因果关系的双层次理论,即将导致结果的原因从"事实原因"和"法律原因"两个层面来分析;主观、价值因素渗透于因果关系认定过程;且具有浓重的实用主义哲学气息。❺

尽管有学者认识到,结果加重犯不是基本犯与加重结果之间的单纯外形上存在关联的犯罪类型,而是由于固有的不法内容(危险关联)使基本犯与加重结果具有内在的密切关联和特定构造的犯罪类型。❻ 然而,对于结果加重犯中的基本犯与加重结果的关联,即因果关系问题,我国刑法理论研究并不多,一些观点散见于对具体罪名中存在的结果加重犯的研究分析中。上述一些日本学者的见解对我国学界的影响甚大,但尚

---

❶ 张文:"关于刑法中因果关系的几个问题的探讨",载《北京大学学报》1982年第3期。

❷ 马克昌主编:《犯罪通论》,武汉大学出版社1999年版,第222~223页。

❸ 李邦友:《结果加重犯基本理论研究》,武汉大学出版社2001年版,第51页。

❹ 张绍谦:《刑法因果关系研究》,中国检察院出版社1998年版,第111页。

❺ 李韧夫等:《中英美刑法基本问题比较研究》,法律出版社2011年版,第53~55页。

❻ 张明楷:"严格限制结果加重犯的范围与刑罚",载《法学研究》2005年第1期。

没有在我国形成有普遍影响力的学说。从最高司法机关的解释性文件中也鲜见这类解释性规定就可看出这一点。当然，也可能多数见解认为，结果加重犯的因果关系与一般结果犯的因果关系并没有两样。

在相关研究中，有学者对我国刑法的结果加重犯的因果关系的评述认为，一般情况下，法律要求加重结果与实行行为之间应当存在比较强的联系，亦即实行行为对结果产生起决定性作用。结果加重犯中的因果关系基本的两个要求是：一是重结果必须由基本犯罪的犯罪行为引起；二是加重结果与实行行为之间应当存在比较强的联系。但这不是绝对的，有时二者之间的一般联系也属于结果加重犯中的因果关系，如拐卖妇女、儿童罪的加重犯所要求的拐卖妇女、儿童的行为与妇女、儿童的亲属重伤、死亡的结果之间的联系就不那么强烈。❶ 可见，这种观点立足于刑法对结果加重犯的规定，用"联系""引起"对其因果关系问题作出较为灵活宽泛的解释。

另有学者是在研究加重构成犯罪时，探讨了结果加重犯的因果关系的认定问题，指出，结果加重犯的因果关系是结果加重犯的犯罪构成客观方面的内容，是从客观方面讨论其基本行为与加重结果之间的归责可能性问题。该观点进而借鉴客观归责理论，认为对基本行为与加重结果之间的因果关系需从三方面加以判断：（1）基本行为具有产生加重结果的危险性；（2）加重结果是加重构成要件；（3）危险性在加重结果中得到实现。❷ 还有学者在结果加重犯的因果关系的判断问题上，赞成以日本刑法理论中的"折中的相当因果关系说"为依据，同时借鉴恩基希对于相当性判断的两个阶段的理论，结合个案，具体分析，其中包括对存在条件关系和确定"相当性"的分析。❸

笔者认为，上述无论是相当因果关系理论强调的原因行为引起结果（包括加重结果）的"可能性"，还是客观归责理论强调的行为足以引起

---

❶ 李韧夫等：《中英美刑法基本问题比较研究》，法律出版社 2011 年版，第 72~73 页。

❷ 卢宇蓉：《加重构成犯罪研究》，中国人民公安大学出版社 2004 年版，第 163 页。

❸ 李冠煜："日本刑法理论中结果加重犯之因果关系研究"，载赵秉志主编：《刑法论丛》2011 年第 2 卷，第 380~385 页。

法益侵害结果的"重要风险",它们都要对行为的危险性进行判断,是结果发生以后司法者回过头来对当初的危害行为与已经发生的实害结果之间存在何等关联性的一种客观评价。这种关联性要达到多大程度,才被认为是具有刑法中的因果关系呢?在这里,"合乎条件""合乎原因""合乎规律"等表述实质上具有同等的价值蕴涵,"可能性""风险""危险性"等词语也具有同等的评价意义,它们仍然是很抽象的概念,只不过前者比后者似乎更客观,后者比前者更突出行为与结果之间的密切联系。依笔者之见,行为引起加重结果发生的关联性的判断或者评价,的确是建立在经验法则基础之上的,既要考虑一般的日常生活规律,也不能排除行为实施当时发生加重结果的机会风险或者可能性。刑法中的致人伤亡的加重结果一般是由危害行为直接造成,即无论是抢劫的手段行为,还是强取财物的行为导致重伤、死亡的,都属于抢劫致人重伤、死亡。对被害人实施暴力威胁,在夺取财物时导致被害人倒地身亡的应认定为抢劫致人死亡。胁迫行为导致被害人精神失常或者精神病突发而死亡的,可认定为抢劫致人死亡。❶ 但是,在多种原因力引起该结果发生时,也不可一概否定结果加重犯的成立,如行为人在车辆繁多的路段突然劫财,其实施暴力行为致使被害人被追赶逃跑时,遭到过路车辆撞击死亡,行为人应该承担抢劫致人死亡的罪责。此时,让行为人承担一般抢劫未遂的刑事责任明显偏轻(同时,如果对有一定责任的司机追究其交通肇事罪的责任也可能不公平)。对于抢劫时"行为人使用凶器胁迫被害人,被害人在夺取凶器时手臂碰在其他坚硬物体上造成重伤的",❷ 笔者主张只要被害人夺取凶器的行为符合"经验法则",就应该认定为抢劫致人重伤,否则,就可能会把加重结果的责任归咎于被害人的"防卫水平或者运气"上了。

2. "致人死亡"与被害人自杀和其他因素介入的情形

在刑法理论上,因果关系的发展有时不会"一帆风顺",也会发生中断的问题,这就是所谓中断的因果关系,它是指在刑法因果关系的发展过程中,介入了另一因素,如介入了第三者的行为、被害人自身的行为

---

❶ 张明楷:《刑法学》,法律出版社2011年版,第863~864页。
❷ 同上书,第864页。

或特殊自然事实等其他因素，从而切断了原来的因果关系，行为人只对另一原因介入前的情形负责，介入原因引起的最后结果与前行为之间没有法律上的因果关系。一般说来，成立中断的因果关系，要具备以下条件：其一，须有另一原因的介入；其二，介入原因须为异常原因，即通常情况下不会出现的某种行为或自然力；其三，中途介入的原因须合乎规律地引起最后结果的发生。其具体判断标准为：（1）先前行为对结果发生所起的作用大小。作用大，则先前行为与结果有因果关系，反之则无。（2）介入因素的异常性大小。过于异常，则先前行为与结果无因果关系，反之则有。（3）介入因素本身对结果发生所起的作用大小。作用大，则先前行为与结果无因果关系，反之则有。如甲持生锈刀具刺伤乙的手指，案发后不久公安机关对乙作出鉴定，认定其伤势为轻微伤。但由于乙缺乏基本常识，未对破伤风情况作出有效预防，最终发生破伤风引发死亡。对此，不能认定甲犯故意伤害致死罪。又如，甲用拳头击伤乙，致其脾脏破裂，法医鉴定乙构成重伤，法院最终以甲故意伤害致人重伤对其量刑。但两年后，乙因始终无法康复并引发其他并发症，导致死亡。此时也不会因此将甲重新送上法庭，判定他当初的伤害行为是故意伤害致人死亡，从而增加量刑。上述两个案例均显示被害人自身的行为对结果发生的作用力较前行为大，故阻断了前行为与死亡结果的因果关系。不过从"中断"一词的运用和理解来看，"中断的因果关系"似乎应该是指把本属前行为引起的因果关系给隔断了，发生了新的结果。但前行为本该引起的结果是什么，只是一种推测而已。承认中断的因果关系，实际上就是否定前行为与实际发生的结果之间没有因果关系。如果实际结果就是前行为引起的，中间发生的行为（或者某项事实）也就对于该结果无因果关系上的法律意义。

在"致人死亡"的因果关系问题上，在行为人实施前行为后，被害人自杀，对于是否中断因果关系的问题值得研究。根据我国《刑法》的规定和司法的实际情况，行为人实施犯罪行为而引起被害人自杀的情形多种多样,❶ 而《刑法》明确规定为犯罪的只有组织、利用邪教组织制造、散布迷信学说,蒙骗、指使、胁迫其成员或者其他人实施绝食、自残、自虐、自杀、自伤行为的情形。❷ 这就使得理论界对"致人死亡"是否包含引起被害人自杀存在很大的争议。

第一种观点认为,"致人死亡"只能是指由于犯罪行为之实施直接造成被害人死亡,不包括引起被害人自杀。❸ 第二种观点认为,以强奸致人死亡为例,应包括引起被害人自杀在内。❹ 第三种观点认为,致人死亡可以包括引起被害人自杀的情形,但也不能排除特殊例外情形。虽然危害结果的产生都是在被害人一定的意识支配下造成的,但这种行为意识在一定程度上与行为人的先前行为存在联系。这时需要分析先前行为与危害结果之间关系的性质,如果被害人的意志完全为前者所决定,没有法律上要求的自由选择时,那么就认为危害结果是由前行为造成的,前行为人对危害结果有过错的(不包括过失),就应承担刑事责任;如果被害人的意志基本自由,受前行为的影响力较小,前行为对危害结果的产生只起到一般的作用,那么一般不应要求前行为人对最后死亡结果负责。一般认为,"致人重伤、死亡的",是行为直接导致这种结果发生,或对这种结果发生起了决定性作用。而"致使被害人重伤、死亡的",则一般认为可以包括因行为而直接或间接地导致这种结果产生的多种情况,例

---

❶ 如因强奸行为而引起被害人自杀;因非法拘禁导致被拘禁人自杀、自残或者精神失常的;因拐卖妇女、儿童而引起被害人及其亲属自杀;因刑讯逼供导致犯罪嫌疑人、被告人自杀、自残;因暴力取证导致证人自杀、自残;因报复陷害导致控告人、申诉人、批评人、举报人或其近亲属自杀、自残;因虐待被监管人导致被监管人自杀、自残;枉法裁判,致使当事人或其近亲属自杀、自残;因虐待行为而引起被害人自杀;因侮辱、诽谤行为而引起被害人自杀等。

❷ 1999年10月20日最高人民法院、最高人民检察院《关于办理组织和利用邪教组织犯罪案件具体应用法律若干问题的解释》第4条规定:"组织、利用邪教组织制造、散布迷信学说,指使、胁迫其成员或者其他人实施自杀、自伤行为的,以故意伤害罪、故意杀人罪定罪处罚。"

❸ 王作富:《刑法论衡》,法律出版社2004年版,第255页;张明楷:《刑法学》,法律出版社2011年版,第863页。

❹ 转引自顾肖荣:《刑法中的一罪与数罪》,学林出版社1986年版,第45页。

如被害人自杀的结果就认为包括其中。❶

按照全国人民代表大会法律工作委员会对于刑法典的有关解释,"致人死亡"在加重结果中,有的罪名不包括被害人自杀的情形,例如,第236条强奸罪,有的教科书指出,"致使被害人重伤、死亡",是指因强奸导致被害人性器官严重损伤,或者造成其他严重伤害,甚至当场死亡或者经治疗无效死亡。"造成其他严重后果",是指因强奸引起被害人自杀、精神失常以及其他严重后果。❷ 对于抢劫致人伤亡的加重犯,有的研究者称:二者"……有直接的因果关系,被害人自伤、自杀身亡的不应包括在内"。❸ 这些观点基本把自杀排除在"致人死亡"的加重结果之外。但也有区别,前者把自杀列入了"严重后果"中,故在加重法定刑范围之内,后者却并不在加重法定刑范围之内。❹ 有的罪名则被解释为可以包括被害人自杀的情形。例如,《刑法》第257条规定的暴力干涉婚姻自由罪。该罪"致使被害人死亡",是指由于暴力干涉婚姻自由而直接引起被害人自杀身亡,或者在实施暴力的过程中因过失导致被害人死亡。❺ 可见,同样的四个字,在不同的罪名中却有不同的内涵,这对于以剥夺犯罪人政治权利、财产、自由,甚至生命作为调整手段的刑法,确实不够严谨。不过,将"引起被害人自杀"排除在"致人死亡"之外后,并不等于它在刑法评价上没有重要意义。从客观上讲,引起被害人自杀本身也是一种极其严重的危害后果,强奸罪的加重犯就包含有"造成其他严重后果",该"严重后果"就包含致使被害人自杀。2010年湖南湘西凤凰县发生了一起"少女被强奸跳楼自杀案",❻ 在该案中被害人自杀的情

---

❶ 张绍谦:《刑法因果关系研究》,中国检察院出版社1998年版,第240页;高铭暄、马克昌主编:《刑法学》,北京大学出版社、高等教育出版社2005年版,第523页。

❷ 同上。

❸ 沈志民:《抢劫罪论》,吉林人民出版社2005年版,第113页。

❹ 这二者的区别立法也很有意味,可能立法和解释者更多考虑到:被强奸者注重女性贞操易于自杀,而被抢劫者要"想得开"一些。然而,当今社会人们财产和性的观念都在变迁(如遇见强奸之"递套论"),被诈骗者也有自杀的。

❺ 高铭暄、马克昌主编:《刑法学》,北京大学出版社、高等教育出版社2005年版,第544页。

❻ 邱雪兵:"凤凰女'跳楼'案没有真相",载北大法律信息网,2010年11月15日访问。

形就属于"其他严重后果",即"强奸妇女或奸淫幼女引起被害人自杀或精神失常,造成被害人怀孕或堕胎等严重危害妇女或幼女身心健康的严重后果"。❶

"引起被害人自杀"的后果与刑法中预见的可能性问题有关。近代刑法学强调"没有责任就没有刑罚",以取代单纯的结果责任,即犯罪人"在其可以预见或者能够预见的范围外,不得以其是自己行为的结果为由而受处罚"。要求行为人对被害人死亡的结果有预见可能性,也是我国刑法规定的罪责刑相适应原则的要求。对于"抢劫致人死亡"这一结果加重犯而言,同样要考虑预见的可能性问题。正如有学者强调:"特别要求抢劫行为与重伤、死亡之间具备直接性要件,且行为人对重伤、死亡具有预见可能性。例如,为了抢劫捆绑被害人,逃走时忘了为被害人松绑,导致被害人停止血液循环或者饿死的,应认定为抢劫致人死亡。但是,对于抢劫行为引起被害人自杀的,追赶抢劫犯的被害人自己摔地身亡的,抢劫犯离开现场后被害人不小心从阳台摔下身亡的,都不应认定为抢劫致人死亡。"❷ 这里的"预见",一般是指在结果发生后,逆推行为人在当时的情形下"应当预见",或者"可能预见",对于完全不可能预见会发生被害人死亡的加重结果的,不能将死亡结果的罪责归于行为人,只能将其作为一种普通量刑情节加以考虑。而对"抢劫致人死亡"结果的预见,应以一般人(符合公众常识的)在当时客观条件下能否预见作为评价标准。

不过,问题是司法实践中可能会发生一些特别情形,尤其是多种原因导致死亡结果发生,或者在暴力行为与死亡结果之间介入了其他原因力,如何认定行为人对死亡结果是否具有预见可能性呢?例如,行为人在实施抢劫的过程中,被害人因受惊吓、躲避攻击而失足掉下楼梯(楼内)或者悬崖(野外)致死,或者慌乱中在马路上被汽车撞死,这时又如何评价因果关系的中断问题?譬如,行为人在漆黑的楼道内抢劫,被害人因害怕快速后退躲避时不小心失足摔下楼致死,对此,日本学者前田雅英认为,应当综合以下三个要素进行判断:第一,行为时结果发生

---

❶ 梁建:《强奸犯比较研究》,中国人民公安大学出版社2010年版,第289页。
❷ 张明楷:《刑法学》,法律出版社2011年版,第863页。

的概率大小；第二，介入事项的异常性的大小；第三，介入事项对结果发生所起的作用大小。❶ 当有其他原因介入导致一果（加重结果）多因时，只要行为人之行为具有导致加重结果发生的可能性，就可认定其行为与加重结果之间存在因果关系。上述案例中尽管被害人失足是摔死的直接原因，但不能以此否定行为人之行为与摔死结果之间存在刑法意义上的因果关系。因为在当时的环境条件下，行为人之抢劫行为，致使被害人害怕而后退，从而具有了致被害人伤亡之可能性，而只要有这种可能性，就可认定其行为与结果之间的因果关系。笔者亦认为，只要此时的被告人的行为足以致使被害人"害怕后退"，或者说被害人"害怕后退"是当时正常的行为反应，那就应该认为本案存在致人死亡的因果关系。再如，在深山野岭等险要地段追赶抢劫被害人，致使被害人摔下悬崖而死，则应该承担致人死亡的刑事责任。如果是突然跑出一只老虎将被害人咬死，那就是意外，无法预见的了。对于在抢劫追赶被害人过程中被害人遭受其他车辆的撞击而亡，也应该作类似的分析。

还有被害人自身的体质如疾病等，也可能是发生死亡结果的原因之一。由于人的身体状况差别较大，有的疾病本身比较致命，加上很轻微的外力作用就会提前引起重伤或死亡结果的发生。有人主张，在判断伤害或外力作用与被害人自身体质原因的双重作用引起重结果发生的情况下，要运用医学科学进行判断，体质究竟在加重结果的发生中起了什么作用。如果是被告人的行为在重结果的发生中起了内在规律地引起的作用，则行为人的行为与加重结果之间具有因果关系；如果行为人的行为与加重结果之间不具有内在地规律地引起与被引起的关系，则两者间不具有因果关系。❷ 该观点没有进一步阐明如何判断"内在地规律地引起与被引起的关系"，并没有彻底解决问题。另有学者直截了当地认为，在司法实践中，就经常发生被害人因受抢劫犯的暴力威胁而引起心脏病突发死亡或严重精神失常的事，这自然应该认为是"抢劫致人重伤或死亡"的情形。❸ 这种解释显然是站在条件说的立场之上，容易得出只要暴力威

---

❶ [日] 前田雅英：《刑法总则讲义》，东京大学出版社1994年版，第247页。
❷ 李邦友：《结果加重犯基本理论研究》，武汉大学出版社2001年版，第60页。
❸ 刘明祥：《财产罪比较研究》，中国政法大学出版社2001年版，第160页。

胁行为是加重结果的条件之一，那就是结果加重犯，也不甚科学。笔者认为，此时不仅要比较暴力威胁行为和疾病等体质要素对结果的作用力的大小，也要考虑行为人对于危害结果发生预见的可能性问题。

【案74】2007年7月26日21时许，被告人张某携带尖刀到吉林省长春市朝阳区红旗街湖西路附近，伺机抢劫。张某看见被害人赵某背挎包独自行走，即尾随赵至红旗街东一胡同311号楼下，趁赵翻找钥匙开门之机，持刀上前抢赵的挎包。因赵某呼救、反抗，张某持刀连刺赵某的前胸、腹部、背部等处十余刀，抢得赵某的挎包一个后逃离现场。挎包内装现金人民币1 400余元、三星T108型手机1部及商场购物卡3张、银行卡、身份证等物品。赵某被闻讯赶来的家人及邻居送往医院抢救。次日12时许，赵某因左髂总静脉破裂致失血性休克，经抢救无效而死亡。长春市公安局物证鉴定所接受委托，同年9月5日出具尸体鉴定书记载：(1) 尸体检验，赵某颈部1处创口，胸部2处创口，腹部2处创口，背部2处创口，四肢8处创口，共计15处创口；另在左腋下及后背部、左胸壁及背部、腹部正中有3处手术缝合创口。解剖见左胸腔血样液体200毫升，左肺下叶见6厘米长缝合创口，腹腔血染，积血300毫升，后腹膜大面积血肿，范围为15×20厘米，左髂总动脉在近分支处缝合，创口长0.6厘米，左髂总静脉分支处见长1.8厘米创口，未见缝合，静脉管腔内见凝血栓子。(2) 分析说明：①尸表检见身体多处创口，各创口创缘整齐，创壁光滑，创腔内无组织间桥，符合锐器致伤特征；②根据案情介绍，2007年7月26日晚，死者被人扎伤后送医院抢救，于次日中午死亡；③根据病历记载，腹主动脉损伤，左上肺下极贯穿伤，术中给予腹主动脉修补和左肺贯穿伤修补以及左胸背部、左上、下肢创口清创缝合；④尸表检见多处创口（已缝合），解剖见肺破裂（已缝合），左髂主动脉破裂（已缝合），左髂总静脉破裂口（呈开放状），管腔内见凝血栓子；⑤病理组织学检查见髂动、静脉管壁内出血，符合生前损伤改变，肺脏、肾脏呈失血性休克改变，结合死者面色苍白，球睑结膜苍白以及各内脏呈贫血改变等贫血貌特征象，符合失血性休克致死特征；⑥抢救记录记载，病人出血较为凶猛，血压降速较快，综合分析死者系生前被他人扎伤左髂总静脉破裂致失血性休克导致死亡。(3) 结论：赵某系左髂总静脉破裂致失血性休克导致死亡。后长春市某区人民法院受理被害人赵某之夫诉相关医院医疗事故赔偿纠纷案，法院委托长春市医学会进行医疗事故技术鉴定。2009年3月18日，长春市医学会作出长春医鉴［2009］17号医疗事故技术鉴定，双方争议焦点是：患方认为赵某致死原因是腹部一静脉未缝合，导致大量出血死亡；医方（吉林省人民医院）认为患者死亡原因为外伤大出血。最终结论为本例不构成医疗事故。据此，长春市中级人民法院认为，被告人张某的行为构成抢劫罪。张某在抢劫犯罪中连刺赵某十余刀，致赵某死亡，犯罪性质恶劣，手段极其残忍，后果极其严重，主观恶性极深，人身危险性和社会危害极大，应依法严惩，判决被告人张某犯抢劫罪，判处死刑，剥夺政治权利终身，并处没收个人全部财产。一审宣判后，被告人张某上诉提出，被害人赵某死因不明，一审判决量刑过重，请求从轻处罚。其辩护人提出，赵某死因不明，救治医院未发现赵某左髂总静脉破裂，造成赵某左髂总静脉未缝合致失血性休克，虽不构成医疗事故，但不排除存在医疗过错或医疗过失，不能排除救治措施与赵某死亡之间有因果关系。吉林省高级人民法院经审理认为，被告人张某以非法占有为目的，使用暴力方法劫取他人财物的行为，构成抢劫罪。关于张某及其辩护人所提上诉理由及辩护意见，经查，被害人赵某虽是在抢救后死亡，但经鉴定不属于医疗事故，赵某的死亡系张某抢劫行为的直接结果，张某及其辩护人的上诉理由及辩护意见均不能成立。遂依法裁定驳回上诉，维持原判，并依法报请最高人民法院核准。最高人民法院经复核后依法裁定：核准吉林省高级人民法院维持第一审以抢劫罪判处被告人张某死刑，剥夺政治权利终身，并处没收个人全部财产的刑事裁定。

本案涉及主要疑难问题就是医院抢救中的失误能否中断被告人的抢劫行为与被害人的死亡结果之间的因果关系。法院的裁判理由否定了因果关系的中断。该案医院救治中的失误却属于因果关系的介入因素，故需要考察被告人抢劫行为与介入因素——医疗失误行为对于被害人死亡的结果各自作用的大小以及医疗行为异常性大小。本案经法医鉴定，被害人赵某系左髂总静脉破裂致失血性休克导致死亡，被害人的死因是因左髂总静脉破裂，而左髂总静脉破裂是由被告人所捅刺。被害人颈部、胸腹部等要害部位均有刺创，损伤部位共有十余处，肺、左髂总动脉、左髂总静脉均被被告人用刀刺破裂，根据《人体重伤鉴定标准》已构成多处重伤，说明被害人在遭受抢劫时已被严重刺伤，所受损伤已严重危及被害人的生命。故在本案的因果关系中，被告人实施的行为本身就具有足以造成死亡结果的效力，至少是被害人死亡的主要原因；医院救治中的失误，并没有使抢劫行为的效果缓和或超越替代了抢劫行为而引起结果发生。在被告人行为引起被害人死亡结果发生的可能性较大而医院抢救行为对结果发生的影响力并不主要的情况下，医院的抢救行为就不能中断被告人的抢劫行为与被害人死亡结果之间的因果关系。实际上，医院的抢救失误也并非明显失误，可能存在于一切医疗抢救过程中，正是如此，《医疗事故处理条例》明确将此类失误排除在医疗事故情形之外。因此，本案医疗失误没有中断被告人的抢劫行为与被害人死亡结果之间的因果关系。❶ 笔者同意以上判决意见。

（二）抢劫致人死亡的罪过形式

在结果加重犯中，行为人对于加重结果的主观心理态度，中外刑法历来存在不同的见解。第一种意见认为，对结果加重犯的重结果，只能是出于过失，这也是比较早期的观点，现在很少有人主张。第二种意见认为，结果加重犯的行为人应对加重结果的发生具备罪过心理，至少要有过失心理。❷ 这个观点与对加重结果以能预见为限或有过失为限的观点，具有同等意义。❸ 第三种意见认为，行为人对重结果的罪过形式通常是过失，但不排除故意，即对重结果出于故意，同样构成结果加重犯。这是我国刑法理论通说的主张。还有观点认为，加重结果犯的主观结构，绝非如现在学理及实务所认定的是双主观要件的形式，而是单一的主观要件，亦即"危险故意"。加重结果犯的行为并不能以基本犯的主观要件看待，而应直接以加重结果的危险故意视之，从而加重结果犯系一种危

---

❶ 赵善芹："张校抢劫案——医院抢救中的失误能否中断抢劫行为与被害人死亡结果之间的因果关系"，载最高人民法院刑事审判庭：《刑事审判参考》，2011年第2集（总第79集）。

❷ 姜伟：《犯罪形态通论》，法律出版社1994年版，第371页。

❸ 吴振兴：《罪数形态论》，中国检察出版社1996年版，第95页。

险犯的实害实现类型。加重结果犯的结构，系属本然的情况，并非法律创设的产物。❶ 在我国，曾有人认为，结果加重犯对加重结果的主观心理态度可以是故意、过失和偶然三种罪过。这种观点将故意、过失和偶然列在一起，很难解释"偶然"属于什么样的心理态度，特别是容易把它想象成"意外事件"，故难以服人。

笔者赞同我国刑法学通说的主张。行为人对于加重结果的发生承担责任应以"至少过失"为限，这既是责任主义的要求，也是历史发展的必然。如现行《德国刑法典》第18条规定，法律就犯罪之特别结果加重其刑者，此加重规定对于正犯或者共犯，对加重结果至少有过失，始适用。我国台湾地区《刑法》第17条规定，行为人承担加重结果的责任以行为人"能预见"为限。结果加重犯从其历史发展来看，是一个缩小处罚的过程，是从主观上限定行为人对加重结果承担刑事责任的范围。❷ 我国《刑法》第16条规定，行为在客观上虽然造成了损害结果，但是不是出于故意或者过失，而是由于不能抗拒或者不能预见的原因所引起的，不是犯罪。这作为总则里的一项原则性规定，也能说明我国刑法中致人死亡的罪过应当至少是过失，包括结果加重犯的情况。无论如何，"至少有过失"意味着存在故意的余地。从实际情况看，我国刑事法律及司法解释中存在成立结果加重犯时行为人对于重结果出于故意的立法例或者解释，最典型的是《刑法》第239条绑架罪中杀害被绑架人的规定，此外，比较特殊的还有危害公共安全罪中类似《刑法》第115条放火罪、决水罪、爆炸罪、投放危险物质罪、以危险方法危害公共安全罪等，这类罪名中的致人重伤或者死亡的主观罪过也包括故意的心理态度。

关于抢劫致人死亡的结果加重犯的罪过问题，主要争论在于，是否可以将抢劫时故意杀人的行为包含在"抢劫致人死亡"的结果加重犯中。

就"抢劫致人重伤、死亡"的结果加重犯而言，行为人对于"致人死亡"的结果，主观罪过一般也应该是过失。只是由于抢劫行为经常伴随暴力的方式，所以过失往往被暴力所掩饰，而在刑法上，并非一有暴

---

❶ 柯耀程："论加重结果犯"，见《罪与刑》，台湾五南图书出版公司1998年版，第147页，第152页。

❷ 卢宇蓉：《加重构成犯罪研究》，中国人民公安大学出版社2004年版，第169~170页。

力就意味着成立的犯罪一定是故意。正是因为抢劫罪的暴力属性,抢劫的暴力扩大化倾向明显,在抢劫案中,杀人劫财的现象很严重。2001年最高人民法院《关于抢劫过程中故意杀人案件如何定罪问题的批复》(下称2001年《批复》),规定:"行为人为劫取财物而预谋故意杀人,或者在劫取财物过程中,为制服被害人反抗而故意杀人的,以抢劫罪定罪处罚。""行为人实施抢劫后,为灭口而故意杀人的,以抢劫罪和故意杀人罪定罪,实行数罪并罚。"该《批复》显然是区分手段和目的来进行定性的,以杀人为劫财的手段致人死亡的情形,此时致人死亡应当包括故意杀人,只构成抢劫罪一罪。而以杀人为目的致人死亡的情形,这时,致人死亡就不能包含故意杀人在内,即2001年《批复》中所说的"杀人灭口",应当以抢劫罪和故意杀人罪数罪并罚。据此,该《批复》把抢劫前预谋的故意杀人和抢劫过程中的故意杀人直接规定为"抢劫致人死亡"的结果加重犯了。从此,我国权威教材的观点均一边倒地主张,抢劫致人死亡包括了以杀人作为非法占有财物的手段而实施抢劫的情形。笔者认为,这只不过是一种非典型的"致人死亡"的结果加重犯,与前面提到的绑架罪中的故意杀人性质类似,只是由于《刑法》或者司法解释性规定才作为结果加重犯来认识和对待的。应该说这只是结果加重犯的一种特别立法例。在法理上,它更似一种数罪情形作一罪看待的形态,反映了抢劫致人死亡与故意杀人之间复杂的理论关系。即便最高人民法院已经有了上述结论,对相关问题的研究还是大有必要,且不能一概而论,机械适用。

关于这个问题,日本刑法学也是有争论的。《日本刑法》第240条规定了强盗致死伤罪,该法条中也没有表明是否包括故意杀人的情形,故日本也存在肯定和否定两种意见。日本最高法院以及多数学者的意见立足结合犯的立场,认为抢劫致死罪包括故意杀人的情形。解释上之所以有上述分歧,是由于《刑法》第240条中规定"致人死亡的"时候,使用了好像不包括故意杀人的场合在内的文字表现,因此,在法条上看,说不包括抢劫杀人在内,从字面上说得过去。但是,该条中的法定刑规定得特别重,这表明在立法者看来,只有在抢劫之际的故意杀人行为才是符合《刑法》第 240 条的典型表现。[1] 因为《日本刑法》第 240 条的抢劫致人死亡罪的法定刑是处死刑或者无期惩役，而第 199 条规定的故意杀人罪的法定刑却是死刑、无期或者三年以上惩役。也就是说，按故意杀人罪定罪的话，最低刑可能是三年以上惩役，但若按抢劫致人死亡罪定罪，却起码是无期惩役。这样一来，不把故意杀人罪包括进去，抢劫致人死亡如此高的法定刑似乎有"浪费"之嫌。或者说，另定故意杀人罪，可能做不到罪刑相适应。不过，这一点，与我国《刑法》对故意杀人罪和抢劫罪的规定是有差异的。

正如本书在论述抢劫罪的暴力方法时所主张的，作为抢劫罪的构成要素，其暴力方法可以包括以故意杀人为手段。但在论证这个问题时，一些观点为混淆"抢劫致人死亡"与抢劫过程中的故意杀人行为埋下了隐患，笔者不得不问，抢劫过程中是否有独立的故意杀人罪存在的空间呢？这是应该特别关注的。正如笔者前面所言，这只是结果加重犯的一种特别情形，反映了抢劫致人死亡与故意杀人之间复杂的理论关系。我国与日本不同，《日本刑法》规定了独立的强盗致死伤罪，从强盗与杀人之结合犯的角度来理解这个问题还是比较容易。而在我国，如果把故意杀人包含于"抢劫致人死亡"之结果加重犯中，与《刑法》规定的抢劫罪的其他七种情节加重犯情形相比较，明显不甚"平等"。笔者主张，司法还是要严格限制"抢劫致人死亡"包含故意杀人行为的情形，在抢劫杀人的案件中，还是要依法区分定抢劫（致人死亡）一罪和定抢劫罪和故意杀人罪数罪并罚的情况。"抢劫致人死亡"可以包括故意杀人，但并不意味着凡是抢劫案件中的杀人行为，都一律以抢劫加重犯定罪处罚。笔者也不赞成：凡在抢劫实施完毕以前致人死亡的，构成抢劫一罪，而在抢劫行为实施完毕后致人死亡的，应当数罪并罚。应该说，属于抢劫罪加重构成的杀人行为，必须限于为夺取财物而当场将被害人杀死的情形范围内，同时必须考虑抢劫（致人死亡）罪是否能够足以"容纳得下"已经完成的故意杀人行为。为此，实践中要注意对以下几种特别情形分别处理：

第一，行为人准备凶器预谋故意杀人后劫财，但在将被害人杀死后，

---

[1] [日] 大谷实著，黎宏译：《刑法各论》，法律出版社 2003 年版，第 177 页。

因其他原因（如意外的恐惧、遭到其他人的反抗、发现没有要获取的目标物等），逃离犯罪现场，没有当场劫取被害人的任何财物，此时的故意杀人罪不能被抢劫罪所吸纳，以故意杀人罪定罪处罚为妥。这种情况不同于在抢劫过程中为压制被害人的反抗而实施暴力致使被害人死亡的情形，即行为人在抢劫过程中，由于遭到被害人的反抗，临时起意将被害人杀死，或者使用暴力，过失致被害人死亡的，则应以抢劫（致人死亡）罪论处。

第二，行为人为谋取被害人的钱财而先将被害人杀死，事后再择机获取被害人财物的，应定故意杀人罪。例如，继承人为了早点继承财产，杀死被继承人，或者为了多继承遗产而杀死其他继承人等。由于抢劫罪谋取钱财的行为具有当场的特性，而这种图财杀人与一般的抢劫杀人相比，不是在杀人"当场"劫取被害人的财物，而是在杀人之后，在将来的某一时间才占有被害人的财物，其杀人行为与取得财物之间具有一定的时间间隔。而且此种情形中的"图财"，既可谋取动产，也可谋取不动产。

第三，行为人在实施抢劫过程中，不计后果，滥杀无辜，例如，不仅将被害人家的大人杀死，还将被害人家的婴儿摔死，或者将碰巧路过现场者杀死，其行为不仅构成抢劫（致人死亡）罪，还另外成立故意杀人罪，应该实行数罪并罚。

第四，行为人不惜一切暴力手段劫财，在取得财物后，又实施毁尸灭迹等事后行为，但却是事后的暴力导致被害人重伤或者死亡的结果。如2012年3月30日CCTV法制频道报道了一起案件，犯罪人系宁夏宁东地区某夫妇二人，假装租车，骗被害人小玲将车开到一个偏僻的乡间小路上，共同将被害人勒死（晕死过去），在劫取其现金、手机等财物后，将被害人丢弃到一口深达35米的枯井中，直到两天后被消防人员救起，小玲大难不死但身受重伤。对于本案，如果定抢劫致人重伤的结果加重犯显然不能正确"表达"行为人的事后暴力行为，而事后暴力正是导致被害人重伤的原因。在这类案件，行为人在抢劫时和抢劫后杀害被害人的意图可能并不明确，分析加重结果的真正原因，才能确定主要犯罪行为，本案主要犯罪行为是前面的抢劫行为和后面将被害人丢入深井的行为，显然，这一前一后的二者不能共同构成抢劫罪的结果加重犯。为此，

应该定抢劫罪和故意杀人罪（未遂，但致人重伤），实现数罪并罚。❶

第五，行为人以暴力、威胁方法抢劫财物后，为了保护赃物、抗拒逮捕、毁灭罪证，而杀死被害人的，则应区别情况予以对待。如果行为人劫取到财物时，被害人依然与其缠斗，并试图夺回财物，而行为人在当场再次使用暴力杀死被害人的，该杀人行为在性质上属于抢劫行为的一种暴力延伸手段，与在实施抢劫过程中的暴力杀人行为没有本质区别，因而可以与先前的抢劫行为构成一个整体的犯罪，成立一个抢劫致人死亡的结果加重犯。但是，如果行为人劫取财物后，逃离了现场，受到被害人的继续追讨和反抗，此时，为了维护其非法占有的赃物，行为人再次使用暴力杀死被害人的，其杀人行为在性质上属于抢劫后维护其赃物的一种新的犯罪手段，不能再涵盖于此前的抢劫行为之内，故应对其单独定故意杀人罪，与前面的抢劫罪一起，实现数罪并罚。如果行为人抢劫后，处于其他卑劣动机，再行伤害或者杀害被害人的，同样应该数罪并罚。

实践中有的观点认为，预谋抢劫并杀人灭口的，因杀人故意产生在实施犯罪之前，应以抢劫罪一罪认定。笔者认为，行为人预谋抢劫并杀人灭口，且之后按预谋内容实施抢劫完毕后，又杀人灭口的，还是应以抢劫罪与故意杀人罪数罪并罚。因为从2001年《批复》"行为人实施抢劫后，为灭口而故意杀人的，以抢劫罪和故意杀人罪定罪，实行数罪并罚"的文本表述看，只能得出两个认识：一是故意杀人的行为发生在实施抢劫之后；二是故意杀人的目的是灭口。而不能当然推定杀人灭口的故意必定产生在实施抢劫之后，即杀人灭口的故意既可产生在实施抢劫之后，也可产生在预谋抢劫杀人阶段。且在此种情形中，行为人前后两个行为分别符合抢劫罪和故意杀人罪的犯罪构成，应以抢劫罪和故意杀人罪两罪认定。

【案75】2008年8月21日晚，张某与一帮朋友在家里饮酒，期间多次上、下楼买东西时发现，与自己同住一个单元的4楼东户的蔡某某家防盗门没有关，张某因此产生抢劫念头。22日凌晨5时许，张某潜入蔡

---

❶ 如果将本案作为抢劫加重犯未遂的案例进行探讨，可能也有积极意义。

家。先用一条白浴巾将受害人的头蒙住，将其摇醒，用准备好的白尼龙绳将受害人手脚捆绑。张某抢劫6张银行卡及600元现金、手表一块、手机一部及2008奥运会纪念邮票一套。后来蔡某某挣开绳索，认出张某，并反锁了房门。张某用脚踹开房门，欲再次捆绑蔡，两人扭打在一起，张某用刀猛刺蔡某某，致蔡当场死亡。2010年6月，咸阳中院一审以张某犯抢劫罪、盗窃罪数罪并罚，决定执行死刑，剥夺政治权利终身。2012年8月，咸阳中院根据最高人民法院的死刑命令，将罪犯张某押赴刑场，执行了死刑。❶

本案被告人张某在抢劫财物后再次踹开房门，与被害人发生打斗，用刀刺死蔡某某的行为应该构成新的杀人罪，所以本案应该定抢劫罪和故意杀人罪。

【案76】2001年5月27日晚上，重庆梁平县卫生局领导周某一家3口被杀，加上还未出世的宝宝，共有4条人命。当晚10点多钟，梁平县城安宁街花园商住楼1单元一住户内，周某和丈夫方罗某在家，儿子方强（化名）在外出差，媳妇杨某还没回来。唐某、陈甲、陈乙提着水果来访。没过多久，杨某回来了，唐某3人凶相毕露，用胶带封住了周某一家人的嘴，捆绑了他们的手脚，翻箱倒柜找出了1 100元现金、2张存折合计10 590元、3张存单和一部诺基亚手机。3人拿到钱财后又大开杀戒，周某夫妇被勒死，杨某被陈乙强奸后杀死。杨某当年才23岁，已怀有3个月身孕，宝宝胎死腹中。出差的方强侥幸躲过一劫。2001年5月28日8点多，方强回到家中，发现家人遇害而报警。2001年7月31日，警方将陈乙抓获。2002年5月，陈乙因犯故意杀人罪、抢劫罪、强奸罪被判处死刑，犯罪嫌疑人唐某、陈甲在逃。直到2012年4月初，民警锁定了犯罪嫌疑人唐某、陈甲在湖北和云南的落脚点。4月26日，陈甲和唐某分别在云南和湖北被抓获。4月28日，两人被押解回梁平。时隔11

---

❶ 于忠虎："男子抢劫杀害陕西咸阳原政协副主席被执行死刑"，载《西安晚报》2012年8月4日。

年，轰动一时的梁平县"5·27"灭门杀人惨案画上了句号。❶

本案是一起在抢劫过程中又实施强奸和杀人灭口的数罪并罚的案例，且三人属于共同犯罪，应该对全案后果负责。

【案77】2010年11月17日19时许，钟某在广州市海珠区自家门口，与下班回家的女白领陈某碰撞后发生口角，后萌生抢劫陈某的念头。随后，钟某将陈某拖进家中捆绑后实施抢劫，因怕罪行暴露，钟某为灭口而将陈某杀害，并将尸体肢解后与被害人的部分随身物品一起装于纸箱内，于同年11月19日凌晨运至广东省一河段抛弃。法院审理认为，钟某无视国家法律，使用暴力手段强行劫取他人的财物，为免罪行暴露又杀人灭口，其行为已构成故意杀人罪、抢劫罪，依法应予数罪并罚。钟某的犯罪手段残忍，社会影响恶劣，给被害人家属造成巨大创伤，钟某至今也没有赔偿被害人家属的经济损失，没有任何从轻或者可宽宥的情节，因此应依法予以严惩。法院判决钟某犯故意杀人罪判，判处死刑；犯抢劫罪，判处有期徒刑4年，并处罚金人民币2 000元。合计决定执行死刑，并处罚金人民币2 000元。同时判钟某赔偿被害人家属经济损失人民币662 960.51元，包括被害人的死亡赔偿金477 956元、丧葬费22 843.5元等。❷

本案是一起典型的抢劫后又实施故意杀人的数罪并罚的案件。

【案78】2012年12月13日，被告人罗某某因找被害人广西壮族自治区柳州市规划局原局长何某帮忙解决廉租房遭到拒绝后，遂产生报复抢劫的念头。罗某某经谋划，准备了自制的土炸药及牛角刀等作案工具，尾随何某到其家中实施抢劫，遭到了何某的强烈反抗。双方在打斗中，罗某某引爆了土炸药，在何某开门下楼求救时，罗某某持刀追赶，连捅

---

❶ "11年前重庆梁平灭门案告破 卫生局领导一家3口被杀"，载《重庆晨报》2012年5月2日。
❷ 索有为、奚婉婷："广州女白领被劫杀肢解案宣判 凶手被判死刑"，载中新网，2011年12月21日访问。

数刀，把何某捅倒在一楼楼梯口处，致其当场死亡。法院审理认为，被告人罗某某以暴力、胁迫方法劫取财物，已构成抢劫罪，且非法进入公民住宅实施抢劫，属入户抢劫；遭遇反抗后产生杀人的主观故意，致一名被害人死亡，一名被害人轻微伤，构成故意杀人罪。2013年3月8日，柳州市中级人民法院一审以故意杀人罪和抢劫罪判处被告人罗某某死刑，剥夺政治权利终身，并处罚金人民币1万元。❶

这也是一起抢劫后又实施故意杀人的数罪并罚的案件，只不过是入户抢劫未遂。

【案79】24岁的女青年小李独自租住在枣园西路大马路村一间民房里。2012年8月8日早上，她开门准备去上班，不料刚出门就被一年轻男子用刀逼住。将小李逼回房内后，男子将小李的脚和手反绑，又堵住了她的嘴，随后实施了抢劫和强奸。小李的400元现金、手机、笔记本电脑、银行卡被歹徒抢走，还被逼说出了银行卡的密码。歹徒怕留后患，在小李的脖子上连割3刀，企图杀人灭口。当天中午，小李的同事来到小李的租住房找她。此时，嫌疑人仍在房内，听到叫门声后，嫌疑人怕罪行败露，等人一离开，他就逃离了现场。装死的小李挣脱捆绑后向邻居求救，随即被邻居送到附近的医院抢救，后还在上班的嫌疑人全某被警方抓获。❷

本案行为人抢劫财物后又实施了杀人灭口的行为，被害人因装死才躲过劫难，应该认定抢劫罪和故意杀人（未遂），实施数罪并罚。

【案80】王某与李某预谋杀人劫财。某日上午11时30分许，王某和李某二人来到某村口蹲守等待目标。被害人张某骑自行车正好经过此地，两人拦住张某，并拿出事先准备好的刀具对张某头部、胸部等要害部位

---

❶ "柳州市规划局原局长被害案宣判被告人获死刑"，载中国法院网，2013年3月12日访问。

❷ "歹徒劫财劫色欲杀人灭口女子机智装死逃过一劫"，载东方网，2012年8月23日访问。

乱扎乱捅。张某边躲边大喊"救命"。这时正好孙某驾车路过此地,见状就大喝一声:"你们干什么,警察来抓你们了。"王某、李某因害怕而逃跑,后被巡逻的公安机关抓获。经鉴定张某的伤情已构成轻伤,并且身上带有350元现金。

本案争议在于适用的罪名是抢劫罪与故意杀人罪(未遂)。有的观点认为,本案符合故意杀人罪(未遂)的构成要件,也符合抢劫罪的构成要件,但杀人和劫财两个行为之间具有手段与目的的牵连关系,并指向同一个犯罪目的,故应该成立牵连犯,采用择一重罪处断原则;对于抢劫杀人未遂并致人轻伤的行为如何定性,关键在于对比抢劫罪与故意杀人罪的刑罚轻重。❶ 笔者认为,这种解释也是合理的。

【案81】现年24岁的犯罪嫌疑人李某系河北省邯郸市永年县小龙马乡武八汪村农民,2011年11月因犯强奸罪刑满释放后在家务农。2012年3月,李某前往酒泉一家铁件加工厂打工,因手头拮据产生偷窃之念。6月2日晚,李某到加工厂附近踩点,选中了一户农家。6月3日凌晨,李某借助农户家后院外的一棵树作"梯子"翻墙入户,发现女主人在床上熟睡就伸手拿起她的衣服在旁边找钱。年过半百的女主人惊醒后,被李某活活掐死。见女主人全身赤裸,李某对其进行了性侵犯,之后翻箱倒柜找到4元钱,又在衣柜里偷了几件衣服后逃离。回到宿舍睡了一觉,于凌晨5点左右再次前往该农户家,在所有房间内搜寻。李某隔着一间屋子的窗户,看见室内一青年女子被惊醒,迅速翻窗入室,掐死该女子并进行了强奸,后从该女子的衣裤口袋里翻出700多元钱和读卡器、手机等物品后,逃回宿舍继续睡觉。6月7日,犯罪嫌疑人李某被警方抓获归案,交代了犯罪事实。据办案人员介绍,受害的两名妇女系婆媳关系,婆婆于某50多岁,儿媳闫某只有20多岁,闫某被害时,其1岁半的孩子还在床上玩耍。案发当日,于某的丈夫在自家商店营业,闫某的丈夫在外做生意。报道说,2012年7月,李某因涉嫌故意杀人、抢劫、强奸罪

---

❶ 周清水、李中华:"为劫取财物而预谋故意杀人但致人轻伤应如何定性",载《中国检察官》2012年第1期(经典案例)总第140期。

被批捕。❶

本案也存在数罪的区分适用问题，并且涉及抢劫和故意杀人的关系。李某行为人本想盗窃，看到被害人惊醒后立即转而实施杀人行为，并劫取了财物，其行为属于"为劫取财物杀死被害人"，应该定性为抢劫致人死亡的加重犯。后一次抢劫行为，同样是行为人先直接实施杀死被害人的行为，后劫取财物，按照司法解释的规定，同样应该定抢劫（致人死亡）一罪。至于强奸行为，如果是先杀死了被害人，后实施"强奸"，则只是奸尸性质，不构成强奸罪，而可能另成立侮辱尸体罪。

【案82】2010年8月27日晚上8点半，常州市武进区某小区内发生一起凶杀案，一对母女被杀害在自己家中。死者滕女士42岁，浙江温州人。犯罪嫌疑人王某，1976年出生，是武进区牛塘镇高家村人，曾因犯流氓罪被判刑，无固定工作，经常参与赌博活动。事发当日，王某携带凶器去案发小区找人，不料，要找的人没找到，却碰到了回家的滕女士。两人在楼梯口发生争执，滕女士向王某索赔1000元，王身上一共只有300多元，经过交涉，王某就把手机留给了滕女士，并且要了滕女士的住址，说下午去她家商量。和滕女士分开后，王某继续在小区里敲门询问，始终没找到要找的人。到了下午2点，王某敲开了滕女士家的门。进门后，王某发现只有滕女士和年仅3岁的孩子在家时，顿生杀人劫财的歹念。王某只抢到了300元现金，于是拔出自制尖刀，威逼滕女士交出了银行卡和取款密码，在知道了取款密码后，王某拿出那根在小区门口捡到的布条，残忍地将滕女士勒死。随后又将小孩勒死，并用刀狠扎两受害人的脖子。将母女二人杀害后，王某继续在死者家中翻箱倒柜寻找财物，但是没有找到值钱的东西，便清理现场离开了。离开前，王某还把钥匙插在门锁内并折断，以拖延时间。王某逃回家后，戴着头盔用滕女士的两张银行卡在不同的银行网点分多次取了一共4.8万元。2010年9月1日王被抓获。法院审理认为，被告人王某以非法占有为目的，采用暴力

---

❶ "男子入户偷窃被发现杀死婆媳二人并奸尸"，载《兰州晨报》2012年7月11日。

手段劫取他人钱财，后为灭口而故意杀人，致二人死亡，其行为已构成抢劫罪、故意杀人罪；且抢劫数额巨大，应数罪并罚。被告人王某作案手段特别残忍，后果特别严重，所犯罪行极其严重，应予惩处。被告人王某的犯罪行为给附带民事诉讼原告人造成的经济损失应当依法赔偿。2011年7月，常州市中级人民法院判决被告人王某犯故意杀人罪，判处死刑，剥夺政治权利终身；犯抢劫罪，判处有期徒刑15年，剥夺政治权利5年，并处罚金人民币5万元；决定执行死刑，剥夺政治权利终身，并处罚金人民币5万元。被告人王某赔偿被害者家属总计96万元。

这是一起轰动一时的"千万富翁被杀案"，司法机关对本案的处理引人关注。对于这样的一起案件，在追求审判结果正义（判处死刑）的同时，同样不应该忽视裁判过程的正义。本案如何正确定性很值得思考。案中被告人王某在先劫取了一定财物和银行卡后，杀死被害人；虽然其后又用劫取的银行卡去取钱（完成侵财犯罪的既遂），其行为主要还是杀人灭口的性质。对此，判决没有问题。但被告人杀死3岁小孩的行为算不算杀人灭口值得商榷。基于前述理论，笔者认为，该行为另行成立一个杀人罪，对这一情节，判决书笼统地表述为一个杀人罪（杀人灭口）不完全正确。另外，被告人在杀死被害人后，还翻箱倒柜寻找财物，只是没有找到，如果找到并带走了价值较大的财物，那这是一独立的盗窃行为，还是抢劫罪的正常"延伸"呢？它能够被此前的抢劫和杀人罪吸收吗？这又回到了前面论及过的问题。

总之，在笔者看来，剥夺他人生命的杀人罪总体上比侵财为主的抢劫罪更加严重，不把抢劫杀人的行为都包容进抢劫罪中是符合刑法的公正性的。对有些在抢劫过程中的故意杀人行为，以故意杀人罪定性并适用死刑，或者对那些为劫财而不择手段，滥杀无辜者，同时适用抢劫罪和故意杀人罪，判处其死刑更加名副其实。而把"抢劫致人死亡"主要限制在"抢劫过程中使用暴力过失致人死亡"的范围内，也包括少数在抢劫过程中故意杀害被害人以劫取财物的行为，这更为符合结果加重犯的本质特征。如此理解或许还与我国主客观相统一的犯罪构成理论以及数罪的理论更加协调一致。对最高人民法院2001年《批复》不能作一刀切的简单化理解。

(三) 抢劫致人死亡中"人"的范围

抢劫致人死亡中"人"的范围，是否仅限于抢劫行为的对象（被害人），各国刑法的规定也不相同。如《俄罗斯刑法》明文规定仅限于抢劫行为的被害人，《瑞士联邦刑法》第140条规定："行为人因实施抢劫行为而致被害人具有生命危险、重伤害或残忍地对待被害人的，处五年以上重惩役。"而德国、法国、韩国、印度等多数国家并无明确限制。《日本刑法》第240条规定了"强盗致人负伤的……致人死亡的"，至于这里所指的"人"（或"他人"）是否包括被害人之外的第三者，日本学界认识不一，有的主张抢劫致死伤的对象必须是抢劫的被害者。不过，日本多数判例支持死伤的范围不以抢劫的对象为限。大谷实教授就主张："'人'不要求一定是抢劫行为的被害人。"❶ 大塚仁认为："本罪是以与强盗罪具有直接密切关系的行为所致之死伤为对象的……其目的是为了保护强盗罪的被害人，或者与被害人有一定关系的人，不能适用于强盗犯人同伙的相杀等情形。"❷ 日本最高裁判所有案例认为，抢劫犯为了免收逮捕，致警察死伤，构成强盗致死伤罪；抢劫犯在开枪射杀被害人时，击中了没有料到的第三者，也构成该罪。❸

对此问题，我国刑法理论认识也不一致。有的论者认为这里的"致人死亡"仅指抢劫行为的被害人，❹ 有的论者则认为不限于抢劫行为的被害人。❺

笔者认为，只要是在实施抢劫的行为时，由抢劫者的行为直接引起了死亡结果的发生，不论死者是不是抢劫的被害人，都应以抢劫致人死亡论。因为将抢劫致人死亡作为抢劫罪的结果加重犯，而加重行为人的法定刑，主要是因为其抢劫行为造成了较一般抢劫更为严重的侵犯人身

---

❶ ［日］大谷实著，黎宏译：《刑法各论》，法律出版社2003年版，第176页。

❷ ［日］大塚仁著，冯军译：《犯罪论的基本问题》，中国政法大学出版社1993年版，第114页。

❸ 刘明祥：《财产罪比较研究》，中国政法大学出版社2001年版，第159页。

❹ 蔡兴教主编：《财产贪贿犯罪的疑难和辨症》，中国人民公安大学出版社1999年版，第198页。

❺ 陈明华主编：《刑法学》，中国政法大学出版社1999年版，第605页。

权利的危害后果,至于死伤者是被害人本人,还是抢劫现场边的观望者或劝阻者,对于衡量社会危害性的程度并没有实质性的影响。而且,从实践来看,在转化型抢劫罪的场合,行为人实施暴力的对象通常是被害人以外的其他抓捕人,如果将该种情形排除于抢劫致人死亡以外,既违公理,也不符合罪责刑相适应的原则。就像司法实践中的故意杀人,即使发生对象错误,被杀死者不是自己所要杀的人,同样成立故意杀人罪。

【案83】王某、林某预谋驾驶摩托车抢劫。当行驶到某一路段时,发现被害人张某手里拿着一手提包搭乘蔡某的出租摩托车正在同方向的前面行驶,二人就决定抢张某的包。王某遂开车靠近张某,由坐在后面的林某用力拉扯了几下张某的包,把包抢了过来。拉扯过程致使张某乘坐的摩托车失去平衡,连车带人摔倒在地,致张某手脚擦伤,摩托车司机蔡某头撞地上当场昏迷。王某、林某犯罪得手后即逃离现场。经鉴定蔡某为重伤、张某系轻微伤。

本案的争论在于"抢劫致人重伤或者死亡"的对象是否包括第三人。行为人实施犯罪时,其主观上具有非法占有他人财物的目的,客观上也实施了采取暴力、威胁等方法劫取财物的行为,其行为的暴力性造成财产持有人以外的他人的重伤,也应在行为人的主观故意范畴之内,所以对于他人重伤的结果按抢劫罪的加重情节处理并不违背主客观相一致原则。如行为人实施抢劫时对第三人的重伤死亡同时存在故意,若对暴力抢劫对第三人的重伤死亡的行为另行定罪,则会导致对抢劫行为的重复评价。对于在实施抢劫行为的过程中造成财物所有人以外的他人重伤,按加重情节处理亦符合刑法罪责刑相一致的基本原则。❶ 结合2005年《审理抢劫、抢夺案件的意见》关于驾驶机动车夺取他人财物行为定性之规定,对本案应该认定为抢劫致人重伤的结果加重犯。

还有一点,抢劫致人死亡中的"人"的范围,是否包括抢劫罪的同案犯?例如,甲某伙同乙某持刀抢劫丙某的手机一部,丙某反抗并拽倒

---

❶ 王兴安、陈兵:"如何认定抢劫过程中致使第三人重伤",载《中国检察官》2010年第11期(经典案例)总第112期。

了乙某，甲某为帮助乙某脱身持刀刺向丙某，被丙某躲开，结果刺到正从地上起身的乙某，后乙某因被刺中心脏而死亡。对此，有人认为，抢劫行为人对被害人实施暴力时，误杀了同案犯，或者抢劫犯实施犯罪时因内讧而造成同案犯死亡结果的，其性质不同于在抢劫过程中造成其他无辜人员死亡，因而不能认定为"抢劫致人死亡"。有学者认为，对死伤的结果应该有所限制，抢劫犯实施暴力时，误伤同案犯，或者抢劫犯之间发生争斗造成死伤不属于抢劫致人死伤罪。被害人在反抗、追捕抢劫犯时摔倒致死伤，在反击抢劫犯时自己弄伤手臂等，日本就有判例认为不构成抢劫致死伤罪。另外，死伤对象还必须是直接或者间接对抢劫相关联行为有妨碍的人。❶ 针对这个问题，下面就抢劫致使同伙死亡的案例加以探讨。

【案84】2006年11月16日下午，甲某伙同乙某预谋后骑摩托车窜至某县城实施抢夺。当晚8时许，二人尾随被害人丙某（女）至某小店附近时，甲某将丙某的一对金耳环抢走。后甲某和乙某骑摩托车逃跑时，被闻讯赶来的丙某的丈夫崔某拦下。甲某为让乙某摆脱崔某，遂掏出随身携带的尖刀扎向崔某，被崔某躲开后，尖刀扎中乙某胸部，乙某不治身亡。

这起案件是由抢夺转化为抢劫的，但案中的甲某误刺死同伙乙某的行为能否认定为"抢劫致人死亡"呢？有人认为，甲某不需要对共同犯罪的同伙之死承担刑事责任。有人认为，抢劫加重犯之"重伤、死亡"后果应为被抢劫的被害人，对于误刺同伙致其死亡的行为，甲某主观上不具有伤害或杀害的故意，应定过失致人死亡罪。因此，甲某的行为应定抢劫罪与过失致人死亡罪，数罪并罚。另有人认为，甲某要单独对乙某的死亡承担刑事责任，对于甲某的行为以普通的抢劫罪和故意伤害（致人死亡）罪实行数罪并罚，这里的"人"只能是犯罪行为人以外的第三人，不包括犯罪同伙，主要理由有二：一是根据结果加重犯的构成特征，结果加重犯应是对基本犯罪行为对象造成加重结果。例如，只有对

---

❶ 刘明祥：《财产罪比较研究》，中国政法大学出版社2001年版，第163页。

故意伤害对象造成死亡的，才属于故意伤害致死。同理，抢劫致人死亡应是指致被抢劫的人死亡，即抢劫的对象与死亡者之间具有同一性。二是抢劫罪保护的法益是抢劫犯以外的其他人的财产权利和人身权利，而不包括抢劫犯自己及其同伙，抢劫致人死亡的场合也不例外。在抢劫罪中，行为人本身的财产权利和人身权利已经丧失了《刑法》的保护，这从《刑法》第 20 条第 3 款规定的特殊防卫权可看出。❶

另有意见认为，我国《刑法》第 263 条第（5）项规定中的"人"并非仅指被害人，包括共同抢劫犯罪的同伙。这类案件应该适用《刑法》第 263 条第（5）项之规定，主要理由是，这种案件单独分析误刺同伙的行为应该定性为故意伤害致人死亡，而从"人"的价值等同看，对"人"没有必要作限制性解释。而且，这样定性在实践中也便于操作，避免繁琐的争议，笔者也赞同该观点。

首先，除了先前的抢夺行为，甲某误刺同伙乙某致其死亡的行为构成故意伤害致人死亡。由于本案甲某主观上没有杀人故意，因此，其罪过形式应当认定为故意伤害。甲某误伤同伙乙某并致其死亡的行为在刑法理论上属于主观认识与实际情况不一致的"打击错误"。根据刑法理论，在打击错误的情况下，犯罪行为仍然没有超出同一犯罪构成。本案甲某主观上具有伤害他人的故意，客观上也实施了伤害行为并产生他人死亡的后果，认定其行为为故意伤害（未遂），有悖社会和民众的一般认同，也不符合故意伤害罪无未遂形态的原理。因此，应该认为甲某误刺同伙乙某致其死亡的行为属于故意伤害致人死亡。不过，无论行为人对乙某死亡的结果是故意还是过失，都符合抢劫罪结果加重犯的罪过特征，并不否定该结果加重犯的成立。

其次，根据刑法"禁止重复评价"的原理，对同一个行为在同一诉讼程序中不能作二次评价。本案甲某为窝藏赃物或者抗拒抓捕而持刀刺向他人，尽管最终的结果是刺中了同伙乙某，但甲某也因该暴力使其行为转化为抢劫犯罪。在认定甲某行为构成抢劫罪时，事实上已经对其持刀刺人的暴力行为进行了法律上的评价，法律不能对该暴力行为再次进

---

❶ 王晓民："转化抢劫过程中误刺同伙致死如何定性"，载《中国检察官》2011 年第 3 期（经典案例）。

行评价。因此，对甲某误刺同伙并致其死亡的行为只能在抢劫罪的情节内进行评价，而不能单独评价为故意伤害致人死亡。

再次，将我国《刑法》第263条第（5）项规定中的"人"理解为任何其他人（暴力实施者本人除外）符合罪刑法定原则。那种认为"致人重伤、死亡"中的"人"应当仅指财物所有人、保护人及被害人亲属等相关人，而不包括加害人同伙或无关的第三人的观点值得商榷。第一，我国《刑法》及相关司法解释并未明确将该项中的"人"限定为与被害人或者财物相关的人，对"人"的理解应当根据《刑法》用语本身的意思来解释，"人"这一概念本身不存在任何模糊性，无须探索该用语"背后"的意图；第二，如果将规定中的"人"限定为财物所有人、保护人及其亲属等相关人，那么当行为人因为失误致使第三人或加害人同伙重伤、死亡时，则需单独对该行为进行评价。行为人对于乙某的死亡事实是没有独立犯意的，甚至是没有预见可能的，如果单独评价，不仅违反"禁止重复评价"的法理，而且也不符合罪数评价的理论，使被告人的行为陷于要数罪并罚，又不能数罪并罚的矛盾境地。

最后，将《刑法》第263条第（5）项规定中的"人"解释为包括当场的其他人，既有利于保护法益，也有利于维护被告人的权益。从保护法益的刑法价值和法益侵害的犯罪本质来看，特殊防卫的理论不适于这种情况。特殊防卫是受侵害人或者其他人针对侵害者故意实施的防卫行为，其目的是特定的，而抢劫者误刺同伙的行为显然与防卫的主观意图不沾边。虽然误刺的结果有益于被害人，但不能仅凭该客观结果对行为人单独定罪。相反，如果只定抢劫致人死亡，不仅直接保护了被抢劫人，也考虑到了乙某（死亡）的法益损害，将二者很好地结合起来了。

二、冒充军警人员抢劫

在最高人民法院2000年和2005年关于审理抢劫、抢夺案件的两个解释性文件中，对抢劫罪的八种加重犯，只有其中的"抢劫致人重伤、死亡的；冒充军警人员抢劫的；抢劫军用物资或者抢险、救灾、救济物资的"这三种情形未作具体解释，这似乎说明上述三种情形应当不难理解。

然而，司法实践中，对"冒充军警人员抢劫"的认定，仍然存在不少争议。

(一) 由一则案例引发的讨论

2006年4月12日《人民法院报》在"理论与实践"栏目刊登了张艳撰写的《对一起"冒充军警人员抢劫"案的分析》一文（下称张文），引发了学界和司法实践部门对这个问题的众多思考。这则案例的基本案情是：2005年5月12日凌晨4时许，某街道办事处聘用的安置房看护人员杨某、陈某、张某，身着迷彩服、臂戴"街道综治办"的红袖标，巡逻时看见了苏某及其老乡。带班的杨某提议冒充警察检查证件，如果拿不出就打他、逼出钱财，陈某、张某均同意。三人上前围住苏某，杨某说：我们是派出所警察，把身份证、暂住证拿出来看。苏某表示未随身带证件，杨某就说要罚款50元。苏某不肯，杨某、陈某对他拳打脚踢，在他交出200元后让其离开。事后，杨某分得150元，陈某、张某各分得25元。

张文认为，本案不宜适用"冒充军警人员抢劫"这一加重处罚情节，应以一般的抢劫罪来追究被告人的刑事责任。理由如下：第一，从《刑法》解释学的角度看，对一个法条中并列规定的几项内容，应进行同类解释。《刑法》第263条规定的八种加重处罚情节，应认为它们在社会危害性上具有同质性。《刑法》规定的抢劫罪保护的是公私财产所有权和公民人身权双重客体，客体受到侵害的程度越深，行为人所应得到的惩罚也就越重。抢劫罪的八种加重处罚情节中，"抢劫致人重伤、死亡"和"抢劫数额巨大"直接体现出对客体侵害的严重程度，具有相当大的社会危害性，必须依法严惩。根据同类解释规则，其他六种加重情节的社会危害性也应与其大体相当。但现实中，其他六种加重情节的字面含义过于宽泛，有些行为虽表面上符合情节加重犯的构成要件，但社会危害性确实不大。因此，有必要进行限制解释，缩小其含义。第二，从立法目的来看，将"冒充军警人员抢劫"作为加重处罚情节，主要是考虑到这种行为严重损坏了军警的形象和声誉。但并非所有的冒充行为都能达到效果，有时行为人的"拙劣演出"当场就被识破，被害人根本不相信其冒充的军警身份，又何来破坏之说？更不用说通过"冒充"对被害人形成精神强制了。在冒充手段失败后，行为人只能依靠暴力实现其犯罪目的。这种情形下，冒充行为在整个犯罪实施过程中没有起到任何作用，与一般抢劫行为的社会危害并没有差别。第三，从罪刑相适应的角度来看，量刑畸轻畸重有违公平正义，会带来不良的社会效果。具体到"冒充军警人员抢劫"这一法定加重处罚情节，它体现了立法者对这种犯罪行为的憎恶，以及对军警良好形象的维护。但《刑法》并未规定军警人员抢劫应加重处罚。将两者相比较，明显可看出后者的社会影响较前者更坏，对军警形象的破坏程度也更重。因此，"举重以明轻"，既然军警人员抢劫这种社会危害性相对较大的犯罪行为都不受到加重处罚，那么，对于那些"冒充军警人员抢劫"的案件加重处罚，就明显不合理。第四，从国外的相关立法来看，尽管很多国家也都规定了抢劫罪的加重处罚情节，但量刑的规定较灵活，基本法定刑和加重法定刑的衔接一般采取交叉式或包容式。如《德国刑法典》第279条的抢劫罪的基本法定刑是1年以上自由刑，第280条规定："一、有下列行为之一的，处3年以上自由刑……二、行为人或参与人具备下列情形之一的，处5年以上自由刑……三、在第一款和第二款情形下，如情节较轻的，处1年以上10年以下自由刑。"可见，立法者已经预见到司法实践的复杂多样，只有量刑幅度设置得比较灵活，才能真正做到罪刑相适应。我国《刑法》中的抢劫罪基本法定刑和加重法定刑之间是截然分开的，单纯依据法条字面含义适用法条，未免过于机械，无法应对复杂的司法实践。此时，唯一的方法就是增加加重情节适用时主客观方面的条件。

对于张文，该报编辑人员还特别制作了"编后"：即"本文作者提出了一个非常有意思的问题——'冒充军警人员抢劫'要加重处罚，而真正的军警人员抢劫却并不加重处罚。虽说后者发生的情形极少，但其对军警良好形象的破坏确实要比前者大，如果肯定对前者加重处罚的立法目的，那对后者就更应加重处罚了。从作者论述的理由中，似乎应得出对'冒充军警人员抢劫'本不该加重处罚的结论，但作者从目的性限缩出发而提出了适用的条件，编者觉得有所冲突，且一些条件仍有商讨之处，比如，冒充行为未达到使被害人信以为真的程度，行为人只好转而使用暴力抢劫，其行为之恶劣较之被害人信以为真时的精神强制更严重，怎么反而又不适用加重呢？思之再三，编者感到其中之问题相当复杂。"

张文刊出后，引起不少论者发表看法。

参与讨论的学者董邦俊认为，根据司法实践情况，所谓"冒充"通常是指通过出示假证件、假着装、假标志的方式，向被害人表明自己是军警人员，不应当仅有口头宣称。对一个假的军警人员来说，他往往要借助假的服装、证件、标志来说明自己的身份。没有这一套东西，人们是不会相信的，并且这种假的服装、标志、证明必须足以达到以假乱真的程度，被害人认为实施抢劫者就是军警人员。如果行为人没有使用这些物品冒充军警人员，就不应认定"冒充军警人员抢劫"。在这种情况下，该冒充行为就不能发挥其应有的功效，对其加重处罚与刑法谦抑性的精神和罪刑相称的要求不符。实践中，行为人为冒充军警人员抢劫，准备军警服装、工作证等足以表明军警人员身份的物品，这属于抢劫预备行为，不能认定这种预备行为是"冒充军警人员抢劫"。该观点显然主张对"冒充军警人员抢劫"要严格限制解释，轻易不能适用。

还有论者主张，对"冒充行为"加重处罚是必要的。我国《刑法》第279条第2款规定，冒充人民警察招摇撞骗的，依照前款的规定从重处罚；《刑法》第372条单设了冒充军人招摇撞骗罪。而真的军警人员骗吃、骗喝、骗色的，《刑法》并未规定为犯罪，对军警人员骗财的也没有专门从重或加重处罚的规定。不难看出，冒充军警人员的犯罪比真正的军警人员的犯罪有更为严重的危害性。因此，将冒充军警人员抢劫的加重处罚，与《刑法》相关规定具有同一性、对应性。从立法本意看，对冒充军警人员抢劫这种既侵犯公民人身权利和公私财产权利，同时又损害军警形象和声誉的更为严重的犯罪，给予加重处罚是必要的，体现了刑罚的威慑作用和防范作用，具有科学性。从刑罚设置的平衡性来看，若将军警人员抢劫加重处罚不合理。对刑罚功能的考察，不能只限于刑罚对犯罪分子本身的作用，而应从对整个社会的作用来考察。我国对军警人员的控制力比一般人员要强，军警人员犯抢劫罪毕竟极少，而冒充军警的行为存在更大的潜在的危害性。而且军警人员犯其他任何刑事犯罪都同样会损害军警形象，但《刑法》对此类情形并未予以加重处罚的规定，因此，将军警人员抢劫作为加重情节不仅有悖刑法体系中刑罚设置的平衡性，而且也违背法律面前人人平等的基本原则。

另有反对者认为，类似张文的观点实际是过于注重个案的"点"，即被害人对犯罪的感知程度,而忽略了犯罪构成的"面",犯罪构成的法定性才是唯一的考量标准。立法将抢劫中的八种情形作为加重处罚情节,是针对一般人设计,故只要行为人主客观要件符合清晰的法律规范,就必须作出符合法律规定的裁判。同时,不限不扩地解释法律也是法官的职责,如果穷尽例外情形(如冒充检察官抢劫等),强求案案平等,将永远无法作出正确的裁判。对"冒充"作文义理解符合立法者的立法本意。这种观点强调,"冒充"本身就是个一般人并不难理解的词语,而立法尊重一般人的理解。亦有论者指出,根据罪刑法定原则,刑法用语含义明确清楚的,没有理由加以限制或者扩张,而且将"不成功"的冒充行为排除在该加重犯之外,必将出现对所有"冒充"案件的怀疑,从而失去设立该加重犯的立法目的。再则,如果行为人的冒充行为没有效果被当场识破,并不等于社会危害性小。因为这是立法者设罪时不必考虑的因素,司法更注重对犯罪人冒充行为的主客观评价,而不在乎其效果。再说即使行为人冒充得非常逼真,也有可能遇到被害人奋起抵抗,或者被真军警人员识破的可能,那又是否算成立该加重犯呢?如果这类案件的性质取决于冒充的效果,同样的危害行为可能因为被害人感受水平不同而出现不一样的结果,这就会使司法无所适从。

上述围绕张文的讨论基本涉及"冒充军警人员抢劫"这一加重犯的主要问题,还涉及相关罪数形态问题,这些问题理论性和实践性都很强,仍然有深入探讨的必要。

(二)冒充军警人员抢劫的基本含义

一般而言,"冒充军警人员",指假冒上述现役军人、武装警察、公安和国家安全机关的警察、司法警察等身份。

1. 对"冒充"的理解

对法律的解释在文义明确的前提下,应服从法条明确表达的内涵,不应以例外情形突破立法的框架。而"冒充军警人员抢劫"文意清晰明确,不能违反罪刑法定原则,假以例外情形对法条进行限缩解释。任何社会要想维持国家安全、社会稳定发展,必须靠军队、警察作保障,我国立法正是基于军警这一特殊作用才将"冒充军警人员抢劫"作为加重情节立法打击。对"冒充警察抢劫"作限制解释,不符合国家管理的需要,对"冒充"作文义理解符合立法者的立法本意。

不过,何为冒充,理解并不能过于简单。是不是谁声称或者说"自己是警察"就是这里的假冒警察呢?这时也有一个形式判断与实质判断的问题。

2012 年 7 月,一个叫"馨儿徽安"的网民在微博上贴出自己的所谓"警服照"。如有幅微博配图是,一名上身穿类似警服制服的女孩,正在套黑色丝袜。有人就认为这是"艳照"、不雅照。后法院以招摇撞骗罪对该发帖者追究刑事责任,主要理由就是行为人冒充警察招摇撞骗。笔者认为,法院对本案的处理值得商榷。

该案基本案情如下:2012 年 7 月 2 日上午 10 点 40 分,名为"馨儿徽安"的用户在新浪微博发布了一条消息称:"在老家做了一名警察,一切从零开始,努力学习。作为一个警花,我压力好大啊。自从回老家后,压力真的好大,整天和政府的领导吃喝。警花只是一个称呼而已,打着警花、模特的称号天天陪领导吃喝谈项目、招商引资。"此条微博中还配有 3 张照片,第一张,一名女孩穿着警服,看上去很正式,英气十足;第二张,这名女孩穿着比基尼坐在浴缸边,警服则被挂在墙上作为背景;第三张,该女孩上身穿着警服,正在套黑色丝袜。当日,这条微博引发网友们的强烈关注,几百人转发、评论。不少网友认为,"馨儿徽安"的做法有损人民警察形象,更有网友怀疑其身份,认为这是一次恶意炒作,有网友对"馨儿徽安"进行了不实信息举报。当日下午 4 点 02 分,新浪微博社区管理中心发布公告,证实该信息为"冒充警察恶意炒作"的不实消息。该管理中心接到举报后主要从三点确认信息不实:第一,涉案照片中的警服,不太像正规警服,肩章、号牌、领花都不太正常;第二,涉案照片 2011 年年底就在新浪微博出现过,当时,也有一名女子在微博上贴出身着警服的不雅照引发热议,后来该网友发微博道歉称"是拍戏期间的一个无知行为,服装实为影场道具";第三,新浪微博社区委员会的合作专家成员中,有一个是"江宁公安在线",这个成员很活跃也很热心,经常发辟谣消息。对方查询全国警员信息库,并无"馨儿徽安"实名认证的名字。根据《新浪微博社区管理规定(试行)》第 22 条,新浪微博对"馨儿徽安"处理如下:扣除信用积分 5 分,禁发微博 7 天。此后,"馨儿徽安"的行为也被举报给了警方。因发微博的地址在丰台区,

抢劫罪详论

当日下午 5 时，丰台公安分局勤务指挥处将线索转给涉案辖区派出所，称有人通过互联网发布严重破坏警察形象的微博。民警侦查发现嫌疑人为王某。7 月 3 日晚 7 时，王某因涉嫌招摇撞骗罪被传唤至派出所。经查，现年 23 岁的王某为河南人，业余平面模特，其父母分别是工人和农民。王某称，2007 年年底，高中毕业的她来京后，先是在酒店当服务员，后又在影视传媒公司做秘书和网络推广工作，后来从事业余平面模特工作，拍过艺术照，扮演的角色包括女仆、警察、学生、空姐等。王某说，自己从来没有从事过警察工作，发那条微博，一是闲着没事，觉得好玩，二是想赚取微博点击率，让别人看一下她的照片，提高知名度。对于微博中涉案照片的来源，她说，2011 年 12 月 20 日，她和一家广告公司签订平面模特照片合同，给一部小说中的女一号拍宣传照片，薪酬 3 000 元。拍完后，公司将部分照片通过 QQ 发给她，其中有警服照 15 张，所穿的警服都是该公司提供的。"因为那部小说描写的就是一个警花的生活，而且我拍的照片又是穿警服的，所以我就编了一条跟警察有关的微博，配合这组警服照片，也是想提高一点知名度"。丰台法院审理后查明，2012 年 7 月间，王某利用其开通的新浪微博及腾讯微博，为赚取微博点击率、提高知名度及获取其他利益，冒充警察发布不雅照片及言论，该微博累计被转发 500 余次，评论 300 余次。在法庭上，王某表示认罪。她称，发布该微博没有获取其他利益的意图，发微博前没多想。发完微博，她看见有 200 多条反馈信息，评论也不好，大多是骂她的信息，她认识到她的言论有损警察形象，就赶紧删除了。王某认为自己及时删除微博，没有造成很恶劣的影响，且发布的照片是艺术照，穿的也不是真的警服。最终，法院还是认定王某无视国法，冒充警察招摇撞骗，其行为已构成招摇撞骗罪，应予处罚，并应从重处罚。鉴于王某到案后能如实供述犯罪事实，认罪悔罪态度较好，故法院对其酌予从轻处罚并适用缓刑，判处其有期徒刑 9 个月，缓刑 1 年。❶

本案王某的微博发帖行为是否应可以认定为我国《刑法》第 279 条规定的冒充国家机关工作人员招摇撞骗，值得研究。因为发微博的是 23

---

❶ "女模特冒充警花网上发不雅照片被判 9 个月"，载《京华时报》2012 年 11 月 27 日。

· 370 ·

岁平面模特王某,根本没有冒充真警察的意图,也无骗取财物的目的。新浪微博社区管理中心调查也表明,涉案照片中的警服,不太像正规警服,肩章、号牌、领花都不太正常,网友多数能够看出这一点,均怀疑发帖人是恶意炒作,这也说明了王某的行为对人民警察形象不会有恶劣的影响。在主观上,行为人真正的动机,既有闹着玩的成分,也有想赚取微博点击率,提高知名度的意思。这与刻意冒充警察骗人钱财等实际利益的主观目的还是有较大区别的。另外,对于微博中涉案照片的来源,实际上是王某做模特时,给一部小说中的女一号拍的宣传照片,所穿的警服都是拍片公司提供的。可见,王某的不当行为与模特公司拍片行为的真实存在密切相关,如果王某构成招摇撞骗犯罪,那拍片公司之前把照片发给王某等行为恐怕也摆脱不了干系。至于说把骗取点击率认同为招摇撞骗的"骗",同样过于苛严,有肆意扩大解释之嫌。诚然,本案王某的发帖行为在一定程度上有损人民警察形象,危害了正常的社会管理秩序,但综合其主客观危害性还不至于达到犯罪的程度,且事件的原因也是多方面的,包括网络管理不善等。对王某的网络言论予以刑罚处罚,不符合刑法应有的谦抑精神。本案主要还是涉及对网络不法言论的治理问题,对王某予以治安处罚更为合适。事实上,2012 年类似本案的几起事件都没以犯罪论处,这给人选择执法之嫌。相关事件如:

(1) 2012 年 4 月 26 日,微博认证为"第二炮兵刘园园"的网友在微博中自曝醉驾,并晒出一张照片,其中一名青年女子坐在驾驶室中回头张望,轿车的方向盘上显示着"保时捷"的标志。此事引发网友围观热议。该微博的个人简介栏中称"美的惊动了党"。很快,解放军第二炮兵部队说明:该微博系为假冒第二炮兵文工团成员。同时,第二炮兵部队在人民微博中对此作了公开澄清,并称二炮将保留依法追责的权利。后来此事不了了之。

(2) 2012 年 10 月下旬,网民"任婕"在腾讯网注册微博客账号,自称是总参"特种大队高级指挥官""北京军区某领导的养女",并登出军官证和着军装照片,频繁在网上以军人身份聊天交友,引发一些网民围观和质疑。经军队和地方公安机关侦查,确认"任婕"网上照片显示的军官证系伪造,查明"任婕"真实姓名为任某某,查获收缴假军服 2 套、军衔等军用标志服饰 10 余件,从其上网电脑、手机等电子设备中提取固定了相关电子物证。据任某某供述，为吸引网民关注，她编造自己是北京军区领导的养女，在某网站租借军服，并花180元钱制作了假军官证。当地公安机关对任某某进行了教育训诫，并处以行政拘留5天的处罚。任本人对自己的行为作了反省，并具结悔过。此外，国家互联网信息办网络新闻协调局已责令腾讯网注销该账号，并对腾讯网未能履行用户真实身份信息认证责任提出批评。

上述两起事件，特别是第二起，还查获假军服2套、军衔等军用标志服饰10余件，其社会影响不逊于王某一案，但它们均未被以犯罪处理。这几起事件并无本质上的差异，不该作不同处理。刑法中的"冒充"绝不只是（在网络上）吹吹牛，闹着玩，"冒充"需要落实到实际行为中来。

就抢劫加重犯而言，此处"冒充"的含义同样要落实在行为中。碰见被害对象，使用暴力，并威胁说："我们是警察，不拿钱就整死你们。"结果抢劫得手，这是否就是冒充警察抢劫了呢？笔者认为，此处的"冒充"，是指通过着装、出示假证件或者口头宣称的方式，向被害人明确表明自己就是军警人员，即无上述身份的人员，却假冒成上述人员。假冒的方式多种多样，既包括非军警人员冒充军警人员，也包括军人冒充警察、警察冒充军人，甚至此种军警人员冒充彼种军警人员，如部队士兵冒充人民警察。冒充与自己身份性质相同的高级职务人员，或者低级职务人员，例如，士兵冒充军官，军官冒充士兵，一般警察冒充警察局长，则不能适用上述规定。冒充既不要求冒充得很像很充分，但也不能说没有基本的假冒成分。轻微的说说而已不能算这里的"冒充"。

冒充军警人员抢劫是指冒充国家军人或者人民警察进行抢劫，冒充军警人员抢劫中冒充的方式大致有以下两种：

一是外形冒充，即犯罪行为人通过着军警制服、亮军警证件或开军警车辆等形式，企图在外观和视觉上给被害人以犯罪行为人是军警人员的错觉，以便使被害人就范，从而达到顺利劫财的目的。外形冒充军警人员抢劫的情形大致如下：（1）穿着通过捡拾、借用、购买、盗窃、抢夺、抢劫等途径得来的正规的军警制服抢劫；（2）穿着仿制的军警制服抢劫；（3）使用通过捡拾、借用、购买、盗窃、抢夺、抢劫等途径所得的正规的有军警标志的军警车船等工具抢劫；（4）使用伪造的有军警标志的军警车船等工具抢劫；(5) 使用通过捡拾、借用、购买、盗窃、抢夺、抢劫等途径所得的真实的军警证件抢劫；(6) 使用伪造的有军警标志的军警证件抢劫。二是言词冒充，即犯罪行为人通过语言、手势（专对耳聋被害人）或者书写文字的方式表明或者暗示自己或者同案犯是军警人员，意图使被害人就范，从而达到劫财的目的。

与被害人认识程度有关的问题就是，这里的"冒充行为"是否必须达到以假乱真的程度？这涉及刑法理论上对"冒充军警人员抢劫"的规范含义的认识，有客观说、主观说和折中说等不同观点。

客观说认为，强调有冒充行为即可。所谓冒充，是指通过着装、出示假证件或者口头宣称的行为，即采用穿着军警人员制服，驾驶悬挂军警号牌、警灯、警报等专用标志的车辆，携带出示枪支、警棍、械具等军警专用装备，佩戴、显示假军警工作证件，口头宣称自己是军警人员等手段，表明自己军警人员的身份。只要行为人抢劫时有冒充军警人员的行为表示，无论被害人对这种冒充行为是以假当真还是未被蒙骗，都不影响这一情形的认定。如有学者认为："冒充军警人员抢劫不以被害人相信行为人是军警人员为前提，只要行为人是故意冒充军警人员抢劫，即使被害人不相信或怀疑其身份，亦属冒充军警人员抢劫。"[1]

主观说认为，要求被害人对冒充行为信以为真。所谓"冒充"通常是指通过出示假证件、假标志、假着装的方式，向被害人表明自己是军警人员，不应当仅有口头宣称。除了抢劫时有冒充军警人员的行为表示外，还要求被害人对这种冒充行为信以为真。"口头宣称"自己是军警人员的行为，没有达到出示假证件、假标志、假着装对被害人的精神强制程度，甚至难以使人相信其军警人员的身份，故不属于"冒充"行为。主观说对"冒充"外延的理解较客观说要窄。

还有所谓折中说，主张"言行一致"才是"冒充"。"冒充军警人员抢劫"不是只要行为人口头上说自己是军警就足以认定的，所谓"冒充"通常是指通过出示假证件、假着装、假标志的方式，向被害人表明自己是军警人员，如果仅仅只是口头上叫叫而已，与通常的抢劫并无区别，

---

[1] 陈兴良、周光权：《刑法学的现代展开》，中国人民大学出版社2006年版，第603页。

一般不足以严重威慑被害人,产生足够的社会危害性。这时一般人亦有足够的怀疑,若认定"假冒"有偏重之嫌。这种观点实际上还是类似主观说,强调被害人的主观感受。

笔者赞同客观说,而且,从司法实践的角度,将"冒充"限定为"行为人的冒充行为必须达到使被害人信以为真的程度"不具有可操作性。

首先,军警本身是公共秩序的维护者和国家公权力的行使者,应予特殊保护,其他人不得肆意冒充。"冒充军警人员抢劫"关键点是军警所带来的特殊方便,真正迫使被害人交出钱财的,是抢劫过程中使用的显性暴力和暴力威胁,而未必是国家公权力这种隐性暴力。即便行为人没有冒充成功,也表明行为人的主观恶性较一般抢劫大,该加重情节的重点在对"是否冒充"的打击而非关注"是否冒充成功"。对冒充军警人员实施抢劫的理解,确应在主客观一致的原则下,区分不同的情况进行处理,但不是以"行为人是否冒充成功"作为适用加重情节的必要条件。

其次,从司法实践的角度来看,如果要求将"冒充"必须达到"使被害人信以为真的程度",冒充方法的逼真程度、被害人胆量大小、识别能力强弱等都可能影响到"冒充"行为的成立与否,致使这情节的认定因人而异。如果数个被害人中有的认为是冒充的,有的认为是真的,如何适用定罪量刑?如果有的被害人偏偏不相信抢劫者是真军警人员,无论如何,冒充就不成立了吗?该观点过于强调被害人对犯罪的感知程度,而忽略了犯罪构成是立足于行为人的行为规格和标准,具有法定性。立法规范总是针对"一般人"的设计,故只要案件的主客观方面要素符合法律规范,就必须作出符合法律规定的裁判。何况,被害人的当时的心理活动难以查实证明。

再次,刑法犯罪构成的主客观方面是指危害行为而言的,而不是针对被害人的。本加重犯主观方面是行为人认识到自己不是军警人员而加以冒充,客观方面实施了冒充行为,根本不包含被害人感觉出真假没有的内容。对一个假的军警人员来说,他当然知道自己是假冒的,所以要借助假服装、证件、标志、证明等来表明自己的虚假身份,或者实行真的军人、警察才有权实施的检查等强制性行为,这正是《刑法》规定的"冒充"。这里定性的对象是行为人的冒充行为,是对行为人及其行为主客观方面的综合认定,而不需要考虑其他人的主客观感受。

因而,就本加重犯成立的条件而言,"冒充军警人员抢劫"并不要求有"冒充军警人员抢劫——被害人信以为真——被害人因信以为真以至于产生精神强制而交付财物"这样的内在因果逻辑关系存在。

2. "此种军警人员冒充彼种军警人员抢劫"是否是"冒充军警人员抢劫"

对此,也存在两种不同观点。狭义说认为,冒充军警人员抢劫,指以假充真,即不具备现役军人、武装警察和人民警察身份的人,假冒这些人员实施抢劫。至于具备上述身份的人员,相互之间不存在冒充军警人员抢劫的问题。此种观点强调的是,"冒充"仅指"以非充当是"。广义说认为,冒充军警人员抢劫是指假冒现役军人、武装警察、公安机关和国家安全机关的警察、司法警察等身份,即无上述人员的身份,例如,无业人员冒充人民警察,或者是有此种军警人员身份冒充彼种军警人员的身份,如士兵冒充警察。❶ 此种观点认为,"冒充"包括"以非充当是"和"以此充当彼"两种情形。

上述两种观点,狭义说不当地缩小了"冒充"的外延,不符合《刑法》条文的规范目的。从立法旨意来看,"冒充军警人员抢劫"加重了对被害人的精神强制,并且严重损害了军警人员的声誉形象,社会危害性大于一般犯罪主体实施的抢劫行为,据此,《刑法》将其规定为抢劫罪的八种加重法定刑的情形之一。笔者也赞成广义说,将"此种军警人员冒充彼种军警人员实施抢劫"认定为"冒充军警人员抢劫",如武警冒充交警查车抢劫,普通民警冒充武警假借缉私抢劫等。这既符合《刑法》的规范目的,又没有超越《刑法》条文的涵义范围。

(三) 关于军警人员显露真实身份实施抢劫的问题

在"冒充军警人员抢劫"成为抢劫加重犯后,对(具有真实身份)军警人员抢劫(下称军警人员抢劫)是否要加重处罚就成为问题。由于

---

❶ 王作富主编:《刑法分则实务研究(第三版)》,中国方正出版社2007年版,第1083页。陈兴良、周光权:《刑法学的现代展开》,中国人民大学出版社2006年版,第603页。

《刑法》以及司法解释都没有规定，理论界产生了不同观点，司法实务部门也是莫衷一是。

从早期的研究来看，关于军警人员抢劫与冒充军警人员抢劫的关系问题，被很多学者一笔带过。❶ 原因莫过于，（1）军警人员抢劫在现实中非常罕见，似乎没有进行全面深入研究的必要；（2）认为这是一个不可克服的立法疏漏，不存在学理难点。在冒充军警人员抢劫成为加重处罚情节的情况下，如何将真的军警人员抢劫的情形做到罪刑相适应就成为不能不讨论的问题。对此，有观点总结出存在两种认识趋向：立法论和解释论。除此之外，还存在与主流观点达成的关于军警人员抢劫法益侵害重于冒充军警人员抢劫的共识之相反面，即为维持论。❷ 其实，立法论和维持论主张基本是一致的，那就是这两种情形应该分别对待，互不包含，此可谓否定说；而解释论则认为可以把军警人员抢劫解释进"冒充军警人员抢劫"中去，也即肯定"冒充军警人员抢劫"包括"军警人员抢劫"，此可谓是肯定说。具体内容如下。

其一，否定说。该说主张"冒充"就是假冒的意思，不能把真的军警人员实施抢劫解释到"冒充军警人员抢劫"中去，为了做到罪刑相适应，就必须通过立法来解决军警人员抢劫法益侵害重却适用基本法定刑的问题。在立法改正之前只能对军警人员抢劫按照一般抢劫罪处理。这是当前学界较多的观点。在否定论中，也有人主张真正军警人员抢劫，并不比冒充军警人员抢劫的法益侵害性更为严重。冒充军警人员的行为更具有严重的社会危害性，这也是《刑法》第 372 条规定独立"冒充军人招摇撞骗"、第 279 条第 2 款规定"冒充人民警察招摇撞骗"应按招摇撞骗罪从重处罚的理由所在。将真正的军警人员抢劫解释为符合"冒充军警人员抢劫"的规定，不具有合理性。❸ 还有人主张，军警犯抢劫罪不加重处罚正是罪刑相适应原则的体现。就个案研究，可能军警犯抢劫罪

---

❶ 刘明祥："论抢劫罪的加重犯"，载《法律科学》2003 年第 1 期；肖中华："论抢劫罪适用中的几个问题"，载《法律科学》1998 年第 5 期；但未丽："抢劫罪研究概况及述评"，载《四川警官高等专科学校学报》2005 年第 2 期。

❷ 白利勇："军警人员抢劫的法定刑适用问题新论"，载《福建警察学院学报》2010 年第 5 期。

❸ 刘明祥："论抢劫罪的加重犯"，载《法律科学》2003 年第 1 期。

危害后果更大些，但从整个社会看，"冒充军警人员抢劫"的社会危害更大。对军警犯抢劫罪加重处罚既无理论根据，更无目的性，因为军警除履行职责时有强制权力外，其他与公民无特别之处。现行立法符合罪刑相适应原则，立法并不完全是理论逻辑的演绎，更多是司法经验的类型化，因身份而加重处罚不应当被泛化。

还有人认为，将"军警人员显露真实身份实施抢劫"认定为"冒充军警人员抢劫"，不符合文理解释原则和罪刑法定主义的要求。如果军警人员没有显露身份实施抢劫行为，既没有对被害人造成特殊的精神强制，也没有损害军警人员的形象，应当按照一般（主体）抢劫行为处罚，这是毫无疑义的。"军警人员显露真实身份实施抢劫"行为，由于《刑法》并没有将此单独规定为加重处罚情形，此种情形又不能解释为"冒充军警人员抢劫"，如果按照一般主体抢劫行为处罚，虽然符合形式正义的立场，却违反了实质正义的要求。在现行立法规定的现状下，对于"军警人员显露真实身份实施的抢劫"，应当在基本法定刑幅度内把此种情形作为酌定从重的量刑情节考虑。❶ 再说，真正的军人是纪律严明、管理严格的特殊主体，实践中实施抢劫犯罪行为非常罕见，立法没有必要专门予以规定。真正的军警人员抢劫时，其社会危害性不如冒充军警人员抢劫时大。❷

其二，肯定说。《刑法》之所以将"冒充军警人员抢劫"规定为加重处罚的情形，（1）因为军警人员受过特殊训练，其制服他人的能力高于一般人，故冒充军警人员抢劫给被害人造成的恐惧心理更为严重，易于得逞；（2）因为冒充军警人员抢劫，将严重损坏国家机关的形象。然而，真正的军警人员显示军警人员身份抢劫时，不但同样具备这两个理由，而且真正的军警人员抢劫时，对国家机关形象的损坏更为严重。❸ 据此，"冒充军警人员抢劫"行为，不仅包括假冒军警人员抢劫，还包括军警人员显示其真实身份抢劫。从实质上说，军警人员显示其真实身份抢劫比

---

❶ 王树茂："'冒充军警人员抢劫'相关问题辨析"，载《中国检察官》2010年第10期。

❷ 刘明祥："论抢劫罪的加重犯"，载《法律科学》2003年第1期。

❸ 张明楷：《刑法分则的解释原理》，中国人民大学出版社2004年版，第238页。

冒充军警人员抢劫,更是提升法定刑的理由。近几年来,这样的观点似乎已成为学界的主流的观点。❶

就在有些学者将军警人员抢劫的法定刑适用问题归结为立法漏洞,主张将这一问题交给立法者解决时,主张实质解释论的张明楷教授对这一问题的解决在解释论上进行了新的尝试。他认为,学界目前还没有竭尽全力进行解释,还没有穷尽一切解释的可能,其进而将"冒充"理解为并列短语,即假冒和充当。而充当并不以假冒为前提,这样军警人员自身抢劫就很自然地被解释为"冒充军警人员抢劫",做到了罪刑相适应。❷ "冒充军警人员抢劫……包括具有军人身份的人冒充警察、具有警察身份的人冒充军人,或者具有此种军警人员身份者冒充彼种军警人员身份而进行抢劫"。❸ 这一解释还被有的教授称为"天才般的解释"。❹ 不过,张教授也认为,他的解释只是解释论对此问题进行解决的方法之一。曲新久教授则认为,应从军警自身的实质条件进行解释,军警人员是以保卫国家安全和维护社会稳定为职责的,但自军警人员实施犯罪开始,其已不再具备军警人员的实质条件,已不再是军警人员,那么,其抢劫过程中以某种方式宣示自己是军警人员的,则完全符合"冒充军警人员抢劫"的规定,直接适用加重法定刑即可。❺ 除此之外,就是当然解释。这种解释根据"举轻以明重"原则,其前提是假定军警人员抢劫的法益侵害性重于冒充军警人员抢劫,那么后者是加重处罚情节,前者自然也

---

❶ 逄锦温:《抢劫罪司法认定中若干问题的探讨》,载《法学评论》2002年第1期。

❷ 张明楷:《刑法学(第三版)》,法律出版社2007年版,第717页。

❸ 陈兴良、周光权:《刑法学的现代展开》,中国人民大学出版社2006年版,第603页。

❹ 2009年3月26日,曲新久教授做客中国政法大学研究生院"法治中国"系列论坛时的观点。

❺ 同上。

应当加重处罚。❶ 另外，不少观点认为，将冒充解释为包括假冒和充当，不符合体系解释原理；将真正军警人员解释为"冒充军警人员抢劫"超出了文义解释的可能范围，有损公民的预测可能性；这种解释结论虽然实现了刑法的实质正义，却违反了罪刑法定原则，因而是一项类推解释而不是刑法所允许的扩大解释。如果说"冒充"包括假冒与充当，其实质是使被害人得知行为人为军警人员，则可以将军警人员显示其真实身份的抢劫认定为"冒充军警人员抢劫"。但这种解释是否超出了国民的预测可能性，是否属于类推解释，还大有研究的余地。❷ 实际上，把军警人员实施的抢劫解释为属于"冒充军警人员抢劫"的观点，连持此说的学者本人也认为"大有研究的余地"。❸

另有论者认为，《刑法》把"军警人员抢劫"规定为加重处罚情节，这是立法缺陷。按照形式逻辑，要证明冒充军警抢劫不应加重处罚，必须先论证真军警（以军警身份）抢劫不应加重处罚是合理的。在认可立法本意的前提下，应是"举轻以明重"而非"举重以明轻"，既然冒充军警抢劫都加重处罚，真正军警人员抢劫更应加重处罚。后者未作为加重处罚情节，可能是立法疏漏，但不能以此来否定立法已经考虑到的应当加重处罚的情节。"既然（轻的）冒充军警人员抢劫的被规定为加重犯，那么（重的）军警人员抢劫的也'当然'适用加重法定刑。"❹ 如此主张，不仅关涉《刑法》解释的立场和方法问题，而且还涉及立法与司法的关系问题。

关于《刑法》解释论的立场（目标）向来存在主观解释论与客观解释论之争。主观解释论认为，法律解释的目标应在探求立法者事实上的

---

❶ 在2006年12月27日晚中国人民大学法学院举办的刑事法论坛上，王作富教授就是这样解释这个问题的。他说，轻的行为被加重处罚了，重的行为也应该加重处罚，这是当然解释的要求。同理，由于我国《刑法》缺乏对于"造炮"行为规制的明确规定，那么将"造土炮"的行为解释为"制造枪支"也符合这里的当然解释的要求。参见正义网，2007年1月5日访问；刘宪权："论罪刑法定原则的内容及其基本精神"，载《法学》2006年第12期。

❷ 张明楷：《刑法学（第二版）》，法律出版社2003年版，第758页。

❸ 张明楷：《刑法分则的解释原理》，中国人民大学出版社2004年版，第238页。

❹ 付立庆："论军警人员抢劫行为之法定刑适用"，载《法学杂志》2007年第4期。

意思，强调立法者自身在立法当时的价值观。客观解释论认为，法律解释的目标不在探求历史上的立法者事实上的意思，决定法律旨意的是裁判时的情势。主观解释论要求司法者按照立法原意来解释刑法条文，事实上，这是"让立法者来司法"，此时的刑法解释过程里"只有立法者，没有司法者"。客观解释论认为，立法者在完成立法之后，法律规范就开始有了自己的独立于立法原意的客观含义，司法者解释法律是从刑法文本开始的，是司法者与立法者开展的一场跨越时空的对话，此时的刑法解释过程是"立法者与司法者在商量着办案"。

坚持客观解释论似乎可将真军警人员抢劫解释进"冒充军警人员抢劫"，因为行为人冒充军警人员抢劫的本质是利用被抢劫人对军警人员的恐惧心理进行抢劫，真军警人员亮明自己的身份抢劫也是在利用被抢劫人对军警人员的恐惧心理进行抢劫，此时，真军警人员抢劫在完全满足假军警人员"利用被抢劫人对军警人员的恐惧心理进行抢劫"的基础上，还增加了真军警人员抢劫的真实身份。真军警人员抢劫与假军警人员抢劫并非非此即彼的关系，二者存在规范意义上的交叉与竞合。即使《刑法》第263条的立法原意可能是禁止假军警人员冒充军警人员进行抢劫，但是立法原意也绝对不是只禁止假军警人员冒充军警人员进行抢劫，而不禁止真正的军警人员实施抢劫。相反，是否可以考虑，立法者是想禁止利用被抢劫人对军警人员的恐惧心理进行抢劫的一切行为。

基于客观解释论的立场，按照张明楷教授的"普通用语的规范化"说法解读，❶ 此刑法条款的普通含义是禁止假冒军警人员进行抢劫的行为。但是此刑法条文"普通用语的规范含义"却是禁止利用被抢劫人对军警人员的恐惧心理进行抢劫的一切行为，所以，可以通过客观解释论和"普通用语的规范含义"将真军警人员抢劫解释进"冒充军警人员抢劫"中。如此理解，就把"利用被抢劫人对军警人员的恐惧心理"作为该加重犯的核心特征，抓住该特征推而广之，这样的扩大解释难免不产

---

❶ "普通用语的规范化"说法解读，指解释者必须揭示普通用语的规范意义，而不能完全按照字面意思解释普通用语的含义，形成"文字法学"。对《刑法》中的普通用语的解释，必须按照其普通含义进行解释，但对普通用语的普通含义，只是规范意义的底线，而不一定与规范含义等同。在此意义上，《刑法》立法中的普通用语也都是规范用语，都应该在规范意义上进行解释。

生对刑法的其他诸多法律用语，都会如此"类似地"加以扩大解释的可能性。不过，张教授早就强调，根据罪刑法定原则，解释结论不能离开法律的用语的。❶

诚然，将真正的军警人员抢劫解释为"冒充军警人员抢劫"属于扩大解释。正如有的学者所言，扩大解释是否被认可，不取决于其结果是有利于还是不利于被告人，而取决于这一解释是不是会导致"以扩大解释之名行类推解释之实"。尽管扩大解释与类推解释的区别很难有一个明确的、具体的标准，但一般人的预测可能性或者是被解释语词的"含义射程"应当受到基本尊重。实践中区分扩大解释与类推解释实际上非常困难。比较认同的是，对于不利于被告人的扩大解释需要特别慎重。有的观点干脆指出，扩大解释与类推解释的界限是相对的而非绝对的，扩大解释的界限标准只能联系具体法条与具体案件讨论扩大解释是否允许，虽然各个案件和各个法条适用的解释方法不同，只要其结论能为公众所认同即可，扩大解释与类推解释无固定界限。❷

再看"当然解释"的观点。但何谓"当然解释"呢？当然解释为什么就是"当然"仍是问题。学术界总体来说缺乏对于当然解释问题的深入研究，"事理上的当然"与"逻辑上的当然"的区分是否必要、逻辑上的当然究竟何指、《刑法》上的当然解释与其他法域上的当然解释有无区别等，都还值得进一步探讨。❸ 因此，用"当然解释"来阐释论证真的军警人员抢劫"当然"适用加重法定刑值得怀疑。据此，有学者认为现行《刑法》的规定属于法外漏洞，不能通过法官的适用解释加以填补。

另有学者从刑法解释的限度出发，认为"在我国，当前最为紧迫的是保障人权的问题。立法与司法应该具有明确的边界，刑事立法的漏洞只能通过立法弥补……"❹ 还有学者在此借题发挥，讨论起所谓法内漏洞

---

❶ 张明楷：《刑法格言的展开》，法律出版社2003年版，第10页。

❷ 在2006年12月27日晚中国人民大学法学院举办的刑事法论坛上，张明楷教授持这种观点。见正义网，2007年1月5日访问。

❸ 付立庆："论军警人员抢劫行为之法定刑适用"，载《法学杂志》2007年第4期。

❹ 蒋熙辉："刑法解释限度论"，载《法学研究》2005年第4期，第116页。

和法外漏洞的区分问题。❶ 另有论者干脆建议，将《刑法》第263条中相关的关于加重处罚的规定应该修改为"军警人员抢劫或者冒充军警人员抢劫的"。还有人建言，1997年的《刑法》明确将抢劫罪的加重处罚情节确定为八种，并且未在最后辅之以"其他情节严重的"这样的概括性描述，这也就为八种加重情节之外的、与八种情节具有相当的甚至更重危害性的抢劫行为如何适用法定刑的问题留下了难题。如果立法者能够审慎地选择使用诸如"明示列举""类比推断""原则例示"等不同的立法方法，恰当地配置描述性、规范性、封闭性、开放性犯罪构成，原本可以避免许多不该出现的法律漏洞，并且提出不同档次法定刑幅度交叉重叠的立法设想，等等。❷ 笔者认为，果真如此，恐怕又会有新的漏洞，诸多观点不是一直在批评《刑法》太多的兜底条款吗？这样过于理论化的"技术主义"考虑是任何立法都难以做到的，恐怕是立法的理想主义了。

正如很多论争一样，在上述争论中，社会危害性问题被不可避免地提及。真军警人员抢劫侵害法益的程度与冒充军警人员抢劫侵害法益的程度，究竟孰重孰轻，如何进行这种比较呢？多数观点认为，真正的军警人员抢劫比冒充军警人员抢劫危害性更大。❸ 因为：其一，军警人员受过专业的训练，其实施暴力（打斗）能力大大超过常人，并精通各种枪械，一旦实施抢劫行为，相对于普通抢劫者而言，其成功的几率更大。其二，军警人员受过系统反侦察训练，有着长年的侦察经验，一旦实施抢劫犯罪，侦破和抓捕难度将更大。其三，军警人员代表着国家机关，出于对公权力的信任和敬畏，受害人一般不敢反抗，事后也不敢去报案。其四，如果冒充军警人员抢劫对军警人员这种特殊身份所造成的损害是间接损害的话，那么真正的军警人员对该身份所造成的损害就是直接的、不可恢复的。事实上，从侵害的客体来看冒充军警人员抢劫的危害性远远小于其他七种加重情节。另外，从本质上来看"冒充军警人员"只是

---

❶ 付立庆："论军警人员抢劫行为之法定刑适用"，载《法学杂志》2007年第4期。

❷ 同上。

❸ 在2006年12月27日晚中国人民大学法学院举办的刑事法论坛上，王作富和张明楷两位教授均持这种观点。见正义网，2007年1月5日访问。

抢劫手段行为，其目的是非法占有财产，基于"被冒充的军警人员的身份"的威慑，受害人一般不会反抗，因此其直接使用暴力的可能性不大。因此，就其所采用的行为方式来看一般也比其他加重行为要轻。但是，真正的军警人员抢劫比冒充军警人员抢劫危害性更大吗？如何评价某种行为的社会危害性大小，以及如何比较两类行为的社会危害性大小呢？

"社会危害性"是一个抽象概念，而犯罪人的主观恶性包括多个方面，也应该是一种全面的衡量。从表面来看，冒充军警人员抢劫对社会的危害性比军警人员抢劫要小，但这恐怕是一种直觉。如果仔细从法益侵害、主观恶性、社会影响等多角度进行考察，很难得出军警人员抢劫的社会危害性一定比冒充军警人员抢劫大的结论。

1. 违法性认知

有观点认为，军警人员作为国家的重要安全维护力量，明确自身的重要职责，对抢劫给社会带来的恶劣影响也是明知的，那么，他们如果实施抢劫，就是"知法犯法"；同时，军警人员明知自身身份的特殊性和这份职业的光荣性，仍然做出违法犯罪行为，表明其根本不珍视这份职业给自己带来的荣誉，其主观恶性肯定大于仅仅是冒充军警人员的情况。[1] 的确，在违法性认识方面，军警抢劫对军警人员形象和声誉的损害具有不可挽回性，而冒充军警抢劫一经查实即表明抢劫犯不是军警，在被害人和社会公众知晓后，就可在一定范围内消除其对军警声誉形象的不利影响。还有，在有责性方面，军警抢劫具有特有的义务违反性。由于军警人员本来具有保护公民生命财产安全的职责，却反过来侵犯公民财产安全，故军警人员的抢劫行为严重违反了由其特定身份所赋予的法律义务，也具有比普通人抢劫更重的可谴责性。在这一点上，真军警人员抢劫主观恶性无疑要大。从普遍意义上看，其实谁都知道抢劫是重大违法犯罪，只是军警人员认识得更清楚。正如一些高官接受党的教育更深，对政纪法律知晓得更多，但基于刑法也很难说他们比普通公务员的主观违法性严重，而对他们加重处罚。

---

[1] 李立众、吴学斌主编：《刑法新思潮》，北京大学出版社2008年版，第259页。

2. 罪过

主观罪过往往在很大程度上决定着犯罪行为人主观恶性大小。认定冒充军警人员抢劫的主观恶性时,首先要考察其主观故意的内容。冒充军警人员抢劫,其主观上先就具备了假冒军警人员的认识因素和意志要素。从现行刑法典来看,《刑法》第 372 条规定的冒充军人招摇撞骗罪,以及《刑法》第 279 条第 2 款规定的"冒充人民警察招摇撞骗的"应按招摇撞骗罪从重处罚,说明冒充军警人员的行为本身就具有严重的社会危害性。冒充军警人员在一定程度上就是对刑法保护的法益的侵害。❶ 而且,冒充军警人员抢劫具备了故意冒充军警人员和故意实施抢劫两个主观罪过,两者使其主观恶性增大。而军警人员实施抢劫,其本身只有一个主观罪过,即实施抢劫罪的罪过,那种认为自军警人员实施犯罪开始,其已不再具备军警人员的实质条件,也就不再是军警人员的观点,恐怕也有点想当然。现在的问题是,"冒充军警人员"的"冒充"之恶,与真军警人员具有的"暴力"素养和反侦查能力之恶,如何比较谁大谁小呢?凭这一点恐怕很难得出真军警人员抢劫主观恶性更大的结论。

3. 行为人的身份

军警人员自身的职务和职责对主观罪过的影响,不应该作为加重犯的理由,因为当军警人员实施抢劫时,其已经与自己的职务、职责和权力毫无关联了,而与一般公民无异,无需进行差别性对待,在某种意义上这也是法律面前一律平等原则的体现。很多学者之所以对军警人员求全责备,完全是出于一种国家本位的思想,下意识地认为军警人员是如何的神圣,甚至在学术研究性著作中直接使用了"祖国卫士""和平使者""最可爱的人"❷ 等充满主观感情色彩的词语来表述军警人员,的确,这种情绪化思维在理论研究中很可能走向"不公"。对军警人员的超常人的要求是一种社会理想,可以提倡,但军警人员也是血肉之躯,与常人并无差异,只不过他们接受了更多更多的思想政治教育和专业技能训练。况且这种加重处罚的理由给人感觉是,因为军警人员曾经做的太

---

❶ 至于其他多数犯罪为何没有相似规定,可能是因为法律不仅仅是逻辑演绎的结果,更多的是一种经验的总结和类型化,加上还有犯罪学方面的其他原因。

❷ 刘艳红:"冒充军警人员实施抢劫罪之法定刑设置疏漏",载《法学》2000 年第 6 期。

好、付出的太多，进而受到社会公众的过高期望所导致的。

笔者亦赞同，若军警人员实施抢劫，其所体现出来的"知法犯法""不珍视职业荣誉"只能视为一种职业操守的缺失，很难上升到法律评价的范畴，更多的只能是从军警的职业规章和纪律角度，进行部门内部的谴责，不能成为衡量犯罪的主观恶性的依据。退一步讲，即使进行司法评价，最多只能是一种法外的酌定情节。

再结合抢劫罪的强制性特点来比较真、假军警人员抢劫的实际区别。《刑法》之所以规定冒充军警人员抢劫为加重犯，主要在于抢劫行为中计入了军警身份因素，考察两者法益侵害性的大小就必然要衡量这里的军警身份对抢劫所起的作用。很显然，这种作用不是强制作用，即不是穿上军警服装等就算是在强制他人。强制性作为抢劫罪基本构成的客观特性，不是因军警身份介入所导致的。军警身份所发挥的作用只是一种潜在的威慑和恐吓，而这种威慑与恐吓是以军警身份的宣告为必要的，而不需要强调这一身份的真伪，更不可能被当场证实。即使是非军警人员只要宣告军警身份抢劫，就和军警人员公开身份抢劫所起到的恐吓效果是大致相当的。既然如此，军警人员与非军警人员冒充军警人员进行抢劫，其军警身份在抢劫中的作用在性质上是相同的，效果上也是类似的，其对法益的侵害性也就不存在多大的差异。

4. 犯罪成功率和破案率

军警的行业特点决定了其是最具制暴技能和制暴特性的群体，在客观上，虽然冒充军警人员可以在外在形式上同军警人员起到同样震慑被害人的效果，但其一般并不具有相关技能，犯罪成功的概率以及容易程度相对于真正的军警人员来说都要低一些。[1] 但同时，还没有足够的证据证明，抢劫罪的成功率取决于行为人的暴力水平和制暴能力，所谓军警人员更易完成犯罪的论点，只是一种理论上的归纳论证，并不具有逻辑严密性。可能行为人选择犯罪的时间、地点等作案环境、人数的多少、是否携带凶器以及凶狠程度等，这些因素综合决定了案件的成功与否。抢劫绝不是真、假军警一对一地比较。所以，军警人员拥有过硬的身体

---

[1] 刘艳红："冒充军警人员实施抢劫罪之法定刑设置疏漏"，载《法学》2000年第6期。

素质和某些制暴特性，并不代表其就一定较其他犯罪人员更易于实现犯罪。至于破案率是犯罪之后的问题，与犯罪本身的社会危害性不具有必然联系。

5. 社会影响

的确，真实的军警人员实施抢劫犯罪对社会影响更加恶劣，但定罪量刑是从犯罪发生之后来认定犯罪时的事实，即使某些事后的社会影响会对定罪量刑产生一定的作用，但是这种作用如果不是特别明显，就可以不超出基本的法定刑幅度。首先，社会影响只是犯罪发生之后对社会民众的心理接受能力和思想意识的一种冲击，并不是犯罪本身对法益的实际侵害。或者说，这种犯罪行为是立法所能预见到的，也是现实无法避免的。社会影响之所以不能等同于法益侵害就在于，社会影响的对象是社会公众，范围十分广泛，包括了所有知晓案件的人，而法益侵害的对象是有限的，往往就是直接的被害者。其次，这种社会影响不好量化，并且处于不断的变化之中，在定罪量刑中不具有可操作性。同类案件由于其接连发生，其所谓社会影响力就会逐渐淡化，而且，随着民众法律意识的提高，犯罪观也在改变，社会对待犯罪的态度也日益客观、冷静，例如，死刑案件越来越受到民众的质疑，人们开始"同情"一些杀人犯，都说明案件的社会影响力在发生变化，有时很难得到一致的评价。再次，社会影响的大小有时具有偶然性，特别是媒体经常"放大"了一些案件的社会影响。

综上所述，可以认为，主张真军警人员抢劫的社会危害性更大的见解，其实更多的是一种理想性的理论假设。除了对于违法性的认知以外，其他方面的比较并不能得出这个结论，不应该把一些犯罪外的因素作为评价社会危害性的标准。依笔者之见，笼统地评价，这两种情形难以比较哪个的危害性要大。《刑法》之所以规定"冒充军警人员抢劫"的加重犯，其主要理由在于真军警人员抢劫的情形实在少见，不必作出规定，这或许可理解为是犯罪学（犯罪现象）所决定的，也没有必要硬生生地把真军警人员解释进"冒充军警人员"里面去。对于已有《刑法》明文规定的，无需"举轻以明重"或者"举重以明轻"。就个案研究，军警人员犯抢劫罪危害后果可能更大些，但从整个犯罪情况而言，"冒充军警人员抢劫"的社会危害未必就小。相反，基于国家政策层面，如果我国立法真规定"军警人员抢劫"为加重犯,恐怕反而并不利于维护我国军警人员的"形象和声誉"。因此,笔者的结论是真军警人员公开自己真实身份实施抢劫,不属于"冒充军警人员抢劫"的加重犯。笔者认为,法律解释是一种把已经或者应当包含在法律文本中的意义阐发出来的行为,离开了法律文本的意义,就已经不是在解释法律,而是创制法律了。❶

三、持枪抢劫

广义说来,持枪抢劫也是一种枪支类的犯罪,但在法理上持枪抢劫不应该是持枪与抢劫行为的简单相加。

(一) 关于枪支的界定

根据最高人民法院2000年《审理抢劫案件的解释》第5条规定:"持枪抢劫是指行为人使用枪支或向被害人显示持有、佩带的枪支进行抢劫的行为。枪支的概念和范围适用于《中华人民共和国枪支管理法》的规定。"而《中华人民共和国枪支管理法》(以下简称《枪支管理法》)第46条规定:"本法所称枪支,是指以火药或者压缩气体等为动力,利用管状器具发射金属弹丸或者其他物质,足以致人伤亡或者丧失知觉的各种枪支。"主要包括军用的枪支、射击运动用的枪支、狩猎用的有膛线枪、散弹枪、火药枪等具有较大杀伤力的枪支。私人非法制造的能发射金属弹丸、具有杀伤力的枪支,也应包括在内。从这该解释可以看出,持枪抢劫除了直接使用枪支作为抢劫的暴力或胁迫手段外,还包括向被害人显示持有、佩带的枪支,以此作为威胁被害人手段的情形。如果行为人并未实际持有枪支,而是口头上表示有枪;或者虽然随身携带有枪支,但未持在手中,也未向被害人显示,均不属于这种情形。不过,如果行为人抢劫时的身体动作无意中显露出身上藏着的枪支,其本人都未察觉却被被害人看到,是否也是这里的持枪抢劫呢?笔者认为根据司法解释的精神,同样不能定持枪抢劫,而是要定普通抢劫与非法持有枪支

---

❶ 陈兴良:"法律解释的基本理念",载《法学》1995年第5期。

二罪。

另外，对于持有机件损坏已无法使用的废枪，是否适用上述规定？笔者认为，从立法精神看，规定上述情节，显然不是只着眼于所持工具能对被害人起威胁作用，否则，就应规定为"持械抢劫"，而是着眼于枪支的杀伤力对人身安全的巨大危险性、威胁性。因此，手持不能发挥枪支功能的"枪支"，不宜适用上述规定。手持与枪支一样具有较大杀伤力的手榴弹之类爆炸物抢劫，也应可以适用上述规定，这样处理，完全符合立法精神，亦不违反罪刑法定原则。

实践中，对于仿真枪是否属于这里的枪支范畴也很值得研究。《枪支管理法》没有规定什么是仿真枪，只是在第44条规定了"制造、销售仿真枪的"行为的法律责任。2008年2月，公安部发布了《仿真枪认定标准》，规定了仿真枪的认定标准为：枪口比动能达到一定能量（小于1.8焦耳/平方厘米、大于0.16焦耳/平方厘米）；具备枪支外形特征，并且具有与制式枪支材质和功能相似的枪管、枪机、机匣或者击发等机构之一；外形、颜色与制式枪支相同或者近似，并且外形长度尺寸介于相应制式枪支全枪长度尺寸的1/2到1倍之间。也就是说，仿真枪须与真枪的外观相同或相似，还具有相当的杀伤力。我国目前的仿真枪分为单发式手枪、半自动手枪、全自动气动枪、全自动电动枪、手拉旋转机步枪、一次发射多发子弹的霰弹枪6大类别。仿真枪吸引人的地方就是"仿真"二字，它不但是仿制真枪的外形，从长到短，各式各样；它同样仿制真枪的原理，半自动、全自动、手动、霰弹效果等。

由于刑法意义上的"枪支"含义取决于我国《枪支管理法》的规定。所以，如果仿真枪达到甚至超过了"枪支"规定的标准就成为"真枪"。目前，由于制械技术越来越高超，各种类型的仿真枪不断出现，其外表与杀伤力也越来越接近真枪，涉及仿真枪犯罪的案例也呈上升趋势。如果是具有危险性、攻击性，可致人伤亡的仿真枪，按照《枪支管理法》标准，应归属于真枪的范畴。如果是不具有危险性的仿真枪，例如出于娱乐目的而制作、使用的玩具水枪等，这类仿真枪只具有枪支的外在形式，即使被害人误认为枪支，也不能认定为"持枪抢劫"。还有一类是在使用时可致人麻醉、丧失知觉的仿真枪，虽然其本身并不具有致人伤亡的功能，但如果属于足以致人"丧失知觉"的枪支，就应当属于真枪的范畴。需要指出，我国《枪支管理法》自1996年颁布以来，对体育竞技用枪、麻醉枪和民用猎枪等进行归制，10多年来一直未曾修改。各种类型仿真枪的出现，使一些仿真枪游离在《枪支管理法》之外，应该引起立法机关的重视。

可以说，涉枪犯罪一直牵动着我国治安管理和犯罪控制的敏感神经，刑法设立持枪抢劫加重犯是执行严厉的枪支管制制度的必然结果。说到底，刑法把持枪抢劫规定为抢劫罪的加重犯，首先是因为这种抢劫对被害人或周围群众的生命安全构成重大威胁。持枪抢劫的行为人的主观恶性大，客观上对他人人身权利包括健康权、生命权的威胁也很大，具有更为严重的社会危害性。

另外，在理论上，行为人的持枪行为本已构成《刑法》第128条规定的非法持有枪支罪。作为加重犯，持枪抢劫与入户抢劫有相似的法理基础，那就是非法持枪和非法入户本身就已涉嫌犯罪。这种"附加"之罪成为加重犯的法理支持。而且，持枪抢劫在实施抢劫犯罪前往往就已经触犯非法持有枪支罪了。于是，对于持枪抢劫（先前一直持有抢劫所用的枪支）是否需要以两罪并罚，仅仅带枪而未露枪（因没有必要）的抢劫行为是否认定持枪抢劫等，还是大有研究价值的。多数人认为，若行为人所持的枪支系非法制造、买卖、盗窃、抢夺、抢劫而来的，则不仅应追究其持枪抢劫的刑事责任，对其非法制造、买卖、盗窃、抢夺、抢劫枪支的行为也应认定为相应的犯罪，实行数罪并罚。

（二）持枪抢劫的最大争议在于持假枪抢劫的问题

"假枪"似乎也是个刑法中的伪命题，因为至少现在无法给它下一个正确的定义，法律上更没有规定。目前的论证主要是假设假枪是被行为人用来吓人，并且具有枪支外形和模样，实际上没有真枪杀伤力的"枪"，这样，假枪就包括一定范围的仿真枪。如果行为人用手指做成手枪的样子放在被害人脑后说是（持枪）抢劫，被害人以为是枪，这时并不存在假枪的问题；但如果行为人持一个以木头做成、很像手枪模样的物，顶住他人后腰说有枪抢劫，则就存在假枪的问题了。

对于这个问题，肯定论者认为，立法者将"持枪抢劫"列为抢劫罪的严重情节之一，其用意不只在于从严打击那些携带真枪、在客观上有可能给被害人生命健康造成严重危害的抢劫行为，而且也包括严惩那些携带假枪、足以给被害人造成威胁、产生巨大恐惧的抢劫行为。我国现行刑法对"枪"本未作明确的界定，对法条中"枪"应作宽泛的理解。并且，从实践需要来说，将持假枪抢劫理解为"持枪抢劫"是十分必要的。因为大多数持枪抢劫的犯罪分子，都是以枪支作威胁，而持假枪与持真枪造成的威胁几乎没有什么区别。❶ 也就是说实际上假枪容易被人误认为是真枪，导致抢劫犯罪的得逞。特别是在某些情境下，如夜深人静之时、偏僻之处、被害人瘦弱等，行为人持假枪往往能够顺利得逞。如果这样的行为仅仅定性为一般抢劫，不利于对抢劫罪犯的打击。在这类观点中，还有的主张，应根据不同的案情，考察行为人的主观心理和客观后果，特别是仿真枪支的作用，采取区别对待。如果行为人利用所持的仿真枪支恐吓被害人，而被害人并未发现其所持之物系仿真枪支，因而不敢反抗并被行为人顺利抢劫得手的，此时定"持枪抢劫"为宜；如果此时被害人抓枪反抗或有其他不从情形，使行为人露出"马脚"，无论行为人是否最终劫得财物，都应定性为一般抢劫，而不宜定为"持枪抢劫"。甚至还有观点指出，持仿真枪抢劫只是不能构成持枪抢劫的既遂。这种观点更多考虑的是被害人的主观感受，论证似乎给人似是而非的感觉，结论也飘忽不定，说服力不强。

反对者认为，持假枪抢劫的行为人主观上认识到自己所持的是假枪而非真枪，恶性要小；在客观上，假枪的杀伤力无论如何也不能和真枪相提并论，持玩具枪等假枪抢劫，对被害人和周围群众的生命安全并不构成现实的威胁，与普通抢劫并无不同，没有持真枪抢劫所具有的特殊危险性或危害性。从刑法解释论的角度来看，只有对于社会危害性及其程度基本相同的危害行为或严重情节，在立法上才有理由设置相同的法定刑。❷ 至于说在被害人误以为是真枪的情况下，持假枪威胁与持真枪威胁的客观效果相同，这只是表明这种威胁的程度比普通威胁要严重一些，但法律规定对持枪抢劫作为加重犯处罚，很大程度上是因为持枪抢劫具有危害公共安全的性质，而持假枪抢劫并不具有这种性质。另外，我国

---

❶ 肖中华："论抢劫罪适用中的几个问题"，载《法律科学》1998年第5期。
❷ 黄祥青："抢劫罪情节加重犯的认定思路与方法"，载《刑事审判参考（总第42集）》，法律出版社2005年版，第184、173页。

《枪支管理法》中所指的枪支，也显然仅限于真枪，不包括玩具枪等假枪。后来的司法解释也印证了这一点。该观点更加强调刑法中行为的客观危害性，其理由似乎更能令人信服。

对持枪抢劫是否包含持假枪抢劫的问题，2006年《人民法院报》曾展开过一次较为深入的讨论。2006年1月11日，周盖雄撰写了《持假枪抢劫不属法定的"持枪抢劫"》一文（下称周文），周文认为，对抢劫行为社会危害性的评价也离不开主观和客观两个方面的综合考虑。肯定论的观点，仅根据犯罪的结果来衡量持假枪抢劫与持枪抢劫的社会危害程度，无法得到科学的答案。此外，犯罪的客观方面也是一个非常复杂的综合体，包括犯罪客体和犯罪的方式、手段、后果及时间、地点等诸要素。任何一要素的变化都可能影响犯罪行为的社会危害性。只注意犯罪后果而忽视其他要素，不能正确衡量社会危害性。持假枪抢劫有时造成具体的犯罪后果与持枪抢劫并无多大区别，尤其在被害人不知情的情况下，对被害人造成的恐吓和精神伤害常常并无二致。然而，如果就此得出二者具有相同程度的社会危害性，就会得出荒谬的结论。例如，犯罪人在黑夜里用棍子或干脆徒手称持枪抢劫，而被害人信以为真，毫无疑问，被害人受到的恐吓或精神上的伤害与持枪抢劫没有区别，此时，显然不能据此认定为持枪抢劫。因此，从犯罪的客观方面抽出某一要素衡量社会危害性是不可取的。

那么，如何分别衡量持真枪抢劫与持假枪抢劫的社会危害性呢？周文认为，持枪抢劫与持假枪抢劫正由于都对被害人造成了精神上的伤害，才有可能构成抢劫罪。一般持假枪抢劫对被害人造成的精神伤害，当然也在普通犯罪构成的涵盖范围之内。加重的犯罪构成是相对于普通的犯罪构成而言的，指某一行为具有普通犯罪构成不能涵盖的加重情节从而规定加重的处罚。从《刑法》第263条所规定的加重情节犯来看，对抢劫行为进行加重处罚的原因主要不在于被害人遭受精神伤害的差异，而在于抢劫所使用的工具、手段、人身伤亡严重程度以及犯罪的地点、场合等。究其原因，除上面所说精神伤害是抢劫罪的基本特征外，精神伤害本身难以评估也是原因之一。这从我国刑法对犯罪行为所造成的精神伤害不予赔偿的规定中可见一斑。实际上，刑法从犯罪工具、手段等方面区分不同抢劫方式的社会危害性，从而确定处罚的轻重更科学，也更易于操作。用被害人遭受的精神损害不能科学地衡量持枪抢劫与持假枪抢劫社会危害的差异。那两者的区别究竟在哪里？周文进一步认为，主要在两个方面：一方面表现在犯罪人的人身危害性，持枪抢劫人非法持有枪支本身就具有一定的主观恶性，因而其再犯的可能性也较大。持假枪抢劫人在主观上更倾向于以恐吓方式达到犯罪目的，他一旦使用武力可能遭到有力的反击。而持真枪者这种顾虑较小，使用武力的主观恶性也较大。另一方面，枪支为国家明令禁止持有的特殊物品，任何非法持有枪支的行为因枪支巨大的杀伤力和破坏力，不但对被害人而且对整个社会都会造成较大的破坏和心理恐慌。这是其他持械抢劫行为所不可比拟的。因此，持枪抢劫与持其他工具抢劫的社会危害性是显著不同的，当然惩罚的力度也得更大。周文还指出，将假枪亦视为枪支的观点，是对刑法概念的曲解。

最后，周文还作了这样的假设：持假枪抢劫有时也会对受害人造成人身伤害的严重后果，如果将其排除在加重的犯罪构成之外，会不会放纵犯罪？答案是不必担心。首先，我国刑法对抢劫罪是作为一种重罪来对待的，普通抢劫的法定刑最高达到十年，对普通的持假枪抢劫行为而言，足可以做到罪刑相适应。其次，如果持假枪抢劫人对受害人造成了较大的精神伤害或人身伤亡的严重后果，则可以适用《刑法》第263条第（5）项规定"抢劫致人重伤，死亡的"，予以加重处罚。因此，把持假枪抢劫不恰当地归属于"持枪抢劫"，不但会造成法律的滥用，而且会造成法律理论的混乱。

针对周文的观点，董邦俊撰文《也谈"持假枪抢劫"——兼与周盖雄先生商榷》（下称董文，2006年2月22日），提出了不同的看法。

董文认为，对"持枪抢劫"的问题应当结合司法实践进行具体的分析，❶而不能一概否定持假枪抢劫不是"持枪抢劫"。董文亦认为，社会危害性是主客观的统一。这种危害性的主客观相统一不是仅以枪支是否真枪作为判断的标准。不管持何种枪支进行抢劫，行为人的行为都没有给被害人造成实际的伤亡，但客观上都达成了劫去财物的效果，并且给

---

❶ 笔者认为，正像"主客观相一致"一样，"根据司法实践"似乎也成为很多人论证问题时喜欢使用的"空头支票"。

被害人造成心理恐吓或精神上的重大伤害。从行为人的主观心态来看，都有使用"枪支"这种暴力工具劫取财物的故意，心知肚明，利用的就是"枪支"的强制威力，才取得这样的效果。从行为人的主观恶性来看，即使使用假枪，也非同小可。持假枪进行抢劫与持真枪进行抢劫在不开枪的情况下所具有的社会危害性应当是等同的。此外，如果行为人所持的是真枪，但没有子弹，或者是行为人手持真枪但是根本不会开枪，那么行为人"持枪"进行的抢劫行为和持假枪进行抢劫没有区别。

而且，《枪支管理法》对于仿真枪采取了禁止的态度，说明我国立法机关已经充分注意到仿真枪的严重社会危害。其实，持有外形、颜色与《枪支管理法》规定的枪支相同或近似的仿真枪（假枪）、废枪进行抢劫的行为，客观上也可以影响被害人的判断而做出有利于持枪人的行为，达到了持真枪为不法行为的后果，在主观上也具有足够的恶性。所以，对于持规定颜色、外形和尺寸的仿真枪进行抢劫的行为也应当按照持枪抢劫来看待。总之，对于持枪抢劫中真枪与假枪的争论与其说是一个技术问题，倒不如说是一个关于社会危害性的判断问题。

此后，上海社会科学院法学研究所的山谷居士也在《法律适用》2007年第2期撰文《再论持假枪抢劫也属于抢劫罪的加重情节——对周盖雄先生"持假枪抢劫不属于抢劫罪的加重情节"的观点之回应》（下称山文）。❶ 山文强调，考察抢劫罪的社会危害性从而决定犯罪情节的轻重，应当将这种行为对被害人所造成的精神伤害的大小作为一个重要方面加以考察，这是判断持假枪抢劫是否构成"持枪抢劫"的一个最基本的立足点。但并不否认犯罪客观方面中的其他方面（如地点、时间、犯罪手段等）以及行为人的主观恶性也是衡量持假枪抢劫是否构成"持枪抢劫"的重要因素。只不过，不少学者以及我国司法实务部门都忽视被害人所遭受的精神伤害在衡量抢劫罪社会危害性大小方面所应具有的地位与实际作用，这样难以体现抢劫罪与一般的财产犯罪的区别。《刑法》之所以要将抢劫罪作为重罪来加以规范，其原因在于这类犯罪不同于普通的财产犯罪与人身犯罪，它在侵犯财产所有权的同时，也侵害了被害人的人

---

❶ 原来，经查证，山谷居士曾专门在《法律适用》2005年第11期上发表文章表示质疑"持假枪抢劫不是持枪抢劫"的观点，后受到周盖雄先生驳斥，故撰文回应。

身权，而其对被害人人身权的侵害主要是通过其对被害人精神上的伤害表现出来的，亦即精神伤害是抢劫罪的基本特征。以持枪抢劫为例，在犯罪行为人拿枪对着被害人而不触及被害人人身的情况下，这一抢劫行为对被害人人身权的侵害体现在哪里呢？显然是其精神上的安宁或健康，非此则难以体现抢劫行为对被害人人身权的侵害。而以被害人所遭受的精神伤害并结合其他因素来加以考量，则持假枪抢劫与持真枪抢劫实际上具有一致的社会危害性。这种危害性是主客观相统一的，而不是仅仅以枪支是否作为真枪作为判断的标准。就其客观方面来讲，行为人因为其持"枪"的行为而造成了被害人精神方面的严重伤害；就其主观方面来说，无论行为人所持有的是真枪还是假枪，其主观心态都是要利用"枪支"的威慑力来帮助自己掠得财物，而不是一定要去真正地用它来致人以伤亡，否则，行为人完全可以用棍棒去抢劫。

对于扩张解释问题，山文以为，这实际上涉及罪刑法定原则在实践中的理解问题，包括绝对罪刑法定和相对罪刑法定。从刑事司法的发展趋势来看，相对罪刑法定则得到了越来越多的国家接纳和认可，即"应当在不违反民主主义和预测可能性的原理的前提下，对刑法作扩大解释。"我国在刑事立法与司法过程中采取扩张性解释的情况不乏先例。❶至于对"持枪抢劫"的"抢"如何理解，山文认为司法解释理解为限于真枪，恰恰"误读了上述司法解释以及立法的真正动机"，具体体现在：（1）就《审理抢劫案件的解释》来说，该解释应该是一个扩张性司法解释。因为在汉语中，所谓持就是携带、使用之义，《审理抢劫案件的解释》将向被害人显示持有、佩带枪支也纳入"持"的外延之内，实际上扩大了"持"的外延。对《审理抢劫案件的解释》的这一做法，只能有一种合理的解释，那就是《解释》希望借此将那些携带枪支但并未实际使用的抢劫行为也纳入"持枪抢劫"的范围之内，以加重对这种行为的惩罚。也就是说，《审理抢劫案件的解释》实际上是要引导司法者对"持

---

❶ 1998年最高人民法院《关于审理挪用公款案件具体应用法律若干问题的解释》，2001年3月最高人民检察院《关于工人等非监管机关在编监管人员私放在押人员脱逃行为适用法律问题的解释》，2001年6月最高人民检察院《关于构成嫖宿幼女罪主观上是否需要具备明知要件的解释》以及2001年11月最高人民法院《关于审理交通肇事刑事案件具体应用法律若干问题的解释》等，都属于扩张性司法解释。

枪抢劫"作广义上的理解。（2）就《枪支管理法》来说，该法对枪支的界定也是一种广义的界定。这一点，从"等""其他物质"以及"各种"这些词汇的使用上不难看出端倪。而《枪支管理法》之所以会对枪支的概念作这样一个相对笼统的界定，是因为实践中的枪支是不断发展的，其形式不断翻新。假如用一种相对确定的语言去界定，很有可能会将一些新型的枪支排除在外，从而不利于对枪支进行监督管理。以此来进行推理，则如果《刑法》第263条所规定的"持枪抢劫"中的"枪"的概念与范围应当适用《枪支管理法》关于"枪支"的界定，则司法者更应当对"枪"作广义上的理解，而不是狭义的。

对以上三位作者的观点，总的说来，笔者主张，对持假枪抢劫者不能定为"持枪抢劫"的加重犯，主要理由如下：

其一，从罪刑法定原则出发，必须关注刑法用语具有可预测性，以及立法的技术性，还要兼顾司法实践的可操作性。将持"枪"理解为持"真枪"，是刑法用语的相对性决定的，因为刑法用语虽然有其自身的规律，但它同样要以生活中的普通用语或者大众认同为基础，对刑法规范用语的理解不能脱离普通用语而作随意扩大化解释，否则，刑法所规定的任何犯罪要素都可能面临被曲解的危险。如此一来，人们也就无法根据刑法的规定，来预测和指导自己的行为，从而使刑法背离罪刑法定原则。在人们的实际生活中，假枪是很难界定的，因为其外延无限大，在某种特定场合上，可以说，只要不是真枪，又有点像枪的东西，都可以说成是假枪。而如前所述，真枪是有标准的，根据《枪支管理法》对真枪的界定，仿真枪中也有真假之分。假枪内涵的不确定性，决定了"持假枪抢劫"就难以界定。对于难以界定的事物，刑法何以理解为构成要件，并作为一种需要加重处罚的加重犯呢？司法实践中又如何进行具体操作呢？从法律技术来看，这里的枪支就只能是真枪。否则，该加重犯就失去了认定的标准。

其二，从刑法规范的价值目标出发，立法注重的是从整体上衡量类罪的社会危害性，不能以个案假设来推翻整体规范。显然，立法更加关注普遍的法律正义。如果仅仅因为某些案件的结果或者效果类似，就认为持假枪可以适用持真枪抢劫的规定，那么，立法恐怕寸步难行。由于人的个体素质千差万别，同样的行为对于不同的受害人，其结果都可能有很大的不同，根据受害结果来衡量行为的性质，不符合刑法中行为的基本理论。当行为人在夜色笼罩之下，仅仅用根小木棒或者干脆用手指头，做出持枪的样子，对被害人实施抢劫时，有的受害人立即"投降"交付财物，而有的被害人却能识破行为人的做法而奋起反抗，其结果大不相同，将这两种情况认定为"持枪抢劫"，或者有的认定，有的不认定，都将违背一般的社会观念，不能就个案来否定立法的整体性考虑。在衡量犯罪社会危害性的时候，立法只能就整体犯罪的危害性进行比较，在总体上，持假枪与真枪抢劫不可同日而语，无论是主观恶性还是客观危害结果的可能性，持真枪抢劫比持假枪抢劫危害性都要大得多。至于抢劫造成被害人精神损害，也不是抢劫罪的基本特征，更不是立法能够顾及的"琐碎"要素了。笔者认为，抢劫罪的核心特征在于抢劫行为的暴力性，况且，被害人的精神损害根本就难以衡量。事实上，抢劫罪的法定刑已经很重，立法把抢劫罪规定为最严重的犯罪之一，就已经考虑到危害被害人的精神因素。董文还提到，持真枪进行抢劫"在不开枪的情况下所具有的社会危害性应当是等同的"，以及"如果行为人所持的是真枪，但没有子弹，或者是行为人手持真枪但是根本不会开枪，那么行为人持枪进行的抢劫行为和持假枪进行抢劫没有区别。"这样一些假设的确可能出现，但它们同样也是立法难以顾及的种种情形，完全可以留给司法机关自由裁量。这正说明，只有把真枪和假枪区别开来才能真正区分这些情形，给予相应的处罚。就像有的侮辱罪（致人死亡）与故意杀人产生同样严重的结果一样，这样的比较对于立法定性没有太大意义，这样的例举对于解释法律也没有足够的说服力。当然，这里存在一个抢劫加重犯法定刑确实很重的问题，对于不同的加重情形，区别量刑的空间显得不大，这个立法配置法定刑的缺陷问题也是笔者一直强调的，但不能作为这里论证真枪与假枪有时产生同样的犯罪效果，应该予以同等对待的潜在理由。

其三，持枪抢劫需要加重，还因为它包容了非法持有枪支危害公共安全的特性，而非法持有枪支罪的枪支当然不能包括假枪，持假枪对公共安全的危害也要小得多。这是一般人都能够认同的标准。

另外，上述山文认为把这里的枪支理解为限于真枪，"误读了上述司法解释以及立法的真正动机"，其理由是，该解释应该是一个扩张性司解释。最高人民法院2000年《审理抢劫案件的解释》实际上是要引导司法者对"持枪抢劫"作广义上的理解。而且就《枪支管理法》来说，该法对枪支的界定也是一种广义的界定。《枪支管理法》之所以会对枪支的概念作相对笼统的界定，是因为实践中的枪支不断发展，形式不断翻新。以此推理，则如果《刑法》第263条所规定的"持枪抢劫"中的"枪"的概念与范围应当适用《枪支管理法》关于"枪支"的界定，则司法者更应当对"枪"作广义上的理解。笔者认为，山文这样的推理性观点过于"间接"，同样欠缺说服力。我国《枪支管理法》对枪支的界定考虑了枪支的本质特点和发展趋势，但无论如何也推理不到包括"假枪"。最高人民法院2000年《解释》将向被害人显示持有、佩带枪支也纳入"持枪"的外延之内，那是因为非法持有枪支已经是严重违法犯罪行为，将其一并考虑到抢劫罪的加重犯中可谓顺理成章，符合刑法包容犯的理论。

在这个问题上，与扩大解释方法相反，还有观点主张，对构成要件明确的加重犯可采取目的性限缩的解释方法。对这类加重犯构成要件的解释，首先要严格进行字面解释，在有必要的情况下，根据法规范的目的，还可以采取目的性限缩的解释方法。以抢劫罪中的"持枪抢劫"为例，最高人民法院2000年《解释》对"枪支"的概念和范围，坚持了严格的字面解释，仿真枪不是枪支的范围。而所谓的持枪抢劫，实际上是使用真正具有危险性的枪支进行抢劫。不装有子弹的真枪，即使向被害人显示持有，也是一种虚张声势，狐假虎威，也不能够认定为持枪抢劫。❶ 笔者认为，这种理解对"持枪抢劫"作了无根据的限缩，其目的同样偏离了刑法正义的轨道。如果认定"持枪抢劫"要以枪支在案发时具有真正的危险性（如装了子弹）为标准，那是不是还要考察犯罪人是否懂得开枪或者开枪水平如何呢？对于立法和解释法律而言，这样的一些考虑是多余而琐碎的。在此，笔者还是要搬出"法律不理会琐碎之事"的格言。

---

❶ 张波："加重犯构成要件的两个解释方法"，载《检察日报》2009年6月2日。

四、抢劫军用物资或者抢险、救灾、救济物资

这是一类以特殊时期的特殊物为对象的抢劫加重犯。对于这类抢劫加重犯，一般论著都很少论及，实践案例鲜见。

首先，所谓"军用物资"，是指除枪支、弹药、爆炸物之外的，供军事上使用的各种物资，如军用被服、粮食、油料、建筑材料、药品、军用车辆、通讯设备等。"军用物资"主要是限于正在使用的和储存备用的军用物资，不包括已经报废的军用物资。有些观点认为，正在工厂制造过程中的军用物资不包括在内，因为不是正在使用或储存备用的物资，即使是被犯罪分子抢走，也不会直接影响部队的战斗力，没有特殊的危害性，不能作为抢劫罪的加重犯处罚。笔者认为，正在工厂制造过程中的为了军事用途的军用物资同样属于军事后勤供给的重要组成部分，与其他储备在仓库中的军用物资只差一步之遥，没有本质上的差异，也应该在本加重犯的"射程"之内，没有理由把它们排除在外。军用物资的范围不能过于扩大，不能把抢劫军队的现金或有价证券，以及军人个人所有的生活用品的行为，当作"抢劫军用物资"处理，也不能把抢劫警用物品包括在内。

由于《刑法》第127条规定了盗窃、抢劫枪支、弹药、爆炸物、危险物资罪和抢劫枪支、弹药、爆炸物、危险物资罪，所以，对于抢劫枪支、弹药、爆炸物的行为，应当认定为刑法规定的抢劫枪支、弹药、爆炸物罪。还有，我国《刑法》第438条规定了盗窃、抢夺武器装备、军用物资罪，即对于采取盗窃或者抢夺的方法，非法占有武器装备或者军用物资的行为，以该罪论处。然而，这里不同于《刑法》第127条对盗窃、抢夺和抢劫行为同时都作出规定，这就会出现对抢劫武器装备、军用物资的行为如何处理的问题。❶ 对于后者，定抢劫军用物资罪尚可解决，但对于前者即抢劫武器装备的行为是以普通抢劫罪处理，还是按照

---

❶ 类似问题还如《刑法》第329条规定了抢夺、窃取国有档案罪，而没有规定抢劫国有档案罪。

抢劫军用物资定性呢？笔者认为，此时，尽管《刑法》第438条把"武器装备"和"军用物资"是区别开来并列对待的，但把枪支、弹药、爆炸物之外的武器装备包含在"军用物资"里面还是可以解释得通的。所以，对于抢劫武器装备的行为可以分别按照抢劫军用物资和抢劫枪支、弹药、爆炸物进行定性处理。

其次，如何理解抢险、救灾、救济物资？

目前我国尚没有一部专门的综合性"抢险救灾救济"方面的法律，什么是抢险、救灾、救济物资，在国务院和民政部诸多的法规和规章中也无具体明确的界定。如2005年5月国务院颁布的《国家自然灾害救助应急预案》，2008年6月国务院常务会议通过《汶川地震灾后恢复重建条例》，以及民政部2007年的《救灾捐赠管理办法》，民政部2008年的《自然灾害救助应急工作规程》等均未规定"抢险救灾救济物资"是指哪些物资。❶ 不过，2005年国务院《国家自然灾害救助应急预案》对"应急准备"的规定中，"抢险救灾救济物资"包括资金准备、物资准备、通信和信息准备、救灾装备准备、人力资源准备和社会动员准备等。由此，可以推出"抢险救灾救济物资"包括了各种抢险、救灾、救济的资金、一般性物资、通信器材设备、救灾装备等。在一些地方性法规和规章中，也没有这方面的具体规定，但从相关规定中可以看到，抢险、救灾、救济物资的含义确实非常广泛。如云南省1993年实施的《抗灾救灾暂行规定》第4章规定"经费和物资"，其中，第17条："抗灾救灾经费和物资通过自力更生、生产自救、群众互助、保险补偿、社会捐赠、信贷和国家救济扶持等多种渠道解决。"第18条："省人民政府和有关部门对特大灾、大灾的经费补助限于：自然灾害救济事业费，泥石流、滑坡治理及搬迁救济费，水毁工程补助费，防汛抗旱补助费，人畜饮水困难补助费，水毁公路修复补助费，学校、医院、机关及其他事业单位受损补助费等。"第19条："省人民政府及其有关部门对特大灾、大灾的物资扶持包括：粮食、食盐、种子、农药、化肥、农膜、钢材、水泥、玻璃、汽油、柴油、煤油、汽车、铁丝、铁钉、橡胶、塑料、

---

❶ 类似的法律法规或者规章还有：《中华人民共和国突发事件应对法》《防汛条例》《水库大坝安全管理条例》《防震减灾法》《防沙治沙法》《破坏性地震应急条例》《军队参加抢险救灾条例》《草原防火条例》《地质灾害防治条例》《海洋石油勘探开发环境保护管理条例》，等等。

油毡及其他急需物资。"可见，该地方性规定几乎把能够用得上的救灾物资都规定在其中了。为此，有理由认为，只要是用于抢险、救灾、救济的物资，都是本加重犯的对象，即这里的抢险、救灾、救济物资，是指用于抢险、救灾、救济用途的一切物品或者设备、装备，这里重在强调这些物资的用途，即只要是用于抢险、救灾、救济的目的，包括用于抢险、救灾、救济的政府拨款、社会捐助，以及各种物品，如运输工具、机器设备、建筑材料、医疗用品、粮食和水、生活用品等，也包括用于抢险、救灾、救济的专属钱款。而且，只要是已经确定用于抢险、救灾、救济用途的物资，不论是处于正在制造、收集保管状态，还是处在运输、调拨途中，或者是正在使用当中，行为人对其实施抢劫，都应当以抢劫抢险、救灾、救济物资论处。如果是抢劫曾经用于或准备用于抢险、救灾、救济，但现已不再用于或不准备用于这方面的物资，则不能认定为"抢劫抢险、救灾、救济物资"。

再次，适用本加重犯，是否需要行为人明知抢劫对象属于上述特定用途的物资？

对此，有人持否定回答，理由是，刑法规定上述犯罪对象，并不是决定抢劫罪构成的定罪要件，而只是量刑的一个情节。例如，构成抢劫枪支罪，必须是明知是枪支而实施抢劫，否则不能构成本罪，但是，刑法规定抢劫上述物资为加重情节，只是因为其客观危害性更大，必须予以严惩，与行为人明知与否无关。笔者主张，加重犯也必须是主客观方面相统一，在主观方面，对于抢劫军用物资或者抢险、救灾、救济物资的，必须查明行为人是否明知为这些物资的特别用途而实施抢劫，如果行为人事前或者事中并不知道所抢劫的是用于抢险、救灾、救济的物资，就不属于这种加重情形。这里的"明知"，包括知道或者应该知道。这也是犯罪构成的责任要素的必然要求。而且，完全可以根据犯罪当时的实际情形，如物资的存放地、运输方式、相关知情人的说明，等等，予以推测和判断，而不会使行为人主观方面的认识问题成为行为人减轻甚至不承担罪责的借口。

【案85】甘肃省陇南市是"5·12"汶川大地震中甘肃省受灾最重的地区。在灾后重建中，该市武都区柏林乡农民王甲因自己未被列入重建援助对象而迁怒于村委会主任。2008年10月27日,王甲看到村委会主任王乙正在自家帐篷里向村民发放救灾重建贷款,遂萌生抢劫歹意。随后,王甲叫上同村村民郭某和王丙于次日凌晨持绳索、木棒前往王乙的帐篷,在附近潜伏近3个小时,待灭灯后,撕开门帘进入帐内,3人合力将王乙夫妇用绳索勒颈后又持木棒击打致死。王甲抢得现金500元,后分给郭某300元,而王丙负责将作案工具带回家中烧毁。2008年11月6日至8日,郭某、王丙与王甲先后归案。警方还在王甲帐篷内搜出非法储存的雷管及TNT炸药等爆炸物。2009年4月2日,陇南市检察院对王甲等3人提起公诉。陇南市中院审理认为,3人以非法占有为目的,为抢劫救灾款杀害被害人,3人均系主犯,且抢劫的财物属救灾款,社会危害性极大,犯罪情节特别恶劣,后果特别严重,依法应予严惩。据此,法院以抢劫罪判处3人死刑,剥夺政治权利终身。❶

本案首先无疑属于抢劫致人死亡的加重犯,但抢劫救灾款是否属于救灾、救济物资的范围值得思考,法院以抢劫罪(致人死亡加重犯)定性,把救灾款作为从重量刑的情节是正确的。

最后,还需指出,抢劫加重犯的法定刑是10年以上有期徒刑、无期徒刑或者死刑,并处罚金或者没收财产,属于我国刑法规定的最为苛严的刑罚,然而,对于该加重情形,最高人民法院在已经颁布的解释性文件中均无相应的具体规定。那么,是不是抢劫任何军用物资,或者抢劫哪怕数额极为少量或者价值很小的抢险、救灾、救济物资,都要适用该加重情形呢?这里同样存在如何坚守罪责刑相适应原则的问题。可能是由于这样的案例极为少见,所以,司法机关鲜有提出这样的疑问,也就没有作出相应的解释性规定。笔者认为,《刑法》第263条规定的这八类加重犯在刑法价值上应该具有等价性,与本对象加重情形最为接近的是"数额巨大"的加重犯,所以,可以参照抢劫数额巨大的规定,确立本加重情形的"罪量"的大小。在此,笔者建议最高人民法院也应对此作出相应的解释性规定。

---

❶ 姜伟超、宋常青:"3农民救灾帐篷内行凶抢得救灾款500元被判死刑",载《京华时报》2012年4月3日。

第七章　抢劫罪的拟制形态（一）

在我国《刑法》中，除了《刑法》第263条规定了抢劫犯罪外，《刑法》第267条第2款、第269条，以及第289条后段还规定了"依照本法第263条的规定定罪处罚"的三种情形。《刑法》分别规定的这三种非典型的抢劫罪，其成立的条件比较特殊，有些问题还颇有争议。考虑到对这三种情形的抢劫罪的称谓各有不同，本书先将它们统称为拟制型抢劫罪，理由在下文论述。

一、拟制型抢劫罪的称谓与立法比较

（一）拟制型抢劫罪的称谓问题

我国《刑法》第269条规定："犯盗窃、诈骗、抢夺罪，为窝藏赃物、抗拒抓捕或者毁灭罪证而当场使用暴力或者以暴力相威胁的，依照本法第263条的规定定罪处罚。"第267条第2款规定："携带凶器抢夺的，依照本法第263条的规定定罪处罚。"第289条规定："聚众'打砸抢'，致人伤残、死亡的，依照本法第234条、第232条的规定定罪处罚。毁坏或者抢走公私财物的，除判令退赔外，对首要分子，依照本法第263条的规定定罪处罚。"以上三条款都规定有"依照本法第263条的规定定罪处罚"。这就是说，符合以上三条款的情形，都以抢劫罪定罪处罚。但这三种情形显然又不同于典型或称标准型的抢劫罪，对这三个条款，首先就存在如何称谓的问题。

就《刑法》第269条而言，多数观点称为抢劫罪的转化犯，或者转化型抢劫（罪），也有人称为准抢劫罪，或者事后抢劫罪，只是称之为转化型抢劫罪的居多。❶ 常见的转化型抢劫罪也就是指这一条的规定。至于后两种情形，国外少有类似规定，我国研究者有的称之为转化犯；❷ 有的认为本条不是标准的转化犯，应为拟制的转化犯，或准犯；❸ 有的认为，《刑法》第 269 条的规定不是真正意义的转化犯，真正的转化型抢劫，是指行为人入室盗窃时发现有人进而实施抢劫，或者抢夺财物时被害人不放手，行为人进而实施暴力强取财物等情形。该条规定是将原本不符合抢劫罪犯罪构成的行为拟制为抢劫罪。❹ 还有的学者从法律拟制和注意规定区别的角度，把第 269 条的规定称为法律拟制；❺ 我国台湾地区的学者将类似的情形称之为追并犯。❻ 但在司法实务中，多数赞同《刑法》第 269 条规定的是转化型抢劫罪或准抢劫罪。

笔者认为，对《刑法》规定的普通（或者标准）抢劫罪以外的以抢劫罪定罪处罚的情形称谓不同，反映出对同类性质的犯罪在犯罪构成及犯罪形态的理解上的差异，有必要加以辨析。

先谈谈转化犯的称谓问题。所谓转化犯，我国学者主要有广义和狭义两种理解。广义论者认为，它系指某一违法行为或者犯罪行为在实施过程中或者非法状态持续过程中，由于行为者主客观表现的变化，而使整个行为的性质转化为犯罪或者转化为严重的犯罪，从而应以转化后的犯罪定罪或应按法律拟制的某一犯罪论处的犯罪形态。❼ 根据这种观点，转化犯可以是罪与罪之间的转化，也可以是非罪向罪的转化。狭义论者认为，转化犯是指行为人在实施某一较轻的犯罪时，由于连带的行为又触犯了另一较重的犯罪，因而法律规定以较重的犯罪论处的情形。转化

---

❶ 张明楷：《刑法学（第三版）》，法律出版社 2007 年版，第 712 页。高铭暄、马克昌主编：《刑法学》，北京大学出版社、高等教育出版社 2007 年版，第 561 页。苏惠渔主编：《刑法学》，中国政法大学出版社 2001 年版，第 650～651 页；此外还可见高铭暄主编、赵秉志副主编：《新编中国刑法学》，中国人民大学出版社 2000 年版，第 767～768 页，等等。

❷ 陈兴良："转化犯与包容犯：两种立法例之比较"，载《中国法学》1993 年第 4 期。

❸ 杨旺年："转化犯探析"，载《法律科学》1992 年第 6 期，第 37 页。

❹ 张明楷：《刑法学（第四版）》，法律出版社 2011 年版，第 853 页。

❺ 姜伟主编：《刑事司法指南（第 15 期）》，法律出版社 2003 年版，第 82 页。

❻ 陈朴生：《刑法总论》，台湾正中书局 1969 年版，第 168 页。

❼ 杨旺年："转化犯探析"，载《法律科学》1992 年第 6 期。

第七章 抢劫罪的拟制形态（一）

犯与我国台湾学者（如陈朴生）所称的"追并犯"意思相同。❶且转化犯具有转化性、递进性和法定性的特征。❷笔者也曾认为，转化犯是指行为人在实施基本罪危害行为过程中，由于出现特定的犯罪情节，而使基本罪的性质发生改变，转化为另一重罪，并且按照重罪定罪量刑的犯罪形态。转化犯在构成上具有这样的特征：（1）行为人实施基本罪的危害行为，这是转化犯的前提条件；（2）增加了新的犯罪情节，这是转化犯的转化条件；（3）法律明文规定转化为某一重罪，并按照重罪定罪量刑，这是转化犯的法律后果。❸

而"准犯"从字面语义理解，准者，程度上虽不完全够，但可作为某类事物看待者也；❹所以，准犯，就是一种准用型的犯罪，系指某一危害行为或者犯罪行为本不符合被准用的另一犯罪的构成要件，但由于立法的特别规定，将该危害行为或者犯罪依照被准用的犯罪定性论处。准犯的规定包含有一定的立法推定的意蕴。

通过上述对转化犯和准犯的界定分析，可以看出两者的定性都是由轻向重的转变，但转化犯宜于界定在罪与罪之间的转化，而且是轻罪向重罪转化较妥当。准犯既可以是罪与罪之间的转换，也可以是不构成犯罪的非法行为向某种犯罪的转化。不过，笔者并不赞同有的学者所言：准犯往往发生在两种具有罪质的递进关系的犯罪之间，而转化犯则是二行为犯罪。准犯属于犯罪构成的问题，转化犯属于罪数论的问题。该观点还以刑讯逼供为例，认为《刑法》第247条规定的转化犯包含刑讯逼供和伤害行为，之所以能转化是因为行为人有超出刑讯逼供且完全符合故意伤害罪的构成。❺因为，可以认为，《刑法》第247条规定的刑讯逼供和暴力逼取证人证言罪的危害行为本身已经包含了暴力威胁等伤害他人身体健康的因素，它们完全可能"致人伤残、死亡"，❻也就是说，这里的转化犯并不一定是出现了一个不能被基本罪包含的故意伤害罪。比

---

❶ 陈兴良著：《本体刑法学》，商务印书馆2001年版，第600页。
❷ 陈兴良著：《刑法适用总论（上）》，法律出版社2001年版，第665页。
❸ 金泽刚："论转化犯的构成及立法例分析"，载《山东法学》1998年第4期。
❹ 《现代汉语词典》，商务印书馆1979年版，第1511页。
❺ 陈兴良：《刑法适用总论（上）》，法律出版社2001年版，第668～669页。
❻ 我国《刑法》中的"致人伤残、死亡"如何理解，是否包括过失和故意在内是很值得进一步研究的问题。本文对"抢劫致人重伤、死亡"做了研究。

如，长时间地刑讯逼供或者实施暴力逼取证人证言，完全可能直接导致被害人伤残，这时就可直接引用转化犯的规定，大可不必去探究是否还存在一个独立构成犯罪的故意伤害罪。

　　基于以上分析，加上考虑到在上述三种"依照本法第263条的规定定罪处罚"的情形中，不仅可以是犯盗窃、诈骗、抢夺罪可向抢劫罪转化，也可以是实施盗窃、诈骗、抢夺、聚众"打砸抢"尚不构成犯罪的违法行为向抢劫罪的转化犯。❶ 所以，笼统地看，将它们界定为准抢劫罪似乎能够概括其普遍性特征。但是，"准"字作为法律术语，以及刑法学的术语，其含义尚未约定俗成，也不够规范化。而从罪与罪之间的转化来看，转化犯似乎也可以概括这三种情形，正是因此，一些观点将它们统称为转化型抢劫，特别是《刑法》第269条本就规定"犯盗窃、诈骗、抢夺罪"，被称为转化型抢劫也就不足为奇了。但事实上，根据有关解释性规定，这三种情形还包括盗窃等非罪行为向抢劫罪的转化，因此，统称为转化犯也存在概括不全面的问题。为此，可以认为，以现行刑法的规定为依据，可以借鉴法律拟制的理论把它们统称为拟制型抢劫罪。

　　法律拟制历来是个复杂的理论问题。梅因在《古代法》一书中专门论述了"法律拟制"的问题，梅因认为，这一用语"是要以表示掩盖、或目的在掩盖一条法律规定已经发生变化这事实的任何假定（Assumption），其时法律的文字并没有被改变，但其运用则已经发生了变化"，❷ 在他看来，"法律拟制"（Legal Fictions）、"衡平"（Equity）和"立法"（Legislation）起到了促使"法律"（Law）和社会协调的媒介作用。❸ 法

---

❶ 后文对此有进一步的具体论证。
❷ ［英］梅因著，沈景一译：《古代法》，商务印书馆1996年版，第16页。
❸ 有观点认为梅因的这种说法言过其实，见 David M. Walker：《牛津法律大辞典》，李双元等译，法律出版社2003年版，第423页。庞德（Pound）则认为衡平法（Equity）与自然法（Natural）在原初之时与法律注疏（Interpretation）一样都是一般拟制（General Fictions）。See Roscoe Pound: *The Spirit of the Common Law*, Boston, Marshall Jones Co. 1921, p. 172.

律拟制在英美法的法律发展中发挥了极大的作用。❶ 法律拟制在本质上是指"通过虚构事实以达到某种法律目的的司法措施或决断性证明方法",❷ 虽然该种论断至今并没有发生根本性的改变,但是在更为确切的理解上,不可否认随着时代和法制的发展,"法律拟制"的涉猎范围已经超越了英美法上司法与程序的领域,进入成文法上更为实体的立法范畴,比如在立法上对于权利能力、责任能力、行为能力的拟制,对于主体身份的拟制,❸ 对于刑法中罪数、罪行、罪名的拟制,等等。可以说,法律规范中经常充斥"拟制"这种"以假为真""以此为彼"的现象。如今,根据布莱克法律词典所作的定义,拟制或者法律拟制(Legal Fiction)是指"一种假设(Assumption),通过改变一项法律规则的运用,对不真实的甚至可能不真实的情况,法律上假定为真实的,即为了间接实现某种其他的目标而转移一项法律规则或者制度的原初目的",❹ 简而言之,法律拟制的本质便是"基于一定的法律措施,将性质相异者看做同一事物并赋予其相同的法律效果"❺ 且不允许反驳的法律方式。❻

"刑法中的拟制"这一概念在刑法理论中很少出现,甚至还算不上是一个既定的专业术语,学界研究较多的是就《刑法》分则的一些规定,分析"刑法的提示性规定"相对应的"刑法的拟制型规定"的差异,如"刑法的拟制型规定"主要是指《刑法》分则中对于某些罪行"有意将

---

❶ 庞德(Pound)便认为法律是在在拟制的掩饰下发展的。"Law grows subconsciously at first. Afterwards it grows more or less consciously but as it were surreptitiously under the cloak of fictions. Next it grows consciously but shamefacedly through general fictions. Finally it may grow consciously, deliberately and avowedly through juristic science and legislation tested by judicial empiricism." See Roscoe Pound, *The Spirit of the Common Law*, Boston, Marshall Jones Co. 1921, p. 173.
❷ 卢鹏:《拟制问题研究》,上海人民出版社2009年版,第6页。
❸ 如把原本非国家工作人员"以国家工作人员论"。
❹ Bryan A. Garner, Thomson West:*Black's Law Dictionary*,(Eighth Edition), p. 913.
❺ 《新法律学辞典(第三版)》,有斐阁平成元年版,第222页。
❻ 这一本质应该是先于英美法与成文法、立法拟制与司法拟制的划分的,虽然本文以下的论点期望将我国"刑法中的拟制"限定在为一种立法方法,但并不代表拟制仅是一种立法方法。

明知为不同者等同视之",❶ 而在分则之外是否存在法律拟制则少有研究。笔者认为,如果将"有意地将明知为不同者等同视之"作为衡量"拟制"与否的形式标准时,"刑法中的拟制"并不仅仅局限于"刑法中的拟制型规定"当中,对于分则中某种罪行的拟制固然是一种刑法中的拟制,但《刑法》总则中是否也存在"以假为真""以此为彼"的规定呢?在我国刑法的基本原则、基本精神的内部,或许可以找出拟制的"影子"。作为一种"以假为真"的法现象,"刑法中的拟制"本身便是贯穿于刑法理论、通过刑事立法并被运用到司法实务中的一种法学方法,是一种刑事立法、司法上的"以假为真""以此为彼"。"刑法中的拟制"不应该仅仅局限于"刑法的拟制型规定",应该说,是指刑法中所出现的"有意将明知为不同者等同视之",且不允许反驳的法律方法。研究刑法中的拟制,应该把总则与分则结合起来,进行系统的论证分析。认识《刑法》分则中的拟制型规定,同样需要把握《刑法》总则规定的刑法的基本原则和价值精神。

　　法律拟定是一种非常特殊的法律形态。在哲学上,19世纪德国哲学家费英格(Hans Vaihinger)所倡导的"拟制说"认为,任何认识都是拟制的,亦即对真实的理解,都是恣意以及虚拟的表象,虽然表象并非真实,但仍然具有"成果价值"(合目的性)。在法律上,拟制的内在理由是构成要件的类似性。因为拟制是立法上的"类推",所以不能没有限制,立法者并不能够依照法律实证论的主张,将任何虚拟的事物都放在拟制内,亦即必须有某种共通点,否则适用相同规范就不符合逻辑。❷ 被拟制的对象在本质上需要具有一致性。法律拟制与类比推理是一致的,即"实际上蕴涵着一个以内容评价为基础'一般化'(Generalisierung)命题,即已在法律上作出规定的情形与法律上未作出规定的情形之间的区别并未重要到这一程度,以至于可以成为区别对待的正当理由。换句话说,这两种情形之间的共同要素即足以构成对它们赋予相同法律后果

---

❶ 张明楷:《刑法学》,法律出版社2007年版,第504页。
❷ [德]考夫曼著,刘幸义等译:《法律哲学》,法律出版社2004年版,第154页。

的正当理由"。❶ 如果刑法中的拟制单纯为了实现罪责刑相均衡的法律效果，那么作为分则中罪的拟制便没有更为合理的原因。以携带凶器抢夺为例，如果认为刑法对携带凶器抢夺以抢夺罪定罪无法在量刑上充分反映该罪的社会危害性的话，那么在抢夺罪的规定中，将携带凶器的抢夺予以从重或者加重处罚即可，而不需要通过拟制将其认定为抢劫罪。事实上的原因在于，这种行为因为基于对于人身的侵害之虞已经不再适合以抢夺罪定性，在观念的认定上更近似于抢劫行为的属性。

在本质上，刑法是一种保护法益的法律，❷ 刑法的目的是保护法益，❸ 表现在刑事立法上，便是立法者所作的法益保护的选择，这种通过刑事立法的方式所作出的选择便是一种刑法目的性的表现。而刑法对法益保护主要通过在分则中设置相应的罪名与刑罚来体现的。为了保护某种特殊法益，难免就有"以假为真""以此为彼"的需要，这就使法律拟制成为可能，即"将原本不符合某种规定的行为也按照该规定处理"。❹

但是，这种"按照某某规定处理"的方式与刑法中的一些注意性规定或者提示性规定是有区别的。注意性规定是在刑法已作相关规定的前提下，提示司法人员注意、以免被忽略的规定。注意规定的设置，并不改变相关规定的内容，只是对相关规定内容的重申和强调；即使不设置注意规定，也存在相应的法律适用根据。注意性规定对比适用的是两种法益保护完全相同的情况。也就是说，注意性规定并不改变规范的基本内容，只是对基本规定内容的重申，而其重申的内容对于该基本规定的内容而言是当然性的。在《刑法》分则中，第156条、第163条第3款、第183条、第184条、第185条、第242条第1款、第248条第2款、第272条第2款等均属于注意性规定。❺ 而刑法的拟制型规定的特别之处在于，"即使某种行为原本不符合刑法的相关规定，但在刑法明文规定的特

---

❶ [德]齐佩利乌斯著，金振豹译：《法学方法论》，法律出版社2009年版，第99页。

❷ [德]李斯特著，徐久生译：《德国刑法教科书》，法律出版社2006年版，第10页。

❸ 张明楷：《刑法学》，法律出版社2003年版，第27页。

❹ 张明楷：《刑法学》，法律出版社2007年版，第503页。

❺ 张明楷：《刑法分则的解释原理》，中国人民大学出版社2004年版，第248页。

殊条件下也应按相关规定处理"。❶《刑法》第267条第2款规定的"携带凶器抢夺"以抢劫罪定罪处罚，即只要行为人携带凶器抢夺，就以抢劫罪论处，而不要求行为人使用暴力、胁迫或者其他方法，"本规定属于法律拟制，而非注意规定……携带凶器抢夺原本并不符合刑法刑法第263条规定法的抢劫罪的构成要件。如果没有刑法第267条第2款的规定。对携带凶器抢夺的行为，只能认定为抢夺罪"。❷《刑法》分则中明显的法律拟制条款有第196条第3款、238条第2款、第241条第5款、第267条第2款、第269条、第289条、第362条、第382条第2款等。❸ 可见，与注意规定明显不同，法律拟制则是在特殊情况下改变处罚方式的规定。换言之，即使某种行为不符合普通规定，但在特殊条件下也必须按普通规定论处。如果没有法律拟制，意味着对该行为只能依照普通规定论处。

这样一来，就有理由把《刑法》第267条第2款、第269条以及第289条规定的"按照抢劫罪定罪处罚"的情形统称为拟制型抢劫罪。同时，考虑到学界和司法实务部门的众多观点已习惯性地把《刑法》第269条规定的拟制型抢劫称为转化型抢劫❹或事后抢劫，❺ 所以，笔者在引用这些观点时为保持原貌，所言转化型抢劫、事后抢劫就是指《刑法》第269条规定的拟制型抢劫的情形。

（二）拟制型抢劫罪的立法比较

拟制型抢劫罪在中外刑法中的规定，可以说是一个传统。

我国《唐律·贼盗篇》第281条中，就将"先盗后强"的行为规定为强盗罪。同时还规定：如果行为人盗窃后被人发现就丢弃财产逃走的，即便对追捕之人使用暴力或者胁迫拒捕的，不定强盗罪，而是按照"斗殴"及"拒捍追捕"的法条处理。❻ 以后的历代王朝基本上都沿袭了唐

---

❶ 张明楷：《刑法学（第三版）》，法律出版社2007年版，第504页。
❷ 同上书，第719页。
❸ 张明楷：《刑法分则的解释原理》，中国人民大学出版社2004年版，第253~257页。
❹ 高铭暄、马克昌主编，赵秉志执行主编：《刑法学（第二版）》，北京大学出版社、高等教育出版社2005年版，第554页。
❺ 张明楷：《刑法学（第四版）》，法律出版社2011年版，第853页。
❻ （唐）长孙无忌等撰：《唐律疏议》，中华书局1983年版，第356~357页。

律的规定。中国历史上第一部具有现代意义上的刑法典《大清新刑律》对先盗后抢的行为作出了与唐律相似的规定，但也有所突破。在这部法典中，将先盗后抢的行为认定为强盗罪不再要求行为人一定是没有丢弃财产，同时该法还明确规定了行为人须有当场实施暴力或胁迫的护赃、免捕、灭证的主观目的。民国政府时期，国民党1928年的《刑法》对上述行为的规定基本承袭清代立法，唯一的突破就是将先行的行为除了盗窃以外，还规定了抢夺行为。

纵观国外的立法，对先行实施盗窃的行为，为窝藏赃物、抗拒捕、毁灭罪证而当场暴力或者以暴力相威胁的，普遍认为事后强盗罪，并载明以强盗罪论处。如《德国刑法》第252条规定：行为人在盗窃时被当场发现，为了保持对所盗财物的占有而对他人使用暴力或者使用带有对身体或者使用带有对身体或者生命的现实的危险的威胁的，与抢劫者同样处罚。《日本刑法》第238条规定：盗窃犯在窃取财物后为防止财物的返还，或者为逃避逮捕或者隐灭罪迹，而实施暴行或者胁迫的，以强盗论。《意大利刑法》第628条规定，为使自己或其他人获取不正当利益，采用对人身的暴力或者威胁，使他人的动产脱离持有人的控制，将其据为己有的，处以3～10年有期徒刑和100万～400万里拉罚金。为确保自己或其他人占有被窃取的物品，或者为使自己或其他人不受处罚，在窃取物品后立即使用暴力或威胁的，处以同样的刑罚。有下列情况之一的，处以4年6个月至20年有期徒刑和200万～600万里拉罚金。(1) 如果暴力行为是采用武器实施的，是由经这化装的人实施的或者由数人结伙实施的；(2) 如果暴力行为表现为使某人处于无意思或行为能力状态；(3) 如果暴力或威胁是由参加第410条之二列举的团体的人实施的。《韩国刑法典》在《盗窃与强盗罪》一章第335条规定：盗窃者为抗拒夺回、逃避逮捕或湮灭罪证，施以暴力或者胁迫的，依强盗罪的规定处罚。《瑞士联邦刑法典》第140条第2款也有类似规定。

再看英美国家的规定。

英国1968年《窃盗法》第8条规定：一人如果实施盗窃并且在实施该行为之前或者在实施该行为的过程中，为实施盗窃行为而对任何人使用了暴力，或者使任何人处于或者试图使其处于此后在当场可能受到暴力侵害的恐惧之中，构成抢劫罪。美国关于事后抢劫罪的立法比较复杂，事实上大陆法系中的事后抢劫罪在美国一般被视作两个罪。即窃贼在偷盗财产之后，为了保住偷来的财产，或者为了逃跑而使用暴力或者进行恫吓，不构成抢劫罪，仍然是两个罪：偷盗和伤害（或恐吓），但也有判例和立法持相反立场。如《美国联邦刑法》关于抢银行和有关犯罪条款规定在银行里偷盗后为了逃避逮捕而使用暴力或者进行恫吓的按抢劫罪处罚。《加拿大刑法》第343条规定：实施下列行为者为强盗罪：（1）盗窃并以强行取得为目的，或使用暴力，或以使用暴力相威胁，阻止某人对其盗窃的抵抗；（2）从任何人那里盗窃，并且在盗窃时或者在盗窃前后伤害攻击或用任何人身攻击强迫那些人；（3）带有从某人处盗窃的目的攻击该人；（4）用犯罪武器或模型恐吓人们而偷窃。我国香港地区《刑法纲要》10.2中规定：偷窃他人财物，并在偷窃之前或偷窃之时，为达到偷窃目的而对任何人使用武力，或者试图使任何人害怕在当时、当地受到这种武力对付之中的，即为犯罪。

不过，也有国家，如俄罗斯，刑法对事后抢劫没有具体规定；还有的国家刑法虽然有规定，但并非是按抢劫罪定罪处罚。如《越南刑法》第155条规定，盗窃他人财产并"行凶逃跑"的，是盗窃罪的一种加重法定刑的情节。这些只是少数国家的立法情形。

就具体罪名而言，日本等国把事后抢劫与普通抢劫区别开来，将它作为一种独立罪名予以适用。考虑到事后抢劫罪与一般抢劫罪毕竟有差别，因此，在日本刑法理论上，一般将它与昏醉抢劫罪归为一类，统称为"准抢劫罪"。❶ 另外，在日本刑法理论界，许多学者把"突变抢劫"视为一种独立的抢劫罪的类型。所谓"突变抢劫"，是指窃取部分财物后被人发现，又接着采用暴力、胁迫手段强取财物的情形。这种"突变抢劫"与事后抢劫极为相似，两者都是在盗窃财物后，进一步实施了暴力、胁迫行为，主要差别是主观目的有所不同，前者实施暴力、胁迫行为一般是为了进一步夺取财物，后者则是为了防止财物被夺回，或为了免受逮捕、湮灭罪证。但是，在《日本刑法》中，对"突变抢劫"并没有作明文规定，学者们给它所下的定义又各不相同，其范围有大有小。因而，

---

❶ ［日］大塚仁：《刑法概说（各论）》，有斐阁1992年日文版，第215～216页。

有学者提出,"突变抢劫"的概念应该废除,不要把它作为一种独立的抢劫罪的类型看待。实际上,有一部分所谓"突变抢劫"属于事后抢劫,另一部分则属于普通抢劫的范畴。❶ 这一点与我国司法实践中对一些抢劫案件(主要是先偷不成即抢)亦存在"拟制型抢劫"与"普通抢劫"之争是一致的。

大陆法系与英美法系中有关事后抢劫罪的立法比较。从立法的技巧上、条文的设置上看,大陆法系因有制定法的传统立法技术高,条文细密、严谨,而英美法系则仰仗判例,立法技术多显简单,条文也较粗疏。

从有关事后抢劫罪的条文设置上看,大陆法系多在一般抢劫罪之后另设条文单独规定成立事后抢劫罪的情形。如德国在第252条、日本在第238条、韩国在第335条、我国台湾地区在第329条、我国澳门地区在第205条专门作了规定,同为大陆法系的意大利未设专条,只是在第628条第2款中规定了构成事后抢劫罪的情形。英美法系关于抢劫罪并未明确区分,事后抢劫罪大多是包容在强盗罪的条文中的。

从事后抢劫罪成立的前提条件来看,在大陆法系中,日本和我国澳门地区限于"盗窃犯",德国和韩国限于"盗窃时",我国台湾地区限于"盗窃或抢夺",也就是说日本、我国澳门地区要求前提行为构成犯罪,德国、韩国和我国台湾地区并不要求前提行为构成犯罪。从美、英等国的情况来看,盗窃无所谓前提行为问题,先实施盗窃后施加暴力或先实施暴力再实施盗窃的,都成立强盗罪。

从事后抢劫罪转化的时空条件看,意大利刑法要求"立即",德国、我国台湾地区刑法要求"当场",我国澳门地区要求是"现行犯",日本、韩国法典中未作要求。

从事后抢劫罪转化的主观条件看,日本、韩国、我国台湾地区要求出于"防止财物的夺回,或者逃避逮捕或者隐灭罪迹",《德国刑法典》要求出于"保持占有",《意大利刑法》要求出于"保护占有或免受处罚"。只有出于上述目的,才能成立事后抢劫罪。

从事后抢劫罪转化的客观条件看德国、日本、韩国、我国台湾地区

---

❶ [日]香川达夫:《强盗罪的再构成》,成文堂1992年日文版,第92~93页。

和我国澳门地区的刑法典中对施加的暴力未作任何限制，但《德国刑法典》中要求威胁是"对生命或身体具体现实危险的威胁"。《意大利刑法》则从施加暴力时行为人采用的手段、施加暴力时的人数，暴力的强度等方面作出了细致的规定。

从大陆法系规定事后抢劫罪都适用一般抢劫罪的立法理由来看，一个重要的考虑是在事后抢劫罪的场合，和一般抢劫罪相比说具有相同程度的法益侵害或威胁，为了保证罪刑相适应，立法上大都规定适用一般抢劫罪的法定刑。所以立法上所规定的事后抢劫罪的情况是否真正达到了一般抢劫罪的危害程度，便是衡量立法科学性的一个重要标准。所以各国都从各方面进行限定，力求保证在事后抢劫的场合，事后的暴力、胁迫和先行的盗窃、诈骗、抢夺之间具有关联性，以便能将事后的暴力、胁迫视作夺取财的手段，能和一般抢劫罪等同视之。

从各国家和地区对事后暴力、胁迫的立法规定来看，有的是从主观方面进行限定，如德国、韩国刑法典，有的是主客观两方面对关联性进行限定如意大利、中国台湾地区刑法典。从立法的科学性来看，既然行为是主客观面的统一，单从一个方面进行限定，难以说是妥当的立法例，所以从主客观两面进行限定的立法例值得肯定。就从客观方面限定的情况来看，有的要求暴力是"当场"，有的要求是"立即"，日本立法上对"当场"未加规定，但判例对此是予以支持的，《意大利刑法》在这方面有特色，它不是从时间、场所上对事后的暴力、胁迫进行限定，而是从行为人方面进行限定，要求是"现行犯"的场合。比较而言，还是从时空上进行限定较为合理，因为对何为现行犯不易达成共识，易生争议，相比之下，从时空上进行限定，再和判例司法解释等协力，可操作性将大大增强。从主观面来看，有的只要求必须出于"对财物的保持占有"，如德国。而大多数的国家和地区则要求出于"防止返还，逃避逮捕，隐灭罪迹"，如日本、我国台湾地区和中国大陆。比较而言，日本、中国台湾地区的立法例较为可取，德国要求出于"对财物的占有"这唯一的目的，难免有所疏漏，将其他有关联的法益侵害或威胁相当的其他情况排斥在外，难以适用有关事后抢劫罪的法条，不甚妥当。但日本、我国台湾地区在这方面有一点不同，日本和我国台湾地区要求出于"脱免逮捕"，中国大陆要求"抗拒抓捕"，"脱免"和"抗拒"无甚差别，关键是"逮捕"和"抓捕"一字之差，区别明显，而逮捕是由检察院批准或法院决定，由公安机关执行的刑事强制措施，要求在事后抢劫罪的"当场"实施"逮捕"由于程序方面的限制，几乎不可能，中国刑法中规定抗拒"抓捕"而不是抗拒"逮捕"，立法技术高出一筹，彰显出立法方面的进步和后发优势。

从转化的前提条件看，有的限于"盗窃"如德、日、意、韩和我国澳门地区，有的限于"盗窃和抢夺"，如中国台湾地区，中国大陆则限于"盗窃，抢夺和诈骗"。关于对上述行为性质，有的要求是犯罪行为如日本、中国内地和澳门地区，有的要求是违法行为如德国、韩国、意大利等。从各个国家和地区法定刑的配置上来看，盗窃、诈骗、抢夺罪的法定刑基本上一样，也就是说危害程度是相当的，从司法实践上来看，实施诈骗或抢夺被发现后，出于"窝藏赃物，抗拒抓捕，毁灭罪证"目的而当场实施暴力的时有发生，从罪刑均衡的角度考虑，中国刑法较其他诸国的规定更为科学合理，前提行为的性质是犯罪行为还是违法行为，涉及相关条文的协调。就中国刑法而言，既然认为在事后抢劫的场合和一般抢劫是相当的，而一般抢劫对财物并无数额方面的限制，却要求事后抢劫罪中前提行为的财产犯罪达到犯罪的程度，前后条文不相协调，应借鉴外国在这方面的经验，只应规定是"盗窃、诈骗、抢夺行为"而不应规定是"犯盗窃、诈骗、抢夺罪"。

从条文规定的严谨科学方面考虑，应对当场施加的暴力、胁迫进行程度上的限定，以增强司法上的可操作性，保证执法尺度的统一。在这方面，意大利、德国和俄罗斯的立法例可资借鉴。意大利的规定虽操作性更强一些，但规定过于繁琐，如此规定则导致准抢劫罪的有关条文过于臃肿，与整部法典不协调，所以可以借鉴德国和俄罗斯的立法例，将暴力限于"足以威胁他人健康生命的暴力"（《俄罗斯刑法》）；将威胁限于"对身体或生命具有现实的危险的威胁"（《德国刑法》）。

【案86】被告人张某打算找个卖摩托车的店，以买车的名义在试车时趁老板不注意把车开跑。一天，他来到王某的摩托车经销店，看中了一辆价值5 460元的摩托车，向王某要求试车，王某就坐在车后边让张某试车。试了一会儿，因王某坐在车上没有机会将车开跑，张某称车把太紧，王某修理后又试，张某又说车把太松，在王某下车准备试车时，张某趁机加大油门将车开跑。跑了两三公里车没油了，张某便推着走。这时摩托车店的两名伙计追来问怎么回事，张某说试车没油了，并掏出身上仅有的10元钱让其去买油。加过油后，一个伙计骑自带的摩托车先走，另一个伙计坐在摩托车上。张某开车走了一会儿，就对坐在车上的伙计说车上不去坡，让其下来推车。等其一下车，张某再次加油门沿公路跑了几公里，王某与其他人骑摩托车追来喊叫张某停车，张某撞击拦截的摩托车（未造成车损人伤后果），拒不停车。追赶过程中，张某开的车没油了，弃车逃跑，后被当场抓获。❶

本案在定性方面，有诈骗，或盗窃、抢夺以及抢劫之争，笔者赞成张某的行为构成拟制型抢劫罪，理由是：从张某骑车和卖车方的行为看，张某骑车就逃的行为不符合"秘密窃取"的盗窃罪的显著特征。而且，卖车方的行为是给嫌疑人试车而已，毫无（不付钱）自愿交付的被骗意思，故张某不构成诈骗罪。事实上，张某为逃避付款，几次骑车就逃，最后在逃跑过程中，为抗拒抓捕当场使用暴力，撞击拦截的摩托车，由于这种暴力行为对相关人员的人身安全具有高度的危险性，虽然未造成车损人伤的后果，但已符合拟制型抢劫罪的构成特征，应以抢劫罪定罪处罚。这里应该注意的是，如果行为人只是为了继续逃跑，而擦碰追赶者的话，就不能转化为抢劫罪。

二、先实施盗窃、诈骗、抢夺的拟制型抢劫罪

从《刑法》修订的历史以及司法解释来看，《刑法》第269条规定的拟制型抢劫一直是个颇有争议的问题。甚至有人怀疑"事后抢劫"是否有存在的必要，主张对《刑法》第269条规定的情形应认定为直接构成盗窃、诈骗、抢夺罪，而行为人当场所实施的暴力或者以暴力相威胁的

---

❶ 徐登山、禹春慧："以买摩托车为名，试车时企图将车开跑——张某的行为构成何罪"，载《人民法院报》2011年11月9日。

行为，可视为盗窃、诈骗、抢夺犯罪的从重情节；如果暴力行为造成他人伤害甚至死亡，可认定其构成伤害罪、杀人罪，并实行数罪并罚。不过，现在的立法还是得到了多数观点的肯定，主要是考虑到这种犯罪现象仍然比较普遍，危害也很大，有必要通过单独的《刑法》规范加以规制。此外，拟制型抢劫存在敛财与暴力两种行为甚至两个阶段，两种行为与两个阶段又组成一个整体，若定性为"盗窃、诈骗、抢夺罪"，不能包含行为人的暴力行为，若对两种行为分别定罪，又明显割裂了两种行为的相关性。唯有将两种行为、两个阶段联系起来，确立为一个"事后抢劫罪"，才有利于解决这个矛盾。再说，实践当中多数这类犯罪，一开始实施时，因犯罪数额不大，并不符合盗窃、诈骗、抢夺罪的数额标准，所以也不能认定为相应的犯罪。由于是拟制而来的犯罪，拟制的条件怎么理解，后罪与前罪或者前行为的关系如何，以及事后抢劫罪与普通抢劫罪的区别在哪，成为处理这类案件经常遇到的难题。

（一）"犯盗窃、诈骗、抢夺罪"

1. "犯盗窃、诈骗、抢夺罪"是指主体还是指行为

在国外刑法中，对事后抢劫罪的主体范围，各国刑法规定不一，日本、意大利、奥地利、韩国、泰国等绝大多数国家只限于盗窃犯。而我国刑法规定，除此盗窃外还包括诈骗、抢夺犯。

在我国第一部刑法典的起草过程中，曾有草案（如1957年的草案）规定，"犯偷窃、抢夺罪"者，才有可能构成转化型抢劫罪。当时之所以没有规定诈骗罪的转化问题，是因为考虑到诈骗罪是骗取他人的信任而获得财物，转化为抢劫罪的可能性不大；后来又想到不能完全排除先行诈骗、而后向抢劫转化的情况，因而增加了诈骗。[1] 在我国新《刑法》的修订过程中，也曾有多个修订草案将诈骗排除在事后抢劫的范围之外，如1996年10月、1996年12月和1997年2月全国人大常委会法制工作委员会的修订草案，都未将诈骗纳入有关事后抢劫的条文中。[2] 从各国刑法

---

[1] 高铭暄：《中华人民共和国刑法的孕育和诞生》，法律出版社1981年版，第206~297页。

[2] 赵秉志主编：《新刑法全书》，中国人民公安大学出版社1997年版，第1754、1780、1811页。

的规定和我国的立法情况来看，诈骗能否转化为抢劫或有无必要将其纳入事后抢劫（转化型抢劫）的范畴，还有待进一步研究。

在德、日等大陆法系国家，关于事后抢劫罪是否属于身份犯，在理论和实践上都有不同认识。日本历来的判例持肯定态度，理论上的通说也是如此，但是，近年来，也有不少学者提出了否定意见。❶

肯定身份犯说的理由是，《日本刑法》第 238 条关于事后抢劫罪的规定中的"盗窃"，是指作为行为主体的盗窃犯人，而不是指盗窃这种实行行为。这是一种广义上的理解，认为："身份并不限于男女性别、内国人、外国人、亲属关系，公务员资格那样的关系，而是包括所有同一定的犯罪行为相关联的犯人的人的关系的特殊地位或状态"。本罪的实行行为只能是基于特定目的而实施的暴力、胁迫行为。按照此说，不具有盗窃犯人身份者（如诈欺犯人），为了防止非法取得的财物被夺回，或者为了免受逮捕、湮灭罪证，而实施暴力、胁迫行为，不构成本罪。此说形成的背景是对"身份"从广义上理解，即认为"身份并不限于男女性别、本国人外国人的差别，亲属关系、公务员的资格那样的关系，而是包括所有同一定的犯罪行为相关的犯人的人的关系的特殊地位或状态"。❷ 非身份犯说认为，《日本刑法》第 238 条中的"盗窃"，是指作为实行行为一部分的窃取行为，并非是指盗窃犯人这种行为主体。因为事后抢劫罪与普通抢劫罪一样，都是财产犯、贪利犯，也应该以是否取得财物作为既遂、未遂的标准。由于转化型抢劫罪取得财物在先，暴力、胁迫在后，因此，只能根据盗窃既遂还是未遂来确定本罪的既遂、未遂。又由于实行着手之后才发生既未遂的问题，只有将盗窃作为实行行为的一部分，才可能把盗窃既遂、未遂作为本罪既遂、未遂的标志。❸

在以上两说中，非身份犯说看到了把盗窃既遂、未遂作为本罪既遂、未遂的标志，而将暴力、胁迫作为实行行为起点所存在的问题，但是，把本罪的实行着手提前到盗窃行为时，也会遇到解释上的难题。如果盗

---

❶ ［日］阿部纯二等编：《刑法基本讲座（第 5 卷）》，法学书院 1993 年日文版，第 116 页。

❷ ［日］曾根威彦：《刑法的重要问题（各论）》，成文堂 1995 年日文版，第 170 页。

❸ ［日］香川达夫：《强盗罪的再构成》，成文堂 1992 年日文版，第 164 页。

窃犯人实际上没有实施暴力、胁迫行为，自然不存在转化型抢劫的问题，而按非身份犯说，只要有为达到本罪的三种目的而实施暴力、胁迫行为的意思，开始实施盗窃行为就算本罪已着手，这显然不合情理。虽然也有持非身份犯说的论者认为，应把本罪的着手时期定在为达到本罪的三种目的而实施暴力、胁迫行为时，但这又明显与非身份犯说的根本主张不相容。❶ 如今，一些观点认同，实行行为与身份不可混为一谈，本罪的主体是实施盗窃行为的人（身份犯），这是毋庸置疑的，至于本罪的实行行为是以盗窃着手时作为起点，还是以暴力、胁迫行为时为开始，则应另当别论。

如果说转化型抢劫罪是身份犯，那么，它是真正身份犯还是不真正身份犯呢？在日本刑法理论界，两种观点同时存在。其中，真正身份犯说认为，转化型抢劫罪同受贿罪要求行为主体是公务员一样，只有具有盗窃犯人这种身份者才可能实施，因而是真正身份犯。但不真正身份犯说认为，不具有盗窃犯人身份者实施暴力、胁迫行为也构成犯罪，只不过是成立暴行罪、胁迫罪而已，盗窃犯人如果有刑法规定的三种特定目的，实施同样的行为时，则要按处罚重的转化型抢劫罪来处罚，所以，转化型抢劫罪是一种不真正身份犯。在转化型抢劫的场合，不具有盗窃犯人的身份者实施暴力、胁迫行为，只可能构成暴行罪、胁迫罪，其罪质与转化型抢劫罪不同，并且暴行罪、胁迫罪不能说是转化型抢劫罪的普通类型。因此，转化型抢劫罪不是典型的不真正身份犯。另外，由于不具有身份者可以实施转化型抢劫罪中的暴力、胁迫行为，而对真正身份犯来说，不具有身份者是不可能实施的，因而转化型抢劫罪又不可能是真正身份犯。如果考虑到转化型抢劫罪包含有暴力、胁迫行为，它在侵犯财产的同时，也侵犯他人的人身，在侵犯人身这一点上，与暴行罪、胁迫罪有共同性，所以，也可以说它是一种不真正身份犯。❷

与本罪是否属于身份犯相关的另一个有争议的问题是，盗窃时有完全责任能力，但实施暴力、胁迫行为时，陷入不可罚的完全无责任能力状态、或应减轻处罚的限定责任能力状态，对此情形该如何处理呢？如

---

❶ ［日］阿部纯二等编：《刑法基本讲座（第 5 卷）》，法学书院 1993 年日文版，第 123 页。

❷ 同上。

果认为转化型抢劫罪是身份犯,窃取行为不是实行行为,实施作为实行行为的暴力、胁迫时,无责任能力或限定责任能力,当然不可罚或应减轻处罚。日本曾有地方裁判所的判例持这种主张。但是,如果认为本罪不是身份犯,窃取行为也是本罪实行行为的一部分,那么,上述情形就属于在一系列的犯罪行为中,行为者的责任能力发生变化的问题。由于实行行为(窃取行为)开始时有完全的责任能力,从窃取到暴力、胁迫这一系列行为的整体,也应该认为有责任能力。❶

我国刑法学界对这个问题虽有提及,但深入研究者并不多见。或者多数学者仍认为"犯盗窃、诈骗、抢夺罪"是指行为,而不涉及身份问题,也许正因为指行为,而容易"忽视"主体的要件成分,引起责任年龄的争议,强调身份就会更加关注年龄问题。加上司法解释不要求这里的行为须构成犯罪,增加了责任年龄争议的可能性。笔者对这个问题在前面论及抢劫罪的犯罪构成主体要件时已进行了探讨。

2. 盗窃、诈骗、抢夺行为是否要求构成犯罪

由于《刑法》第269条的规定是"犯盗窃、诈骗、抢夺罪",从该规定可以看出,该条转化型抢劫罪适用的前提条件是行为人先犯"盗窃、诈骗、抢夺罪"。而由于我国《刑法》对盗窃、诈骗、抢夺罪的成立条件,与德、日等大陆法系国家的规定有所不同,❷ 要求盗窃"数额较大或者多次盗窃、入户盗窃、携带凶器盗窃、扒窃"、诈骗、抢夺"数额较大",才构成相应的犯罪。那么,对作为转化型抢劫罪成立前提条件的"犯盗窃、诈骗、抢夺罪",是否也应该理解为是指盗窃、诈骗、抢夺行为已经构成犯罪呢?

自1979年《刑法》施行以来,对于"犯盗窃、诈骗、抢夺罪"应如何理解,可谓众说纷纭,争议不断。为此,最高人民法院和最高人民检察院1988年3月16日在《关于如何适用〈刑法〉第一百五十三条的批复》(以下简称1988年《批复》)中指出:"在司法实践中,有的被告人

---

❶ [日]曾根威彦:《刑法的重要问题(各论)》,成文堂1995年日文版,第171页。

❷ 德、日等大陆法系国家的《刑法》规定,只要有盗窃财物的行为,就具备了盗窃罪的构成要件,因此,实施盗窃行为的人就是"盗窃犯",就具备了犯事后抢劫罪的前提条件。

实施盗窃、诈骗、抢夺行为，虽未达到'数额较大'，但为窝藏赃物、抗拒抓捕或者毁灭罪证而使用暴力或者以暴力相威胁，情节严重的，定抢劫罪；若使用暴力或者以暴力相威胁，情节不严重、危害不大的，可不认为是犯罪。"据此解释，转化型抢劫罪的前提条件不必是先构成盗窃、诈骗、抢夺罪，即使盗窃、诈骗、抢夺行为未达到"数额较大"，仍可成为转化型抢劫罪的前提条件。不过，此《批复》出台以后，对于转化抢劫罪的成立条件还是存在一些不同的认识。

一是行为说。该观点认为，只要实施了盗窃、诈骗、抢夺行为，无论该行为处于何种阶段，均可成为转化型抢劫罪的前提条件。其中，有的观点认为，盗窃、诈骗、抢夺行为既不要求数额较大，也不要求构成犯罪，即不论财物数额大小均可转化。❶ 实施盗窃、诈骗、抢夺行为，即便未达到数额较大，也可以适用《刑法》。比如某甲16岁，在街上闲逛，顺手牵羊从某乙的水果摊上偷拿一个苹果，乙发现后将甲揪住，甲对乙拳打脚踢。❷ 能否认为某甲构成转化型抢劫罪？❸ 立法者这样用词的含义是指行为人正在实施或刚刚实施完毕盗窃、诈骗、抢夺行为，而不是指行为必须达到犯罪的程度，是行为性质的转化。❹ 那种貌似符合罪刑法定原则的观点，不仅在理论上与罪刑法定原则在诉讼程序上必然要求的"无罪推定原则"冲突，而且在实践中以极为苛刻的条件排除了被害人或第三人实施正当防卫的可能。立法上所作的"犯盗窃、诈骗、抢夺罪"的表述，应当解释为技术问题。故有观点建议，应将我国《刑法》第269条修改完善为"实施盗窃、诈骗、抢夺行为，为窝藏赃物、抗拒抓捕或者毁灭罪证而当场使用暴力或者以暴力相威胁的，依照本法第二百六十三条的规定定罪处罚。"这样，既能够有效地打击犯罪，也更符合《刑

---

❶ 赵秉志：《侵犯财产罪》，中国人民公安大学出版社2003年版，第111页。
❷ 高铭暄主编：《刑法学专论（下编）》，高等教育出版社2002年版，第735页。
❸ 高铭暄、王作富：《新中国刑法的理论与实践》，河北人民出版社1988年版，第574~575页；高铭暄主编：《刑法学专论（下编）》，高等教育出版社2002年版，第734页。
❹ 高铭暄主编：《新中国刑法学研究综述》，河南人民出版社1986年版，第633页。

法》269 条的立法本意。❶

但也有人提出，1988 年《批复》虽然指出未必构成盗窃、诈骗、抢夺罪，但也并非指只要实施了盗窃、诈骗、抢夺行为，均可成为转化型抢劫罪。还有的观点认为，从该《批复》规定的内容来看，构成转化型抢劫罪前提条件的行为包括：（1）构成盗窃、诈骗、抢夺罪的行为；（2）虽然已经取得财物但未达到"数额较大"的盗窃、诈骗、抢夺行为。即前一盗窃、诈骗、抢夺行为应当至少已具备了除犯罪数额外的所有盗窃、诈骗、抢夺罪的构成要件后才能成为转化型抢劫罪的前提条件。有的观点认为，不应以"数额较大"作为转化的限定条件，有时虽然财物的数额不是较大，但是暴力行为严重，甚至造成严重后果的，应认为具备了转化的条件。但是，如果先实施的是小偷小摸行为，不能转化为抢劫罪；其暴力行为致人伤害的，定故意伤害罪，杀人的定故意杀人罪。❷

二是犯罪说。有部分学者仍坚持认为：转化型抢劫罪作为转化犯的一种，应当是罪与罪的转化。先犯盗窃罪、诈骗罪或者抢夺罪是构成转化型抢劫罪的前提条件，否则，不能转化为抢劫罪。❸ 有的认为，《刑法》第 269 条表述为"犯盗窃、诈骗、抢夺罪"，立法本意要求先前的盗窃、诈骗、抢夺行为必须构成犯罪。先前的盗窃、诈骗、抢夺行为属于一般违法的，不能适用《刑法》第 269 条，这时当场使用暴力构成犯罪的，应按照有关的犯罪（如伤害、杀人罪）处理；❹ 也有人认为是"罪刑法定原则的要求"，❺ 否则，如果解释为只要有盗窃、诈骗、抢夺行为，就有可能构成转化型抢劫罪，那就是一种不利于被告人的扩张解释。❻ 另外，还有人虽赞同犯罪说，但又认为，出于对《刑法》条文的尊重，应

---

❶ 许金玉、冯建晓："转化型抢劫犯罪定义应精确"，载《人民法院报》2006 年 2 月 19 日。

❷ 王作富主编：《刑法分则补充研究（下）》，中国方正出版社 2003 年版，第 1222 页。

❸ 张国轩：《抢劫罪的定罪与量刑》，人民法院出版社 2001 年版，第 243 页。

❹ 孙国利、郑昌济："《刑法》第 153 条的法理浅析"，载《法学评论》1983 年第 2 期。

❺ 游伟：《刑法理论与司法问题研究》，上海文艺出版社 2001 年版，第 478 页；刘明祥："事后抢劫问题比较研究"，载《中国刑事法杂志》2001 年第 2 期。

❻ 刘明祥：《财产罪比较研究》，中国政法大学出版社 2001 年版，第 146 页。

将转化型抢劫的前提解释为实施盗窃、诈骗、抢夺行为,且达到犯罪的程度。甚至有观点认为,1988 年《批复》对今天的司法实践没有指导意义,理由是:该《批复》是 1988 年下发的,《刑法》在 1997 年修改时,未吸收其中有关规定;该批复中的"情节严重"未有具体规定,实践中很难掌握,不易操作,容易造成司法擅断,执法不公。

三是折中说。如有人认为,盗窃、诈骗、抢夺转化为抢劫罪,从严格的罪刑法定原则的角度讲,应该要求行为人盗窃、诈骗、抢夺的财物达到了数额较大的要求,或者说盗窃等前行为已构成犯罪。但考虑到司法实践中有的行为人盗窃、诈骗、抢夺的财物虽然没有达到数额较大的标准,但接近于数额较大,且使用暴力达到了情节严重的程度,这种情况下,不按转化的抢劫罪处理似乎有放纵犯罪之嫌。但不能说只要行为人实施了盗窃、诈骗、抢夺的行为,无论数额多少,都可转化为抢劫罪,这样就会毫无限制地扩大转化的抢劫罪的范围,从而使《刑法》第 269 条中的"罪"字所应有的限制转化的抢劫罪范围的作用丧失殆尽,继而背离了该条规定的立法精神。因此,在认定转化型抢劫罪时,应该将盗窃、诈骗、抢夺的财物数额与行为人使用暴力或者暴力威胁的程度结合起来考虑。盗窃、诈骗、抢夺财物数额达到较大的,只要行为人实施的暴力或者暴力威胁不是显著轻微,就可以转化为抢劫罪;数额接近较大的,则要求行为人的暴力达到严重的程度,才能转化为抢劫罪;数额较小乃至很小的,则不能转化为抢劫罪。但如果行为人使用暴力造成被害人伤害或者死亡,构成故意伤害罪、故意杀人罪或者过失致人死亡罪的,则按相关犯罪定罪处罚。❶ 有人认为,不必要求行为人的盗窃、诈骗、抢夺行为达到"数额较大"构成犯罪的程度,但也不能是数额很小的小偷小摸行为;❷ 也有观点认为,不要求盗窃、诈骗、抢夺达到"数额较大"构成犯罪的程度,也不宜排除数额过小的情况。❸ 还有人认为《刑法》

---

❶ 李希慧:"抢劫罪的对象、标准及转化问题研究",载《人民检察》2007 年第 18 期。

❷ 陈兴良、曲新久主编:《案例刑法教程(下卷)》,中国政法大学出版社 1994 年版,第 278 页。

❸ 高铭暄、王作富主编:《新中国刑法的理论与实践》,河北人民出版社 1988 年版,第 574~575 页。

第269条规定"犯盗窃、诈骗、抢夺罪",并没有限定"数额较大"条件,如果涉案财物数额虽未达到"较大",但因暴力行为严重甚至造成严重后果的,亦应适用《刑法》第269条。❶

笔者认为,对这个问题,可作两点分析:

一是从《刑法》解释及《刑法》修订的历史沿革分析。在1988年《批复》之后,1991年6月28日最高人民法院研究室《关于盗窃未遂行为人为抗拒逮捕而当场使用暴力可否按抢劫罪处罚问题的电话答复》(下文简称1991年《电话答复》)中谈道:如果行为人"盗窃未遂"即使尚未构成盗窃罪,但为抗拒逮捕而当场使用暴力或者以暴力相威胁,情节严重的,也可按《刑法》第153条的规定,依照抢劫罪处罚;如果使用暴力或者以暴力相威胁情节不严重、危害不大的,不认为是犯罪。如果行为人盗窃未遂已构成盗窃罪,但使用暴力或者以暴力相威胁情节不严重,危害不大的,应以盗窃罪(未遂)从重处罚。2005年最高人民法院《审理抢劫、抢夺案件的意见》在第五部分"关于转化抢劫的认定"中进一步指出,行为人实施盗窃、诈骗、抢夺行为,未达到"数额较大",为窝藏赃物、抗拒抓捕或者毁灭罪证当场使用暴力或者以暴力相威胁,情节较轻、危害不大的,一般不以犯罪论处;但具有下列情节之一的,可依照《刑法》第269条的规定,以抢劫罪定罪处罚:(1)盗窃、诈骗、抢夺接近"数额较大"标准的;(2)入户或在公共交通工具上盗窃、诈骗、抢夺后在户外或交通工具外实施上述行为的;(3)使用暴力致人轻微伤以上后果的;(4)使用凶器或以凶器相威胁的;(5)具有其他严重情节的。

实际上,前两份规范性文件虽然是以超出字面含义的方式解释转化型抢劫的前提条件,但仍有一定的含义限制。1988年《批复》强调,当场使用暴力或者以暴力相威胁要具备情节严重的条件,方能转化为抢劫罪,否则不认为是犯罪,更不是抢劫罪。1991年《电话答复》也规定有情节严重的限制条件。到1997年《刑法》修订,虽然没有吸纳这两份文件的观点,依旧使用了"犯盗窃、诈骗、抢夺罪"的表述方式,显然也

---

❶ 陈兴良:《案例刑法教程(下卷)》,中国政法大学出版社1994年版,第278页。

是有意为之，就是要限制转化型抢劫罪的成立。❶ 这一点，2005 年最高人民法院《审理抢劫、抢夺案件的意见》要求的"情节较轻、危害不大的，一般不以犯罪论处"，与 1988 年《批复》和 1991 年《电话答复》是基本一致的。

二是从刑法解释的价值方法角度分析。对《刑法》第 269 条规定的争议涉及刑法扩张解释的问题。所谓扩张解释，又称扩大解释、扩充解释，是指根据立法者制定某一刑法规定的意图，结合社会现实需要，将该规定中所使用的语词的含义扩大到较字面含义更广范围的解释方法。❷ 扩张解释具有超出立法原意的特点，这就决定了运用扩张解释必须限制在法律规定用语可能的"射程范围"内，以防止其被滥用而突破罪刑法定原则。

转化型抢劫的前提"犯盗窃、诈骗、抢夺罪"，本来语意明确，指向特定。由于司法实践的常见行为人实施的盗窃、诈骗、抢夺行为未必构成相应的犯罪，但又具有当场实施暴力或者以暴力相威胁的行为，暴力特征明显，以典型的抢劫罪罪质相当，对之不以转换型抢劫论处，似有放纵犯罪之虞。故将"犯盗窃、诈骗、抢夺罪"解释为"实施的盗窃、诈骗、抢夺行为达到较为严重的程度"，这样既没有超出刑法文字所能包含的最大限度的含义范围，又切合实际，符合人们对"犯罪"的认识习惯，当是比较规范的解释。❸ 在此，对转化型抢劫是一种综合评价，是对该行为（先后）的社会危害性的总体把握。与典型抢劫罪相比，转化型抢劫行为结构确有差异，但仅仅是形式的差异，实质上，它们都是手段行为和目的行为的结合，在主客观方面统一揭示了抢劫罪既劫人钱财又侵害人身法益的构成特征。这种综合认定，排除了实施前行为且构成犯罪时，对其附随的轻微暴力、威胁行为一般不予综合评价为抢劫罪；同

---

❶ 1997 年《刑法》十分重视吸收既往司法解释的合理内容，特别是对那些弥补《刑法》不足的解释，立法者如认为合理，多会在修订《刑法》时直接规定在《刑法》文本中。例如，1997 年《刑法》关于盗窃罪的规定，就增设了"多次盗窃"的要件，这恰恰是之前有关司法解释对 1979 年《刑法》作出的扩张解释的内容。

❷ 李希慧："刑法的论理解释方法探讨"，载《法商研究》1994 年第 5 期，第 20 页。

❸ 从《刑法》条文整体协调的角度看，我国条文中对"罪"的规定和要求，并不是必须构成犯罪。

样地,虽有轻微的前行为,后实施严重的暴力、威胁行为,并致人重伤、死亡的,则应该以后行为定罪,而不予综合认定为转化型抢劫罪。如果前后行为,都属于情节较轻、危害不大的,一般不以犯罪论处。所以,转化型抢劫犯罪的构成不以行为人的前行为构成犯罪为必要条件。

正如有学者指出的:"虽然扩大解释会扩大处罚范围,在此意义上说,不利于保障行为人的自由;但是,不只是为了保障行为人的自由,还要保护一般人的法益,二者之间必须均衡;解释时必须兼顾二者。当不进行扩大解释就不足以保护法益,而且扩大解释无损国民的预测可能性时,理所当然应当进行扩大解释。"❶ 从成文法的角度来看,如果固守文字通常含义的解释方法必然不能适应社会的发展以及犯罪的变化。不能适应社会需要的法律,不是正义的法律;要使法律不断满足人民的正义要求,就必须根据社会变化不断地解释,其中不可避免地使用扩大解释方法。"制定法在应用和解释里所获得的生机勃勃的发展中,一再追溯到正义所要求的东西,从中得到滋养。如若没有那种追溯,制定法的发展是根本无法理解的。"❷ 罪刑法定原则固然要求对《刑法》作严格解释,但严格解释所排斥的是恣意的解释,而不禁止扩大解释的方法。例如,法国新《刑法》第 111-4 条明文规定"应严格解释之",但这并不意味着法官在遇到疑问时,都必须作出"最利于犯罪人的限制性解释"。"'严格解释原则'并不强制刑事法官仅限于对立法者规定的各种可能的情形适用。只要所发生的情形属于法定形式范围之内,法官均可将立法者有规定的情形扩张至法律并无规定的情形。"❸ "存疑时有利于被告"的原则并不适用于对法律疑问之澄清。当法律存在疑问或争议时,应当依一般的法律解释原则消除疑问,而非一概作出有利于被告人的解释。❹ 所以当出于法益保护的目的,需要对条文作出必要的扩大解释时,即使不利于被告人,也得适用这种解释结论。

---

❶ 张明楷:《刑法分则的解释原理》,中国人民大学出版社 2002 年版,第 16 页。

❷ [德] H. 科殷著,林荣远译:《法哲学》,华夏出版社 2003 年版,第 165 页。

❸ [法] 卡斯东·斯特法尼等著,罗结珍译:《法国总论精义》,中国政法大学出版社 1998 年版,第 140~143 页。

❹ [德] 汉斯海因里希·耶赛克、托马斯·魏根特著,徐久生译:《德国教科书》,中国法制出版社 2001 年版,第 178 页。

3. "犯盗窃、诈骗、抢夺罪"是否包括其他特殊类型的盗窃、抢夺、诈骗行为

"犯盗窃、诈骗、抢夺罪"之"盗窃""诈骗"是仅限于侵犯财产罪中的盗窃、诈骗，还是也包括构成其他犯罪的盗窃、诈骗行为？如盗窃是否包括盗窃广播电视设施、公用电信设施、电力设备等行为？诈骗是否包括票据诈骗、金融票证诈骗、信用卡诈骗、有价证券诈骗等金融诈骗，以及合同诈骗等？还有盗窃、抢夺是否包括盗窃、抢夺枪支、弹药、爆炸物、危险物质？

例如，犯罪嫌疑人马某、高某二人持钳子、私制猎枪、麻袋等作案工具，骑摩托车窜至某村北，用钳子剪下正在使用中的高灌铝线，价值600余元，欲盗走时，被巡逻至此的村治保主任任某发现，高某持土枪击中任某右臂，二人弃车及所剪铝线逃走。第一种观点认为，本案马、高二人的行为构成破坏电力设备罪，高持枪伤人的行为属牵连犯，不构成独立的犯罪，应作为量刑的情节。第二种观点认为，马、高二人的行为构成破坏电力设备罪和故意伤害罪，应数罪并罚。第三种观点认为，马、高二人的行为构成转化型抢劫罪。

对于以上争议，有的学者肯定第三种观点，认为："盗窃广播电视设施、公用电信设施、电力设备的行为……都不影响其在新《刑法》第269条规定的条件下可以转化为抢劫罪。"还有"集资诈骗罪、贷款诈骗罪、票据诈骗罪、金融票证诈骗罪、信用证诈骗罪、信用卡诈骗罪、有价证券诈骗罪、保险诈骗罪和合同诈骗罪……这些特殊诈骗罪和普通诈骗罪一样，在具备《刑法》第269条规定的法定条件的情况下，都可转化为抢劫罪。"❶也有人认为，现行刑法中转化型抢劫罪的范围只有普通型的盗窃、诈骗、抢夺罪，但在我国刑法涉及许多其他类型的盗窃、诈骗犯罪社会危害性远大于普通型盗窃、诈骗、抢夺，如盗窃电力设施、盗伐林木、盗窃广播通讯设施、金融诈骗、合同诈骗等，都是以非法占有为目的的侵财型犯罪，仅是犯罪对象为一般与特殊之分。从犯罪对象所体现的社会关系来看，如同样是盗窃电线，甲盗窃的是库房备用的电线，乙盗窃的是输电线上正在使用的电线，甲侵犯了公共财产所有权，乙危

---

❶ 肖中华："论抢劫罪适用中的几个问题"，载《法律科学》1998年第5期。

害了公共安全。既然《刑法》规定社会危害性较小的普通型盗窃、诈骗、抢夺罪可以转化为抢劫罪，那么性质更严重的其他类型的盗窃、诈骗、抢劫犯罪理应可以构成转化型抢劫罪，也符合我国刑法罪刑适应原则。为了惩罚其他类型的盗窃、诈骗、抢夺转化型抢劫罪，我国《刑法》第269条规定应予修改，立法者应全面筛选我国《刑法》中其他类型的盗窃、诈骗、抢夺罪所涉及的罪名，如果该罪名的社会危害性大于普通型盗窃、诈骗、抢夺罪，那么，就应列入转化型抢劫罪的范围，并在《刑法》第269条规定中一一体现。如果该罪名的社会危害性小于普通型盗窃、诈骗、抢夺罪，则不应列入转化型抢劫罪的范围。❶

相反，有观点认为，对于实施合同诈骗、金融诈骗，以及针对枪支、弹药的盗窃、抢夺行为，而又当场以暴力、胁迫等方法窝藏赃物，抗拒抓捕或者毁灭罪证的，不能转化为抢劫，因为这违反了罪刑法定原则。❷另有学者认为，对于盗窃广播电视设施、公用电信设施、电力设备不构成破坏电视设施、公用电信设施罪或者破坏电力设备罪，但构成盗窃罪的，可以转化为抢劫罪。但盗窃上述设施、设备没有构成盗窃罪，只构成破坏电视设施、公用电信设施罪或者破坏电力设备罪的，则不能转化为抢劫罪，因为破坏电视设施、公用电信设施罪、破坏电力设备罪等属于危害公共安全的犯罪，与转化的抢劫罪的前提条件中所讲的盗窃罪格格不入。另外，金融诈骗以及合同诈骗等犯罪已经从属于侵犯财产罪的诈骗罪中独立出来，各自成为独立的罪名，与诈骗罪是一种典型的并列关系，因此，《刑法》第269条中所说的诈骗罪应该是仅指侵犯财产罪中的诈骗罪，而不可能包括破坏市场经济秩序罪中各种金融诈骗罪和合同诈骗罪。总之，转化的抢劫罪中的盗窃罪、诈骗罪仅指侵犯财产罪中的盗窃罪、诈骗罪，而不包括表现为盗窃方式的危害公共安全的犯罪和破坏市场经济秩序罪中的各种金融诈骗犯罪以及合同诈骗罪。❸

的确，如果这些特殊的盗窃、抢夺、诈骗能够转化为抢劫犯罪，就

---

❶ 张清鸿："'转化型抢劫罪'的范围应予扩大"，载《检察日报》2007年6月12日。

❷ 刘明祥：《财产罪比较研究》，中国政法大学出版社，2001年版，第149页。

❸ 李希慧："抢劫罪的对象、标准及转化问题研究"，载《人民检察》2007年第18期。

会扩大转化型抢劫犯罪的主体范围。以诈骗为例，1997年《刑法》将诈骗类犯罪细分为一般的诈骗犯罪和特殊的诈骗犯罪，特殊诈骗犯罪多是从原有的诈骗犯罪中分离出来的。一般诈骗犯罪和特殊诈骗犯罪在客观行为上有共性（多采取隐瞒事实真相的方法骗取财物），但两者有本质的区别，特殊的诈骗犯罪在犯罪客体上除与一般诈骗犯罪一样侵犯了公私财物权益外，同时还侵犯了金融秩序或市场经济秩序，多发生于金融活动中或市场交易领域。因此，虽然特殊的诈骗犯罪与一般的诈骗罪在犯罪的方法、手段上均属诈骗类犯罪，但两者仍是不同性质的犯罪，各自在《刑法》中有与之相对应的法条和罪名。而《刑法》第269条规定在侵犯财产罪一章中，与抢劫罪、盗窃罪、诈骗罪、抢夺罪等典型财产犯罪一起构成本章的内容，这说明对《刑法》第269条的适用一般仅限于本章所规定的盗窃、诈骗、抢夺罪。由此，从立法上讲，诈骗类犯罪在条件成就时行为性质转化为抢劫罪仅指《刑法》第266条规定之诈骗罪（一般的诈骗犯罪）可适用，若特殊的诈骗犯罪也可转化为抢劫罪，则有违背罪刑法定原则的"类推"定罪之嫌。在此意义上，认为它们可以转化为抢劫罪似乎缺乏当然解释的法理依据。

值得注意的是，刑法学界许多观点将法条竞合的理论运用于这类案件的分析中。这些观点认为以特定财物为对象犯其他罪，而该罪与盗窃罪、诈骗罪、抢夺罪存在法条竞合关系，一般表现为普通法和特别法的关系，前者的外延可以包容后者，行为人实施其他罪的一行为，必然同时触犯盗窃罪或者诈骗罪等罪名。此时应该适用特别法优于普通法以及重法优于轻法的原则。也就是说，这些罪名除符合特殊罪名的犯罪构成外，还符合普通罪名的犯罪构成，因此，没有理由将其排除。例如，使用伪造的或者作废的信用卡进行诈骗财物的活动，构成信用卡诈骗罪，而该行为同时符合诈骗罪的主要特征。按照法条竞合的一般原则，应当是特别法优于普通法，不定普通的诈骗罪。但是，其行为毕竟同时触犯诈骗罪，如果行为人为抗拒抓捕而当场使用暴力，也符合转化抢劫的条件。如果抢劫罪的处罚重于行为人实施的犯罪，则应当依照转化抢劫的规定，以抢劫罪论处。

这些观点往往是先"当然"地戴上法条竞合的"帽子"，然后再说适用特别法优于普通法以及重法优于轻法的原则，并没有分析究竟何谓法条竞合，是否这些较为特殊的盗窃、抢夺、诈骗犯罪与普通的盗窃、抢夺和诈骗就一定成立法条竞合关系？依笔者之见，刑法理论中的法条竞合是一个非常有争议的概念，其含义如何至今尚无统一的界定。关于法条竞合的类型与适用原则也是众说纷纭，五花八门。什么样的法条算有竞合关系，是争论中的核心问题，目前没有一种观点很有说服力。争论之下，有的学者干脆提出不必区分法条竞合和想象竞合犯的观点。[1] 所以，笔者认为，用法条竞合理论阐释转化型抢劫的问题恐怕会使问题进一步复杂化。

也有人以牵连关系来解释实施特殊盗窃、诈骗、抢夺犯罪能否转化为抢劫的问题。如认为以特定财物为对象，而该罪与盗窃罪、诈骗罪、抢夺罪存在牵连关系，行为人实施一行为，同时触犯两个罪名。例如，盗窃广播电视设施、公用电信设施，价值数额较大或者巨大，同时构成破坏广播电视设施、公用电信设施罪和盗窃罪，根据最高人民法院《关于审理盗窃案件具体应用法律若干问题的解释》第12条的规定，择一重罪处罚。若先行行为构成破坏广播电视设施、公用电信设施罪，则不符合转化型抢劫罪的条件；若先行行为构成盗窃罪，则具备转化型抢劫罪的前提。但是，在确定最终的罪名时，应该坚持从一重罪处断的原则，也就是说，如果行为所构成的其他犯罪的处罚重于抢劫罪的处罚时，则

---

[1] 关于法条竞合的理论纷争可以见张明楷："犯罪之间的界限与竞合"，载《中国法学》2008年第4期；张明楷："法条竞合中特别关系的确定与处理"，载《法学家》2011年第1期，张明楷："盗伐林木罪与盗窃罪的关系"，载《人民检察》2009年第3期；周光权："法条竞合的特别关系研究——兼与张明楷教授商榷"，载《中国法学》2010年第3期；周铭川："法条竞合中特别法条和普通法条的关系探析"，载《中国刑事法杂志》2011年第3期；陈洪兵："不必严格区分法条竞合与想象竞合——大竞合论之提倡"，载《清华法学》2012年第1期；黄京平、陈毅坚："法条竞合犯的类型及其法律适用"，载《中国刑事法杂志》2007年第4期；陈兴良："刑法竞合论"，载《法商研究》2006年第2期；陈庆安："从规范关系试论法条竞合"，载《郑州大学学报（哲学社会科学版）》2008年第1期；肖中华："也论法条竞合犯"，载《法律科学》2000年第5期；左坚卫："法条竞合与想象竞合的界分"，载赵秉志主编：《刑法论丛》2009年第4卷；庄劲："法条竞合：成因、本质与处断原则"，载赵秉志主编：《刑法论丛》2008年第1卷；周建军："法条竞合犯抑或想象竞合犯—法条竞合犯与想象竞合犯的界限之争"，载陈兴良主编：《刑事法评论》第22卷。庄劲：《犯罪竞合：罪数分析的结构与体系》，法律出版社2006年版；柯耀程：《刑法竞合论》，中国人民大学出版社2008年版，第142页。

第七章　抢劫罪的拟制形态（一）

不应转化为抢劫。❶ 该观点意图先确定是成立盗窃罪还是危害公共安全的犯罪，然后决定能否转化的问题，这一点与前述法条竞合的观点有明显不同。但牵连犯是实质的数罪，应该先选择确定重罪，再决定可否转化，还是将两罪与后面的暴力、胁迫行为一并考虑能否转化呢？对此，该观点尚缺乏足够的理论支持。况且，上述行为是牵连犯还是想象竞合犯也有争论。依笔者之见，用破坏手段盗取电力设备或者公用电信设施等行为以想象的竞合犯论比较妥当，此时定危害公共安全的犯罪（比盗窃罪重）并无疑义。所以，一般也不存在转化的问题。如果后续暴力、胁迫行为导致严重危害结果的，可以作为危害公共安全的"严重后果"考虑。当然，也不能排除另定故意伤害或者故意杀人罪的可能性。如果将全案转化定为抢劫致人重伤、死亡则有"剑走偏锋"之嫌。

还有不少观点认为，一般而言，金融诈骗、合同诈骗、盗窃电力设施、广播电视等设施等行为，比普通盗窃或者诈骗有更大的社会危害性，认为实施这类行为后为窝藏赃物、抗拒抓捕或者毁灭罪证而采用暴力、胁迫手段不能转化为抢劫，似乎又不太合情理。况且，在过去只有一个统一包容的诈骗罪时，实施这类诈骗行为后，为抗拒抓捕、毁灭罪证等而当场使用暴力或以暴力相威胁的，也构成转化型抢劫罪。现在由于《刑法》对这类诈骗规定了独立罪名，反而不能转化为抢劫了，亦缺乏合理性。这类观点首先存在假设前提不一定正确的问题，如有的金融诈骗罪危害性未必就一定比一般诈骗罪大。而且在情理与法理冲突的情况下，法理却是应有的选择。

有学者认为，准抢劫罪中所规定的盗窃、诈骗、抢劫罪分别是指《刑法》分则第5章所规定的盗窃、诈骗、抢夺罪。这是遵循立法原意，恪守罪刑法定原则的要求。❷《刑法》第269条所规定的"犯盗窃、诈骗、抢夺罪"应当限定为犯第264条的盗窃罪、第266条的诈骗罪、第267条的抢夺罪，这样解释不存在违反罪刑法定原则的问题。❸ 笔者基本认同这种观点，这是解决这个问题必须坚持的前提条件。《刑法》第269

---

❶ 吴冠华："转化型抢劫罪若干疑难问题研究"，载《检察日报》2007年3月6日。

❷ 赵秉志：《侵犯财产罪》，中国人民公安大学出版社2003年版，第110页。

❸ 张明楷："盗伐林木罪与盗窃罪的关系"，载《人民检察》2009年第3期。

条将犯盗窃、诈骗、抢夺罪可以向抢劫罪转化的规定，一方面是由于上述三种侵犯财产的行为客观上存在使用暴力和暴力胁迫的可能性，因而有一些国家或地区规定抢劫罪只能是在实施盗窃等罪后使用了暴力（威胁）。❶ 另一方面，抢劫罪的本质特征决定了转化型抢劫也只限于能够当场适用暴力、胁迫手段侵犯具有一定经济价值的公私财物，以打击既侵犯公民财产权利，又侵犯公民人身权利的犯罪。所以，对于那些以盗窃、抢夺等行为方式获取特殊对象，主要不是侵犯财产权益的犯罪而言，不存在向抢劫罪转化的问题。因此，对于那些以盗窃、抢夺的方式获取枪支、弹药、爆炸物、危险物质，国家机关公文、证件、印章，国有档案等物品的犯罪，由于犯罪对象的特殊性，犯罪性质主要是危害公共安全，或者国家对国有档案的管理秩序，而不是侵犯财产罪的性质，故不能转化为普通抢劫罪。但值得注意的是，《刑法》第127条第1款规定了盗窃、抢夺枪支、弹药、爆炸物罪、危险物质罪，第2款规定了抢劫枪支、弹药、爆炸物罪、危险物质罪，二者之间存在性质转化的可能，即行为人犯盗窃、抢夺枪支、弹药、爆炸物、危险物质罪，"为窝藏赃物、抗拒抓捕或者毁灭罪证而当场使用暴力或者以暴力相威胁的"，则构成第2款规定的抢劫枪支、弹药、爆炸物罪、危险物质罪。相反，《刑法》第329条第1款规定的抢夺、窃取国有档案罪不存在这种情况，因为该条没有规定一个"抢劫国有档案罪"，如果行为人先犯抢夺、窃取国有档案罪，后"为窝藏赃物、抗拒抓捕或者毁灭罪证而当场使用暴力或者以暴力相威胁的"，只能以牵连犯等相关理论来解释处理，而不能向抢劫罪转化。当然，对此，除了坚持法益侵害的原理之外，刑法理论应该如何解释尚待研究，特别是《刑法》第127条第1款与第2款的转化关系是遵循体系解释还是当然解释，至少不是依据《刑法》第269条直接适用而来。

对如下几种情况再作具体分析：

其一，实施金融诈骗和合同诈骗等特殊诈骗犯罪能否转化？

有些金融诈骗罪不可能当场实施暴力劫取财物，如贷款诈骗、信用证诈骗、保险诈骗等，在这几种诈骗犯罪中，行为人获取钱财，往往有一个时间过程，基于这类案件的犯罪特点，当场发生暴力、胁迫劫取财

---

❶ 如在我国香港地区刑法中，对抢劫罪的规定就是如此。

物的可能性不大。事实上，像有的被法律明确规定为盗窃罪的行为，限于犯罪对象的特殊性，也不宜转化为抢劫罪，如《刑法》第265条规定，以牟利为目的，盗接他人通信线路、复制他人电信码号或者明知是盗接、复制的电信设备、设施而使用的，依照本法第264条的规定定罪处罚。如果行为人实施该条规定的犯罪行为，为抗拒抓捕而"当场使用暴力或者以暴力相威胁"，也难以成立转化型抢劫，因为此时的"犯罪对象""通信线路""他人电信码号"等不能被立即控制。或者说其占有性主要依赖于电信部门。如果被害人遭受胁迫而不敢反抗，任由行为人继续盗用，这也与普通抢劫罪的特征差异明显。

而集资诈骗、信用卡诈骗等金融诈骗犯罪，以及合同诈骗等与普通诈骗犯罪具有诈骗的共性，且它们都是以金钱等财物为犯罪对象，尤其是存在当场劫取的机会，故在符合其他条件的情况下，可以成立转化型抢劫罪。所以，对于金融诈骗犯罪不能一概而论，取决于这类犯罪自身的特点。不能认为，只要有诈骗的要素，为窝藏赃物、抗拒抓捕等实施暴力、胁迫行为，就成立转化型抢劫。笔者认为，这类特殊诈骗犯罪可以转化为抢劫的主要原因，还是在于其侵犯的主要法益是他人财产权益，破坏金融管理秩序系次要法益，法益侵害性原理决定了结论。

【案87】李某于2000年11月利用伪造的信用卡进行诈骗，获取赃款800余元，后被被害人发现，为了抗拒被害人的自救行为，用刀将被害人刺伤，后经鉴定为轻伤。

本案中，如果将第269条规定的诈骗罪作狭义的理解的话，那么对李某的行为只可能定信用卡诈骗罪和故意伤害罪，予以数罪并罚，但由于构成信用卡诈骗罪要求犯罪金额较大，而在本案中行为人只获得赃款800余元，故不符合信用卡诈骗罪的构成要件，应以情节显著轻微，危害不大为由免除刑事处罚。对于后行的故意伤害（轻伤）行为，依法只能处以3年以下有期徒刑，拘役或者管制。但是，利用伪造的信用卡进行诈骗以非法占有他人财物与利用其他虚构事实、隐瞒真相的方法骗取他人财物之后为窝藏赃物等而使用暴力、威胁在性质上并无差异。而对于抢劫罪，《刑法》规定的起点刑即是3年有期徒刑，并处以罚金。既然两者都是行为人为维护非法占有的财物而使用暴力、威胁的行为，在定罪的时候就不应有别。因此，如果行为人实施了以《刑法》特别规定的诈骗犯罪后，出于窝藏赃物、抗拒抓捕或者毁灭罪证的目的而当场使用暴力或以暴力相威胁的，在以数罪并罚后量刑偏轻的，应适用转化型抢劫罪。❶ 不过，该观点主张适用法律的比较存在问题，笔者认为要么数罪并罚，要么直接转化为抢劫，选择其一后，就不存在比较的问题。适用法律不是强行找个重刑。

【案88】2003年8月7日，被告人曾某以31 800元的价格购买邓某的川A34670货车为名，将汽车骗到被告人的住宿区停放后，与邓签订了购车协议，并约定第二天在通济大桥会面后一同到天彭镇取款。8月8日上午9时许，两人会面后，曾以其妻要一同到天彭镇为由，将邓骗至自己家中，在家中双方发生争执致邓某头部、颈部、手、脚多处损伤。邓称："打斗是因被告人曾某抢走了身上的提包及包内汽车手续、买卖协议、未收到现金的收条。"被告人曾某则辩解："车款已经付清，想与邓发生关系，邓不同意，便发生了打斗。"法院审判认为，被告人曾某本无购买汽车之能力却掩盖该事实真相，以购车为名，在履行合同的过程中骗取被害人邓某某的信任将汽车停放于指定的地点却不支付购车款，继而又编造理由诱使邓某事先出具收款凭证，这些行为足以表明被告人曾某以欺骗的方法，企图达到骗取并非法占有他人财物之目的，且数额较大，因此，被告人曾某的行为符合我国《刑法》第224条规定的合同诈骗罪的特征，构成了合同诈骗罪但属于犯罪未遂。为此，以被告人曾某犯合同诈骗罪，判处其有期徒刑2年，并处罚金人民币5 000元。

本案涉及被告人在实施合同诈骗过程中对被害人施以暴力能不能转化为抢劫罪的问题。被告人曾某骗取或暴力劫取车辆证照和收条的最终目的是非法占有汽车，并非仅在于获取车辆的证照和收条。正是由于车辆的登记效力属性，被告人未能劫取汽车，其争执打斗的行为正反映了其诈骗被害人汽车的真实目的。综合来看，本案被告人使用暴力劫取他

---

❶ 郏茂林："论我国刑法中的准抢劫罪"，载《正义网》2006年2月9日。

人汽车的特征不明显,其行为性质不能转化为抢劫罪。不过,笔者认为,不可因本案一概否定合同诈骗等特殊诈骗犯罪不能转化为抢劫罪。

其二,为了盗窃公共财物而实施一些危害社会公共安全的犯罪能否转化?

实践当中,为盗窃财物而破坏交通设施、破坏电力、易燃易爆设备,或者破坏广播电视设施、公用电信设施的,这些行为可能同时构成《刑法》第119条和第124条规定的破坏交通设施罪、破坏电力设备罪,破坏易燃易爆设备罪或者破坏广播电视设施、公用电信设施罪和盗窃罪。一些观点主张可以转化为抢劫罪,但应择一重罪处罚。举例说,行为人盗窃正在使用中的电力设备,并且为抗拒抓捕而当场暴力致人轻伤的,应以转化型抢劫罪定性,理由是,在想象竞合的情况下,行为人的行为同时触犯两个罪名,并非其行为不构成盗窃罪,而是不以盗窃罪来处罚。上述行为既破坏电力设备,属于盗窃无疑,后又为抗拒抓捕,实施暴力,情节严重,应转化为抢劫罪。该观点还认为,以转化型抢劫罪处罚既符合罪刑相适应原则,也符合重罪吸收轻罪的原则。也就是说,如果定其他罪比定抢劫罪处罚更重,则不应转化为抢劫罪。其实,这种观点仍然似是而非。因为行为人盗窃正在使用中的电力设备,并且为抗拒抓捕而当场暴力致人轻伤的,定转化型抢劫未必比定破坏电力设备罪重。因为二者的法定刑均有两个档次(主刑完全相同),如果属破坏电力设备罪,造成严重后果的,则比普通抢劫罪重得多。而且,即使比较各自第二档次法定刑,由于存在"十年以上有期徒刑、无期徒刑或者死刑"的幅度范围,也不能断然说定抢劫加重犯一定比上述危害公共安全的加重犯重。所以,谁吸收谁并不能一概而论。

另有观点举盗窃油气的案件说明这个问题。举例说,行为人在某油田铺设的输油管道上"打孔盗油",被油田巡逻人员发现后,为抗拒抓捕使用暴力致人轻伤。对此案,有的观点用破坏易燃易爆设备一罪进行评价;有的认为构成破坏易燃易爆设备罪和故意伤害罪,应数罪并罚;还有人认为成立转化型抢劫罪。该观点认为,在这类"打孔盗油"案件中,在输油管道上打孔后盗油是两个行为,即打孔行为与盗油行为,侵犯了两个客体,即管道、油品体现的公共安全与油品的所有权,触犯了破坏易燃易爆设备罪和盗窃罪。这属于理论上的牵连犯,应从一重罪处断。

后行为人为了抗拒抓捕，实施暴力致人轻伤，可以转化为抢劫，其理由是：行为人实施的两个行为，触犯了破坏易燃易爆罪和盗窃罪，并非其没有实施盗窃行为。假设有人是利用其他犯罪打好的孔盗油，自己并不打孔。这种情况应定为盗窃，一般不会发生争议。如果在此情形下，行为人在盗油过程中为抗拒抓捕实施暴力，符合转化犯的条件，应以转化型抢劫罪定罪处刑。如果认为本案行为人构成破坏易燃易爆设备罪和故意伤害罪，不能转化为抢劫，则会出现行为人单纯实施盗油的行为可以转化，而实施打孔和盗油两种行为反而不能转化的结论，明显违背了罪责刑罚相适应的原则。如果认为行为人构成破坏易燃易爆设备一罪，则对其实施暴力伤害他人的行为未作法律上的评价，属于评价不充分。以上观点以比较的方法说明问题，虽然有其道理，即这类盗油行为存在转化抢劫的余地，但该结论仍然比较笼统，有待具体分析。

笔者认为，我国《刑法》第119条和第124条规定的破坏交通设施罪、破坏电力设备罪、破坏易燃易爆设备罪或者破坏广播电视设施、公用电信设施罪是《刑法》规定的专门罪名，它们与盗窃罪有本质的区别，也不存在法条竞合的关系（至少不是标准的法条竞合）。犯罪的性质决定了对它们不能轻易以其他犯罪论处。但实践中的确存在行为人以非法占有为目的，窃取有关财物设备，而实施上述犯罪，从而存在理论上的想象竞合犯的可能。对此，最高人民法院2002年4月10日《关于对采用破坏性手段盗窃正在使用的油田输油管道中油品的行为如何适用法律问题的批复》、2004年12月30日《关于审理破坏公用电信设施刑事案件具体应用法律若干问题的解释》（第3条）、2007年8月15日《关于审理破坏电力设备刑事案件具体应用法律若干问题的解释》（第3条）、2011年6月7日《关于审理破坏广播电视设施等刑事案件具体应用法律若干问题的解释》（第5条），以及最高人民法院、最高人民检察院2007年1月15日《关于办理盗窃油气、破坏油气设备等刑事案件具体应用法律若干问题的解释》（第4条）等均认可这样的定罪处罚原则，即如果实施以上危害公共安全的犯罪同时构成盗窃罪的，"依照处罚较重的规定定罪处罚"。这样的规定实际上肯定了这类犯罪是同时触犯两个罪名的想象竞合犯。但是，这些解释均没有涉及，是否能够在一定条件下适用转化型抢劫的问题。不过，在承认想象竞合犯的前提下，结合上述观点的合理成分，解释这个问题就有了基本思路,那就是可分以下几种情形处理:(1)一般情况下,要坚持适用本罪即危害公共安全的犯罪,即使行为人"为窝藏赃物、抗拒抓捕或者毁灭罪证而当场使用暴力或者以暴力相威胁的",只要是轻伤以下的轻微暴力或者威胁,不必转化为抢劫。因为此时适用"本罪"足以对称危害行为。(2)行为人"为窝藏赃物、抗拒抓捕或者毁灭罪证而当场使用暴力或者以暴力相威胁的",达到致人轻伤以上的暴力程度或者较为严重的暴力威胁的,可以转化为抢劫,但此时仍然要与危害公共安全的本罪相比较,坚持"依照处罚较重的规定定罪处罚"。(3)这类案件适用(转化型)抢劫加重犯只有两种情况,一是先盗窃数额巨大的电力设备、油气等财物;二是后实施的暴力致人重伤、死亡。这两个标准与上述危害公共安全犯罪的结果加重犯标准迥然有别,还是比较好区分适用的,但如果同时达到这两个标准,笔者认为还是要以适用的主刑哪个罪名重来选择适当的罪名,而不能认为抢劫加重犯一定比以上危害公共安全的(结果)加重犯重。

还需说明,这种情形与前述特殊诈骗与普通诈骗罪的关系不同,前述诈骗犯罪均属"诈骗"家族,侵财特征明显;而上述盗窃电力设备、油气等危害公共安全的犯罪与盗窃罪不具有这种"家族"关系。所以,更应强调,轻重比较时适用危害公共安全罪可能性大。如果未能充分评价后续的暴力、威胁行为,只能原谅法律难以面面俱到,又有点"法律不理会琐碎之事"的味道了。

其三,盗伐林木的行为能否转化?

有的观点认为,承认盗伐林木的行为可以转化为抢劫,并不意味、也不需要将《刑法》第269条所规定的"犯盗窃罪"扩大到(或类推到)"犯盗伐林木罪",而是说,盗伐林木的行为完全符合《刑法》第264条规定的盗窃罪的构成要件,因此,可以将其评价为盗窃罪;在盗伐林木的行为人"为窝藏赃物、抗拒抓捕或者毁灭罪证而当场使用暴力或者以暴力相威胁"时,司法机关可以将事实评价为行为人在犯盗窃罪时,"为窝藏赃物、抗拒抓捕或者毁灭罪证而当场使用暴力或以暴力相威胁",因而应当适用《刑法》第269条的规定,以抢劫罪论处。这样解释，既得出了合理结论，也不违反罪刑法定原则。❶ 这种观点实际上承认了盗伐林木罪也是与盗窃罪的想象竞合，根据前述原理，行为人盗伐林木是以非法占有为目的，后"为窝藏赃物、抗拒抓捕或者毁灭罪证而当场使用暴力或者以暴力相威胁的"，可以转化为抢劫罪。不过，这里同样存在对暴力、威胁程度的考量，以及适用本罪与转化型抢劫罪的轻重比较问题。依据 2000 年 11 月 22 日最高人民法院《关于审理破坏森林资源刑事案件具体应用法律若干问题的解释》第 9 条规定："将国家、集体所有、他人所有并已经伐倒的树木窃为己有，以及偷砍他人房前屋后、自留地种植的零星树木，数额较大的，依照《刑法》第二百六十四条的，以盗窃罪定罪处罚。"这一特别规定正好说明，盗伐林木罪与普通的盗窃罪还是有差异的。

【案 89】2003 年 8 月 7 日，广州市流溪林场派出所执法人员，发现有人正在流溪河附近一山头砍伐、装运木材，当执法人员赶到时，见在公路旁停着一辆 3 吨货车，5 个人正在鬼鬼祟祟将木材往车上搬。执法车开到百米外被发现，那 5 个人立即跳上车尾，没有熄火的货车猛踩油门，奋力往前冲。当执法车紧随其后距货车不足 30 米时，突然从树丛里冲出一辆摩托车，迎着执法车奔过来。执法车只得停下。当执法人员走下车时，摩托车趁机将车头一转逃之夭夭。

该案已构成盗伐林木罪无异议，但是否适用《刑法》第 269 条的规定，关键在于对该条中"盗窃"的理解。有人认为，《刑法》第 269 条中"盗窃"仅指普通的盗窃行为，不包括其他特殊类型的盗窃行为。结合本案，尽管犯罪嫌疑人在盗伐林木的过程中，为抗拒抓捕当场使用暴力相威胁，但是只成立盗伐林木罪，而暴力相威胁作为量刑情节。笔者虽然赞同该结论，但理由不同，它应该是，本案行为人突然骑摩托车冲执法车奔来致使执法车被迫停下的行为不能评价为转化型抢劫需要的"暴力、胁迫"条件，将其理解为整体的盗伐林木逃跑的附属行为较为妥当。

其他像盗窃信用卡并使用的行为，《刑法》第 196 条第 3 款明确规定

---

❶ 张明楷："盗伐林木罪与盗窃罪的关系"，载《人民检察》2009 年第 3 期。

以盗窃罪处罚，其可以转化为抢劫罪是容易理解的。

另外，有观点提出，为了解决上述争议问题，有必要在《刑法》的相应条款中规定实施这类特殊的盗窃、诈骗、抢夺行为后，为窝藏赃物、抗拒抓捕或毁灭罪证而当场使用暴力或者以暴力相威胁的，适用有关抢劫罪的处罚规定。但是若实施其他类型的盗窃、诈骗、抢夺行为构成的犯罪较抢劫罪处罚重的，应适用择一重罪处罚原则。这种观点过于理想化，由于特殊类型的盗窃、诈骗、抢夺行为多种多样，笼统地适用有关抢劫罪的处罚规定显然不合适，而且对这种多特殊犯罪分别规定，在立法上也很繁琐。所以，这类问题只能留给学理解释。

4. "犯盗窃、诈骗、抢夺罪"若构成犯罪，属何种犯罪停止形态

这个问题很少有人研究，或者不被学界认为是个问题。

准备或正在进行盗窃、诈骗、抢夺行为，尚未取得财物时便被发现，为取得财物，当场使用暴力或以暴力相威胁，是否定性为"事后抢劫"？有人认为，行为人为了达到其取得财物的目的，在进行盗窃、诈骗、抢夺行为没有实际取得财物的情况下，当场使用暴力或者以暴力相威胁，迫使被害人交出财物，这种行为完全符合抢劫罪的犯罪构成，无须适用"拟制型抢劫"的规定。1991年最高人民法院研究室《关于盗窃未遂行为人为抗拒逮捕而当场使用暴力可否按抢劫罪处罚问题的电话答复》中指出："行为人在盗窃过程中，为强行劫走财物，而当场使用暴力或者以暴力相威胁的，应直接依照《刑法》第一百五十条的规定，以抢劫罪处罚。"

先看事后抢劫的前行为能否是中止犯？中止犯表明行为人已经放弃犯罪或自动有效地防止犯罪结果发生，也就表明行为人主观上已经没有继续实施犯罪的故意。转化型抢劫的后行为要求是为窝藏赃物、抗拒抓捕、毁灭罪证而当场使用暴力或以暴力相威胁，在前行为是中止犯的场合，显然行为人不会为窝藏赃物而实施暴力，因为如果其为窝藏赃物而实施暴力，此即表明其主观上并未完全放弃犯罪。如果是犯罪中止，表明行为人主观上对本欲侵犯的财物再无非法占有的故意，因而也就不会为占有该财物实施暴力或以暴力相威胁的行为。如果行为人中止盗窃后为抗拒抓捕而实施暴力的，则只能依据后续暴力行为定性处理。也有人曾主张，盗窃中止情况下可转化为抢劫，比如行为人进入室内后，心生悔意，中止了盗窃行为，在退出时，恰遇主人归来，或被邻人发现，行

・439・

为人为抗拒抓捕当场使用暴力或胁迫的，应定为转化型抢劫罪。有疑问的是，此时定抢劫中止吗？这样地理解法律过于机械，也很不现实。

再看事后抢劫的前行为能否可为预备犯？还是以盗窃为例，如果行为人意欲盗窃数额巨大的财物，其预备行为可构成盗窃罪的预备犯，此时，认定其行为成立事后抢劫似乎没有问题。

一种意见认为，犯罪预备行为不能成为转化型抢劫罪的前提条件。❶若盗窃、诈骗、抢夺行为只是预备行为，行为人实施暴力或者胁迫行为的目的是逃避追究而无非法占有财物的意图，则不应认定为窝藏赃物、抗拒抓捕或者毁灭罪证而当场使用暴力、胁迫或以暴力相威胁，从而认定为转化型抢劫罪。故盗窃、诈骗、抢夺罪的预备不能转化为抢劫罪。具体可作如下处理：（1）若盗窃、诈骗、抢夺行为是一个预备行为，而暴力、胁迫等行为仅造成被害人轻微伤害或仅以暴力相威胁，因为盗窃、诈骗、抢夺行为已构成犯罪（预备）而以暴力、胁迫等方法实施的行为未构成犯罪，则应以盗窃、诈骗等罪预备犯论处。（2）若盗窃、诈骗、抢夺行为是一个预备行为，而暴力、威胁等行为造成被害人轻伤害以上，则一般以故意伤害罪从重论处。但若前行为之犯罪对象为国家珍贵文物或者数额巨大的财物，虽此盗窃等行为为预备行为，但其处刑也可能在3年有期徒刑以上，则也可以盗窃罪从重处罚。❷另一种意见则认为，预备行为可以成为转化型抢劫罪的前提条件。如被告人李某与同伙 10 余人，携带作案工具，从萍乡火车站乘杭州到广州的旅客列车，准备盗窃。因同伙之间的暗示，引起车厢内便衣乘警的注意，分别从李某同伙身上搜出折叠刀、超薄刀片和钢丝钳。乘警让李某等人到餐车接受进一步的审查。李某等人便掏出凶器威胁乘警，并劫持车上三名旅客强行下车。关于此案，就有一种意见认为，李某的行为符合转化型抢劫的特征。其理由是，从法律规定来讲，将犯罪的预备行为排除在转化型抢劫罪的前提条件之外没有法律依据。从逻辑层次来看，对于达不到犯罪程度的盗窃、诈骗、抢夺行为尚可以作为转化型抢劫罪的前提条件，而预备犯罪却不

---

❶ 高铭暄主编：《刑法学专论（下编）》，高等教育出版社 2002 年版，第 737~738 页。

❷ 吴冠华："转化型抢劫罪若干疑难问题研究"，载《检察日报》2007 年 3 月 6 日。

能成为前提条件的说法与理不通。故上述案例中李某在犯罪预备过程中被公安人员发现，遂以持刀、语言威胁等方式抗拒抓捕，已构成转化型抢劫罪。

笔者认为，《刑法》第269条规定的转化型抢劫是一种有限的特殊类型抢劫，不能无限扩张适用。预备犯关注的主要是人身危险性，在危害行为的预备阶段就被发现，对他人财物安全威胁不大，将这种行为因为后面一定的暴力、威胁而转化为抢劫罪，容易扩大打击面，是《刑法》的过度适用。再说如果上述列车案定抢劫罪，那还得定抢劫的预备形态，这也不符合对犯罪预备的一般认识。对此案可以定盗窃预备与后续的妨害公务等罪（如构成犯罪的话），实行数罪并罚，如此也足以实现罪责刑相适应原则。另外，如果预备行为本身情节轻微，不构成犯罪，又为逃避打击而实施后面的暴力、胁迫行为，则完全可以根据后续行为的性质作出处理，不存在转化抢劫的可能。

接下来，盗窃、诈骗、抢夺的未遂形态是否可转化为抢劫罪？对于这个问题，日本判例及学说提出盗窃的机会的概念，但围绕"机会"又有不同争议，如日本通说认为，转化型抢劫也可能发生在盗窃既遂后很短时间内。我国刑法的规定则有不同。

首先，需要强调的是，盗窃未遂构成犯罪应依照1998年3月17日《最高人民法院关于审理盗窃案件具体应用法律若干问题的解释》的规定，盗窃未遂，情节严重，如以数额巨大的财物或者国家珍贵文物等为盗窃目标的，应当定罪处罚。未遂的盗窃只有在此情形下才能构罪。至于盗窃、诈骗、抢夺犯罪未遂能否转化的问题，也有不同意见。一种观点认为，先前盗窃、诈骗、抢夺必须达到既遂状态，即占有财物之后，行为人又当场使用暴力或以暴力威胁的，才能定转化型抢劫，未遂的盗窃、诈骗、抢夺，未能占有财物，不能定抢劫罪；另一种观点认为，实施盗窃、诈骗、抢夺不管是否达到既遂状态，只要行为人主观上是基于窝藏赃物、抗拒抓捕或者毁灭罪证的目的而当场使用暴力或者以暴力相威胁的，就应定抢劫罪。❶ 通说持后一种观点。因为盗窃、诈骗、抢夺罪

---

❶ 高铭暄主编：《新中国刑法学研究综述》，河南人民出版社1986年版，第634页。

成立既遂，以取得财物为标准，为窝藏赃物而实施暴力的，行为人通常已取得财物，达到既遂状态，但为抗拒逮捕、毁灭罪证而实施暴力的，行为人有可能没有取得财物，未达到既遂状态，而这种行为也应当转化为抢劫罪，否则，《刑法》第269条的规定适用范围明显过窄。具体而言，在未遂犯形态下，行为人已着手实施盗窃、诈骗、抢夺行为，非法占有的故意已外化为客观行为，这种故意不因其为窝藏赃物、抗拒抓捕或者毁灭罪证当场实施暴力、胁迫等行为而消灭，并且在大多数情况下，行为人之所以使用暴力或者以暴力相威胁，正是为了使非法占有的目的得以实现，故盗窃、诈骗、抢夺罪的未遂犯，可以构成转化型抢劫罪。❶笔者基本同意通说的主张。

但有两种情况值得探讨：一是行为人起初的目的不确定，即作了抢劫和盗窃两手准备，如事先准备了凶器，如遇室内无人或未被发现就盗窃，否则就实施暴力抢劫，这种情况应以实际发生的行为定性，而不能以盗窃罪未遂转化为抢劫罪；另一种是突变抢劫，行为人在盗窃、抢夺、诈骗过程中，直接对被害人实施暴力，夺取财物，如刘某乘被害人熟睡时入室盗窃，发现被害人将钱包压在枕头下，刘某扯包时惊醒了被害人，遂立即卡住被害人脖子致其死亡后，取走钱包，这种情况不属于转化犯抢劫罪，突变抢劫与转化型抢劫的区别在于实施暴力的主观目的不同，突变抢劫实施暴力是为了进一步夺取财物，转化型抢劫实施暴力是为了防护赃物被夺回或免受逮捕、毁灭罪证。❷但在实践中，有些情况下难以区分行为人的主观目的，尤其是前罪未遂即行为人没有取得财物时，与被害人发生扭打，这时行为人的目的究竟是为了抗拒抓捕还是进一步夺取财物，不易判断。

综合以上分析，以盗窃为例，转化型抢劫存在以下三种典型情形：一是行为人已窃得财物，刚离开（不久、不远）即被所有人、占有人或其他人发现后，为窝藏赃物、抗拒抓捕或者毁灭罪证而当场实施暴力、胁迫的，此时应该认为盗窃已经既遂；❸ 二是行为人正在行窃被抓现行，

---

❶ 吴冠华："转化型抢劫罪若干疑难问题研究"，载《检察日报》2007年3月6日。

❷ 刘明祥：《财产罪比较研究》，中国政法大学出版社2001年版，第139页。

❸ 关于盗窃罪既遂的种种学说在此不作展开，如接触说、控制说、失控说等。

为抗拒抓捕对所有人、占有人或他人当场实施暴力、胁迫，此时属盗窃未遂，成立转化型抢劫；三是行为人实施了盗窃行为，但未窃得财物（障碍未遂的情况下），却被被害人及时发现、抓捕，行为人为抗拒抓捕而实施暴力或胁迫的，这种情形同样构成转化型抢劫。根据上面的讨论，后两种情况都应看做盗窃未遂状态下的转化型抢劫。当然，如果行为人未盗到财物却被发现后，反而使用暴力或者暴力胁迫进而取得财物的，则要直接适用《刑法》第263条的规定，而不是转化型抢劫了。

【案90】2008年3月1日18时许，李某在上海市闵行区春申路大润发超市佯装购物，趁超市管理员不注意，大肆将商品装入包内，未结账便走出收银台。被保安发现后，李某拒不承认偷窃，保安将李某带至保安室要求李某接受检查，退还超市商品，李某拒绝并从包内掏出枪威胁保安不要过来，随即夺路而逃。当李某逃至超市一楼门口时，被辅警队员和超市保安抓获。案发后，李某自制的1支手枪和2发子弹被公安机关扣押。经鉴定，该自制手枪是以火药发射为动力，可以击发并具有杀伤力。法院审理认为，李某实施盗窃被发现后为抗拒抓捕而当场使用凶器相威胁，其行为已构成抢劫罪，由于犯罪未遂，依法可比照既遂犯从轻处罚。李某违反枪支管理规定，非法持有枪支，其行为又构成非法持有枪支罪。据此，上海市某区法院以抢劫罪和非法持有枪支罪一审判处李某有期徒刑4年，并处罚金4 000元。❶

本案行为人夺取财物后被超市工作人员及时发现未能既遂，后为抗拒抓捕实施暴力，构成转化型抢劫（未遂）是正确的。

【案91】某公共汽车上张某坐在李某旁边，而周某则坐在李某的后面。在公交车的行进过程中，李某睡着了，张某就偷偷摸摸把手伸进李某的口袋想把李某的钱包偷出来！坐在李某后面的周某看见以上行为，出于正义感，赶快用手推李某，想把其推醒，以制止张某的偷窃行为。但这个时候，李某没被推醒，反而被张某看到了，于是张某拿出随身携

---

❶ 殷超："盗窃被抓后掏枪威胁保安"，载《解放日报》2008年8月4日。

带的一把小刀在周某的面前晃了一下并低声说:"你要是再敢出声,小心你的舌头和手臂。"周某听了张某的话以后,害怕自己出事,就没叫醒李某。后张某偷窃成功。

对本案张某在盗窃过程中持刀威胁第三者的行为,一种意见认为构成转化型抢劫罪,主要理由是:因为张某对周某使用暴力和对李某盗窃成功是存在因果关系的,《刑法》中只是规定在盗窃中使用凶器就算抢劫,使用凶器针对何人在所不问。而且在盗窃过程中持刀威胁第三者,主观上已经是在盗窃行为败露后想强行取得财物,客观上也有持刀威胁的行为。抢劫中使用暴力的对象可以是被害人,也可以是妨碍抢劫的第三人。因此,张某的行为已经符合抢劫的构成要件,构成抢劫罪。❶ 另有观点认为,张某的行为不符合"为了窝藏赃物、抗拒抓捕或者毁灭罪证"这个条件,原因是:首先,张某以暴力威胁第三者时,还未取得赃物,不存在窝藏赃物的情形;其次,张某实施盗窃行为时虽然被周某发现,但周某仅仅是要推醒李某,而未做出要抓捕扭送的行为,即当时没有人要对张某实行抓捕扭送,张某也不存在抗拒抓捕的情形;再次,张某持刀威胁的目的是阻止周某推醒李某,其未毁灭任何罪证,虽然周某当时不敢再叫醒李某,但张某并未妨碍周某事后作证,即张某不存在毁灭证据的情形。❷ 笔者认为,本案不能定抢劫,包括转化型抢劫。本案可以从算不算"秘密窃取"的角度进一步开展讨论。

【案92】2005年11月24日下午,被告人潘某、陈某、钟某、陈某、邓某携带刀具、钳子、毒狗肉、纤维袋等工具,驾驶2辆摩托车从广西梧州窜到广东省封开县都平镇,乘村民的狗无人看管之机,用有毒的肉毒死狗的方法盗得村民饲养的狗6只,被事主发现后逃跑。当他们逃跑到某山脚时,被事主陈某和郑某驾驶摩托车追上并拔掉被告人邓某所驾的摩托车钥匙,被告人潘某和陈某便各自抽出带在身上的刀指向郑某,

---

❶ 周兴中:"在盗窃过程中持刀威胁第三者能否转化为抢劫",载中国法院网,2007年10月10日访问。

❷ 何庆:"本案的盗窃罪不能转化为抢劫罪",载中国法院网,2007年10月11日访问。

逼迫其交还摩托车钥匙。当陈某、郑某掏出手机要报警时，潘某用刀指向陈某，恐吓两事主不准报警，并要事主将手机扔到山下。郑某被逼扔了手机，而陈某不从，被告人潘某即持刀上前夺其手机，陈某也持刀和陈某围住陈某。潘某见抢不到手机，就用刀柄砸了一下陈某的头部之后，又逼迫郑某过去将陈某的手机扔到山下。被告人钟某为阻止事主追赶，将事主摩托车的油管拔掉。后5被告人被公安民警人赃俱获。

公诉机关指控，5被告人在盗窃发现时，当场对事主实施暴力和以暴力相威胁手段，其行为均构成抢劫罪。5被告人及其辩护人辩称，其所盗的6只狗的总价值只有几百元，远未达到盗窃罪的数额起点标准，未构成盗窃罪。暴力的实施不是在盗狗的现场"当场使用"，事主追上时，已距离偷狗的地方有300多米远，实施的暴力也不是"当场使用"，不能满足《刑法》第269条规定的时间、空间条件，所以不符合转化型抢劫罪的条件，不构成抢劫罪。法院经审理后认为，被告人的行为已构成抢劫罪，主要理由是：本案中，5被告人经合谋用毒死狗的方法盗取村民饲养的狗6只，已符合了构成转化型抢劫罪的前提条件。转化型抢劫罪的"当场"应当是指被告人实施盗窃、诈骗、抢夺行为时的现场和刚一离开现场就被人及时发现而立即追捕过程中的场所。本案5被告人在盗取村民饲养的狗时被事主发现后逃跑，在被事主追上后，为阻止事主报警和抗拒抓捕，对事主以暴力相威胁。本案被告人在抗拒抓捕时，有3名被告人使用刀具围住2名事主相威胁，属于"使用凶器或以凶器相威胁"的情节，属于以暴力相威胁，符合构成转化型抢劫罪的客观条件。❶

三、"为窝藏赃物、抗拒抓捕或者毁灭罪证"

在典型的抢劫罪里，行为人实施暴力或以暴力相威胁等行为的目的，是强行抢劫公私财物；而转化型抢劫中的暴力或威胁行为是窝藏赃物、

---

❶ 黄文献："从本案谈转化型抢劫罪的认定"，载中国法院网，2006年12月11日访问。

抗拒抓捕或者毁灭罪证的手段。此时，查明被告人实施暴力、威胁的目的非常重要。如果确定行为人的主观目的主要是抗拒抓捕，则应定转化型抢劫犯罪。如果确定罪犯的主观目的是为了继续劫取财物，则应定普通的抢劫罪。司法实践中经常发生的情况是：行为人在实施盗窃过程中尚未取得财物而被发现，随后当场实施暴力或以暴力相威胁强行劫走财物。此种行为应直接认定为普通抢劫罪。❶

行为人在实施盗窃过程中的行为被发现，完全属于其意志以外的原因，行为人必然意识到他已不可能继续通过秘密窃取的方法达到非法占有他人财物的目的，此时无论其选择逃跑还是改变犯罪手段以继续实施非法占有他人财物的目的，其实施的前行为业已构成盗窃未遂。如果行为人为了排除被害人的反抗转而对被害人实施暴力或以暴力相威胁，从而达到非法强行占有他人财物的目的，则属于犯意的转换，其后续行为就符合《刑法》第263条规定的典型的抢劫罪的构成要件，而无需转化抢劫。即使行为人在盗窃过程中误认为被受害人发觉，为排除妨碍转而对被害人实施暴力的行为，也应直接适用《刑法》第263条的规定以抢劫罪定罪处罚。在这种情况下，行为人实际实施了两个行为，前者为盗窃未遂，后者为抢劫，之所以直接定为抢劫，是因为二者目的一致，对象同一，后者足以吸收前者。如果行为人盗窃甲的财物未得逞，被乙发现后当场实施暴力劫取乙的财物，则可能构成盗窃和抢劫两罪，进而数罪并罚。

如果罪犯供述其主观目的两者兼而有之，或者罪犯情急之下实施了暴力或以暴力相威胁而主观目的并不明确，应如何认定呢？笔者认为，此时只要行为人没有放弃劫取财物，进而施加暴力，那就符合抢劫罪的犯罪构成，应该直接认定为普通型抢劫罪。不过，有的案件还是有些争论的。

【案93】2007年7月15日13时许，乘客陈某携同女友在候车，突然，一名身着白色衬衫的男青年将一把紫色雨伞紧贴陈某女友的背部，陈某遂将雨伞推开，就在此时，陈某看到，该男青年手中紧抓着自己女

---

❶ 这也是张明楷教授所言正真的转化抢劫、刘明祥教授所言的突变抢劫。

友的手机,他立刻意识到该男子是扒手,便上前与其论理,要求其归还手机。该男子见扒窃行为败露,当即从口袋中掏出匕首刺伤陈某并逃离。该男子很快被轨道警方抓获。❶ 该男子的行为构成转化型抢劫,还是普通的抢劫就有争议。

【案94】1999年6月23日凌晨2时许,被告人朱某伙同韩某(已判刑)预谋盗窃,二人持刀至连云港市某街道的叶某家住处。当他们翻墙入院,欲行盗窃时,误认为被叶家夫妇发现,被告人朱某即持刀对叶某的颈部、身上乱刺。同时,韩某用毛巾捂叶某之妻聂甲的嘴,遭到聂甲的反抗,韩某即用刀对聂乱刺,因聂呼救,二犯仓皇逃跑。韩某在逃离时,还对闻讯赶来的聂乙腹部猛刺一刀。经鉴定,叶某的伤情属重伤,聂乙的伤情也属重伤,聂甲的伤情属轻微伤一级。一审法院审理后认为,被告人朱某以非法占有为目的,进入他人住宅进行盗窃,在实施盗窃行为时,对他人实施暴力行为,其行为已构成转化型抢劫罪。二审法院认为,上诉人朱某与同案犯在实施盗窃过程中,为排除障碍,当场对被害人实施暴力的行为,应直接适用《刑法》第263条的规定定抢劫罪,原判适用法律不当。

本案被告人在入户盗窃过程中,因被发现而当场使用暴力,应当认定为入户抢劫。

【案95】2004年4月下旬,被告人黄某租借上海市闵行区七宝镇青年路北横沥22号以供女友卢某(另行处理)卖淫。同年5月4日20时许,被告人黄某趁被害人周某被卢杰招致上述租借处内发生性关系之际,用钥匙打开房门潜入屋内,从周脱下的衣裤袋内窃得人民币1万元和1部松下牌EB-GD86A型手机(鉴定价为人民币1 820元)后退出。当周某发现其随身钱物不见抓住卢杰不放时,被告人黄某敲门入室,持刀朝周的胸部、头部等处刺戳十余刀。被害人周某因被锐器戳刺左胸部,伤及心、肺致失血性休克死亡。法院审理认为,本案行为人在盗窃犯罪实施

---

❶ 载2007年7月17日上海《文汇报》。

完毕以后，为帮助非共同犯罪人摆脱被害人的纠缠而将被害人杀死的，应以盗窃罪和故意杀人罪两罪并罚。❶

本案中，被告人黄某盗窃被害人钱财后又将被害人杀死的行为，是否属于为了窝藏赃物、抗拒抓捕或者毁灭罪证，而当场实施暴力或者以暴力相威胁？笔者认为，黄某的盗窃行为与其故意杀人行为之间，缺乏构成事后抢劫罪所要求的紧密关联性。其一，黄某是在趁卢某同被害人卖淫嫖娼之时，用钥匙开启房门潜入房内窃取被害人钱财，潜出房间后又用钥匙悄悄关闭房门的，此行为卢某和被害人不知，其盗窃行为并未被人察觉。其二，黄某窃取被害人的钱财后已经安全地潜出现场，完成了其盗窃犯罪行为。第三，黄某的盗窃行为是个人行为，其事先并未同卢某商议也没有告知卢某，卢某对其盗窃行为不知情，事后黄某也没有分赃给卢某，二人不构成共同盗窃犯罪。第四，被害人发现钱财不见，并不知是黄某所为，也不认为是卢某同他人合谋窃取钱财。换句话说，被害人追究的对象并不是黄某，而是卢某。黄某敲门进入房内，是为了帮助卢某摆脱被害人的纠缠，最后用刀将被害人杀死，黄某的行为并无窝藏赃物、抗拒抓捕或者毁灭罪证之目的。所以，对本案定两个罪是正确的。

【案96】2001年春节前的一天晚上，刘某为攒路费，骑一辆三轮车窜至某农场仓库，撬锁入室盗窃废铁，把几块废铁盘（价值100余元）搬上三轮车后，又转悠到距三轮车约150米的值班室附近，伺机再偷，刚好被仓库值班员王某发现，刘某谎称走迷了路，想找个地方睡觉，王某将信将疑，即责令刘某赶快离开这里，当二人并排走至居民区（距值班室约100米）时，刘某生怕被抓查出偷东西，顿起歹念，右手从大衣口袋中掏出事先准备好的一把水果刀，朝王某左胸肋下猛刺一刀，王某急忙揪住刘某衣服，刘某甩脱大衣拔腿逃跑。王某倒地昏迷，经法医鉴定，王某系胸腹开放性损伤，已构成重伤。

---

❶ 黄国民、须梅华："正确认定转化型抢劫罪"，载《人民法院报》2006年12月31日。

对此案的定性,一种意见认为,本案刘某先前的行为应该是一种盗窃行为,而当他被值班人员王某发现后,为抗拒抓捕而对王某当场使用暴力,致王某重伤,其行为符合转化型抢劫的特征,且有致人重伤的法定加重情节。另一种意见认为,刘某仅构成故意伤害罪。理由是:被害人王某并不知道刘某正在实施盗窃,仅是发现他形迹可疑并责令他离开现场,在往居民区走的途中发生了犯罪行为;王某没有实施抓捕行为,刘某也不是"抗拒抓捕",且刘某使用暴力的场所不是"当场",而是"异地"。实际上,刘某主观上有伤害他人的故意。刘某之所以动刀,是因为其害怕王某喊人来抓他或打他,于是顿起歹念,企图伤害王某,使其不再纠缠和控制他,达到逃跑的目的。在客观上,刘某用水果刀刺了王某肋下一刀,致王某受重伤。

笔者倾向于定抢劫罪,主要理由是:(1)刘某被王某发现时,仍处于实施犯罪行为的不法状态。王某虽然未亲眼看到刘某实施盗窃,但发现人是否能准确判断行为人正在实施何种犯罪不是转化犯的主观要求,刑法中的主观故意是针对行为人而言的,本案刘某应当知道自己所实施的行为是盗窃犯罪行为;(2)"抗拒抓捕"同样也是针对行为人而言的主观心态。本案王某系仓库值班员,其义务就是对其负责看管区域范围内进出的人或者物进行盘问和查点。当晚,王某发现刘某形迹可疑,由于势单力孤,故策略地责令其离开并跟踪控制刘某,虽然在形式上没有实施直接具体的抓、控动作,但从本质上说这也是一种较为策略的控制抓捕行为。正是因为这种控制式抓捕,使刘某感到了压力,他后来拔刀刺人的目的正是为了摆脱控制,抗拒抓捕。(3)《刑法》第269条中的"当场",不仅仅是盗窃作案所在的"点",还包括被发现人跟踪、控制、追捕的连续的、不间断的"线"(时空范围)。本案刘某从盗窃到伤害的整个过程仍然是紧凑而又连续的,中间没有间断,因此,这个"当场"应视为作案现场的延伸。(4)刘某的行为不仅侵害了公民的生命健康权,同时还侵害了公私财产的所有权。而这正是抢劫罪区别于故意伤害罪、故意杀人罪的本质特征,将本案定性为抢劫罪更加符合案件的全貌。

【案97】2002年4月29日凌晨3时许,在从湖南省怀化市开往重庆市酉阳县的客车上,原审被告人姜某、龙某趁乘客熟睡之机开始扒窃,盗得乘客王某的4 000余元现金,在准备下车时,被醒来的王某发觉并喊停车。龙某打开车门先下车,姜某被王某和同行的陈某抓住不放,并要求其退钱,同时驾驶员把车门关上并堵在车门口。姜某见不能脱身,便取出盗来的部分现金退给王某,但王某接钱后仍然抓住不放,此时在龙某的配合下,二被告人强行打开了车门,龙将姜某拖下车时姜某的衣服被撕破。二被告人下车后,见王某仍在车上骂,遂对其威胁:"你要钱,老子打死你"。接着先后冲上车拖拉、殴打王某和陈某,随后下车逃离现场。事后,原审被告人姜某、龙某各分得赃款1 600元。一审法院审理认为,被告人姜某、龙某以非法占有为目的,秘密窃取他人数额较大的财物,其行为构成盗窃罪。因二被告人的暴力和威胁行为与先行盗窃行为在时间上已然间断,且二被告人并非为窝藏赃物、抗拒抓捕的目的而当场使用暴力,对公诉机关指控二被告人的行为构成抢劫罪不予支持。遂判决被告人姜某犯盗窃罪,判处有期徒刑1年零6个月,并处罚金2 000元;被告人龙某犯盗窃罪,判处有期徒刑1年,并处罚金2 000元。后公诉机关提出抗诉。二审法院认为,原审被告人以非法占有为目的,在公共汽车上秘密窃取他人财物,被受害人发现后,二人一起强行脱身,随即又先后上车对受害人王某及其同伴陈某实施了威胁和殴打,上述行为是连贯的,主观上是为抗拒受害人及其同伴的抓捕并继续非法占有余款,属于为窝藏赃物、抗拒抓捕而当场使用暴力和暴力威胁的行为,应当依照抢劫罪定罪处罚。而且其行为发生在公共交通工具上,属于"在公共交通工具上抢劫"的情形。故二审判决原审被告人姜某犯抢劫罪,判处有期徒刑12年,剥夺政治权利2年,并处罚金3 000元。原审被告人龙某犯抢劫罪,判处有期徒刑10年,剥夺政治权利1年,并处罚金3 000元。

本案二被告人盗得现金并挣脱下车后又上车实施暴力的行为能否构成转化型抢劫罪,关键在于主观要件或行为目的是否是为"窝藏赃物、抗拒抓捕或者毁灭罪证"。行为人从部分退赃、挣脱到威胁、辱骂、殴打,这一系列行为是二被告人围绕受害人追夺被盗财物在短时间内连续完成的,时间上没有间断。受害人抓住行为人的目的是夺回或索要被盗财物,抓捕和夺回财物是手段与目的的关系,相对应地,二被告人强行挣脱、语言威胁和暴力殴打的目的是为了阻止受害人及其同伴的行为。故二被告人实施暴力和暴力威胁的目的,正在于窝赃和拒捕,并不单在于对受害人等的身体造成伤害。后者如果存在,仅为行为人为达窝赃和拒捕而实施的手段必然伴随的结果,而非行为人追求的终极目的。这也是法院判决的主要理由。❶ 但有反对者认为,本案被告人不构成转化型抢劫,主要理由是被告人使用暴力和以暴力相威胁不是为了窝藏赃物、抗拒抓捕或者毁灭证据,而是为了泄愤。首先,被告人不是为了抗拒抓捕。被告人下车后,受害人及其他人并没有紧追实施抓捕行为,受害人只是在车上口头对被告人的盗窃行为进行谴责。《刑法》第 269 条规定的"抗拒抓捕"中的"抓捕",应是现实的抓捕。被告人先前挣脱下车的行为是为了抗拒抓捕,但没有使用暴力或者以暴力相威胁。其次,被告人的暴力行为也没有表现出是为了窝藏赃物或者是为了毁灭证据,其事后的暴力行为虽与之前的盗窃行为有一定关系,但并不是为了窝藏赃物、抗拒抓捕或者毁灭证据,而是为了泄愤,因此对其行为性质就应独立评价。如果未达到犯罪的程度,应作为前罪的量刑情节考虑。

另有反对者认为,被告人之行为只能构成盗窃罪,第一,从主观上讲,事后抢劫罪具有当场使用暴力或以暴力相威胁的手段去窝藏赃物、抗拒抓捕或者毁灭罪证的目的,而本案被告人在下车后已经实际占有了盗窃所得的部分赃款。被害人只是在车上骂,并未下车抓贼,故被告人不存在窝藏赃物、抗拒抓捕或毁灭罪证的目的,其行为缺乏构成转化型抢劫的主观要件。第二,转化型抢劫罪必不可少的一个前提条件是,行为人在实施前一个犯罪行为后即暂时非法取得财物后,在窝赃、脱逃或毁灭罪证时遭到了他人的抓捕或者追查。对行为人来说,其遭到的这种行为还具有主动性、纠缠性的特征,难以摆脱,以至于其认识到这种不利行为非以暴力或暴力相威胁不足以摆脱,故最终对他人实施了暴力或以暴力相威胁的行为。而本案被告人在下车后未遇到不利于其人身脱逃、财产占有或罪证被取(如被拍照、录像等)的不利行为。第三,"当场"涵盖了某个行为自始至终发展的时间和空间,应有"当时、现场"的意

---

❶ 于天敏、任永鸿:"盗窃罪还是抢劫罪",载《人民法院报》2003 年 9 月 7 日案例研究专版。

思,且要具有时间上的连续性和空间上的延伸性。但"时间上的连续性"要依附在一种行为或双方的行为上,且要限制在行为人及被害人各自实施某种故意状态下的行为终了之时;"空间的延伸性"也应限制在一种行为或双方的行为终了前所经过的空间范围内。对本案来说,双方的行为是一方要携赃款逃离现场,一方要索回被盗物。在被告人下车后,被害人未再下车追款或抓贼,其前期行为已停止。此后,双方的主观心理有了变化,一方是已成功地逃出车外,另一方是眼看追款无望,只有在车上叫骂。此后的行为与此前的行为因双方主观意志的不同及客观行为的间断,而不具有"时间上的连续性"和"空间上的延伸性",被告人后期的行为已不具有当场性。第四,被害人骂人不能"确定"表明没有放弃追款的愿望,但"愿望"与追索失物或抓捕犯罪嫌疑人有严格的区别,而"为阻止受害人或其他人可能对他们的追捕"则有主观臆断之嫌。被告人的后期行为最大的可能是为了报复被害人在车上将其堵住等,并不能确定被告人的主观心理是为了窝赃、拒捕或毁证。第五,被告人在车上扒窃后挣脱下车,对赃物已实际占有,该盗窃犯罪行为已经完成,此前的行为无疑构成盗窃罪。而被告人后期再嚣张打人,属于另一个违法行为。[1]

笔者认为,对"窝藏赃物、抗拒抓捕或者毁灭罪证"不能作过于狭窄的字面理解,实践中没有被告人会喊出这样的目的,其主观意图还是要通过其"武力""护赃"行为而体现。该转化犯不能要求行为人必须是实施极为典型的那种窝藏赃物、抗拒抓捕等行为,此时的重点在于针对行为人的主观意图,分析其行为的目的性。实际生活中,同盗窃等违法犯罪作斗争时,被害人往往处于弱势,犯罪嫌疑人反而更为嚣张,本案被告人正属这种情况,如果这种情况不认定为事后抢劫,就可能导致只有在警察或者保安人员实施的典型抓捕时才呈现转化的可能,这就偏离了立法的方向,使这类抢劫失去立法意义。再从罪数关系来说,将后面的行为独立定性,很难找出数罪的依据,也没有必要把密切联系的前后行为如此琐碎分离。所以,笔者赞成二审判决。

---

[1] 参见:"本案不是转化型抢劫——与于天敏、任永鸿同志商榷",载《人民法院报》2003年10月19日。

【案98】2004年12月26日晚，李某撬开某公寓楼203室窃得人民币12 000元，当其开门准备离开时，该公寓楼楼上住户周某正好从203室门口经过，李某以为周某系203室户主要来抓他，对其猛击一拳后夺路而逃。案发后经鉴定，周某因被击打造成2颗牙齿脱落，已构成轻伤。在公安机关向周某了解案情时，其称当时并不知道203室被窃。

对李某的行为，一种意见认为，因周某不知道李某系窃贼，其主观上没有抓捕李某的意思，客观上也没有实施对李某的抓捕行为，李某的行为不符合《刑法》第269条事后抢劫罪的规定，李某的行为仅构成盗窃罪。第二种意见认为，李某在盗窃12 000元既遂离开作案现场时，又对周某实施故意伤害行为并致其轻伤，应以盗窃罪和故意伤害罪对其数罪并罚。第三种意见认为，应认定李某的行为构成事后抢劫罪。❶ 问题在于：行为人的认识错误能否阻止事后抢劫罪的成立？笔者认为，这类案件行为人窝藏赃物、抗拒抓捕、毁灭罪证是行为性质变化的主观条件，对该条件要站在行为人的立场考察其主观意图，只要行为人在主观上符合这一条件，客观上实施了当场使用暴力或者以暴力相威胁的行为，就成立事后抢劫罪。本案李某将周某误认为前来抓捕他的被害人而对其实施暴力行为，反映出李某在猛击周某时主观目的就是要逃避他人的抓捕，符合"为抗拒抓捕，而当场使用暴力"的主客观条件，应认定为转化型抢劫。

【案99】2007年2月2日7时许，被告人肖某至本村邻居张甲家盗窃财物，当其从张家西屋衣柜中翻找财物时，将在床上睡觉的张乙（女，14周岁）惊醒，肖某恐事情败露，遂起了杀人之念，即上前将张乙按倒在地上，双手猛掐张乙的脖子，致其昏迷，后肖某将张乙拖到东屋，用菜刀切、割张乙颈部，致张大失血死亡。肖某把张乙尸体藏匿到床下后逃离现场。法院审理认为，被告人肖某在盗窃过程中被人发现，采用手掐、刀割被害人张乙颈部的手段，致张死亡的行为构成故意杀人罪。遂

---

❶ 林操场："本案李某的行为应构成抢劫罪"，载中国法院网，2008年11月12日访问。

依法判决被告人肖某犯故意杀人罪,判处死刑,剥夺政治权利终身。后被告人提出上诉,二审法院裁定驳回上诉,维持原判。

本案事实清楚表明,被告人肖明明是在盗窃过程中,为灭口而故意杀人。本案被告人肖明明与被害人系邻居,彼此互相熟识;被害人系年仅14岁的弱小女孩,并无抓捕被告人的意思和能力。肖明明的杀人灭口目的是非常明确的,其实施暴力的主观目的不是强行劫走财物,而是剥夺他人的生命,具有杀人的故意而非抢劫的故意,不适用《刑法》第269条的规定。而且,本案被告人系在盗窃过程中为灭口而杀人,并非"为劫取财物而预谋故意杀人或者在劫取财物过程中为制服被害人反抗而故意杀人,以及实施抢劫后为灭口而故意杀人",亦不符合2001年最高人民法院《关于抢劫过程中故意杀人案件如何定罪问题的批复》的规定,其行为不能以抢劫罪和故意杀人罪并罚。另外,本案被告人在杀人灭口后,并未取走其邻居家的财物,故其盗窃行为可不认定为犯罪。同时,法院的判决还排除了对本案适用"入户抢劫"的规定。2000年最高人民法院《审理抢劫案件的解释》第1条规定:"对于入户盗窃,因被发现而当场使用暴力或者以暴力相威胁的行为,应当认定为入户抢劫。"本案行为人先是实行入户盗窃没有疑义,但随后因被人发现而杀人灭口的行为,是否应当认定为入户抢劫呢?对此,判决没有认定被告人肖明明的行为属"入户抢劫",理由是:对上述解释中关于"入户盗窃"转化为"入户抢劫"的理解,应以《刑法》关于转化型抢劫的规定为前提。《刑法》第269条既已明确转化的前提只能是"为窝藏赃物、抗拒抓捕或者毁灭罪证"三种情形,解释的规定自然也不能超出这三种主观目的,虽然上述解释并未重复列举这三种情形。不能因为解释没有明确表述这三种情形而片面地理解为所有"入户盗窃,因被发现而当场使用暴力或者以暴力相威胁的行为",均一概认定为"入户抢劫"。❶

【案100】冉某、高某共同盗走郭某的铅锌矿石1.59吨(经评估价值

---

❶ 周小霖:"肖明明故意杀人案——在盗窃过程中为灭口杀害被害人的应如何定性",载《刑事审判参考(第62集)》,法律出版社2008年版。

为1 282元)。后郭某以购买铅锌矿石为由诱使冉某将被盗矿石运送至郭某处,郭某即斥责冉某是偷盗自己的矿石,冉某把高某叫来,二人对郭某进行殴打后,又强行将被盗矿石拉走藏匿。

本案冉某、高某先犯盗窃罪无疑,但二人后来在销赃过程中使用暴力,将赃物重新拉走的行为是否成立转化型抢劫?有人认为,冉某、高某的行为构成抢劫罪;也有人认为,冉某和高某行为构成盗窃和抢劫二罪。理由是先前行为构成盗窃罪,之后再销赃过程中在明知是被害人财物的情况下又当场采取暴力手段,强行拉走矿石,构成抢劫罪。应当对其以盗窃罪和抢劫罪实行数罪并罚。还有人认为,冉某、高某行为仍然只构成盗窃罪。其在销赃过程中双方发生的厮打,如果构成新罪,则依法实行数罪并罚,与前罪的并罚并不必然发生转化问题。本案认定之关键在于对当场的认识。本案的销赃行为显然不属于当场的范畴,也不是当场的延伸,不能适用《刑法》第269条之规定,只能认定为盗窃罪。❶笔者认为,对本案不能定转化型抢劫。当二行为人把本属于郭某的财物盗窃走后,即使是在运送到郭某处销赃时,该财物的所有权一直都是郭某的,此时,行为人使用暴力劫取属于郭某的铅锌矿石就构成抢劫罪。考虑到本案盗窃和抢劫的对象以及行为人的非法占有目的完全同一,所以,应该是后面的抢劫罪吸收前面的盗窃罪,故应以《刑法》第263条追究冉某和高某抢劫罪的刑事责任。

【案101】2006年11月26日15时许,被告人韦某携带一把折叠式弹簧刀与覃某等人至上海市松江区文汇路1028号上海立信会计学院食堂伺机盗窃作案。经窥察,韦某、覃某等人决定盗窃独自坐在食堂内的被害人赵某放置于桌上的诺基亚6270型移动电话。为此,覃某先行将数枚硬币抛置于赵某座位附近地面上,再上前提醒赵某硬币掉在地上以诱使赵某捡拾硬币。韦某趁赵某俯身捡拾硬币之际,上前将赵某放置于桌上价值2 280元的移动电话窃走,亦单独离开该食堂,出门右转步行至位于文汇路1046号二楼的e路阳光网吧。韦某的上述盗窃行为被在场的赵某和

---

❶ 李汝浦:"销赃过程中使用暴力如何处理",载《中国检察官》2008年6期。

被害人汪某目睹后,先后跟随被告人韦某至 e 路阳光网吧。当汪某进入该网吧男厕所内查看时,发现了亦在该厕所内的韦某。因汪某试图抓捕韦某,两人遂扭打在一起。期间,韦某为摆脱汪某,取出随身携带的弹簧刀朝汪某胸部猛刺一刀,并趁汪受伤之际逃离该网吧。而后,韦某将所穿蓝色上衣和上述刀具先后扔弃,返回暂住酒店。汪某则在追至网吧楼梯口后因大出血而昏倒在地,虽经抢救但终因失血性休克而死亡。公诉机关认为,被告人韦某实施盗窃犯罪后为抗拒抓捕而当场使用暴力,致一人死亡,其行为已构成抢劫罪,依照《刑法》第 269 条、第 263 条第(5)项之规定,应以抢劫罪追究刑事责任。被告人的辩护人则提出韦某的行为构成盗窃罪和故意伤害罪的辩护意见。法院审理认为,被害人汪某等人系在目睹韦某等人实施盗窃后,先后跟随韦某进入网吧,故在进入网吧前,韦某并未脱离汪某等人的视线;当汪某在网吧的男厕所内搜寻到韦某时,韦某为抗拒抓捕而用刀刺戳汪某后逃逸,可以认为本案持刀行凶现场系盗窃作案现场的延伸,韦某盗窃犯罪后为拒捕而当场持刀行凶的行为应以抢劫罪论处。故公诉机关起诉指控的罪名成立,应予支持。遂依法判决:被告人韦某犯抢劫罪,判处死刑,剥夺政治权利终身,并处没收其个人全部财产。[1]

本案反映出两个问题,一是对于"当场"的理解,二是本案正好是一起在盗窃既遂后的转化型抢劫案,二者可以结合起来理解。笔者赞同法院的判决。

四、"当场使用暴力或者以暴力相威胁"

为了把前行为评价为转化型抢劫罪,盗窃、抢夺、诈骗行为与暴力、胁迫之间必须具有紧密的联系,从形式上看,这种联系通常是由实施两种行为的场所、时间和距离的远近所决定的。成立转化型抢劫罪的客观条件可以具体分为行为条件和时空条件,行为条件即实施暴力或者以暴

---

[1] 上海市第一中级人民法院(2007)沪一中刑初字第 83 号刑事判决书。

力相威胁行为，时空条件即这种暴力或者以暴力相威胁行为是"当场"实施的。由于《刑法》第263条规定的基本抢劫罪在犯罪客观方面也要求"当场"劫取财物，此"当场"与转化型抢劫之"当场"区别何在，这是认识转化型抢劫罪必须注意的问题。

(一) 对"当场"的理解

"当场"一词在《现代汉语词典》中定义为"就在那个地方和那个时候"，强调地点的固定与时间的急迫。根据这一解释，抢劫罪中"当场"的含义似乎应该理解为实施暴力、胁迫行为并立即夺取财物。而这种理解过于狭窄，比如有些抢劫行为因种种原因，从实施暴力到取得财物往往要持续几小时甚至一天以上时间，开始实施暴力行为的地点与取得财物也可能不在同一地点（如一间房、一个楼层、一条巷子等），但从整体上看暴力、胁迫、威胁等行为并无间断，被害人受威胁的状态一直延续，亦应视为当场。例如，行为人在控制被害人后，胁迫其到几公里以外的一银行自动取款机取款，此过程就具有"当场"之意，其行为构成抢劫罪。再比如，行为人实施了足以抑制被害人反抗的暴力、胁迫等行为，令被害人事后（如回家后的第二天）交付财物，则不可认定为"当场"。有的观点认为，行为人取得财物只要与其实施暴力、胁迫、威胁等行为有关，具有因果联系，不管之间相隔多久，行为人与被害人是否一直在一起，都不影响行为的当场性。[1] 笔者不同意这种看法。

实际上，"当场"作为我国《刑法》规定的转化型抢劫罪成立的客观条件之一，如何理解早就有不同的观点。如第一种观点认为，"当场"就是实施盗窃、诈骗、抢夺犯罪的现场。[2] 第二种观点认为，"当场"是指与窝藏赃物、抗拒抓捕、毁灭罪证有关的地方。从时间上看，可以是盗窃等行为实施时或刚实施完不久，也可以是数天后；从地点上看，可以是实施盗窃等行为的犯罪地，也可以是离开盗窃等犯罪地的途中，还可

---

[1] 熊皓、张懿："抢劫罪'当场'之新义"，载正义网，2006年4月25日访问。

[2] 《人民司法选编本（1981）》，第231页。

以是行为人的住所等地。❶ 第三种观点认为,"当场"一指实施盗窃等犯罪的现场;二指以犯罪现场为中心与犯罪分子活动有关的一定空间范围,此外,只要犯罪分子尚未摆脱监视者力所能及的范围,都属于"当场"。如盗窃存折、支票,当场的范围应从盗窃的时间、场所扩大到兑换货币或提取货物的时间和场所。❷ 第四种观点是通说,但表述略有差异,多数观点认为,当场,"是指犯罪分子尚未离开进行盗窃、诈骗、抢夺当时所在的现场,或者刚一离开现场就被人发觉追捕",❸ 或者刚一离开现场就被人发现和追捕的过程中;❹ 或者是"行为人实施盗窃、诈骗、抢夺行为的现场以及被人追捕的整个过程与现场"。❺ "本罪的暴力或者威胁行为,与先行的盗窃等行为在时空上具有连续性和关联性,时间上是前后连续而未间断,地点上可是同一场所,也可是前行为场所的延伸。"❻ "只有暴力、胁迫行为与先前的盗窃、诈骗、抢夺在时间上、空间上相隔较短的,先行财产犯罪在一般社会观念上才能被认为是还在继续,在这种状态下实施暴力、胁迫行为的,才能与普通抢劫罪作同等评价。如果在盗窃、诈骗、抢夺实施以后,在其他时间、地点抗拒抓捕、窝藏赃物、毁灭罪证而实施暴力或以暴力相威胁的,不属于'当场'。"❼ 笔者也基本认同这种观点。其他三种观点要么是对"当场"的范围限制得过窄(如将"当场"理解为犯罪现场),要么是把"当场"的范围扩展得太宽(如延长到作案后数天、或远离现场的兑换、提货场所等)。"当场"的核心含义表现为时间、场所上应有的密接性。通说的观点则避免了这两方面的缺陷,并且与德、日等国的判例和通说的主张相接近,因而具有可取性。我国司法实践也是坚持通说,即"当场"指实施盗窃、诈骗、抢

---

❶ 转引自赵秉志:《侵犯财产罪》,中国人民公安大学出版社2003年版,第116页。

❷ 同上。

❸ 高铭暄主编:《刑法学(修订本)》,法律出版社1982年版,第485页。

❹ 高铭暄、马克昌主编,赵秉志执行主编:《刑法学》,北京大学出版社、高等教育出版社2005年版,第554页;王作富主编:《刑法》,中国人民大学出版社2009年版,第444页。

❺ 张明楷:《刑法学(第四版)》,法律出版社2011年版,第856页。

❻ 赵秉志:《侵犯财产罪》,中国人民公安大学出版社2003年版,第117页。

❼ 陈兴良主编:《刑法学》,复旦大学出版社2009年版,第381页。

夺行为的现场，以及行为人刚一离开现场就被人及时发觉而立即被追捕中的场所。❶ 最高法院公布的案例也持此立场，如被告人在麦当劳餐厅行窃后，转到附近的肯德基餐厅行窃，行窃未果后，正想离开，被一直跟踪监视的民警抓住，被告人掏出凶器行凶，被制服，法院以抢劫罪定罪处罚。

从外国刑法对转化型抢劫的规定来看，德国《刑法》规定必须是"于行为时"，❷ 巴西《刑法》规定必须"立即"，意大利《刑法》规定必须是"在窃取物品后当即使用暴力或威胁"但是，何为"行为时""立即""当即"仍是比较模糊的概念，司法实践不好把握。

日本刑法界的"机会延长理论"对于正确地理解"当场"有一定的借鉴意义。日本一些判例及学说认为，事后抢劫中的暴力与胁迫必须是在实施盗窃的机会中实施。事后抢劫之所以要求暴力、胁迫与盗窃行为之间具有紧密联系，是因为转化型抢劫罪与典型抢劫罪属于同一性质的犯罪，必须能够将行为人实施的暴力、胁迫评价为夺取财物的手段，而要做到这一点，就要求暴力、胁迫是在盗窃行为之后，或者放弃盗窃犯罪后很短时间内实施的，使得在社会观念上（不是在法律上）认为盗窃行为还没有终了。也只有在这种状态中实施暴力、胁迫行为，才能视为与典型抢劫罪具有相同性质。如果在相隔较远的时间和场所实施暴力、胁迫行为，则不成其为事后抢劫。所以，所谓盗窃的机会，是指盗窃的现场以及与该现场相连接的追还财物或逮捕犯人的状况中，原则上要求在时间与场所上必须与盗窃行为相密接，但是即使在时间与场所上有一定距离，如果仍处于追赶犯人的过程中，则认为是盗窃现场的延伸，被认为是"在盗窃的机会中"（机会延伸的理论），在这种情况下，盗窃犯实施暴力或者胁迫行为，就成立事后抢劫罪。很显然，日本的判例及学说较之其他国家的认定标准，可操作性更强，但问题并没有完全解决，因为并不是所有与该现场相连接的追要财物或逮捕犯人的状况都能视为在"盗窃的机会中"，从而定性为事后抢劫，也就是说何为盗窃机会仍比

---

❶ 最高人民法院《刑事审判参考》总第38期，第120页；刘明祥：《财产罪比较研究》，中国政法大学出版社2001年版，第148页。

❷ 《德国刑法典》第252条规定："盗窃时当场被人发现，为占有所窃之物，对他人实施暴力或危害身体、生命相胁迫的，以抢劫罪论处。"

较抽象，较难把握。于是，对于盗窃的机会，日本的学说又确立了如下判断标准：一是场所的连接性（必须是在盗窃现场或与之密接的场所），二是时间上的连续性（必须是着手盗窃后或者既遂后的很短时间内），三是与盗窃事实的关联性（实施暴力胁迫，必须与盗窃事实有一定的关联性），四是追赶事实的继续性（要求处于被追赶的状态中）。尽管日本学说试图更准确地界定盗窃的机会，但遗憾的是上述判断标准中何为与盗窃事实的关联性，仍是问题。不过，日本学术研究上的不足吸收了相关判例来弥补。例如，日本曾出现如下判例：犯盗窃罪后30分钟，相隔一公里的地方，行为人实施暴力不使被害人取回财物的，成立事后抢劫罪；行为人从饮酒熟睡的被害人身上窃取财物，为了湮灭罪证，产生杀人之念，但由于来了客人而不能实行，终于在11个小时之后杀死被害人，这也被认定为事后抢劫罪。但是行为人实施盗窃行为后逃跑，在离开盗窃现场200米外，当受到警官执行职务所提出的与其盗窃犯罪无关的质问时，虽对警官使用了暴力，也不符合事后抢劫罪的条件。[1] 由此可见，关于盗窃机会认定的标准，尚有一定的灵活处置余地，不能严格照搬照抄。

笔者认为，《刑法》之所以用一专门条文（即第269条）特别地规定转化型抢劫罪，首先是社会观念在起作用，而不是刑法理论的必然。一般的观念把犯盗窃、诈骗、抢夺罪后实施暴力视为盗窃、诈骗、抢夺过程中的暴力，因此转化犯要求实施暴力的现场与前罪现场空间上不能相隔太远，时间上不能相隔太久。一般说来，犯罪嫌疑人从实施前罪现场到逃离被抓捕这样一个持续的时空过程内都是转化型抢劫的"当场"。但是，在这个过程中，可能出现暴力针对不同对象或者盗窃等先行行为有两个以上等情况，如何认定是否"当场"遂有难度。犯罪嫌疑人无论是窝藏赃物、抗拒抓捕，还是毁灭罪证，都是一个过程，在时间上有一个由前到后的推移和空间上由此及彼的位移。嫌疑人的作案现场与为窝藏赃物、抗拒抓捕或者毁灭罪证而使用暴力的当场并不完全一致，认定其符合转化型抢劫罪的当场的实际范围，比嫌疑人盗窃、诈骗、抢夺犯罪现场范围要大。既然犯罪嫌疑人的先行行为与窝藏赃物、抗拒抓捕或者

---

[1] [日]中山研一："刑法各论的基本问题"（第12章），载《法学译丛》1986年第2期，第46页。

毁灭罪证是一个持续的行为过程，也就只能以这个持续的行为过程是否结束来确定当场的范围。即犯罪嫌疑人从前罪现场到使用暴力的当场，是一个由盗窃、诈骗、抢夺行为到为窝藏、转移赃物或毁灭证据而使用暴力的持续的过程。所以，转化型抢劫罪使用暴力的"当场"，也将随这个持续过程的进行在时间上不断后移和在空间上不断扩展。在犯罪现场与犯罪嫌疑人为窝藏赃物、抗拒抓捕或者毁灭罪证而使用暴力的现场不一致的情形下，犯罪行为的持续性，是确定使用暴力的当场是否就是转化型抢劫罪中所规定的"当场"的本质特征。

在多数情况下，转化型抢劫罪的"当场"，就是实施盗窃、诈骗、抢夺的现场。这是转化型抢劫罪在时空上的最基本表现形式。另外，在行为人被抓捕的过程中，对"当场"的理解较为复杂。笔者认为，要注意两点：一是"当场"可以是先前的盗窃、诈骗、抢夺行为实施后离开现场时即被发现而被抓捕过程中的场所。这种场所可以视做实施盗窃、诈骗、抢夺行为在空间上的延伸。此时理解"当场"，还要明确"抓捕"的内涵和外延，抓捕通常表现为抓捕人以明示的方法（如叫喊，追赶等），以试图擒获犯罪人的行为，追回财物。不过，抓捕不仅应包括上述的明示的方法，也应包括暗中的、秘密的行为，只要其行为的目的在于捕获犯罪人，如跟踪、监视等。因为从抓捕的外延来看，其不仅应包括具体、明确的实施捕获行为之阶段，也应包括为这种行为的实施而作准备的过程。而且，在侵犯财产的犯罪中，经常会存在被害人为了挽回自己的损失而实施自救的行为。自救行为的实施必然包括了准备工具和创造条件的行为，这其中就包括跟踪、监视行为。既然都是相同性质的为抓捕犯罪人而实施的准备行为，在行为的定性上就不应区别对待。也就是说，对于自救行为中的准备行为可以被视为抓捕，那么，对于转化型抢劫罪中被害人实施的准备抓捕行为也应视为抓捕过程的一部分。还有，如果被害人只是要求嫌疑人放下财物即可，并且明示不再追究，此时嫌疑人遂放下财物却仍对其实施暴力的，同样应该认为是"抗拒抓捕"，而且，此时行为人的主观恶性更大，否则，可能出现无以治罪的结论。❶ 二是抓

---

❶ 如在前行为不构成盗窃未遂，后行为不构成故意伤害罪的情况下，也不能以寻衅滋事等罪名论处。

捕行为的中断问题。一般情况下，嫌疑人要始终处于抓捕者耳目所及之下，即抓捕人一直未放弃。在这个场景中，无论追逐的距离有多长，只要抓捕人没有放弃，对于犯罪人所实施的为抗拒抓捕等当场实施暴力或暴力威胁的，都应依抢劫罪论处。但是，如果在追捕嫌疑人过程中，因嫌疑人脱离追捕人耳目所及范围，致使抓捕人不得不停止抓捕，在事后（包括在通缉过程中）因形迹可疑等其他原因，被其他人发现进行抓捕，其当场实施暴力和暴力威胁的，不能再以抢劫罪论处。当然，在抓捕过程中可能会发生犯罪人藏匿某一处，而暂时脱离抓捕视线的情况，在这种情形中，只要抓捕人立即进行搜寻，并发现犯罪人，犯罪人为抗拒抓捕等而使用暴力或以暴力相威胁的，仍应依抢劫罪论处。

【案102】张某原系某保险公司业务员，因故被公司开除。为此，张某怀恨在心，伺机报复。某日夜晚，张某携带钢管等作案工具赶往距住处十余里的保险公司，利用自己对公司地形的熟悉，用钢管等撬开财务室的窗户，窃得手提电脑和密码箱（经查点，内有现金5 000元）各一个，尔后乘出租车返回。正当张某下车后携带物品准备回家时，遇到正在值勤的派出所工作人员丁某等人，丁某等人对其盘问。张某做贼心虚，丢下物品就跑，丁某立即追赶。当快追上时，张某拿出身藏的钢管向丁乱打，致丁身上多处受伤，其他值勤人员赶来才把张某抓获。经鉴定，丁某的伤属轻伤。[1]

本案张某盗窃财物后返回途中抗拒抓捕致人轻伤应如何定性？笔者认为，张某在盗窃时并未被当场发现，而是在其返回后遇到查问而逃跑并被捉拿时使用暴力伤人的，其暴力行为与先行的盗窃行为已不存在转化型抢劫罪的密切时空关系，故不构成转化型抢劫罪，而是故意伤害罪与妨害公务罪的竞合，由于是致人轻伤，对其暴力行为应认定为妨害公务罪，与先行的盗窃罪并罚。

---

[1] 魏少永："途中抗拒抓捕应如何定性"，载河南法院网，2005年6月6日访问。

【案103】2007年6月的一天上午9时许，蒋某窜至一村民王某家中，趁家中无人之机，窃得人民币2000元。后其翻墙至邻家继续实施盗窃。正准备盗窃之时，发现家中有人回来，匆忙之中又翻墙入王某家中。王某见有人从墙上翻下来，遂大喊"抓小偷啊！"蒋某身材瘦小，见王某喊叫起来，急忙将随身携带的一把小水果刀掏出来，对王某说："求求你，放了我吧。"王某说"你先把刀放下来。"并询问蒋某是哪里人。从谈话中得知蒋某是邻村人。蒋某后将刀放下，自己也如实交代了盗窃2000元现金的事实。

本案中，蒋某第一次入室盗窃，得手后并未被王某发现，即又翻墙准备继续作案。待再次翻入王某家中时，王某当时并不知晓蒋某已在其家中盗窃得手。蒋某虽为抗拒抓捕，手持水果刀，但可以看出，虽然是同一现场，但实际"现场"已经中断，而且蒋某实施暴力程度轻微，故蒋某后来的行为与其第一次盗窃的行为在时间上是间断的，空间上也是不连续的，不应认定其暴力行为具有"当场性"。故不应以转化型抢劫定罪处罚，只能以盗窃罪来认定。[1]

【案104】被告人刘某、马某深夜至一小区边角的10号楼下盗窃汽车，因汽车报警器声响而未成。此时某居民打110报警，称在本小区10号楼下发现有两个人影在汽车附近，好像在偷车。派出所民警接报案后出警，刚到小区外马路边发现刘某、马某与在外接应他们的于某、钱某会合。民警见其四人深夜形迹可疑，遂进行盘查，马某掏出自制枪支抗拒盘查，后被制服。

对此案的定性，一种观点认为，刘某等预谋盗窃被人发觉，刚出小区就被接警而至的公安人员发现，属于刚离开现场就被人发觉，应视为"现场的延伸"。另一种观点认为，刘某、马某在实施盗窃行为时，被人发觉并非被人指认，且报警说的是二人盗窃，而公安人员在小区外发现

---

[1] 徐莉："从本案看转化型抢劫罪的'当场性'"，载中国法院网，2007年9月12日访问。

的是四人形迹可疑，此时并无其他居民在后追赶刘某等人。按照现场的连续性和与盗窃事实的相关性的标准，"现场"已经中断，马某持枪抗拒并非因为盗窃被人追赶而实施暴力，而是其身上带有盗窃的作案工具且其已经在别处作案若干起，怕被民警抓获从而实施反抗，也就是其暴力和此次盗窃事实无密切关联性，故不能认为马某等人是"当场"实施暴力，不应以转化型抢劫罪论处。笔者同意后一种观点，本案有点类似日本判例，行为人实施盗窃后逃跑，在离现场200米外的地方，遇到警察质问而对警察使用暴力的，不认为是事后抢劫罪，理由是此时的暴力与盗窃事实缺乏必要关联性。❶ 所以，如果行为人在实施盗窃、诈骗、抢夺犯罪过程中未被发觉，而是隔了一段时间以后，在其他地方被抓捕而行凶拒捕，则不适用第269条的规定，应按所触犯的罪名单独定罪，再与原来的罪实行并罚。

【案105】2006年3月2日晚11时许，犯罪嫌疑人张某窜至某小区302室陈某家盗窃，但未窃得财物，张某即下楼到对面楼房继续寻找作案目标。此时陈某发现了张某，遂打电话给其当巡逻队员的儿子小陈，告知他有小偷，叫他马上回来，后陈某继续从窗户观察张某。小陈接到电话立即带人赶到了现场，当时张某正好走出小区大门，陈某见状即大喊："那个人就是小偷。"小陈迅速上前抓住张某，张某为了挣脱小陈，掏出随身携带的小刀刺伤小陈的左肩部后逃离，在逃跑途中被公安人员抓获。经鉴定，小陈的伤势为轻微伤重度。❷

本案张某行为是否构成转化型抢劫罪，关键还是对"当场"的认识。本案中，张某入室行窃未果，被陈某发现并报警，在巡逻队员到达时当场指认被告人。被告人在巷口对前来抓捕的巡逻队员施以暴力，意图抗拒抓捕，虽然其实施暴力行为时并非在盗窃现场，但其在时间上是不间断的，在空间上是连续的，可以认为是盗窃行为现场的延长。因而其行为符合转化型抢劫罪的客观条件，应以抢劫罪（未遂）定罪处罚。

---

❶ 张明楷：《外国纲要》，清华大学出版社1999年版，第618页。
❷ "转化型抢劫罪中'当场'的认定"，载金华信息港，2006年10月23日访问。

【案106】2012年3月12日下午2时许,两名男子潜入某居民楼撬门入室盗窃,被群众发现。接警后正在附近巡逻的民警迅速赶赴现场,并发现两名形迹可疑的男子。民警上前表明身份,遭到两名男子持射流器袭击。民警在鸣枪示警无效的情况下果断开枪,将袭警的一名嫌疑人击伤,另一名嫌疑人趁乱逃离现场。民警在受伤的男子身上搜出自制的撬门工具以及现金1万多元,当场缴获嫌疑人使用的2支射流器。随后赶到的"120"医护人员将受伤的嫌疑人送往医院抢救,无生命危险。❶

本案与前一案件有相同性质,同样构成转化型抢劫。

在以上几起案件中,都是因有人报警后警方人员及时赶到,并遇见和抓捕犯罪嫌疑人。因赶到的民警并不能立即辨识碰到的就是盗窃嫌疑人,及时盘查是必要的。由于在事发地点或者一定范围内,这种盘查实际上就是怀疑对方是报警所称的嫌犯而予以抓捕的前程序,此时是否认定"当场"值得研究。笔者认为,不能因为前来抓捕者不能及时确认是否盗窃嫌疑人,而是先进行盘查,不是直接实施抓捕行为,就否定其"当场性"。对"当场"的判断,还是要看嫌疑人离开盗窃现场多远多久,如果只是在盗窃住户的楼下,被前来盘查的民警挡获,那就应该还是"当场"。不能因为前罪既遂后,或者与实施盗窃的房间已有间隔就否定其"当场性"。所以,只要嫌疑人还处于与盗窃现场密接相关的范围内,警方已怀疑并有意表明身份盘查的,遇到嫌疑人袭击,即可认为是抗拒抓捕,就应该构成转化型抢劫罪。

【案107】2008年初某日,犯罪嫌疑人李某窜至一网吧门口,将王某停放的一辆电动自行车(经鉴定价值人民币630元)盗走后,李某立即骑该车去销赃(事前已联系好),当骑到一电玩城附近时,被特警支队巡逻民警发现其形迹可疑,将其拦下,李某惊慌失措弃车而逃,民警紧追不舍,为抗拒抓捕,李某将民警打成轻微伤。

---

❶ 吴笋、林刘操等:"民警示警无效后开枪抓获窃匪",载金羊网—新快报,2012年3月12日访问。

本案李某被巡逻民警发现其形迹可疑，被拦下盘查，并非由于其盗窃事实被及时发现而处于被该民警追捕过程中，故其使用暴力虽然是为抗拒抓捕，但并不满足转化型抢劫罪所要求的"当场性"。值得注意的是，李某盗窃后立即销赃，整个行为是否可以被视为盗窃？其在盗窃后的销赃途中被抓，也可视为"盗窃当场"吗？笔者认为，同一个人实施盗窃后销赃，虽仅以盗窃罪一罪论处，但并非指其所有行为均属于盗窃行为，仍应分而视之，即一个盗窃行为、一个掩饰、隐瞒犯罪所得的行为，只是按照刑法理论，属于吸收犯，后行为被前行为吸收了，而以一罪论处。再者，如果整个行为被视为盗窃，那么销赃途中被抓获，岂不认为盗窃未遂？此与常理不合。所以，李某的行为不构成转化型抢劫罪，这样一来，由于李某盗窃所得不足"数额较大"，亦不构成盗窃罪，从而不能以犯罪论处。

【案 108】某日深夜，李某及同伙在某网吧内见被害人杨某熟睡，窃得其手机。杨的同学刘某发现后提醒杨。此时，李的同伙上前推并踢刘，因杨当时尚不清楚自己手机被盗，李等人随即离开网吧，进入隔壁网吧准备继续盗窃。杨见李等离开，确认自己手机被盗，遂与同学走出网吧寻李等人。数分钟后，李等人盗窃未果从另一网吧出来，杨及同学上前要回被盗手机，李等人持刀威逼杨等，叫其返回网吧。此时，接到报警的协勤赶到，李企图用刀伤害协勤，被协勤制服。❶

本案对"当场"的认定也有疑义。本案中，李某盗窃杨某手机后，在网吧的盗窃犯罪行为已经结束，到另一网吧欲行盗窃，是又一盗窃犯罪行为的开始。李某使用暴力的当场，不属于转化型抢劫罪中使用暴力的当场。转化型抢劫罪必须要有盗窃、诈骗、抢夺等先行行为。李某等人去第二个网吧盗窃，案中只是反映出有盗窃犯罪的犯意，并未具体实施盗窃行为，李某等的暴力行为，也不属于在第二次盗窃时"当场"使用暴力。也就是说，李某在第一网吧盗窃时并没有使用暴力，第二次没

---

❶ 焦运虎："转化型抢劫罪使用暴力的当场应具有犯罪行为上的持续性——李某行为能否构成抢劫罪？"，载正义网，2008 年 10 月 31 日访问。

有盗窃行为，在使用暴力时已经与第一次盗窃的时间和地点发生中断，不符合转化型抢劫罪必须是当场使用暴力的"当场性"特征，故李某不构成转化型抢劫罪。

（二）对"暴力"的理解

转化型抢劫的后行为是"当场使用暴力或者以暴力相威胁"，使用暴力是常见情形。这里重点论述转化型抢劫罪的"暴力"，对"以暴力相威胁"的理解则同理。行为人对他人使用精神恐吓行为是以向对方实施暴力为内容，且此暴力具有当场实施的现实可能性。如果威胁的内容根本不能当场实施，此种威胁就不能视为转化型抢劫所要求的暴力威胁。例如，某行为人在商场内实施抢夺后被众人团团围住，该行为人为了逃跑，就扬起手中所持的一根小木条对旁人进行威胁："谁挡住我就杀死谁！"针对这种案例，笔者认为，此"杀死对方"的威胁不能构成对抓捕人现实或可能的危险性，故不适宜认定转化抢劫。

典型抢劫罪的犯罪构成对"暴力"的要求较为严格，这一点在本书论述犯罪构成部分已经论及。问题是，转化型抢劫罪的构成对于"暴力"的要求是否与前者完全相同呢？

由于典型抢劫罪的行为结构是先有暴力性手段，后有取财行为，而转化型抢劫的行为结构是先有取财行为，后实施暴力手段，其行为结构的不同会不会导致两者对暴力程度的要求有别呢？学界一般认为，其含义应与《刑法》第263条之典型抢劫罪要求的暴力与胁迫行为作同等理解。

德、日等大陆法系的学者们大多认为，事后抢劫与普通抢劫罪有相同程度的危险性和反社会性，尽管暴力、胁迫与夺取财物的时间先后顺序有所不同，但罪质相同，因此，暴力、胁迫的程度理当相同。但是，也有学者认为，本罪大多是在已经取得财物时实施暴力、胁迫行为，往往采用比普通抢劫罪轻的暴力、胁迫手段，就能达到目的，因而，本罪的暴力、胁迫的程度可以轻于普通抢劫罪。[1]可是，在现实生活中，嫌疑

---

[1] ［日］大冢仁等编：《刑法解释大全（第9卷）》，青林书院1988年日文版，第360页。

人如果在被人发现而受到抓捕时，为了逃走总会实施一定的暴力行为，如果不论暴力程度轻重与否，一概以事后抢劫论罪，特别是在出现致人伤害的后果时，更要按法定刑很重的抢劫伤人罪定罪处罚，这就势必造成处罚过苛的不良后果。正因为如此，日本近来的判例对本（转化）罪的暴力程度有从严掌握的倾向。❶ 我国刑法理论上的通说认为，转化型抢劫中的"使用暴力或者以暴力相威胁"，是指犯罪分子对抓捕他的人实施足以危及身体健康或者生命安全的行为，或者以将要实施这种行为相威胁。转化型抢劫毕竟不同于典型的抢劫罪，其作案动机和主观恶性相对较轻，而且使用暴力或者以暴力相威胁的目的主要是为了窝藏赃物、抗拒抓捕或者毁灭罪证，因此，对其实施的暴力程度应有所限制，暴力、威胁的程度，应当以抓捕人不敢或者不能抓捕为条件。如果没有伤害的意图，只是为了摆脱抓捕，而推推撞撞，可以不认为是使用暴力。❷ 另一些学者主张较轻说，认为事后抢劫罪大多是在已经取得财物时实施的暴力或胁迫行为，往往采用比典型的抢劫罪轻的暴力、胁迫手段就能达到目的，因而，转化型抢劫的暴力或胁迫的程度一般可轻于典型的抢劫犯罪。该观点从犯罪成功率来分析事后抢劫的暴力程度，没有把握事后抢劫的本质问题，容易把行为人实施前罪后为逃脱而实施轻微暴力的行为也计如事后抢劫的"暴力范围"，从而扩大打击面。因为在现实生活中，行为人在实施盗窃、诈骗等行为后，因被人发现而窝藏赃物或者受到抓捕时，为了获取财物总会在行为上"顺势"采取一定的所谓暴力手段，如挣脱、推拉、冲撞等，这些行为好比盗窃之后持有赃物的行为，可以理解为前罪的自然延伸，只要未有严重后果，一般不宜单独评价。

笔者主张，事后抢劫罪毕竟不同于典型的抢劫罪，作为一种拟制型抢劫，其犯罪动机和主观恶性本是轻于典型的抢劫犯罪的。事后抢劫主要是为了窝藏赃物、抗拒抓捕或毁灭罪证而"顺便"使用暴力，而在典型的抢劫中，行使暴力的目的直接就是指向被害人劫取财物，两罪的暴力程度在认定上应当有所区分。对典型抢劫罪来说，有时轻微的暴力也

---

❶ ［日］前田雅英：《刑法各论讲义》，东京大学出版社1995年日文版，第232页。

❷ 马克昌等主编：《刑法学全书》，上海科学技术文献出版社1993年版，第345页。

可以构成，但对于事后抢劫，为了抗拒抓捕等而实施的轻微暴力不能等同抢劫罪的罪质，从而不能被拟制为抢劫，对其实施的暴力程度应有所"谦抑"。例如，打对方一拳的行为，可以构成典型抢劫的暴力，但不一定能构成转化型抢劫的暴力。若无伤害意图，只是为了摆脱抓捕，而推推挤挤，或者用力掰开对方的手指，强行挣脱对方的拉扯行为，或者把抢得的财物砸向被害人身体等，一般都不可认为是这里的"暴力"。也就是说，同样一种程度的暴力行为对于典型抢劫和事后抢劫而言，可能具有不同的刑法评价价值。所以，从构成要件的角度分析，事后抢劫对暴力程度的要求，应当超过典型的抢劫罪，或者说评价的要求有所不同。

从司法实践看，对于这里的暴力行为是否要求"情节严重"，实践部门经历了一个特殊的认识过程。一般认为，当盗窃、诈骗、抢夺等前罪既遂时，行为人后实施的暴力和以暴力相威胁，不需要情节严重，即可转化为抢劫。这里的暴力与典型的抢劫罪之暴力要求是一致的，除了要求足以抑制被害人反抗，不应附加其他限制条件。但在盗窃等前行为未完成的情况下，一般又认为暴力必须达到情节严重，才能发生性质的转化。

1991年6月28日最高人民法院研究室针对四川省高级人民法院的请示，作出《关于盗窃未遂行为人为抗拒逮捕而当场使用暴力可否按抢劫罪处罚问题的答复》（下称1991年《电话答复》），该答复认为：行为人盗窃未遂，即使尚未构成犯罪，但为抗拒逮捕而当场使用暴力或以暴力相威胁的，也可按抢劫罪定罪，如果使用暴力不严重，危害不大的，不认为是犯罪；盗窃未遂已构成盗窃罪，但使用暴力或以暴力相威胁，情节不严重，危害不大的，以盗窃罪（未遂）从重处罚。该答复的前半部分是对前行为未遂且不构成犯罪的情况下是否转化抢劫罪的意见，从该答复用语来分析，如果要按抢劫罪来定罪，则要求行为人具有使用暴力或以暴力威胁"严重、危害大"的情节。1991年《电话答复》的后半部分表明，在前行为已构成犯罪但属犯罪未遂的情况下，转化抢劫罪要求行为人使用暴力情节严重、危害大，否则不能转化，只能以盗窃罪从重处罚。2005年最高人民法院《审理抢劫、抢夺案件的意见》对这个问题重新进行了具体化的规定，即"行为人实施盗窃、诈骗、抢夺行为，未达到'数额较大'，为窝藏赃物、抗拒抓捕或者毁灭罪证当场使用暴力或者以暴力相威胁，情节较轻、危害不大的，一般不以犯罪论处；但具有下列情节之一的,可依照《刑法》第269条的规定,以抢劫罪定罪处罚:(1)盗窃、诈骗、抢夺接近'数额较大'标准的;(2)入户或在公共交通工具上盗窃、诈骗、抢夺后在户外或交通工具外实施上述行为的;(3)使用暴力致人轻微伤以上后果的;(4)使用凶器或以凶器相威胁的;(5)具有其他严重情节的。"该规定基本继承了1991年《电话答复》的精神,只是对暴力、威胁的"严重情节"进行了细化。不过,在2011年通过的《刑法修正案(八)》施行后,"入户盗窃"已独立成为盗窃罪客观构成要件之一,与盗窃数额较大等相并列,上述情形(2)中的"入户"已没有必要存在。只要是入户盗窃,为窝藏赃物、抗拒抓捕或者毁灭罪证当场使用暴力或者以暴力相威胁,即使情节较轻也构成转化型抢劫罪。

总的来说,笔者并不赞成,在盗窃等前提行为构成犯罪时,对后续暴力行为的程度就不再有任何限制的观点。盗窃、诈骗等前行为是否发生性质转化应当考察的是此行为对被害人的财产及人身危害的大小,以及打击这种行为的必要性,而不能仅凭前提行为是否达到犯罪的程度而对后行为的暴力程度要求不同。只有当该行为的社会危害性大到必须拟制为抢劫罪来追究刑事责任时,才应当以抢劫罪定罪处罚,做到罚当其罪。最高人民法院的上述解释性规定只是一种注意性规定,难以面面俱到(也没必要),在前提行为不构成犯罪时,要注意考量后续行为对人身权的侵犯程度,在前提行为构成犯罪时,同样要考量行为对人身的危害,这是抢劫罪所要求的双重客体在定罪量刑时必须考虑的因素。有人从便于司法操作的角度,认为暴力行为的后果也应当是造成被害人轻微伤以上的后果方能转化,这是不全面的,例如,行为人实施前行为后,为抗拒抓捕而以暴力手段捆绑被害人后逃走,虽对被害人人身并未造成伤害后果,但同样成立转化型抢劫。笔者认为,最高法院的解释与我国《刑法》对犯罪的界定保持了一致性,蕴涵着我国刑法关于犯罪与刑罚的基本原理,符合刑法学理论。

【案109】左某是河南信阳人。2011年某日,其和同乡徐某骑车来到汉口舵落口大市场准备盗窃财物。看到一家门店里只有一个女老板在,徐某便假装购买商品跟老板章某某谈价钱,左某则溜进章某某的办公室拎走一个手提包（包内财物价值近两万元）。左某刚出了门，就被章某某发觉。章某某边追边喊，此时来市场买东西的市民项某闻声便奋力追了上去。两人几度纠缠，项某最终在某商会门口把左某死死抓住。左某见脱不了身，狠狠咬了项某的手。但是项某不光不松手，反而紧紧抱住他。围观的人群随即把左某控制住。❶

本案中，左某为逃避抓捕咬伤他人的行为只是轻微的暴力，也就是说，左某实施的暴力并不能对被害人的身体造成较大的打击强度。从被害人项某"不光不松手，反而紧紧抱住他"的表现来看，可以说，其主观上并没有放弃反抗，基于一般人的立场，该种咬手的行为也不足以压制一般人的反抗。事后抢劫罪中的"暴力"应当排除轻微的暴力，行为人只是通过咬他人的手来挣脱抓捕，很难说行为人的行为已经达到了事后抢劫罪的所要求的暴力程度，若法院据此认定行为人构成抢劫罪，值得商榷。

虽然事后抢劫罪之暴力与典型抢劫罪暴力的含义大致相同，但事后抢劫罪的暴力含有特定目的的，即"为窝藏赃物、抗拒抓捕或者毁灭罪证"。如果行为人为其他目的而实施暴力，则不能定转化型抢劫罪，如行为人推开旁观的路人夺路而逃，因被被害人或其他人殴打而招架甚至回击。实践中，有的小偷小抢被抓住后，遭到群众痛打，此时只要一遇反抗，检察机关就以抢劫罪起诉是不妥当的。典型的抢劫罪除了暴力和胁迫手段外，还有其他手段可以构成，如利用精神药物致使被害人不能反抗，但事后抢劫罪并不能由此手段构成。有一则案例，被告人邹某将某大厦一房间门内的门扣焊死，后约马某在此房间私兑美元，邹某收取马某的人民币后，跑出房间并将房门锁上，马某无法从里边开门，邹某顺利逃脱。法院审理认为，被告人邹某使用其他手段抢劫，构成抢劫罪。❷笔者认为，邹某取得马某的人民币是采用了欺骗手段，在骗得人民币后，将马某关闭在房间，这一关闭行为是事后行为，应从事后抢劫的角度来分析，但由于关闭不是暴力，而属于其他手段，不能转化成立抢劫罪，

---

❶ "小偷被追赶咬他人被判抢劫终审获刑10年"，载《武汉晚报》2012年9月9日。

❷ 最高人民法院：《刑事审判参考》2002年第1期，第62~63页。

故只能以诈骗罪定性处理。实际生活中有些盗窃、抢夺团伙，成员之间互相配合，一人盗得或抢得财物后，其他人借口围住或阻挡被害人，没有实施暴力，也只能以盗窃或抢劫罪论处。

在转化型抢劫犯罪中，实施暴力、威胁的对象是否有限制，或者说暴力针对的对象只能是被害人和实施抓捕的人吗？笔者认为，在常见的转化型抢劫罪中，暴力、威胁行为一般是针对被害人或者抓捕人的，但在实践中，犯罪分子为达到窝藏赃物、抗拒抓捕等目的，既可能采取针对抓捕人的直接抗拒、阻碍手段，也可能利用抓捕人对第三人的关爱、顾忌而以对第三人实施侵害相威胁，此时，对犯罪对象作狭窄的限制，可能缩小打击范围，放纵犯罪。实践中，抓捕人可能是被害人也可能是其他公民。比如，行为人在实施抢夺后逃跑时，将前面一个正常行走的行人推倒并致其轻伤，因该暴力的目的只是方便逃跑而不是为了抗拒抓捕，那么行为人致该行人轻伤的行为应当仍然按伤害罪来认定，而不能导致前罪的性质转化。但是，如果行为人将另一个因事急速行走的人误认为是来抓捕自己者而实施暴力推打，根据主客观相一致的原则，仍应认定为转化型抢劫。这种情形下行为人的主观目的就是要排除他人抓捕的妨碍，以便能逃离作案现场，此行为符合"为抗拒抓捕当场使用暴力"的特征。

还有一个问题，行为人实施盗窃、诈骗、抢夺后，以本人自杀相威胁而"抗拒抓捕"的行为是否能定性为转化型抢劫？如下面例证。(1) 一女子在超市行窃败露后，面对保安的询问，拿起一个热水瓶胆，高喊道："你不要过来啊，过来我就砸破瓶胆自杀。"(2) 甲入室盗窃，被主人李某发现并追赶，甲进入李某厨房，拿出菜刀护在自己胸前，对李某说："你千万别过来，我胆子很小。"然后，翻窗逃跑。(3) 丙骗取他人财物后，刚准备离开现场，骗局就被识破。被害人追赶丙。走投无路的丙从身上摸出短刀，扎在自己手臂上，并对被害人说："你们再追，我就死在你们面前。"被害人见丙鲜血直流，一下愣住了，而丙迅速逃离现场。❶ 这三种情形都是行为人在盗窃、诈骗、抢夺之后，为窝藏赃物、抗拒抓捕或者毁灭罪证而当场"以对自己实施暴力相威胁"，行为人对自

---

❶ 2008 年国家司法考试第 62 题。

己的暴力或者以暴力相威胁，在本质上来说，和抢劫罪中的对受害人、财产所有人或者财产管理人甚至其他人实施的暴力、胁迫或其他方法的暴力行为性质不同，如同自杀和自残行为不是故意杀人和故意伤害一样。行为人的行为不具备抢劫罪的"暴力性"，故此，不能将这些情形认定为转化型抢劫罪。另外，从抢劫罪的本质看，之所以将"行为人"排除出《刑法》第269条中的"暴力或者以暴力相威胁"的对象范围，原因就在于，行为人"以对自己实施暴力相威胁"并不必然导致受害人、财产所有人或者财产管理人等出现不敢反抗、不能反抗、不知反抗的状态，上述受害人等依然具有继续实施追逐抓捕或追回赃物的行为的可能性和现实性。

【案110】2002年2月1日零时许，宋某伙同张某在天津市静海县某村，盗窃村民郭某停放在门前的一辆价值人民币1 000元的旧车。之后宋某驾驶盗窃的汽车逃离现场，失主立即驾车追赶。宋某驾驶所盗车辆故意阻挡失主乘坐的追赶车辆，撞损停车杆，闯过两个收费站。当行至天津市河西区卫津南路与气象台路交口处时，将骑自行车横穿道路的李某撞倒后逃逸，在场的同事将李某送往医院，经抢救无效于当日死亡。一审法院判决宋某犯交通肇事罪和盗窃罪，两罪并罚。一审判决后，检察院提出抗诉，认为，宋某实施盗窃后，为抗拒抓捕，使用急速行驶的机动车阻挡失主乘坐的追赶车辆，并连闯两个收费站，其行为属于在特定环境下，使用特定工具对财物所有人及他人的人身和财产权利进行不法侵害，且不计后果，属当场使用暴力，情节严重，符合盗窃罪转化抢劫罪的法定条件，应以抢劫罪判处。二审法院认为，宋某驾驶盗窃汽车，阻挡失主追赶的车辆，肆意急速行驶，危害的不仅仅是追赶人，更直接危害不特定的过路行人。宋某抗拒抓捕实施多个暴力行为，符合盗窃罪转化抢劫罪当场使用暴力的法律特征，依法应以抢劫定罪。本案宋某在逃脱中不计后果，凡有碍于其逃路的任何情况都以车冲撞，显见宋某的行为不是违反交通法规的过失行为，而是出于非法占有他人财物的犯罪目的。放任致人死亡的后果发生，应作为一犯罪情节在抢劫罪中一并处罚。

抢劫罪详论

本案宋某在实施盗窃行为之后，被郭某及时发现，郭某不间断地追捕盗窃人的全过程，是盗窃作案现场时空的延续，在此过程中宋某非但没有停止犯罪，反而用其盗窃的车辆阻挡失主郭某乘坐的车辆，进而为了达到逃跑的目的撞毁停车杆，闯过两个收费站，以及不计后果地撞倒路上的骑车人，导致骑车人死亡。宋某实施的这一系列行为，其后果宋某是完全应该预料到的，宋某驾驶盗窃所得的车辆应认定是其作案工具，其后驾车撞毁停车杆、闯过收费站、撞倒骑车人的行为，完全可以使追赶的人和其他人造成伤害。据此，宋某在盗窃车辆得手后的行为，应该认定为使用了暴力的行为。再次，宋某在其盗窃车辆得手后采用的一系列暴力行为，目的正是为了抗拒抓捕，非法占有盗窃的车辆。❶ 笔者亦认为，二审法院改判抢劫罪是正确的，但问题是，如果认定该罪，造成第三者死亡的后果恐怕就不是一般抢劫罪的量刑情节。也就是说，行为人实施暴力致人死亡，使本案不再是一般转化型抢劫，而是转化为抢劫致人死亡的结果加重犯了。如此一来，本案就涉及转化型抢劫针对案外人实施致人死亡的行为，使得该加重犯具有了不一般的复杂性。笔者认为，本案应该定转化型抢劫，且为致人死亡的加重犯，而不能以转化型抢劫吸收致人死亡的行为。其致人死亡的行为与其先前不计后果的冲撞行为密不可分，二者具有刑法因果关系，不宜分割评价。

【案111】谢某在陶某家的鸡棚内盗走一包鸡饲料（价值人民币80元），准备趁着夜色逃离现场，不想被发现。陶某于是大声呼救并追赶谢某。谢某便将鸡饲料丢弃，跑到自己停在路边的摩托车处，将车启动准备逃跑时，被从后追上来的陶某拔去车钥匙，但车仍未熄火，谢某将车入档想加大油门逃跑，又被陶某用力拉着车后架不放，陶某被车向前拉了约有2米远。双方又僵持了一会儿，陶某由于体力不支，遂放开手向前仆倒在地上，致使手脚擦伤、牙齿撞断了一颗（经法医鉴定属轻微伤），谢某则连人带车摔倒在地上，被闻讯赶来的群众抓获。争论在于：认为不构成转化抢劫的理由是：谢某的行为是"逃避抓捕"而不是"抗

---

❶ 刘广新："盗窃罪转化为抢劫罪的条件"，载《人民法院报》2003年9月26日。

拒抓捕",在逃跑过程中并未对陶某的人身实施暴力行为,不适用《刑法》第269条的规定。反对者认为,谢某的行为应该构成转化型抢劫。❶

对于"抗拒抓捕"的"抗拒"如何理解,《刑法》及立法、司法解释均没有明确规定,那就要遵从一般的解释。《现代汉语词典（修订本）》❷对"抗拒"一词的解释是"抵抗和拒绝",有学者使用的诠释则是"拒绝、反抗"。"反抗"和"抵抗"是否存在区别呢?《现代汉语同义词辨析》❸对"反抗"和"抵抗"两个词语是这样辨析的:抵抗和反抗都是动词,都含有"抗拒,不向对方屈服"的意思,它们的主要区别是:"抵抗"指的是在对方向自己进攻时,自己起来用武力进行自卫性的斗争,"反抗"则指向敌对方面的压迫进行反抗和斗争。结合本案来看,陶某显然无法侵略正在车上的谢某,谢某启动摩托车挣脱陶某也不是为了自卫。本案行为人谢某在盗窃被发现后丢弃鸡饲料启动摩托车逃跑,未对陶某进行威胁、恐吓或者殴打。谢某只是实施了逃避抓捕的行为,主观上没有抵抗、制止抓捕的意思,不能认为是"抗拒抓捕"。另外,谢某启动摩托车逃跑,陶某用力拉住车后架,从而在两者之间产生了一种强力。这种强力是相互作用产生的,具有"双向性",不能认为是谢某对陶某实施的强制力。因为如果陶某松开了手,那就不再受到这种强力的制约。而"当场使用暴力或者以暴力相威胁"的"暴力"是由行为人在主观意志支配下单方面实施的危及抓捕人人身的外界强制力量,并不取决于抓捕人的任何行为。所以,谢某的行为不构成转化型抢劫罪。

【案112】甲、乙两人见有一辆轿车停在路边,甲上前敲车窗玻璃以吸引驾驶员的注意力,乙乘机将副驾驶座位上的一只皮包拎走并逃跑。驾驶员发现后欲下车追赶,甲用力抵住车门不让其下车,驾驶员从另一侧下车时,甲也逃离了现场。请问:甲、乙的行为是否构成转化型

---

❶ 宋飞:"此案应该构成转化型抢劫罪——与佛山南海的李检商榷",载杭州普法网,2012年1月2日访问。

❷ 《现代汉语词典（修订本）》,商务印书馆2001年版。

❸ 游智仁、陈俊谋、左连生、唐秀丽等编著:《现代汉语同义词辨析》,宁夏人民出版社1986年版。

抢劫罪？[1]

本案甲为帮助乙逃跑，用力抵住车门，不让车主下车，其目的是帮助乙逃跑，或者是为乙顺利逃跑争取时间，并无伤害被盗车主的故意，也没有伤害车主的行为，只是将车主暂时控制在一定的空间内，事实上车主的身体健康没有受到也不可能受到任何伤害。这种行为即使看做一种"暴力"，其暴力的强制性程度也是比较轻微的，可以说情节不是很严重、危害不大，可不认为是使用暴力。因此，不能认定甲、乙的行为转化为抢劫罪，应该认定为普通的盗窃罪。

【案113】2011年3月某日夜晚，男青年赵某喝醉酒后在某厂宿舍楼的过道里睡着了，一觉醒来已是深夜，遂起盗窃的念头，便潜入一女工宿舍行窃，赵某窃得110余元现金后继续翻找时，该女工闻声醒来并大叫了一声，吓得赵某随手拉起棉被捂住女工头部并持续约30秒，赵某听听四周没有动静才夺门逃走。听到赵某离开的声音，该女工才敢从被子里面伸出头来。后赵某因此事涉嫌构成抢劫罪被依法刑事拘留。

在该起案件中，赵某的行为明显属于轻微使用暴力，并乘机逃走。结合其他情节，赵某的行为也不宜以转化型抢劫罪论处。

【案114】2003年9月18日晚上9时许，被告人姚甲与姚乙（另作处理）驾驶一辆125C男装益豪摩托车行至佛山市南海区黄歧六联北村观容路路段时，见易某某左肩挂着一个黑色的挂包（价值40元，包内有110.7元）在路上行走，两被告人便密谋抢易的挂包。后由姚乙驾驶摩托车从后面靠近易，被告人姚甲则乘易不备之机动手抢易的挂包。易及时发现并紧紧护住挂包，双方在争夺中，易被两被告人驾驶的摩托车向前拉行了约6米。由于易紧紧抱着挂包不放，后被告人姚甲将挂包带拉断而未能得逞。被告两人因抢不到挂包即加速逃离现场，当逃至与洪湖路交界处时，与另一辆摩托车相撞后被闻讯的群众抓获。法院判决认为，

---

[1] 刘富民："本案是否构成转化型抢劫罪"，载《山西日报》2007年3月1日。

被告人姚甲的行为构成抢劫罪,且系犯罪未遂。遂依法判决被告人姚甲犯抢劫罪,判处有期徒刑三年,罚金1 000元。❶

本案被告人实施驾驶摩托车拉拽被害人挂包的行为,属于在抢夺过程中直接实施暴力,结合有关司法解释,应该理解为普通抢劫罪,而不是转化型抢劫。

【案115】2006年8月21日10时许,被告人彭某窜至某首饰柜台,以购买金项链为名,趁营业员不备,抢夺了价值人民币10 000余元的24K金项链1条,即行逃跑,该金店老板叶某发现后立即予以追赶,在跑出50余米时,叶某将彭某从后面扑倒在地,彭某倒地后为了抗拒抓捕,其对准叶某的手臂捣了两拳,但力度较轻,未给叶某造成任何伤害后果。彭某随后被赶来的公安人员制服,项链被追回。

本案在审理过程中,控辩双方对彭某实施抢夺罪并无分歧,但对彭某的行为是否符合转化型抢劫争议较大,争议的焦点就是彭某对被害人叶某所实施的程度较轻的以拳击打行为是否符合转化型抢劫罪所要求的"以暴力或者以暴力相威胁"这一条件?笔者倾向于对本案以抢夺罪论处,被告人以拳击打的轻微暴力行为作为量刑情节考虑即可。

【案116】2008年4月8日凌晨,胡某推门进入某镇吴女士租住的房内,窃得手机、挎包等物,并趁吴女士熟睡之际摸其胸部。吴女士惊醒后奋力搏斗,胡某使用暴力手段挣脱,不料在逃跑时被群众抓获。法院审理后认为,被告人胡某以非法占有为目的入户盗窃,被发现后在户内当场使用暴力抗拒抓捕,其行为已构成抢劫罪。❷

本案胡某入户盗窃时又趁机猥亵被害人,并与被害人搏斗,后使用暴力手段"挣脱"的行为是否能评价为转化型抢劫的暴力手段值得商榷,笔者认为,宜对本案定盗窃罪和猥亵妇女罪,实行数罪并罚。基于本案

---

❶ 广东省佛山市中级人民法院(2004)佛刑终字第233号刑事裁定书。
❷ 杜宇、张敏华:"浙江男子入户盗窃并偷摸女事主胸部被判10年",载《人民法院报》2008年8月1日。对本案是否另要判决猥亵妇女罪值得讨论,笔者主张,猥亵的情节尚不严重,一并纳入抢劫罪的量刑中考虑是正确的。

的暴力程度，对本案不宜定转化型抢劫。

【案117】38岁的叶某在上海一家连锁餐馆做厨师。2008年8月17日凌晨，他手持螺丝刀来到海门路一居民小区，撬门进入被害人铃铃家，窃得3 000余元人民币和手机一部。当时他看见铃铃正在熟睡，竟将她推醒，自称无意间看到她的身份证，得知她31岁依然未婚，希望她做自己的女朋友，这样他就把东西还给她。铃铃当即从地上捡起叶某撬门所用的螺丝刀，两人争斗起来。叶见强迫相恋不成，便拿着赃款和赃物逃走。后检察机关以抢劫罪将犯罪嫌疑人叶某批准逮捕。❶

对本案还是以入户盗窃定罪比较妥当，不宜认定为转化型抢劫。

【案118】2011年3月4日20时50分许，被告人覃某、潘某伙同潘某（在逃）经预谋，每人随身携带一把菜刀，窜至上海市市肇嘉浜路12号2楼的一网吧，熟悉地形后，由被告人潘某在该网吧后门处的天桥上接应，潘某望风掩护，被告人覃某趁被害人范某不备，抢得其放置在电脑桌上的iPhone4手机一部（价值人民币4 500元）。被害人随即追赶被告人覃某，当覃某逃至接应处与潘某会合后，两人各自亮出所携菜刀迫使被害人不敢继续追赶，随后两人分头逃离现场。后两被告人被民警抓获。法院审理认为，被告人覃某、潘某以非法占有为目的，伙同潘国文抢夺他人财物后，为抗拒抓捕当场使用暴力相威胁，其行为显已触犯刑律，均构成抢劫罪，依法判决被告人覃某犯抢劫罪，判处有期徒刑3年3个月，并处罚金人民币3 000元；被告人潘某犯抢劫罪，判处有期徒刑3年，并处罚金人民币3 000元。❷

本案被告人"各自亮出所携菜刀"迫使被害人不敢继续追赶的行为构成暴力威胁手段，所以认定转化型抢劫是正确的。

---

❶ 方丹："深夜上门盗窃强迫相恋"，载《解放日报》2008年10月16日。
❷ 原上海市卢湾区人民法院（2011）卢刑初字第200号刑事判决书。

【案119】张某家住某单位家属房三楼,该家属房二楼是某超市为女员工租用的临时集体宿舍,2007年6月的一天晚上12时许,张某下夜班回家跨上二楼楼梯时,见二楼房门未锁,由于平常女员工夜间太吵,闹得张某家不安宁,张某此时遂产生了报复念头,打算将二楼房间电视闭路线破坏掉,当张某进入二楼房间准备将电视闭路线拽断时,见已熟睡的女工王某枕下放有一部旧手机(价值300元)和40元现金,且室内只有王某一人,张某见财起意,将手机和现金盗取,正准备离开房间时不料被王某发现,王某大声惊呼并拽住张某,张某急于脱逃便口头威胁王某不准声张,否则将其杀死,王某松手后张某趁机逃离了现场。

对本案,一种意见认为,张某的行为属于"入户抢劫";第二种意见认为,张某的行为构成一般转化抢劫,不属于"入户抢劫",应当以普通抢劫行为定罪论处;第三种意见认为,张某的行为不构成抢劫罪,主要理由是其行为符合"实施盗窃、诈骗、抢夺行为,未达到'数额较大',为窝藏赃物、抗拒抓捕或者毁灭罪证当场使用暴力或者以暴力相威胁,情节较轻、危害不大的,一般不以犯罪论处"。本案张某实施盗窃的数额仅340元,同时又不具备2005年《审理抢劫、抢夺案件的意见》第5条规定的5种情节之一,故其盗窃行为情节轻微,危害不大,不以犯罪论处为宜。❶ 笔者认为,本案应该以转化型抢劫论处,行为人口头威胁被害人王某"不准声张,否则将其杀死",此话在当时情景下(晚上12时许)对一个正在睡觉的女性的威胁并不轻微,符合抢劫罪的暴力威胁程度。

五、转化型抢劫的共犯问题

转化型抢劫包括前后两个危害行为,实践中容易发生有人实施前行为,有人参与后行为的情况,如何认定遂成问题。所以,这里仅就几种常见情形,结合案例加以探讨。

---

❶ 王元尧、罗丹:"此种情况相威胁可否定抢劫罪",载《四川科技报》2009年10月29日。

根据共同犯罪理论，行为人共同实施盗窃、诈骗、抢夺的，当场实施暴力或以暴力相威胁，当然成立转化型抢劫的共犯。但实践中发生的情况未必如此典型，主要有两种情况有待研究。

一种情况是，行为人共同实施盗窃、诈骗、抢夺，其中仅仅一人抗拒抓捕，其他行为人是否构成转化型抢劫的共犯。对此，实践中有不同的认识。例如，在某市发生的"袁某、杨某袭警案"中，袁某、杨某预谋盗窃汽车，由袁某在周围望风，杨某实施盗窃。在盗窃过程中，被巡逻民警发现。杨某在民警追赶过程中，用自制枪支袭警，并开民警巡逻车一人逃走。后袁某、杨某被抓获。对杨某按转化型抢劫罪定性无不同意见。但是关于对袁某的定性发生分歧，一种意见认为二人共同盗窃，袁某利用杨某抗拒抓捕的机会逃走，杨某抗拒抓捕并未违背袁某的意志，即袁某从心理上是同意杨某的暴力行为的，故对袁某也应以转化型抢劫罪定罪量刑。另一种意见认为，共同故意是构成共同犯罪的必要条件。杨某、袁某共同盗窃，二被告人均应对共同盗窃行为承担刑事责任。但盗窃行为被发现后，袁某未对抓捕人实施暴力，也无证据证明在杨某对抓捕人实施暴力之前，二被告人已有被发现后即实施暴力的共同故意。虽然袁某利用杨某的暴力行为逃离现场，但不应对杨某的暴力行为承担刑事责任。故袁某不是抢劫罪的共犯，只应对盗窃承担刑事责任。笔者认为，要认定共犯的行为是否转化成为抢劫罪，关键是看行为人在盗窃、诈骗、抢夺后是否当场实施了暴力或以暴力相威胁。其中，对部分没有当场使用暴力或者以暴力相威胁的行为人，则要看其：（1）是否先前已有共同合意，例如，商量过遇到被人发现就使用暴力或者以暴力相威胁；（2）支持或者帮助其他共犯当场实施暴力或以暴力相威胁。在上述案例中，若袁某事先并不知道杨某携带枪支、二人没有实施暴力的共同故意，且盗窃被发现后袁某未实施或者帮助实施暴力，只是利用杨某的暴力行为一人逃离现场。不能认为杨某的暴力行为是袁某同意的，故袁某不成立转化型抢劫罪的共犯。事实上，在类似的案件中，最高人民法院的指导性意见也体现了这一立场。[1]

---

[1] 参见最高人民法院刑一庭、刑二庭主编：《刑事审判参考（合订本）》第3卷（下），第111~118页。

另一种情况是，未实施盗窃、诈骗、抢夺的人能否和实施盗窃、诈骗、抢夺，并实施暴力或以暴力相威胁的行为人构成转化型抢劫的共犯。在德日等大陆法系国家，关于事后抢劫罪是否属于身份犯，在理论和实践上都有不同认识。如在日本，如前所述，事后强盗罪的"盗窃"是否是身份犯，素有争论，学界也是观点不一。❶ 笔者认为，和日本学界对"身份"作广义的理解不同，❷ 我国刑法中的身份是指法律明文规定的对定罪量刑具有影响的一定的个人特有的客观因素。我国一般认为身份并不影响转化型抢劫共犯的成立，关于转化型抢劫的共犯的理解，应立足于我国共同犯罪的理论和立法规定。况且根据我国的理论和司法实践，无论是无身份人教唆、帮助有身份人实行犯罪，还是有身份人教唆、帮助无身份人实行犯罪，抑或是无身份人与有身份人共同实行犯罪，原则上对各共同犯罪人均应以身份犯之罪定罪处罚。❸

针对实践中出现的转化型抢劫的问题，不妨再次举例说明。（1）甲盗窃过程中被乙发现，乙紧追甲不放。甲遇到其兄丙，告知因盗窃被乙追赶，要求丙帮忙。丙对追至的乙实施暴力，致其轻伤偏重。虽然甲与丙并未共同盗窃，但丙明知甲因盗窃被乙追赶，与甲形成意思联络，帮助甲实施暴力抗拒抓捕。丙与甲构成转化型抢劫罪的共犯。（2）A 偶然看到其好友 B 越墙进入同村 C 家中，知道 B 进入 C 家盗窃。一会儿，A 看到 C 追赶 B，对从其身边经过的 C 实施暴力，对此 B 并不知情。因为 A 与 B 无盗窃的故意，亦无共同实施暴力的故意，且 B 并未实施暴力或以暴力相威胁。所以 A、B 二人均不构成转化型抢劫罪。B 可能构成盗窃罪；A 可能构成窝藏罪或故意伤害罪。（3）马某看到其亲戚张某手持手机被刘某追赶，刘某喊"抓强盗""把手机还我"。马某上前主动帮助张某，让张某把手机给他。后二人朝不同方向逃跑。马某因被刘某和其他村民围堵，手持木棍实施暴力，将刘某和一村民打伤。马某明知张某盗窃，帮助其逃跑，又独自因护赃的目的"当场"实施暴力，自应承接张

---

❶ 马克昌、莫洪宪主编：《中日共同犯罪比较研究》，武汉大学出版社 2003 年版，第 138 页。

❷ 同上书，第 269 页。

❸ 姜伟主编：《刑事司法指南（总第 10 辑）》，法律出版社 2002 年版，第 113 页。

某的行为，转化为抢劫罪。因张某对马某实施暴力的行为并不知情，也未教唆，故张某成立盗窃罪。二者并不构成转化型抢劫的共犯。

【案120】2004年2月15日，犯罪嫌疑人刘某伙同曹某窜至北京市顺义区东大桥李某家实施盗窃。就在二犯罪嫌疑人正欲离去时，被回家的被害人李某发现，当时刘某跪在地上恳求李某宽恕，并将所窃财物返还。这时，曹某从后面用砖头将李某拍倒，两人逃走。

该案犯罪嫌疑人曹某与刘某是否构成抢劫罪的共犯？按照刑法一般理论，凡涉及认定共犯的，必然要考察行为人之间是否存在共同犯罪的故意，但是并不要求行为人的故意内容与行为内容完全相同时，才能成立共同犯罪，而只要行为人就其中部分重合的犯罪具有共同故意与共同行为，就成立共同犯罪。对本案定转化型抢劫共犯，必须认定刘某"跪在地上恳求李某宽恕"属于缓兵之计，是为曹某实施暴力创造条件，即二人有实施暴力的意思联络。如果曹某纯属一时独自想起使用暴力击打被害人，刘某阻止不及，只是在见到被害人被击倒后赶快逃跑，那么，就不能认为，刘某对曹某的暴力行为完全持放任态度，从而对其亦定转化型抢劫。所以，查明刘某先前跪地求饶的真实意图，是正确处理本案的关键。要求共同盗窃人必须及时有效制止其他实施暴力者，否则就要承担共同抢劫的责任，这恐怕过于苛求了。

【案121】某日凌晨2时许，被告人朱某伙同韩某预谋盗窃，二人随即持刀至连云港市新浦区新站街福利一路18号叶某家住处。当他们翻墙入院，欲行盗窃时，误认为被叶某夫妇发现，被告人朱某即持刀对叶的颈部、身上乱刺。同时，韩某用毛巾捂叶某之妻聂甲的嘴，遭到聂甲的反抗，韩某即用刀对聂甲乱刺，因聂甲呼救，二犯仓皇分头逃跑。其中，被告人韩某在逃离时，还对闻讯追赶而来的聂甲的亲戚聂乙腹部猛刺一刀。经鉴定，叶某和聂乙的伤情均属重伤，聂甲的伤情属轻微伤一级。

法院审理后认为：被告人朱某以非法占有为目的，进入他人住宅进行盗窃，在实施盗窃行为时，对他人实施暴力行为，其行为已构成抢劫罪，系共同犯罪。同案犯韩某对在被告人朱某的提议下去叶家盗窃并致人重伤。朱某与同案犯韩某在实施盗窃过程中，为排除妨碍，当场对被害人实施暴力的行为，应适用《刑法》第263条定罪处罚。

值得注意的是，多数观点会认为，本案行为人在实施盗窃过程中被发现，完全属于其意志以外的原因，行为人此时无论其选择逃跑，还是改变犯罪手段以图非法占有他人财物，其实施的前期行为业已构成盗窃未遂。如前所述，如果此时行为人为了排除被害人的反抗转而对被害人实施暴力或以暴力相威胁，从而达到非法强行占有他人财物的目的，而主观上不是"为窝藏赃物、抗拒抓捕或者毁灭罪证"，则属于犯意转化，其行为符合典型抢劫罪的构成特征，不宜定转化型抢劫罪。同时，被告人在入户盗窃过程中，因被发现而当场使用暴力，致他人重伤，且属于入户抢劫，系两个抢劫加重犯的竞合，应该在加重犯法定刑内从重处罚。

但笔者认为，上述观点的成立还必须有一个前提，那就是，行为人使用暴力后劫取了财物（本案并未阐明这一点）。如果行为人先是实施盗窃，被发现后因报复即时使用暴力，致人重伤、死亡，后扬长而去，并未取走财物。行为人已无非法占有财物的意图，而是转向故意伤害或者故意杀人。对此则不能认定为典型抢劫罪。而应该以盗窃（未遂）与故意伤害或者故意杀人罪数罪并罚。

另外，本案被告人韩某在逃跑过程中，其伤害聂乙的行为属于共犯的实行过限，另一被告人朱某不应对此后果负责。问题是，对于韩某实施普通抢劫犯罪后为抗拒抓捕而当场故意伤害他人的行为如何处理，此类问题尚有争论。有人认为，对于抢劫犯罪后为抗拒抓捕而实施的暴力伤害行为，不仅没有必要、也没有理由进行刑法上的再次评价，仍应按抢劫罪一罪定罪处罚。行为人前后实施的两次暴力行为，可以看做同一抢劫过程的两个不同阶段，都服从于非法占有他人财物这一犯罪目的。对此，笔者须补充的是，对这种事后暴力行为要与抢劫之后的杀人灭口等行为区别开来。如果是行为人抢劫离开现场后，因形迹可疑被他人检查，此时若行为人同样是为非法占有财物而将检查者杀害，其行为应该构成独立故意杀人罪，而不是与前面的抢劫行为一同定一个抢劫罪或者一个抢劫加重犯。所以，本案聂乙如果是在被告人离开抢劫现场后，因听说亲戚被抢而追赶被告人，最终受到重伤害，对被告人韩某可另定故意伤害罪。

第八章　抢劫罪的拟制形态（二）

一、携带凶器抢夺与聚众"打砸抢"的拟制型抢劫罪

我国《刑法》第267条第2款规定："携带凶器抢夺的，依照本法第二百六十三条的规定定罪处罚。"该规定实质就是一个抢夺的基本犯加上携带凶器这一条件，通过法律拟制性规定，而依抢劫罪定罪处罚。由于抢夺罪侵犯的客体是公私财物的合法财产权利，客观行为上是"公然夺取"财物，并不针对被侵害对象的人身，而携带凶器实施抢夺，行为人主观上还有依仗凶器的意思，故具备了由一般抢夺向更严重的抢劫罪递进的可能性。立法正是考虑到携带凶器抢夺，突破了抢夺罪仅侵犯财产权利的特征而具有潜在的人身危险性，且又近似于抢劫罪所侵犯的双重客体的特点，故而作出拟制抢劫规定。但在1997年《刑法》实施后，对该条款的认识就发生了很大分歧，如有人认为，只要行为人在抢夺时携带了凶器，就应当认定为抢劫。❶ 这种认识有违背主客观相统一原则之嫌，受到许多人的批评。而对于如何从主客观相结合的角度理解该款规定，人们的认识并不一致。于是，最高人民法院于2000年《审理抢劫案件的解释》第6条对《刑法》第267条第2款规定的"携带凶器抢夺"，解释为"是指行为人随身携带枪支、爆炸物、管制刀具等国家禁止个人携带的器械进行抢夺或者为了实施犯罪而携带其他器械进行抢夺的行为"。

先看2000年《审理抢劫案件的解释》规定的"随身携带枪支、爆炸物、管制刀具等国家禁止个人携带的器械进行抢夺"的情形。在该情形中，其行为结构是：预备性质的违法行为（实质上是治安违法行为）与

---

❶ 何秉松：《刑法教科书》，中国法制出版社2000年版，第916页。

抢夺行为的结合。但"预备"行为目的不确定，可能是为了自我防卫，可能是为了生活或者工作需要。在这种情形中，如果行为人既未打算在抢夺时使用其所携带的凶器，被害人确实也不知道行为人随身携带有凶器，那么从主客观方面看，行为人携带凶器的事实谈不上会对他人的人身安全构成威胁，这就同抢劫罪既侵犯财产又侵犯人身的构成特征不尽吻合，不宜认定为抢劫罪。就犯罪事实而言，既然行为人实际实施的是抢夺行为，那么就应当认定为抢夺，这也是罪责自负的要求。还有一种可能，如果行为人抢夺时显露了凶器，此时，"携带凶器"行为可以理解为一种消极的使用凶器行为，这种行为具有一定的威胁性，能构成对被害人反抗心理的抑制，本质上属于其他强制性手段，应当认定为抢劫罪。而对于"为了实施犯罪而携带其他器械进行抢夺"的情形，其"携带凶器"的目的很明确，将此目的行为与抢夺行为相结合拟制为抢劫罪，是可以理解的。正是因此，2005年最高人民法院《审理抢劫、抢夺案件的意见》对这个问题作了进一步规定，即"行为人随身携带国家禁止个人携带的器械以外的其他器械抢夺，但有证据证明该器械确实不是为了实施犯罪准备的，不以抢劫罪定罪；行为人将随身携带凶器有意加以显示、能为被害人察觉到的，直接适用《刑法》第二百六十三条的规定定罪处罚；行为人携带凶器抢夺后，在逃跑过程中为窝藏赃物、抗拒抓捕或者毁灭罪证而当场使用暴力或者以暴力相威胁的，适用《刑法》第二百六十七条第二款的规定定罪处罚"。

（一）"携带凶器抢夺"定抢劫罪的性质问题

如前所述，对"携带凶器抢夺"定抢劫罪是一种法律拟制，但对这个问题的不同看法对于进一步理解该规定还有有意义的。

如较早有些观点认为这属于一般违法犯罪（抢夺）向抢劫罪的转化犯。例如，有人认为，司法实践中可能存在行为人既携带凶器抢夺，后又为抗拒抓捕、窝藏赃物或毁灭罪证而当场使用暴力或以暴力相威胁的行为，这就发生了两种转化犯的竞合。[1] 反对者认为，对于携带一般器械和管制刀具进行抢夺，由于携带行为本身不构成犯罪，因此也不具备转

---

[1] 龚培华："侵犯财产罪及其认定（下）"，载《犯罪研究》2002年第4期。

化犯的前提，不是一种犯罪向另一种犯罪的转化；对于携带枪支、爆炸物构成非法持有罪的，则属于数罪，而非一罪，不能转化为抢劫罪一罪并罚。笔者认为，把该条的观点理解为转化犯有一个理论前提，那就是承认一般的违法行为在一定条件下可向犯罪转化。但这种过于广义的转化犯可能使转化犯这个概念失去其存在的价值。而且，如果前行为已经被拟制为抢劫罪，后面的为抗拒抓捕、窝藏赃物或毁灭罪证而当场使用暴力或以暴力相威胁的行为的独立性就值得研究，前后二者的关系恐怕就不宜理解为转化犯的竞合了，因为已经是抢劫罪（拟制）了，再转化为抢劫罪就有疑问。

另有观点认为，该条款的立法价值是技术性规定而非注意性条款，有其独立存在的意义。对于法律中技术性的规定，不能单从犯罪构成的角度来审视，而应紧密结合具体国情、治安状况以及打击违法犯罪活动的形势来分析。类似的规定还有《刑法》第362条规定，旅馆业、饮食服务业、文化娱乐业、出租汽车业等单位的人员，在公安机关查处卖淫、嫖娼活动时，为违法犯罪分子通风报信，情节严重的，依照包庇罪定罪处罚。该条款就是典型的技术性规定。同样，抢夺的特点是趁人不备，公然夺取。对于被害人的人身并不形成暴力、威胁，侵犯的是单一客体，即被害人的财产所有权。"携带凶器"进行抢夺与一般抢夺的区别在于，"携带凶器"抢夺，对被害人本身存在一种更大的潜在性危险，并可能随时转化为实际危害。而且，法律赋予了公民正当防卫权，遇到抢夺犯罪时，当事人为了保护自身合法权益，有权进行防卫。而这种携带凶器进行抢夺的，一般具有如果被害人反抗的就使用凶器的心理态度，抢劫、抢夺均在其故意范畴内，主观恶性较一般抢夺要大得多。此外，对携带凶器抢夺者进行正当防卫，不仅可能将自己置于一种危险状态，而且很有可能发生防卫过当，由正当防卫沦为犯罪。正是为了避免这种危险状态的发生，严厉打击日益猖獗的抢夺活动，立法时才作了技术性规定。❶这种观点中的"技术性规定"究竟是什么，不阐明技术性在哪儿，终归没有揭示出该规定的本质特征。而且，用正当防卫与防卫过当来解释技

---

❶ 郭晓斐、孙平："四个方面解读'携带凶器'抢夺"，载《检察日报》2007年8月24日。

术性规定，也有牵强之嫌。

还有人认为，《刑法》第267条第2款实际上是立法推定。立法推定也可以称为实体法上的推定，因为它表现为实体法上的规则。❶ 凡推定皆可反驳，携带凶器抢夺的行为人，对于其行为是否构成抢劫罪，应由自己提出反证。也就是说实体问题需要结合程序问题来解决，这正是刑事一体化的表现。最高法院的司法解释把携带凶器按凶器的种类分为两种情况，对于携带枪支、爆炸物、管制刀具等国家禁止个人携带的器械进行抢夺的，因为携带本身违法，行为人提出反证的余地显然较小，推定抢劫罪成立的可能性较大，但并非完全没有反证的余地；对于携带其他器械进行抢夺的，由于携带本身并不违法，抢劫的特征不是十分明显，司法解释亦要求该携带之凶器是为了实施犯罪才构成抢劫罪，因此行为人比较容易提出反证，推定抢劫罪成立的可能性相对就小。该观点立足推定的特点，提出了明显对被告人有利的认定规则，其实际内容与下面要论及的如何认定"携带凶器抢夺"基本一致。笔者更倾向于把推定的概念用于司法认定犯罪的过程中，而不是罪名的推定。

现在多数观点主张该规定的性质为法律拟制，而非注意性规定，有的学者阐述的理由还是令人信服的。首先，虽然刑法同时规定了抢劫罪与抢夺罪，但对于这两个犯罪的关系，刑法完全没有必要设置注意规定。其次，刑法所规定的是"携带"凶器抢夺，携带凶器抢夺原本并不符合《刑法》第263条规定的抢劫罪的犯罪构成。如果没有《刑法》第267条第2款的规定，对携带凶器抢夺的行为，只能认定为抢夺罪。在这种情况下，《刑法》仍然规定对携带凶器抢夺的行为以抢劫罪论处，这说明本款属于法律拟制，而非注意规定。之所以设立该规定，是因为在抢夺案件中，被害人能够当场发现被抢夺的事实，而且在通常情况下会要求行为人返还自己的财物；而行为人携带凶器抢夺的行为，客观上为自己抗拒抓捕、窝藏赃物创造了便利条件，再加上主观上具有使用凶器的意识，使用凶器的可能性非常大，从而导致其行为的法益侵害程度与抢劫罪没有实质区别。❷

---

❶ 邓子滨：《刑事法中的推定》，中国人民公安大学出版社2003年版，第95页。

❷ 张明楷：《刑法学（第四版）》，法律出版社2011年，第866页。

（二）何谓凶器与携带凶器

1. 何谓凶器

"凶器"一词本是日常生活用语，据《汉语大词典》解释，凶器是指"行凶用的器具"。自从《刑法》规定"携带凶器抢夺"之后，人们的解释可谓五花八门。有人认为，凶器是指杀伤力较大，能够使人产生畏惧心理的器械，如枪支、爆炸物、管制刀具、菜刀、水果刀等；❶ 有人认为，所谓凶器，常见的有匕首、折叠刀、三棱刮刀等。❷ 有人认为，凶器只能是指枪支、弹药、爆炸物、管制刀具等明显可以用以杀伤人体的器械，以及通常用途不在于人身，但行为人将其使用明显意在作为抢夺后盾的物件，如菜刀、啤酒瓶、茶杯、小水果刀甚至笔等。❸ 还有的认为，无论任何器具或工具，只有用于行凶时，才能叫凶器。换句话说，无论任何器具或工具，只要被人用于行凶伤人、杀人，就成为凶器。❹ 还有人认为，不应单纯按照生活常识进行泛化的理解，而应根据法律规定进行规范化解释，即将国家管制类器械以外的"凶器"限定为行为人为实施犯罪而携带的其他器械。❺

"凶器"作为刑法中的专门用语，显然要与一般生活用语有所区别。将日常生活中一些带有杀伤可能性的器具都理解为"凶器"，会使凶器的认定在法律上过于泛化，实践中不好把握。不能说，只要能造成人身伤害的器具，都是刑法中的凶器。最高人民法院、最高人民检察院1984年发布的《关于办理流氓案件中具体应用法律的若干问题的解答》中曾规定："所谓携带凶器，是指携带匕首，砍刀等治安管制刀具和铁棍、木棒等足以致人伤亡的器械。"据此，"凶器"的特征有二：一是外形特点和性质为治安管制刀具和其他器械；二是其功能上具有"足以致人伤亡"

---

❶ 罗朝晖："论转化型抢劫罪"，载《北京市政法管理干部学院学报》2001年第2期。

❷ 汪海燕："携带凶器抢夺以抢劫罪论处的几个问题"，载《人民司法》1999年第2期。

❸ 肖中华："论抢劫罪适用中的几个问题"，载《法律科学》1998年第5期。

❹ 王作富："抢劫罪研究"，载《刑事司法指南》2000年第1期；高铭暄主编：《刑法专论（下）》，高等教育出版社2002年版，第732页。

❺ 纪丙学："对'凶器'的理解不应泛化"，载《检察日报》2011年5月9日。

的效用。将一种器具认定为凶器，首要的原因就在于其可能给他人的身体在瞬间带来伤害（至少是轻伤害以上），或者使人产生畏惧感。如果随身携带的器械难以产生上述效果，则不能将其认定为凶器，如学习用的铅笔刀、圆珠笔，生活用的围巾、皮带等。凶器不能等同于犯罪工具，仅具有毁坏物品的特性而不具有杀伤他人机能的物品就不属于凶器。例如，为了入室盗窃而携带各种钥匙以及用于划破他人衣服口袋、手提包的不足以杀伤他人的微型刀片，不是凶器。当然，也不是无论何种器具，只有用于行凶时，才能叫做凶器。因为有的器具用于行凶，未必称得上"凶器"，如将一张报纸做成匕首的形状吓人，就不算持有凶器，"携带凶器抢夺"并不要求使用凶器行凶。将凶器理解为仅仅是行为人在犯罪时所使用的器具也是不正确的。

　　立法者之所以将携带凶器的抢夺行为界定为抢劫罪，其原因在于司法实践中这种犯罪，较之于单纯的抢夺犯罪的社会危害性更大，而且携带凶器实施抢夺行为本身应视为对被害人一种胁迫。❶ 故而，如果携带的器具本身不能够对被害人产生胁迫的效果，那么就不应将其视做凶器。

　　具体说来，有的凶器从表面上就可判断，如枪支、管制刀具等，它们本身就是具备杀伤功能的器物，一般应认定为凶器。❷ 而另外一些具有杀伤力的器具，只有结合具体用途或者携带的目的，才能判断其是否为"凶器"。例如，木棍有多种用途，但被人用于击打伤人的，则成为凶器；家庭使用的菜刀，用于切菜时不是凶器，但用于杀伤他人时则是凶器。木匠下班途中，临时起意抢夺路人，其所随身携带的刨子、凿子等并非为犯罪准备，且并未显示或使用，就不应认定为携带凶器抢夺。再如，一个衬衣上系有领带、裤子系有皮带的男子实施了抢夺行为，不能将其身上的领带或皮带等物品看成凶器。由此可见，脱离行为人的主观意图和具体行为，就难于确定什么是凶器以及凶器的范围。那种认为凶器是指专门用于行凶的器械，或者说是指对人的生命、身体具有高度危险的工具等静态的概念，不能准确揭示刑法中凶器的本质属性。对于"凶器"

---

　　❶ 周道鸾等主编：《刑法的修改与适用》，人民法院出版社1997年版，第571～572页。

　　❷ 军警人员依法携带枪支和管制刀具要另当别论，正常情况下用于与违法罪犯作斗争就不是凶器，但为报复泄愤而非法杀人伤人，则是凶器。后文对此还有论述。

的理解应当是多方位的，也就是说对于凶器的理解既包括客观的外在表象，同时还包括一种行为人对其功能的理解，或者说，凶器在更大意义上是行为人对行为方式或行为手段的一种理解。❶

从司法实践中的暴力犯罪案件看，涉及使用的凶器，主要是两大类：一是具有较大杀伤力，甚至是专为杀、伤人而制造，并被列入国家管制的枪支、匕首、弹簧刀、三棱刮刀等器具，有学者称之为性质上的凶器；二是一般用于日常生活或生产，又可被用于杀、伤人的器具，如菜刀、斧子、水果刀、铁锹、绳子、砖头等，有学者称之为用法上的凶器。性质上的凶器无疑属于《刑法》第267条第2款规定的凶器。❷ 2000年最高人民法院《审理抢劫案件的解释》第6条也是将"携带凶器抢夺"行为界定为两种情形：一是行为人随身携带枪支、爆炸物、管制刀具等国家禁止个人携带的器械进行抢夺的行为，携带这些器械实施抢夺行为的，应当认定为"携带凶器抢夺"，以抢劫罪定罪。二是行为人为了实施犯罪而携带其他器械进行抢夺的行为，在这种情况下，这些器械本身虽然不能反映出违法性，但实施犯罪的意图反映了其"凶器"的本性。❸

有意思的是，最高人民法院先后颁布的《审理抢劫案件的解释》和《审理抢劫、抢夺案件的意见》在解释"凶器"时用的是"器械"一词，而不是汉语词典中使用的"器具"，也不是一些学者说的"器物"。显然，在这里"械"比"具"和"物"的刑法色彩更浓烈。根据上述解释性规范，"凶器"可分为两种：一是国家禁止个人携带的器械如枪支、爆炸物、管制刀具等；二是为实施犯罪而携带的其他器械，如自用的水果刀等。上述学者的分类与此也是基本对应的。实际生活中，一些少数民族具有随身携带刀具防身的风俗习惯，以及汉族公民中的一些人有随身携带水果刀自用的习惯，对此，只有在确有证据证明系为实施犯罪而准备的情况下，才能作为"凶器"认定。对于第二类非管制性器械是否认定

---

❶ 引自苏惠渔、杨兴培主编：《刑事疑难案例法理评析》，法律出版社2000年版，第192页。

❷ 张明楷：《刑法学（第四版）》，法律出版社2011年版，第866页。

❸ 孙军工："《关于审理抢劫案件具体应用法律若干问题的解释》的理解与适用"，载最高人民法院刑一庭、刑二庭主编：《刑事审判参考（第3卷）》，法律出版社2002年版。

为"凶器",可以根据器械的属性、特征,运用经验法则和生活习惯,并结合具体案情,加以判断。例如,行为人实施抢夺时怀里藏着与生活、工作无关的不锈钢管等物,明显不符合社会一般常理,也背离个人随身携带日常物品的生活常识,应当认定为"凶器"。但如果确有证据证明该器械不是为了实施犯罪而准备的,则不以抢劫罪定罪。

总的来看,将具有一定杀伤力的物品认定为凶器应综合考虑以下几个方面的因素:(1)物品的杀伤机能或者危险性能的高低。某种物品的杀伤机能越高,无疑被认定为凶器的可能越大。有观点认为,行为人使用的各种仿制品,如塑料制成的手枪、匕首等,由于其杀伤他人的物理性能较低,不能认定为凶器。笔者不完全同意这一观点,如行为人在携带木制仿真手枪抢夺时,有意显露该假枪,很可能足以威胁被害人,在此特殊情况下,应该认定为携带凶器(不认为是持枪抢劫),因为器物的外观也是需要考虑的因素。(2)根据一般生活常识和社会观念,该器物所具有的对生命、身体的危险感的程度。汽车、摩托车撞人可能导致瞬间死亡,具有极大的危险性,但开着汽车、摩托车抢夺的,难以认定为"携带凶器"抢夺(不是飞车抢夺),这是因为一般人面对停在地面或者正常行驶的车辆时不会产生危险感。(3)器物被携带和使用的可能性大小,即在通常情况下,一般人外出办事或者在路上行走时,是否携带这种物品。换言之,根据一般人的观念,在当时的情况下,行为人携带凶器是否具有合理性。比如,一般人在马路上行走时,不会携带菜刀、杀猪刀、铁棒、铁锤、斧头等。所以,在通常情况下,携带这些物品抢夺的,应当认定携带凶器抢夺。[1]

对以上要素应该综合加以评价。

2. 何谓携带凶器

"携带"一词,在《现代汉语词典》中被释为:"随身带着。例:携带家眷"。其突出的特征应为随身性,即被携带物与行为人的身体能随时结合在一起,行为人对物有现实的支配状态,行为人能随时使用该物。有学者将"携带"解释为,是指在从事日常生活的住宅或者居室以外的场所,将某种物品带在身上或者置于身边,处于现实的支配之下的行为。

---

[1] 张明楷:《刑法学(第四版)》,法律出版社2011年版,第866~867页。

携带是一种现实上的支配，携带者可以随时使用自己所携带的物品。多数情况下，"凶器"是随身携带，但并不是以身体来携带。法律之所以将携带凶器抢夺的行为拟制为抢劫罪，其根本的原因在于这一类抢夺行为在实施的过程中，由于凶器的存在，对被害人的人身构成了潜在的威胁。对携带作这种理解，主要是符合抢劫罪的以暴力威胁作为劫取财物手段的特征。如果凶器置于行为人一时难于取到的位置，这种威胁就不存在，或者很小。例如，放置于锁好的摩托车后工具箱中一把水果刀；民工捆扎好的被子中的一把菜刀等。因为这些器物虽然行为人带着，但不能及时使用，而抢夺罪的特征是趁人不备，公然夺取财物而迅速逃跑，作案时间短，该器物客观上不可能对其抢夺行为有帮助，缺乏即时支配性的器具丧失了其作为凶器的客观性能，携带与否不会影响到案件的性质变化，其行为实质仍是一个纯正的抢夺。对携带作这种理解，既符合立法意图，也符合抢劫罪的构成要件，同时也避免了将携带局限于随行为人身体携带的狭窄性，避免了将其理解为任何场所的过于宽泛性。所以，手持凶器、怀中藏着凶器、将凶器置于衣服口袋、将凶器置于随身的手提包等容器中的行为无疑属于携带凶器。此外，使随从者实施这些行为的，也属于携带凶器。例如，甲使乙手持凶器与自己同行，即使由甲亲手抢夺丙的财物，也应认定甲的行为是携带凶器抢夺（以乙在现场为前提，但不以乙与甲具有共同故意为前提）。携带行为通常包括两种情况：一是行为人事先准备好了凶器，出门后便一直携带，然后伺机抢夺；二是行为人在抢夺之前于现场或现场附近获得凶器（如捡起路边的铁棒等），然后乘机抢夺。❶ 当然，如果行为人不知道别人托自己带的随身物品中含有凶器，一般也不能认定为"携带凶器"。

一般而言，对于行为人随身携带枪支、爆炸物、管制刀具等国家禁止个人携带的器械，其客观上的威胁不言而喻，而对于携带其他一般凶器抢夺的，司法证明的要求要高得多，主要是要证明行为人携带这些器具是为了给其抢夺行为提供精神支持，并在遭受被害人反抗时可以使用之，而且这些器具一旦使用，其外观、状态足以给被害人造成精神上的恐惧和危险立刻可能产生的感觉。对此，要结合案件发生的时间、被害

---

❶ 张明楷：《刑法学（第四版）》，法律出版社2011年版，第867页。

人的性别状况等，考察使用某器具在客观上有无行凶危险性，是否足以杀伤他人，来决定是否构成抢劫罪。❶

携带是持有的一种表现形式，但不同的是，持有只要求是一种事实上的支配，而不要求行为人可以时时刻刻地现实上予以支配。因为"持有"是指某物为某人所占有的一种控制状态，该物并非就随身带着，如非法持有毒品罪，行为人身上可以不随身携带，只要在他的办公地点或者住处查获毒品即可。此外，"携带"也还应区别于借助的行为。例如"飞车抢夺"中，行为人借助摩托车为作案工具，摩托车作为一种物，也是行为人为实施犯罪而使用的，且摩托车可能伤害人身，这未必属于"携带凶器"。行为人驾乘摩托车仅是为实施抢夺犯罪而附带实施的借助工具创造条件的行为，并非抢夺行为本身。"飞车抢夺"犯罪是两个行为的叠加，考虑行为人构成犯罪的行为仅是"抢夺"行为，而非"飞车"行为，"飞车"并非抢夺犯罪构成的客观方面要素。根据2002年7月16日最高人民法院《关于审理抢夺刑事案件具体应用法律若干问题的解释》第2条第（4）项的规定："利用行驶的机动车辆抢夺的"是从重处罚的量刑情节，并非定罪要件。所以行为人驾驶摩托车仅系借助行为，而非携带行为。

【案122】犯罪嫌疑人孙某见银行里取钱的人比较多，并萌生犯意。2003年3月6日骑摩托车守候在银行营业大厅出口处伺机抢钱，见被害人取钱出来后将拎包放在自行车的车篮中，孙某骑车冲上去将被害人的拎包拿着就跑，被保安当场擒获，后发现在其未锁的摩托车工具箱中有一长刀。

这个案件主要考量凶器是否一定要随身携带的问题。笔者以为，由于凶器的存在，抢夺行为对被害人的人身构成了潜在的威胁，在司法实践中，有时很难区分行为人携带的凶器是否对被害人构成了抢劫罪意义的胁迫。❷《刑法》规定"携带凶器抢夺"在某种意义上就是要解决这个

---

❶ 周光权：《刑法各论》，中国人民大学出版社2011年版，第94页。
❷ 周道鸾等主编：《刑法的修改与适用》，人民法院出版社1997年版，第571页。

问题。如前所述,如果凶器置于行为人在作案时随时可取的场所时,应视作携带。本案孙某将管制刀具置于作案所用摩托车的工具箱中,在其实施抢夺的犯罪过程中一直处于随时随地地可取和可用之状态,应视作携带凶器抢夺。

携带凶器不是一种纯客观事实。由于性质上的凶器属于违禁品,故携带者通常具有使用的意识,不会产生认定上的困难。而用法上的凶器是可能用于杀伤他人的物品,如果行为人已经使用所携带的菜刀、铁棒、石块等杀伤他人或者威胁他人,这些物品肯定属于凶器。但在携带凶器抢夺的场合,行为人并没有使用所携带的物品;要认定行为人所携带的物品属于凶器,还得从主观方面加以认定,即要求行为人具有准备使用的意识。准备使用的意识应当包括两种情况:一是行为人在抢夺前为了使用而携带该物品。二是行为人出于其他目的携带可能用于杀伤他人的物品,在现场意识到自己所携带的凶器进而实施抢夺行为。反之,如果行为人并不是为了违法犯罪而携带某种物品,实施抢夺时也没有准备使用的意识,则不宜适用《刑法》第267条第2款。❶ 但上述观点似乎有所矛盾,因为携带"性质上的凶器"同样存在"使用意识"问题,实际上,此时行为人携带凶器的意图已被推定为非法(支配使用)。对这种情形拟制为抢劫罪似乎更强调已然的客观事实,与后一种情形是有差异的。而且,不是持有性质上的凶器一定就是"携带凶器"。枪支、弹药与管制刀具是《刑法》特别规定禁止普通人持有、使用的。但是军警人员在执行公务期间,本是依法持有配备的枪支等,后又进行了抢夺犯罪,对其依法携带的枪支等是否可以认定为"携带凶器",不无疑问。笔者认为,军警人员为履行职务需要,依法持有国家配备并授权携带的枪支、弹药或者其他管制刀具,一般情况下是为了执行职务,就不能将它们理解为凶器。如果军警人员将其依法携带的枪支用于违法犯罪活动,将会背离军警人员持枪的正当性,否定其持枪行为的合法性。此时,他们产生了违法犯罪的意图,其携带的枪支等可能用于违法犯罪活动,相应地对其携带的枪支也就应作为凶器来认识。如果军警人员是违法或者违规携带枪支弹药和其他管制刀具,同样属于携带凶器,并且该类特殊主体携带凶

---

❶ 张明楷:《刑法学(第四版)》,法律出版社2011年版,第868页。

器实施犯罪比较其他一般主体，其社会危害性可能更大。

同时，这里还延伸出另外一个问题，即军警人员携带凶器抢夺，拟制为抢劫罪，是否进一步升级为持枪抢劫的加重犯？笔者认为，对枪支已作为"携带凶器"评价，即携带凶器加抢夺（拟制）成立抢劫罪，不能再把凶器评价一次，升级为持枪抢劫的加重犯，否则就是重复评价了。这里的军警身份与一般民众没有差异，对该身份可酌情考虑。对一般民众持枪抢夺，同样构成一般的抢劫罪。当然如果以上行为人持枪具有非法性，那就可能还存在数罪并罚的问题，而不该将二者相加，成立加重犯。

也就是说，如果说界定"凶器"时侧重强调其客观性，那么，理解"携带凶器"则必须强调主客观相统一。对如何把握"携带凶器抢夺"，早前刑法理论界就有不少可称为客观说的观点，他们认为，只要行为人实施了抢夺行为，且在抢夺过程中身上携带有凶器，这就具备了认定的条件，而不考虑携带凶器的主观认识和意图。客观说没能正确区分客观事实是与主观恶性的相互联系，单凭客观携带状态定罪，往往有客观归罪之嫌，容易混淆罪与非罪。后来，多数观点倾向于集合主客观要素来理解"携带凶器抢夺"。如有学者认为，携带凶器进行抢夺而构成抢劫罪，包括三个要素：第一，行为人在抢夺时或者为了实施其他犯罪而携带了凶器；第二，行为人具有使用凶器的意思；第三，行为人实施了抢夺的行为。❶ 这样，在考察行为人客观上存在携带凶器的事实状态时，还考察了行为人主观上是否具有支配使用凶器的意思，区分了准抢劫罪与抢夺罪的主观恶性差异之处。因为《刑法》将"携带凶器抢夺"拟制为抢劫罪，实质上是考虑到"携带凶器抢夺"对被害人的胁迫程度与抢劫行为具有相当性，这样才能真正把握《刑法》的立法精神，使得行为人承担的法律后果与行为人的罪行相适应。

【案 123】2008 年 7 月 8 日 21 时许，被告人何某携带一把长柄水果刀到某市一偏僻小路上寻找目标伺机作案。22 时许，被害人汤某骑一辆电动车经过，被告人左手持刀、右手突袭被害人，抢走被害人拎包 1 只，

---

❶ 引自刘艳红主编：《刑法学各论》，北京大学出版社 2004 年版，第 95 页。

包内有 CECT 牌直板手机一部、kingston 牌 SD 卡 1 张、Kawau 牌读卡器 1 只、人民币 45 元，合计价值人民币 308 元，但被害人汤某承认，被抢包时并未发现被告人何某持刀。❶

本案在审理过程中，因被害人被抢时未见被告人携带凶器。对被告人如何定罪，存有不同意见。有种意见认为，被告人何某以非法占有为目的，携带足以致人受伤、死亡后果的刀具寻找目标伺机作案，其行为符合抢劫罪的主客观要件，因此应直接适用《刑法》第 263 条追究被告人何某抢劫罪的刑事责任。另一种意见认为，被告人所持刀具对于实施抢夺没有起到任何作用，此案应适用《刑法》第 267 条第 2 款以被告人携带凶器进行抢夺，以抢劫罪论处。第三种意见认为，对本案应直接以抢夺罪定罪量刑。

笔者在前面讨论过对携带凶器抢夺定抢劫罪时，是否要考虑被害人的主观感受问题。笔者认为，定罪需要考虑的是被告人的主客观方面要素，而不是被害人的心理感受。如前所述，"携带凶器"并不需要行为人显示、暗示凶器。一般说来，行为人显示或暗示自己携带凶器进行抢夺，这种行为明显比普通抢劫罪中当场使用语言进行暴力威胁，其危害程度有过之而不及，其本身就已经符合一般抢劫罪的构成要件。就本案而言，被告人何某为实施犯罪行为而携带长柄水果刀，其在抢夺汤某的物品时，已将水果刀拔出，但被害人未看到何某所持的水果刀，此时，判断何某持刀（携带凶器）的行为是否属使用暴力手段（使用凶器），还应该对当时当地的实际情况进行分析，如果能够为被害人察觉到，即使被害人因恐惧等原因未看到，其行为亦符合一般抢劫罪的构成要件，可直接适用《刑法》第 263 条对其进行定罪处罚。

二、正确界定"为了实施犯罪"

前面谈到了对于"携带凶器"的主观意图的判断问题，强调"携带

---

❶ 周平："从个案谈'携带凶器抢夺'的认定"，载中国法院网，2009 年 3 月 19 日访问。

凶器"必须坚持主客观方面相结合。根据最高人民法院《审理抢劫案件的解释》和《审理抢劫、抢夺案件的意见》，认定"携带其他器械进行抢夺"的拟制型抢劫，必须是"为了实施犯罪"，即行为人携带凶器是为了犯罪而准备或使用的。这样的规定无疑是为了避免客观归罪。这一点实际上与前面谈到的行为人携带凶器的主观意图也是一致的。比如，行为人对其携带的物品或器械的性质和用法是清楚的，虽然是实施抢夺前的事先行为，但已认识到携带物的作用与功效并且对携带物寄予了一定的非法希望，将该携带物当成完成犯罪的依托。这些对于二者都是应该具备的。只不过前者侧重于对"携带凶器"本身的认识，而"为了实施犯罪"则是要限制后者"携带凶器抢夺"的拟制型抢劫罪的成立。

对于携带凶器的主观目的问题，有的观点认为，行为人只要抢夺时携带凶器即为已足，并不以携带之初有使用、行凶的意图（行凶意识）为必要，因为携带凶器的客观危险性在于一旦被害人实施反抗，行为人在现场就随时可能对之加以使用，事先有无使用凶器的谋划并不影响凶器本身对被害人形成威胁感。构成转化抢劫罪需要行为人有"携带意识"而不要求其有"行凶意识"，有意携带和有意行凶是不同的概念。行为人将随身携带凶器有意加以显示、能为被害人察觉到的，直接适用《刑法》第263条的规定定罪处罚。❶ 笔者认为该观点有待商榷。如前所述，携带凶器抢夺定抢劫罪要求行为人具有准备使用凶器的意识。携带凶器本身当然须有携带意识，否则连携带就不是了。携带凶器目的何在是抢夺拟制为抢劫必须加以考察的。行为人存在利用凶器（行凶）的意识正是"为了实施犯罪"的主要内容，因孤立的携带意识而将携带凶器抢夺拟制为抢劫罪缺乏必要的法理支撑。

但是，这里的"为了实施犯罪"如何理解，或者说行为人意图实施的犯罪是否包括一般性违法行为？如果行为人出于抢夺犯罪以外的其他犯罪意图携带了凶器，但因临时起意实施了抢夺犯罪行为，比如，行为人携带凶器到甲地伤害某丙，在路过乙地时突然抢夺了某丁，应定抢劫罪还是抢夺罪？这些都不无争议。

对于前一个问题，笔者认为，这里的"犯罪"的含义类似于《刑法》

---

❶ 周光权：《刑法各论》，中国人民大学出版社2011年版，第94页。

第 269 条中的那个"犯罪"概念,并非是指一定构成犯罪的行为,也包括一般违法性质的抢夺等行为。因为在行为人实施具体的抢夺前,对其将要实施的行为的评价只能是一个抽象的广义概念,只有实施具体行为后,才能评价是否构成犯罪。站在立法者的立场,只能进行一种笼统的评价;事实上,行为人在实施犯罪前,往往并不能肯定自己实施的行为是否构成犯罪,或者构成什么罪,而只是具有一个大致目标而已。因此,要求这里的犯罪必须是严格意义上符合某种犯罪构成要件的行为是不现实的,而且还会成为行为人逃脱责任的借口。例如,某甲经过预谋,打算携带凶器抢夺某乙的一辆旧自行车(价值 300 元),结果,由于某乙换了辆新自行车(价值 3 000 元),携带凶器的某甲照旧抢走了某乙的新自行车。对某甲当然应该认定为了犯罪而携带凶器抢夺,定拟制型抢劫罪。

对于后一问题,笔者认为,此处"为了犯罪",从该规定前后整体意思看,原则上应该是指为了实施抢夺或者抢劫。可以认为,前面携带凶器的行为是为后面犯罪作准备,后面如何利用凶器,存在可能使用也可能不使用的问题。从抢夺拟制为抢劫的相当性来看,虽然立法意图在于行为人最初携带凶器时的犯意,但更在于行为人实施抢夺行为时是否打算使用该凶器。如果行为人在主观犯意上持有能抢(夺)则抢,能劫则劫的心理态度而准备了相应的作案凶器并予以携带,则无疑应当认定为拟制型抢劫罪。如果行为人为了实施其他犯罪(如故意伤害、寻衅滋事、聚众斗殴等)而携带了凶器,因临时产生抢夺的犯意而实施了抢夺行为,如果行为人在实施抢夺时根本就没打算使用携带的凶器,甚至忘记了凶器的存在,也就谈不上对被害人的人身构成潜在的威胁;如果行为人在临时起意抢夺时,对携带的凶器有所依恃,或者临时起意抢夺时有使用凶器的打算,此时还是属于"为了实施犯罪",应当认定为拟制型抢劫罪。所以,行为人携带凶器的主观意图是可能发生变化的,在有变化的情况下,如何证明抢夺时对于凶器所持的心理态度显得尤为重要。同样地,如果此时行为人显示凶器,能为被害人所察觉的,仍然应该直接定普通抢劫罪。对于那些多次违法犯罪,或者实施流窜作案的行为人,他们为了犯罪经常携带凶器四处游荡,遇见有抢夺之机就"见机行事"的,即使目的不明确,也应当认定为"为了实施犯罪"而携带凶器。

【案124】李甲、李乙、李丙、李丁系四兄弟，一日李丁与人斗殴，便打电话要李甲、李乙、李丙速去帮忙，李甲、李乙、李丙闻讯后便手持棍棒驾车前去"参战"。当他们行至一银行门口时，见一女子从银行取钱出来，李甲从车窗里伸出手将该储户装钱的手提包抢走（内装人民币5 000元），迅速逃离。

对于本案，认定李甲的行为是构成抢夺罪还是抢劫罪，关键在于正确理解"为了实施犯罪"这一主观条件。如上所述，《刑法》第267条第2款规定的抢劫罪，行为人在主观犯意上一个很重要的特征就是抱有能抢（夺）则抢，能劫则劫的心理态度，基于这种犯罪意图，行为人准备了相应的作案凶器并予以携带。如果行为人是为了其他犯罪而携带凶器，但由于临时的抢夺犯意并实施了抢夺行为，一般不应视作携带凶器进行抢夺。将携带凶器进行抢夺的行为界定为抢劫罪，其根本的原因就在于行为人在实施犯罪之前对使用暴力非法占用他人财物也持一种不确定的心理态度，一旦在实施抢夺过程中遇到反抗，行为人很可能使用携带的凶器进行暴力劫取。不能因为规定了携带凶器抢夺的拟制型抢劫罪，就否定了原本的抢夺罪的存在，本案以定强抢夺罪为宜。

三、《刑法》第267条第2款、第263条及第269条的关系

以前，有些观点提出，要判定"携带凶器抢夺"还要考虑被害人实际受胁迫的程度。例如，假设行为人携带水果刀抢夺时，承认携带水果刀是为了在遭到被害人反抗时使用。但结果未遇到被害人的反抗，轻易得手，刀自然未加使用，此时的被害人因并不知行为人抢夺时还携带了水果刀，其精神上也未受到胁迫，不存在人身被强制的状态。也就是说，行为人携带了凶器，且实施了抢夺，但没有达到相当于抢劫罪的胁迫程度。从犯罪构成上说，这仍是一个纯正的抢夺，并不因其携带过凶器而成立抢劫罪。所以，认定该准抢劫罪的条件应包括：行为人使用或显示其所携带的凶器，并就此对被害人产生胁迫性。这与司法解释规定中认

定抢劫罪"持枪抢劫"是一样的，即"持枪抢劫"指行为人使用枪支或者向被害人显示持有、佩带的枪支进行抢劫的行为，❶ 言下之意是携带凶器抢夺也应该是向被害人显示持有、携带的凶器进行抢夺的行为。这种观点在最高人民法院 2005 年《审理抢劫、抢夺案件的意见》出台后已少有支持者，但该《意见》的规定是："行为人将随身携带凶器有意加以显示、能为被害人察觉到的，直接适用《刑法》第 263 条的规定定罪处罚。"这里直接定抢劫罪的前提是"有意加以显示、能为被害人察觉到"，对此如何理解也是有疑问的，是要二者皆备，还是只需其一呢？如果是无意中显露了凶器，为被害人察觉呢？所以，还需要分析"携带凶器"是否需要显示凶器、为被害人察觉到的问题。

1993 年 10 月 11 日最高人民法院在《关于执行〈中华人民共和国铁路法〉中刑事罚则的若干问题的解释的通知》中规定，在列车内，对旅客暴露或暗示携带凶器、索取财物的，以抢劫罪论处。该解释性规定强调行为人不仅仅是携带，而且必须是以不同形式显示出所携带的凶器，才能按照抢劫罪论处。根据该规定，对当时列车内的"携带凶器抢夺"行为应当理解为行为人为进行违法犯罪活动，而故意携带具有杀伤性的器具，在抢夺财物时暴露或者暗示其携带有该器械，虽然没有明确发出暴力威胁，但是已为被害人感知，实际上足以对被害人起到胁迫作用的，以抢劫罪论处。该规定所针对的列车内的携带凶器抢夺情形，依然符合普通抢劫罪客观方面的暴力胁迫性条件，并无扩大解释之虞。但在 1997 年《刑法》专门规定"携带凶器抢夺"的拟制型抢劫犯罪后，认识应该有所不同。

对此，有的学者认为，携带凶器应具有随时可能使用或者当场能够及时使用的特点，即具有随时使用的可能性。❷ 也就是说，只要行为人一旦遇到反抗，就可以迅速使用凶器。因此，不要求行为人显示凶器（将凶器暴露在身体外部），也不要求行为人向被害人暗示自己携带着凶器。因为从用语来看，携带（物品）一词并不具有显示、暗示物品的含义、

---

❶ 廖忠东："携带凶器抢夺的定罪研究"，载中国法院网，2005 年 2 月 4 日访问。

❷ 张明楷：《刑法分则的解释原理》，中国人民大学出版社 2004 年版，第 270 页。

从构成要件符合性方面来看，显示或者暗示自己携带凶器进行抢夺的行为，本身可能符合普通抢劫罪的构成要件；从实质上看，这种行为比当场扬言以进行暴力威胁的抢劫行为，有过之而不及。再者，抢夺行为大多表现为乘人不备而夺取财物，既然是"乘人不备"，通常也就没有显示或者暗示凶器的现象。基于同样的理由，更不要求行为人使用所携带的凶器。如果行为人使用所携带的凶器强取他人财物，则应直接适用《刑法》第 263 条的规定。行为人在携带凶器而又没有使用凶器的情况下抢夺他人财物的，才应适用《刑法》第 267 条第 2 款的规定。所谓没有使用凶器，既包括没有针对被害人使用凶器实施暴力；也包括没有使用凶器进行胁迫。如果行为人携带凶器并直接针对财物使用凶器进而抢夺的，则仍应适用《刑法》第 267 条第 2 款。例如，行为人携带管制刀具尾随他人，突然使用管制刀具将他人背着的背包带划断，取得他人背包及其中财物的，应适用《刑法》第 267 条第 2 款，而不能直接适用《刑法》第 263 条的规定。❶

笔者基本赞同上述观点，但进一步的问题是，携带与使用如何区别，如手上拿着刀一言不发抢东西算携带凶器还是使用凶器？与此相联系，最高人民法院《审理抢劫、抢夺案件的意见》规定"行为人将随身携带凶器有意加以显示、能为被害人察觉到的，直接适用《刑法》第二百六十三条的规定定罪处罚"，在这里，区别适用《刑法》第 263 条和第 267 条第 2 款还有一个"能为被害人察觉到的"问题。笔者认为，《刑法》第 267 条第 2 款的规定是基于行为人的主观恶性以及其潜在威胁的考虑，而不是针对被害人心理上的强制。而要直接适用《刑法》第 263 条，除了行为人显示凶器外，还必须"能为被害人察觉到"，否则仍然只能适用拟制型抢劫。因为其客观方面缺乏普通抢劫罪的相当性。实际上，在一般情况下，行为人在实施抢夺犯罪的过程中（从跟踪、预备到实施抢夺），将其随身携带的凶器故意外露，就是希望给被害人造成心理上的强制，使被害人迫于凶器的胁迫而不敢反抗，以达到非法占有财物的目的，这时被害人往往也是能够察觉到的。这种情况就符合《刑法》第 263 条所规定的抢劫罪的客观要件。如果只要行为人显示凶器，就直接适用《刑

---

❶ 张明楷：《刑法学（第四版）》，法律出版社 2011 年版，第 867~868 页。

法》第263条，不需要考察被害人的感受，那上述最高人民法院的意见就根本不必要求"能为被害人察觉到的"，所以，应该整体地把握上述条件，不能不考虑"能为被害人察觉到"。或者说该规定要求显示凶器达到"能为被害人察觉到的"程度，才能适用《刑法》第263条。如果行为人携带凶器抢夺时无意间（过失）暴露了凶器，被害人也察觉到了，但行为人继续完成抢夺行为，则构成普通抢劫罪；如果行为人发现自己无意间露出了凶器而及时终止了犯罪，那就不能适用《刑法》第263条。虽然行为人有意显示凶器，但在特定条件下，确有证据证明被害人根本没有察觉到的，还是以定拟制型抢劫为宜。在现实生活中由于抢夺行为往往发生较快，行为人显示的凶器不能为被害人察觉到的情况是存在的，只不过，对此应该严格加以证明。这也是区别拟制型抢劫和普通抢劫罪的重要环节。而不能认为，只要行为人显示一下凶器，就推定被害人一定察觉到了，这或许也是拟制型抢劫的"魅力"所在。

至于有人把"携带凶器抢夺"与最高人民法院2000年《审理抢劫案件的解释》关于"持枪抢劫"的规定相比较，笔者认为，二者不可等同理解，持枪抢劫是抢劫罪的加重犯，对构成要件的要求当然更高，其要求行为人使用枪支或者向被害人显示持有、佩带的枪支是不难理解的。

另外，携带凶器抢夺者还可能发生为窝藏赃物、抗拒抓捕或者毁灭罪证，而当场使用凶器或者以凶器相威胁的情况，对此，2005年《审理抢劫、抢夺案件的意见》规定，适用《刑法》第267条第2款的规定定罪处罚。对这个问题，学界也是有争论的。有的学者提出，这种情况属于两种转化犯的竞合问题。但不同于法条竞合，也不是想象的竞合犯。因为法条竞合中的诸种事实特征归根结底是一罪而非数罪，只与一个法条规定的犯罪构成全部相符，就是说它所触犯的数个法条，只有其中一个法条才是对法条竞合最全面、最准确的法律评价。想象的竞合犯则与之不同，除了行为仅有一个外，其他诸种事实特征分别与其所触犯的数法条中规定的犯罪构成相符合，就是说用它所触犯的数法条中哪个法条对其进行法律评价都可以。转化竞合有所不同，它是一个基础行为、两个转化条件的竞合。这时因为两个转化条件都指向一个罪名，即抢劫罪，因此以抢劫罪定罪是确定无疑的。关键是这种转化应采用哪一种转化条件，可以参照想象竞合犯"从一重处罚"的处罚原则，以重转化条件吸收轻转化条件，采用两个转化条件中相对情节较重的条件进行转化，将另一转化条件作为量刑情节，在将较重转化条件与基础行为结合评价的基础上，确定其应处的量刑幅度，并在此量刑幅度内予以从重处罚。❶ 在2005年最高人民法院的解释对这种情况作具体规定后，还是有不同看法。如有学者坚持上述解释性规定，认为携带凶器抢夺，为窝藏赃物、抗拒抓捕或者毁灭罪证而当场使用凶器的，直接适用《刑法》第267条第2款，在此过程中，杀伤被害人的，属于使用携带的凶器的情形，不再单独定故意杀人、故意伤害罪。携带性质上的凶器准备抢夺，在预备阶段被停止下来或者抢夺未遂的，分别构成抢劫罪预备和未遂。❷ 但也有学者认为，携带凶器抢夺，为窝藏赃物、抗拒抓捕或者毁灭罪证，而当场使用凶器致人重伤、死亡的，既可能仅评价为一个加重的事后抢劫（携带凶器抢夺也可以仅评价为抢夺），也可能评价为抢劫罪（携带凶器抢夺的普通抢劫）与故意杀人罪或故意伤害罪。一般来说，对此宜评价为数罪实行并罚；但是，如果评价为一个加重的事后抢劫处罚更重的，则应评价为一个事后抢劫。❸ 这后一种观点与上述意见的规定显然不同。

笔者认为，对于以上两种拟制同时存在的情形，正确适用《刑法》，必须是基于对整个事实的全面评价，不可将它们分割开来予以评判，即应该在对全部事实进行综合评价后，再行适用拟制的规定。所以，在这两种拟制都存在的情况下，问题的关键在于如何评价更能全面反映案件的主客观事实，与把前面携带凶器抢夺拟制为抢劫（前拟制）相比，后行拟制（事后抢劫）更具合理性，因为它把整个案件事实进行了评价，而不是前拟制只把后面为抗拒抓捕实施的暴力行为作为量刑情节酌情考

---

❶ 龚培华：“侵犯财产罪及其认定（下）”，载《犯罪研究》2002年第4期。
❷ 周光权：《刑法各论》，中国人民大学出版社2011年版，第95页。
❸ 张明楷：《刑法学（第四版）》，法律出版社2011年版，第868页。

虑。而且，在法理上，事后抢劫更典型，更能被接受，❶所以也具有"优先适用性"。还有一点，如果后面实施暴力抗拒抓捕的行为致人重伤、死亡的，更应该适用该条，依据《刑法》第269条以及第263条，定抢劫致人重伤、死亡的结果加重犯，这样也把前面的问题一并解决了。此时，如果把前面的行为拟制为抢劫，后面再定一个故意杀人或故意伤害，实现数罪并罚，这就把本是为图财实施了暴力的连贯行为割裂为数罪，有人为复杂化之嫌。相反，将这种情形理解为一种复杂的抢劫加重犯在法理上说得过去。

【案125】犯罪嫌疑人陈某于2000年8月23日晚21时许携带多用途小刀（已缴获）在上海浦兴路近博兴路处，见被害人沈某单身路经此地，遂起歹念，乘被害人沈某不备抢得手提塑料袋一只（内有人民币80余元及公交预售票等物）逃跑，嗣后被害人沈某大声呼叫，恰遇包某、曹某（浦东公安分局民警）、仲某（上海市少教所干部）等人路过进行追捕，犯罪嫌疑人陈某见状即用携带的多用途小刀向追捕人员刺击，当犯罪嫌疑人陈某被追捕人员围堵后又将刀顶在自己的腹部，后公安民警在过路群众的帮助下将其抓获。❷

对本案犯罪嫌疑人陈某的行为是适用《刑法》第267条第2款的规定，还是《刑法》第269条的规定颇有争议。本案的基本事实是：行为人既携带多用途小刀抢夺，后又为抗拒抓捕而当场实施了暴力和以暴力相威胁的行为。如何适用刑法的规定，笔者认为要区分两种情况：其一，如果嫌疑人虽携带多用途小刀，但结合案件具体情节，不符合"携带凶

---

❶ 国外立法只承认事后抢劫罪（我国一些观点所称的转化抢劫罪）。如大陆法系立法多在普通抢劫罪之后另设条文规定事后抢劫罪。如德国《刑法》第252条、日本《刑法》第238条、韩国《刑法》第335条、中国台湾地区《刑法》第329条等。加拿大《刑法》第343条规定：实施下列行为者为强盗罪：（1）盗窃并以强行取得为目的，或使用暴力，或以使用暴力相威胁，阻止某人对其盗窃的抵抗；（2）从任何人那里盗窃，并且在盗窃时或者在盗窃前后伤害攻击或用任何人身攻击强迫那些人；（3）带有从某人处盗窃的目的攻击该人；（4）用犯罪武器或模型恐吓人们而偷窃。

❷ 龚培华："侵犯财产罪及其认定（下）"，载《犯罪研究》2002年第4期。

器抢夺"拟制为抢劫的规定（如不是为了实施犯罪而携带），那么，对其直接适用《刑法》第269条定抢劫罪没有疑问。其二，如果嫌疑人携带多用途小刀实施抢夺，符合"携带凶器抢夺"拟制为抢劫的条件，那其抢夺行为可以构成抢劫罪，后又以所持凶器抗拒抓捕，无疑进一步加大了其社会危害性，但《刑法》第269条拟制抢劫的条件，是以前行为为盗窃、诈骗、抢夺为条件的，如果以已拟制为抢劫的犯罪（适用《刑法》第267条第2款）作为后面的事后抢劫的拟制条件，似乎不完全符合规定。但如果认为适用拟制是对整个案件的定罪处理，那也就是在对全案评价之前，嫌疑人的前行为还是抢夺，如此一来，后拟制（适用《刑法》第269条）并不违背规定。理论上如前所述，对本案应适用《刑法》第269条之规定，以抢劫罪定罪处罚。

由携带凶器抢夺定抢劫罪引发的立法思考。在《刑法》第267条第2款规定之后，就有观点主张"废除说"，认为，携带凶器抢夺之"携带"的含义并不确定，建议立法机关取消第267条第2款的规定。❶ 有的观点指出这一规定的不当性的主要理由是：抢夺罪与抢劫罪的根本区别在于手段的不同，而不在于条件的不同。携带凶器抢夺，只要行为人没有使用凶器实施暴力、胁迫等强制人身行为，就与一般的抢夺没有什么本质的区别；《刑法》第263条对抢劫罪的规定已经包含了"携带凶器抢夺"的内容；这一规定违背了犯罪构成理论的要求，不符合主客观相统一原则，带有类推制度的影子，所使用的核心概念如"携带""凶器"含义模糊，与盗窃、诈骗行为转化为抢劫罪的前提条件不统———既然携带凶器抢夺的行为可以转化为抢劫罪，那么携带凶器进行诈骗、盗窃的为什么不能转化为抢劫罪呢？❷ 另有一些观点主张"修正说"，从"携带"的字面含义进行分析，认为"携带"至少包含了两层含义，即明示地持有（如拿在手上）和暗藏着（未显露明示或暗示，亦未使用）。因暗藏凶器不为被害人所感知，因而对其不会产生胁迫等精神强制效果，在实质上不具备典型抢劫罪的构成要件，若符合抢夺罪的犯罪构成，则以抢夺罪定罪处罚。现行刑法将暗藏凶器抢夺的行为以抢劫罪定罪处罚，是加重

---

❶ 刘明祥：《财产罪比较研究》，中国政法大学出版社2001年版，第138页。
❷ 辛科："论推定的抢劫罪及其废除"，载《政法论坛》2000年第3期。

了行为人的刑事责任，故建议将《刑法》第267条第2款修改为："携带并明示或暗示凶器进行抢夺的，依照本法第二百六十三条的规定定罪处罚。"

以上废除说或者修正说确有一定道理，与前文的论述也有一致的地方，正是因此，在司法实践中暴露出这方面的问题后，最高人民法院遂针对该条款进行了相关解释，对携带凶器和携带凶器抢夺进行了适当限制。

不仅如此，由于刑法规定了"携带凶器抢夺"被拟制为抢劫罪，那么自然就引申出"携带凶器"盗窃、诈骗的行为是否可能拟制为抢劫罪这个问题。以前就有学者认为，"携带凶器"盗窃、诈骗的行为也可转化为抢劫罪。以盗窃为例，根据拟制的"相当性原则"，暴力威胁手段与其他强制手段本身所起作用相同，盗窃和抢夺的性质相近，国外一些国家的立法一般甚至把抢夺作为盗窃罪的表现形式。❶ 此外，在司法实践中，行为人在盗窃，尤其是在入室盗窃时携带器具（包括作案工具）的情形并不少见，这类行为的危害程度比起"携带凶器抢夺"行为其危害不相上下，如携带凶器抢夺的野蛮性并不见得就重于携带凶器入室盗窃的危险性；携带凶器当众扒窃的危害也不见得轻于携带凶器在僻静之处抢夺的危害。

如今，立法显然没有接受以上"废除说"的理由，也没有将这种拟制扩展到盗窃诈骗犯罪，但出现了扩大使用"携带凶器"的做法，即2011年的《刑法修正案（八）》再次规定了严惩"携带凶器盗窃"的行为，将"携带凶器盗窃"作为构成盗窃罪的客观要件之一。该规定改变了传统意义上对盗窃罪中唯数额论罪的要求，原因在于携带凶器盗窃行为本身的潜在危险性，这种行为随时有可能转化为对他人人身权利的侵害。从这一立法目的来看，携带凶器盗窃与携带凶器抢夺并无太大差别。本着刑法体系性解释原则，对这两个条文中的"携带凶器"应作同一性认识。

在现行立法状况下，笔者主张，在认定该种拟制型抢劫时司法应该坚持严格解释的立场，而不是一旦抢夺时"携带了凶器"就定抢劫罪。

---

❶ 郭泽强："我国刑法中的抢夺罪之合理性追问"，载《国家检察官学院学报》2002年第2期。

在认定这类拟制型抢劫时，仍然应当根据主客观相统一原则，紧紧把握抢劫罪的实质，即不论何种手段的使用，都必须考虑对被害人的暴力胁迫下程度，强调行为人携带凶器的主观意图。如果行为人并不是欲使身上携带的器具或者工具成为凶器，一般不宜把携带凶器抢夺的行为认定为抢劫罪。而按照法律解释的一般原理，理解携带凶器盗窃也应该秉持以上理念。目前，能够参照的只有《刑法》第267条第2款对"携带凶器抢夺"的规定，该条的相关解释理当对认定"携带凶器盗窃"具有借鉴意义，如凶器也可以划分为两类，一是枪支、爆炸物、管制刀具等国家禁止个人携带的器械，二是行为人为了实施犯罪而携带其他器械，但与抢夺不同的是，行为人为了盗窃方便而携带的一般作案工具，如偷割电缆用的刀具等，是否能理解为"凶器"就成问题；还有，行为人明示携带的为准备拆卸机器零部件的钳子、扳子等一般作案工具能否属于"携带凶器盗窃"？有观点认为，向财物的所有人、保管人等明示的凶器应当限于国家管制性刀具、枪支、爆炸物等，不包括一般作案工具。但如果行为人携带一般作案工具并口头进行威胁的，可认定为"携带凶器盗窃"。[1] 笔者认为，由于不同犯罪自身的特性和在实践中的表现形式不同，立法扩大"携带凶器"的使用范围，就势必给司法适用带来困惑。但归根到底，对于这种拟制型犯罪，还是要立足此罪与彼罪的本质特征看问题，严格区别适用，坚守主客观相结合原则，固然不能因为绝大多数作案工具都具有一定的杀伤力进而认定为"凶器"，但也不可刻意限制盗窃行为人携带的"凶器"的范围。对行为人有意显示或者暴露凶器（如在衣服外边背着砍刀）实施盗窃的行为，同样不得轻易认定为抢劫罪。

四、聚众"打砸抢"定抢劫罪的问题

《刑法》第289条的规定："聚众'打砸抢'，致人伤残、死亡的，依

---

[1] 关振海："如何理解和证明'携带凶器盗窃'"，载《检察日报》2011年5月25日。

照本法第二百三十四条、第二百三十二条的规定定罪处罚。毁坏或者抢走公私财物的，除判令退赔外，对首要分子，依照本法第二百六十三条的规定定罪处罚。"该规定也被认为是法律拟制的立法实例。如前所述，刑法中的拟制既要从刑法法益保护的目的处罚，也要考虑刑法的人权保障机能。不当的拟制有可能沦落成为某种政策性工具。该规定的后段将聚众"打砸抢"过程中"毁坏或者抢走公私财物"但不具有非法占有目的的行为，依照抢劫罪定罪处罚，便属于一种法律的拟制，加重了刑法的处罚力度。有的学者认为，虽然该种规定可能出于某种维护社会治安的考虑，但是其必要性、合理性依旧值得深思，该条文的规定不仅与罪刑法定中语言的明确性要求相违背，例如，何谓"打砸抢"其含义就不甚确定，更难以说符合责任主义的要求。拟制在本质上是一种不可反驳的错误，这种不可反驳决定了在刑事司法上的证明责任、证明标准与传统理论存在差异。拟制与推定一样其实都存在"抵消定罪障碍对控方带来的消极影响，缓和了控方的证明困难"❶所带来的入罪风险，根据《刑法》第289条后段规定的"毁坏或者抢走公私财物的，除判令退赔外，对首要分子，依照本法第二百六十三条的规定定罪处罚"，就有可能把不具备非法占有目的与侵害人身权益的行为认定为抢劫。与其认为刑事立法此时是将该聚众"打砸抢"的行为拟制为抢劫，不如认为是将该主观方面拟制为具有非法占有的目的、在客观行为上也存在人身侵害之虞，而降低了司法上对该行为主客观方面是否存在抢劫罪所要求的非法占有目的、人身强制的证明责任和标准。这种拟制的后果不仅缓和了公诉方在证明责任和标准上的困难，也同时加重了行为人的刑事责任。这种批评不无道理。因此，对该规定，笔者依然主张，坚持从严解释的规则，具体说来，适用《刑法》第289条要注意以下问题。

1. 聚众"打砸抢"定抢劫罪的犯罪主体

所谓聚众，一般是指在首要分子的组织、策划、指挥下，聚集特定或者不特定的多人同时同地参加的违法犯罪活动。❷值得注意的是，依照《刑法》第289条准用抢劫罪的犯罪主体是聚众犯罪中的首要分子，

---

❶ 赵俊甫：《刑事推定论》，知识产权出版社2009年版，第132页。
❷ 张正新、金泽刚："论我国刑法中的聚众犯罪"，载《法商研究》1997年第5期。

该规定有别于我国《刑法》对其他一些聚众犯罪的规定。❶ 对于一般的聚众犯罪，如聚众扰乱社会秩序罪、聚众冲击国家机关罪、聚众斗殴罪等，不仅首要分子要承担刑事责任，而且"其他积极参加的"也要承担刑事责任。这样一来，《刑法》第289条的规定可能造成追究行为人刑事责任的困扰。按照《刑法》总则对共同犯罪追究刑事责任的原则规定，在聚众性共同犯罪中，首要分子对共同犯罪的所有后果承担刑事责任是理所当然的，但是在聚众"打砸抢"犯罪中，有的行为人如果在首要分子组织、策划和指挥之下参与了犯罪，并造成了受害人死亡、重伤等后果时，行为人是否应承担刑事责任？笔者以为，在这种情况下，行为人也应承担相应的刑事责任。因为行为人虽然是在首要分子的组织、策划和指挥之下实施的犯罪，但所有犯罪行为都是在行为人的意志支配下实施的，因此，在聚众"打砸抢"犯罪中，行为人的行为如果构成了犯罪的话，其理应承担刑事责任，不过，由于不是首要分子，就只能依据《刑法》承担故意杀人或者故意伤害等相应的刑事责任。这也是刑法中罪责自负的要义所在。要注意的是，不能因为有的行为人实施了犯罪行为，为了追责而牵强地将其纳入"首要分子"之中。非首要分子趁"打砸抢"之机犯罪的，对其治罪时，适用的法条也就不是《刑法》第289条了。对于非首要分子积极参与"打砸抢"而构成的犯罪，首要分子应该承担全部责任，但与"打砸抢"无关紧要的犯罪，则不需承担，如有人趁乱盗窃，就不由首要分子负责。当然，聚众犯罪也是特殊形式的共同犯罪，首要分子可以由二人以上构成，本身也可以根据作用大小区分主次。

确定本条规定下的犯罪主体，还有行为人承担刑事责任的年龄问题。由于第289条是一个完全的准用性条款，其本身并不构成独立的罪名。因此构成该条规定的犯罪之主体应依照被准用条款对犯罪主体要件的规定。《刑法》第289条被准用的条款系指故意伤害罪、故意杀人罪和抢劫罪，都是以14周岁作为承担刑事责任年龄的标准。故而适用该条定罪处罚时犯罪主体承担刑事责任的年龄应为14周岁。

------

❶ 类似规定只是极少数，如《刑法》第291条规定的聚众扰乱公共场所秩序、交通秩序罪等。

2. 聚众"打砸抢"行为的内部关系以及定抢劫罪时与其他犯罪的关系

所谓"打",就是对被害人进行人身伤害,在聚众"打砸抢"犯罪中,对被害人进行的伤害可以是不构成轻伤的轻微伤,也可以是构成犯罪的轻伤或重伤。如果对被害人造成了轻伤、重伤或者死亡的,依法应以故意伤害罪、故意杀人罪定罪处罚。所谓"砸",就是故意毁坏公私财物的行为,但这种"砸"与故意损害公私财物罪中的"砸"应有所区别,在后者中,行为人毁坏财物通常都有一定的目的性和针对性,但聚众"打砸抢"的"砸"通常是一种事前无预谋的随意性行为。对于"抢",在理解上分歧较大,有学者认为这里的"抢"指的就是抢夺,如果包括抢劫的话,立法中就没有必要在此作出这种规定。笔者认为,本条款中的"抢"只能是抢劫,因为在聚众"打砸抢"的犯罪过程中,"打砸抢"是三个紧密联系的不可分割的行为整体。"打"的过程伴随着对被害人财物的侵犯,"抢"则是依托"打"而实施的,"抢"的过程也就是在"打"和"砸"实施时对被害人财物的劫取的过程。不能将侵犯人身权的行为与侵犯财产权的行为分隔开来,孤立地予以对待。

同时,在聚众"打砸抢"行为定抢劫罪时,客观危害性为是毁坏或抢走公私财物的行为。这也是该条规定不同于普通抢劫罪、显得比较有特色的地方。只要行为人实施了聚众"打砸抢"的行为,即便只是造成了公私财物使用效能上的毁损,也可构成抢劫罪,而不必要求行为人抢走公私财物。

另外,适用《刑法》第289条时还有一个问题就是:行为人在对被害人实施"打"的伤害行为(包括致人死亡)的同时也造成被害人财物损坏或者抢走被害人财物的,应定一罪还是数罪。有这样的案例:张某和刘某系某大型国有企业的下岗工人,由于企业破产倒闭,因对相关的善后政策不满,2003年春节前二人便组织同企业的近百名工人在当地政府大楼前的大街上举行游行,一些社会闲杂人员也参与其中。后发生骚乱,张某和李某还鼓动其他参与游行的人对沿街的商铺进行"打砸抢",在实施犯罪过程中李某还将一商铺的老板打成重伤。对本案张某和刘某如何定罪存在争议,主要是是否适用数罪的问题。

在我国刑法中,不存在独立的聚众"打砸抢"罪名,行为人在聚众

"打砸抢"过程中实施的行为都是准用《刑法》的其他规定。但《刑法》将这种行为以一个条款予以明示，那么这个条款中所具备的犯罪在罪名的确定上是否可以认定为选择性的呢？如果是选择性罪名，则本案中，张某和刘某的行为只能以一罪进行评价，反之则应定数罪。笔者认为，对《刑法》第289条的规定在罪名不应视做选择性的。首先，《刑法》第289条并不构成一种单独的罪名，其在司法运用中都是准用《刑法》的其他规定，既然本身没有单独的罪名，也就无所谓选择一说。其次，《刑法》之所以规定了选择性的罪名，其根本的原因在于犯罪构成的具体内容复杂，反映出犯罪行为的多种选择性。我国《刑法》所规定的选择性罪名，在构成要件上，要么存在同质性（如对对象的选择），要么存在牵连性（如对行为的选择），要么兼而有之。而《刑法》第289条中确定的犯罪可以构成故意伤害罪、故意杀人罪、抢劫罪。三者之间不具备选择性罪名条款所要求的犯罪客观要件上的条件。再次，要全面完整地理解《刑法》第289条的规定。该条明确规定，聚众"打砸抢"，致人伤残、死亡的，依照《刑法》第234条、第232条的规定定罪处罚。毁坏或者抢走公私财物的，除判令退赔外，对首要分子，依照《刑法》第263条的规定定罪处罚。其前后两段分别规定了适用不同条文和罪名，而不是依据某个条文进行定罪处罚。这一点与以杀人的手段抢劫财物定抢劫罪一罪是有明显区别的。这里也许有人认为，"打"可以被抢劫罪的暴力所包容吸收，而实则不然，"打砸抢"是由一系列行为所构成，仅有一个杀害行为并毁坏、抢走他人财物的，可能就直接定抢劫罪，而不该适用《刑法》第289条了。本案张某和李某在鼓动多人"打砸抢"过程中，自己也实施了故意伤害行为，对张某和刘某的行为应定故意伤害罪和抢劫罪，予以数罪并罚。同样，如果是其他积极参加者实施了故意伤害行为，如前所述，对该实施者应依据《刑法》第234条追究刑事责任，而对张某和刘某则要依据《刑法》第289条、第234条和第263条一并追究刑事责任。最后，《刑法》第289条所规定的抢劫或者毁坏财物的行为是否有数额上的限制。换言之，依照289条构成准抢劫罪是否要求行为人实施的抢劫或故意毁坏财物构成犯罪。笔者以为，对于289条规定的准抢劫罪，被准用的对被害人财物进行的"砸"和"抢"在金额上不应有所限制。《刑法》第289条的规定是一种适用法条的提示性条款，该条款的本身并没有规定法定性,而且在立法过程中也没有一个独立的罪名,以至于有学者认为,本条款在《刑法》中有无必要,大有商榷。❶ 这样的一个完全的准用《刑法》其他规定的条款,其对犯罪构成要件应当完全适用被准用之罪的犯罪构成要件。在这一点上,本条规定的准用型抢劫罪与《刑法》第 267 条第 2 款和第 269 条转化型抢劫罪之间在犯罪构成要件上有本质的区别:本条规定的准用型抢劫罪在犯罪构成要件上是标准的,而其他的几个条款在犯罪构成要件上是修正性的。因此,既然第 263 条规定的抢劫罪中对犯罪的金额没有限制,那么《刑法》第 289 条对先前的"砸"和"抢"的行为构成犯罪也不应要求数额的大小。

五、拟制型抢劫与抢劫加重犯

(一) 问题的提出

在前文论述抢劫加重犯时,没有专门论及抢劫加重犯是否存在拟制形态,该问题放在这一部分探讨。

如前所述,我国《刑法》第 269 条、第 267 条第 2 款以及第 289 条后段规定了几类转化型的抢劫罪,但都是就其转化为抢劫基本罪而言,现在的问题是:抢劫罪的转化犯或者拟制形态是否可表现为《刑法》第 263 条规定的加重犯形态? 对这个问题,一些持否定的观点认为:《刑法》规定的转化型抢劫,是行为人在实施犯罪过程中由于主客观方面的变化,导致突破原犯罪构成转而符合新的犯罪构成,依照《刑法》明文规定以转化后的犯罪定罪处罚的情形。❷ 其中"依《刑法》明文规定"是不可或缺的条件,也就是所谓的"法律拟制"。例如,《刑法》第 267 条"携带凶器抢夺的以抢劫罪论处",就是法律拟制一例,原本只是符合抢夺罪的构成要件,但是由于其携带凶器的行为随时可能危及被害人生命,立法者出于加强打击此类行为的意图,将其拟制为抢劫罪。这种拟制仅以《刑法》明文规定为限,不能推而广之将携带凶器诈骗、携带凶器盗窃等

---

❶ 陈兴良主编:《刑法疏议》,中国人民公安大学出版社 1997 年版,第 469 页。
❷ 陈兴良:《刑法适用总论(上)》,法律出版社 1999 年版,第 664 页。

行为也拟制为抢劫罪。❶ 所以，法律拟制决定了《刑法》第 269 条所规定的转化型抢劫只是针对盗窃、诈骗、抢夺转化为抢劫罪基本犯的情形，按照严格的罪刑法定原则，抢劫罪的 8 种法定加重犯（或者称为加重情节）只能在一般抢劫中适用，而不能适用于转化型抢劫的情形。

另有一些观点坚持肯定论，主要理由是一般转化型抢劫也是抢劫性质，不应该因为是转化而来就否定其加重犯形态。如有人指出，入户抢劫不仅限于入户前就有抢劫的目的，还应包括入户前虽无抢劫的意图但有盗窃、诈骗、抢夺他人财物的目的，入户后实施被发现，行为人为窝藏赃物、抗拒抓捕或者毁灭罪证而当场使用暴力或者以暴力相威胁的，如果暴力或者暴力胁迫行为发生在户内所发生的转化型抢劫情形。❷ 2000年最高人民法院《审理抢劫案件的解释》第 1 条第 2 款规定："对于入户盗窃，因被发现而当场使用暴力或者以暴力相威胁的行为，应当认定为入户抢劫。"此后，2005 年最高人民法院《审理抢劫、抢夺案件的意见》之一"关于'入户抢劫'的认定"规定："入户实施盗窃被发现，行为人为窝藏赃物、抗拒抓捕或者毁灭罪证而当场使用暴力或者以暴力相威胁的，如果暴力或者暴力胁迫行为发生在户内，可以认定为'入户抢劫'；如果发生在户外，不能认定为'入户抢劫'。"后者强调了前者没有的"为窝藏赃物、抗拒抓捕或者毁灭罪证而当场使用暴力或者以暴力相威胁"，最高人民法院的规定为实践中处理这类案件提供了法律准绳，也成为肯定论的重要法律依据。但仍有学者对上述规范性文件的规定提出了反对意见，一些案例也反映出适用上述规定存在的问题。笔者基本赞同肯定说，下面主要以比较常见的"入户抢劫"和"在公共交通工具上抢劫"这两种加重犯情形，进一步探讨转化形态的抢劫加重犯问题。

（二）拟制型抢劫与入户抢劫的加重犯

对于入户盗窃后是否能转化为入户抢劫的问题，不妨先看看否定论

---

❶ 张明楷：《刑法分则的解释原理》，中国人民大学出版社 2004 年版，第 247~261 页。

❷ 周振想、林维："抢劫罪特别类型研究"，载《人民检察》1999 年第 1 期；逄锦温："抢劫罪司法认定中若干问题的探讨"，载《法学评论》2002 年第 1 期；王作富主编：《刑法分则实务研究（中）》，中国方正出版社 2007 年版，第 1081~1082 页。

的诸多认识。

在否定论中,有的提出如下理由:(1)与盗窃罪相比较,导致刑期相差悬殊,罪刑不相适应。依据《刑法》第264条规定,入户盗窃"数额较大"的,处三年以下有期徒刑、拘役或者管制,并处或者单处罚金;若转化为抢劫,则应判处3年以上10年以下有期徒刑,并处罚金;若按"入户抢劫"处理,则处10年以上有期徒刑、无期徒刑或者死刑,并处罚金或者没收财产。将入户盗窃转化为"入户抢劫",量刑幅度由3年以下有期徒刑、拘役或者管制提高为10年以上有期徒刑、无期徒刑甚至死刑,刑期相差过于悬殊,严重失衡。(2)背离立法本意。《刑法》第263条之所以将"入户抢劫"列为加重处罚的情形之一,是因为这类抢劫犯罪较之一般的抢劫犯罪更具危险性,对人们的生命财产安全威胁更大。最高人民法院2000年《审理抢劫案件的解释》第1条第1款对"入户抢劫"的定义,将"入户抢劫"的主观目的仅限定在"为实施抢劫行为"而入户。2005年《审理抢劫、抢夺案件的意见》中规定:行为人不以实施抢劫等犯罪为目的进入他人住所,而是在户内临时起意实施抢劫的,不属于"入户抢劫",将"临时起意的户内抢劫"排除在"入户抢劫"之外。相比较而言,"入户盗窃转化抢劫"的主观恶性和社会危险性要比"在户内抢劫"小得多,更不应属于"入户抢劫"。(3)不符合国际刑事政策的发展潮流。从发展趋势看,国际刑事政策正日趋轻缓,为配合惩治严重刑事犯罪、维护社会稳定的需要,有必要针对"入户抢劫"等严重危害社会的刑事犯罪制定严厉的刑法规定,但在具体适用时必须注意严格掌握标准,宜松不宜紧、宜宽不宜严,防止打击面扩大。❶(4)入户抢劫是将被判处10年有期徒刑以上严重刑罚的情节,应对其作出限定性解释。限定之一就是对"入"的限制解释,也就是入户抢劫指行为人一开始就以暴力劫取为目的,采用暴力或其他方式公然闯入他人家中,破坏民众生活居住的最后庇护所,带来严重的恐慌,造成安定社会生活秩序的严重破坏。这正是其值得列入抢劫罪加重情节、判处严厉刑罚的原因之一。如果行为人起初只是以盗窃为目的,采取秘密的方式悄然潜

---

❶ 常胜敏:"'入户盗窃转化抢劫'不宜认定为'入户抢劫'",载《检察日报》2006年11月21日。

入他人家中,这就缺少了"公然闯入"的严重危害性,对民众对社会造成的危害也无法与前述相比拟。至于在里面被发现后施加暴力或以暴力相威胁,这个作为抢劫罪的一般情节处罚,考虑到在户内施加暴力,在量刑上酌情从重考虑足矣。

有的反对者除了强调与盗窃罪法定刑的比较外,还补充了另外一些理由:(1)入户盗窃后转化为抢劫毕竟不同于典型的"入户抢劫",前者是在入户盗窃中或者得手后为抗拒抓捕、窝藏赃物等临时起意实施暴力或以暴力相威胁,后者是有预谋地直接运用暴力、威胁等手段劫财,二者相比,前者的作案动机和主观恶性相对要轻得多。《刑法》第263条第(1)项规定的"入户抢劫",主要是指那些为实施抢劫行为而进入他人生活的与外界相对隔离的住所,即入户与抢劫必须存在牵连关系,也就是通过入户这一手段达成抢劫的目的,说明入户的非法性和更为严重的社会危害性。(2)我国《刑法》只将"入户抢劫"规定为抢劫罪加重处罚的情节,而没有将"入户盗窃"直接规定为犯罪,更没有将"入户盗窃"规定为盗窃犯罪加重处罚的情节。对于"入户盗窃"被发现后使用暴力或者以暴力相威胁,依照《刑法》第269条规定,以抢劫罪定罪处罚已经体现了立法从重处罚的精神,再按"入户抢劫"论处,就未免偏重了。❶

对于这个问题,还有观点主张分两种情形分别讨论。

第一种情形是,对于行为人"入户"实施盗窃、诈骗、抢夺他人财物,尚未构成犯罪,为窝藏赃物、抗拒抓捕或者毁灭罪证当场实施轻微暴力或者以暴力相威胁,既未劫得财物,也未导致他人伤害后果的,不宜定为入户抢劫。理由有二,一是这种行为符合转化型抢劫的特征,其社会危害性与普通抢劫罪相当,可处以10年以下有期徒刑,甚至免于刑事处罚。"入户抢劫"系抢劫罪的情节加重情形,只有在行为已构成抢劫罪的基础上又具备法定加重处罚的情节,才能适用。对于行为人"入户"实施转化抢劫的行为,未劫得财物,也未导致他人伤害后果的,认定为"入户抢劫",适用加重处罚条款判处10年以上刑罚,量刑畸重,违反了

---

❶ 王汉洲:"是'入户抢劫'还是'一般抢劫'",载河南法院网,2003年7月4日访问。

罪刑相适应的基本原则。二是对这种情形认定"入户抢劫"违反了"禁止重复评价"的原则。如果行为人在户外实施轻微暴力,属于情节较轻、危害不大的,一般不以犯罪处罚。正是由于行为人入户实施暴力,其行为性质才能转化为抢劫罪。在这里"入户"是行为人从盗窃向抢劫罪转化的必要条件。因此,在"入户"实施暴力已作为定罪要素使用、评价的情况下,如果在量刑时再次重复使用,将其作为加重处罚情节予以第二次评价,不但有违重复评价原则,而且还会造成量刑失衡的后果。❶ 另外,从处罚合理性角度分析,对于入户行窃被发现后进而实施暴力,如果致人重伤、死亡的,依法可以直接认定为抢劫罪的结果加重犯,实现罪刑相当。对于一般的转化型抢劫罪来说,因盗窃、抢夺等前提行为本身并不严重,甚至不构成犯罪,作为转化条件的暴力、胁迫等行为又没有造成实际的严重危害,可见其整体的社会危害性不大,将其转化为抢劫罪的基本犯,也足以做到罚当其罪了。

另一种情形是,在盗窃、抢夺等先前行为独立成罪的情况下转化为抢劫罪的,如行为人非法侵入他人住宅后正在或已经窃取了数额巨大的财物,继而为抗拒抓捕等原因当场对被害人实施暴力或以暴力相威胁,这种情况与典型的入户抢劫行为没有本质上的区别,也完全符合基本罪加严重情节等于情节加重犯的犯罪构成类型,对此应当依法认定为入户抢劫。

笔者认为,上述分两种情形分别判断的认识属实属似是而非的观点。由于入户抢劫有专门的法定刑档次,对它的认定同样只能依据犯罪构成的原理,不能混淆定罪的要素与定罪后的量刑要素,也不能笼统地以社会危害性这种概括性认识来进行判断是否是"入户抢劫"。定性与定量应该有原则的区别和明确的界分。入户盗窃数量的多少不是能否转化为"入户抢劫"的决定性因素。既然一般的盗窃转化为抢劫无需被盗财物数

---

❶ 顾保华:"《关于审理抢劫、抢夺刑事案件适用法律若干问题的意见》的理解与适用",载《人民司法》2005年第11期。同时,也有肯定者认为,可以做到罪刑均衡。实践中,对于行为人"入户"实施转化抢劫,未劫得财物,也未导致他人伤害后果的,一般应认定为"入户抢劫",判处10年以上刑罚。对于未劫得财物,也未致人轻伤以上伤害的,属犯罪未遂,可以从轻、减轻处罚;对于劫得少量财物,但未致人轻伤以上伤害的,如在10年以上量刑确属畸重,又无其他从轻、减轻情节,可适用《刑法》第63条第2款的规定处罚,一般不会出现量刑严重失衡的情况。

量的限制，入户盗窃就没有理由凭数量大小转化为"入户抢劫"。至于未遂等犯罪形态因素更不是定"入户抢劫"转化犯的理由。所以，关键问题还是在于能否转化，转化的条件和理由如何，而不应该是同等条件下部分能转化，部分不能转化。在这里，应该寻找规律性的东西，形成规范认识，而不是找几种情形来谈问题，那只能是"只见树木不见森林"。至少根据刑法规定的普通抢劫罪的转化犯原理，否定抢劫加重犯的转化形态尚没有足够的依据。因此，2005年《审理抢劫、抢夺案件的意见》明确了入户盗窃转化为入户抢劫的问题。不过，最高人民法院2000年《审理抢劫案件的解释》明确指出构成入户抢劫非法性目的只有抢劫和盗窃，2005年《审理抢劫、抢夺刑事案件的意见》则强调"进入他人住所须以实施抢劫等犯罪为目的"。这里，为什么司法解释只规定入户盗窃的转化，而没有把诈骗、抢夺纳入进来呢？笔者认为一个很重要的原因是因为实践中入户盗窃比较多发常见，对户内居民的人身财产安全威胁很大，而入户诈骗或者抢夺比较少。但无论如何，从系统解释的角度理解，《刑法》第269条既然规定诈骗罪、抢夺罪和盗窃罪一样，也可以转化为抢劫罪，那么，对于行为人为实施诈骗、抢夺而入户的，如同入户盗窃一样，也可能成立"入户抢劫"。❶

对此，有学者可能会考虑，在我国《刑法》明确规定了抢夺罪、诈骗罪可转化为（普通）抢劫罪的情况下，2000年《审理抢劫案件的解释》将入户盗窃单独规定可转化为入户抢劫，是不是要排除入户诈骗、抢夺可转化为入户抢劫的情况？况且，现实生活中入户抢夺的情况也极为少见，入户诈骗被人揭穿而实施暴力或以暴力相威胁对被害人所造成的心理上的恐慌及人身危害的可能性，也远比因入户盗窃而后实施暴力或以暴力相威胁小，没有理由转化为入户抢劫。笔者认为，即使入户诈骗、抢夺的案件十分罕见，2000年《审理抢劫案件的解释》没有把它们与入户盗窃相并列，但还是应坚持入户诈骗、抢夺亦可转化为入户抢劫。笔者赞同以下理由：（1）《审理抢劫案件的解释》在性质上属于刑法解释而非刑法规范，其内容不具有创制、修改法律规范的效果，因而，从其

---

❶ 肖中华："入户诈骗、抢夺等违法犯罪可否转化为入户抢劫"，载《人民法院报》2006年2月15日。

单独规定入户盗窃可转化为入户抢劫这一点，并不当然地得出入户诈骗、抢夺不能转化为入户抢劫的结论。另外，刑事司法解释永远只是对既有《刑法》规范的阐释，如果司法解释对某个规范进行周延的阐释，那么对规范的理解无疑不能超越司法解释的明确规定范围。但如果司法解释对某个规范进行的阐释并不周延，那么在司法解释阐释的内容之外，对该规范仍要进行积极的解释，只要能够为刑法规范所涵盖的情形，均应能动地解释。显然，2000 年《审理抢劫案件的解释》对转化型的入户抢劫之解释是不周延的，规定入户盗窃可转化为入户抢劫，可被认为是突出地指引司法人员注意此类情形的存在。（2）入户盗窃转化为入户抢劫，与入户诈骗、抢夺转化为入户抢劫相比，也许属于经常的、"容易为人熟悉"的事实，但在解释"入户抢劫"的规范时，不应混淆事实与规范，不应混淆"符合规范的常见事实"和"规范能够评价的全部事实"。认为刑法规范所描述的事实就是自己所熟悉的事实，必然使规范处于封闭状态，从而使并不熟悉但却属于规范评价的事实错误地被遗漏。司法实践中，入户诈骗、抢夺案件的确要比入户盗窃案件少，但"少"并不意味着不存在。事实上，行为人入户诈骗、抢夺，为窝藏赃物、抗拒抓捕或者毁灭罪证而当场使用暴力或者以暴力相威胁的案件也完全可能发生，只不过与入户盗窃因被发现而当场使用暴力或者以暴力相威胁不同：入户诈骗的行为人一般是诈骗得逞后骗局被被害人揭穿，入户抢夺的行为人即时就遭到被害人的反抗，但不管使用暴力或者以暴力相威胁的具体事实起因如何，行为人使用暴力或者以暴力相威胁的严重程度，并不必然小于入户盗窃后使用的暴力或者以暴力相威胁。笔者完全有理由推测，入户盗窃后当场使用暴力可能造成的危害后果，包括对被害人人身、财产权益以及其居住安宁的侵害，在入户诈骗、抢夺中同样存在。因此，从规范与事实，以及事实和规范的关系的角度，均不应把入户诈骗和入户抢夺排除在"入户抢劫"转化犯的范围之外。❶

必须注意，行为人如果是入户盗窃时因被发现而直接实施暴力、胁迫，当场劫取被害人财物的行为，就是《刑法》第 263 条规定的入户抢

---

❶ 肖中华："入户诈骗、抢夺等违法犯罪可否转化为入户抢劫"，载《人民法院报》2006 年 2 月 15 日。

劫加重犯，而不存在转化的问题，这一点与前文论述一般转化型抢劫的构成原理是一致的，因为它缺少"为窝藏赃物、抗拒抓捕或者毁灭罪证"这一主观要素。司法实践的很多案例表明，对于以上问题的认识存在误区，有待纠正。

【案126】2002年12月17日晚10时许，被告人曾某某伙同薛某携带螺丝刀等作案工具到本县柳峰乡山茶岗村章某某家中盗窃。行窃时，被章发现，被告人曾某某等二人便强行将章某某压在床上，用被子塞住章的嘴巴。当场抢走人民币16.13元和禽鸡5只。二被告人在逃跑途中被抓获。法院审理认为，被告人曾某某以非法占有为目的，伙同他人入室盗窃，因被发现而当场使用暴力致被害人受伤并劫取财物，其行为已构成抢劫罪。为了保护公民的财产权利和人身权利不受非法侵害，依据《中华人民共和国刑法》第263条第（1）项、第55条第1款、第56条第1款之规定，判决如下：被告人曾某某犯抢劫罪，判处有期徒刑10年6个月，剥夺政治权利1年，并处罚金人民币4 000元。

对本案直接适用《刑法》第263条的规定即可。司法实践中应该注意区别适用。

下面的几起案件法院都定性为入户抢劫的转化形态，表明司法实践对入户盗窃转化为入户抢劫的肯定，但都作了最低刑期的"底线判决"，这反映出这类案件定"入户抢劫"的确存在给人刑罚"过剩感"。但罪刑法定原则是司法者必须坚守的，笔者认为，这个问题对将来完善抢劫罪的立法，改革法定刑的配置制度应该有所启发。

【案127】2002年10月12日凌晨2时，被告人田某某跳窗进入某居民楼三楼一住户室内盗窃，在卧室内窃得人民币102元。正在盗窃时，被失主发现，被告人准备逃跑，与失主扭打在一起，失主拦腰抱着被告人，被告人将失主的手指咬伤，后被闻讯赶来的邻居和110民警带走。该案经过某市人民法院审判认为，被告人田某某已构成抢劫罪，根据最高人民法院《审理抢劫案件的解释》第1条第2款，以及《刑法》第263条第

(1) 项的规定，判处田某某有期徒刑 10 年，并处罚金 2 000 元。❶

本案属于抢劫犯转化形态，法院对于本案的判决还应该引用《刑法》第 269 条的规定。

【案 128】2007 年 10 月 29 日上午 7 点左右，邵某某（曾因犯抢劫罪被判刑 5 年）见对面居住的潘某某家中无人，便用起子撬门入室，盗得价值 203 元钯金耳环一对。闻讯而归的潘某某与邻居在楼下的院坝里堵住了邵，潘某某从背后拦腰抱住邵，邵为抗拒抓捕，用手中的起子戳伤了潘某某的面部、手部。经鉴定潘某某的损伤为轻微伤。公安机关认定邵某某涉嫌抢劫罪，但只是认为系普通抢劫。恩施市检察院经过认真审查，到案发现场查看，认为本案应认定为转化型抢劫，且系入户抢劫。因为本案中，邵某某使用暴力抗拒抓捕的地点仍属被害人所在的"户"，根据 2005 年《审理抢劫、抢夺案件的意见》的规定，认定入户抢劫的"户"是指供他人家庭生活和与外界相对隔离的场所，本案中邵某使用暴力抗拒抓捕的场所虽然在室外，但仍在被害人家所在的与外界相对隔离的院内，故认定为入户抢劫。法院采纳了公诉机关的意见，认定邵某的行为系入户抢劫，遂对邵某判处有期徒刑 10 年，并处罚金 3 000 元。❷

【案 129】乐东少女抢劫 40 元被判 10 年有期徒刑案。❸ 2009 年 6 月 21 日夜晚 9 点多，19 岁女青年阿珠在某镇海新街东二巷游逛，发现邻居 69 岁的老陈正坐在自家门前台阶上乘凉。阿珠知道老陈年老耳聋眼花，于是直接从老陈身后走进老陈的客厅，从客厅右侧床铺上抓起老陈的长裤寻找钱物。老陈发现后冲进客厅里与阿珠争抢裤子，被阿珠用手抓伤左手掌背及左中指。而后阿珠从长裤袋中搜出 40 元人民币逃离现场。乐

---

❶ 王汉洲："是'入户抢劫'还是'一般抢劫'"，载河南法院网，2003 年 7 月 4 日访问。

❷ 陈饰："入户抢劫 203 元，被判徒刑十年"，载恩施市检察院网，2008 年 6 月 24 日访问。

❸ "少女入室抢劫 40 元被判 10 年经鉴定为精神病患者"，载 http：//www.sina.com.cn，2010 年 12 月 28 日访问。

东县法院认为，阿珠入户采用暴力，当场劫走他人财物，其行为构成抢劫罪。一审判决阿珠有期徒刑10年，剥夺政治权利1年，并处罚金2 000元。后在监狱服刑期间，监管人员发现阿珠行为怪异，对其精神状态表示怀疑。2010年11月，安宁医院精神疾病司法鉴定中心就阿珠的病情作出司法鉴定意见书。意见书主要表达了两方面意见：阿珠在作案时患有精神发育迟滞（轻度）和精神分裂症，对案件无刑事责任能力；阿珠目前有精神发育迟滞（轻度）和精神分裂症，无服刑能力。阿珠的父母据此提出申诉，后司法程序已经启动，已服刑1年多的阿珠有望走出监狱。❶

这起精神病少女入户盗窃被以抢劫罪判处10年有期徒刑案件更是反映出司法判决中诸多问题。

总的来看，上述几起案件虽然均是依据入户抢劫定罪量刑的，但从全部案情看，宣告的刑期大都是选择了"底线判决"即抢劫加重犯最低的法定刑10年有期徒刑。即使如此，还是"感觉过重"，这不仅反映出对入户盗窃定转化抢劫确实存在定性与量刑的矛盾，而且也是普通的转化型抢劫案件存在的问题。对此，至少可以作以下思考：行为人盗窃过程中使用轻微暴力是否属于抢劫罪要求的客观暴力要素，如田某某案中的挣脱咬伤他人的行为、阿珠案中阿珠争抢裤子抓伤人的行为，它们是否已达到法律规定的构成抢劫罪暴力的程度？盗窃犯罪被发现后行为人挣脱过程中使用轻微暴力是否可以被盗窃行为吸收，或者属于事后不可罚行为？是否所有的入室盗窃，一使用暴力，就转化为抢劫，在曾某某案、田某某案以及阿珠案中，根据行为人的危害行为、情节，犯罪后果以及他们的主观恶性程度，判10年有期徒刑确实"感觉过重"，那么问题出在哪里，是法律的规定有问题，还是因适用法律定性不当导致量刑不公呢？在这类案件中，行为人实施的行为往往包括：非法入户、盗窃、轻微暴力夺取或者轻微暴力挣脱逃跑等，这些数行为之间的关系就存

---

❶ 本案的审判过程和结果值得思考。此类案件的判决除了给人"感觉过重"不公正外，最后的精神病鉴定结果令人反思。刑事案件从侦查到审判有相当长的时间，被告人家属提出有关精神病的问题往往得不到应有的重视，对行为人责任能力的认定流于形式，导致了这起特殊的错案。被告人阿珠应该得到国家赔偿。

牵连、吸收等多种理解，至少可能出现以下几种选择：（1）严格解释转化犯的转化条件，如果使用轻微暴力挣脱反抗，不能转化为抢劫，将轻微暴力作为其他罪的情节考虑，如果是遇到反抗后使用轻微暴力夺取，就是抢夺，但这又受到犯罪数额的要求和限制。（2）如果数额达不到要求，行为人非法入户的行为构成非法侵入他人住宅罪，此时其盗窃或是轻微暴力等行为（本身不构成犯罪），就作为非法侵入他人住宅罪的情节了。❶（3）如果综合全案的违法犯罪行为、数额、后果，可以认定"情节显著轻微，危害不大"的，那就应该根据《刑法》第13条"不认为是犯罪"，作为治安案件处理。（4）认定入户抢劫的转化犯。但笔者认为应该注意两点：一是转化的条件要严格，基于抢劫罪属典型当场实行暴力的犯罪，对转化的暴力胁迫条件应该严格要求，一般的轻微暴力不宜转化，在数额较小不够定罪的情况下，可以综合全案情节定非法侵入住宅罪，此时盗窃与轻微暴力等被吸收。❷二是建议考虑法定刑立法模式的修改，为避免量刑落差太大，对有些犯罪可以采取交叉重叠型法定刑立法模式。如果这样，在入户盗窃转化为入户抢劫以后，刑期的选择就有适当余地，而不是只能10年以上有期徒刑。❸

在肯定了入户盗窃、诈骗、抢夺可以转化为入户抢劫外，接下来就是其他犯罪是否也有可能涉及转化定性的问题。不过，这里用"转化"一词未必合适，因为可能不是从一罪向另一罪的转化，而是"其他入户违法犯罪行为＋入户后实施抢劫＝入户抢劫"。在认定入户抢劫的主观因素时，最高人民法院2005年的《审理抢劫、抢夺案件的意见》强调了入户目的的非法性。"进入他人住所须以实施抢劫等犯罪为目的"，这里"抢劫等"之"等"字是否意味着，除了前面谈到的盗窃、诈骗、抢夺等转化抢劫的情形外，为实施其他犯罪而入户，后实施抢劫的，也可成立"入户抢劫"呢？比如，行为人为实施杀人、伤害、绑架、强奸、敲诈勒

---

❶ 张远南："对阿珠的'入户抢劫行为'应当如何定性、量刑"，载《中国检察官》2010年第9期。

❷ 这个问题理论界早有争论，这里不作进一步的展开。但从宪法保护公民住宅的神圣不可侵犯性来看，非法侵入住宅罪定罪很少适用似乎并不正常。而入户抢劫兼具非法侵入住宅和抢劫的双重罪质特征，正说明了二者之间的"姻缘"关系。

❸ 如规定一般抢劫为3年以上10年以下有期徒刑，而加重抢劫为5年以上有期徒刑，情节特别严重的，处无期徒刑、死刑。

索、寻衅滋事、故意毁坏财物等违法犯罪而入户，入户实施预谋行为之后或临时改变犯意抢劫的，可否成立或者转化为"入户抢劫"？行为人以嫖娼的目的进入卖淫女房间，在嫖娼结束后临时起意抢劫卖淫女的，可否定性为"入户抢劫"？该问题同样颇有争议。

对这个问题，本书在论及入户抢劫加重犯的主观目的时已经提出过基本看法，下面作更进一步的展开论述。

早期有观点认为，不论行为人入户前有无抢劫故意，只要入户后抢劫的，就属于入户抢劫。因为入户后临时起意抢劫，同样严重破坏被害人对家的安全感，其危害性并不比以抢劫故意入户的小。❶ 也有人认为，出于其他目的非法侵入他人住宅，例如为报复泄愤、毁坏他人财物，或者为进行流氓滋扰而入户，在进行非法活动过程中或之后临时起意进行抢劫的，都应视为入户抢劫。理由是，行为人敢于闯入私人住宅为非作歹，并且在住宅中进行抢劫，从主观与客观相结合上看，其行为已经构成了对他人住宅安宁和被害人财产权利、人身权利的严重危害，其社会危害程度与先有抢劫故意而入户抢劫的情形并没有大的区别。而且2000年的《审理抢劫案件的解释》既然肯定了入户盗窃因被发现而当场使用暴力或以暴力相威胁的行为可认定为入户抢劫，那么，对于出于抢劫、盗窃之外的其他非法目的入户而后以暴力、胁迫或其他方法实施的抢劫行为自然也可认定为入户抢劫。❷ 还有人认为，应当将入户区分为以犯罪的目的入户和以非犯罪的目的入户两种类型。行为人入户前虽无抢劫的意图，但已有犯罪的目的，并且敢于入户实施，表现出很大的主观恶性、人身危险性，同时也对公民住宅的生活安全构成严重威胁，因此，入户后临时起意抢劫，同样严重破坏被害人对家的安全感。对其以入户抢劫论处，符合最高人民法院2005年《审理抢劫、抢夺案件的意见》的精神和《刑法》规定入户抢劫的意图。而以非犯罪的目的进入他人住所，在户内临时起意实施抢劫的，一般户主事前没有恐惧感，并且都有一定的防备可能，其主观恶性、人身危险性及社会危害性都较以犯罪为目的入

---

❶ 熊洪文："再谈对抢劫罪加重情形的认定"，载《人民检察》1999年第7期。
❷ 陈立主编：《财产、经济犯罪专论》，厦门大学出版社2004年版，第444～447页。

户的为轻，应按一般抢劫罪处理，不宜视为入户抢劫。❶ 还有观点认为，在户中抢劫是否认定为入户抢劫，关键要看行为人入户是违法入户还是合法入户以及入户的动机。❷ 另有反对者认为，立法者规定入户抢劫的真实意图，是将入户限定为"怀抢劫故意而进入户内"而将受害人知晓的合法入户排除在外。如果是合法性入户，临时起意抢劫，属在户抢劫而非入户抢劫。在户抢劫的主观恶性、客观影响及社会危害性都较其他入户抢劫行为为轻。❸

笔者认为，入户抢劫对被害人人身财产权益以及居住安宁的侵犯反映出其极大的主观恶性与人身危险性。如果以其他非法目的入户而后临时起意实施抢劫，尽管抢劫行为也在户内发生，客观上也侵犯了他人的住宅安宁以及人身、财产权利，但无以体现行为人极大的主观恶性与人身危险性，不足以适用10年以上有期徒刑乃至死刑的法定刑。比如，行为人是以一般的赌博、卖淫嫖娼等为目的入户，而后才起意抢劫的，这些情形与一般的抢劫更接近，将在户内抢劫作为酌定从重情节考虑足以做到罪责刑相适应。

由于承认入户实施盗窃、诈骗、抢夺罪能够向入户抢劫转化，这样就可能存在一种疑问：是不是只要以贪财的目的入户实施违法犯罪活动就都可以转化为抢劫呢？比如说，在行为人预谋入户实施绑架勒索而临时起意抢劫的情况下，能转化为"入户抢劫"吗？例如，甲、乙二人预谋到丙家将丙的儿子丁（3周岁）偷出作为人质向丙勒索财物。两人按计划潜入丙家后，却发现该幼儿不在家中，便公然对丙家的看护人保姆施以暴力威胁，劫取了家中现金和物品。上述案件的审理过程中，对于甲、乙的行为构成抢劫罪和绑架罪（预备），以前罪吸收后罪定罪处罚没有异议，但对是否成立"入户抢劫"存有疑问。此时，有人主张以行为人入户之前即具有非法获取财物的"基本"故意为由，认为属"入户抢劫"。笔者认为，"入户抢劫"的成立以符合抢劫罪构成为前提。入户盗

---

❶ 袁剑湘："论入户抢劫中'户'的界定——兼论入户时的犯罪目的"，载《河北法学》2010年第4期。

❷ 李肯："准确认定入户抢劫应注意的几个问题"，载《法制日报》1998年7月11日。

❸ 朱亚峰："对入户抢劫的思考"，载北大法律信息网，2009年7月30日访问。

窃、诈骗、抢夺之所以可成立入户抢劫，也正是《刑法》第 269 条对抢劫罪构成作了拟制性规定，且要求入户之前存在抢劫的故意，但抢劫罪非法占有财物的故意与绑架罪勒索财物的故意仍然具有本质的区别——前者的内容是以暴力或者暴力威胁等手段当场从被害人处获得财物，后者的内容是通过绑架向被绑架人的亲属或相关人员索取财物。所以，行为人入户之前的绑架勒索故意，不应附随入户之后临时起意实施的抢劫行为而被"合并"为一个抢劫的故意，或者一个非法取得被害人财物的"基本"故意。这是犯罪构成原理的要求。所以，对于上述情形还是应该以绑架罪（未完成形态）与抢劫罪合并处罚，从而实现罪与刑之间的对应，不可认定为入户抢劫。

总之，无论是基于罪刑法定还是罪刑责相适应原则，应该将一般违法目的排除在"入户抢劫"的目的之外。不论行为人入户之前所预谋的犯罪性质多么严重，对被害人人身的危害或危险有多大，只要行为人预谋的犯罪不包含抢劫和盗窃、诈骗、抢夺，则不应纳入"入户抢劫"的范围中。入户抢劫的转化犯必须基于《刑法》第 269 条规定的普通抢劫罪的转化犯依据。

【案 130】2007 年 6 月 29 日下午 14 时，被告人李某在超市旁看见被害人王某从该超市正门向"五一"路方向走过来，被告人李某觉得被害人王某长得漂亮，遂起歹念想强奸被害人。李某尾随被害人王某来到某单位宿舍三楼的被害人家中，见被害人进去后未关门，便跟进去并关上防盗门，强行抱住被害人，将被害人推倒在地，之后又强行与被害人发生了性关系。强奸完被害人后，李某当着被害人的面到另一房间将被害人的手提包抢走，包内有人民币 900 元及小灵通、银行卡、保险卡等物。

对于本案，认定被告人李某的行为构成强奸罪和抢劫罪无异议，但对被告人李某强奸被害人后，又当面抢走被害人的手提包的行为是构成一般抢劫还是入户抢劫存在不同意见。在赞同定入户抢劫的意见者中，有的甚至认为，如果只认定一般抢劫，刑期就可能在 10 年以下有期徒刑，这没有体现法律对公民住宅的特殊保护。❶ 笔者认为，本案应该认定为强奸罪和一般抢劫，因二者的刑期都是3年以上10年以下有期徒刑，合并处罚还是可以达到10年以上有期徒刑的。再说，本案是否一定要判处被告人10年以上有期徒刑也值得商榷。对被告人入户犯罪的入户行为以量刑情节体现在本案的处罚中更加合理。

【案131】2009年6月1日夜晚23时许，刘某某大量饮酒后，翻墙进入同村妇女赵某某家中，采取殴打、威胁等手段，欲行奸淫，但由于其他原因未遂。之后，刘某某觉得不能白去一趟，临时起意，又抢走了赵某某现金300余元。2009年9月14日，检察机关以强奸罪、抢劫罪对被告人刘某某提起公诉。法院审理后，认为被告人刘某某符合"入户抢劫"的加重情节，遂对其抢劫罪行判处有期徒刑10年，并处罚金1万元。后检察机关提起抗诉，认为一审将被告人的抢劫行为认定为"入户抢劫"错误，被告人刘某某深夜潜入被害人家中只是为了强奸被害人，而不是为了抢劫，在强奸未遂后，临时起意抢劫，不应认定为"入户抢劫"。2010年4月23日，上级人民法院裁定将本案发回重审，一审法院于2010年5月24日重新开庭审理此案，并于当天以抢劫罪判决被告人刘某有期徒刑4年，并处罚金人民币1万元。这也是一起入室强奸引起的"临时性"抢劫案件，不能认定为入户抢劫的加重犯。

【案132】被告人陈某、冯某、刘某、游某在一网吧玩时遇见到被害人卢某路过，随即把他叫到一处，胁迫卢某写下一张3 000元借条，后刘某与游某跟随受害人卢某回家拿钱，刘某、游某从卢某家里拿回一个铁盒，打开后发现没有钱，四被告人大怒，立即一同赶到卢某家中，叫门没有人答应，四被告人遂破门而入，躲在卧室内的卢某母亲王某见状只得出来应付，四被告人向王某索要其子"欠款"3 000元，并出具借据，王某被迫交出1 500元钱和一台价值1 600元的彩屏手机，四被告人才离开卢家。法院经审理认为，四被告人入室劫取他人财物计价值人民币

---

❶ 魏灵、朱丽琴："以强奸为目的入户实施抢劫应以何罪处罚？"，载中国法院网，2008年1月30日访问。

3 000余元，其行为已构成入户抢劫。

本案在审理过程中，对于以下事实和认定没有异议，一是四被告人胁迫被害人卢某写下借条，并实施了非法占有行为，已构成敲诈勒索罪，二是四被告人踢门闯入卢某家中，符合非法侵入他人住宅罪的构成要件，其行为也已构成非法侵入住宅罪。但有观点因此认为，四被告人强闯受害人卢某家中，采取胁迫的方式强行索取现金1 500元及手机一台。虽然四被告人强闯卢某家中强取所得是在"借条"数额范围内，但他们取得的财物不是基于合法的债权，而是基于敲诈勒索所形成的非法之债，是实施胁迫手段非法占有行为，这与抢劫罪所规定的，以非法占有为目的，用胁迫手段强行劫取公私财物行为相符，符合抢劫罪构成要件，四被告人已构成抢劫罪，且是入户抢劫。至于本案中的三个不同的犯罪行为（敲诈勒索行为、非法侵入住宅行为和劫取财物的行为）是关联性的，具有吸收与被吸收关系，其中前两个犯罪行为被后一个入室抢劫行为所吸收，本案最终应认定入户抢劫。还有一种意见认为，本案应定"敲诈勒索罪与非法侵入住宅罪，实行数罪并罚"，理由是四被告人的强行闯入他人家中，具有非法性，已构成非法侵入他人住宅罪，对索取1 500元及手机一台的行为，是敲诈勒索罪的自然延续（为实现非法占有目的），该行为不符合抢劫罪的特征，因此只能构成敲诈勒索罪，对四被告人以敲诈勒索罪与非法侵入住宅罪两罪认定，并数罪并罚。笔者不同意上述观点，认为本案仅仅定一个敲诈勒索罪即可，前一种观点没有准确把握抢劫罪的客观要件，本案行为人入户取财的暴力胁迫手段并不明显，且为敲诈勒索入户不能转化为入户抢劫；后一观点确认入户索取财物的行为是敲诈勒索的延伸，这是对的，但行为人非法入户只是实现敲诈勒索目的的手段，或者说本案敲诈勒索罪既遂能够包容非法侵入住宅罪。故认定敲诈勒索一罪是正确选择，还是要避免把简单问题复杂化的做法。

【案133】被告人曾某是惯偷。2003年6月20日凌晨2时许，曾某采用爬下水管道、翻窗入室的手段进入被害人周某家，在实施盗窃过程中被发现，曾某冲进周的厨房内，取得2把菜刀，使得周某及其家人不敢阻拦，强行逃离现场。同月26日晚被告人曾某又以同样的手段潜入被害人梁某家的后院,伺机盗窃,次日早上 8 时许被梁发现后,曾某哀求梁将其放走,梁不允。曾又请求让梁将其关进卧室,梁考虑到自己在力量上难以与曾某抗衡,答应了曾的请求,遂将曾关进寝室,随即将寝室门反锁后呼救。曾听见后遂用翻板椅将梁的寝室门砸坏,逃出与梁抓扯后,曾某又跪下求梁放过他,梁不许,梁的邻居李某、张某等人闻讯赶到将曾某抓获。

对于本案,一种意见认为,被告人曾某实施的这一行为构成盗窃罪(未遂),因为被告人进入周、梁二家,主观上是为了盗窃财物,客观上也是在实施盗窃行为时被发现,曾取菜刀和砸门是为了逃走,并不是为了护赃,且由于意志以外的原因使犯罪未得逞,属犯罪的未遂状态。第二种意见认为,被告人曾某的行为构成抢劫罪中的"入户抢劫",理由是:被告人在"入户盗窃"的过程中,因被发现而当场使用暴力和以暴力相威胁的行为,应当认定为"入户抢劫"。第三种意见认为,被告人曾某的行为构成抢劫罪,但不构成入户抢劫,且对于入户盗窃被发现后使用暴力或以暴力相威胁是否构成入户抢劫,不可一概而论。该观点认为,最高人民法院 2000 年《审理抢劫案件的解释》将"入户盗窃被发现后使用暴力或者以暴力相威胁"一律认定为入户抢劫不尽合理,有悖于主客相一致和罪刑相适的原则。因为入户盗窃的行为人,被发现后出于人的本能,不管是基于何种故意,对"被发现"均会有所"反应",以致实施暴力或以暴力相威胁,所以,对于入户盗窃被发现后使用暴力或以暴力相威胁的行为,应当区分入户后能偷则偷、能抢则抢和只偷不抢两种情况。前者在主观上具有入户抢劫的概括性故意,应按入户抢劫处理;后者不具有入户抢劫的故意,如果暴力手段不十分严重,即不属于情节严重情况的,则不宜认定为入户抢劫。所以,只有"对于入户盗窃,因被发现而当场使用暴力或以暴力相威胁的",如果"情节严重的",才应当认定为"入户抢劫"。这后一种观点看似有道理,其实却似是而非,不能因为转化为抢劫加重犯,刑期加重了,就要增加限制条件。《审理抢劫案件的解释》第 1 条第 2 款规定的"入户盗窃被发现后使用暴力或者以暴力相威胁"既包括转化型抢劫加重犯(为了窝藏赃物、抗拒抓捕或者毁灭罪证而实施暴力、胁迫),还包括直接定抢劫加重犯的情形(为了进一步劫取财物而实施暴力、威胁)。本案被告人主观目的是想逃脱犯罪现场，并未直接对被害人实施暴力、胁迫，故不应认定为入户抢劫的加重犯。

除了盗窃、诈骗、抢夺等"前罪罪名"的确定外，认定转化型抢劫加重犯还存在这些"前罪"是否必须构成犯罪的问题。尽管对于一般的转化型抢劫，其前罪不要求构成犯罪已达成共识，但对于转化为抢劫加重犯的情形，由于司法解释没有明确规定，或者未作正面回答，司法实践中分歧较大，即根据《刑法》第263条规定，对行为人"入户"或在"公共交通工具上"盗窃、诈骗、抢夺他人财物，尚未构成犯罪，为窝藏赃物、抗拒抓捕或毁灭罪证当场实施暴力或以暴力相威胁，既未劫得财物，也未造成他人伤害后果的，能否认定为"入户抢劫"或"在公共交通工具上抢劫"？

对此，一种意见认为应定抢劫罪，但不宜认定为入户抢劫，理由有二，一是这种行为符合转化型抢劫的特征，其社会危害性与普通抢劫罪相当，可处以10年以下有期徒刑，甚至免于刑事处罚。"入户抢劫"系抢劫罪的情节加重情形，只有在行为已构成抢劫罪的基础上又具备法定加重处罚的情节，才能适用。对于行为人"入户"或在"公共交通工具上"实施转化抢劫的行为，未劫得财物，也未导致他人伤害后果的，认定为"入户抢劫"或在"公共交通工具上抢劫"，适用加重处罚条款判处10年以上刑罚，量刑畸重，违反了罪刑相适应的基本原则。二是对这种情形认定"入户抢劫"或在"公共交通工具上抢劫"违反了"禁止重复评价"的原则。如果行为人在户外或在公共交通工具的外面实施轻微暴力，属于情节较轻、危害不大的，一般不以犯罪处罚。正是由于行为人入户或在公共交通工具上实施暴力，其行为性质才能转化为抢劫罪。在这里"入户"和"在公共交通工具上"是行为人从盗窃向抢劫罪转化的必备要件。因此，在"入户"或"在公共交通工具上"实施暴力已作为定罪要素使用、评价的情况下，如果在量刑时再次重复使用，将其作为加重处罚情节予以第二次评价，不但有违重复评价原则，而且还会造成司法实践中量刑失衡的后果。另一种意见持肯定说观点，认为可以"入户抢劫"或在"公共交通工具上抢劫"定罪处罚，理由是：第一，符合犯罪构成的基本理论。以"入户抢劫"为例，理论上行为人入户盗窃、抢夺、诈骗被发现后实施暴力即可转化为抢劫，并不以犯罪数额大小为必要条件。"入户"或在"公共交通工具上"实施暴力也不是转化抢劫的必备要件，不存在将"入户"或在"公共交通工具上"既作为定罪要素又作为加重处罚的要素重复评价的问题。第二，符合司法解释的规定。最高人民法院《审理抢劫案件的解释》第 1 条第 2 款规定："对于入户盗窃，因被发现而当场使用暴力或者以暴力相威胁的行为，应当认定为入户抢劫。"据此，行为人入户盗窃、抢夺、诈骗，无论是否已得逞，无论其实施暴力或者以暴力相威胁是为了劫取财物还是为了窝藏赃物、抗拒抓捕或者毁灭罪证，都应认定为"入户抢劫"。第三，可以做到罪刑均衡。实践中，对于行为人"入户"或在"交通工具上"实施转化抢劫，未劫得财物，也未导致他人伤害后果的，一般应认定为"入户抢劫"，判处 10 年以上刑罚。对于未劫得财物，也未致人轻伤以上伤害的，属犯罪未遂，可以从轻、减轻处罚；对于劫得少量财物，但未致人轻伤以上伤害的，如在 10 年以上量刑确属畸重，又无其他从轻、减轻情节，可适用《刑法》第 63 条第 2 款的规定处罚，一般不会出现量刑严重失衡的情况。我们同意第二种意见，并在《两抢意见》中予以规定。❶

从一些地方的做法来看，如上海市公、检、法、司四部门于 2004 年 12 月 28 日联合发布了《关于本市办理"两抢"和入户盗窃犯罪案件的若干意见》（以下简称上海市《"两抢一盗"意见》），其中，对于这个问题，基本采取了上述前一种观点，即不宜认定为"入户抢劫"。但这种理解很快被 2005 年最高人民法院的相关司法意见否定。

一般认为，行为人入户的初始目的是盗窃，但在被发觉之后实施暴力或者以暴力相威胁的行为时，其主观目的已经发生转化，符合《刑法》第 269 条关于盗窃犯罪转化为抢劫罪的条件，应当认定为"入户抢劫"。❷从最高人民法院 2005 年《审理抢劫、抢夺案件的意见》第 5 条第二种情形的规定内容，可以推导出以下结论，即行为人"入户"或"在公共交通工具上"实施转化型抢劫，未劫得财物，或者未导致他人伤害后果的，

---

❶ 顾保华："《关于审理抢劫、抢夺刑事案件适用法律若干问题的意见》的理解与适用"，载《人民司法》2005 年第 11 期。

❷ 张军主编：《解读最高人民法院司法解释刑事、行政卷（1997～2002）》，人民法院出版社 2003 年版，第 219 页。

一般也应认定为"入户抢劫"或"在公共交通工具上抢劫"。除了上述肯定说的观点提到的理由外，还有两点值得强调：一是肯定说符合犯罪构成的基本理论。事后抢劫与普通抢劫相比，虽然暴力与取财的先后顺序不同，但两者的社会危害性无本质上的差异。因普通抢劫罪的成立没有数额上的限制，故转化型抢劫罪也不应以行为人的先行行为构成犯罪为必要条件。同时，由于"入户"或"在公共交通工具上"实施暴力并不是转化抢劫的必备要件，因此，也不存在将"入户"或"在公共交通工具上"既作为定罪要素又作为加重处罚的要素重复评价的问题。二是符合"举轻以明重"的解释原理和解释方法。2005年《审理抢劫、抢夺案件的意见》对在户外或交通工具外实施暴力的转化型抢劫规定以抢劫罪定罪处罚，当暴力行为发生在户内或交通工具上时，认定为"入户抢劫"或"在公共交通工具上抢劫"符合正常的逻辑推理。

说到底，这里还是存在一个犯罪认定与刑罚衡量的价值观和方法论问题。对于转化型的抢劫，由于其本身是一种法律拟制，其整体行为并不完全符合典型抢劫的构成要件，与典型的入户抢劫行为在处罚上确实应有所区别。但不能因此否定犯罪构成的基本原理。只要是符合转化条件的，就应该转化为抢劫加重犯，这是罪刑法定的要求。如果行为人只是为了挣脱抓捕而冲撞了他人的，哪怕是造成了轻微伤害，总体情节轻微，也不该按转化型抢劫论处，不仅仅是不定抢劫加重犯的问题。

【案134】2003年7月3日凌晨2时30分许，被告人黄某某潜入上海市闵行区沧源路755弄50号102室，翻越天井处的围墙，开门后进入室内，窃得被害人沈某某放于裤袋内的人民币1 460元及摩托罗拉368型手机一部（价值人民币200元），在离开卧室时被同住该处的被害人汪某某发现，被告人黄某某在逃至天井处时，觅得天井内的剪刀对上来抓捕其的汪某某威胁后逃离现场。

检察机关指控本案被告人黄某某以非法占有为目的，入户盗窃，共计人民币1 600余元，在逃跑过程中，在户内当场以暴力相威胁抗拒抓捕，其行为应当以抢劫罪追究刑事责任，且系入户抢劫。但是，法院判决认为，被告人黄某某的盗窃行为虽转化为抢劫罪，但被告人非法入户的情节已经作为认定其成立盗窃罪的要件之一,故在转化为抢劫罪后,不应再将非法入户的情节重复评价为抢劫罪的加重情节。❶ 遂以抢劫罪判处黄某某有期徒刑4年,并处罚金人民币2 000元。法院对本案的判决反映出我国司法对这个问题有一个统一认识的历史过程。显然,当时的判决不符合后来2005年最高人民法院颁布的《审理抢劫、抢夺案件的意见》的规定。

【案135】2005年8月19日12时许,被告人杨某至上海市闵行区银都路311弄10区41号601室,用随身携带的扳手扳断卫生间铁栅栏潜入室内行窃时,被外出归来的被害人徐某遇见。杨为逃脱而使用屋内的啤酒瓶对徐进行殴击,致其轻伤。一、二审法院均判决认定杨某构成抢劫罪,且系入户抢劫。

对于本案,一审、二审判决一致认定为入户抢劫,此结论是正确的。

【案136】2002年冬季至2003年1月初,被告人王某先后三次到某县孔村镇尹庄村廉某、孔某、葛某家中秘密窃取鸡8只、兔子6只、山羊1只(价值共计1 200元)。2003年1月16日凌晨,被告人王某第四次来到该村,翻墙进入被害人尹某家中,欲盗窃兔子时,被正在屋内睡觉的尹某发现,尹某猛抓被告人王某,双方发生厮打,被害人尹某之妻朱某听到响动,即参与到抓捕被告人王某的打斗中,在厮打过程中,被告人王某致被害人尹某左手腕及右股部、朱某双腕及左胫等处受轻微伤,后被闻讯及时赶到的群众抓获。法院审理认为,被告人王某以非法占有为目的,一年内多次入户盗窃,在第四次入户盗窃时被发觉,当场使用暴力抗拒抓捕,致被害人轻微伤,因意志以外的原因未取得财物,其行为构成抢劫罪未遂。法院遂以抢劫罪未遂判处被告人王某有期徒刑5年,并处罚金5 000元。

---

❶ 这个问题在《刑法修正案(八)》规定入户盗窃是盗窃罪的客观方面构成要件之一后,值得探讨。

对本案，另有看法认为，被告人王某的行为同时构成盗窃罪和抢劫罪未遂，应两罪并罚。理由是：（1）盗窃罪是指以非法占有为目的，秘密窃取公私财物数额较大或者多次盗窃公私财物的行为。1998年《关于审理盗窃案件具体应用法律若干问题的解释》第4条规定："对于一年内入户盗窃或者在公共场所扒窃三次以上的，应当认定为'多次盗窃'，以盗窃罪定罪处罚。"可见，被告人王某前三次入户盗窃的行为已构成盗窃罪。（2）最高人民法院《审理抢劫案件的解释》规定，被告人在第四次入户行窃被发现后，当场使用暴力抗拒抓捕，致被害人受轻微伤。此时，被告人王某的主观故意和行为性质已发生变化，由入户秘密窃取财物，转化为入户抢劫。其行为构成抢劫罪，因意志以外的原因未取得财物，属抢劫未遂。所以，被告的行为分别构成盗窃罪和抢劫罪（未遂），应当数罪并罚。

笔者认为，本案被告人王某以非法占有为目的，一年内多次入户盗窃，其盗窃行为具有连续犯特征，但是，连续犯实属数罪以一罪处理的情况。正如笔者在论述多次抢劫与连续犯的关系时所指出，中外刑法理论对连续犯之存废争论很大，删除立法上的连续犯已是多数国家的立法趋势，至少限制连续犯的适用是需要考虑的选择。从本案来看，被告人前三次盗窃行为已经构成盗窃犯罪，如果第四次盗窃内有转化为抢劫罪，仍然作为整体的连续犯考虑是可以的，但当第四次盗窃构成抢劫罪之后，其性质的转化已经不能再与前面的盗窃行为"连续"了，因为原先主观上的连续盗窃的意思已经因其暴力行为而中断。第四次转化型抢劫行为已经"溢出"了连续盗窃的构成要件范围，二者不存在包容关系，应该独立加以评价。这里并不存在重复评价的问题，因为前三次盗窃与第四次盗窃本身是相互独立的行为。特别是《刑法修正案（八）》实施后，"多次盗窃、入户盗窃"成为盗窃罪的独立的客观构成要件，将前三次盗窃作为盗窃罪一罪，将第四次盗窃作为转化型抢劫罪，更有充足的根据了。所以，不能认为，只要是在连续作案的情况下，就只以一罪定性处理。当然，如果前三次盗窃行为不构成犯罪，必须结合第四次才能构成犯罪，那定两罪就存在重复评价的问题。

（三）拟制型抢劫与在公共交通工具上抢劫的加重犯

在公共交通工具上抢劫是否也存在由先行的盗窃、诈骗、抢夺行为拟制而来的抢劫加重犯呢？对此，最高人民法院 2000 年《审理抢劫案件的解释》和 2005 年《审理抢劫、抢夺案件的意见》均无具体规定。于是，司法实践中，对于在公共交通工具上实施盗窃、诈骗、抢夺过程中，为窝藏赃物、抗拒抓捕、毁灭罪证而当场使用暴力或以暴力相威胁的，是否认定为"在公共交通工具上抢劫"存在很大争议。

肯定说认为，在公共交通工具上抢劫不仅包括直接在公共交通工具上抢劫，也包括转化型抢劫，主要理由还是转化型抢劫是抢劫罪的一种特殊表现形式，其性质和危害后果是基本相同的，对法益的侵害并无实质的差别。对于行为人在公共交通工具上实施盗窃、诈骗、抢夺而符合转化型抢劫罪规定的，虽然最高人民法院 2000 年《审理抢劫案件的解释》中没有涉及，仍可参照已有"入户抢劫"的有关解释，认定为"在公共交通工具上抢劫"。❶ 在前行为盗窃、诈骗、抢夺构成犯罪的情形下，转化为抢劫犯罪不必以发生的特殊地点为必要，也就是说该行为发生在何地并不重要。这样，在成立转化抢劫后仍可以考虑适用在特定场合犯罪进行加重处罚的情节，并不存在重复评价的问题。既然《刑法》第 263 条有在公共交通工具上抢劫要加重处罚之规定，那么在公共交通工具上盗窃、诈骗、抢夺转化成抢劫犯罪，并符合成立"在公共交通工具上抢劫"之要件，自然也应适用这一加重处罚情节。争议较多的是行为人在公共交通工具上实施盗窃、诈骗、抢夺行为，未达到"数额较大"，为窝藏赃物、抗拒抓捕、毁灭罪证而当场使用暴力或以暴力相威胁，能否成立"在公共交通工具上抢劫"。有的观点就认为不能成立，理由是，依据 2005 年《审理抢劫、抢夺案件的意见》规定，未达到"数额较大"，情节较轻，危害不大的，一般不做犯罪处理。不构成抢劫犯罪也就没有成立"在公共交通工具上抢劫"的问题了。此外，2005 年《审理抢劫、抢夺案件的意见》规定，于公共交通工具上盗窃、诈骗、抢夺后在公共交通工具外为窝藏赃物、抗拒抓捕、毁灭罪证而当场使用暴力或以暴力相威胁的，虽未达到"数额较大"，可依照《刑法》第 269 条的规定，以普通抢劫罪定罪处罚。在此情形下，对在公共交通工具上这一特定场所的

---

❶ 江云聪、林志标："发生在公共交通工具上的转化型抢劫应认定为抢劫罪的加重情节"，载《人民检察》2005 年第 1 期。

要求，已经成为成立抢劫犯罪的必要条件进行考量，也就是在成立抢劫罪时已经对在公共交通工具上这一特定场所作以评价。那么，在成立抢劫罪后，如果再适用"在公共交通工具上抢劫"这一处罚加重情节，则存在重复评价，加重行为人责任之嫌。

否定论的理由还有：其一，《刑法》第269条是法律拟制而非注意规定，这种法律拟制仅以《刑法》明文规定为限。2000年最高人民法院在《审理抢劫案件的解释》第1条中明确了对于入户盗窃而转化为抢劫罪的应当认定为入户抢劫，但并未对"在公共交通工具上抢劫"的转化型抢劫问题作出明确解释。对"入户抢劫"的司法解释不能任意扩张适用于"在公共交通工具上抢劫"的规定，这样更符合罪刑法定原则以及刑法的谦抑精神。其二，"在公共交通工具上抢劫"的立法原意并不包括转化型抢劫的类型。该规定主要是考虑到这种抢劫对公共交通工具上司售人员、乘客等不特定多数人的人身和财产安全构成威胁。而盗窃、诈骗、抢夺行为往往不是针对公共交通工具上的不特定的乘客或者司乘人员的财物和人身安全，其侵害的对象是特定的，与在公共交通工具上直接实施抢劫有所区别。其三，转化型抢劫在主观恶性、人身危险性等方面与典型的抢劫罪还是存在差异，《刑法》将实施盗窃、诈骗、抢夺犯罪而使用暴力或以暴力相威胁作为转化型抢劫的规定已经体现了从重处罚的精神，若再按抢劫加重犯论处，有违罪责刑相适应原则，亦不利于刑罚功能的实现。

笔者赞同肯定说。首先，《刑法》规定的"在公共交通工具上抢劫"，并没有排除先在公共交通工具上实施盗窃、诈骗等后又发生转化的抢劫的类型。实践中，许多行为人在实施盗窃、诈骗、抢夺时事先就可能存在多种可能的故意内容，即能骗即骗，能窃就窃，骗不成、窃不成就抢或骗行、窃行一败露就立即施以暴力或以暴力相威胁，有的行为人还随身携带凶器作案。此种转化型抢劫与直接实施的抢劫在主观恶性上没有什么质的区别。直接实施暴力、威胁等手段抢劫和在盗窃、诈骗、抢夺中或得手后为抗拒抓捕、窝藏赃物、毁灭罪证而实施暴力或以暴力相威胁的转化型抢劫，过程确有不同，恶性也有差异，危害性程度上存在一定区别，但这一点不能把它们从质上区分开来，而只是在裁量刑罚时应当予以考虑。

其次,从司法解释看,最高人民法院2000年《审理抢劫案件的解释》虽只规定了"入户盗窃"转化为"入户抢劫"的情形,但不能将这种只解释同一款条文的一部分的解释方式,理解为司法解释有意要对其他部分作相反的理解。《刑法》第263条将"入户抢劫"和"在公共交通工具上抢劫"均规定在10年以上有期徒刑、无期徒刑或者死刑的量刑幅度内,都是考虑到行为人抢劫地点的特殊性。二者的性质不是相反,正好一致。司法解释不同于立法规范,它规定一种情形并不能因此否定同类的其他情形,而且,从法理上讲,司法解释无必要也不可能穷尽一切同类情形。

再次,一些案例反映出,反对者有一个重要理由是行为人先实施的盗窃、诈骗等行为往往是针对特定的受害人,而不是针对"不特定"对象的,这似乎与"在公共交通工具上抢劫"侵害的法益有所差异。对于这一点,笔者在前面提到,无论是哪种侵财的犯罪,行为人的侵害目标最终总是有所选择的,一旦其选择了目标,其对象就是特定的。即使是典型的在交通工具上抢劫,行为人也可能只针对一定的对象实施犯罪,这是犯罪方法和手段问题,不是构成要件所要求的。只要是在公共交通工具上抢劫,就势必破坏公共交通秩序,这种破坏主要是一种对社会公共秩序的威胁和危险,而不在于一定要当时吓倒多人,哪怕抢劫深夜运营的公交车上仅有的一个人(如无人售票车的公交司机),其侵害的法益也是如此。在此,可以认识到刑法法益与刑法所保护的对象的不同。

当然,笔者也认同反对者的部分看法,比如转化型抢劫确实不同于典型的抢劫犯罪,对其实行罪的加重,应当在现行法律框架下予以适度限制,比如盗窃、诈骗、抢夺之后暴力行为发生在车下车外的,携带凶器抢夺后,在车下被查出凶器的,等等,这些不以"在公共交通工具上抢劫"为妥。

对这个问题,司法实践部门也有不同的认识。比较常见的是,对于行为人在公共交通工具上实施盗窃后为抗拒抓捕而当场实施暴力的情形,不同法院做法很不一致,多数案件采取了否定的观点。下面的案例就反映了这种差异。

先看一例判决成立抢劫加重犯的案例。

【案137】江西省赣州市王某等抢劫案。[1] 2004年8月5日下午，被告人王某、张某及郭某、曾某（均已送劳动教养）预谋到公共汽车上去盗窃作案。4人来到赣州市章贡区红旗大道赣州市人民医院对面的候车亭等候公共汽车。15时许，4人见路过的109路公共汽车上人多，即登上该车。上车后，曾某坐在被害人的左边，被告人张某站在被害人的右边，被告人王某及郭某坐在被害人的后面。车启动后，曾某欲偷被害人上衣口袋里的钱包，被发现而未遂。接着，郭某又偷被害人挂在腰间的"波导"1500型手机，得手后被被害人发现并夺回。这时，王某强行从被害人手中抢过手机，并随即对被害人进行语言威胁，张某则用手按住被害人的肩膀，迫使其不敢反抗。随后，4人下车离去。经鉴定，被抢的"波导"1500型手机价值480元。王某将该手机销赃得款140元，王某、张某各分得35元。原审法院认为，被告人王某、张某以非法占有为目的，在公共交通工具上采用暴力、胁迫手段劫取公民财物，其行为构成抢劫罪。二被告人在城市公共汽车上实施抢劫，属于在公共交通工具上抢劫。遂对被告人王某、张某等判处10年以上有期徒刑，并处罚金。被告人上诉后，赣州市中级人民法院驳回上诉维持原判。

本案行为人实施盗窃和随后的暴力行为全部发生在公共汽车上，笔者认同两级法院的判决。不过，这起案件是由抢夺转化为抢劫加重犯，还是直接定非转化型抢劫加重犯，还是有一定争议的。

下面是几例没有判决成立抢劫加重犯的案例。

【案138】被告人龚某伙同另外二人（另案处理）于2004年5月21日16时许，在公车上对乘客吴某进行扒窃，因被吴某发现，被告人龚某即动手殴打其头部一下；同车的吴某侄子知道后起身欲上前捉拿被告人时，被告又伙同其同伙对吴某侄子进行殴打。当车停下时，被告人龚某同他人推拉被害人吴某下车，在车门处，其同伙持刀刺吴某左腿部二刀，致吴受轻微伤偏重；后被告人及其同伙趁机逃离现场。本案一审时，检察机关以抢劫加重犯指控被告人，法院认为在客车上实施盗窃，主观

---

[1] 见江西省赣州市（2005）赣中刑二终字第27号刑事裁定书。

上并无抢劫的故意,且侵犯的对象是特定,不符合"在公共交通工具上抢劫"的构成条件。后以抢劫罪(未遂),判处被告人龚某有期徒刑5年6个月,并处罚金2 000元,并责令被告人赔偿相关经济损失。该判决的一个主要理由是,本案被告人危害行为针对的是特定的对象,即同车的吴某及其侄子,不是针对车上不特定乘客打劫的情形,不应适用"在公共交通工具上抢劫"。一审宣判后检察机关提出抗诉意见。

【案139】2009年8月20日15时多,被告人王某携带胶袋、刀片等作案工具,在惠州市惠城区陈江艳阳天商场前上了一辆惠州至东莞樟木头689专线公交车伺机盗窃,王某上车后坐在后门右后一排靠右边车窗位置的座位上。当车行至惠城区沥林加油站前的公路边时,王某用刀片割破坐在其左边的被害人吴某的右裤口袋,将其放在裤袋里的3 000元人民币盗走,得手后叫司机开门准备下车。这时群众田某发现其盗窃行为后随即上前按住王某肩膀,并叫其不要动,王某一边说:"我犯了什么法?"一边把田某按住其肩膀的手拔开,然后一拳打在田某腹部,在田某痛得弯腰时,王某马上双手抓住田某双肩将其甩在公交车过道上。当王某跑至公交车前门准备下车时,被接警赶到的公安人员当场抓获,并缴获作案工具刀片两片和赃款3 000元。法院以被告人王某犯抢劫罪,判处其有期徒刑5年,并处罚金2 000元。

上述两起案件依据笔者前文的分析,应该成立"为抗拒抓捕"而实施暴力的"在公共交通工具上抢劫"的抢劫加重犯,并适用较高的法定刑。

除了在公共交通工具上盗窃外,实施诈骗、抢夺后向抢劫转化的情况也是存在的,下面两个案例就比较典型。

【案140】被告人曹某某伙同他人,在某省际客运汽车上以极低价值的秘鲁币诈称美元骗得被害人颜某某等三人与其兑换现金人民币3 000余元及金项链1条。当客车停站,曹某某等人正欲逃离时,颜某某得知被骗,上前欲抓住尚未下车的曹某某,却遭到曹的殴打。颜某某头、面、肋部多处受伤,经鉴定为轻微伤。

本案定性上，对曹某某的行为，是否按"在公共交通工具上抢劫"适用10年以上有期徒刑、无期徒刑或者死刑的法定刑幅度，有不同意见。❶ 笔者认为，曹某某先是在公共交通工具上实施诈骗，后为抗拒抓捕又在公共交通工具上对被骗人当即实施暴力，同理应该转化成"在公共交通工具上抢劫的"加重犯。

【案141】2007年3月19日20时许，姜某随身携带弹簧刀一把到广州市天河区中山大道上社公交车站，乘一辆公交车停车下客之机，从车后门上车，动手抢夺正在发短信的梁某的手机（价值2 478元）。姜某在下车逃跑途中被抓获，并从其身上缴获一把弹簧刀，财物在逃跑途中被丢弃。本案法院没有认定为"在公共交通工具上抢劫"的加重犯，判处姜某有期徒刑4年。

本案法院判决的主要理由如下：第一，将在"公共交通工具上抢劫"作为抢劫罪的一个加重情节予以从重处罚，是由于会对不特定多数人的人身、财产安全及交通运输安全造成现实威胁，具有严重的社会危害性。本案被告人没有在公交车上显露或使用身上的凶器，公交车停在车站，乘客可以自由上下，被告人的行为尚未对车上不特定多数人的人身、财产安全或交通运输安全构成现实的暴力或威胁。第二，《刑法》将"携带凶器抢夺"认定为抢劫罪，实质上是对行为人的行为进行了一次从重的评价，而刑法规定的"在公共交通工具上抢劫"也是抢劫罪的一个加重情节。如果对被告人的行为从重评价为抢劫罪后，又再次评价为"在公共交通工具上抢劫"，违背了禁止双重评价原则。第三，被告人虽携带管制刀具抢夺，但其无论是在抢夺过程中还是在逃跑过程中均未使用或显露刀具，可见其主观恶性并非极其严重，其行为所造成的社会危害性也有限。如认定其"在公共交通工具上抢劫"，判处10年以上有期徒刑，显然量刑过重。❷

笔者基本同意上述理由，不过，正确处理本案，首先还是能否定性

---

❶ 《刑事审判参考》2002年第1辑（总第24辑）。
❷ 蒋伟、曹之华："携带凶器在公共交通工具上抢夺应如何量刑"，载《人民法院报》2008年7月16日。

为抢劫罪的问题，如果符合"携带凶器抢夺"认定为抢劫罪的条件，问题是行为人这一定性必须以"从其身上缴获一把弹簧刀"为条件，而此时行为人并不在车上，对此，根据2005年《审理抢劫、抢夺案件的意见》解释为普通抢劫罪是可以的。如果这一条件是发生在车上抢夺的当场呢？是否还是认定为普通抢劫罪就是问题。另外，上述理由中所谓"重复评价"并不存在，"携带凶器"是对行为人的行为进行一次从重评价，而"在公共交通工具上"是抢劫罪的一个法定加重情节，二者没有重复评价。当然，要解决这个问题，还是要回到如何处理"携带凶器抢夺"与抢劫加重犯的关系上来，对已经从重过的犯罪行为再次从重或者加重应该更加慎重，而且还要考虑整个加重犯之间的协调问题。归根到底，对于由轻向重发展的转化型抢劫罪成立加重犯应该加以必要限制。

【案142】2011年1月3日下午，郑某、杨某、赵某、李某、李某等人经预谋后，随身携带折叠刀、雨伞等作案工具，结伙并伙同他人乘坐向某驾驶的面包车至上海市闵行区曹行地区，伺机在搭乘公交车时行窃，向某则驾车在附近等候接应。下午4点多钟，一辆729路公交车缓缓驶入位于虹梅南路的朱行站停靠时，赵某、郑某、李某、李某等人从公交车前门上车，杨某等人从后门上车，将多名下车乘客挤在中间。趁着拥堵的场景，杨某等人将被害人丁女士挤靠在后车门一侧，实施扒窃。丁女士旁边的一名乘客是新婚燕尔、带领来沪参加婚礼的亲友参观完世博中国馆回家的王先生。他发现有人扒窃后立即予以斥责、制止。杨某即刻从王先生身后挥拳击打他的头部，从前门上车行至后门的赵某、郑某、李某、李某等人一拥而上对王先生拳打脚踢，将王先生从车内打至站台，并冲下车继续殴打。此时，与王先生同行的王某、张某、余某见状上前予以制止，郑某、杨某等人随即追打、围殴上述3名被害人。其间，郑某在挣脱被害人拉扯后，掏出随身携带的刀具刺戳3名被害人，致王某腹壁穿透创，小肠破裂，小肠系膜破裂，余某左侧液气胸，左侧胸壁及腋窝大片皮下气肿，张某左小腿中段后方皮肤裂创。经鉴定，王某的伤势构成重伤，余某构成轻伤，张某构成轻微伤。嗣后，郑某、杨某、赵某、李某、李某等人乘坐前来接应的向某驾驶的面包车逃离现场。上海市第一中级人民法院审理本案后认为，郑某、杨某等被告人的抢劫行为不仅给见义勇为的被害人造成包括重伤在内的人身伤害，而且给不特定的公众造成极大的恐惧感，破坏了社会治安秩序和社会风气，社会危害性极大。上述被告人均曾因盗窃等被判处刑罚，或被劳动教养，毫无悔改之意，反而聚结以犯罪为业，可见主观恶性极深，且在接受司法机关讯问时百般抵赖，足见其犯罪气焰嚣张。且被告人郑某具有持刀情节，与其他被告人相比，其罪行更为严重，故应承担更重的刑事责任。2011年9月，法院对此案进行了公开宣判，6名被告人的行为均构成抢劫罪，郑某被判处死刑，缓期2年执行，杨某、赵某、李某被判处无期徒刑，李某被判处有期徒刑15年，负责接应的司机向某被判处有期徒刑10年，接应的面包车一辆依法被予以没收。❶

这是一起发生在公共汽车上的转化型抢劫案，而且，因为暴力行为先发生在车上，并致使被害人重伤，故属于抢劫加重犯的竞合情形，即抢劫致人重伤的加重犯与在公共交通工具上抢劫的加重犯，对被告人应当从重处罚。

【案143】2012年1月1日上午，退伍兵李某乘坐江西丰城市2路公交车前往一家酒店帮一个朋友操办婚礼。他在车上发现一个小偷正在扒窃一位老人的钱包，立刻予以大声呵斥。而得手后的小偷慌乱中趁公交车停站跳车逃跑，李某紧随其后，将其扭住，逼着小偷把扒窃的钱交还失主。这时，小偷的一个同伙拔出匕首刺向李某。李某一边躲避，一边赤手空拳与两个歹徒展开搏斗，后背和前胸被歹徒连刺两刀。最终，他因心脏被刺破失血过多而牺牲。2012年3月，李某家乡江西省丰城市委、市政府在全市开展了向李某学习的活动，江西省综治委追授李某为"江西省见义勇为先进分子"。❷

在这起案件中，被告人是在下车后为抗拒抓捕而对被害人实施暴力，

---

❶ 丁元元：":公交车上抢劫并刀刺乘客6人获刑"，载《青年报》2011年9月17日。

❷ 舒春平、温常青、王宽道："退伍兵公交抓小偷牺牲称都站出来正义就能胜邪恶"，载《中国青年报》2012年3月18日。

所以不宜认定为在公共交通工具上抢劫的加重犯，但属于由盗窃转化而成立抢劫致人死亡的加重犯。

（四）其他拟制型抢劫的加重形态

在以上论述基础之上，再来分析《刑法》规定的其他6类抢劫加重犯的转化形态问题。

其一，抢劫银行或者其他金融机构的。如果行为人在银行或者其他金融机构实施盗窃行为过程中，为窝藏赃物、抗拒抓捕或者毁灭罪证而当场使用暴力或者以暴力相威胁的，应该成立拟制型抢劫罪，而且是抢劫银行或者金融机构的加重犯。前行为为抢夺或者诈骗银行或者其他金融机构的情况理论上也存在转化为抢劫的可能，只是客观上可能性较小。

其二，多次抢劫或者抢劫数额巨大的。针对数额巨大的财物实施盗窃、抢夺或者诈骗行为，为窝藏赃物、抗拒抓捕或者毁灭罪证而当场使用暴力或者以暴力相威胁的，应该成立拟制型抢劫罪的加重犯。携带凶器抢夺数额巨大的财物同样可以成立拟制型抢劫罪的加重犯。不过，笔者认为，此时，要求行为人对于数额巨大的财物必须具有足够的认知，而不是被抓获后才"意外地"发现自己的犯罪对象是居然如此贵重之物！对于多次抢劫，情况较为复杂。在理论上，行为人多次实施盗窃、抢夺、诈骗行为，而其中三次以上均为窝藏赃物、抗拒抓捕或者毁灭罪证而当场使用暴力或者以暴力相威胁的，可以成立拟制型抢劫，即多次抢劫加重犯。笔者认为，这里不必要求前行为是具有同一性质（罪名）。显然，这种情况在实践中虽然可能存在，但不易发生。

其三，冒充军警人员抢劫。在这里，冒充军警人员盗窃并无典型意义，倒是可能出现先冒充军警人员实施诈骗或者抢夺的情况。如果行为人进而为窝藏赃物、抗拒抓捕或者毁灭罪证而当场使用暴力或者以暴力相威胁的，可以拟制为抢劫罪的加重犯。但如果行为人实施诈骗或者抢夺犯罪，后在当场使用暴力或者以暴力相威胁的过程中冒充军警人员的，不宜拟制为抢劫加重犯。这里要求冒充军警人员的行为具有前后一致性与彻底性。

其四，持枪抢劫。根据最高人民法院2000年《审理抢劫案件的解释》第5条规定："持枪抢劫是指行为人使用枪支或向被害人显示持有、佩带的枪支进行抢劫的行为。"如果行为人持枪盗窃财物,后为窝藏赃物、抗拒抓捕或者毁灭罪证而当场使用枪支射击他人或者以开枪相威胁的,能否转化为持枪抢劫有不同观点。反对构成持枪抢劫者认为,这种情况还是先应该拟制为普通抢劫罪,如果在当场使用暴力或者以暴力相威胁的过程中,使用枪支造成严重后果的则应另行成立其他犯罪,数罪并罚,而不能一并拟制为持枪抢劫的加重犯。下面这起案件也反映出对这个问题的争议。

【案144】被告人刘某在伙同他人窜至一村庄盗窃鸡时被发现,在当地群众追赶抓捕过程中,被告人刘某及其同伙持发令枪改制的"喷砂枪"向追赶群众射击,造成多人被射伤,后携带所盗的2只鸡逃走。

在该案审理中,就被告人刘某的行为是否认定为转化型的"持枪抢劫"争议较大。一种意见认为应认定为"持枪抢劫",而且是在由盗窃转化为抢劫的过程中,行为人有持枪射击行为,所以,应当认定转化为"持枪抢劫"。另一种意见认为不应认定为"持枪抢劫",理由是,第一,被告人刘某持枪射击抓捕群众行为是其盗窃行为转化抢劫罪的暴力行为,本案在被告人没有实施其他暴力或威胁行为的情况下,如无该持枪行为,其盗窃行为就无法转化为抢劫罪,即被告人刘某持枪射击追赶群众的行为仅是盗窃行为转化为抢劫罪的必要条件,如将被告人刘某持枪射击抓捕群众的行为认定为"持枪抢劫",则是对被告人持枪行为的重复认定,也就是说同一行为既是基本犯罪构成要件又是该罪加重犯的构成要件(加重处罚情节),这违反了禁止重复评价原则,对被告人是不公正的。第二,对《刑法》第263规定进行逻辑分析,其前半部分规定的是抢劫犯罪的构成及一般情节的量刑幅度,后半部分的若干"加重情形"则是在前部分构成抢劫犯罪的基础上作出加重处罚的规定,如没有抢劫犯罪的成立,单独的持枪行为本身就不能进行加重处罚。因此对作为该8种情形之一的"持枪抢劫的"规定应理解为"在抢劫犯罪中持枪的",而本案中被告人是"在盗窃过程中持枪抗拒抓捕的",二者显然不同,如将盗窃中为抗拒抓捕等而持枪威胁行为也认定为"持枪抢劫"与立法本意不合。第三,虽然被告人持枪射击造成多人受伤,后果比较严重,如果被害人损伤程度构成重伤,可依照"抢劫致人重伤"的情形予以处罚,如果不构成重伤,则仍应在3~10年有期徒刑内予以从重处罚,不至于出现罪刑不相适应情况。

笔者认为,本案被告人的行为构成持枪抢劫,而且属于转化型抢劫加重犯。反对者的主要理由是行为人持枪射击追赶群众是一个暴力行为,只能向普通抢劫罪转化。这里关键在于对抢劫罪的暴力行为的理解,《刑法》第263条将持枪抢劫作为加重犯处罚,实际上也是一个暴力行为,而不是分"一般暴力 + 持枪"两个暴力来理解的。正如前文论述持枪抢劫的目的所言,《刑法》规定持枪抢劫加重犯就是考虑到非法持枪行为对他人的生命健康乃至公共安全具有更大的危险性,该加重犯把非法持有枪支行为的社会危害性也涵盖其中了。而这一点对于持枪盗窃转化为抢劫的情况而言,是完全相同的。只要盗窃转化为抢劫,吸纳非法持枪行为,就构成持枪抢劫加重犯。并不存在两次评价的问题。何况,本案行为人已经开枪射击,其危害性显露无遗。即使把本案认定为一般抢劫,该射击行为作为一般"暴力"来评价,明显是轻纵犯罪。即使将本案认定为普抢劫罪与非法持枪罪的数罪,也不能足以涵盖该涉及群众的危险行为。根据最高人民法院2000年《审理抢劫案件的解释》规定:"持枪抢劫是指行为人使用枪支或向被害人显示持有、佩带的枪支进行抢劫的行为",这里将"向被害人显示持有、佩带的枪支进行抢劫的行为"都包含在内,而本案的射击行为远远超过了"显示枪支"的危害性。还可假设的是,如果本案行为人开枪将其中一追赶群众打成重伤,同样应该成立抢劫致人重伤的加重犯,与持枪抢劫加重犯竞合存在。

当然,如果行为人持枪盗窃被发现后,并未使用枪支,亦未向被害人显示持有、佩带的枪支,只是使用其他暴力窝藏赃物、抗拒抓捕的,则不能转化为持枪抢劫加重犯,以普通抢劫罪与非法持有枪支罪数罪并罚即可。

同样,如果行为人实施的前行为为持枪抢夺的情况,根据最高人民法院2005年《审理抢劫、抢夺案件的意见》的规定:"行为人将随身携带凶器有意加以显示、能为被害人察觉到的,直接适用《刑法》第二百六十三条的规定定罪处罚。"如其所论,这里直接定抢劫罪的前提是"有意加以显示、能为被害人察觉到",持枪抢夺显然符合这一规定,问题是

· 545 ·

给行为人定《刑法》第263条规定的普通抢劫罪还是持枪抢劫的加重犯呢？笔者认为，这里"有意显示"枪支，与上述持枪抢劫要求的"向被害人显示持有、佩带的枪支"一致，还是应该转化为持枪抢劫的加重犯，不宜仅仅拟制为普通抢劫罪，再对行为人非法持枪的行为另行处理，实行数罪并罚。

其五，抢劫军用物资或者抢险、救灾、救济物资。针对军用物资或者抢险、救灾、救济物资实施盗窃、抢夺或者诈骗行为，为窝藏赃物、抗拒抓捕或者毁灭罪证而当场使用暴力或者以暴力相威胁的，应该成立拟制型抢劫罪的加重犯。携带凶器抢夺军用物资或者抢险、救灾、救济物资的，同样可以成立拟制型抢劫罪的加重犯。不过，笔者认为，此时，要求行为人对于军用物资或者抢险、救灾、救济物资必须具有足够的主观认知，而不是事后知道自己抢劫的对象是军用物资或者抢险、救灾、救济物资。

其六，再来分析抢劫致人重伤、死亡的加重犯是否也可以由盗窃、诈骗等前罪拟制而来。由于《刑法》第269条规定的抢劫罪的转化形态以"当场使用暴力或者以暴力相威胁"为条件，因此，一旦行为人为窝藏赃物、抗拒抓捕或者毁灭罪证，而使用严重暴力，就可能发生致人死亡的危害结果，此时，若将其定性为"前罪+故意伤害（致人死亡）罪"显然不妥当，仅仅定普通抢劫罪又未评价"致人死亡"的危害结果，所以，还是应该认定为转化型抢劫（致人死亡）加重犯。当然，暴力行为与致人死亡的结果之间应该存在法律因果关系，对此因果关系的分析，与前文论及抢劫罪的结果加重犯相同，不再赘述。但是，如果行为人被发现后继续实施暴力、威胁，以劫取财物，该行为是在原有盗窃、诈骗或者抢夺基础之上的加剧，是犯罪的进一步升级，若其暴力致人重伤、死亡的，就应该直接适用《刑法》第263条有关结果加重犯的规定，不必再援用《刑法》第269条的规定。如果行为人的前罪被发现后，又心生其他意图而对他人实施暴力，致人重伤、死亡的，则应该另行定故意伤害等罪，与前罪数罪并罚。

第九章 抢劫罪的停止形态

对于抢劫罪的停止形态刑法学界历来存在争论，1997年《刑法》实施以后，司法实践中处理抢劫案件时，有关犯罪停止形态的争议更为热烈。2000年11月最高人民法院颁布《审理抢劫案件的解释》没有对这个问题进行解答，直到5年之后，最高人民法院颁布的2005年《审理抢劫、抢夺案件的意见》才初略地解释了"抢劫罪的既遂、未遂的认定"问题。此后实践中遇到这类问题，也就以此为依据进行处理。但2005年《审理抢劫、抢夺案件的意见》在理解和认识上问题依然很多。抢劫罪的停止形态之争反映出的很多刑法理论问题，有的很值得反思。

一、从犯罪停止形态的本质看抢劫罪的停止形态之争

由于我国刑法对犯罪的既遂和未遂是规定在总则中的，《刑法》分则没有对应的规定，因此当遇到《刑法》分则的故意犯罪罪名时，理论和实践都存在是否有既未遂形态等问题，有些争论还比较激烈，许多罪名的既未遂标准问题至今没有定论。在刑法修订时，曾有建议将犯罪的既遂和未遂改由总则概括规定和分则具体规定相结合的立法方式，❶ 但立法机关没有采纳。所以，关于具体罪名的既遂未遂理论之争仍将继续存在。而且，从理论上讲，对犯罪停止形态的研究，与整个刑法总论和分论的研究相一致，呈现出不断深入和细致的特征，这种深入和细致化，就像经济领域的分工一样，❷ 成为现代刑法学发展的一种趋势。

---

❶ 赵秉志主编：《刑法修改研究综述》，中国人民公安大学出版社1990年版，第154页。

❷ 如经济学学说更多了，行业更广了，工种也更细了，等等。

从长期的司法实践来看，司法机关面对既遂未遂问题时，首先考虑的是犯罪性质的严重性和犯罪本身的特点，例如，毒品犯罪是社会危害性极大的犯罪，除了不知是假毒品而贩卖和用无效的配方制造毒品等情况定未遂犯外，其他毒品犯罪都不考虑未遂问题，实际上都以既遂定性。走私犯罪也是如此，很多学者都探讨过各种走私罪的未遂情形，但考虑到走私犯罪都是在边境查获的，出境后不可能查获，入境后一般也难以查获，因此实务部门一般也不考虑走私罪的未遂问题，均以既遂论。理论界也承认危害国家安全的犯罪没有未遂，只要实施这种行为就构成犯罪既遂。在此，有人提出：犯罪的既遂不以行为人的实际行为实施完毕或目的达到与否作为标准，它只是刑事政策的需要而已。❶ 但是，对于很多直接故意犯罪而言，实际行为实施完毕或目的是否达到对其社会危害性的影响还是非常大的，为了区分这些情况，区分其停止形态当有必要。不然，刑事政策就可能成为直接影响案件的"橡皮条"，这就违背了刑法规范的明确性以及刑法适用的公平性，乃至背离法律的基本正义精神。

关于抢劫罪既遂之标准，历来存有争议。对于1979年《刑法》第150条规定的抢劫罪，概括起来，主要有以下几种观点：

第一种观点认为，应以行为人是否非法占有公私财物作为区分抢劫罪既遂与未遂的标准。即已非法占有财物的为既遂；未非法占有财物的，即使已将被害人杀伤或致死，也是抢劫未遂。这种"一刀切"的观点支持者已经不多。

第二种观点认为，应以是否直接侵害人身权利作为区分抢劫罪既遂与未遂的标准。只要行为人在着手实行抢劫的过程中，对被害人的人身权利施以暴力、胁迫或者其他方法的，不论财物是否到手，均构成抢劫罪的既遂。这一观点实际上否认了抢劫罪未遂的存在。不过，有观点又主张，只有既未抢到财物，又未伤人的，属于抢劫未遂。❷

第三种观点认为，应以是否属于结合犯而对既遂与未遂的区分掌握不同的标准。一般情节的抢劫行为中致人轻伤和加重情节中致人重伤、死亡的情况是结合犯，其他则不是结合犯。对属于结合犯的抢劫罪，抢

---

❶ 刘宪权、卢勤忠：《金融犯罪理论专题研究》，复旦大学出版社2002年版，第89页。

❷ 朱晓彬："抢劫罪中既遂与未遂的探讨"，载《法学》1981年复刊号。

夺财物本身有可能未得逞，但不论是否抢夺到财物，只要侵犯人身的行为构成独立的罪名，均应以抢劫既遂论；对不属于结合犯的抢劫罪，应以是否取得财物为既遂与未遂的标准。❶ 不过，多数学者认为我国刑法中不存在结合犯，故这一观点也缺乏支持。

第四种观点认为，1979年《刑法》第150条对抢劫罪的两款规定，应当按照两种情况分别确定既遂与未遂的标准。即对第1款称为基本构成的抢劫罪，以是否抢到财物为既遂与未遂的标准。即抢到了财物，没有伤人，为既遂；没有抢到财物，也没有伤人或致人轻伤的，均为未遂；而第2款是"结果加重犯"，不存在未遂问题。即致人重伤、死亡的，无论是否抢到财物，皆为既遂。该观点否定了未取得财物却致人轻伤的为既遂。此观点也是1997年《刑法》实施以前刑法理论界的通说。还有其他一些类似观点，如有的认为应以"财物到手"和"致人重伤、死亡"与否作为区分本罪既遂与未遂的标准，即抢到财物但没有伤人的，或者没有抢到财物，但致人重伤、死亡的，均属既遂；没有抢到财物，但致人轻伤的，为未遂。❷ 有的认为，在抢劫行为没有造成他人重伤或者死亡的情况下，其既遂与未遂的标准应是行为人是否取得了财物，取得财物的，为既遂；否则，为未遂。在行为人的抢劫行为造成他人重伤、死亡的情况下，即使没有取得财物，也成立既遂，即结果加重犯没有既遂与未遂之分。❸ 这类观点可以被概括为"占有财物侵犯人身择一说"，即只要抢劫行为侵犯了财产权或者人身权之一者，即为既遂。❹

1997年《刑法》实施后，对《刑法》第263条规定的抢劫罪既遂与未遂的界定，仍然存在较大的争议，在传统观点之上，新增的观点主要是结合1997年《刑法》对抢劫罪修改的内容而有所修正。例如，有种观点认为，抢劫罪的既遂理应以行为人取得（控制）被害人财物；造成轻伤但未取得财物的，依然属于抢劫未遂。❺ 也有的观点认为，以是否实际

---

❶ 杨敦先："试论抢劫罪的几个问题"，载《法学研究》1983年第2期。
❷ 梁世伟编著：《刑法学教程》，南京大学出版社1987年版，第522页。
❸ 胡显壁、江礼华："也谈抢劫罪的既遂与未遂问题"，载《法学》1982年第2期。
❹ 高铭暄主编：《新编中国刑法学》，中国人民大学出版社1998年版，第768、769页。
❺ 张明楷：《刑法学》，法律出版社2011年版，第860页。

抢得财物作为区分既遂与未遂的标准，理由是：从我国《刑法》章节安排看，抢劫罪为一种重在侵犯财产的犯罪，以暴力、胁迫或其他方法获取财物是达到既遂状态的标准，而抢劫致人重伤、死亡与入户抢劫等共同作为加重量刑的情节，不是衡量抢劫既遂与未遂的标准。❶ 有类似观点指出，根据《刑法》第263条的规定，将第一格量刑档次的抢劫，理解为基本构成的抢劫罪；将第二格量刑档次的8种情形，理解为加重构成的抢劫罪。在加重构成的抢劫罪中，又将其中之一抢劫致人重伤、死亡的情况，理解为结果加重犯；将其他7种情况，理解为情节加重犯，并认为：区分抢劫罪既遂与未遂的标准，只适用于基本构成的抢劫罪，而不适用于加重构成的抢劫罪。8种加重情形既是情节加重犯或结果加重犯的标志，同时也是其加重的犯罪构成齐备与否的标志，因此，这8种情形的抢劫罪只有构成与否的问题，而无既遂与未遂的问题。❷ 也就是说结果加重犯、情节加重犯均不存在既遂与未遂问题。

分析以上观点的异同，不难看出：对行为人劫得了财物，无论数额多少都属于既遂，均不持异议；对结果加重犯中不存在抢劫未遂的问题成为多数观点的共识。争议的焦点是"入户抢劫的"等情节加重犯，以及既未抢得财物但已致人轻伤而又不属结果加重犯、情节加重犯的一般抢劫行为，是否存在未遂形态。

笔者认为，研究犯罪停止形态，必须首先明确犯罪停止形态的本质所在，这是决定界定既遂与未遂区分标准的根本。而对犯罪停止形态的本质问题，有学者提出"故意犯罪停止形态的本质特征在于故意犯罪行为的'停顿'"的观点。❸ 笔者认为，基于犯罪的本质是法益侵害的原理，作为犯罪的典型表现形态，犯罪既遂的本质与犯罪的本质是一致的，判断是既遂还是其他未完成形态，其标准取决于危害行为侵害法益的程度，这与犯罪的社会危害性理论是完全一致的。将犯罪行为的"停顿"

---

❶ 最高人民法院应用法学研究所编审：《新刑法罪案与审判实务精解（中册）》，中国方正出版社1999年版，第1807页。

❷ 赵秉志主编：《犯罪停止形态适用中的疑难问题研究》，吉林人民出版社2001年版，第460~462页；高铭暄主编：《新中国刑法学（下册）》，中国人民大学出版社1998年版，第769页。

❸ 刘宪权："故意犯罪停止形态相关理论辩证"，载《中国法学》2010年第1期。

状态理解为犯罪既遂的形式特征较为合适。

笔者一直强调,既遂是某种犯罪的常见形态和模式,实际上也是从犯罪实践中总结出来的该类犯罪的"标本"或者"模型"。无论是犯罪既遂的各种学说,如构成要件齐备说等,❶还是考虑刑事政策需要,以及结果犯、行为犯、危险犯的分类标准,界定犯罪既遂,既取决于法益的重要性程度,也需要考虑危害行为的特征与方式,所以,有的犯罪不能等到行为实施完毕才达既遂;多数犯罪需要行为实施到社会一般人认可的危害程度就是既遂,这种认可应该根据该罪在实践中的常见形态来决定(犯罪实践),就像一些财产犯罪的定罪数额取决于这些犯罪的实践一样。以财产犯罪为例,不可能行为人一接触被害财物或者被害人就构成既遂,还需要对他人财物(或者人身)侵害到一定程度,这种程度正是从通常的犯罪实践中总结出来的。如盗窃、抢夺、诈骗等犯罪,其既遂形态都是围绕对他人财物的控制程度展开讨论。就数额盗窃犯而言,有的地方定盗窃1 000元才能构成,有的地方为2 000元才能构成,这就是根据实践总结出来的一个犯罪的"临界点",太高了不行,太低了也不合适。进一步说,盗窃到什么程度才是既遂呢?这同样要根据盗窃犯罪的实践总结一个标准,控制说(行为人获得财物)加失控说(被害人失去了财物)正是这样总结出来并被人接受的标准。抢劫罪因涉及人身权益被害的问题,所以对其社会危害性的衡量比其他单纯的财产犯罪复杂,但《刑法》把抢劫罪规定在侵犯财产罪一章,抢劫罪与其他侵财犯罪应该有着共通的特点。在此基础上,笔者认为,既然《刑法》对抢劫罪进行了如此细致的规定,不同抢劫加重犯的具体构成要素已经有明显区别,判断抢劫罪既遂与未遂的标准,不仅应把基本罪与加重罪区别开来,还应当把加重罪的不同情形区别开来。

二、抢劫基本罪的停止形态

在刑法理论和我国刑事立法中,基本罪是指刑事立法选择某种犯罪

---

❶ 金泽刚:《犯罪既遂的理论与实践》,人民法院出版社2001年版,第28~73页。

在人们的日常生活中常见典型的表现形式，提炼出它们的根本特征，以此为模式设定其对应法定刑的犯罪类型，其他同种罪名的犯罪是在其基础上的延伸，多数是更严重型的加重性延伸，少数是减轻性的延伸。这样一来，抢劫基本罪，就是指符合该罪基本的犯罪构成的抢劫罪，对应的法定刑为3年以上10年以下有期徒刑，并处罚金。

对于抢劫犯罪的基本罪的停止形态，首先是既遂与未遂的区分问题，对其界定的标准历来也有不同观点。

有的观点认为，应以行为人是否非法占有公私财物为标准，因为抢劫罪基本罪与盗窃、抢夺一样，都是财产犯罪，自然以取得财物的为既遂，未取得财物为未遂，理由是：抢劫罪侵犯的主要客体是财产所有权，并且普通抢劫罪的犯罪结果只能是对财物的强行非法占有，因此，应该以这种结果是否发生作为犯罪既遂与未遂的区分标志，也就是说不论是否造成被害人的伤害，只要因行为人意志以外的原因未能非法占有财物的，均属于抢劫未遂；如果已强行非法占有财物的，则构成抢劫既遂。❶ 也有观点认为，应以是否侵犯人身权利为标准，只要抢劫犯罪分子在着手实行抢劫过程中，对被害人的人身权利以暴力、胁迫或者其他方法加以侵犯，不论财物是否到手，均构成抢劫罪的既遂。只有既未抢到财物，也没有伤人的，才属于抢劫罪的未遂。❷ 还有观点认为，由于抢劫罪是复杂客体，只要侵害了其中一个客体，不论是财产权益还是人身权益，都可以构成抢劫罪的既遂。❸ 按照这种观点，抢劫罪几乎没有未遂可言。这样的结论显然既不具有合理性，也不符合司法实际。目前，前一种观点是我国刑法学界的通说，也是实践部门遵照的指导性标准。

不过，遵循通说的标准，将遇到的最大问题就是如何认识和界定"非法占有财物"或者"非法劫取财物"。笔者认为，无论是"非法占有财物"或者"非法劫取财物"，都不是指行为人的主观状态，因为犯罪目的是否达到不是衡量犯罪既遂的标准，它只是抢劫罪的成立条件而已。此外，"非法占有财物"或者"非法劫取财物"不是指行为人实施了抢劫

---

❶ 赵秉志：《侵犯财产罪》，中国人民公安大学出版社1999年版，第83页。
❷ 朱晓斌："抢劫罪中的既遂与未遂的探讨"，载《法学》1981年复刊号。
❸ 冯亚东、刘凤科："论抢劫罪客体要件之意义"，见高铭暄、马克昌主编：《刑法热点疑难问题探讨》，中国人民公安大学出版社2002年版，第820页。

罪的危害行为而已，如果只要实施其危害行为就是既遂的话，抢劫罪就成了行为犯了。所以，"非法占有财物"或者"非法劫取财物"是指财物被行为人取得的一种结果状态。这又带来了另一个问题，那就是何为"取得"呢？比如说，行为人抢劫某被害人的手机，在被害人反抗过程中，手机在双方之间几次易手，最后犯罪嫌疑人被闻讯赶来的安保人员抓获。实践中，还有一些案件是行为人劫得财物后，受到被害人当场反抗并奋力追赶了一段距离，或者受到其他群众或者安保队员甚至警察的跟踪追击，受害人很快找回了财物，对这种情况是否一律认定抢劫罪的既遂呢？笔者认为，应该承认不同场合下，犯罪既遂的表现形式可能有所区别，如扒窃者扒得财物走到车门准备下车时，被事主发现而追回财物的，应该已经既遂；如果扒窃者刚把财物扒到手时就被事主及时发现并且相互争夺，终于要回自己的财物，则是未遂。抢劫者劫取财物尚未离开现场就被及时抓获或者丢弃财物的，应该不属于既遂，而离开现场后被闻讯赶来的群众追赶抓获，则是既遂。一般说来，侵财犯罪对财物的控制应该达到一定程度，不"是财物沾手"就是既遂。但也并非一定要行为人甩掉追兵，十拿九稳地取得了财物，才是既遂。下面的案例将进一步解释这个问题。

2004年12月27日和2005年1月19日《人民法院报》围绕这样一个案例开展过一次讨论。

【案145】某晚9时许，被告人李某因经济拮据而产生抢劫他人财物之恶念，遂携带水果刀窜至某市中学门口物色目标，伺机作案。当女教师张某一人从学校出来步行回家时，李某即尾随张某至僻静处，持刀威胁张某逼其交出钱财。张某奋力挣脱并逃跑，李某立即追赶。在追赶过程中，李某见有一包东西从张某身上掉下，捡起一看，是一钱包，内有人民币5 000余元和张某教师证等财物。李某"捡"到钱后，不再追赶。当晚，张某回家后发现钱包不见了，并向当地公安机关报案，李某被抓获，并承认"捡"到钱包的事实。案发后，被害人张某亦陈述她的钱包是因被抢时因惊恐万分、在跑动中失落的。

对本案被告人李某的行为是否构成抢劫罪既遂形态存在分歧。一种意见认为，被告人李某在实施抢劫时，由于其本人意志以外的原因，未能当场劫得被害人张某的财物，虽然在后来追赶过程中最终"取得财物"，但财物并非对方"被迫交付"，仍属未完成抢劫犯罪，应构成抢劫未遂。理由是：抢劫罪的本质特征是"强取"他人财物，所谓"强取"，是指行为人采用暴力、胁迫的手段或其他方法压制对方的反抗，通常是使对方处于不敢反抗、不能反抗、不知反抗的状态，从而违背被害人的意思，将对方财物转归自己或者第三人占有。而本案被害人的钱包是张某"无意"中失落的，而后被李某"捡"走，本案不存在张某基于李某实施暴力或追赶而生恐惧被迫交付自己财物这一事实，李某在对方财物失落的情况下，进而取得对方财物不符合"强取"的本质特征。该观点还认为，主张本案以抢劫未遂定性的风险在于，它的确给人造成无视"取得对方财物"这一情节的存在或者没有对这一情节进行相关刑法评价的感觉，但这仅仅是一种误解和错觉。本案中认定李某的行为属于抢劫未遂，只是表明后面的取财行为具有"和平"取财的特征，离"强取"尚有距离，但不等于承认李某取得财物的行为是"合法"的。另一种意见认为，被告人李某以非法占有为目的，使用持刀威胁等暴力手段，使张某跑动，最终达到非法取得他人财物的目的，其不但实施了暴力行为，而且取得了对方财物，属已完成犯罪，应构成抢劫既遂。理由有二：首先，在李某持刀追赶张某取得财物，仍然是"当场"取得的。虽然李某在持刀威胁张某交出钱财时被张某奋力挣脱并逃跑，但李某随即在张某身后持刀追赶。不能因为张某曾"奋力挣脱逃跑"，就认为抢劫行为已告一段落，可以成为抢劫未遂。其次，抢劫所得的财物是由被害人"被迫交付"——这只是某些情况下抢劫犯罪客观方面的一个特征。在抢劫犯罪中，所有被抢劫的财物，其脱离被害人控制而被犯罪人所得这一过程有其多样性：被害人在犯罪人暴力胁迫下被迫交付，或犯罪人使被害人陷于不知反抗、不敢反抗、不能反抗之后而主动取得，等等。被害人财物脱离其控制而被犯罪人所得是违背其意志的，原因在于被害人受到了犯罪人的暴力（包括变相的暴力）或者明示、默示的暴力威胁，这才是抢劫犯罪客观行为方面的本质特征。本案张某失落钱包，与李某暴力威胁直接相关；而李某能够捡到钱包，也与其暴力威胁的行为直接相关。这样的因果关系就决定了本罪是既遂犯。

的确，本案与一般抢劫未遂案件不同，其特殊之处在于李某在直接实施暴力行为时没有取得财物，似乎犯罪未完成，但在追赶被害人过程中又"意外地"取得了对方财物。如果按未遂处理似乎其犯罪行为最终已经得逞，说是既遂也不典型，这正是引发犯罪停止形态争议的主要原因。笔者同意讨论者中认定既遂的观点，理由其实就在于，本案行为人获取财物与其暴力行为是分不开的，二者之间具有法律上的因果关系，即"财物失落"与"张某想要逃脱李某抢劫威胁而急速奔跑，李某在其身后持刀紧紧追赶"之间具有法律关联。需要说明的还有，这类案件认定既遂还要考虑：被害人失落物应该是在抢劫的现场（包括现场的必要延伸），犯罪人对于失落物的主人是被自己抢劫对象也应该有认识。如果行为人在抢劫甲的过程中，在甲逃离时捡到第三人乙遗失的财物就不是抢劫既遂。

基于以上理由，下面的情况都应该认定为抢劫既遂：（1）如果被害人被暴力所迫，在逃跑途中为脱身，将财物扔到树林或者河水中，而被行为人找到，也应该是犯罪既遂。（2）在二行为人共同抢劫被害人时，若一人在门口持刀截住被害人，另一行为人乘机由窗户进入被害人家中"偷走"财物（被害人当时不知道"被盗"），这也是抢劫既遂。（3）至于行为人通过下迷药而使被害人陷于不知和不能反抗的状态，进而取走被害人财物的行为，也不具备被害人"被迫交付"的条件，但并不影响这种行为构成抢劫罪的既遂犯。只不过（3）已是理论通说罢了。其实，它们的原理有共通之处。

此外，抢劫罪的基本罪的停止形态在致人轻伤的情况下，是认定既遂还是未遂，对这个问题，最高人民法院颁布的2005年《审理抢劫、抢夺案件的意见》第10条的规定是："具备劫取财物或者造成他人轻伤以上后果两者之一的，均属抢劫既遂。"自从该规定出台后，司法实践部门和理论界对该问题似乎不再存在争论。笔者认为，最高人民法院的此处规定值得商榷。

我国《刑法》规定的抢劫罪无疑侵犯的是财产权益和人身权益双重客体，但《刑法》同时规定了该罪的基本犯（罪）和加重犯两大类犯罪构成，确定其既遂还是未遂的标准，取决于侵犯的主要客体为何。如果主要客体是人身权益，则成立既遂无需发生取得财物的危害结果；如果侵犯的主要客体是财产权益，成立既遂就以取得财物为标准。正是因此，在抢劫罪致人重伤死亡的情况下，构成结果加重犯，就无需取得财物也成立既遂。❶ 但在致人轻伤的情况下，是否主要客体还是人身权益呢？笔者认为，《刑法》将这种情况作为基本罪，规定了 3～10 年的量刑幅度，足以考虑到其社会危害性程度，而且，抢劫本身就存在致人伤害的可能性（如过失导致轻伤害），其既遂的标准不必更加严格，而与未致人身伤害的一般抢劫罪保持一致更为合理。从罪质而言，这样的理解更符合抢劫罪是侵财犯罪的归类。只是当抢劫行为致人重伤或者死亡时，其侵犯的主要客体才发生了转换，因此，不必以劫取财物为既遂标准。特别是，将抢劫罪基本罪的法定刑与故意伤害罪的法定刑进行比较，不难发现将这种抢劫致人轻伤害的情形认定为既遂，明显导致刑罚过重，罪刑不适应。如适用普通的抢劫基本罪为 3～10 年的有期徒刑，并处罚金；而故意伤害他人身体，只要不是重伤害，仅为 3 年以下有期徒刑，一般的致人重伤，也是处 3～10 年有期徒刑，而抢劫致人轻伤而未获取的行为的危害性跟故意伤害致人轻伤区别不大，此时，把前者定未遂，可以从轻或者减轻处罚，就与后者的刑罚保持一致了，否则二者危害差不多，处罚上差异过大，有失刑法的公正精神。实际上，将这类案件认定为犯抢劫未遂也更符合一般人的观念。

【案 146】蒋某迷恋赌徒，因无钱赌博，预谋抢劫。2007 年 5 月某日晚，蒋某躲藏在一居民巷内，欲对过路行人实施抢劫。当晚 23 时许，被害人李某（女，26 岁）下班经过此巷，被告人蒋某手持尖刀威胁李某交出钱物。李某大声呼救，蒋某惊慌失措，用尖刀刺中被害人李某胸部后逃离现场。后被告人蒋某被公安机关抓获。经法医鉴定：李某的损伤程度为轻伤（偏重）。

如上所述，对于类似本案的案件，是定抢劫罪既遂还是未遂存在激烈争论。就本案而言，控方往往认为，被告人蒋某手持尖刀威胁李某虽未抢到财物，但用尖刀刺中被害人李某胸部，致李某轻伤（偏重）。根据

---

❶ 对抢劫加重犯的停止形态后这有专门论述。

抢劫罪侵犯双重客体的原理，没有抢到财物，也没有致人轻伤的，为未遂；抢到财物的，或者虽然没有抢到财物但致人轻伤以上伤害的，为抢劫既遂。因此，被告人蒋某的行为应定抢劫罪（既遂）。而辩方则坚持，既遂与未遂的标准应以是否实际抢得财物来区分。理由是：我国刑法规定的抢劫罪属于侵犯财产类犯罪，以暴力、胁迫或其他方法获取财物是达到既遂状态的标准，否则就是犯罪未遂。蒋某既然没有抢到财物，其行为只能构成抢劫罪（未遂）。笔者认为，虽然辩方的观点不够全面，至少没有区分基本罪与加重犯的既未遂标准，但基于前面的理由，将本案认定为未遂更妥当。

关于抢劫基本罪的预备和中止形态。

1. 抢劫罪的预备形态

我国《刑法》第22条规定："为了犯罪，准备工具、制造条件的，是犯罪预备。"根据这一规定，抢劫罪的犯罪预备形态，是指已经为抢劫罪的实行进行犯罪预备行为，由于行为人意志以外的原因而未能着手实施抢劫罪的实行行为的犯罪形态。处于这一形态的行为人，是抢劫罪的预备犯。据此，成立抢劫罪的预备犯，应当具有如下三个特征：

第一，行为人已开始为抢劫罪的实行实施预备行为。

这一特征使抢劫罪的犯罪预备形态与单纯的犯意表示相区别。单纯的犯意表示是在实施犯罪行为之前，把自己的犯罪意图用口头或书面的形式加以表露。例如，某人在日记里记载了想抢劫银行，这就是抢劫罪的犯意表示。我国刑法摒弃了"思想犯罪"，不惩罚单纯的犯意表示。单纯的犯意表示虽然也表现为一定的书写行为或言语行为，但其主要属于主观范畴，还没有危害社会的行为，根据我国刑法主客观相统一的犯罪构成要求，刑法不惩罚单纯的犯意表示。抢劫罪的犯罪预备行为，是行为人产生实施抢劫罪的故意后，实施的为抢劫罪的实行准备工具，创造条件的行为，例如，准备刀枪棍棒，准备交通工具等。此外，为抢劫罪的实施制造便利条件的预备行为还可以概括为以下几种：（1）勾引、集结共同犯罪人；（2）制定犯罪计划；（3）为实施抢劫进行调查活动；（4）排除实施抢劫罪的障碍；（5）准备实施抢劫罪的手段方法，如练习用绊索拦路抢劫的步骤，演习麻醉抢劫的方法；（6）尾随或者跟踪目标，寻找时机，以便着手实施抢劫；（7）已确定犯罪计划和犯罪对象，但尚未上路或尚在途中的案件；等等。

第二，行为人尚未着手实施抢劫罪的实行行为。

这一特征是抢劫罪的预备形态与实行犯罪后的各种完成与未完成形态的客观区别所在。已经开始了上述抢劫罪的预备行为而尚未着手实施抢劫罪的实行行为，才有可能被认定为抢劫罪的犯罪预备。如果已经着手实施抢劫罪的实行行为的，则不可能再停留在犯罪预备形态。抢劫罪实行行为就是《刑法》分则所规定的抢劫罪犯罪构成客观方面要件的行为。抢劫罪的实行行为可以分解为双重的实行行为内容，一是先实施侵犯公民人身权利的手段行为，二是后实施的侵犯公私财产权利的非法强行取得他人财物的目的行为。因此，开始实行前一行为即侵犯人身权利的行为，即为着手实施抢劫罪的实行行为。当然，抢劫罪的手段行为可以包含一系列具有内在联系的动作，而不限于只有一个动作，更不是要完成一系列动作。抢劫罪的实行行为一般表现为暴力或者胁迫行为。如在实施暴力抢劫案中，逼问被害人、追赶被害人、抓住被害人、殴打乃至伤害、杀害被害人等一系列动作，它们都是暴力行为可包含的内容，无论行为人开始实施其中哪个动作，都足以认定为抢劫罪实行行为的着手，而不再是犯罪预备。至于这些动作是否足以起到压制被害人，达到占有财物的作用，则不是这里要考虑的问题。对何谓抢劫罪的"暴力"，本书在前面抢劫罪的犯罪构成要件中已经论述。

第三，尚未着手实施抢劫罪的实行行为是由于行为人遇到意志以外的原因。

这一特征使抢劫罪的预备形态区别于抢劫罪实行行为以前的犯罪中止形态。后者虽然也未着手实施抢劫罪的实行行为，但其原因是由于行为人自动打消犯罪意图，放弃犯罪活动。抢劫罪的预备犯未能实施该罪实行行为的意志以外的原因，通常有：被他人发现而加以制止，没有找到或无法接近犯罪对象，不具备实行犯罪的时机和环境条件，行为人对是否可以着手实施抢劫发生错误认识等。

抢劫罪的犯罪预备形态是上述三个特征的有机结合和统一。其中前两个特征侧重于揭示其客观性，第三个特征侧重于揭示其主观性，即抢劫罪的犯罪预备形态也是主客观方面的统一。为抢劫罪的实行制造便利条件的行为是其客观条件，为实施抢劫罪而进行犯罪预备的故意是其主观条件，这种主客观相统一构成了抢劫罪的预备犯承担刑事责任的科学根据。抢劫罪的预备犯这三个特征的统一，也正确反映了抢劫罪的犯罪预备形态不同于既遂、未遂、中止形态的危害程度，从而为抢劫罪预备犯的处罚原则奠定了科学基础。

【案147】2008年7月28日，被告人阮某、林某和郑某预谋抢劫，并准备了西瓜刀、绳索等作案工具，先后将被告人林某的邻居、某金银首饰店等作为抢劫对象，均因条件不合适未予实施。几天后，被告人阮某、林某、郑某来到漳州市客运中心车站，由阮某提议抢劫出租车司机，并将其杀害，被告人林某表示同意，但被告人郑某只同意抢劫财物，不同意杀人。被告人阮某见状拿10元的现金给被告人郑某作车费，让其先搭车回去，被告人郑某便自行离开回家。后阮某和林某拦下郑女驾驶的轿车，雇其载回漳浦县，郑女按被告人阮某的指挥，将车开至漳浦县南浦乡某条乡间小路，郑女不同意继续前行，被告人阮某、林某便下车商议抢劫郑女。接着，被告人林某用刀砍伤郑女的脖子、左手手背，被告人阮某用刀砍伤郑女的左手臂，并抢走郑女的现金60元、诺基亚手机一部（价值人民币190元）和车钥匙，被告人阮某则强行将车开走。因被告人阮某驾驶技术问题，将车开入路边的小溪，被告人阮某、林某后弃车逃跑。❶

本案被告人郑某的犯罪形态如何认定？有人认为，本案中被告人郑某在2008年7月28日的犯罪形态属犯罪预备形态，而在几天之后的犯罪形态属犯罪中止形态，理由如下：在后一犯罪行为中，被告人郑某虽有抢劫的共同犯罪故意，但因被告人阮某、林某预谋要杀人劫财，被告人郑某害怕便放弃抢劫犯意，也没有实施共同抢劫行为，符合犯罪中止的条件，应认定为自动中止犯罪。问题是，能否以被告人郑某没有有效地防止被告人阮某、林某抢劫郑女的犯罪结果发生而否认被告人郑某自动地中止犯罪呢？这必须考虑共同犯罪中停止形态认定的特殊性。无论是

---

❶ 林振通："本案中被告人郑某的犯罪形态如何认定？"，载中国法院网，2009年1月13日访问。

考察本案主观上的共同犯罪故意，还是在客观方面共同犯罪行为，郑某只是事前表示参与（一般的抢劫），得知杀人后就予以放弃。在犯罪对象都没有确定的情况下，郑某主动离开，其行为与郑女遭受抢劫的结果没有直接因果关系，哪怕是条件关系也不具备。但郑某毕竟参加了前期（一般抢劫）预备行为，所以应该作为预备中止对待，即使郑女死亡了也不宜认定郑某是抢劫致人死亡的中止犯。由此案可见，在共同犯罪中，个体犯罪是可以独立出来，脱离其他人继续完成的犯罪，成立不同的犯罪停止形态的。如果认为只要有参与，就必须替最后结果负责，这不符合罪责刑相适应原则。也不利于阻止犯罪人及时退出犯罪，不符合我们国家分化瓦解犯罪的刑事政策。

【案148】1998年3月的一天，被告人黄某邀被告人舒某去外地抢劫他人钱财，并一同精心策划，准备了杀猪刀、绳子、地图册等作案工具，从芷江侗族自治县流窜到贵州省铜仁市伺机作案，并在该市购买了准备作案用的手套两双。3月20日晚7时许，黄某、舒某在铜仁汽车站以100元的价钱骗租一辆车号为贵D-30306的豪华夏利出租车前往湖南省新晃侗族自治县，准备在僻静处抢劫司机吴某夫妇驾驶的出租车。当车行至新晃后，黄某、舒某仍感到没有机会下手，又以50元的价钱要求司机前往新晃县波洲镇。当车行至波洲镇时，由于司机夫妇的警觉，向波洲镇政府报案，黄某、舒某的抢劫未能着手实行。黄某、舒某被捕后，对其准备作案工具、图谋抢劫出租车的事实供认不讳。

新晃侗族自治县人民法院认为，被告人黄某、舒某以非法占有为目的，企图以暴力手段抢劫他人驾驶的出租车，并为此而准备工具、制造条件，其行为已构成抢劫罪。在准备实施抢劫行为时，由于意志以外的原因而未得逞，属于犯罪预备，依法可以从轻处罚。在共同犯罪中，被告人黄某起主要作用，系主犯，且有前科，应从重处罚；被告人舒某起次要作用，系从犯，可从轻处罚。依照《中华人民共和国刑法》第263条、第22条、第25条第1款、第26条第1款、第4款、第27条和第64条的规定，于1998年7月13日判决如下：（1）被告人黄某犯抢劫罪（预备），判处有期徒刑4年，罚金人民币3 000元；（2）被告人舒某犯抢劫罪（预备），判处有期徒刑2年，罚金人民币2 000元；（3）作案工具杀猪刀一把，纱手套二双，地图册一本，尼龙线二支，予以没收。一审宣判后，被告人黄某、舒某不服，以自己的行为是"犯罪中止"为理由，提出上诉。湖南省怀化市中级人民法院审理后维持一审判决。❶

【案149】2006年11月初，被告人张甲、张乙因经济紧张，预谋到偏僻地段对单身女性行人实施抢劫，并购买了尖刀、透明胶带等作案工具。11月6日至9日，张甲、张乙每天晚上携带尖刀和透明胶带窜至安吉县递铺镇阳光工业园区附近，寻找作案目标，均因未找到合适的作案对象而未果。11月9日晚，张甲、张乙在伺机作案时提出如果遇到漂亮女性，就先抢劫后强奸，并采用手机游戏定输赢的方式确定张甲先实施强奸行为。11月11日晚，张甲、张乙纠集被告人徐某参与抢劫作案，提出劫得的钱财三人平分，徐某同意参与抢劫作案，但表示不参与之后的强奸犯罪。张甲即交给徐某一把单刃尖刀。三人商定：发现作案目标后，由张甲、徐某各持一把尖刀将被害人逼至路边，张甲用胶带将其捆绑后实施抢劫。当晚，三人寻找作案目标未果。11月12日晚，张甲、张乙、徐某在递铺镇铜山桥附近寻找作案目标时被公安巡逻队员抓获。

安吉县人民法院认为，被告人张甲、张乙、徐某以非法占有为目的，经事先预谋并准备工具、制造条件，预备采用持刀威胁、捆绑的暴力手段劫取他人钱财，三被告人的行为均已构成抢劫罪（犯罪预备）。公诉机关指控三被告人犯抢劫罪（犯罪预备）的罪名成立。对于三被告人犯强奸罪（犯罪预备）的指控，经审理认为，张甲、张乙虽在抢劫犯罪预备时产生在可能的条件下实施强奸犯罪的主观故意，但仅是强奸的犯意表示；徐某明确表示不参与强奸行为，无强奸的主观故意，三人没有强奸的具体行为，故指控犯强奸罪（犯罪预备）的罪名不能成立。三被告人系抢劫犯罪预备犯，依法可比照既遂犯从轻、减轻处罚或免除处罚。鉴于三被告人的各犯罪情节及现实社会危害性，对张甲、张乙予以减轻处

---

❶ "黄斌等抢劫（预备）案——犯罪预备应如何认定及处理"，载《刑事审判参考》2001年第11辑（总第22辑）。

罚，对徐某免除处罚。依法判决如下：（1）被告人张甲犯抢劫罪（犯罪预备），判处有期徒刑8个月，并处罚金人民币1 000元；（2）被告人张乙犯抢劫罪（犯罪预备），判处有期徒刑10个月，并处罚金人民币1 000元；（3）被告人徐某犯抢劫罪（犯罪预备），免予刑事处罚。

本案中，被告人张甲、张乙和徐某预谋实施抢劫犯罪过程中，张甲与张乙曾商议如果遇有漂亮女性则实施强奸，徐某明确表示不参与强奸犯罪，无强奸的共同故意，自然不能认定为强奸罪。但对于被告人张甲、张乙，其商议实施强奸的行为在成立抢劫罪（犯罪预备）的同时是否能够构成强奸罪（犯罪预备）？基于禁止重复评价原则，当同一行为既为抢劫犯罪的预备行为，又为强奸犯罪的预备行为时，不能被抢劫、强奸的犯罪构成同时评价，也就是说不能同时成立抢劫罪（犯罪预备）和强奸罪（犯罪预备）。从本案犯罪过程看，行为人先后购买并携带匕首、透明胶带等作案工具到特定地点潜伏，伺机等候作案目标出现的行为应视为刑法意义上的一个行为，虽然可以将三被告人的犯罪预备行为既可以理解为抢劫犯罪准备工具、创造条件，也可视为强奸犯罪准备工具、创造条件，但从禁止重复评价原则出发，作为一个行为只能为一个犯罪构成所评价，而不能被两个犯罪构成予以重复评价，在刑法没有明文规定的情况下，不能既认定为抢劫罪的预备，又认定为强奸罪的预备，而应按照择一重罪的原则定罪处罚。从本案实际情况看，张甲、张乙的一系列准备工具、预谋分工、寻找作案目标等行为，对实施抢劫犯罪来说是确定的，而对是否实施强奸犯罪则是不确定的，因为二被告人预谋当抢劫对象如果是漂亮女性才同时实施强奸犯罪，该条件是否能成就，取决于抢劫犯罪的实施情况及合适犯罪对象的出现，具有一定偶然性，因此从犯意确定角度看，以抢劫罪对二被告人定罪处罚更为准确。❶

【案150】李某、赵某、杨某三人预谋准备乘第一天夜深人静时到某市天桥下抢劫，并详细商讨了得手后的逃跑路线。第二天晚上三人事先准备好刀具、棍棒，来到天桥下伺机作案，由于一直没有目标出现，李

---

❶ 最高人民法院刑四庭杜军燕，浙江省湖州市中级人民法院陈克娥："张正权等抢劫案——如何正确认定犯罪预备"，载《刑事审判参考》2007年第6辑（总第59辑）。

某指派杨某到附近烟酒店买烟。杨某走后不久，适逢刚下夜班回家的女青年孙某骑车路过天桥底下，李某、赵某从旁边窜出将孙某连人带车掀翻在地，对孙某进行殴打，将其钱包内700元钱抢走，此时，买烟回来的杨某正好看到两人抢劫情况。听到李某喊"快跑"后，遂与李某、赵某两人一块逃走。后公安机关将三人抓获。

本案中，未直接抢劫孙某的杨某同样构成犯罪既遂，而不是抢劫罪的预备犯。基于共同犯罪的"部分行为全部责任"原则，在共同犯罪过程中，各个共犯人的行为形成一种"合力"而促进共同犯罪向前发展，其中任何一个行为人完成犯罪，就是整个犯罪行为的完成。本案杨某先前参与抢劫的预谋行为，准备工具行为，以及为李某、赵某买烟的行为都会对李某、赵某两人的抢劫行为产生一种精神上的鼓励作用，因此，杨某与李某、赵某一样应该承担抢劫罪犯罪既遂的刑事责任。当然，鉴于杨某在整个抢劫过程中所起作用相对较小，对其可以认定为从犯，从轻、减轻或者免除处罚。[1]

2. 抢劫罪的中止形态

我国《刑法》第24条规定：在犯罪过程中，自动放弃犯罪或者自动有效地防止犯罪结果发生的，是犯罪中止。犯罪中止也是直接故意犯罪里未完成犯罪的一种形态。我国《刑法》中的犯罪中止有两种形式，一种是自动放弃犯罪而成立的犯罪中止，另一种是自动有效地防止犯罪结果发生而成立的犯罪中止。结合抢劫罪的构成特点分析，在单个人犯抢劫罪的情况下，只可能有自动放弃犯罪的犯罪中止，而不可能有自动有效地防止犯罪结果发生的犯罪中止。这样，抢劫罪的犯罪中止形态应当具备以下特征。

第一，时间性，即必须在犯罪过程中放弃抢劫犯罪。

这个犯罪过程上限从行为人进行犯罪预备行为开始，下限到行为人犯罪既遂前为止。行为人抢劫既遂后自动恢复原状和赔偿损失不属抢劫罪中止。抢劫罪属结果犯，抢劫既遂标志着犯罪之完成，即犯罪结果已

---

[1] 黄健、刘秀之："抢劫罪犯罪预备还是犯罪既遂"，载《中国检察官》2010年第7期（经典案例），第73页。

经发生。抢劫罪的犯罪中止，则要求行为在犯罪结果发生之前，行为人又自动采取措施，有效地防止了犯罪结果的发生。抢劫罪的构成要件决定，其在着手以后，只可能有未实行终了的犯罪中止，而不能有实行终了的犯罪中止。抢劫罪完整的实行行为包括侵犯人身的行为和获取财物的行为，只有行为人自认为已将侵犯人身和获得财物的行为都实施完毕，才能视为行为实行终了。而在侵财行为也实施完毕的情况下，要么是实际上要么是构成抢劫既遂，要么是实际上未能获取财物而构成抢劫罪的未遂，二者必居其一，而此时抢劫罪的形态必须已经停止下来，不再有犯罪中止存在的余地。

第二，自动性，即必须自动放弃抢劫犯罪。

自动放弃抢劫犯罪，是指行为人出于自己的意志，而放弃了自认为本可继续下去的抢劫犯罪。自动性是犯罪中止最本质的特征。而抢劫罪的犯罪预备与犯罪未遂，它们未完成犯罪是由于行为人意志以外的原因所致，是被迫放弃犯罪的状态，已放弃的犯罪不可能再出现犯罪中止形态。抢劫罪的犯罪中止既可能发生在预备阶段，如行为人在准备抢劫工具或者为实施抢劫制造其他便利条件的过程中，由于受到他人劝告或自行悔悟，遂放弃了抢劫犯罪的继续进行。抢劫罪的犯罪中止也可能发生在着手实行抢劫但未实施终了的阶段，如行为人已开始实施侵犯被害人人身的行为或进而在实施取财行为，由于同情被害人等原因而主动打消了抢劫的念头，放弃了继续实施抢劫。要防止把抢劫罪已达预备形态或未遂形态后行为人的悔罪表现误为抢劫罪的犯罪中止，因为预备和未遂都是已经停止下来的形态，已经停止的形态下不可能再有犯罪的中止，抢劫罪像其他故意犯罪一样，其中止形态不能与其预备、未遂形态并存。在把握抢劫罪的犯罪中止的自动性这一特征时，从近年来的实践与理论看，尤其应当注意两个问题：

实践中，有观点认为，中止犯放弃犯罪不但要是行为人主观上认为可能把犯罪进行到底，而且客观上也要具备完成犯罪的条件。笔者认为这种看法不妥，法律并未作此要求，而是说只要自动放弃犯罪就行。把一些客观上已不具备完成犯罪的条件，但行为人自认为有可能完成犯罪而自动放弃犯罪的案件排除出犯罪中止，则有悖于犯罪中止的立法思想，也不利于有效地阻止犯罪的实际需要。例如，行为人因生活贫困图谋抢劫，在准备了抢劫用的刀子后，赶往预先察看的某金店，行至途中，行为人考虑到若被抓获，必获重罪，自己家人就更加生活困难，经过反复考虑，终于在快到金店门口时决心放弃犯罪的继续实行，遂扔掉犯罪工具返回家中。但行为人不知道，公安机关早已觉察其犯罪计划，准备在其着手抢劫时当场将其抓获。这种客观上难以完成犯罪的情况并不影响行为人犯罪中止的成立，这种案件应认定为着手实行抢劫犯罪前的抢劫罪的犯罪中止，而不是抢劫罪的预备犯。实际上，客观上如何判断是否具备完成犯罪的条件也难确定标准，因为在极端困难情况下，也有完成犯罪的可能，这种事后才能"见分晓"的判断不应该阻止中止犯的成立。如果行为人是在自认为不可能继续进行和完成抢劫犯罪的情况下放弃犯罪的，则不论客观上是否容许犯罪的继续进行，都不能认定行为人是抢劫罪的犯罪中止，而应视抢劫罪的实行行为是否已被着手实施，分别认定为抢劫罪的犯罪预备或犯罪未遂。例如，某甲经预谋踩点，携带凶器到某楼准备抢劫住在楼上五楼的某乙家财物。当他上到二楼时看到有数人下楼，未敢动手而退下楼。过了一会儿某甲又返回准备再次上楼抢劫，上到三楼时因见到一民警，感到无法下手，遂再次退出，并逃走。检察机关认为行为人构成抢劫罪的犯罪未遂，而法院以抢劫犯罪中止定案。笔者认为，此案行为人尚未着手实施抢劫，自不应成立抢劫罪的未遂；但也不应定为犯罪中止，而应定为犯罪预备，因为行为人之所以放弃抢劫罪的进行，是因为他们认为当时客观上已无法继续进行犯罪活动，即他们放弃犯罪是被迫的而不是自动的。

还有一种观点认为，行为人只有在不受任何客观影响、没有任何客观障碍的情况下放弃犯罪的，才具备自动性，才能成立犯罪中止。在中外刑法理论中，也存在主张以衷心悔悟作为犯罪中止成立的必备要件的观点。笔者认为这种观点也不妥当。犯罪中止的自动性是说停止犯罪是出于行为人的本意，自动性并未排除悔悟以外的其他动机，并未排除行为人自认为不足以阻止犯罪继续进行的某种有碍犯罪的客观因素的影响。因此，引起行为人自动放弃抢劫犯罪的动机和情况可以是多种多样的，既有真诚悔悟，也有对被害人的怜悯同情、接受他人的劝告教育、惧怕法律制裁，还可能是受到其他不足以阻止犯罪进行的不利因素的影响等。这些不同的动机和情况反映了行为人的悔罪程度、人身危险性大小，并不影响行为人放弃犯罪的自动性和犯罪中止的成立。即使存在某种阻碍抢劫犯罪的不利因素，行为人自动放弃抢劫犯罪也可定犯罪中止。例如，行为人在着手实行抢劫时突然发现是自己认识的熟人，因而放弃了犯罪。对这种案件存在中止与未遂的争论，笔者赞同中止犯的定性。犯罪都不希望被人认出，抢劫时遇见熟人也是行为人未曾料到也不希望出现的客观不利因素，但这种不利因素尚不足以阻止行为人继续实施和完成抢劫犯罪，行为人主观上对此也有明确的认识。行为人因这种不利因素的影响而基于自己的意志自动放弃了继续犯罪，同样具备放弃犯罪的"自动性"，性质上还是属于犯罪中止。

第三，彻底性，即行为人必须彻底放弃抢劫犯罪。

这一特征表明行为人自动放弃抢劫犯罪的真诚度及其决心。行为人自动放弃抢劫罪从主客观上看都是坚决的、彻底的，而不是暂时中断。不过，行为人有可能是先实施抢劫，自动终止后，转而实施盗窃犯罪，前罪是否还是中止犯呢？例如，甲乙二人经预谋携犯罪工具前去抢劫村民丙，路上二人又怕抢劫被抓获刑很重，遂放弃抢劫。不过，甲乙二人并不打算就此罢手，遂谋议去丁家别墅盗窃，途中因形迹可疑被巡逻人员抓获。在这种情况下，甲乙二人确实放弃了抢劫犯罪，但不是彻底放弃了一切犯罪行为，而是转向盗窃预备。笔者认为，犯罪停止形态的认定是对一个具体犯罪的评价，本案对前抢劫犯罪还是应该评价为抢劫中止犯，与后面的盗窃预备犯并罚（可视情况作一罪处理）。

【案151】2007年3月10日凌晨2时许，24岁的刘某走出湖北省图书城附近一网吧，已身无分文。为了第二天的上网费，他决定抢点钱。此时，21岁的佘某也刚从网吧出来，冷不防被一个锐器类的东西顶住了脖子。"把钱交出来！"背后传来刘某恶狠狠的声音。佘某上了一天网，身上就只剩下一块五毛钱的两枚硬币。他不知道顶住脖子的只是刘某的手指甲，以为是匕首类的凶器，遂掏出两枚硬币。刘某踢了他一脚，搜了他的衣兜，发现确实没钱了，就没有拿走硬币，只身逃离。后佘某报警，刘某被抓。武汉市洪山区法院审理认为，刘某犯抢劫罪，但属犯罪

中止，且没有造成损害，对其免予处罚。❶

本案定性为抢劫既遂、未遂还是中止确实值得探讨。说是既遂，那是因为已经劫得一块五毛钱的两枚硬币，只是行为人不愿意要而已，退回赃物不影响犯罪停止形态的确认；说是中止，是因为刘某主动退还了劫得的两枚硬币，防止了犯罪结果的发生；说是未遂，是因为刘某还对被害人继续搜身，只是由于被害人确实已身无分文，才导致刘某无果而终，被害人没钱是本案没有发生抢劫结果的原因，而这属于刘某意志以外的原因。笔者认为，在普通抢劫罪中，发生劫取财物的结果是抢劫既遂的标志，且抢劫罪客观构成要件不论财物的数额大小，但本案特殊之处在于刘某见到被害人的一块五毛钱后，并没有住手，而是继续搜身，知道发现被害人的确没有其他钱财才停止犯罪，在此意义上，认定犯罪未遂更妥当。从结果看，法院对刘某免予处罚似乎是刘某"运气好"的缘故，这样的从轻处罚不符合刘某抢劫行为的主客观危害性。

【案152】2004年7月28日，甲男与乙男共谋入室抢劫某中学暑假留守女教师丙的财物。30日晚，乙在该校外望风，甲翻墙入校，持水果刀闯入丙的房间，发现房内没有贵重财物，便以水果刀相威胁，令丙摘下手表（价值2 100元）给自己。丙边摘表边说："我是老师，不能没有手表。你拿走其他东西都可以，只要不抢走我的手表就行。"甲即将刀装入衣袋，对丙说："好吧，我不抢你的手表，也不拿走其他东西，让我看看你脱光衣服的样子我就走。"丙不同意，甲又以刀相威胁，逼丙脱光衣服。丙将已摘下的手表放在桌上，流泪脱衣。甲不顾丙的反抗强行摸了丙的乳房后，对丙说："好吧，你可以穿上衣服了。"在丙背对着甲穿衣服时，甲乘机将桌上的手表拿走。甲出校后与乙碰头，乙问抢了什么东西，甲说就抢了一只手表。甲将手表交给乙出卖，乙以1 000元价格卖给他人后，甲与乙各分得500元。

---

❶ "男子抢劫发现对方只有两枚硬币不屑拿免受罚"，载《楚天都市报》2008年8月8日。

这是一道2004年的全国司法考试题，答案为：甲、乙构成抢劫共犯，甲为主犯，乙为从犯；甲为抢劫中止，乙为抢劫未遂；甲构成强制猥亵妇女罪和盗窃罪。甲入室抢劫是否构成中止最有争议。

在理论上，中止犯的一个主要特征是"因自己的意思"而"中止了犯罪"，但何为"因自己的意思"确成问题。德国学者解释说："中止以任意性为前提。"对于等待有利时机而停止犯罪的行为是否构成中止，有不同看法。有学者认为，任意性的成立不要求行为人彻底放弃犯罪意思。也有学者认为，仅仅中止具体的实行行为是不够的，还必须彻底地放弃犯罪的意思。前苏联学者认为："……或是由于外界的不利情况，主体把完成预谋的犯罪推迟到更为有利的时候，这些情况都不是自动中止。"我国多数刑法学者也赞同后一主张。上述案例中，甲把刀放起来和自称不抢了，只是犯罪行为推迟到更为有利时机的方式，即猥亵之后没有真诚的行为表示彻底放弃犯罪的意思。所以，按多数观点，甲的行为不构成中止。

确切地说，甲的行为是中断犯罪而不是犯罪中止。犯罪中止和中断犯罪都是在犯罪过程中，行为人应某种主客观原因而停止犯罪行为，但中断犯罪与犯罪中止是有明显区别的。所谓中断犯罪是指犯罪嫌疑人在实施犯罪过程中，因主客观因素的制约，暂时放弃犯罪行为，待妨碍犯罪进行的因素消失后继续进行犯罪的情形。犯罪中止和中断犯罪的区别表现：(1) 犯罪中止是无条件放弃犯罪，不存在以后再继续进行该犯罪行为的可能；而中断犯罪是有条件的暂时的停顿，待以后阻止犯罪进行的条件消失后还要继续进行。(2) 犯罪中止是犯罪行为人主观上具有放弃犯罪的真实意图，其犯罪目的已经从行为人心理上消失，而中断犯罪在犯罪行为人主观上并没有放弃犯罪的意图，其犯罪目的也没有消失，实施犯罪之初存在的犯罪意志因素仍然存在。(3) 犯罪中止是刑法中的一种犯罪形态，《刑法》对犯罪中止也作了明文规定，而中断犯罪本身不是一种独立的犯罪形态，而是故意犯罪中的一个情节。

因此，此题中甲侵害丙财物的行为只是以猥亵为条件的暂时的停顿，待主观上阻碍抢劫的因素（猥亵）消失后继续进行，甲自始至终没有放弃抢劫的意图（甲乙预谋抢劫并实施，事后跟乙说"抢"了一块手表），甲的犯罪目的（占有丙的财物）始终没有消失。因此，可以肯定地说，甲的抢劫行为是中断,不是中止!而事后继续,非法占有了丙的手表,便是抢劫的既遂。

此题如果不存在抢劫的中止,也就不存在后面盗窃罪的问题。司法实践中,如果被害人处于犯罪行为人引起的暴力强制状态,进而实施的盗窃行为应当定抢劫罪,这也反映了司法实务界对这类问题的主流观点,为绝大多数法官所认可。事实上,司法实践中类似形如盗窃实为抢劫的案件,一般都定为抢劫罪,尤其对于入室抢劫。

【案153】2008年8月30日晚上,出租车司机朱师傅在长宁区兜生意,3名年轻男子拦下他的出租车。上车后,其中一名男子要求朱师傅往奉贤方向行驶。朱师傅庆幸自己寻到一趟"长差"。当他细问具体方位时,三人却只讲到南桥镇找个朋友。到南桥镇兜了一圈后,三人又突然要求往浦东方向赶。朱师傅隐约感到不对劲,但还是按他们的要求驾车赶到浦东六里地区。此时,出租车计价器显示金额已高达300多元,时间已近21时,可这三人还是没说清楚目的地。朱师傅在一个相对繁华的路段停下来,要求3名乘客付清车费下车,但他们坚持要朱师傅继续往前行驶,并称目的地就在不远处,到了就付车费。朱师傅坚持不愿往前开。此时后排两名男子走出车厢,迅速逃离,朱师傅感觉情况不妙,立即将副驾驶座上的男子堵在车上,并拨打"110"求助。经审讯,张某交代了当晚伙同另两名犯罪嫌疑人伺机抢劫出租车司机的事实。根据张某的交代,警方很快抓获了另两名犯罪嫌疑人于某和杨某。这三人涉嫌抢劫未遂被警方刑事拘留。

三、抢劫加重犯的停止形态

随着刑法学研究的深入,各类刑法教科书对犯罪构成的分类除了承认修正的犯罪构成以外,还认可了派生的犯罪构成类型(包括加重犯和减轻犯的犯罪构成)。而且,我国现行刑法有一个重要特点,那就是派生的犯罪构成占有重要位置，其中绝大多数是加重犯❶，所以讨论加重犯的停止形态问题具有重要意义。符合派生的犯罪构成当然也是犯罪，那么符合派生的犯罪构成的故意犯就存在犯罪的停止形态问题，而学界对这个问题的研究显然并不多见。基于此，探讨抢劫加重犯的未遂形态问题，也是弥补这方面研究的不足。

（一）加重犯的停止形态概述

下面先谈谈我国大学法学院的刑法学教材在这个问题上的态度。

对于加重犯的停止形态问题，我国刑法学界的研究较晚。如早期的众多刑法学教材在"总论"的"故意犯罪的阶段""故意犯罪过程中的犯罪形态""故意犯罪停止形态""犯罪构成过程的特殊形态"或者"犯罪停止形态"等章节中均未涉及加重犯的停止形态，❷ 言下之意，每个罪名存在一种普遍标准的停止形态，如同认为犯罪构成也是一个标准一样，并不区分基本罪和加重的犯罪。1990~1999年间马克昌先生主编的《犯罪通论》（第一至三版）对"故意犯罪阶段上的犯罪形态"的论述也未涉及加重犯的问题。另外，大多数专门研究犯罪停止形态的论著鲜有涉及加重犯的停止形态问题。❸ 这无疑是与这个时期对加重犯的研究还比较薄弱有关的。21世纪前后，随着刑法学研究的深入发展，在犯罪停止形

---

❶ 据赵廷光教授研究统计，截至2005年2月28日（《刑法修正案（五）》通过之日），我国《刑法》共计426个罪名，其中含有加重犯的罪名有276个，加重犯的模式包括：基本罪+重罪（190），基本罪+重罪+更重罪（57），基本罪+重罪+更重罪+最重罪（10），基本罪+重罪+更重罪+轻罪（3），基本罪+重罪+轻罪（14），基本罪+重罪+轻罪+更轻罪（2）。

❷ 这些教材如高铭暄主编的《刑法学（修订本）》，法律出版社1984年版；高铭暄主编、马克昌副主编的《中国刑法学》（其他撰写人员还有：伍柳村、高格、王作富和韩美秀），中国人民大学出版社1989年版；高铭暄主编的《刑法学原理（第二卷）》，中国人民大学出版社1993年版；苏惠渔主编的《刑法学》，中国政法大学出版社1994年版；何秉松主编的《刑法学》，中国法制出版社1997年版；高铭暄、马克昌主编，赵秉志执行主编的《刑法学（上、下编）》，中国法制出版社1999年版；张明楷的《刑法学》，法律出版社1997年版，等等。

❸ 如李洁的《犯罪既遂形态研究》，吉林大学出版社1999年版；邢志人的《犯罪预备研究》，中国检察出版社2001年版，张平的《中止犯论》，中国方正出版社2005年版，张永江的《未遂犯研究》，法律出版社2008年版等。

态的问题上，有了一些新的观点，如对犯罪停止形态的名称也有变化，有的教材直接称为"未完成罪"或"未完成形态"，但对于加重犯的停止形态问题，多数教材在"总论"部分还是基本未涉及。❶ 不过，一些研究犯罪停止形态的论文或论著逐渐显现出对该问题的不同观点和开放的态度，有的论著开始涉及加重犯的未遂的问题，而且多以结果加重犯为例进行探讨。如陈兴良教授在论及结果加重犯时，指出结果加重犯是否有未遂应当区分结果加重犯的未遂犯与未遂犯的结果加重犯两种情况讨论。就前者而言，对故意的结果加重犯，若加重结果没有发生，就是结果加重犯的未遂，但陈教授只承认过失的结果加重犯，故不存在结果加重犯的未遂犯；就后者而言，若基本罪未遂，但发生了加重结果，则是未遂犯的结果加重犯。后者在理论上应当承认其存在。❷ 有人认为，对于结果加重犯而言，所谓未遂与既遂之分，只能是就基本罪行而言才能成立，而不存在加重结果意义上的既遂与未遂之分。但基本罪行并不构成加重法定刑适用上的未遂犯根据。因此，"从法定刑适用根据的充足化角度看，结果加重犯是不存在法定刑适用意义的犯罪既遂与未遂之分的"。❸ 另有人认为，承认结果加重犯主要有两个理由：一是在结果加重犯中，行为人对于基本罪的结果和加重结果都可能出于故意的罪过形式，对结果是否发生，有必要在量刑时区别对待；二是我国结果加重犯与基本犯都是一个罪名。❹ 有少数教材也开始在刑法分论中谈到这个问题，如有的刑法学教材改变以前的看法，论及抢劫罪时，提及不同学者的主张；有的学者主张就抢劫罪的基本构成而言，"抢劫财物到手方能成立既遂"，"对于具有《刑法》第 263 条规定的八种情节之一的抢劫罪，属于结果加

---

❶ 如王作富主编的 21 世纪系列教材《刑法学》，从 1999 年第一版到 2009 年第四版；陈兴良主编的《刑法学（第二版）》，复旦大学出版社 2009 年版；曲新久主编的《刑法学（第四版）》，中国政法大学出版社 2011 年版；周光权的《刑法总论（第二版）》，中国人民大学出版社 2011 年版，等等。

❷ 陈兴良：《本体刑法学》，商务印书馆 2001 年版，第 482～483 页。

❸ 刘之雄：《犯罪既遂论》，中国人民公安大学出版社 2003 年版，第 151 页。

❹ 徐光华：《犯罪既遂问题研究》，中国人民公安大学出版社 2009 年版，第 255～256 页。

重犯或情节加重犯，无论财物是否抢劫到手，都应认为成立抢劫既遂"，❶但该教材没有明确自己的观点。

上述争论结果加重犯既未遂问题的一些观点无疑是受到外国刑法学的影响。论及结果加重犯的既未遂问题，不能不提德日刑法学者的一些主张。总的来看，外国刑法学在这个问题上也有争论，如《日本刑法》的某些规定就可能导致结果争议，如《日本刑法》第243条从文言上看规定了强盗致伤罪、强盗致死罪和强盗强奸致死罪的未遂，但没有规定区别于完整的结果加重犯的刑罚。对此，有学者从文意解释出发认为存在结果加重犯未遂，有的依据论理解释，否定结果加重犯未遂。❷ 总的看来，对结果加重犯的既未遂问题，主要有三种观点：

其一，行为人对重结果有故意、但重结果没有发生时是结果加重犯的未遂。例如，日本的木村龟二坚持广义的结果加重犯的概念，其中基于故意的结果加重犯可以有未遂，也就是那种对重结果有故意、重结果并未发生的场合。❸ 团藤重光、牧野英一等学者也持此主张，但大塚仁、野村稔等持反对意见。❹

其二，结果加重犯的未遂存在于基本罪未遂而重结果发生的场合，理由是重结果不过是加重处罚的条件，结果加重犯的成立完全依赖于基本犯罪行为，所以其未遂也取决于基本罪。德国的李斯特说："所谓客观的处罚条件，乃系与适合于构成要件的行为本身无关，而独立的伴随于外部的事情。在此限度上言之，是否成立重结果，应依存于基本犯；从而，基本犯如系未遂时，则包含于基本犯之加重结果犯，当然亦系未遂。"❺ 在日本，平野龙一、小野清一郎、泷川幸辰等认为，在发生加重结果而基本犯未遂时，是结果加重犯未遂；福田平、植松正等则认为，重结果已经发生，即使基本犯未遂，也符合结果加重犯的构成要件，成

---

❶ 高铭暄、马克昌主编，赵秉志执行主编：《刑法学》，北京大学出版社、高等教育出版社2005年版，第555页。

❷ 张明楷：《未遂犯论》，法律出版社1997年版，第25页。

❸ [日]木村龟二主编，顾肖荣、郑树周译校：《刑法学词典》，上海翻译出版公司1991年版，第313～314页。

❹ [日]野村稔著，全理其、何力译：《刑法总论》，法律出版社2001年版，第327页。

❺ 洪福增：《刑法之理论与实践》，刑事法杂志社1988年版，第167页。

立结果加重犯既遂。❶ 川端博指出:"在判例及通说上,之所以不认定成立加重结果犯之未遂者,乃因于加重结果犯之情形中,较重结果为构成要件结果,故既然已经发生构成要件之结果,即不得认为系未遂。"❷

其三,结果加重犯没有未遂形态。结果加重犯以结果责任为思想基础,行为人对重结果有过失或者虽有故意、过失但不以之为必要,重结果不是行为人故意所指向,自然无未遂可言;偶然的结果加重犯更是强调结果已经发生,故也无犯罪未遂形态,正如德国学者柯拉(Kohler)所说:"人对所意欲的东西才能有未遂,对没有意欲的结果没有未遂。"日本立法及实践对于相当一部分结果加重犯不承认其存在犯罪未遂形态,日本最高裁判所曾在一个判决中指出:"着手实施强盗行为的人,对被害人施加暴力造成伤害结果时,即使财物的夺取是未遂,也成立强盗伤人罪的既遂"。❸ 即基本罪未遂,也不认为是结果加重犯的未遂。日本《刑法》也有类似的规定。例如,其《刑法》第181条(强制猥亵致死伤)规定:"犯第一百七十六条或者第一百七十八条第一项之罪或者这些犯罪的未遂罪,因而致人死伤的,处无期或者三年以上惩役。犯第一百七十七条或者第一百八十二条第二项之罪或者这些犯罪的未遂罪,因而致女子死伤的,处无期或者五年以上惩役。犯第一百七十八条之二之罪及其未遂罪,因而致女子死伤的,处无期或者六年以上惩役。"从该条规定可以看出,无论基本犯既遂与否,都认为是强制猥亵罪的犯罪既遂,并且,日本《刑法》对于结果加重犯中基本罪既遂、未遂在刑罚适用上并没有区别对待。

张明楷教授大约受日本刑法学的影响,在其所著的《刑法学》著作中,这个问题上有"松动的迹象",即承认结果加重犯未遂形态。❹ 后来,随着其《刑法学》教材的修正,张教授先在论及抢劫罪时认为:"《刑法》第263条所规定的八种法定刑升格的情形,也存在未遂的问题,

---

❶ 张明楷:《未遂犯论》,法律出版社1997年版,第17~19页。

❷ [日]川端博著,余振华译:《刑法总论二十五讲》,中国政法大学出版社2003年版,第278页。

❸ 日本最高裁判所1948年6月12日判决,载《最高裁判所刑事判例集》第2卷,第7号,第676页。转引自张明楷:《未遂犯论》,法律出版社、日本成文堂出版社1997年版,第19页。

❹ 张明楷:《刑法学》,法律出版社1997年版,第766~767页。

或许'抢劫数额巨大的'应除外。"❶ 后来,在"犯罪的特殊形态"一章专门就"犯罪未遂的成立范围"进行探讨,在谈到"加重的构成要件与量刑规则"问题时,主张加重的构成要件,可能存在未遂犯。如持枪抢劫和在公众场所强奸妇女未遂的,适用加重法定刑的同时,还要适用《刑法》总则对未遂犯的规定。但是,"量刑规则不存在未遂",已经着手诈骗数额特别巨大的财物,由于意志以外的原因未得逞,则不应认定诈骗数额特别巨大的未遂犯,只能认为普通的诈骗未遂。❷ 这一点也与其认为"抢劫数额巨大的"加重犯无未遂形态的观点一致。

总的来看,关于加重犯的停止形态,主要存在以下两种较为对立的观点:

一为否定说,它又包括两种意见:第一种意见是,从根本上反对加重犯犯罪构成的独立性,而将加重构成问题完全视为一个量刑问题,认为加重原因或加重要件无非就是加重处罚的条件,因此,对于在《刑法》分则中明文规定了加重处罚条件的犯罪,当具备了完整的犯罪构成又具有法定加重处罚条件时就加重处罚;当不具备法定加重处罚条件就按基本刑处罚。可见,对于加重处罚条件而言,是无所谓未完成形态的。❸ 第二种意见并不反对加重犯犯罪构成的独立性或者特殊性,但是同样认为加重犯不存在未完成形态问题,它认为加重构成只有构成与否之分。因为这类加重构成犯的构成特征,是在具备某一具体犯罪基本构成的基础上,出现了基本构成条款不能包括的而为加重刑罚的条款所特别规定的严重结果或严重情节。此一加重的结果或情节的有无,乃是加重犯是否成立的要件,有此结果或情节就构成并完备了加重犯的构成要件,无此结果或情节就是构成基本犯而根本不成立加重犯。因而对加重犯而言,既无犯罪预备形态存在的可能,也无未遂、中止形态存在的余地,即不存在犯罪的未完成形态。进而言之,上述加重犯由于它的犯罪构成特征所决定,也不存在犯罪既遂问题,而只有构成一种状态,即只有是否构

---

❶ 张明楷:《刑法学(第三版)》,法律出版社 2007 年版,第 715 页;张明楷:《刑法学(第四版)》,法律出版社 2011 年版,第 860 页。
❷ 张明楷:《刑法学(第四版)》,法律出版社 2011 年版,第 327 页。
❸ 周光权:"加重构成犯罪基本问题研究",载《法律科学》2001 年第 5 期。

成之分，而无犯罪的完成与未完成形态之别。❶ 有的学者认为，结果加重犯、情节加重犯的构成要件与基本的犯罪构成大体相同，只是补充了某一特定结果要件或情节要件。预备、中止等犯罪形态只存在基本犯中，不存在加重犯中。否定情节加重犯存在未遂形式，认为情节加重犯有自己相对独立的犯罪构成，不能以基本犯罪的未遂来说明情节加重犯的未遂。只要行为人的犯罪行为具有加重情节，就足以成立情节加重犯；行为人的行为不具有加重情节，就不构成情节加重犯。因为情节加重犯的加重情节内容宽泛，而且加重构成也有别于基本犯罪，所以不可能存在犯罪未遂的问题。❷

二为肯定说，认为加重构成或者故意犯罪的加重犯有未完成形态。有观点则认为应当肯定情节加重犯存在既遂形态与未遂形态之分，❸ 还有学者指出，加重犯的构成也是一种独立的犯罪构成，故在行为既遂、未遂之判断上，应将加重构成要件之行为情状一起判断，不可仅当成加重条件。将加重构成犯罪与基本构成要件分离，而为单独判断，才不致判断错误。❹ 笔者一直主张加重犯是有可能存在完成与未完成形态之分的，在笔者 2001 年出版的《犯罪既遂的理论与实践》一书中，就专章探讨了"派生罪的既遂形态"问题，而对于大多数故意犯罪，有既遂形态就可能有与之相对的其他未完成形态。"认定情节加重犯的犯罪形态要以基本罪的犯罪形态为基准。当基本罪未遂时，同样可以成立情节加重犯，只不过是情节加重犯的未遂形态"。如《刑法》第 326 条规定的倒卖文物罪，如果倒卖文物情节特别严重（如倒卖大量极其珍贵文物）的，理当构成本罪的情节加重犯，但因意志以外原因，当有关文物尚未倒卖被司法机

---

❶ 高铭暄主编：《刑法学原理（第 2 卷）》，中国人民大学出版社 1995 年版，第 276~277 页。

❷ 姜伟：《犯罪形态通论》，法律出版社 1994 年版，第 136~137、394 页。

❸ 叶高峰主编：《故意犯罪过程中的犯罪形态论》，河南大学出版社 1989 年版，第 155~161 页；钱叶六、钱格祥："情节加重犯基本问题探究"，载《宁夏大学学报（人文社会科学版）》2005 年第 6 期。

❹ 未遂有广义、狭义之分。广义的未遂：包括障碍未遂与中止未遂；狭义的未遂，仅指障碍未遂。见林山田：《刑法各论》，台湾菩萨设计印刷厂 1995 年版，第 680 页。此处采用广义的未遂概念。

关查获时，则是本罪重罪的未遂形态。❶ 2004 年卢宇蓉博士也在其《加重构成犯罪研究》一书中，专章探讨了"加重构成犯罪与未完成罪"的问题，他认为肯定说与否定说分歧的关键在于对加重构成要件的认识。肯定说将其看成一种构成事实，与基本犯构成一起，成为加重构成，对于具有独立犯罪构成的故意犯而言，当然具有未完成形态；而否定说的实质是将加重要件看成基本罪构成意外的加重量刑的条件，否定加重构成的独立性，就否定了加重构成犯罪具有未完成形态。其赞成肯定说的理由是：第一，具有加重构成的故意犯罪存在未完成形态的可能性；第二，坚持肯定说能够更好实现罪刑相适应；第三，坚持肯定说是刑事司法实践的需要。❷ 在此期间，肯定加重犯存在停止形态问题的研究逐渐增多，例如，有观点强调同一罪名的完成形态与未完成形态区分标准的同一性，认为犯罪完成形态与未完成形态的区分标准由其主要犯罪属性来说明。只要是直接故意犯罪，无论是其基本犯，还是其加重构成犯，都存在犯罪的完成形态和未完成形态。加重结果和加重情节的作用是提高量刑幅度，加重刑罚的根据，它们与犯罪形态无必然联系。由于情节加重犯和结果加重犯都是以基本犯为成立基础，故加重情节或加重结果只有与基本犯的完成形态和未完成形态相联系，基本犯的完成形态加上加重情节便构造出情节加重犯的完成形态，基本犯的未完成形态加上加重情节便构造出情节加重犯的未完成形态；基本犯的完成形态加上加重结果便构造出结果加重犯的完成形态，基本犯的未完成形态加上加重结果便构造出结果加重犯的未完成形态。❸ 此后，最高人民法院于 2005 年 6 月颁布《审理抢劫、抢夺案件的意见》，该《意见》规定的"抢劫罪的既遂、未遂的认定"成为突破这个问题的标志性法律规范。从此，我国学界支持肯定说的观点更多了。如王志祥博士在《犯罪既遂新论》的专著中，论述"派生罪的既遂形态"时，分别探讨了结果加重犯、数额加

---

❶ 金泽刚：《犯罪既遂的理论与实践》，人民法院出版社 2001 年版，第 175～177 页。

❷ 卢宇蓉：《加重构成犯罪研究》，中国人民公安大学出版社 2004 年版，第 57～63 页。

❸ 马荣春："抢劫罪完成形态与未完成形态之区分"，载《人民法院报》2004 年 6 月 4 日。

重犯、情节加重犯和包容加重犯的既未遂形态问题,❶ 其论证有力推进了学界对于加重犯的停止形态问题的研究。

赵秉志教授以前的研究主张情节加重犯与结果加重犯一样,并不存在既遂形态与未遂形态之分,❷ 后来经过新的思考,认为自己以前简单否定情节加重犯存在未遂形态的观点不够妥当,转变为倾向于肯定情节加重犯存在未遂形态。❸ 只不过在探讨情节加重犯是否存在既遂形态与未遂形态之分的问题上,必须注意到它与结果加重犯两者在构成特征上的不同。就情节加重犯而言,其加重情节并不像结果加重犯的加重结果那样特定,可以表现为特殊的犯罪场所、特殊的犯罪对象或特殊的犯罪手段等。立法者之所以设立情节加重犯,是因为基本犯罪在具有某些加重情节时,就会表现出更大的社会危害性。但是,情节加重犯的加重情节无论表现为特殊的犯罪场所、特殊的犯罪对象,还是特殊的犯罪手段等,都没有超出基本犯构成要件的范围,仍然能够为基本犯的构成要件所包容。❹ 因此,既遂形态与未遂形态仍然应当根据基本犯来加以确定。❺

从司法实践的需要出发,2005年6月最高人民法院颁布的《审理抢劫、抢夺案件的意见》成为重新认识抢劫加重犯的停止形态问题的重要规范性文件,它规定:"抢劫罪侵犯的是复杂客体,既侵犯财产权利又侵犯人身权利,具备劫取财物或者造成他人轻伤以上后果两者之一的,均属抢劫既遂;既未劫取财物,又未造成他人人身伤害后果的,属抢劫未遂。据此,刑法第二百六十三条规定的八种处罚情节中除'抢劫致人重伤、死亡的'这一结果加重情节之外,其余七种处罚情节同样存在既遂、未遂问题,其中属抢劫未遂的,应当根据刑法关于加重情节的法定刑规

---

❶ 王志祥:《犯罪既遂新论》,北京师范大学出版社2010年版,第303~417页。

❷ 赵秉志:《犯罪未遂的理论与实践》,中国人民大学出版社1987年版,第227~228页。

❸ 赵秉志:《犯罪未遂形态研究》,中国人民大学出版社2008年版。该书第七章"刑法总则领域的犯罪未遂形态问题"之第七节"加重构成与犯罪未遂"论述了以下三个问题:一、关于结果加重犯是否存在未遂形态的争议;二、笔者关于结果加重犯不存在未遂形态的见解;三、关于情节加重犯的未遂形态问题研讨。

❹ 严然:"情节加重犯若干问题研究",载《福建公安高等专科学校学报》2006年第3期。

❺ 赵秉志主编:《当代刑法学》,中国政法大学出版社2009年版,第193页。

定，结合未遂犯的处理原则量刑。"不过，《审理抢劫、抢夺案件的意见》中虽然肯定了"其余七种处罚情节同样存在既遂、未遂问题"，却没有说明认定既遂、未遂的具体标准。

针对上述最高人民法院的规定，有人从对犯罪停止形态和犯罪情节的理解出发，分析犯罪形态与犯罪情节之间最大的区别是：犯罪形态表现的是犯罪行为从头至尾的发展动态，是个纵向的时间过程，所以犯罪形态有既遂和未遂之说；而犯罪情节描述的是犯罪各要件的静态状况，是某个横向切片上的犯罪特征，所以犯罪情节只有成立或不成立之说，而没有既遂和未遂之说。如果把犯罪形态比喻成条线的话，那么犯罪情节只是个点，这条线要么穿过这个点，要么没穿过这个点，如果没穿过，就不具备这个点的特性。当然，犯罪形态和犯罪情节也有唇齿相依的关系，犯罪情节表现出犯罪构成要件的质和量。如果没有犯罪情节，犯罪形态从头至尾走遍也毫无意义，反过来说，如果没有犯罪形态，就无法串联起众多犯罪情节，各犯罪情节之间彼此独立、毫无关联，也就失去了其存在的价值。据此，最高人民法院《审理抢劫、抢夺案件的意见》中规定的"《刑法》第二百六十三条规定的八种处罚情节中除'抢劫致人重伤、死亡的'这一结果加重情节之外，其余七种处罚情节同样存在既遂、未遂问题"存在文字表达上的不足，因为这八种处罚情节本身只有成立与否的问题，没有既遂、未遂的说法，应该表述为："《刑法》第二百六十三条规定的八种处罚情节中除'抢劫致人重伤、死亡的'这一结果加重情节之外，具有其余七种处罚情节的抢劫犯罪同样存在既遂、未遂问题"。[1]

笔者认为，犯罪形态也是某种犯罪发展过程中表现出来的静止状态，情节本身也是犯罪事实，基于这一点，犯罪形态与犯罪情节并没有太大区别。最主要的区别，形态是对全部犯罪事实或者说是决定犯罪性质和严重程度的主要事实的综合表现，而通常所说"情节的既未遂"实际上是指情节犯的既未遂，或者情节加重犯的既未遂。不过上述观点承认情节加重犯存在既未遂与最高法院的规定是一致的。

如今，依照笔者的看法，综合以上各种观点，肯定说已有成为我国

---

[1] 徐钰锋："犯罪情节的既未遂问题新解"，载《中国检察官》2010年第7期。

刑法学界在这个问题上的通说之势，只不过相关研究还不太成熟，理论上有待进一步加强。

（二）抢劫加重犯的停止形态应予肯定

与上述相似，对抢劫加重犯（或称加重的抢劫罪）的犯罪停止形态的研究，早先的观点基本持否定论。如有观点认为，未劫取财物，但造成被害人重伤、死亡的情况下，不存在未遂，理由是（1）已经齐备法律规定的结果加重构成要件；（2）通常情况下，人身权利比财产权利更重要。❶ 对抢劫加重犯的研究在1997年《刑法》规定8种抢劫加重犯后，相关问题的讨论开始热烈起来。抢劫罪的加重犯是否存在未遂形态，理论界一直有三种观点，第一种观点认为，抢劫罪加重犯不存在未遂情形；第二种观点认为，抢劫罪加重犯存在未遂，理由是虽然加重构成以具备加重情节为必备要件，但在具备加重情节的情况下，相应的基本犯的实行行为仍可能未得逞，这种情形下可成立未遂；第三种观点认为，抢劫罪加重犯分结果加重犯与情节加重犯，结果加重犯不存在未遂，情节加重犯存在未遂。

1. 否定抢劫罪加重犯存在未遂的理由

其一，如前所述，在刑法理论上，依据犯罪结构形态的差异，犯罪构成可分为基本的犯罪构成与修正的犯罪构成，基本的犯罪构成是指《刑法》分则所规定的既遂犯和单独犯的犯罪构成；修正的犯罪构成，主要是预备犯、中止犯、未遂犯等故意犯罪过程中几种未完成形态的犯罪构成。以犯罪构成中行为的社会危害程度为标准，又分为基本罪的犯罪构成和派生的犯罪构成。就抢劫罪而言，前者是指普通抢劫罪的犯罪构成；后者包括加重的犯罪构成（加重犯）和减轻的犯罪构成（减轻犯）。加重犯的特征，是在同一罪名之下，出现了基本构成条款不能包容的严重结果或严重情节。这种严重结果或严重情形是否具备，既是加重犯能否成立的要件，也是加重犯构成要件齐备与否的标志。抢劫罪加重构成的8种情形，并不是以基本的抢劫罪既遂为前提，而是指具有抢劫的行

---

❶ 徐逸仁：《犯罪故意阶段形态论》，复旦大学出版社1992年版，第259~260页。

为,同时伴有8种加重结果或加重情节的情况。只要具备了法定的加重结果或情形,即使基本构成的抢劫罪未遂,也符合加重构成犯的特征,成立抢劫罪加重犯。这种观点在早期我国刑法学界较为普遍。

其二,承认抢劫罪加重犯有未遂情形,没有实际意义,也会使法定的加重犯从重处罚与未遂犯的从宽处罚原则发生矛盾。对抢劫罪基本犯区分既遂与未遂,是因为基本犯中抢到财物与没抢到财物在社会危害上有一定差别,而加重犯中抢到财物与没抢到财物在造成的社会危害性上很难区分大小,有时抢劫犯在基本构成上属于未遂,但其社会危害性(主要是人身危险性)已经达到相当严重和程度,具备加重犯所需的客观构成要件,对此如果按未遂犯"可以从轻或减轻处罚",则与刑法对加重犯处以加重处罚的规定相矛盾。因为,抢劫罪加重犯依法将处以10年以上有期徒刑、无期徒刑或者死刑,如果按未遂犯对待,则可能在法定的10年有期徒刑以下处罚,这背离了严惩这种严重暴力型犯罪的精神。

其三,这是贯彻罪刑相适应原则的需要。该原则强调的是刑罚的轻重,与客观的罪行和主观的责任相适应。客观的罪行主要指的是已经发生的犯罪事实及其危害性,而主观的责任主要指犯罪人个人的情况和犯罪后的表现,如主观恶性深浅、再次犯罪的危险性以及犯罪后坦白、自首、立功表现等。抢劫加重犯之所以要处以较重的刑罚,是因为其主观恶性深,对人的生命健康或社会秩序所造成的危害结果严重,行为人潜在的危险性较大,至于加重犯中没有抢到财物的,这只是由于行为人意志以外的原因未得逞,并不是行为人自愿放弃犯罪,其主观上的犯罪意念并未消除,人身危险性依然存在,而且这种危险已足以危及刑法所保护的各类社会关系,对其处以较重的刑罚,符合罪刑相适应原则。

2. 肯定抢劫罪加重犯存在未遂的理由

根据刑法理论,我国目前通说的既遂形态,应以行为人是否具备了《刑法》分则规定的抢劫罪构成全部要件为标准。具备加重构成的某一要件,并不等于就具备犯罪构成的全部要件,还要结合基本构成中的其他要件综合考虑。抢劫罪为结果犯,与盗窃罪、诈骗罪、抢夺罪等侵犯财产型犯罪一样,其法定犯罪结果是否发生就是犯罪构成要件是否齐备以及犯罪既遂与未遂的标志。抢劫罪的犯罪结果又只能确定为对财物的非法占有,该结果是否发生是所有构成类型的抢劫犯罪区分既遂与未遂的标准。

再者，肯定以财物取得与否为抢劫罪既遂与未遂的标准，承认其加重构成形态存在未遂，不会轻纵罪犯，符合罪刑相适应原则。固然，抢劫致人重伤、死亡所造成的后果特别严重，应该予以重罚；但即便是被害人有加重情节，如果行为人并未取得财物，这同取得财物的加重情节相比，在危害程度上还是差别较大，仍然有必要实行区别对待，对之以未遂论也无可厚非。况且，对未遂犯，我国刑法采取的是得减主义，如果行为人主观恶性深，潜在的危险性较大，对他人的生命健康或社会秩序造成严重危害，即使没有抢到财物，法官也可以综合全案情况不予从轻或者减轻处罚。以中止犯为例，如果行为人符合抢劫加重犯的持枪抢劫等情节，但实行抢劫前主动放弃犯罪，符合中止犯的特征，当然也应该从轻处罚，这正好符合《刑法》规定处罚中止犯的原理。再如，入户盗窃被发觉、打倒被害人后逃跑，分文未得。这些情形下，如果行为人没有取得财物，而仍然以既遂论，处以重刑，显然过重。但是，如果此时只是依据抢劫基本罪处罚，就有放纵犯罪之嫌，而作为加重犯从轻处罚，则更好体现了罪责刑相一致原则，而不是与该原则相矛盾。所以，承认抢劫罪加重犯存在未遂的观点更加符合司法实际，也更符合我国宽严相济的刑事政策。

比较以上两类观点，笔者坚持加重犯和抢劫加重犯未完成形态肯定说，并且作以下进一步的论证。

其一，从刑事立法意义上进行分析。

从犯罪学的角度，笔者对犯罪的认识是可以掌握其常态和规律的，这也是能够构建犯罪构成要件理论的重要原因。对于具体犯罪而言，其构成要件是静止而不能改变的；但就某一类犯罪或者某一项犯罪，基于行为的性质、手段、危害的结果，甚至犯罪主体、主观恶性程度等不同而存在差异，从这个意义上说，犯罪是运动、变化的，其社会危害性也是存有程度差别的。根据我国刑事立法的结构、体例，笔者一直强调，《刑法》分则所规定各罪不同档次的量刑标准，是以犯罪既遂为标本的，因为唯有以此为标准才能总结犯罪常态和规律,以确定相应法定刑。❶《刑法》分则并没有规定犯罪未遂的量刑标本,但这并不能得出符合抢劫罪8种情形的,都属犯罪既遂的结论,因为对犯罪未遂的处罚已由《刑法》总则作了原则性的规定。《刑法》第263条规定的8种情形并没有在立法上排除未遂的可能。其中,规定"致人重伤、死亡的"结果加重犯,主要是从危害结果的程度上加以考虑的,这种情形的加重犯的停止形态较为特殊,下面将作专门的论述。而对"入户抢劫的"等7种情况的情节加重犯,主要从行为方式、危害社会秩序和对象等方面考虑其严重危害性。正因如此,《刑法》为它们的既遂形态设置了较重的法定刑。假设这几种情形存在未遂,既不违背立法原理,也不会轻纵犯罪人。因为对于未遂等未完成罪,《刑法》总则只是"可以比照既遂犯从轻或者减轻处罚",并非必然从宽。而在现实生活中,行为人可能抢到财物,也可能没有抢到财物,或者可能既没有抢到财物又没有造成被害人的人身伤害,其社会危害性存在较大差异,也就存在区别既遂与未遂的余地。正如有学者所言,在我国,犯罪未遂不只是针对罪名而言,而可能针对同一罪名下的各种形态的犯罪而言。❷ 有的学者还从同一犯罪的既遂标准相应地存在层次性差异的立场,论证加重犯的构成要件具有相对独立性,其判断标准是:基本犯的构成要件齐备以及加重因素的具备。❸ 这也是其承认结果加重犯、情节加重犯等存在既未遂形态之分的法理依据。

其二,结果犯的原理仍然是区分抢劫加重犯既遂与未遂的标准。

抢劫罪与盗窃、诈骗、敲诈勒索等侵财犯罪一同规定在"侵犯财产罪"一章,而且它是侵财犯罪之首,将抢劫罪理解为传统意义上的结果犯没有问题。如今把犯罪构成分为基本罪构成和派生罪构成已经得到刑法学界的普遍认可,这也是研究加重犯停止形态的理论前提。行为人实施抢劫的行为是否造成《刑法》规定的危害结果,则是立足于界定抢劫罪既遂与未遂的基点。但"入户抢劫"等抢劫加重犯,是否也可以理解

---

❶ 金泽刚:《犯罪既遂的理论与实践》,人民法院出版社2001年版,第202~206页。
❷ 张明楷:《刑法学(第四版)》,法律出版社2011年版,第325页。
❸ 王志祥:"从既遂标准的层次性理论看加重犯的紧随问题",载《法律科学》2011年第5期。

为结果犯呢？试想，如果不把它们并入结果犯的范畴，那么同一个罪名下的犯罪行为就被划分为"两个不同的阵营"，这显然不符合刑法的基本原理。除非像《日本刑法》那样，把一些加重的抢劫罪独立成新的罪名。只不过抢劫罪不同于盗窃、诈骗等侵财犯罪的最大因素，在于它侵犯的法益包括财产权利和人身权利。这样一来，抢劫罪的危害后果就包括被害人的财产损失和人身乃至生命受害，而人身权利有时还远远超过财产的价值，一旦加重犯造成的危害在人身权利方面更大时，对抢劫罪是否还是结果犯就出现了怀疑。笔者认为，加重的抢劫罪作为结果犯没有疑义，行为人抢劫仍然还是针对财物犯罪，❶只不过，其劫财的暴力、威胁手段导致危害结果比普通抢劫罪更严重，其结果中的人身权益受害的可能性更大。立法者并非没有考虑抢劫加重犯对行为人造成人身权利受害的结果，相反，行为人是否抢到被害人的财物，只是分析其抢劫行为是否产生危害结果的一个方面；行为人是否造成被害人人身权利受害（包括重伤和死亡）的后果，也应是分析抢劫行为是否产生危害结果的另一个方面。假如这两方面中任何一方产生了危害结果，均可成立犯罪既遂，这正是抢劫罪属于结果犯的原理。只是在这里，哪种法益受害更受立法重视，对于评价加重犯的既未遂问题值得研究。本书将就法益侵害（主要表现为危害结果不同）对抢劫罪的结果加重犯停止形态的影响提出进一步的看法。

其三，有关结合犯的理论难以解释抢劫罪加重犯的既未遂问题。

在理论上，结合犯是指《刑法》把本为数个不同性质的独立的犯罪行为，依照法律的规定，结合为一个新的犯罪的犯罪形态。而对抢劫罪是否属于结合犯，理论界本身争论很大，如有人认为所有的抢劫罪都是

---

❶《刑法》分则之所以将抢劫罪归入侵犯财产罪之类罪，主要在于抢劫罪侵犯的主要客体是财产权益。抢劫行为人的主观目的是劫财，其行为最终指向的也是被害人的财产权利。抢劫犯罪可分为手段行为和目的行为，行为人在抢劫过程中实施侵害人身权利的行为只是作为劫取财物的手段，是为其非法取得财产目的服务的，其劫取财物的目的行为才负载着行为人的根本追求，凸显着犯罪行为的本质属性。《刑法》将重点放在预防和惩处犯罪人侵犯他人财产权益，是立法分类的立足点，多数国家的立法亦如此。

结合犯;❶ 有人主张所有的抢劫罪都不是;❷ 还有人认为只有抢劫致人伤害和死亡结果的结果加重犯才是，这也是常见的观点。❸ 此外，新《刑法》实施后，有论者在主流观点的基础上指出，抢劫罪的结合犯，除了结果加重犯外，还可能存在于情节加重犯和转化型抢劫犯之中。❹ 但笔者认为，抢劫罪的两种行为侵害不同法益，容易使人想到结合犯，但在 8 种加重抢劫罪中，仅仅"入户抢劫的""冒充军警人员抢劫的""持枪抢劫的"这三种情形，像是"结合的犯罪"，它们在侵犯他人财产权利的基础上，也触犯了侵犯非法侵入住宅罪、招摇撞骗罪、冒充军人招摇撞骗罪、非法持有枪支罪等罪名，似乎符合结合犯的原理。但也应该看到，说某罪是结合犯，主要是指该罪的结构形式，是两种犯罪都成立前提下的结合，即二种行为是否独立成罪，二者的关系是否能够结合成为一种独立的犯罪形态。这是要解决结合犯是否成立的问题，而与犯罪停止形态问题无多大关系。再说，如果分开结合犯的两种犯罪行为，如何评价各自的行为的停止形态就很难，以入户抢劫为例，如果行为人试图入户抢劫，在敲门时发现屋内有多人，遂被迫离开。试问，此时"入户"是未遂，"抢劫"尚未开始，是何停止形态呢？整体上能定入户抢劫加重犯的未遂吗？再看以下两个案例，第一个案例是犯罪嫌疑人王某本来打算闯入李某家中实施抢劫，在走到门口时，李某刚好出来，王某于是就在屋外对李某实施了抢劫，并抢得财物若干；第二个案例是犯罪嫌疑人王某闯入了李某家中，因遭到李某一家人的强烈反抗，结果王某没有抢得财物落荒而逃。在司法实务中，对这两个案例的判断并不复杂，前一个案例是抢劫既遂，且与入户无关；后一个案例是入户抢劫但犯罪未遂。这两个案例给出的启示是：入户抢劫中的既未遂到底是"入户"的既未遂，还是"抢劫"的既未遂？再比如，如果行为人不知道是假枪而持"枪"抢劫，此时是否认定持枪行为是未遂呢？对于这样的结合犯，说其

---

❶ 李光灿主编：《中华人民共和国刑法论》，吉林人民出版社 1984 年版，第 617 页。
❷ 赵秉志：《侵犯财产罪》，中国人民公安出版社 1999 年版，第 71 页。
❸ 高铭暄：《刑法问题研究》，法律出版社 1994 年版，第 211～212 页。
❹ 张国轩：《抢劫罪的认定与量刑》，人民法院出版社 2001 年版，第 203～207 页。

中之一是未遂，整个结合犯就是未遂，势必存在逻辑错误。更何况，抢劫罪这三种情形只是"类似"结合犯而已，因为结合犯本应该是两个独立成罪的行为的结合，如日本《刑法》规定的强盗强奸罪，而我国《刑法》中这些加重的抢劫罪，其入户、持枪等行为本身可为抢劫的暴力或者威胁行为所涵盖，不能对它们作二次评价，或者难于作分开评价。抢劫罪的其他几种加重犯与结合犯相差更远。总之，从结合犯的角度很难把这个问题说清楚。

另外，从司法实践看，一些地方的司法判决开始接受肯定说的观点。

【案154】1999年12月21日晚，被告人孙某伙同他人经事先预谋，窜到该县寿山乡单条桥余某食杂店外，孙某头戴旅行帽，眼戴墨镜，手持单手锯，以买啤酒为由骗得被害人余某打开店门后，走进店内，趁余某转身之机用左手臂卡住被害人脖子，并用握着单手锯的右手去掩被害人喊叫的嘴巴。正当二人欲行抢劫时，在里屋睡觉的被害人余某丈夫彭某闻声冲出，被告人慌忙逃走。后被告人孙某因参与殴打他人被公安抓获归案。在该案审理中，法院认为，被告人孙某以非法占有为目的，伙同同案人侵入他人住宅，使用暴力欲行抢劫，其行为符合入户抢劫的犯罪构成要件，构成抢劫罪。其行为已具备抢劫罪加重形态的全部要件，无论被告人是否抢劫到财物均属既遂。依照《中华人民共和国刑法》第263条第（1）项的规定，对被告人孙某判处有期徒刑10年，并处罚金3 000元，剥夺政治权利2年。

本案判处被告人10年有期徒刑的"压线"判决，反映出对抢劫加重犯的停止形态的认识尚有偏差。在2005年最高人民法院颁布《审理抢劫、抢夺案件的意见》后，对抢劫加重犯存在未遂等停止形态的认识应该逐步被司法实践所接受。

再看几则案例：

【案155】某晚9时许，25岁青年男子牟某在大腿上绑了一把30厘米长的砍刀，坐车来到长江大桥南桥头，摸进了游乐园。观察一番后，他发现可以通过游乐园里废弃的一根水管，爬进紧邻的别墅小区。他在

抢劫罪详论

进行化装等事前准备后，翻上围墙爬进了别墅区。他看见一楼有个房间窗户是开着的。大门院墙不高，就从门柱翻进墙，然后用刀划破纱窗，钻进屋。进屋后，他急迫地寻找着财物，但没找到一分钱。在一楼客厅，他发现了一个在沙发上睡得正香的男子秦某。过了大约两分钟，牟某弓着腰走到男子头部位置，右手捂住男子的嘴，左手用刀架在其脖子上，要求对方拿钱来。秦某说自己只是帮人看房子的打工仔。牟顿时就把刀从那人脖子上拿开。秦某趁机按住牟的肩膀，并说，有事坐下来慢慢说，看能不能帮忙解决。秦随即拿来一瓶矿泉水，稳住了牟的情绪。牟求秦放了他，秦却借机问他，怎么要走（抢劫）这条路。牟就说，自己是"农转非"，做超市生意被人骗了五六万元，去年买了一套房子，还差4万元。他就以房子为抵押，借了1万元高利贷，每月1 000元利息，放贷者拿走了他的房产证。后来，他找不到这些人，对方留的电话也打不通。今天是高利贷到期的日子，他无力还钱，加上父母有病，才动了抢的念头，想抢4万元。牟边说边给秦某磕头作揖，请求放他一马。当牟倾诉时，秦某暗中把刀拿到手。牟某见走不脱，起身去翻客厅阳台。就在牟一条腿跨出阳台后，秦某一个箭步上前把牟拽了回来。于是，两人又坐下来谈了10分钟。牟再次起身说想走动走动，然后第二次翻上阳台。秦眼疾手快，在牟双腿翻出后还是把他拽了回来。眼见牟三番两次想跑，秦指责他："男人做了事就要负责。如果我这次把你放了，你以后可能会再去抢人、杀人，到时法院将对你数罪并罚，还要被重判。我不让你走，是给你一个机会。"牟某哭了，不停下跪求饶和磕头。秦某趁机教训起牟某。两人一直交谈到凌晨5点多。秦某所在公司的一个负责人接到电话来到别墅，听了详细经过后，就给了牟某200元钱，还不断开导牟不要走极端。❶ 后法院以抢劫（未遂）罪判刑牟某有期徒刑3年。

本案牟某构成入户抢劫的加重犯无疑，但在牟某对4万元财物实施抢劫过程中，得知自己的抢劫对象并非别墅主人而未抢劫成功，法院对此以犯罪未遂定性。本案牟某在发现别墅的主人不在后，主动停止了进

---

❶ 罗彬："男子因没钱还房贷抢劫与被抢者长谈9小时"，载《重庆晚报》2007年11月25日。

一步犯罪，似乎符合犯罪中止的"自动性"特征，但牟某见抢劫巨款无望是其停止犯罪是根本原因。在犯罪未遂后，牟某对自己行为的认识及其悔悟说明牟某的人身危险性不大，可作为量刑情节考虑。不过，本案是实施终了的未遂，还是未实施终了的未遂？如果沙发上的那个打工仔其实是别墅主人本人装的，那是否影响本案的犯罪形态？这些问题值得进一步研究。

【案156】2012年7月19日中午，江苏省启东市区东珠新村7号楼一间出租屋内，突发一起蒙面持刀抢劫案。面对劫匪，两年轻女子巧妙周旋，最终设计上演一出"关门打狗"好戏。当天12时许，二十刚出头的涟水县籍女青年丁某在出租屋内与同龄女友高某闲聊。突然，一个头戴裤袜的蒙面男子手持明晃晃尖刀闯进屋抢劫。没翻到钱物的劫匪与两个姑娘攀谈起来。忽然又有人敲门，丁某悄悄告诉劫匪："你不要出声，先躲起来，我打发他走。"不料，丁某、高某一冲出去，立即将房门反锁，随之迅速报警。劫匪这才觉察上当，跳出来不停地踢踹大门，但已无济于事。劫匪割腕自杀未遂后被抓获。

对本案也应该以入户抢劫未遂定罪处罚。

【案157】段某、关某于某晚11时翻墙进入李某（当地某煤矿矿长）家中，李某之妻王某问二人何干，段答找李矿长有事。后王某打电话给其夫，加重语气连说数遍："家中有人找你，赶快回来！"李某感觉不妙，即叫了几名工人随同回家。当段、关见到人多时，面露惊慌之色，二人被强行带至派出所后，供述了他们想等李某回来后实施抢劫的意图。

就本案的犯罪停止形态问题，有人认为，二被告人虽然主观上具有抢劫的故意，但非法入户的行为尚不属于"着手实行犯罪"，其二人由于意志以外的原因被迫停止下来的行为，是预备犯。理由是二被告人虽然主观上有非法占有的目的和抢劫李某的故意，但只是选择了犯罪对象，在李某回家之前，这种主观故意还没有表露出来，其指向不明，且尚未对被害人，包括其妻王某实施进一步的侵犯其人身的举动，危害不深，不宜认定为"着手实行犯罪"。不能把行为人在犯罪预备阶段实施的连续行为人为地割裂开来。抢劫罪的客观方面表现为行为人对当场使用暴力、胁迫或者其他方法，迫使其当场交出财物或将财物抢走的行为，本案中的非法入户行为还不具备抢劫犯罪要求的客观方面行为，二被告人翻墙入院的行为仍然是为进一步实施抢劫而制造便利条件。"入户抢劫"虽然较普通抢劫行为具有更大的社会危害性和人身危险性，但非法入户行为不能决定犯罪的性质，它不能作为抢劫犯罪的客观构成要件。若以行为人实施的一种不属于犯罪构成要件的行为，而认定为"着手实行犯罪"行为，亦有违刑法的谦抑精神。

笔者认为，本案被告人主观上具有抢劫的故意，客观上也实施了翻墙入院并进入室内的行为，只是由于被害人事先察觉并予制止，才使二被告人的犯罪未能得逞，这种行为构成犯罪未遂。二被告人相互勾结、预谋作案、驾乘摩托车窜至被害人住地的行为才是犯罪预备，从段、关二人翻墙进入被害人家中起，犯罪已开始进入实行阶段。理由是：根据我国《刑法》规定，"着手实行犯罪与否"是区别未遂和预备的关键，而关于"着手"的认定，理论界存在主观说、客观说、折中说等不同学说分歧。我国刑法理论的通说认为，所谓"着手"，就是开始实行《刑法》分则所规定的某一犯罪构成客观要件的行为，这种行为已不再属于为犯罪的实行创造便利条件的预备犯罪性质，已使刑法所保护的具体权益初步受到危害或面临实际存在的威胁。上述观点的核心在于非法入户是否已着手实施客观构成要件的行为。笔者认为，基于加重犯罪构成的原理，非法入户正是入户抢劫加重犯的客观构成要件之一，非法入户也是《刑法》设立该加重犯的重要依据，所以，实施了非法入户行为，就是该加重犯的着手实行犯罪。

四、抢劫罪的结果加重犯的既未遂问题

结果加重犯是刑法学领域最有争议的概念之一，笔者认为，结果加重犯是指实施基本罪的犯罪行为，发生基本犯罪构成以外的重结果，刑法为此规定比基本罪更重的法定刑的犯罪形态。笔者对我国《刑法》中

的结果加重犯持广义的理解,❶ 但这里的"抢劫致人重伤、死亡的"情形属比较典型的结果加重犯。

如前所述,对于我国《刑法》规定的结果加重犯的犯罪停止形态问题,与其他加重犯相比,学界的研究算是较早的。不过,早先,我国多数学者认为结果加重犯没有既遂与未遂的区分,❷ 或者认为结果加重犯只有一种犯罪形态,即犯罪既遂,如有观点认为加重构成犯的特征,是出现了基本构成条款不能包括而为加重刑罚条款所特别规定的严重结果或严重情节。这种严重结果和严重情节,既是加重构成犯成立的要件,又是加重构成要件齐备的标志,如果没有这一结果或情节就谈不上加重构成犯的成立,而只属于基本构成犯。有此结果或情节就构成加重构成犯,并具备基本要件。因此,加重构成犯只有构成与否的问题,而无既遂与未遂的区分问题。❸ 立法者之所以设定将某种重结果作为加重结果规定在结果加重犯中,是因为某些基本犯罪具有导致超出其犯罪构成之重结果发生的特别的危险性,立法者意图通过设立结果加重犯来预防特定严重结果的发生。这种特定严重结果往往表现为对人的生命或者重大健康权利等刑法最为重视的法益的直接侵害,因而其发生与否本身才是立法者关注的重点所在,至于基本犯既遂与否对于结果加重犯而言并不十分重要。所以,如果加重结果出现,就成立结果加重犯,否则既没有必要按照结果加重犯处理,当然也不成立结果加重犯的未遂形态。❹

但后来肯定结果加重犯有未遂的观点逐渐出现,如有人认为,结果加重犯存在两种未遂形态,即未遂犯的结果加重犯和结果加重犯的未遂犯。❺ 还有学者主张:"在行为人故意造成加重结果,却没有发生加重结果的情况下,应认为成立结果加重犯的未遂。"❻ 在造成了加重结果但基本犯未遂的情况下,可以认定为结果加重犯的既遂,但必须承认基本犯

---

❶ 金泽刚:《犯罪既遂的理论与实践》,人民法院出版社 2001 年版,第 155 页。
❷ 赵秉志主编:《刑法争议问题研究(下卷)》,河南人民出版社 1996 年版,第 352~353 页。
❸ 赵秉志:《侵犯财产罪》,中国人民公安大学出版社 1999 年版,第 84 页。
❹ 赵秉志主编:《当代刑法学》,中国政法大学出版社 2009 年版,第 193 页。
❺ 陈兴良:《刑法适用总论》,法律出版社 1999 年版,第 677 页。
❻ 张明楷:《刑法学(上)》,法律出版社 1997 年版,第 273 页。

未遂。❶ 也有观点认为，抢劫罪属于侵犯财产的犯罪，应以行为人是否占有财物作为区分既遂、未遂的标准，抢劫致人重伤和死亡也不例外，同一种罪名不能有不同的既遂、未遂标准，行为人未取得财物而致人伤亡，与取得财物又致人伤亡，危害后果毕竟不同，有必要区别对待，且以未遂论不一定要从轻、减轻处罚，不会轻纵罪犯。❷ 还有学者赞同结果加重犯存在未遂的观点，认为结果加重犯没有既未遂之分的理由难以成立，其理由如下：第一，一种犯罪的既遂与未遂只能有一个标准，而不可能两种标准并存，抢劫罪也只能有统一的既遂与未遂标准。鉴于抢劫罪侵犯的主要社会关系是公私财产所有权，犯罪人的目的是非法占有他人财物，因而，抢劫罪既遂与未遂的区分标准应是犯罪人是否非法占有了他人的财物。第二，就结果加重犯而言，具备了加重处罚的结果并不意味着犯罪的既遂。我国刑法中规定的结果加重犯并不仅限于抢劫致人重伤、死亡这一种，例如强奸致人重伤、死亡也属于结果加重犯，但刑法理论上一致认为强奸罪具有统一的区分既遂与未遂的标准。第三，承认抢劫致人重伤、死亡存在犯罪未遂形态，而不是一概地构成犯罪既遂，并不意味着对犯罪人的放纵，相反，这体现了我国刑法所确定的罪责刑相适应原则。由于我国刑法对未遂犯规定的是可以比照既遂犯从轻或者减轻处罚，司法实践中也可以不比照既遂犯从轻处罚。那种关于对抢劫致人重伤、死亡但未抢劫财物的情形按犯罪未遂处理会轻纵犯罪的担忧是多余的。综上所述，抢劫罪既遂与未遂的标准应统一于犯罪人是否非法占有了他人财物。因此，抢劫致人重伤、死亡也存在既遂与未遂之分。❸ 另有观点强调同一罪名的完成形态与未完成形态区分标准的同一性，认为犯罪完成形态与未完成形态的区分标准由其主要犯罪属性来说明。只要是直接故意犯罪，无论是其基本犯，还是其加重构成犯，都存在犯罪的完成形态和未完成形态。抢劫罪的加重构成犯的犯罪形态也不例外。对抢劫罪来说，抢到财物附加加重结果便构成抢劫罪的结果加重犯的完成

---

❶ 张明楷：《刑法学（第四版）》，法律出版社2011年版，第324页。
❷ 刘明祥：《财产罪比较研究》，中国政法大学出版社2001年版，第171～172页。
❸ 李希慧："抢劫罪的对象、标准及转化问题研究"，载《人民检察》2007年第18期。

形态，未抢到财物附加加重结果便构成抢劫罪的结果加重犯的未完成形态。❶ 笔者也曾主张，如果基本罪未遂，但行为人意图造成重结果而重结果未发生的，属于结果加重犯的未遂形态。❷

笔者认为，《刑法》总则对未完成形态的规定对于《刑法》分则具有普遍的指导意义。在分析基本罪的犯罪停止形态时适用《刑法》总则的规定，在分析加重犯的犯罪停止形态也要适用《刑法》总则的规定和刑法基本原理。对于加重结果持过失罪过的结果加重犯，属于过失犯类型，不存在既未遂形态之分。日本一些否定结果加重犯有未遂形态的观点多是坚持结果加重犯都是这种过失型的加重犯。但这个时候若基本犯未遂如何评价呢？笔者认为，解决这个问题需要坚持多重客体的犯罪其中的主要客体可变性理论。该理论与笔者前述主张的犯罪停止形态的本质理论也是一致的，或者说是由其衍生而来。抢劫罪侵犯双重客体，抢劫基本犯的主要客体是财产权益，但对于加重犯而言，其主要客体可能发生改变，甚至发生新的"变异"。比如，对于入户抢劫而言，由于户的特殊性，人身权益成为被侵犯的主要客体；对于在交通工具上抢劫，社会管理秩序也是被侵害的一种客体（只是比较次要）；对于抢劫金融机构的犯罪，其还严重侵犯危害金融秩序，等等。只是刑法基于立法技术等需要，难以把它们独立出来，放在别的章节。事实上，有些从"母罪"中独立出来的犯罪就存在客体的"变异"问题，如金融诈骗罪是从普通诈骗罪分离出来的，其客体不仅仅是财产权，用笔者的理论可以解释有些新罪名独立出来的必要性。

回到抢劫罪的结果加重犯来，在结果加重犯的完整犯罪构成中，其人身权益重于财产权益，无论对加重结果持何等罪过心理，只要加重结果发生了，刑法更需要保护这种人身权益的重结果。也就是说，只要发生抢劫致人重伤或者死亡的加重结果，基于法益侵害的原理，犯罪就达到了既遂状态，这个时候，抢劫罪的法益保护重点转变为人身权，而不是被害人的财产权，也就不再"计较"基本罪是否既遂。需要讨论的是

---

❶ 马荣春："抢劫罪完成形态与未完成形态之区分"，载《人民法院报》2004年6月4日。

❷ 金泽刚：《犯罪既遂的理论与实践》，人民法院出版社2001年版，第161~162页。

行为人故意追求加重的结果，而致人重伤、死亡的结果没有发生的，是何种停止形态呢？笔者认为这是唯一一种未遂形态的结果加重犯，因此，行为人以故意重伤或者杀死被害人的方式抢劫财物，就使其客体中的人身权益上升到第一位，因而还是成立结果加重犯，只是重结果没有发生，遂为未遂。即使行为人此时未劫取任何财物，仍然是该结果加重犯的未遂，而不能认定为基本犯未遂。所以，大多数抢劫罪的结果加重犯都是既遂形态，唯有"故意实施基本罪＋故意造成重结果"这种结果加重犯除可能存在未遂形态。例如，甲、乙、丙三人共谋将出租车司机李某杀死后劫取其财物，甲等三人上车后，让李某将车开往某偏僻小路处，随即对其实施暴力，并勒住李某的脖子。李某顿时休克，甲等三人以为李某已死亡，将出租车内的现金900元劫走后潜逃。李某不久后苏醒，仅受轻微伤。本案如果将甲、乙、丙三人的行为认定为一般抢劫显然不合适，认定为故意杀人罪（未遂犯），同样也不合适，因为最高人民法院2001年5月22日《关于抢劫过程中故意杀人案件如何定罪问题的批复》中规定："行为人为劫取财物而预谋故意杀人，或者在劫取财物过程中，为制服被害人反抗而故意杀人的，以抢劫罪定罪处罚。"所以，对甲、乙、丙三人的行为应适用《刑法》第263条所规定的结果加重犯的法定刑，同时适用未遂犯的规定，这样便与故意杀人罪相协调了。

至于有人说基本犯和加重犯既未遂的标准应该同一的问题其实并不存在，因为基本犯和加重犯的犯罪构成本身有区别，其构成要件之齐备有别，既未遂形态也就存在有差异的可能。在前面所说的强奸致人重伤的情况中，被告人为图强奸，故意致人重伤，但其强奸行为因意志以外原因终未完成，此时承认这种"未遂的结果加重犯"其实并无多大意义。笔者认为，相对而言，在人身权益中，重伤或者死亡所导致的损害甚于贞操权被侵犯，❶至少二者都是人身权的范畴，如果单纯从保护贞操权的角度理解，才能得出未遂的强奸加重犯的结论。必须强调的是，强奸罪与抢劫罪不同，抢劫罪是图财，可以杀死被害人而获其财物；而强奸罪则不是这样，故意重伤或者杀死被害人再强奸的情况则难以想象。如果

---

❶ 在社会学中，这个问题也有争论，以前出现过遇到强奸犯，是递套还是拿刀（拼死反抗）的争论。

行为人因强奸不成而恼怒杀人，则成立故意杀人罪而不是结果加重犯了。由于侵犯客体的差异，将强奸罪和抢劫罪的结果加重犯比较并不合适。

【案158】被告人斯某，是眉山市东坡区广济乡农民，因赌博输钱后，无力偿还借款，遂产生抢劫念头。2011年12月14日9点左右，斯某驾驶租借的轿车窜至眉山城区"大润发"超市三楼停车场，并伺机抢劫。因为停车场人很多，一直找不到机会实施犯罪。下午5点左右，被害人杨某某驾驶一辆轿车进入该停车场将车停在车位上。斯某见40多岁的妇女杨某某系独自一人，遂将其确定为抢劫目标。杨某某下车购物之后，斯某立即将其驾驶的轿车停在旁边的停车位上，并坐在副驾驶位等候。6点半左右，当杨某某购物返回准备驾车离开时，斯某从其轿车副驾驶位置下车进入杨某某车内驾驶室，向她索要钱财。杨某某拒绝并呼救，斯某遂用左手捂住嘴巴，右手拿出随身携带的匕首对着她的颈部，在挣扎过程中，刀刺入颈部。杨某某受伤倒在副驾位置后，斯某见状驾车逃离现场。后杨某某因受伤过重抢救无效死亡。2012年6月，法院经过审理以抢劫罪判处斯某死刑，剥夺政治权利终身，并处没收个人全部财产。

本案发生了加重结果，应该认定抢劫致人死亡的加重犯（既遂）。

【案159】2012年7月24日上午10时许，22岁男子杨某，以租车为名，将被害人康某驾驶的出租车从三原县城骗至嵯峨镇冯村水库附近无人处，趁出租车陷入泥中，康某下车查看毫无防备之际将其打昏，抢走109元。其间苏醒过来的康某怕再遭毒手佯装死亡，杨某见状以为康某已死，为毁尸灭迹，将她拖至路边用土掩埋。被掩埋的康某昏迷过去，当她苏醒过来后，拼命挣扎着从土堆里爬出，这时她看到歹徒正准备将她陷在泥里的车开走，旁边还有三名不知情的村民在帮忙推车，康某随即大声呼救。劫匪杨某在逃跑途中被抓获。❶

---

❶ "女的姐遭抢劫活埋装死逃生苏醒后爬出土堆"，载光明网，2012年7月26日访问。

本案行为人显然是想致被害人于死地，结果由于认识错误，被害人装死逃过一劫，没有死亡。如果掩埋导致被害人死亡的，则又另行构成过失致人死亡罪，而不是抢劫罪的结果加重犯，但本案行为人"掩埋尸体"的行为没有导致被害人死亡。如果能证明行为人先就意图致被害人于死地的，那就存在抢劫罪的结果加重犯的未遂形态之争了。

【案160】陈甲（上诉人陈乙的弟弟）伙同曹某到被害人成某（14岁）家趁其熟睡盗走一部价值300元的银灰色三星SGB-5508型手机。后曹某认为成家有钱，二人商量将成某杀死后实施抢劫。于是曹某约上诉人陈乙一同参与作案，约定由陈乙将成某杀害后，再由陈甲、曹某劫取钱财。曹某、陈甲在楼梯口和卧室门口守候，陈乙持匕首入成某卧室，先顺手窃走一部价值665元黑色金立V700型手机后，即用枕头捂住成某头，向成背后连刺四刀（致其轻伤），成某惊醒后极力反抗，陈乙等人被迫逃离现场。法院审理认为，上诉人陈乙以非法占有为目的，伙同他人采用暴力手段劫取他人财物，致人轻伤，其行为已构成抢劫罪，属入户抢劫。同时，依照最高人民法院《审理抢劫、抢夺案件的意见》第10条的规定，陈乙与同案人为达到劫取钱财目的使用凶器刺杀成某，致其轻伤，应当认定为抢劫既遂。另外，陈乙在作案过程中在刺杀成某前，还趁其熟睡之机，自行秘密窃取手机一部，此行为已超出了共同犯罪的故意，且数额较大，对此行为单独构成盗窃罪。故陈乙构成抢劫罪、盗窃罪，数罪并罚。陈乙犯抢劫罪，判处有期徒刑14年，剥夺政治权利5年，并处罚金人民币10 000元；犯盗窃罪，判处有期徒刑1年，并处罚金人民币1 000元；决定执行有期徒刑14年，剥夺政治权利5年，并处罚金人民币11 000元。❶

本案的疑难之处在于预谋入户杀害被害人后劫取财物，却导致被害人轻伤而未获得财物，如何认定其停止形态。笔者认为，基于前述的加重犯停止形态的原理，本案认定为入户抢劫加重犯（未遂）为妥，致人轻伤的后果可作为从重量刑的情节，对被告人可不予从轻处罚。

---

❶ 见湖北省高级人民法院（2008）鄂刑三终字第29号刑事裁定书。

【案161】 2011年4月左右，被告人高某因经济拮据而起意抢劫，并纠集被告人胡某共谋抢劫。两名被告人商定将作案目标定为姜某兄弟在上海开设的赌场。由高某负责制造枪支和子弹，并纠集他人；由胡某负责提供赌场信息等。此后，高某购买3把射钉器和若干弹壳等，又指使胡某购买了鞭炮。而后，高某将上述射钉器改装成具有杀伤力的枪支，还自制了子弹，后与胡某一起进行试射。此外，高某和胡某还购买了黑色长裤以用于制作面罩、白色手套、封箱带等。胡某购买尖刀一把。其间，高某先后电话纠集了被告人高甲、吕某、梁某来沪参与作案，高、吕、梁先后来沪与高某和胡某会合。同年5月29日14时许，姜A、姜B、杨某、苏某、李A等人在上海市浦东新区曹路镇东海二村绿化带内开设赌场，张某、王甲负责外围望风，杨某负责接送赌客，魏某、王乙和被害人李B则在赌场内放高利贷或参与赌博。当日20时许，胡某至上述赌场，将该赌场的具体地址电话告知高某。高某随即伙同被告人高甲、吕某、梁某携带上述枪支、子弹、尖刀、面具、封箱带等作案工具，乘车赶至上述赌场附近与胡某会合。胡某将赌场概况告知高某，再将高某等人带至赌场外围树林后，先行进入赌场。高某则将所携枪支装上子弹后分发给高甲和梁某各一把，所余一把自用。吕某则分得尖刀一把。此后，高某、高甲、吕某、梁某戴上自制面罩进入赌场外围树林。高某指使高甲、吕某、梁某采用持枪威胁、绳索捆绑、封箱带封嘴等方法先后将外围的张某、王甲、杨某制服，还从上述人员身上搜得一把停放在赌场外围的帕萨特轿车钥匙。随后，高某、高甲、梁某、吕某依次前行。此时，被害人李B与魏某恰好走出赌场。李B与高某相遇。高某持枪对李B实施威胁，并用枪击中李胸腹部，致李昏倒在地。高某、高甲、梁某、吕某见事情败露，即携带枪支等原路返回，乘坐由梁某驾驶的上述帕萨特轿车离开。同时，姜B、胡某、王乙、魏某等在赌场内的人员因听到枪响误以为警察前来抓赌，纷纷逃离赌场。其中，魏某、王乙等人在确认并非警察抓捕后又返回赌场，并在发现受伤的李B后将李送至医院抢救。嗣后，高某等人各自逃匿。经鉴定，被害人李B所受枪伤构成重伤。

审理本案的争议主要集中两点：一是本案抢劫罪的犯罪停止形态问

题；二为如何评价被告人致人重伤的结果。法院审理认为，本案系抢劫既遂。本案被告人高某等人虽未劫得赌场内的赌资，但他们为了排除开设赌场人员和参赌人员对赌资的控制或保护，采用暴力或者暴力胁迫等方法制服了赌场望风人员，并且在持枪威胁参赌人员暨被害人李 B 时枪击致李重伤，发生了侵犯人身权益的严重后果，应当认定系抢劫既遂，而不应认定为抢劫预备、抢劫未遂或抢劫中止。且被告人高某、胡某、高甲、吕某、梁某均应当对致人重伤的结果承担刑事责任。本案中，高某持枪指向被害人和用言语威胁被害人，在此过程中因枪击致使被害人受重伤，无论枪击系高某故意而为还是过失为之，均在高某持枪威胁行为的概括故意范围之内，应当对此抢劫致人重伤情节负责。在共同抢劫犯罪中，即使部分行为人不希望使用暴力或者仅仅使用暴力威胁，但他们对其他共同行为人可能造成严重后果应当是有预见的，本案中持枪抢劫致人重伤行为虽系高某一人所为，但其余四名共同抢劫的被告人对高某的持枪抢劫行为均是明知的，且积极参与了抢劫，故他们对高某的持枪抢劫行为会造成致人重伤后果应当是有预见并予以认可的，亦应当承担相应的刑事责任。为此，法院依据本案被告人在共同犯罪中的作用，以及自首、认罪等情节，依法判决：（1）被告人高某犯抢劫罪，判处死刑，缓期 2 年执行，剥夺政治权利终身，并处没收其个人全部财产。（2）被告人胡某犯抢劫罪，判处有期徒刑 15 年，剥夺政治权利 4 年，并处罚金人民币 5 万元。（3）被告人高甲犯抢劫罪，判处有期徒刑 12 年，剥夺政治权利 3 年，并处罚金人民币 2 万元。（4）被告人吕某犯抢劫罪，判处有期徒刑 14 年，剥夺政治权利 4 年，并处罚金人民币 4 万元。（5）被告人梁某犯抢劫罪，判处有期徒刑 12 年，剥夺政治权利 3 年，并处罚金人民币 2 万元。❶

本案共同犯罪人由于意志以外的原因未能抢劫到财物，但其采用暴力和暴力胁迫等方法制服赌场外的望风人员，并且在持枪威胁参赌人员即被害人李 B 时枪击致其重伤，发生了侵犯人身权益的严重后果，构成抢劫罪的结果加重犯，认定系抢劫犯罪既遂是适当的。

---

❶ 参见（2011）沪一中刑初字第 208 号判决书。

五、抢劫罪其他情节加重犯的停止形态问题

由于上面已经探讨的抢劫罪结果加重犯的情形,所以,这里的情节加重犯是指《刑法》第263条规定的8类抢劫加重犯除抢劫致人重伤、死亡的加重犯以外的其他7种情形,对它们又可以划分两类情况分别探讨。一是《刑法》第263规定的"(一)入户抢劫的""(二)在公共交通工具上抢劫的""(三)抢劫银行或者其他金融机构的""(六)冒充军警人员抢劫的""(七)持枪抢劫的",以及"(八)抢劫军用物资或者抢险、救灾、救济物资的",这6种情形的抢劫加重犯要么是对象加重犯,要么是方式方法加重犯,或者地点加重犯,这些加重犯表现出来的停止形态的特征相对一致,遂可作为一大类探讨,而对于"(四)多次抢劫或者抢劫数额巨大的"加重犯,确定其停止形态的特征相对特殊,对其另作一类探讨。

对于情节加重犯的停止形态问题,与基本犯的停止形态一样,主要是既未遂的标准如何界定,对此,刑法学界已有抽象的讨论。如先前有观点认为,加重情节是标志犯罪行为危害程度的与犯罪有关的主客观各种因素的综合指标,而且加重情节的有无也是决定情节加重犯是否成立的条件,因此,与结果加重犯在既遂、未遂问题上一样,情节加重犯也应只有是否构成之分,而没有既遂与未遂之别。具备了加重情节,就构成情节加重犯而且完备其构成要件,适用加重的刑罚幅度,不再有犯罪既遂与未遂的区分;不具备加重情节,就不构成情节加重犯而只构成基本犯,根据基本犯的犯罪构成去确定有无既遂与未遂之分以及是既遂还是未遂的问题。❶ 后来该观点转而承认情节加重犯有既未遂形态之分,情节加重犯的加重情节并不像结果加重犯的加重结果那样特定,可以表现为特殊的犯罪场所、特殊的犯罪对象或特殊的犯罪手段等,其既遂形态与未遂形态仍然应当根据基本犯来确定。而且,由于在结果加重犯的场

---

❶ 赵秉志主编:《犯罪停止形态适用中的疑难问题研究》,吉林人民出版社2001年版,第205页。

合，立法者关注的重点在于法定的加重结果是否出现，因此基本犯是否既遂对结果加重犯的量刑并没有大的影响。但对于情节加重犯而言，基本犯是否既遂与具备的加重情节二者均为立法者所重视，二者对情节加重犯的量刑都会产生大的影响（前面已述）。例如，对于在公共交通工具上抢劫的情节加重犯来说，公共交通工具这一特殊场所因素会使抢劫行为的危害性有所增加；但是，在公共交通工具上实施抢劫这一因素并不足以使抢劫罪的危害程度发生什么质的改变。无论是从行为人实施抢劫的目的，还是从在抢劫时处于公共交通工具上的被害人及其他人的日常法律意识的角度来看，都不能说一旦登上公共交通工具并开始实施抢劫行为，就完成抢劫犯罪；是否夺得财物，即使对于在公共交通工具上抢劫的场所而言，仍然具有举足轻重的意义，对这种情节加重犯的量刑有着较大的影响。❶ 对这个问题，笔者早就提出过肯定的见解，认为"认定情节加重犯的犯罪形态要以基本罪的犯罪形态为基准。当基本罪未遂时，同样可以成立情节加重犯，只不过是情节加重犯的未遂形态"。情节加重犯的既遂与结果加重犯的既遂有明显不同的特点，如前所述，结果加重犯的既遂只取决于加重结果是否发生，基本罪是否既遂则在所不问。❷ 另有学者对情节加重犯的既未遂标准与基本犯一致的观点提出了质疑，认为尽管情节加重犯的既遂与否受制于基本犯的既遂，但由此认为情节加重犯的既遂标准与基本犯完全相同，则抹杀了情节加重犯与基本犯在构成要件上所存在的差异。但该观点本身却认为："加重情节的具备只是情节加重犯成立的标志，而对于其是否既遂，则取决于在加重情节具备的情况下情节加重犯既遂形态的其他所有构成要件是否也具备。而既然情节加重犯在内部结构上由基本犯罪行为和加重情节两个部分组成，那么，判断情节加重犯既遂的标准自然就只能是：只有基本犯既遂的构成要件完全具备而且加重情节具备，才能成立情节加重犯的既遂。在具备加重情节而由于犯罪分子意志以外的原因未能完全具备基本犯的构成要件时，则成立情节加重犯的未遂"。❸ 该观点实际上还是回到了上述加重犯既未遂标准的老路，没有提出自己独立的见解。如今，在这个问题上，笔者

---

❶ 赵秉志主编：《当代刑法学》，中国政法大学出版社 2009 年版，第 193 页。
❷ 金泽刚：《犯罪既遂的理论与实践》，人民法院出版社 2001 年版，第 175 页。
❸ 王志祥：《犯罪既遂新论》，北京师范大学出版社 2010 年版，第 410 页。

第九章 抢劫罪的停止形态

有一些新的认识。

笔者认为，认识情节加重犯首先要认识到它们具有区别于基本犯的独立的构成要件即加重情节，而加重情节对于犯罪社会危害的程度以及构成要件的齐备有重要影响，显然，加重情节的具备不完全等同于加重犯全部构成要件的齐备。也就是说，情节加重犯的成立以基本犯的成立为前提，但同时也得以加重情节为必要，因此，认定情节加重犯的既未遂形态，对二者都不能忽视。这里还是要坚持犯罪停止形态的本质的原理，判断是既遂还是其他未完成形态，其标准取决于危害行为侵害法益程度的综合评价（因素）。就抢劫加重犯而言，将这种犯罪侵害法益的程度界限定在哪儿最合适呢？这才是需要考虑的。同时，以往的观点都没有深入探讨情节加重犯的着手实行问题，似乎它与抢劫基本犯完全一样，不必研究。而笔者认为，上述二者宏观（指导性原理）与微观（具体界定）相结合才是解决这个问题的关键所在。总的来看，由于抢劫罪（包括加重犯）侵害人身和财产权益双重客体，而且往往先是侵害前者，所以只要也必须是着手实施了侵害他人人身权益的行为，即为抢劫加重犯的着手实行。应该注意，抢劫加重犯的多数情形的加重情节本身是可以构成其他犯罪的，这对于认定其着手实行也有特殊意义。鉴于抢劫加重犯的具体情形有所不同，其着手实行的具体界定有所区别，先看前6类抢劫加重犯。

这6类加重犯的着手实行的标准分别是：（1）对于入户抢劫，由于非法入户，可以成立独立的侵犯他人人身权利的犯罪，所以，该加重犯的着手实行不一定要等行为人进入室内找到住户之后，并对其实行暴力或者威胁才构成，只要入户抢劫的行为人在入户时威胁了被害人的住宅居住安全（如破门而入时），当然就是住户人身权益的侵犯，即为该加重犯的着手。相比之下，如果是合法进入住户家后，临时起意抢劫的，其判断是否着手实行的标准显然就与抢劫基本犯一致了。这也说明区别入户抢劫和在户抢劫的既未遂形态很有必要，也是合乎法理的。（2）在公共交通工具上抢劫，笔者不同意其着手实行以"进入公共交通工具内"为着手，如果抢劫行为人使用暴力砸损车门，欲图进入车内抢劫，当然是着手，如果行为人拦住公共汽车，并对司机实施暴力威胁要求其停车，同样也是该加重犯的着手实行，而不是必须等到进入车内威胁乘客才是

· 599 ·

着手。(3) 抢劫银行或者其他金融机构,其着手实行的开始应该是行为人针对银行的安保人员或者银行职员实施暴力或者威胁,但并非一定要等到进入银行等金融机构里面才是该加重犯的着手,也不是只要在银行等金融机构内着手实施抢劫,就是加重犯的着手实行,因为对银行内的顾客实施抢劫不成立该加重犯。(4) 抢劫军用物资或者抢险、救灾、救济物资,须对这些物资的占有人、保管人着手实施人身侵害行为,才是该加重犯的着手实行。(5) 冒充军警人员抢劫和持枪抢劫,这两种情形的加重犯较为特殊,不是一冒充或者一持枪,就是该加重犯的着手实行,因为冒充军警人员和持枪的行为与被害人受到人身威胁尚有一定"距离",或者说被害人尚未感觉到人身威胁时,就不能认定为抢劫罪的开始实行。比如,行为人某甲持枪后开始寻找作案目标,此过程还未进入着手,当其决定抢劫某乙时,对某乙掏枪威胁就是该加重犯的着手实行了。值得注意的是,非法持枪本身是犯罪行为,对此《刑法》规定了制裁措施,持枪着手实行抢劫,因意志以外原因未得逞的,就存在先前的枪支犯罪(既遂)和抢劫加重犯(未遂)的罪数关系,前者为后者所包容,可择重罪处罚。

当然,以上各抢劫加重犯是可能存在预备犯和中止犯形态的,对此,下文不再展开论述。

【案162】2002 年 11 月 14 日,南某携带三角形铁块闯入徐某家,乘徐某不备,用三角形铁块击打徐某后脑部,欲抢徐某拎包。徐某被击打后转身训斥南某,并告知其行为是违法的、要坐牢的。南某见状即扔下手中三角形铁块,摸了摸徐某被击肿的后脑部,表示不再抢徐某的拎包,并要求徐某不报案,随后迅速逃离徐某家。徐某当日向公安机关报案,次日南某被公安机关抓获。经公安机关清点,徐某拎包内有人民币 300 元、美元 300 元、新台币 38 000 元及三星 A288 型移动电话机 1 部,上述财物共计价值人民币 4 348.13 元。经某市第二人民医院检验,徐某系轻微伤。上海市黄浦区人民法院经审理认为,被告人南某的行为已构成抢劫罪。由于被告人南某在对被害人实施加害行为后,经被害人训斥而自动放弃犯罪,系犯罪中止,依法应减轻处罚。遂依法判决如下:被告人南某犯抢劫罪,判处有期徒刑 3 年,并处罚金人民币 3 000 元。

在本案审理过程中,主要争议是被告人南某入户抢劫行为的停止形态如何认定,如果是未完成形态,南某入户抢劫行为是未遂,还是中止?本案判决对以上主要争议做出了入户抢劫存在未完成形态的肯定回答,理由是:入户抢劫作为抢劫罪的加重犯,《刑法》分则在基本构成基础上规定了更重的法定刑,但在入户抢劫的情况下也存在《刑法》总则规定的犯罪未完成形态。从我国刑法规定来看,情节加重犯与基本犯罪采用的是同一罪名,表明情节加重犯也存在依附于基本构成的一面,是在基本构成基础上对具备上述情节的法定刑的加重,同样也是以犯罪既遂为标本的。司法实践中,对于具有上述加重情节的抢劫犯罪,应当首先适用10年以上有期徒刑、无期徒刑或者死刑的法定刑;如果具有犯罪预备、未遂、中止三种犯罪未完成形态的,应当以此为基准依法从轻、减轻或者免除处罚。只有这样,才能使量刑做到罪刑相适应。另外,本案被告人入户抢劫致被害人轻微伤后,因被害人训斥而自动放弃犯罪的,属于犯罪中止。虽然被害人的训斥对被告人南某的抢劫行为的实施构成一定阻碍,但并不足以完全抑制其犯罪意志,被告人南某是在能够继续实施犯罪的情况下,自愿放弃了原来的抢劫意图,因而其行为应认定为犯罪中止。❶ 笔者认为,该案的裁判对于认定抢劫加重犯乃至其他加重犯的停止形态问题具有典型意义。

再来看"多次抢劫或者抢劫数额巨大的"加重犯。先谈数额加重犯。

基于对加重犯停止形态的争论,对于数额加重犯的停止形态问题,也有否定说和肯定说之争。有的否定意见认为,数额加重犯也是结果加重犯的一种,否定结果加重犯存在未遂,也就否定了数额加重犯的未遂形态。❷ 有的学者否认抢劫罪数额加重犯存在未遂的理由是:(1)《刑法》第263条是把"抢劫数额巨大"作为加重犯来规定的,而加重犯并无未遂可言。也就是说,只有犯罪分子实际抢到了数额巨大的财物,才能认定为"抢劫数额巨大";❸(2)所谓数额巨大,应当认为是指从客观而言抢劫既遂后的实际所得数额,而不应当包括所谓以主客观原则认定

---

❶ 最高人民法院刑事审判第二庭:"入户抢劫中的犯罪中止形态——南广杰抢劫案",载中国法院网,2005年6月23日访问。

❷ 张勇:《犯罪数额研究》,中国方正出版社2004年版,第95页

❸ 刘明祥:"论抢劫罪的加重犯",载《法律科学》2003年第1期。

的数额巨大。将明显以数额巨大甚至数额特别巨大的财物为抢劫目标但未遂的情况,也按抢劫数额巨大处理,实际上是将抢劫的指向数额与加重犯罪构成要件中的所得数额相混淆。因此,即使行为人以数额巨大或特别巨大的财物作为抢劫目标,只要实际所得未达到巨大标准的,仍应以一般抢劫论处。❶ 张明楷教授有观点认为:"《刑法》第263条所规定的八种法定刑升格的情形,也存在未遂的问题,或许'抢劫数额巨大的'应除外。"❷

在肯定说中,也有不同争论。如有的观点认为,数额加重犯的加重数额与结果加重犯的加重结果不同。加重结果是指在基本犯之普通结果之外又发生了更为严重的结果,这种结果以已经发生为限;而加重数额则包括犯罪指向数额,这种数额未必都是犯罪所得数额。❸ 另有观点对数额加重犯的未遂不持一味肯定的态度,而是认为,在主观上针对加重数额实施犯罪而实际上连基本数额都没有达到的情况下,持有型数额加重犯以及生产、经营型的数额加重犯不存在未遂形态,只有少数侵财性犯罪可能存在未遂形态,即抢劫加重犯是有未遂犯的。我国刑法中的抢夺罪的加重犯包括既遂犯和未遂犯。❹ 还有观点指出,加重数额不能简单地

---

❶ 周振想、林维:"抢劫罪特别类型研究",载《人民检察》1999年第1期。

❷ 张明楷:《刑法学(第三版)》,法律出版社2007年版,第715页;张明楷:《刑法学(第四版)》,法律出版社2011年版,第860页。

❸ 陈兴良主编:《刑事司法研究——情节·判例·解释·裁量》,中国方正出版社1996年版,第75页。

❹ 赵秉志:《侵犯财产罪》,中国人民公安大学出版社1999年版,第228、238页。

等同于加重结果,并论述了二者之间的不同,❶ 在此基础上再来讨论数额加重犯的既未遂形态问题。该观点根据"犯罪既遂模式说",数额加重犯中的加重数额是就数额加重犯的既遂形态而言的,加重数额实际上体现了数额加重犯的既遂形态对行为侵犯法益程度的要求。因此,齐备包括加重数额在内的数额加重犯既遂形态的构成要件要素便是数额加重犯成立既遂的标准。这样,在行为人着手实施数额加重犯的行为,由于意志以外的原因没有达到法定的加重数额的情况下,只能认为数额加重犯尚未具备既遂形态的全部构成要件要素,因而不成立既遂,但不能由此得出不构成犯罪的结论。❷

关于针对数额巨大的财物的犯罪,盗窃罪所涉较早,有关解释也比较具体。而且,盗窃罪原本属于纯粹的数额犯(《刑法》修正之前),研究盗窃罪数额巨大或者特别巨大情形的未完成形态是有借鉴价值的。下面通过一则案例说明笔者的看法。

【案163】2008年10月12日,被告人王某、张某以买青花瓶等古董瓷器的名义,在浙江省台州市临海一家宾馆内与被害人聂某某接上联系,对聂所带的7件瓷器进行看货、谈价,并提出带着瓷器到上海进行真伪鉴定。当晚,两被告人商定,在去作鉴定的路上将这批瓷器盗走。王某

---

❶ 加重结果和加重数额都属于加重构成的客观要件的内容,二者都具有法定性、单一性和特定性的特征,这是二者的共同点。在结果加重犯中,加重结果与基本结果的性质可能有所不同。而在数额加重犯中,加重数额与基本数额在性质上没有任何差异。在加重结果与基本结果性质不同的情况下,两者可以并存,而加重数额与基本数额之间则存在当然的包含与被包含关系,不可以并存。加重结果只能由行为人实施的一次基本犯罪行为而产生,而加重数额则可以是由一次犯罪行为产生的,也可能是由数次行为累积而成的,这数次行为中就每一次行为而言就可能并未达到构成犯罪的程度。在有些犯罪中,加重结果的价值大小或损害程度可以通过加重数额的大小加以衡量,但数额也并非就等同于结果本身。而在有的犯罪中,加重数额(如生产、销售伪劣产品罪加重构成中的销售金额)只是客观地反映了行为的规模,而与加重结果并没有多少关联。因此,将加重数额与加重结果作为不同的加重因素了以区别对待才是妥当的。见王志祥著:《犯罪既遂新论》,北京师范大学出版社2010年版,第389页。

❷ "关于未遂行为的处罚范围的讨论",见王志祥:《危险犯研究》,中国人民公安大学出版社2004年版,第284~294页。

将此意图告知了被告人陈某,并让陈某及王某开车带着被害人聂某某等人及要鉴定的瓷器到上海作鉴定。王某将陈某所开车辆的备用钥匙交给被告人张某。10月13日,按约定由王某电话指挥,张某事先在高速公路绍兴市三江服务区等候,陈某带被害人聂某某等人鉴定返回至此处停车吃饭,张某即趁机用王某给的备用钥匙,将放在陈某驾驶的轿车后备箱内的7件瓷器全部窃走。后经鉴定,该7件瓷器均系非文物,价值2.25万元。浙江省绍兴市越城区人民检察院以被告人王某、张某、陈某犯盗窃罪提起公诉。法院经审理认为,被告人王某、张某、陈某以非法占有为目的,合伙秘密窃取他人财物,数额巨大,其行为均已构成盗窃罪,且系共同犯罪。法院以盗窃罪分别判处被告人王某有期徒刑3年6个月,并处罚金4 000元;判处被告人张某有期徒刑3年6个月,并处罚金4 000元;判处被告人陈某有期徒刑3年,并处罚金3 000元。被告人王某、张某不服一审判决,提出上诉。浙江省绍兴市中级人民法院经审理于2009年7月裁定:驳回上诉,维持原判。[1]

对于本案,上述判决认为《刑法》第264条规定的数额加重犯"盗窃数额特别巨大",应当指实际盗得的财物数额特别巨大,不包括行为人意图盗得数额特别巨大的财物、但客观上没有盗得财物或者只盗得少许财物的情形。理由有二:

其一,根据司法实践以及相关司法解释的规定,盗窃数额系直接窃取的数额。在盗窃犯罪中设立了数额条件,达到该数额规定的,可以认定为犯罪,没有达到这一数额规定,则不能定罪处罚。在司法实践中,由于盗窃未遂不仅难以确定犯罪数额,而且其社会危害性也因未遂而大为降低,因此对未遂情形通常不作犯罪处理。这种做法在司法解释中确立了下来,即盗窃数额是指盗窃得手的数额。关于这一点,也可以从盗窃犯罪的其他解释规定中得以体现。最高人民法院1998年《关于审理盗窃案件具体应用法律若干问题的解释》第10条明确:"根据刑法第一百九十六条第三款的规定,盗窃信用卡使用的,以盗窃罪定罪处罚。其盗窃数额应当根据行为人盗窃信用卡使用的数额认定。"与已经盗窃

---

[1] 本案案号:(2009)绍越刑初字第246号,(2009)浙绍刑终字第150号。

到的信用卡相比，行为人试图盗窃数额巨大的财物但没有盗窃到财物的行为，其对被害人财产权益侵害的危险相对较小，既然盗窃信用卡以"使用的数额"来认定，则"盗窃数额特别巨大"也应当以实际情况来认定，不能把客观上未盗得财物的行为认定为"盗窃数额特别巨大"。因此，本案中，尽管被告人王某、张某、陈某等人意图盗窃价值百万余元的瓷器，后经鉴定所窃瓷器系价值2.25万元的赝品，一、二审法院均认定被告人盗窃数额巨大，对各被告人在3年以上7年以下选择量刑刑档是适当的。

其二，盗窃罪未遂与既遂并存时，应当分别予以量刑，采用重刑吸收轻刑的处理方法来进行处罚。尽管盗窃数额是以实际盗得数额来计算，对盗窃未遂行为，司法实践中通常不作为犯罪处理，但是作为例外，仍然存在对盗窃未遂犯罪需要处理的情形。上述1998年《解释》第1条第（2）项规定："盗窃未遂，情节严重，如以数额巨大的财物或者国家珍贵文物等为盗窃目标的，应当定罪处罚。"即针对数额巨大之财物进行盗窃，其未遂形态也应当定罪处罚，但应当按数额较大的盗窃犯罪的法定刑处罚。原因在于，数额较大的盗窃未遂不成立犯罪，只有数额巨大的盗窃未遂才能定罪，如果按照数额巨大盗窃犯罪的法定刑来处罚，势必产生数额较大盗窃未遂的定罪空档。以此类推，对于"盗窃数额特别巨大"的未遂情形，应当依照"数额巨大"之法定刑即在3年以上10年以下的法定刑来处罚。本案存在两个数额：一是数额特别巨大之未遂；二是数额巨大之既遂。对于这种既遂与未遂并存情形的定罪处罚，一般既遂的危害应重于未遂，所以通常有既遂吸收未遂之说。但是在财产犯罪中，如果未遂的犯罪数额远高于既遂的犯罪数额，就应当分别予以量刑，采用重刑吸收轻刑的处理方法来进行处罚。具体到本案中，按照既遂来量刑，被告人盗窃财物价值2.25万元，属于盗窃数额巨大之情形，应当在3年以上10年以下量刑；而按照盗窃数额特别巨大之未遂来量刑，首选3年以上10年以下刑档，然后适用《刑法》总则对未遂犯予以从轻或减轻处罚。两相比较，应当采用既遂来吸收未遂的处理方法，对其在3

年以上10年以下量刑。❶

笔者认为，上述两点理由不符合刑法理论，也是对有关司法解释的误解。

首先，我国刑法在盗窃犯罪的普通条款中设立了数额条件，达到该数额规定的，可以认定为犯罪，没有达到这一数额规定，一般不能定罪处罚。但我国刑法分则是以既遂形态为模式的，对于相应的未遂形态，应该依照总则的规定处理，除非该行为符合总则第13条规定的"但书"情形不构成犯罪的，都应该以未遂犯论处。的确，在司法实践中，由于盗窃未遂经常难以确定犯罪数额，而且其社会危害性也比既遂降低，但这并不是说对未遂情形通常不作犯罪处理。实践中不处理盗窃未遂是因为证据上难以认定犯罪事实，是刑法谦抑精神的表现。相反，只要盗窃事实清楚，证据确凿的，哪怕是未遂也应该以处理为原则，不处理才是例外。这才是我国《刑法》总则规定处罚未遂犯的精神实质。

实际上，对盗窃的危害不以数额论被现在的《刑法（修正案）》所认可。2011年的《刑法（修正案）》（八）将《刑法》第264条的罪状修改为："盗窃公私财物，数额较大的，或者多次盗窃、入户盗窃、携带凶器盗窃、扒窃的"，此处"多次盗窃、入户盗窃、携带凶器盗窃、扒窃的"均不要求犯罪数额，就是证明盗窃罪的社会危害性不是以实际到手数额为唯一标准。而且，从技术层面讲，随着现代科技发展以及法律制度的日益完善，对于犯罪未遂的具体证明程度越来越高，打击盗窃等犯罪未遂形态也会越来越"令人信服"。

再来看司法解释。现行司法解释并没有明确规定盗窃数额是指盗窃得手的数额。最高人民法院1998年《解释》第10条规定："根据刑法第一百九十六条第三款的规定，盗窃信用卡使用的，以盗窃罪定罪处罚。其盗窃数额应当根据行为人盗窃信用卡使用的数额认定。"这里规定的盗窃信用卡以"使用的数额"来认定，不能以此推理出"盗窃数额特别巨大"也应以实际到手财物的数额来认定的结论。因为信用卡具有使用数额、使用程序等多方面的限制，盗窃的信用卡完全可能是一张废纸片，

---

❶ 聂昭伟："盗窃误以为是价值特别巨大的古董赝品如何认定盗窃数额——浙江绍兴中院裁定王武军、张海洋、陈欢本盗窃案"，载《人民法院报》2010年5月20日。

一分钱都用不了。在这种情况下，其社会危害性完全取决于使用数额，即使用多少算多少。而针对特定数额特别巨大的财物盗窃，其目标明确具体，危险性客观实在，由于意志以外原因未能得逞的，完全符合未遂犯的构成特征，应该根据《刑法》总则规定，"比照既遂犯从轻或者减轻处罚"。

上述最高人民法院1998年《解释》第1条第（2）项规定："盗窃未遂，情节严重，如以数额巨大的财物或者国家珍贵文物等为盗窃目标的，应当定罪处罚。"此处规定，针对数额巨大之财物进行盗窃，其未遂形态应当定罪处罚，这只是举例说明问题，并非穷尽了一切情形。更不能由此反推，其他盗窃（数额较大的）未遂情形都不属"情节严重"。特别是，上述观点进一步强调，对该种未遂犯的处罚，应当按数额较大的盗窃罪的法定刑处罚。原因在于，数额较大的盗窃未遂不成立犯罪，只有数额巨大的盗窃未遂才能定罪，如果按照数额巨大盗窃犯罪的法定刑来处罚，势必产生数额较大盗窃未遂的定罪空档。以此类推，对于"盗窃数额特别巨大"的未遂情形，应当依照"数额巨大"之法定刑即在3年以上10年以下的法定刑来处罚。笔者认为，对于《刑法》总则规定的处罚原则不能想当然地理解，《刑法》第23条规定的"比照既遂犯从轻或者减轻处罚"，只能是与未遂形态对应的既遂犯，而不是被降格的既遂犯的法定刑。否则，如果是没有降一格法定刑存在的犯罪，或者只有一个法定刑存在的故意犯罪，其未遂犯比照何种既遂犯处罚呢？本案针对盗窃"数额特别巨大的财物"的未遂犯，其处罚也只能是比照盗窃"数额特别巨大的财物"的既遂犯，而没有理由比照降一格的盗窃既遂犯。"数额较大的盗窃未遂不成立犯罪"的观点有悖于我国《刑法》总则的规定，违反犯罪论原理，正确的说法应该是："数额较大的盗窃未遂，情节轻微危害不大的，不成立犯罪。"

至于说盗窃罪未遂与既遂竞合时，采取分别量刑，实行重刑吸收轻刑的处理方法则是适当的。但如上所述，对盗窃数额特别巨大之未遂犯，应选择其既遂形态的法定刑即10年以上有期徒刑或者无期徒刑（而不是3年以上10年以下的刑档），然后适用《刑法》总则未遂条款予以从轻或减轻处罚。而按照既遂来量刑，本案被告人盗窃财物价值2.25万元，属于盗窃数额巨大之情形，应当在3年以上10年以下量刑。在一般情况下，既遂行为的危害应重于未遂，所以常有既遂吸收未遂之说。结合本案的具体危害情况，两者相比较，采用既遂吸收未遂的处理方法更为适当，原案对犯罪人适用3年以上10年以下有期徒刑的量刑也是正确的。也就是说，对于本案的判决结果笔者是赞同的，但对论证的过程有不同看法。不妨假设，如果本案被告人盗窃的"古董"价值只有几千元（既遂数额），如果行为人本来意图盗窃价值百万的古董，则本案应该以盗窃数额特别巨大之未遂犯论处，比照"十年以上有期徒刑或者无期徒刑"从轻或者减轻处罚，但其结果亦与本案大致相当。

　　结合上例，笔者认为，在理论上，只要是加重的犯罪构成，认定其未完成形态的规则应该是同一的，对于诈骗、抢劫等侵财犯罪而言，只要能够证明其以数额特别巨大财物为犯罪对象，且符合未遂的基本特征，就成立该加重犯的未遂形态，这与认定持枪抢劫等加重犯未遂并无本质的差别。以数额特别巨大财物或者国家珍贵文物为抢劫、诈骗、盗窃对象的犯罪，其社会危害性无疑更大，对其未得逞的以普通的基本罪未遂处罚显然失之过轻。而适用加重犯的未遂也不必担心量刑过重，因为对于未遂犯可从轻、减轻处罚。例如，行为人在抢劫金店（着手劫取数额巨大的黄金首饰）时，被金店保安和群众当场制服，这种情形就应当认定为抢劫（数额巨大）的未遂。还是应该把定罪与量刑区别开来，认定加重犯的未遂形态首先是个定性或定罪的问题，其次才是如何量刑。这里倒是有个如何区分和证明行为人抢劫故意的内容问题，大致可分为以下几种情况处理：（1）如果行为人作案时，对于抢劫财物的价值没有具体认识或者直接针对性，即抢到多少算多少，或者抢到什么算什么，此时，若实际抢到的财物数额巨大，就构成该加重犯的既遂，若抢到的财物不够数额巨大，就只是抢劫基本犯（既遂），若由于意志以外的原因没抢到财物（未得逞）的，则是基本犯的未遂。（2）如果行为人预谋或者明知并直接针对数额巨大的特殊物品（如贵重文物）或者数额巨大的其他财物（如单位财务室的保险柜）进行抢劫，由于意志以外原因未能得逞的，则是该加重犯的未遂形态。这里要把诉讼上证明的概念与刑事实体法区分开来，讨论前提是行为事实是被证明且是明确充分的，同时，笔者坚持，对于犯罪对象的价值是否属于数额巨大或者特别巨大若有疑问的，则应作出有利于被告的选择，不认为是加重犯，而按照实际数额计算，但这不是要把加重犯进行区别对待。

【案164】2008年5月23日凌晨，被告人朱某某经预谋，事先准备好水果刀、丝袜、白布、手套等作案工具，至上海市光新路370号其打工的家具店伺机谋财。朱某某用事先配置的钥匙打开门后，蒙面持刀进入家具店老板童某某的办公室，趁在此值班的童某某、罗某某熟睡之机，窃得童某某放在裤子口袋内的人民币1 900元。嗣后，朱某某手持水果刀，掀开童某某的被子惊醒童某某；欲劫取童的财物时，被童某某及罗某某认出其真实身份，朱某某即持刀威胁童、罗二人，称其弟弟出事了急需用钱，向二人索要保险柜中的人民币10万元。罗某某趁机打电话报警，公安人员接到报警后立即赶赴现场，将被告人朱某某当场抓获。上海市某区人民法院认为：其行为已构成抢劫罪，且数额巨大，应依照抢劫罪的加重处罚条款判处。朱某某抢劫过程中，因意志以外的原因未得逞，属犯罪未遂，判决如下：被告人朱某某犯抢劫罪，判处有期徒刑5年6个月，并处罚金5 000元。❶ 后上海市第二中级人民法院驳回朱某某的上诉，维持原判。❷

接下来谈谈"多次抢劫的"加重犯的停止形态，对此很少有人研究。"多次抢劫"是刑法中的一种较为典型的多次犯罪的类型，对何谓"多次抢劫"前面已经有探讨。而且，本书还讨论过犯罪的预备、未遂等未完成形态能否构成"多次犯罪"的问题。如有的观点认为，作为加重犯罪构成要素的多次行为，实质上是《刑法》将多次行为所成立的多个同种性质的犯罪既遂作为一罪，相应设置了较重的法定刑，❸ 也就是说，"多次"之各行为均由既遂犯构成。有的认为，"多次抢劫"，不论每次抢劫行为是否构成犯罪，构成犯罪的行为是否达到抢劫既遂状态。❹ 也有观点认为，多次抢劫不应包括多次抢劫预备、多次抢劫未遂的情形，因为

---

❶ 上海市普陀区人民法院（2008）普行初字第611号刑事判决书。
❷ 上海市第二中级人民法院（2008）沪二中刑终字第636号。
❸ 张小虎：《犯罪论的比较与建构》，北京大学出版社2006年版，第780页。
❹ 龚培华、肖中华：《刑法疑难争议问题与司法对策》，中国检察出版社2000年版，第508页。

"多次抢劫"作为抢劫罪的加重犯，应该从严掌握，而预备抢劫虽然也可能构成犯罪，但毕竟未着手实行，抢劫未遂虽已着手实行，但同抢劫既遂相比危害性还是要小一些。❶ 另有赞成此观点者认为："将抢劫预备、未遂和中止也计算在内，则违背罪刑相当的刑法基本原则。"❷ 此外，还有折中的观点，把"多次抢劫"与惯犯之特性相比较，认为抢劫未遂行为一般也可计入抢劫次数，而不宜将社会危害性并非十分严重的多次抢劫预备行为纳入其中。❸ 笔者的观点是，无论是预备、未遂，还是中止犯，只要已构成犯罪，就都可以作为多次犯罪中的一次，除非因"情节显著轻微危害不大的"，不能评价为犯罪。至于认定"多次"之后处刑轻重的问题，不是认定"多次"时应该考虑的。对于多次犯罪中，有一次甚至两次以上为未完成形态的，同样可以适用从轻或者减轻的规定。这个并不违背刑法的相关理论，也符合罪责刑相适应原则。❹

以上探讨的是"多次抢劫"如何成立的问题，而现在所要研究的是成立之后的停止形态问题，二者虽有密切联系，但不是一回事。比如说，三次抢劫都是未遂犯，是否就是该加重犯的未遂呢？再比如，一次预备抢劫金店，一次抢劫金店未遂，还有一次已经抢劫到一点财物，这也可构成"多次抢劫"，但属何停止形态呢？对这样的问题，即使是那些研究加重犯停止形态的论著也只是概括地论及情节加重犯的停止形态，对具体的"多次抢劫"则不曾涉及。笔者认为，对"多次抢劫"中有不同性质停止形态的单独犯罪行为，按照其中量刑较重的❺确定整个加重犯的停止形态，例如，在存在上述三种未完成形态的抢劫金店案中，应该根据后一次既遂，确定整个多次抢劫为既遂形态，这样做最符合罪刑相适应原则，否则就可能两种情况：如果按照危害最低的来确定其停止形态，那么上述案例要以抢劫（加重犯）的预备犯处理，不仅违背了《刑法》

---

❶ 刘明祥："抢劫罪的加重犯"，载《法律科学》2003年第1期。
❷ 沈志民：《抢劫罪论》，吉林人民出版社2005年版，第109页。
❸ 黄祥青："如何认定多次抢劫"，载《人民法院报》2005年10月12日。
❹ 张正新、金泽刚："论刑法中的多次犯罪"，载《湖北社会科学》2011年第7期。
❺ 这里的量刑较重是指就抢劫基本犯的停止形态做标本比较而言之，其由轻到重的顺序与犯罪的发展过程基本一致，即预备（预备犯的中止形态一般不予处罚）→实行后的中止→未遂→既遂。

第 22 条对犯罪预备的规定，而且容易导致量刑偏轻；如果采取折中的做法，按照中间的未遂犯定性，同样存在上述不足。相反，有既遂就按照既遂形态来确定，不仅有利于把握标准，避免歧义，而且也不必担心处罚不公，因为在其中尚有未完成形态的单独犯罪的情况下，仍然可以在法定刑内从宽处理，这并不违背《刑法》总则的规定。笔者也曾设想，是否能以其中的主要危害行为来确定整个加重犯的停止形态，因为这更加符合笔者前文强调的犯罪停止形态本质的理论，但如何评价"主要危害行为"有时并不容易，而且，这种评价的结果与前文确定轻重顺序的做法恐怕也会殊途同归。事实上，实践中对于"多次抢劫"的界定还是比较严格的，如果三次以上的抢劫行为，应该界定为"多次抢劫"的话，即使其中包含未完成罪，该未完成犯应该也是比较严重的情况，所以，不必担心对被告人难以减轻或者从轻处罚。在此意义上，前文界定"多次抢劫"之构成与现在评价其停止形态，在性质上也是不矛盾的。

六、转化型抢劫罪的停止形态问题

对于我国《刑法》第 269 条规定的转化型抢劫罪的停止形态问题，刑法学界的争论也很大。先看看日本学说和判例的不同观点。

《日本刑法》规定的事后强盗罪类似我国刑法中的转化型抢劫罪，但其仅限于前罪是盗窃的情形。日本学者一般也承认事后强盗罪存在未遂，只是在既未遂的标准上，有不同的观点。❶ 有的以暴力、胁迫行为作为认定既未遂的标准；有的以最终是否取得财物作为认定既未遂的标准；有的以盗窃行为作为认定既未遂的标准。具体说来，关于转化型抢劫罪的既未遂的判断标准问题，总的来看，大致有以下几种主张：❷ 其一，转化型抢劫罪只有在盗窃既遂的场合才能成立，其既遂、未遂的标准，应该根据盗窃犯人采用暴力、胁迫手段是否达到防止所窃财物被他人夺回的目的而定，如果财物未被他人夺回（目的已达到），那就是既遂；如果已

---

❶ 刘明祥：《财产罪比较研究》，中国政法大学出版社 2001 年版，第 150 页。
❷ ［日］曾根威彦：《刑法的重要问题（各论）》，成文堂 1995 年日文版，第 172～174 页。

被夺回（目的未达到），则是未遂。其二，以暴力、胁迫行为本身作为认定既未遂的标准，只要盗窃行为人基于刑法规定的三种目的而实施了暴力、胁迫行为，即使盗窃是未遂，转化型抢劫罪也算是既遂；只有着手实行暴力、胁迫而未遂者，才能视为转化型抢劫未遂。其三，以盗窃行为是既遂还是未遂，作为认定转化型抢劫罪既遂、未遂的标准，即盗窃既遂转化型抢劫也为既遂，盗窃未遂则转化型抢劫也是未遂。这是日本刑法理论上的通说，也是日本法院的判例所采取的主张。❶ 其四，以最终是否取得财物作为转化型抢劫罪既未遂的标准，即便是盗窃既遂，如果采用暴力、胁迫手段没有达到目的，财物还是被他人夺回，这仍然属于转化型抢劫未遂；如果盗窃未遂，为免受逮捕、湮灭罪迹而实施暴力、胁迫行为，尽管达到了这样的目的，但由于没取得财物，自然只能算是转化型抢劫未遂。

在我国，早在2001年的《人民法院报》上就曾对转化型抢劫犯的停止形态问题进行过争论，使人印象深刻。

2001年6月12日的《人民法院报》第三版刊登了一篇题为"转化型抢劫罪犯罪形态之界定"的文章。该文认为转化型抢劫罪犯罪形态有既遂、未遂两种，既遂与未遂的标准既可以采用传统的犯罪构成要件齐备说，也可以采用目的达到说。文章最后得出认定转化型抢劫罪的未遂与既遂形态的标准："只要是犯罪行为人犯盗窃、诈骗、抢夺罪既遂了，又为窝藏赃物、抗拒抓捕或者毁灭罪证而当场使用暴力或者以暴力相威胁的，均以抢劫罪既遂处罚；凡是犯罪行为人已经着手实施盗窃、诈骗、抢夺犯罪，由于其自己意志以外的原因而未遂，又为窝藏赃物、抗拒抓捕或者毁灭罪证而当场使用暴力或者以暴力相威胁的，均以抢劫罪未遂处罚。"即转化型抢劫罪的未遂、既遂形态与犯罪分子实施的先前盗窃、诈骗、抢夺罪的未遂、既遂形态是一致的。该文还举了这样一个例子：被告人许某在公共汽车上行窃被失主发现，许某被迫当场把盗得的现金6 000元交还失主，在失主不让其下车的情况下，许某则以匕首相威胁，逼迫司机停车后逃跑，但仍被群众抓获。法院依据《刑法》第269条和

---

❶ ［日］大谷实著，黎宏译：《刑法讲义各论》，中国人民大学出版社2008年版，第221页。

第263条的加重情节之规定,判处许某有期徒刑10年。该文认为许某的行为如果按照盗窃罪"失控加控制说"为既遂的刑法理论,应定盗窃未遂。所以,许某抗拒抓捕而在公共汽车上当场使用暴力相威胁的行为,应定为抢劫未遂。❶

在上述观点刊出后,有人即提出不同看法。认为对于具有复杂客体的犯罪来说,除主要客体外,次要客体也是犯罪构成的必要要件,对于定罪量刑也起着决定作用。就上文的例子来说,不论根据哪一种判定盗窃罪既遂的标准如失控说、控制说、失控加控制说,皆可以认定许某的行为为盗窃既遂。许某既然已将6 000元现金盗得,表明失主在其合法控制范围——流动性极大的公共汽车上已失去了对6 000元现金控制,而许某已控制了6 000元,完全符合盗窃罪的犯罪构成,应以盗窃罪既遂定罪处刑。并且认为,抢劫罪的客体是双重客体,只要行为人以非法占有为目的,其行为侵害了任何一种客体便达到既遂状态,而不以是否劫得财物为既未遂的界限。转化型抢劫罪也是如此,并且,根据有关司法解释的精神,盗窃、诈骗、抢夺财物未达"数额较大",但为窝藏赃物、抗拒抓捕或者毁灭罪证而当场使用暴力或者以暴力相威胁,情节严重的,仍然按照抢劫罪处罚。因此,不论犯罪分子先前的盗窃、诈骗或抢夺行为是既遂还是未遂,但为窝藏赃物、抗拒抓捕或者毁灭罪证而当场使用暴力或者以暴力相威胁的均构成抢劫罪既遂,先前的盗窃、诈骗、抢夺犯罪行为中是否劫得财物只能作为转化型抢劫罪量刑的情节。这种观点进一步认为,并非所有直接故意犯罪都存在各种停止形态,也没有必要对所有直接故意犯罪都去划分出其犯罪形态。按照我国刑法传统观点采用的犯罪构成要件齐备说,笔者认为转化型抢劫罪犯罪形态只有一种就是既遂。不论先前犯罪行为盗窃、诈骗、抢夺罪是既遂还是未遂,为窝藏赃物、抗拒抓捕或者毁灭罪证而当场使用暴力或者以暴力相威胁的,均以抢劫罪既遂处罚。❷

其实,关于这个问题的争议一直存在,也可划分为否定论和肯定论

---

❶ 邱永栋:"转化型抢劫罪犯罪形态之界定",载《人民法院报》2001年6月12日。

❷ 陈世伟:"也论转化型抢劫罪犯罪形态之界定——兼与邱永栋同志商榷",载《人民法院报》2001年8月21日。

否定论不承认转化抢劫存在未完成形态，如有人认为行为人实施了暴力或以暴力相威胁，抢劫犯罪就是既遂，换言之，转化型抢劫罪没有未遂。❶ 另有观点认为，从理论上讲，转化型犯罪都是从一个犯罪向另一个犯罪的转化，其前提往往是先有一个完整的犯罪行为的产生和完成。而犯罪未遂这种犯罪形态只存在于一个犯罪的开始着手到完成的过程中，在犯罪完成以后或者犯罪结果产生以后，不可能存在犯罪未遂的形态。因此，作为转化型的犯罪，是从一个产生并完成的犯罪向另一个犯罪的转化，也就不具备犯罪未遂的时间条件。所以转化型抢劫罪只有转化不转化的问题，没有转化成与不成的既未遂问题。在司法实践中，对转化型抢劫罪一般都不认定未遂，即使行为人都没有占有财物。❷ 还有人对转化型抢劫罪不存在未遂形态作了以下论证：其一，转化型抢劫罪为法律拟制的转化犯，❸ 并不以前提条件的盗窃、诈骗、抢夺行为构成既遂为条件，甚至不以行为人的前期行为构成犯罪为必要。转化型抢劫罪从犯罪构成看应系行为犯，即以行为的实行或者完成作为既遂的标准，只要行为人实施了刑法分则所规定的行为，不论是否发生了犯罪结果，其行为本身即构成既遂。持转化型抢劫罪存在未遂的观点，忽视了法律的注意规定与法律拟制之异，错误认为转化型抢劫罪与一般抢劫罪具有同样的既遂与未遂形态。转化型抢劫的"转化"，是指整案性质的改变，自"当场使用暴力或者以暴力相威胁"行为发生时，全案事实的性质即已发生改变，前后行为构成转化型抢劫罪的事实整体，不应割裂开来认定行为人的犯罪情节。其二，2005年6月8日最高人民法院《审理抢劫、抢夺案件的意见》第10条未把转化型抢劫罪既遂、未遂的认定包括在内。因为该《意见》第5条关于转化抢劫的认定中已明确规定，行为人实施盗窃、诈骗、抢夺行为，未达到数额较大，为窝藏赃物、抗拒抓捕或者毁灭罪证当场使用暴力或者以暴力相威胁，情节较轻、危害不大的一般不

---

❶ 甘雨沛等主编：《犯罪与刑罚新论》，北京大学出版社1991年版，第655页。
❷ 最高人民法院刑一庭、刑二庭主编：《刑事审判参考》第32集，第34~38页。
❸ 刘路、李巧芬、刘中发："转化型抢劫罪构成要件解析"，载《刑事司法指南》2006年第3集，第63页。

以犯罪论处。其规定的范围和情形，应包括转化型抢劫罪的"既未劫取财物，又未造成他人人身伤害后果的"的情形。因此，不能把上述意见第 10 条针对普通抢劫罪的未遂的规定延伸到包括转化型抢劫罪。其三，转化型抢劫罪是否构成未遂形态，不能单从量刑均衡的需要来考量。对转化型抢劫罪的量刑主要也是根据暴力反抗的程度及其造成的危害后果来考量，其量刑从轻的情形并不需要非以未遂形态才能从轻，更不能以量刑均衡考虑而硬性将转化型抢劫罪规定未遂形态。对行为人"入户"或在"交通工具上"实施转化抢劫的"未劫取财物，也未致人轻伤以上伤害"的情形，完全可以比照一般抢劫未遂形态从轻、减轻处罚。基于《刑法》对转化抢劫追究刑事责任的情形已有具体规定或者解释，再对转化型抢劫罪中"未劫取财物，又未造成他人人身伤害后果"的情形提出未遂之论有画蛇添足之嫌。❶

相反，肯定转化抢劫存在未遂形态的观点逐渐增多。如有观点认为，承认其未遂形态"可以做到罪刑均衡"，"实践中，对于行为人'入户'或在'交通工具上'实施转化抢劫，未劫得财物，也未导致他人伤害后果的，一般应认定为'入户抢劫'，判处十年以上刑罚。对于未劫得财物，也未致人轻伤以上伤害的，属犯罪未遂，可以从轻、减轻处罚"。❷有人认为，在转化型抢劫中，暴力、威胁行为只有融入窝藏赃物、抗拒抓捕、毁灭罪证等目的行为中才会产生转化型抢劫评价的意义。由于在窝藏赃物、抗拒抓捕等行为过程中，行为人都可能存在不愿、不敢、不能继续犯罪的情形，那么转化型抢劫罪存在未完成形态的命题就基本可得到证实。❸还有人认为，作为抢劫罪的特殊形式，转化型抢劫罪既遂未遂的界定应采用普通抢劫罪的标准，并结合不同情节作出判断。具体就是划分为抢劫基本罪、抢劫致人重伤、死亡的结果加重犯和其他 7 种情

---

❶ 王世斌："转化型抢劫罪不应存在未遂形态"，载《人民检察》2007 年第 16 期。

❷ 顾保华："《关于审理抢劫、抢夺刑事案件适用法律若干问题的意见》的理解与适用"，载《刑事司法指南》2005 年第 3 集，第 139 页。

❸ 刘斌："转化型抢劫罪的停止形态研究"，载《云南大学学报·法学版》2008 年第 2 期。

节加重犯分别进行判断。❶ 另有观点认为,事后抢劫行为存在未遂形态的理由有三:(1)事后抢劫罪既然按照《刑法》第263条规定按一般抢劫罪处理,则应当存在既遂和未遂;(2)在抢劫罪中无论是普通抢劫还是事后抢劫,都应以基本构成要件的满足为既遂前提,不能以事后抢劫罪的存在否定基本构成要件的决定功能。虽然抢劫罪的转化为行为犯,但抢劫罪本身是结果犯,如果前行为并未取得财物,则构成事后抢劫罪的未遂;(3)从罪责刑相适应的角度出发,事后抢劫罪只是以抢劫罪论。在前罪未遂的情形下社会危害性明显比既遂或未遂的普通抢劫罪低,如果不考虑前罪情形,一律认定为事后抢劫罪的既遂的话则不符合罪责性相适应原则。❷

笔者赞成肯定说,主要理由除了上述肯定说的阐释外,笔者想强调的是:刑法规定转化型抢劫罪,不是一个新的罪名,本质上仍然是抢劫罪,刑法对转化型抢劫的定罪量刑,完全是依据一般抢劫罪的条款,因此在既遂未遂问题上,不宜确立一个与一般抢劫罪不同的标准。虽然实施暴力、胁迫行为是转化抢劫罪的关键,但一般抢劫也必须具备暴力、胁迫行为,才能成立抢劫罪,只不过这两种暴力、胁迫行为实施的时间有先后之别,尚不属本质区别。这也是由笔者前文论及犯罪停止形态的本质特征所决定的,即它们对法益的侵害性程度一致,未遂形态特征没有本质区别。

但是,对转化型抢劫罪的"着手实行"的认识比较复杂。

我国刑法中犯罪行为的"着手"是依犯罪人实施某一犯罪构成的客观行为要件为准。在主客观相统一原则的指导下,以具体犯罪的罪状为依据,以实行行为的形式和内容为基础。❸ 具体到转化型抢劫罪,由于其完整犯罪过程可以分为三个阶段:第一阶段是实施盗窃、抢夺、诈骗的前罪行为,第二阶段是实施暴力、胁迫行为,第三阶段是取得和占有财物。于是,着手实行如何认定,或者在完成哪一阶段的行为成立既遂,

---

❶ 龙洋:"论转化型抢劫罪的既遂与未遂形态——从法律拟制的视角",载《河北法学》2009年第6期。

❷ 葛存军、龙景:"事后抢劫罪的既未遂认定",载《中国检察官》2008年第9期。

❸ 马克昌主编:《犯罪通论》,武汉大学出版社1999年版,第441~445页。

形成各种不同的观点，理论上有目的说、后行为说、前行为说等多种学说纷争。

以前行为说为例，该观点认为是犯罪人实施了盗窃、诈骗、抢夺等前行为。但该标准并不合理，理由如下：

首先，将犯罪人实施盗窃、诈骗、抢夺行为视作转化抢劫罪的着手，会混淆抢劫罪与盗窃、诈骗、抢夺等罪的不同性质。抢劫罪的根本特征就在于行为以暴力、威胁为后盾，继而非法占有他人财物。在司法实践中，有的犯罪人实施了盗窃、诈骗、抢夺行为，后被人发现，其意图使用暴力或暴力威胁，但未待其实施即被制服。如果将行为人实施盗窃等行为作为准抢劫罪的着手，这类案件就应定转化型抢劫罪。但这样的定罪显然不符合犯罪构成的原理。

其次，转化型抢劫罪在主观认识上表现出双重目的性，行为人既要有非法占有他人财物的目的，还要表现出窝藏赃物、抗拒抓捕或者毁灭罪证的意思。只有这两方面意思的充分表露，才显示出本罪对法益的充分侵害。因此，对于这类抢劫罪，只有在行为人实施盗窃、诈骗、抢夺等犯罪之后又出于窝藏赃物、抗拒抓捕或者毁灭罪证的意图而当场使用暴力或以暴力相威胁的，才是转化抢劫的"着手"。如果着手之后因意志以外原因未能得逞，如被当场制服，则成立其未遂形态。

还有人认为，转化型抢劫罪的未遂，应与一般抢劫罪的未遂标准相一致，即原则上以行为人是否取得财产的控制作为既未遂的标准。笔者强调，确定转化型抢劫的既未遂标准，一定要将《刑法》第269条与第263条结合起来，既要注意性质转化的特殊性，也不能忽视抢劫罪的一般性或者说其本质特征。所以，笔者赞同以行为人实施暴力、威胁后是否取得财物作为转化犯抢劫罪既遂和未遂的标准。这一方面不违反既未遂只能发生在实行行为之后的理论，另一方面注重了转化型抢劫的保护法益，同时，也能与认定普通抢劫罪既未遂的标准相协调。具体说来，可将转化型抢劫的既未遂判断标准作如下区分：（1）无论前行为是否犯罪既遂，后行为未造成他人重伤、死亡后果的，行为人最终没有达到非法占有财物的目的，应认定为犯罪未遂；反之，如果后行为的实施达到了非法占有财物的目的，应认定为犯罪既遂。（2）行为人实施的后行为致使他人重伤、死亡的，无论其是否非法占有了财物，应认定为犯罪既遂，

· 617 ·

且为转化型抢劫的结果加重犯。(3) 转化型抢劫中具有《刑法》第263条规定的其他抢劫加重犯,只有行为人非法占有了财物,才能构成犯罪既遂。(4) 基于2011年《刑法(修正案)》对盗窃罪的规定,即使行为人属于入户盗窃、携带凶器盗窃、扒窃的,为窝藏赃物、抗拒抓捕或者毁灭罪证,当场实施暴力或以暴力相威胁的,如果没有取得财物,同样应该认定为转化型抢劫罪的未遂形态。

【案165】2007年11月17日晚,被告人杨某、徐某骑摩托车进入上海南站3号轻轨1号进出口处自行车停车场内,窃走一电动自行车上的电瓶(价值人民币150元),上海南站社保队员吴某发现后进行拦截。杨某、徐某为抗拒抓捕,分别用大力钳、拳头对吴实施殴打,杨某挣脱吴的抓捕后逃逸,徐某在逃跑途中被抓获。社保队员吴某的伤势经鉴定构成轻微伤。上海市某区人民法院认为,被告人杨某、徐某盗窃他人财物,为抗拒抓捕而当场使用暴力,其行为构成抢劫罪。徐某犯罪时不满18周岁,依法应予减轻处罚。杨某、徐某均表示认罪,并在亲属帮助下赔偿被害人的经济损失,依法可以酌情从轻处罚。遂依法判决被告人杨某犯抢劫罪,判处有期徒刑3年,并处罚金人民币3 000元;被告人徐某犯抢劫罪,判处有期徒刑1年3个月,并处罚金人民币1 000元。一审宣判后,被告人杨某、徐某及徐某的法定代理人均提出上诉。上海市第一中级人民法院二审认为,杨某、徐某盗窃他人财物,为抗拒抓捕当场使用暴力,其行为已构成抢劫罪,且系未遂。原审法院对其犯罪的定性和认定的从轻处罚情节并无不当,但未认定本案的抢劫犯罪系未遂,应予纠正。据此,依法判决维持原审法院对被告人杨某、徐某定罪的判决,撤销对两名被告人量刑的判决,改判杨某有期徒刑2年10个月,并处罚金人民币3 000元;改判徐某有期徒刑1年,并处罚金人民币1 000元。❶ 在这起案件中,一审与二审的认识明显不同,反映出司法实践部门对转化型抢劫的未遂形态问题有待深入研究。

---

❶ 王奕、陆文奕:"杨飞飞、徐某抢劫案——转化型抢劫犯罪是否存在未遂",载最高人民法院刑事审判庭主办:《刑事审判参考》2011年第2集。

不过，行为人先前实施的盗窃、诈骗、抢夺罪之前行为犯罪停止形态对最后认定的抢劫罪犯罪形态有无影响，理论界研究不多。笔者作以下思考：

其一，行为人实施先前犯罪的预备犯。由于预备犯尚未着手实施《刑法》分则规定的具体危害行为，具体来说就是尚未着手实施盗窃、诈骗和抢夺，也就不存在非法占有他人财物的现实可能性，就谈不上有窝赃等可能。如果行为人抗拒抓捕、毁灭罪证（如作案工具），那也只是针对盗窃、诈骗、抢夺罪而为之，此时的暴力、威胁行为不能与抢劫罪的暴力威胁同日而语，故缺乏转化抢劫罪的实质条件。如果后面的抗拒抓捕、毁灭罪证行为构成犯罪，则与前面的预备犯择一重罪而处罚之。如果行为人事先已经谋划好，并且携带一定凶器，计划先盗取，如果遇到反抗或者抓捕就实施暴力威胁，结果尚未着手盗窃就被抓获，此时是否可以认定为转化型抢劫罪的预备犯呢？笔者认为，这种情况仍然只能按照盗窃预备处理，其恶意的预谋和携带凶器等只是作为量刑情节考虑的要素。将这种"转化的预谋"作为转化犯看待不符合拟制的法理，也有违刑法的谦抑精神。

其二，先前犯罪行为若属实行行为开始后的中止犯。行为人主动自愿放弃先前的侵财犯罪，说明其已无占有他人财物的故意。同样已不存在非法占有财物的抢劫罪的本质特征，其实施暴力、威胁抗拒抓捕的行为，只是不愿意承担前罪（中止犯）的法律责任而已。再比如，行为人携枪盗窃，因生悔意放弃盗窃念头，应属盗窃中止，在退出时，被发现后开枪射击实施反抗的被害人但未能击中，在能够重复实施的情况下，行为人没有再次开枪，最终没得到财物而逃走，这是否成立转化型抢劫的中止形态呢？笔者认为，这还是不能认定为转化型抢劫的中止犯，而应以故意杀人罪的中止犯与盗窃罪未遂（若构成犯罪的话）择重罪而处罚之，因为其后开枪行为已无非法占有财物的目的。

其三，再看前提犯罪为既遂形态的情形。以盗窃为例，一般说来，盗窃既遂就是行为人实际控制了他人的财物。既然已经实现控制，是否就不存在转化为抢劫的时空条件呢？笔者认为，行为人盗窃后"窝藏赃物"可以是针对前罪既遂的情形，这里的"当场"不是区分既遂与未遂的界限。或者说"当场"比"既遂"的范围要广，例如，在公共汽车上扒窃，只要未离开公共汽车，哪怕下车不远，遭到追捕，都可以认为还是"当场"。再如，行为人在办公楼上窃取财物后乘电梯下楼，刚出大门口被得到通知的保安怀疑而追赶阻拦，行为人继而实施暴力抗拒，将保安打成重伤。此时应该转化为抢劫，而不是只追究行为人盗窃既遂与故意伤害的两罪刑事责任。司法处理也没有必要这么复杂化。实际上，前罪盗窃是既遂还是未遂尚有较大的争议。在某种意义上，《刑法》设立"转化抢劫"的一个目的也在于将本复杂的问题简单化（社会危害性的本质相当）。

其四，先前实施犯罪未遂的转化问题。从后行为是为窝藏赃物、抗拒抓捕或者毁灭罪证而当场使用暴力或者以暴力相威胁来看，此时的行为状态多意味着行为人的前行为尚未完全实现对财物的控制或占有。也就是说，绝大多数转化型抢劫都是前罪处于未得逞的形态，如盗窃时被当即发现，诈骗时被当场识破，抢夺财物后逃跑的过程中。

另外，除了未遂形态，转化型抢劫是否存在其他未完成形态呢？这也是一个不能回避的问题。笔者认为，如果行为人着手实施后行为后，又自动地放弃犯罪（比如说放弃能够重复实施的侵害行为）或自动有效地防止犯罪结果发生的，同样有可能成立转化型抢劫的中止犯，但这并不是否定了盗窃等前行为的实行，而是说盗窃等行为对转化型抢劫的中止、未遂的判断不具有决定意义。

下面通过几个案例进一步说明抢劫加重犯的未遂形态问题。

【案166】2003年8月11日深夜，犯罪嫌疑人蒋某撬开刘某家窗户后入室搜找现金未果。正欲搬走刘某客厅一台彩色电视机时，刘某从床上惊醒，一边喊"抓强盗"，一边上前捉拿蒋某，蒋某用老虎钳朝刘乱打，致刘某身上多处受伤（经法医鉴定为轻伤）。尔后，蒋某扔下电视后逃离。

本案是盗窃犯罪的常见形式，其性质属转化型抢劫不存在分歧，争论主要是蒋某的行为认定既遂还是未遂。根据上文的分析，行为人前行为未能获取财物而逃离，属于转化型抢劫未遂形态，且属于入户抢劫（未遂）。

【案167】2007年12月7日下午，王某在网吧将正在上网的雷某的手机盗走，当即被雷某发现。雷某立即追赶并大喊"抓小偷"。王某在网吧门口被雷某拦下后，将手机扔给雷某就准备往外逃，雷某和闻讯赶来的网吧保安刘某不放王某离开，王某就掏出小刀，对参与拦截他逃跑的网吧保安刘某进行威胁。后王某终被扭送至公安机关。经鉴定，雷某手机价值1 500元，达到盗窃罪定罪数额。❶

本案王某在盗窃过程中为抗拒抓捕当场以暴力威胁抓捕人员，无疑已构成转化型抢劫罪，但对王某所犯抢劫罪是否已经既遂有不同意见。有的观点把转化型抢劫犯的成立和既遂形态等同看待，没有认识到它们是两个独立的、不同层次的法律问题。在转化型抢劫犯罪的处理过程中，转化的成立与否是第一层次的问题，如果转化成立，就直接定抢劫罪，否则就按盗窃、抢夺、诈骗这些先前行为定罪，甚至无罪。而转化型抢劫犯的既遂与否是犯罪形态问题，其解决的是转化后的抢劫罪是否具备抢劫罪犯罪构成的全部要件的问题。如前所述，在构成抢劫基本罪的前提下，转化型抢劫罪的既遂与否仍应以劫取财物为基本判断标准。转化型抢劫罪作为抢劫罪的一种，《刑法》第269条规定的仅仅是转化犯罪的条件，对转化成立后的抢劫罪具体处于哪种犯罪形态、如何量刑等一系列问题，同样应该结合《刑法》总则的规定："依照本法第二百六十三条的规定定罪处罚。"从转化型抢劫罪与典型抢劫罪相比，前者主观恶性相对较小，所以区分停止形态更有必要。本案宜认定抢劫罪的未遂。

【案168】被告人王某某步行至河南省洛阳市中州路公交公司对面人行道时，发现停放在路边的一辆黑色普桑汽车左后窗玻璃被砸，顿生歹念，遂打开车门将该车后座上的一个黑色塑料袋偷走（内有财物价值2 950元）。当王某某欲逃离时，失主王甲等人发现并进行抓捕，王某某掏出随身携带的锁刀抗拒，将王甲的左手划破。后王某某被王甲及闻讯赶到的民警抓获。经法医鉴定，王甲的伤情为轻微伤。

---

❶ 高魁、师俊杰、张连中："转化型抢劫犯的犯罪成立与犯罪形态应分别认定"，载人民法院网，2008年4月2日访问。

有观点对本案认定转化型抢劫未遂进行了论证，主要理由是：转化型抢劫罪与一般抢劫罪是罪质相同的犯罪，一般抢劫罪把是否符合劫取到财物或者造成他人轻伤以上后果两者之一作为判断既遂、未遂的标准，作为与其罪质相同、危险性和危害性一致的转化型抢劫罪应采取与此相同的标准；与一般抢劫相比，转化型抢劫罪责相对较轻，对一般抢劫行为的打击程度应重于转化型抢劫。因此，在未劫得财物的情况下，若对转化型抢劫只要造成他人轻微伤的即认定既遂，将导致后者的处罚反比前者更重，这就违背我国刑法罪责刑相一致的原则；《刑法》第269条的规定，只是明确了这种情况可以按抢劫罪处罚，但具体转化之罪属于抢劫的何种停止形态，应受抢劫罪既遂未遂标准的制约。本案中，王某某被当场抓获，没有实际劫取到财物；在失主抓获过程中，王某某为抗拒抓捕当场使用暴力，致受害人轻微伤的后果。因此，对王某某的行为应认定为抢劫未遂。❶ 笔者基本赞成以上观点，不过，如前所述，在未取得财物的情况下，即使导致轻伤，还是定未遂为妥。

【案169】2012年5月2日上午7时50分左右，一辆银行运钞车到达广西桂林市穿山支行门前，2名押运员持枪一前一后进行护卫，其中一工作人员打开车门将运来的3个钱箱移交给3名银行工作人员。突然，一名年纪较大的男子抢夺其中一个钱箱。押运人员迅速出手，一手按住男子右肩，一把将男子手中装有菜刀的编织袋夺下，嫌犯很快被制服。据警方介绍，犯罪嫌疑人熊某，桂林阳朔县人，今年60岁。❷

把一名60岁的老者与抢劫银行联系起来使得本案很特殊，从案情介绍看，本案行为人是携带凶器抢夺，应该定抢劫罪，而且是抢夺金融机构，但属于犯罪未遂。

---

❶ 卫宏战："转化型抢劫犯罪是否存在未遂状态"，载《人民法院报》2010年3月3日。
❷ "六旬老汉抢银行运钞车被当场制服"，载中国新闻网，2012年5月2日访问。

第十章 余 论

"歌曲结束了,但旋律仍不绝于耳。"这是美国著名男演员,奥斯卡终身成就奖获得者吉恩·凯利（Gene Kelly,1912年8月23日至1996年2月2日）说过的一句话。的确,虽然本书的主要内容结束了,但笔者心中的激荡还远未平息。

一、余论的由来

将本书的最后一部分说成余论,是因为前面的主体内容主要是从刑法的基本原理出发,详尽解读现行刑法规范及其适用,但除此以外,抢劫罪的适用应该还不能忽视犯罪之外的一些因素,并就抢劫罪的立法完善问题加以思考。其中蕴涵着笔者对《刑法》分则与具体罪名研究过程中的一种自我探索。

从1979年《刑法》到1997年《刑法》,再到8个《刑法（修正案）》出台,紧随法律规定,我国刑法学界对《刑法》分则与具体罪名的研究始终没有走出"犯罪构成模式"的学术怪圈,刑法与其他部门法一样,大量的"纸面上的"研究没有能很好地针对和解决实际问题,往往缺乏社会底蕴,得不到民众认同,更没有受到决策者的重视。是刑法"太丑"不好出去见人,还是我们刑法人甘于堕落,不去抗争？在刑法学界,著作等身者不乏其人,但刑法学人发出的声音还只是圈内嗡嗡响,社会影响力微不足道。如果能走出种种传统研究范式,使刑法真正接近社会,谁说不会有新的发现呢？

当今社会,刑法学的研究不能再局限于纯粹的刑法原理与《刑法》条文,把它们与社会相联,向社会问题延伸,使高高在上的神圣罪名摆脱深奥晦涩的辞藻表达，而行走于市井弄堂和百姓之中，或许这应该成为刑法学研究发展的应然选择，至少是选择之一。无论是对德日刑法的高谈阔论，还是对此说彼说的倡导或批判，拆掉刑法与民众之间的隔墙，绝不是刑法的庸俗化。"我知道死，但不知道死刑，更不知道刑法"，研究刑法者要为这样的民间意见负责。

有人说，在刑法的世界里，从来不缺少理论，那缺少的又是什么呢？让刑法走向社会，让民众领会刑法，刑法人该做什么呢？

2012年10月，在上海举行的第三届"海峡两岸法学院校长论坛"上，台湾东吴大学校长潘维大教授说得好，一个好的法律人最重要的条件是要有丰富的情感。因为有丰富情感的人，才会关怀，有了关怀，他才会注意到各种各样的现象及其背后产生的原因。"法律的目的在于实践公平正义，如果法律人拥有丰富的情感和关怀，在读法律的时候，其所读到的就不仅仅是白纸黑字的法律条文，而是条文后面有血有泪的事实，就会有一种使命感，会想到用法律这个工具去解决有血有泪的事实后面的不公不义。"刑法学的适用与研究不能缺少理论，但也需要更多有贴紧现实、情感丰富的人。

为此，不妨先看看抢劫罪在适用时遇到的社会问题，这里也是需要感情的。

二、抢劫罪的刑罚适用——一种由犯罪原因延伸出的思考

在形形色色的抢劫案件中，有的案件却会激发起笔者一些特别的思考。尽管相关问题可能更多的牵涉社会学、犯罪学、政策学等领域，并非刑法学专门研究的课题，但把它作为刑法学研究的必要延伸还是可以的。犯罪是社会问题，而社会问题往往首先表现为经济问题。所以，历来关于犯罪原因的研究离不开经济原因。抢劫犯罪作为典型的财产犯罪，犯罪的原因不能不提贫穷与落后的话题，而这个话题对于惩罚抢劫罪显然是有关系的。

贫困与犯罪之间的关系不是一个新问题。在早期的犯罪社会学派中，

德国刑法学家李斯特主张犯罪原因是人的特质原因和社会原因相结合的"二元论",特别是强调社会环境方面的影响。诸如失业、贫困、酗酒、烟毒、娼妓、物价高昂等社会环境,都是造成犯罪的原因。意大利犯罪学家菲利也认为,犯罪是由个人体质、社会的和地理环境三要素造成的,其中社会的政治、经济、道德、贫困等对犯罪的影响最大。在现代社会学派中,经济决定论、社会异常论,以及社会解体论等均从各自角度阐明了贫困与犯罪之间存在或多或少的关系,其中以经济决定论最有代表性。一般认为,犯罪作为一种社会现象,必须要与社会中的各种因素发生相互作用。其中经济因素作为物质生活的基础,决定和影响着人们的各种行为。犯罪行为是人们在从事社会活动过程中的一种有意识的行为选择,它同样也受到经济因素的重要影响。如马克思所言,经济是决定一切的因素,违法行为通常是不以立法者意志为转移的经济因素造成的。这里的经济因素,实质上主要是指一定物质生活条件的生产方式。根据这一观点来看,在决定犯罪的复杂因素中,经济因素是宏观上起决定作用和主导地位的因素。❶ 侵财犯罪者,穷人居多就是上述原理的证明。

在当今社会,即使是富裕发达的西方国家,穷人实施抢劫等侵财犯罪也是一大社会问题。在我国,抢劫作为最为常见的犯罪类型之一,它们所反映的社会原因无疑具有代表性。犯罪动机是犯罪原因的直观表露。尽管犯罪的原因决定了犯罪问题具有不可避免性,但是,一旦行为人动机之"恶"反而让人十分同情,且这样的案例不在少数,那就不仅关系到司法机关如何对其定罪量刑,而且,还足以说明国家和社会需要从其自身寻找犯罪的原因,以及管理者必须认识和面对社会治理的错误,并为此考虑纠正之策了。

【案170】北京顺义农民李某"为治病"抢劫案

19岁的李某是顺义农民。2007年8月,他因涉嫌抢劫罪被提起公诉。李某很快认罪,简易庭审后,他就被以抢劫罪、抢夺罪判处有期徒刑7年,并处罚金6 000元。这个年轻的抢劫犯给庭审在场人员留下了深刻的印象——瘦弱、面色苍白、一心求判。法院审理时得知,李某患有严重

---

❶ 张远煌:《犯罪学》,中国人民大学出版社2007年版,第217页。

的再生障碍性贫血,需要定期接受换血治疗,且费用很高。出此原因,法院决定对其予以监外执行。李某很快办理了手续,带着病体离开了看守所。2008年年初,承办法官打开新立案的案卷时发现,李某又被提起了公诉,案由是持械抢劫。此时,距离他第一次被判刑还不到4个月。什么原因让李某再度实施抢劫?法官来到从看守所送到999急救中心的病房内开庭审理李某抢劫案。和上次受审一样,李某轻易认罪。在病房内,他描述了自己的犯罪过程:2007年12月20日,在密云县一条公路上,李某以打车为名,将黑车司机任某骗至顺义区木林镇僻静处,随后掏出自制手枪向任某的腿击发,任受惊后弃车逃跑,李某以1.5万元的价格将车辆销赃。随后,他表示自己不需要监外执行,理由是他的病如不及时换血,将危及生命,而在看守所、监狱可获得国家免费治疗,服刑对他来说就是救命。原来,李某第一次抢劫是为了筹钱看病,后来到了看守所,才知道能免费治疗。人们无不为这样的犯罪动机感到愕然。在两次审判中,李某的家人都没有到场。2008年11月,法院判决李某抢劫罪名成立,且因其在暂予监外执行期间犯新罪,应与原罪刑罚并罚,最终判处其有期徒刑18年,剥夺政治权利4年。由于李某没有家庭依靠,且病情严重,如果让他继续监外执行,具有更大的社会危害性。为让李某顺利进入监狱服刑,法院考虑发出强制收监的命令。❶

根据有关规定,如果犯人病重,且其没有家人或家人无法提供救治帮助,监狱将免费为犯人提供治疗,这也是对犯人人权的一种保障。但另一方面,监狱收监犯人时,一般都要对其进行严格的体检,如犯人患病不适合监狱内服刑的,将予以监外执行。不过,是否收监,执行的病情标准尚不清晰。出现被告人犯罪求监狱内治病的情况,无疑反映出我国医疗保障机制薄弱,显然,我国法院与监狱机构在这个问题上缺乏良好的制度衔接。若能健全社会保障制度,很大程度上能减少类似的犯罪动机。

如果说刚过18岁的青年人李某是为治病而抢劫入狱,那么,古稀老

---

❶ 傅沙沙:"北京一患重病农民为获免费治疗故意抢劫入狱",载《新京报》2008年11月26日。

人为养老而抢劫入狱的案件更是令人深思。年近七旬的湖南祁东县农民付达信为了"不愁吃穿"在北京站持刀抢劫,他抢劫完了不逃跑,反而等待被抢者喊叫,以便被警察抓走。宣判后,付自称抢劫是"为了反映生活困难问题"及"入狱养老",并恳求法官重判,结果嫌法官判得太轻。"判太轻,过 2 年出去还是不能养活自己怎么办?""实在不行就再抢劫,然后回监狱里养老"。这样的案件谁都想不到。但它既是案件,更是事实,甚至是社会事件,不能不说说。

【案 171】湖南祁东农民付达信"为养老"抢劫案。2008 年 9 月 8 日下午,北京站广场人流熙攘。身无分文的付某在饥饿难耐的情况下,终于下定决心实施抢劫。他摸了摸兜里的水果刀,开始寻找目标。远处,一个警察在买矿泉水。"去抢警察,他就可以把我直接带进监狱"。可他的如意算盘没打成,年纪大腿脚慢,付某还没走到跟前,警察已经转身离开了。在售票处,一些人在排队买票。其中有一个四五十岁的中年妇女手里举着 300 块钱一步步地往前移动。付某觉得机会来了。他凑过去,用力一拉,扯下了 100 元钱。妇女回头一看,只见瘦小枯干的付某站在她的身后,手里攥着缺了一个角的百元钞票。付某拿出一把小水果刀,笑着对她说:"你喊抢劫。""神经病!"中年妇女认为碰上了病人,自认倒霉嘟囔着转身继续排队。一次不成,接下来,付某决定抢个拿包的。在北京站广场西侧的花坛边,一个背双肩包的女大学生引起了付某的注意。付某跟在女大学生身后喊了几声:"把包给我。"而对方都没有理睬。付某只能小跑几步赶到跟前,拉扯女大学生的背包,致使背包滑落到女学生的手臂上。该女生紧抓自己的包不放,付某也使劲往怀里拉。争抢了一会儿,付某体力不支渐渐落了下风。他再次拿出小水果刀,让女孩儿喊抢劫。这次,女大学生喊来了警察。经鉴定,仅被抢的一个挎包就价值几千元,包里还有其他物品,被抢物品共价值 9 000 多元。付某不管包里是现金还是卫生纸,他只希望办案民警把自己的罪行写得严重些,他"希望能够多判几年"。2008 年 11 月,北京铁路运输法院审理后认定,付某的抢劫行为属犯罪未遂。鉴于其归案后认罪态度较好,判处其 2 年有

期徒刑,并处罚金 6 000 元。❶

在这起案件中,行为人为坐牢而抢劫竟然是其真实的目的。人们难以置信,或者说,人们根本就难以把付某与犯罪画等号。付某"抢劫"的目的与《刑法》规定的抢劫罪的"非法占有"是怎样的一种关系呢?实际上,付某根本就没想过要占有女学生的包。根据笔者在前面已经强调的观点,本案实际上不完全符合抢劫罪的构成要件,主要是主观上的要件不符合。但如今定罪判刑了,反而是犯罪人达到了目的。针对此案,有的专家认为,老人以抢劫的方式来养老的做法不足取,其犯罪行为应予惩治。但笔者想问问该专家,大家能期待付某怎样做呢?被作为犯罪人的付某达到了他的目的,而法律或者刑罚达到了目的吗?付某不想减轻出狱以及他出狱后的态度足以说明对其定罪处刑事实上是个悖论!

据报道,付某是湖南省衡阳市祁东县灵官村的农民。1957 年高小毕业后,他考上了县里的林业中学,后来学校停办,付某回到村里。因错过了招工,只好在家务农。因家穷,付某一辈子都没结婚。年轻的时候,他到云南、广西、广东等地打工。年纪大了,付某干不动活,只能回到村里。他的房子还是 30 多年前修建的泥砖房,已塌了半边。前两年付某身体还好,可以干些活,收入刚刚够养活自己。近些年他得了病,再加上岁数大了,挣的钱很少。他家里电也用不起,晚上只能摸黑。入狱前,付某说已经两年没有吃上肉了。

由于生活艰难,2003 年付某找到县民政办反映情况,才知道自己是五保户,可以拿到补助。在祁东县,像付某这样的"五保"老人(指无赡养人、无劳动能力的老人)有 1 万人。9 成以上都在村里自己生活,无人照顾。付某生病后没有钱去医院治,只有躺在床上挨着。付某找过村里、镇里,甚至市政府,但都没有解决问题。因为国家在五保老人的医疗,尤其在大病问题上,尚无实质性的措施。从 2003 年起,他领到了 1 年 300 元的补助,到 2007 年涨到了 600 元。但根本不够生活。2008 年 8 月,已经 69 岁的付某曾在同乡的带领下到广西柳州收废品。但因人生地

---

❶ "老人为养老故意犯罪入狱 3 月胖 10 斤",载大河网,2012 年 7 月 13 日访问。

不熟，自己也骑不动三轮车了，正好返回祁东县。突然有一天，付某在捡来的报纸上看过上述李某入狱治病的新闻。这给了他进京抢劫的念头，一来解决自己的吃饭问题，二来也想反映一下自己的生活状况。他用捡破烂的钱买了一张去河南郑州的火车票，沿途继续捡破烂，有钱就买票，没钱便逃票，辗转到达天津、北京，整整用了 10 天的时间。

经法院判决抢劫罪后，付某如愿以偿地成为囚犯。在看守所里，他什么都吃，绝不浪费，三个月付某胖了 10 斤。后付某被转到天河监狱。他觉得这里的生活更好，在监狱里，付某吃到了肉。三个半月后，付某被转回到湖南省长沙监狱服刑。监狱发给他服装、鞋子、被子，不仅有被套床单，夏天还有凉席，生活用品也一应俱全。付某觉得长沙监狱吃得更好。每年 600 元的五保户补助依然在发放，由村里的会计邮寄给他。在监狱里，付某每天的生活不仅规律，而且有滋有味。除了蹓跶，还读书看报、背诗、写字、下棋。特别是遇到生病，都会有人来看望。有急病随时到狱内医院就诊，病重了还会有专人来照顾，甚至到外面的社会医院诊治。可以说，在监狱里，付某感受到了真正的人间温暖。他总希望时间过得慢些，再慢些。但是，好景不长，付某还是被减刑了。对减刑，付某很不乐意。减刑要写悔过书，付某也不肯写。"我敢作敢当，没有什么好后悔的"。最终，其他犯人为他代写了悔过书，付某提前半年出狱，用他的话说："吃了睡，睡了吃。除了吃饭就是看病。不干活，监狱也不愿意要你。"

2010 年 3 月 7 日，村里派人将付某从长沙监狱接了出来。他被送到了灵官镇敬老院。当地的民政部门对他到来很重视。据说，入狱前，付某并没有住在敬老院，是因为付某住进敬老院，村里需要每年给他缴纳 600 斤口粮，且付某没有把房屋抵押给村里，才迟迟没有住进敬老院。在农村，五保供养的主要责任人是村委会和村民小组，并未与国家 GDP 共同进步的农村没有足够的钱供养贫困老人。在祁东县，有 9 成以上的五保老人未能住进敬老院。然而，付某生活了几天就发现，这座敬老院根本比不上监狱。他怀念起监狱，可他已经 70 多岁了，已经没有抢劫犯罪的能力，不能通过以前的途径回到监狱了。

李某抢劫入狱，是为了实现他在监狱中"病有所医"，而古稀老人付某抢劫入狱，却是为了实现他在牢狱中"老有所养"，这是怎样的两起个

· 629 ·

案呵！美国著名作家欧·亨利的名作《警察与赞美诗》，描述了一位青年因为穷困潦倒，衣食无着，一心就想坐牢，最终走进牢房的故事。而付某则用自己的实际行动，上演了21世纪中国现代版的《警察与赞美诗》。

由于多年农民打工潮盛行，今日中国农村的养老与未成年人教育等问题已超乎想象的严重，老人与妇女儿童成为最直接的受害者。古稀老人故意抢劫，已不仅仅是在拷问我们的农村养老保障机制。在政府还未有任何准备之际，中国已步入老龄化社会，在青壮年劳动力大量转移到城市打工的背景下，农村老人，尤其是孤寡老人的生活待遇甚至是基本生存权遭遇严峻挑战。如果要靠入狱才能"病有所医"和"老有所养"，等于是监狱战胜了自由，那刑罚的功能何在？其后果必将不堪设想！我们国家和社会的经济发展有目共睹，大多数人民群众的生活水平得以提高，但仍然有些弱势群体与发展成果关系不大，他们的生活境遇成为中国民生的一个奇特现象，也是社会财富分配不公和贫富差距越拉越大的真实写照。❶ 中国经济的发展使社会财富总量大大增加了，但不可否认，社会在公平正义和道德良知的某些方面已有倒退之势。李某案后，效仿的后来者已见诸报端，一些贫困地区像付某这样的绝望者也不是个别现象。

人们不由得要问：年纪一大把的老者为何要去抢运钞车？而且，是携带凶器抢夺运钞车，应以抢劫金融机构的重罪论处。如此重罪，而其犯罪手段业余不堪，简直不像是违法犯罪，更像是一场闹剧和玩笑。不知道这位"六旬劫匪"的背后，是否也有老无所养的"故事"。但不管怎么说，本该颐养天年的六旬老人走上抢劫的道路，终归不是正常事。"生命诚可贵，爱情价更高，若为自由故，二者皆可抛。"这样的诗句曾经读

---

❶ 2012年8月，华中师范大学中国农村研究院在京发布了《中国农民经济状况报告》。2010年，农民家庭户均现金收入34 080.34元，2011年攀升至38 894.38元。与此同时，中国农村居民基尼系数在2011年已达到0.3949，正在逼近0.4的国际警戒线。数据显示，收入最低的20%样本农户，与收入最高的20%样本农户的收入差距有10.19倍。中国农民过去主要收入来源就是土地，土地的多少决定了农村社会分化的程度，在改革初期通过均分土地、土地流转来缩小差距。但是在新的历史时期，农民收入差距主要来自务工，这就意味着在农村地区需要更加强调为农民提供平等的就业机会、发展现代农业、加大社会保障，防止贫富差距的恶性扩大。见郭少峰："中国农村贫富差距超十倍基尼系数逼近警戒线"，载《新京报》2012年8月22日。

起来让人荡气回肠，可如今，如果一位老者为生活所迫而犯罪，用失去自由的代价去换取最基本的温饱，革命的理想何在？这不是老人个人的悲哀，更是国家和社会的悲哀。

其实，近几年来，与疾病、贫困相关的侵财犯罪时有发生，有的地方犯罪率畸高。如广西有一个3 000人的温江村，这个村子的青壮年都出去打工了，而在出去打工的青壮年里却有100多人因为抢劫而被抓。2011年的中央台《新闻1+1》栏目还专门报道过此事。❶ 从发案率看，除了抢劫，因贫困而实施盗窃等侵财案件也很多。2008年9月，福州发生一起药店偷药案。小偷在药店偷了四盒高血压药，被两名女营业员追赶两条街后抓住。小偷交代，他是为了给70多岁患高血压病的老父亲治病，才选择了这条路。2008年6月，泉州某超市里发生一起窃案，小偷是一对妯娌和一名老妇。孕妇陈某因为想吃点补的，就偷拿了一块3斤多的猪肉，乘旁人不注意放入裤裆内；她的嫂子张某见自己的鞋破旧，就将架上的新鞋换掉；而那名老妇正愁没夏装替换，就顺手拿了一件短袖花格休闲衫，放入怀中。毫无疑问，她们都是穷人做贼，而她们的目的仅仅是为了满足自己吃饭、穿衣的最低生活需求。2009年8月，在浙江省宁波打工的农民晁某的儿子中考成绩不理想，比当地高中录取线低几分。要想继续就读，必须交1万块钱。眼看就要开学，但晁某打工的积蓄只有7 000元，尚有3 000元没着落，他情急之下，就偷拿了工友的银行卡，取出了其中3 000元（卡里还剩余6 000多元）。事发后，晁某将钱归还给工友，检察机关决定不予批准逮捕。❷ 2010年5月，广西壮族自治区河池市一50岁女子在卖淫时被抓。该女子竟然是因卖菜无法凑足女儿的大学学费而外出卖淫。被抓获的罗某说，如果其女儿知道她为筹集学费而卖淫，女儿一定不愿意将书继续念下去，希望警方不要将其被查获的情况告诉她的女儿。这两起案件都折射出农民工家庭里两代人的悲哀。2012年7月，被多家媒体报道的廖某"刻章救妻"案轰动一时。"刻章

---

❶ "3 000人村庄有100多人因抢劫入狱贫穷引发犯罪"，载CCTV《新闻1+1》2011年9月20日。

❷ 司法机关对偷钱的农民工和卖淫的农妇从宽处理无疑是人性化的，也是感人的。农民工偷钱、卖菜妇女卖淫确属大错，可是，又是谁夺走了他们做父亲和母亲的基本尊严呢？又是谁夺走了农民后代平等接受教育的权利呢？

救妻"的男子41岁，系5年前北京的一位下岗工人。廖某的妻子患尿毒症，透析仅半年之后，廖某已经花光了家中的所有积蓄。为了让妻子活下去，廖某找人刻了医院公章，并用这个假公章到医院给妻子做了将近4年的"免费"透析治疗，涉及金额17万元。庭审法官问取保候审的廖某，为何要私刻公章伪造单据？廖某的回答是："被逼的没办法了，只为她先不死。""她病成这样，我总不能掐死她，哪怕只有一点点钱，我去私刻公章干嘛？"庭审后，法官准许廖某先回去照看病中的妻子，并保证随叫随到。案件曝光后，廖某一家得到了社会各界的救助。类似的案件还有一起。同样是患尿毒症，自从2004年患病起，南京浦口人孙某花光了家里的积蓄，还欠下40多万元债务。2010年春节后，被每个月数千元的药费压得喘不过气来的他收到一条代开发票的短信。这条垃圾短信让他看到了一丝"希望"。于是，他联系上发短信的人，伪造了8张发票，骗得医保近7万元。法院以诈骗罪判处孙强有期徒刑2年3个月，缓刑2年6个月，罚金1万元。受审时，他说："我知道错了，十分后悔，但我也是实在负担不起药费了。"对这两起案件，法律给予犯罪人极大的宽容，因为他们本身并不是天生的想犯罪，他们犯罪的目的也不是为了追求奢华的生活。他们的目的，仅仅是为了让亲人或者自己能够活下去。

再看下面另两起案件。

【案172】24岁男子崔某是户县庞光镇化中村人，3岁时父母离婚，和父亲相依为命；12岁时父亲在工地打工时摔伤致死，崔某一直随爷爷奶奶生活。后爷爷奶奶又相继去世，崔某初二都没上完，就开始混社会，过起流浪生活。他曾有个女朋友，两人在一起4年，不料女友也提出分手。2012年7月9日下午6点左右，崔某到爷爷奶奶坟地上坟，途中遇到了47岁妇女朱某，两个素不相识的路人说起话来，朱某告诉崔，家人待她不好，所以离家出走。崔某在朱某悲情感染下，突然觉得他和朱某"同是天涯沦落人"，也主动把身世告诉朱某。就这样，一老一少说得很投机，崔某提出要认朱某做干妈。没想到遭到朱某拒绝，崔某感到很窝火，就趁朱某不备，解下脚上运动鞋鞋带，勒住她的脖子，直到朱某死亡。崔某交代说："当时我看她手提袋里应该有钱，但最后只翻出一部直板手机。"经过物价部门鉴定，该手机仅值100元。他竟然还笑着说：

第十章 余　论

"最起码看守所里有饭吃，没有人欺负我，在这也挺好的……"

【案173】20岁的李某患有先天兔唇，生长在离异家庭，从小由爷爷奶奶抚养长大。2012年3月，他怀揣800元钱来到上海务工，希望能在上海赚点钱。然而，身无一技之长又不愿意吃苦受累的他迟迟没找到工作。很快，800元花光了。思前想后几天，他肚子饿极了，除了偷和抢没有别的办法。2012年4月11日凌晨2时，李某来到一家好德便利超市进行踩点。2时30分许，他将先前捡到的菜刀藏于衣服内侧口袋内进入便利店。李某拿了几样商品到柜台收银处佯装结账时，突然右手从胸前衣服里拿出菜刀架在收银员韩某脖子上，要挟其拿出超市钱款。超市营业员何某发现异样后准备转身按报警器，李某立刻将其抓住，并把刀指向她。其间，李某数次要求营业员交出钱，两位营业员表示，当天营业款已经结账上交。僵持了一会儿，李某见抢钱无望便把刀收入口袋。这时，李某看到柜台上有煮好的玉米，便问营业员："我可以拿根玉米吃吗？"被吓坏了的两名营业员立即说，"随便你拿什么都可以！"此时，饿昏了的李某放下菜刀，拿起一根熟玉米，边吃边跑出了便利店。20分钟后，吃完玉米的李某感到自己做错了事，便回到便利店自首。便利店的这根玉米标价3.6元。李某在法庭上痛哭流涕。2012年7月上海市浦东新区人民法院以抢劫罪减轻判处李某有期徒刑10个月，并处罚金1 000元。后该便利店有一名营业员因此辞职。❶

这是两起贫困青少年的犯罪案件，同样令人感慨。犯罪固然是特殊的社会现象，一个罪犯的落网，一起罪案的侦破，往往能折射出相应的社会问题。很明显，上述这些"犯罪人"之所以犯罪，的确有重要的社会原因。换言之，社会有责任，社会治理者也有责任。

比如说，养老问题，尽管任何一个建立起现代养老保障体系的国家都不可能把养老责任全归到政府头上，但我国政府在养老问题上应该担负起的责任和执行的政策是远远不够的。传统中国"养儿防老"的社会

---

❶ 李燕："男子带刀欲劫便利店拿走一根玉米获刑10月"，载《东方早报》2012年7月18日。

机制与肇始于20世纪70年代的计划生育政策有所冲突，如今已难以为继。因为一个子女很难承担赡养两位老人的责任，尤其是随着老年人越加长寿，使得许多独生子女成人后可能要赡养他们的父母和祖辈，在"421"这种家庭模式下指望下一代来供养老人，既不科学也不现实。与此同时，中国的老龄化还同时伴随着工业化和城市化，许多农村和中小城镇的年轻人都进入大城市工作生活，无法照顾父母，农村空巢老人群体巨大，很难享受到家庭养老。当年宣传的"计划生育好，政府来养老"看来还有很长的路要走。

再看疾病问题。当前，我国居民慢性大病死亡率呈持续、快速增长趋势，在每年约1 030万各种因素死亡人群中，因慢性大病死亡者超过80%，是发达国家的4~5倍。据全国疾病监测系统连续观察显示，慢性大病已经成为当前我国居民第一死因。2005年，中国死亡人口中有750万死于慢性大病。中国工程院院士程书钧说，重大慢性疾病不仅威胁群众生命，还极大地增加了医疗负担。据统计，1980年的全国卫生总费用中，居民投入占23%，2001年上升至60.5%。1991~2002年国家卫生投入绝对值增长3.84倍，人均GDP增长了3.35倍，而居民个人卫生投入增长了8.78倍，大病费用在政府和居民投入中不断增加。慢性病对居民个人也带来了沉重的经济负担。慢病中心给《经济参考报》提供的数据显示，2009年中国城镇居民人均可支配收入为17 175元，农村居民人均纯收入为5 176.9元。罹患常见慢性病住院一次，城镇居民至少花费人均收入的一半，农村居民至少花费人均收入的1.3倍。心梗冠脉搭桥的住院花费最高，是城镇居民人均可支配收入的2.2倍，农村居民人均纯收入的7.4倍。❶可以说，疾病可以使很多家庭背上一辈子都难以还清的经济负担，有的甚至只能等待死神的降临。这将成为社会潜在的问题，包括犯罪。不过，近年来，我国政府已经注意到这个问题，并逐步采取了一些新的社会保障措施。2012年8月31日，国务院《关于印发"十二五"期间深化医药卫生体制改革规划暨实施方案的通知》（国发［2012］11号），为进一步完善城乡居民医疗保障制度、健全多层次医疗保障体系、

---

❶ 李静、林潇潇："中国慢性病患者超2.6亿住一次院花去一半收入"，载《经济参考报》2012年8月17日。

有效提高重特大疾病保障水平,指明了方向。据此,有关部委制定了具体的保障措施。❶但这些规定如何真正得到落实和执行并不容易。发展经济是国家和社会发展的共同目标,本不是为了防止犯罪,但发展经济,加强对贫困人口的生活保障,确是实现社会公平的基本条件。那些"被迫"犯罪的贫困者对于其他一些犯罪,如经济犯罪、白领犯罪、暴力犯罪、职务犯罪等,更需要优先拯救。

当然,还要看到犯罪的复杂性,犯罪也不是穷人的专利。与上述贫者犯罪相比,一些生长在富裕家庭的青少年侵财犯罪则带来别样的思考。他们非法占有他人财物的目的夹带着无所事事、寻求刺激的卑劣动机。法院对他们的判决至少没有"同情弱者"的因素。2011年6月起,四川南充22岁的杜某从重庆某重点大学辍学后,伙同曾某、梁某参与了一系列蒙面持刀抢劫。他们辗转四川、重庆和贵州连续作案,到12月11日被通川区公安抓获时,已抢劫16家宾馆20多万元,抢劫的钱财部分已被挥霍。另据杜某和曾某交代,两人家底殷实,可谓富家子弟,抢劫主要是"觉得刺激"。❷2012年2月中旬的一个晚上,三名犯罪嫌疑人王某、李某和李某华(均为成年人)开着高档小车从湖南省洞口县准备到东莞市,途经清远市某路段时,发现一名背着挎包的男子在路边行走,便持刀将其强行拉上车后实施抢劫,共抢走被害人人民币30 000多元,手机2台、戒指1枚。广东清远警方将犯罪嫌疑人抓获后发现,3名嫌疑人之一的李某可算得上富二代,在父亲的一本存折上有千万元现金储存。且3名犯罪嫌疑人还在其他地方采取同样的手段作案多起。同样地,这名富二代屡次开豪车抢劫路人,可能也是精神空虚,寻求刺激所致。❸

---

❶ 经国务院同意,国家发改委等部门《关于开展城乡居民大病保险工作的指导意见》(发改社会〔2012〕2605号)规定,以力争避免城乡居民发生家庭灾难性医疗支出为目标,合理确定大病保险补偿政策,实际支付比例不低于50%;按医疗费用高低分段制定支付比例,原则上医疗费用越高支付比例越高。随着筹资、管理和保障水平的不断提高,逐步提高大病报销比例,最大限度地减轻个人医疗费用负担,等等。

❷ "四川一富二代为找刺激蒙面抢劫16家宾馆",载人民网,2011年12月22日访问。

❸ 曹菁、李朝才:"富家子手握千万存款竟多次开豪车抢劫路人",载《广州日报》2012年3月30日。

马克·吐温说:"人类是唯一残忍的动物。""残忍"应该是法律惩罚的首要之"恶",所以"罪"与"恶"经常相连成"罪恶"。而抢劫罪针对财产之"恶"应该不如杀人、放火罪针对人身之"恶"。这说明"恶"也是有层次等级之分的。显然,犯罪动机和目的都是衡量"恶"的要素。不同的犯罪动机反映出的犯罪目的可能有较大差异,但对于抢劫犯罪,行为人的动机并不影响对其定罪,但不同的动机显示出不同的犯罪原因却是对侵财犯罪的量刑所不能忽视的要素。上述案例说明,同样是抢劫犯罪,动因所显示的"恶"差异很大。实际上,在司法实践中,有的地方已经规定对于因贫困而实施抢劫的犯罪可以作相当幅度的从轻处罚。如北京市、上海市、湖北省等地的《人民法院量刑指导意见(试行)》均作了相应规定。❶ 不过,司法除了在量刑时予以考虑外,更多的治罪任务将由刑罚执行机关来承担。救治贫困不是刑法学能够做到的,但对于动机和目的如此悬殊的不同的抢劫犯罪,刑事立法还应该尽力顾及,这就是完善立法应该加以考虑的,至少应该有所考虑。

三、关于抢劫罪的立法完善

抢劫罪是最常见的罪名之一,1997 年《刑法》对 1979 年《刑法》的规定作了很大修改,特别是具体规定了 8 类加重情节。此后的若干刑法修正案都没有再改动抢劫罪。但在司法实际中,处理一些抢劫案件,还是存在很多争议问题,首先就是现行刑法规定的抢劫罪的法定刑是不是过重,这在很多案件中都有反映。

先看 2012 年 5 月发生的两起案件。第一起是,郑某酒后在路上遇见独自行走的女子陈某,便产生了抢劫的念头。他追上陈某后,采取勒脖子、压头手段实施抢劫。因陈某强烈反抗,郑某最后只抢得一把旧雨伞。后经物价部门鉴定,被害人被抢的这把雨伞价值人民币 1 元钱。案发后,郑某在逃跑过程中被公安机关抓获归案。2012 年 10 月,检察机关指控被告人郑某犯抢劫罪,向法院提起公诉。案件在审理过程中,为求得被害

---

❶ 见后面的附录部分。

人的谅解，被告人郑某的亲属自愿赔偿给被害人陈某人民币1 000元。法院审理认为，被告人郑某以非法占有为目的，采取暴力手段劫取他人财物的行为，已构成抢劫罪。鉴于被告人郑某归案后能如实供述犯罪事实，且其亲属积极赔偿被害人经济损失，视为其有悔罪表现，依法可以从轻处罚。辩护人提出被告人郑某系初犯、偶犯，归案后认罪、悔罪，且其亲属积极赔偿被害人经济损失，请求从轻处罚的辩护意见，亦被法院采纳。法院遂依法判决被告人郑某犯抢劫罪，判处有期徒刑3年，并处罚金人民币1万元。❶另一起案件是，2012年5月，重庆一"90后"宋某，在5天时间里，3次尾随跟踪放晚自习的学生，以水果刀胁迫，共抢得40余元赃款。后重庆万州区法院一审判决被告人宋某犯抢劫罪，即"多次抢劫"，判处有期徒刑10年6个月，并处罚金5 000元；责令退赔被害人小金人民币30元、思思3元、丽丽6元。依照现行法律规定，这两起案件的判决完全是合法的。

但是，此处可看到，把抢劫罪与《刑法》规定的其他一些犯罪相比较，如贪污贿赂罪，似乎有些内容让人不解。有些贪污贿赂案件中，数额达到几百上千万，甚至上亿，也可能判处十几年有期徒刑，或者无期徒刑，死刑的也极为少见。再比如，侵犯公民人身权利的刑讯逼供案件，这类犯罪，有的造成了他人蒙受多年不白之冤，如佘祥林案、赵作武故意杀人案，有的甚至导致被害人自杀伤亡，但对刑讯逼供者的处罚，多数司法判决都是一两年有期徒刑，甚至是缓刑。以上案件固然与抢劫犯罪性质不同，但尽管如此，刑法需要民众认同，对于普通民众而言，比较一下也有一定道理，抢劫多属穷人犯罪，而贪污受贿和刑讯逼供则是国家工作人员职务性质的犯罪，刑罚结果的巨大差异势必使人对法律面前人人平等的原则产生怀疑。再看下面两起案件：

【案174】江西来杭州打工的王小姐半夜下班回家，路上被一个劫匪李某拿水果刀抵在了腰上。王小姐此时看到家里的灯光，灵机一动，说自己没钱，问劫匪，要不你跟我回家拿钱吧。劫匪就跟王小姐回了家，

---

❶ 李娜等："男子酒后抢劫一把价值1元雨伞获刑3年"，载《城市晚报》2012年12月4日。

开门才发现,王家一大家子都在。据说,当时李某进了王小姐家门,就发觉不对,姑娘的姐姐、姑姑、爷爷都在,还遭到了王小姐姐姐的大声呵斥:"抢什么抢!出去!"李某当时非常尴尬和懊恼,他拿起水果刀抵住姐姐,王小姐赶紧找出100元钱递给李某,李某接过钱撒腿就跑。后下城区检察院以抢劫罪对被告人李某提起公诉,李某的行为依法要被判10年以上有期徒刑。❶

【案175】22岁的江某在网上初识男子涂某。第一次见面,两人便发生了性关系。深入交往后江某欲和涂某一起购房结婚。然而经进一步了解,涂某称自己已年过半百。江某认为涂某年纪太大,自己"很吃亏",遂将安眠药放入涂某的奶茶中,等涂某熟睡后,将其包内的1.7万元拿走作为"补偿"。涂某报警后,江某如实交代了犯罪事实,其家属也退还了1.7万元,并赔偿涂某5 000元。南昌市青云谱区人民法院审理认为,江某行为已构成抢劫罪,依法判处其有期徒刑10年。❷

这是两起普通的抢劫案件,量刑结果同为10年有期徒刑,然而,从案件的实际危害衡量,该结果给人实在太重的"感觉"。而且,这个问题在司法实践中具有普遍性,许多抢劫加重犯的判决结果都是"10年以上有期徒刑、无期徒刑或者死刑"这个法定刑档次的最低刑(10年),也就是说,法官即使有"同情心"和足够的理论想判低也没法再低了。的确,在理论上,鉴于抢劫犯罪的严重性,我国1979年《刑法》第150条为其规定了极其严厉的法定刑,包括死刑。出于1979年《刑法》所确立的抢劫罪适用刑罚的标准过于模糊,为增强立法的可操作性,限制死刑的适用,1997年《刑法》将抢劫罪可以适用死刑的情形明确限制为8种情节(本书论述的加重犯)。但是,这种一刀切的做法也存在法定刑档次较为单一、加重犯的分类不够科学等缺陷。因此,为了切实地限制、减少死刑的适用,做到抢劫罪与其他犯罪在刑罚体系内的相互协调,有必

---

❶ "劫匪被女孩骗到家抢100元涉入户抢劫最少判十年",载中国新闻网,2012年3月20日访问。

❷ "22岁女子网恋'吃亏'麻醉50岁男友抢走1.7万",载中国新闻网,2012年7月27日访问。

要对抢劫罪的加重情节及其罪刑单位作出重构与调整。

为此，笔者建议将《刑法》第263条对抢劫罪的规定修改为：

"以暴力、胁迫或者其他方法抢劫公私财物的，处二年以上七年以下有期徒刑，并处罚金。

犯前款罪，具有下列情形之一的，处七年以上有期徒刑，并处罚金或者没收财产：

（一）入户抢劫或者持枪抢劫的；

（二）多次抢劫或者抢劫数额巨大的；

（三）抢劫致人重伤、死亡的。

犯第一款罪，有下列情形之一的，处无期徒刑或者死刑，并处罚金或者没收财产：

（一）抢劫数额特别巨大的；

（二）为了抢劫故意伤害，致人重伤、死亡，或者为了抢劫故意杀人的。"

下面论述这样修改的理由。

（一）降低抢劫罪基本犯的法定刑

我国现行规定，抢劫罪基本犯的法定刑为3~10年有期徒刑，起点高，跨度太大，失之过重。笔者主张将抢劫罪基本犯法定刑的下限降低为2年有期徒刑，上限降低为7年以下有期徒刑。这是因为抢劫案件主要是以图财为目的，对于抢劫杀人的，完全可以比照杀人罪甚至认定为杀人罪科以重刑，这在前文已有论述。为了在处理抢劫案件时能更好地贯彻罪责刑相适应原则，也需要调低抢劫案件的起点刑。

据统计，我国刑法大约有40多种罪名的法定最低刑（起点刑）为3年或3年以上有期徒刑。其中，危害国家安全罪中有4种，即背叛国家罪、投敌叛变罪、间谍罪和资敌罪；危害公共安全罪中较多，有17种，如放火、决水、爆炸罪，破坏交通工具、交通设施、电力设备、易燃易爆设备、广播电视设施、公用电信设施的犯罪，资助恐怖活动罪，劫持航空器、船只、汽车的犯罪，盗窃、抢夺、抢劫枪支弹药、爆炸物、危险物质的犯罪等；破坏社会主义市场经济秩序罪有 5 种，如走私武器、弹药罪、伪造货币罪等；侵犯公民人身权利、民主权利罪有 4 种，即故意杀人罪、强奸罪、绑架罪和拐卖妇女儿童罪；妨害社会管理秩序罪有 9 种，如劫夺被押解人员罪、组织越狱罪、暴动越狱罪、聚众持械劫狱罪、强迫他人吸毒罪、组织卖淫罪、强迫卖淫罪、引诱幼女卖淫罪和嫖宿幼女罪。其他的规定在军人违反职责罪和危害国防利益罪中。在侵犯财产罪中，唯有抢劫罪一种。上述犯罪从罪种的性质上看，绝大部分都属于危害国家安全、公共安全、重要经济秩序，以及严重侵害被害人人身权利并危害社会秩序的重大犯罪。而按现行刑法的规定，只要行为人实施了抢劫行为，无论犯罪手段如何、原因如何、对被害人造成的损害如何，最低即可处 3 年有期徒刑。显然，这与危害国家重大利益、公共安全、重要经济秩序及直接侵害人身权利的重大犯罪相比，失之过重，不利于实现刑罚的价值功能，也不利于罪责刑相适应原则在司法实践中的运用。

同时，从侵财犯罪的罪名看，抢劫罪配置最低 3 年有期徒刑，使财产类犯罪的刑罚体系不甚协调。为了缩小抢劫罪基本犯法定刑档次的跨度，其上限也应予以相应降低。可考虑将这一档次设定为"二年以上七年以下有期徒刑，并处罚金"。作这样改正后，抢劫罪仍然是侵财犯罪一章中最严重的犯罪。对那些确属情有可原的犯罪，最低 2 年的法定刑的适用与其罪行更为相适应。同时，7 年的起点刑也使抢劫加重犯的刑罚适用不至于经常使人基于朴素的刑罚观"感觉"判得太重。

（二）对于抢劫罪加重犯划分两大类，形成适当的罪刑阶梯，即降低中等程度加重犯的法定刑，而对于特别严重的加重犯配置无期徒刑或者死刑，同时，都并处附加刑

在本书前文论及抢劫加重犯过程中，不难发现，有的问题争论很大，有的案件的量刑，即使轻判，还是"感觉"太重。为此，笔者认为，需要对抢劫加重犯作进一步分类，分别配置相应法定刑。主要涉及三个问题，一是 1997 年《刑法》规定的抢劫加重犯的范围是否需要重新界定；二是抢劫加重犯是否要区分不同法定刑档次；三是基于限制死刑的立场，对哪些加重犯可以配置死刑，哪些需要排除在外。

就抢劫犯罪而言，行为的社会危害性大小，主要取决于其对公民的

人身及财产权利的侵害程度。在确定抢劫罪的加重情节时，也必须以被害人的人身损害及财产损失情况为标准。在1997年《刑法》规定的抢劫罪8类加重犯中，能够直接表现对双重客体严重侵害的情节实际上只有两个，一个是体现严重侵害人身权的"抢劫致人重伤、死亡"；另一个是体现严重侵害财产权的"抢劫财物数额巨大"，原则上对上述两种情形依法加重处罚科以重刑，符合犯罪构成以及适用刑罚的原理。而其他6种情节并不能直接充分体现该罪对双重客体的严重侵害，只是由于抢劫方式、地点、次数、对象等情节上的特殊性，在某种程度上反映行为人的主客观危害或者危险性，但不具有最关键的影响。而且，有的情形甚至与"抢劫致人重伤、死亡"或者"抢劫财物数额巨大"相距甚远。如果一律判处10年以上有期徒刑，将导致刑罚的畸重，不仅违背罪刑相适应原则，也不利于刑罚功能的实现。为了避免适用刑罚过于苛严，有关解释或者司法人员在认定抢劫加重犯时，对"在公共交通工具上抢劫""冒充军警人员抢劫""多次抢劫"等加重情节通常要作出限缩解释。比如有学者认为："基本思路是通过设定一定的附加条件，使得原本相对较轻的抢劫行为在整体的社会危害性程度上适度增加，尽量达到与抢劫致人重伤死亡、抢劫财物数额巨大两种行为大体相当的水平，从而找到判处同等严厉程度刑罚的正当性理由，实现刑罚的正当性。对于不具备这些条件的抢劫行为，当然也应排除于情节加重犯的范围之外，以抢劫基本犯处。"❶这些为把现行的抢劫加重犯作进一步分类，划分罪刑阶梯提供了现实依据。

而且，从本书第一章列举的国外立法看，对危害程度差别很大的抢劫罪仅配置两个法定刑档次的立法比较少见，大多数国家规定了多个抢劫罪条文。例如，德国（5个条文）、日本（7个条文）以及奥地利、泰国等国家的刑法典均为抢劫罪配置了多个档次的法定刑，俄罗斯和瑞士刑法典配置的法定刑档次是4个，挪威等国刑法典也为之配置了3个法定刑档次。新加坡刑法更是对抢劫罪设置了10多个条文，具体规定非常详细。前述种种案例也说明，同样是抢劫犯罪，由于行为人犯罪的原因不

---

❶ 黄祥青："抢劫罪情节加重犯的理解与认定"，载《刑法适用疑难破解》，法律出版社2007年版，第261页。

同，所采取的犯罪手段以及侵害对象不同，危害结果不同，社会影响也不同，对其社会危害性的评价亦有很大差别。相应地，立法应该根据抢劫犯罪行为危害程度的高低，配置若干个与之大体相适应的法定刑档次。而现行立法却只为抢劫罪配置了两个法定刑档次，不仅容易导致刑与罪不相适应，出现"同等行为不同等对待"或者"不同等行为却同等对待"的不平等结果。

1. 对1997年《刑法》规定的几种抢劫加重情形可考虑不再纳入加重犯范围

通观现行《刑法》的规定，结合前面的论述，以下情节没有达到极端严重或者恶劣的危害程度，与其他需要列入加重情节的情形性质不可等同，不宜配置严厉的刑罚：

（1）在公共交通工具上抢劫的。该情形只揭示了抢劫犯罪发生的地点，在这些地点实施抢劫犯罪，如果没有对犯罪对象或受害人的财产造成特别严重损失的，就不必要作为抢劫加重犯。以前的立法主要是考虑到"车匪路霸"等拦车抢劫的情形。现在这种情形比较少见，实践中，多是由在公共交通工具上实施盗窃或者诈骗等犯罪转化为抢劫的情形。

（2）对银行或其他金融机构实施抢劫的，其社会危害程度固然很大，但金融机构往往防守严密，如果不是持枪抢劫或者抢劫数额巨大，也不称其为极其严重的抢劫犯罪。银行等金融机构没有必要成为法律上的特殊对象。实践中，这类犯罪主要是针对运钞车实施的抢劫，真正直接针对银行（信用社）抢劫的很少见，抢劫其他金融机构的更是鲜见。抢劫加重犯包括持枪抢劫、抢劫致人重伤、死亡和抢劫数额巨大之后，就足以包容抢劫金融机构的抢劫犯罪，没有必要再把它独立作为一类加重犯。

（3）冒充军警人员抢劫与一般抢劫相比，社会危害程度的确要大得多，但如果所抢劫财产的数额不是特别巨大，也没有对受害人的人身造成严重的伤害，同样不足以为之配置严厉的法定刑。而且，这类抢劫犯罪争论很大，对此，本书已作深入探讨，争论问题本身也说明将它列入加重犯的范围具有一定不合理性。

（4）由军用物资以及抢险、救灾、救济等其他特定物资的性质所决定，对这些物资应该加以特殊的保护，但如果行为人抢劫的特定物资的数额没有达到特别巨大的程度，没有对这些特定物资的保管人、占有人等的人身造成严重的伤害，也不必要为之配置苛刻的刑罚。事实上，在司法实践中，这类抢劫犯也是很少见的。

总之，笔者认为，有必要将以上这些危害尚未达到极端严重程度的抢劫情形分离出来，将具有这些情形的抢劫罪，作为基本犯从重处罚即可。

这里有个问题，如果抢劫银行或者其他金融机构，数额特别巨大的；或者抢劫军用物资或者抢险、救灾、救济物资，数额特别巨大的，还在有期徒刑内处罚是否适当？笔者认为，这类情形的确社会危害性极大，在没有致人重伤、死亡等情节时，仍然应该严加惩罚，但可以归入"数额特别巨大"这一大类中，作为后文论及的第二类加重犯情形予以概括式规定。

2. 保留1997年《刑法》规定的几种抢劫加重情形

对于下列情形，应当保留在抢劫加重犯的范围之中，为之配置7年以上有期徒刑，并处附加刑，形成轻重适当的加重法定刑等级序列。

（1）入户抢劫，或者持枪抢劫的。这两种情形实际上都是触犯两个犯罪，前者实施的行为包括非法侵入他人住宅罪和抢劫罪，后者包括非法持有枪支罪和抢劫罪。而且，两者对他人人身的危险性均较大，有必要纳入加重犯处罚。

（2）多次抢劫，或者抢劫数额巨大的。多次抢劫反映了行为人的人身危险性程度较高，主观恶性较大。多次抢劫本身属于数罪，应该严厉处罚。只要对"多次犯罪"作出适当的解释，不会扩大其适用范围，还是能够符合罪责刑相适应原则的。而对于抢劫数额巨大的情形，显然最符合抢劫罪的特性，❶ 且与犯罪人的主观目的一致，刑法需要加大对其处罚力度，体现其遏制力。该种情形适用广泛，没有对所抢财物的性质作出限定，只要行为人所抢数额巨大，不论受害人是谁，也不论所抢财物的性质为何。

（3）抢劫致人重伤、死亡的。对这种情形，鉴于抢劫罪的复杂性，笔者主张，这里的"致人重伤、死亡"仅仅指抢劫过程中的过失伤害或者过失致人死亡的情形，对故意伤害被害人，造成其重伤，或者故意杀

---

❶ 一般说来，犯罪对象的数额是处罚财产犯罪考虑的最主要因素，尽管抢劫罪还侵犯人身权益，但数额大小对于处罚抢劫罪也不可忽视。

害被害人的，应该予以更重的处罚。下面专门探讨这个问题。

（三）对于"抢劫致人重伤、死亡的"情形，应区别对待，只是对最严重程度的抢劫加重犯配置无期徒刑或者死刑，并处附加刑

1. 对"抢劫致人重伤、死亡"的情形明确主观罪过形式，区别对待

我国《刑法》对各种"致人死亡"犯罪的主观罪过形式没有加以明确，刑法理论界几乎对所有涉及"致人死亡"的主观罪过都有争议。以抢劫致人死亡为例，刑法理论就存在过失说、过失和间接故意说、过失和故意说等诸多学说。❶ 理论上的争议必然带来司法实践的混乱，例如，在抢劫过程中故意致人死亡的，有的司法部门按照抢劫罪（结果加重犯）定罪量刑，有的部门按照抢劫罪和故意杀人罪进行数罪并罚。根据最高人民法院2001年5月22日的《关于抢劫过程中故意杀人案件如何定罪问题的批复》，行为人为劫取财物而预谋故意杀人，或者在劫取财物过程中，为制服被害人反抗而故意杀人的，以抢劫罪定罪处罚。行为人实施抢劫后，为灭口而故意杀人的，以抢劫罪和故意杀人罪定罪，实行数罪并罚。这一规定适用时仍然存在种种误区。特别是在抢劫杀人过程中，故意杀人罪本身的独立性不容否定，对此笔者在全文已作探讨。即使在不定故意杀人罪，也说明在抢劫过程中的故意杀人罪与故意杀人罪几乎"相当"，与过失犯罪则相距甚远，对它们加以区分大有必要。

在立法上，刑法以处罚故意犯罪为原则，处罚过失犯罪为例外。根据罪责刑相一致的原则，过失致人死亡的主观危害性小于故意致人死亡的主观危害性，故意犯罪的行为人主观恶性更大，应当承担更重的刑事责任；同时，故意犯罪人较过失犯罪人具有更大的人身危险性，从预防犯罪的角度来看，行为人也应当承担更重的刑罚。我国《刑法》往往将致人死亡（包括故意致人死亡与过失致人死亡）配以同一量刑幅度，在立法上给予同一评价，这不仅违背了罪责刑相适应原则，也不利于预防犯罪。

---

❶ 赵秉志主编：《刑法争议问题研究（下卷）》，河南人民出版社1996年版，第345页。

我国《刑法》中涉及"致人死亡"的结果加重犯,很多都和故意杀人罪处以同一量刑幅度,即10年以上有期徒刑、无期徒刑或者死刑,其合理性受到质疑。根据我国现行刑法规定,在"致人死亡"的结果加重犯中,虽然其通常表现为基本犯罪的故意犯与加重结果的过失犯的复合形态,但其法定刑却远远重于基本犯的法定刑与过失犯的法定刑之和。❶例如,抢劫犯基本犯的法定刑为3年以上10年以下有期徒刑,而过失致人死亡罪的最高法定刑为7年有期徒刑;抢劫致人死亡的法定刑为10年以上有期徒刑、无期徒刑或者死刑。根据1997年《刑法》的规定,出现抢劫致人死亡的结果加重犯时,行为人无论是以故意杀人的手段劫取他人财物,或是在暴力夺取他人财物的过程中过失造成了他人死亡的结果,都是使用同一法定刑幅度。结果加重犯因为法定刑过重而成为适用死刑最多的犯罪类型,这也不符合废除、限制死刑的潮流。结果加重犯的刑事责任应当轻于故意实施加重结果的结果犯的刑事责任。为此,有学者主张结果加重犯的加重刑罚缺乏合理根据,就应当限制其成立范围。❷

另外,明确性原则是罪刑法定原则中重要派生原则。它要求法律规定必须明确清楚,使人们能够很直白地明白其含义,准确地判断犯罪行为与非犯罪行为的界限,也使司法机关在实践中能很好地把握和认定具体犯罪。区分行为人主观罪过的故意或过失,也是罪刑法定原则对明确性的要求。犯罪主观罪过含糊不清,容易助长刑事司法的恣意性,侵害国民对自己行为的可预期性。我国刑法中的"致人死亡"既涉及构成要件,也关系到加重构成的适用,与行为人的行为是否构成犯罪和承担何种程度的刑事责任密切相关。因此,刑法应当对"致人死亡"的罪过形态作出明确的规定,以满足构成要件明确性要求。因此,应当对"致人死亡"的主观罪过形式在法律条文中加以明确化,尽可能避免对过失造成的结果加重犯以故意犯罪来定罪量刑。

为此,笔者主张,对于在抢劫犯罪过程中,因过失致人重伤、死亡的,可置于基本犯之后,与入户抢劫等加重犯规定在同一加重范围内。

---

❶ 也存在少数例外情形,比如《刑法》第257条暴力干涉婚姻自由罪和第260条虐待罪。

❷ 张明楷:"严格限制结果加重犯的范围与刑罚",载《法学研究》2005年第1期。

而对为了抢劫故意伤害，致人重伤、死亡，或者为了抢劫故意杀人的，则规定为第二层次的加重犯，配置无期徒刑或者死刑，并处罚金或者没收财产的法定刑。

2. 将"故意伤害致人重伤、死亡或者故意杀害被害人"的情形列为最严重的抢劫加重犯

首先，在现行刑法中，抢劫"致人死亡"是否包括"杀害被害人"的情形，无论司法上还是理论上都存在认识分歧。即使在立法上，做法也不一致。例如，《刑法》第239条规定的绑架罪，"致使被绑架人死亡"与"杀害被绑架人"本是两个不同的概念，但刑罚予以了同等评价。但另有些暴力犯罪把"致人死亡"作为加重情节，而没有明确规定"杀害被害人"也是加重情节。鉴于这种情况，为了避免"致人死亡"是否包括"杀害被害人"这种认识上的分歧，同时，也为了避免认定罪数的麻烦，笔者主张把"杀害被害人"明确规定为抢劫罪最为严重程度的加重情节。

其次，将"故意伤害致人重伤、死亡"设定为可以适用无期徒刑、死刑的情节是与其他相关暴力犯罪相协调的需要。根据现行刑法的规定，在严重暴力犯罪过程中致人死亡的，几乎都要配置死刑作为一个选择刑种。例如，强奸妇女致人重伤、死亡的，拐卖妇女、儿童并造成被拐卖的妇女、儿童或者其亲属重伤、死亡的，强迫卖淫罪并造成被强迫卖淫的人重伤、死亡的，等等。为了维持与这些犯罪所配置的法定刑之平衡，有必要将抢劫过程中"故意伤害致人重伤、死亡"的情况也规定为可以适用无期徒刑、死刑的最严厉的加重情节。

再次，符合有关国际标准的要求。《公民权利和政治权利国际公约》（下称《公约》）第6条第2款规定，在未废除死刑的国家，判处死刑只能作为对最严重的罪行的惩罚。何谓"最严重的罪行"，按照《保证面临死刑者权利的保护的保障措施》（下称《保障措施》）❶所限定的标准，是指有致死或者其他极其严重后果的故意犯罪。出于危及生命是严重的暴力行为的一种极为可能的后果，是严重的暴力犯罪行为的一种内在的

---

❶ 联合国经济与社会理事会1984年5月25日第1984/50号决议。经济与社会理事会是《联合国宪章》规定的联合国6个主要机关之一。

属性，因此，这里所谓"有致死后果的故意犯罪"实际上是指严重的暴力犯罪行为。同时，出于《保障措施》将"其他极其严重的后果的故意犯罪"与危及他人生命权利的暴力犯罪相并列，对"最严重的罪行"加以界定，因此，所谓"其他极其严重的后果的故意犯罪"，应该是指犯罪行为所侵犯的客体之价值与人的生命权利相当的犯罪。如此理解，《公约》所确立的死刑之适用范围就应当包括严重的暴力犯罪行为和行为所指向的客体的价值与人的生命权相当的犯罪行为。可见，将"杀害被害人或者故意伤害致人死亡"作为抢劫罪的最严重的加重情节，也与有关国际公约的精神相一致。

最后，从域外的立法看，大都把"致人死亡"作为抢劫罪最为严重的加重情节，配置最严厉的法定刑。例如，根据《日本刑法典》第240条规定，只有抢劫致人死亡的，可以适用死刑。与日本类似的还有韩国、泰国以及我国台湾地区等。《德国刑法》第251条规定，抢劫轻率致他人死亡的，处终身自由刑或10年以上自由刑。《挪威刑法》第268条第2款规定，实施严重的抢劫罪，造成死亡或者使身体健康遭受严重损害的，处21年以下监禁。❶《瑞士刑法典》第140条第4款规定，因实施抢劫行为而致被害人具有生命危险、重伤害或残忍的对待被害人的，处5年以上重惩役。❷《奥地利刑法》第143条规定，造成他人死亡的，处10年以上20年以下自由刑，或终身自由刑。我国澳门地区《刑法典》第204条第3款规定，如因该实施引致他人死亡，处10年至20年徒刑。

3. 是否需要把"致人重伤"与"致人死亡"分开，或者单独规定"致人重伤且造成严重残疾"的情形

有的观点认为，现行《刑法》将"致人重伤"与"致人死亡"并列在一起作为适用相同法定刑幅度的加重情节，忽视了危害后果对行为之社会危害程度所应具有的重大影响。这样，对于危害后果差别很大而其他案情相同或基本相同的案件，有可能得到相同的处理，违背了罪责刑相适应原则。考虑到与故意伤害致人重伤的法定刑之间的平衡，建议将"抢劫致人重伤"的情形置于前一加重犯层次，而把致人死亡放在更重的

---

❶ 《挪威刑法典》规定的监禁之最高期限为21年。

❷ 根据《瑞士刑法典》第35条的规定，重惩役最低刑期为1年，最高为20年。

后一加重犯层次。论者还列举出其他国家的做法，如《日本刑法》第240条规定：强盗致人负伤的，处无期或者7年以上惩役；致人死亡的，处死刑或者无期惩役。《泰国刑法》第339条规定，犯抢劫罪，致他人身心伤害的，处10~20年，并处2万~4万铢罚金。抢劫致人死亡的，处死刑或者无期徒刑。类似的规定还有韩国、奥地利、我国澳门地区以及我国台湾地区"刑法"等。

还有论者认为，应将"致人重伤造成严重残疾"列为抢劫罪极端严重程度的情节。在现行《刑法》中，"抢劫致人重伤"的法定刑是"10年以上有期徒刑、无期徒刑或者死刑，并处罚金或者没收财产"。而《刑法》第234条为故意伤害罪"致人重伤"的法定刑是"三年以上十年以下有期徒刑"；"致人死亡或者以特别残忍手段致人重伤造成严重残疾的"，处10年以上有期徒刑、无期徒刑或者死刑。为了取得两罪相应罪刑单位的协调，故有必要将抢劫致人重伤的情节分解为两种情况，即"致人重伤"和"致人重伤造成严重残疾"。其中，致人重伤的，处7年以上有期徒刑，并处罚金或者没收财产；致人重伤造成严重残疾的，处无期徒刑或者死刑，并处罚金或者没收财产。

笔者认为，我国刑法规定了众多"致人重伤、死亡"的加重犯，如果严格区分重伤与死亡的结果，会导致一些法定刑的设置、理解以及适用上非常复杂繁琐，如在法律上，故意致人重伤其危害性未必比过失致人死亡小。过细的区分反而带来更多的问题，还不如让司法者区别伤害与死亡的后果，在法定刑幅度内作出不同处罚。故意伤害罪是以伤害他人为专门目的的犯罪，对其结果的危害性评价比较容易理解，单独列出"致人重伤造成严重残疾的"情形是必要的。刑法这样的规定只是极少数犯罪。至于国外的立法，各国的法治状况不同，制约立法的具体因素也不一样，不同国家做法不一，在这个问题上难以作出谁优谁劣的比较。

最后，对于抢劫数额特别巨大的情形，是否要列入最严重的第二层次的加重犯？笔者认为，正如前面提到的，对于"抢劫银行或者其他金融机构，数额特别巨大"，或者"抢劫军用物资或者抢险、救灾、救济物资，数额特别巨大"等情形，需要一并列入"数额特别巨大"的加重犯，作为抢劫罪最严重的情形之一，以维持本罪与其他某些非法取得财物的犯罪的罪法定刑之间的协调平衡。诚然，从域外的立法看，鲜见为财产犯罪或经济犯罪配置死刑的立法例。但在我国刑法中，仍然存在这样一些规定。如《刑法》第 192 条规定的集资诈骗罪、第 382 条规定的贪污罪，以及第 385 条和第 386 条规定的受贿罪等。抢劫罪一般而言是行为人以暴力等强制手段来实现对他人财产的非法控制的，由其侵犯的法益所决定，受害人的财产损失情况应当成为衡量抢劫罪之社会危害程度的主要因素之一。所以，在现行刑法尚不能完全取消涉及财产的非暴力犯罪之死刑的情况下，如果不把"抢劫特定数额特别巨大的行为"作为抢劫罪适用无期徒刑或者死刑的情节，则难以维持与其他涉及财产的非暴力犯罪之法定刑的平衡。比较而言，基于抢劫罪的暴力性，抢劫罪这个档次法定刑比那些具有图财性质的犯罪（如集资诈骗罪、受贿罪）中的"十年以上有期徒刑、无期徒刑或者死刑"的加重犯的法定刑要重，这也是合乎刑法理论的。

这样一来，笔者就将抢劫罪加重犯的法定刑予以拆解，考虑到与基本犯法定刑上限的衔接，将抢劫加重犯的法定刑拆解为："七年以上有期徒刑，并处罚金或者没收财产"和"无期徒刑或者死刑，并处罚金或者没收财产"两个档次。立法如此修正，还将最终实现刑法打击抢劫犯罪之轻轻重重的刑事政策。

至此，笔者对抢劫罪的研究全部结束了，尽管笔者的初衷是想详细深入地论述抢劫罪在理论与实践中存在的种种问题，甚至达到论及抢劫罪必言此书的学术效果。但放下笔，一回头，不得不承认这一点难以企及，因为理论研究者不易走到实践的前面。不过，笔者还是带着诚惶诚恐的心情期待着，此书的一些观点对于研究和处理抢劫罪问题能够提供些许新的视角和思路。

附录：

Ⅰ.《北京市高级人民法院量刑指导意见（试行）》实施细则（试行）

…………

（五）抢劫罪

1. 构成抢劫罪的，可以根据下列不同情形在相应的幅度内确定量刑起点：

（1）抢劫一次的，可以在三年至五年有期徒刑幅度内确定量刑起点。

（2）入户抢劫的，在公共交通工具上抢劫的，抢劫银行或其他金融机构的，抢劫三次或者抢劫数额达到数额巨大起点的，抢劫致人重伤、死亡的，冒充军警人员抢劫的，持枪抢劫的，抢劫军用物资或者抢险、救灾、救济物资的，可以在十年至十二年有期徒刑幅度内确定量刑起点。依法应当判处无期徒刑以上刑罚的除外。

2. 在量刑起点的基础上，可以根据抢劫致人伤亡的后果、次数、数额、手段等犯罪事实增加刑罚量，确定基准刑。有下列情形之一的，可以增加相应的刑罚量：

（1）每增加一人轻微伤，可以增加三个月至六个月刑期。

（2）每增加一人轻伤，可以增加六个月至一年刑期。

（3）每增加一人重伤，可以增加一年至二年刑期。

（4）每增加一次抢劫，可以增加一年至三年刑期。

（5）每增加本罪名第 1 条第（2）款规定情节之一的，可以增加一年至二年刑期。

3. 有下列情节之一的，可以减少基准刑的 20% 以下：

（1）确因生活、学习、治病急需而抢劫的。

（2）教唆或者伙同他人抢劫家庭成员或者近亲属财物的。

（3）转化型抢劫，暴力程度轻微或仅以言语相威胁的。

Ⅱ. 上海市高级人民法院《人民法院量刑指导意见（试行）》实施细则（试行）

…………

第五节　抢劫罪

对抢劫犯罪量刑时,应当综合考虑抢劫的动机、次数、手段、后果等因素,依法确定应当判处的刑罚。

一、对抢劫犯罪,应当按照下列标准确定量刑起点:

1. 抢劫一次,致一人轻伤以下或者虽未造成人身伤害但劫得财物(2 000元以下)的,量刑起点为有期徒刑4年至5年。

2. 有下列情形之一,量刑起点为有期徒刑11年至12年:入户抢劫;在公共交通工具上抢劫;抢劫银行或者其他金融机构;抢劫三次或者抢劫数额达到巨大起点的;抢劫致一人重伤,没有造成残疾的;冒充军警人员抢劫的;持枪抢劫的;抢劫军用物资或者抢险、救灾、救济物资的。

二、在量刑起点的基础上,可以根据抢劫致人伤亡的后果、次数、数额、手段等其他影响犯罪的构成的犯罪事实增加刑罚量,确定基准刑。一般可按下列标准掌握:

1. 每增加一次抢劫,增加有期徒刑3年;

2. 每增加一人轻微伤,增加有期徒刑6个月;

3. 每增加一人轻伤,增加有期徒刑1年;

4. 每增加一人重伤,增加有期徒刑2年;

5. 每增加一级普通残疾(10到7级)的,增加3个月;每增加一级严重残疾(6到3级)的,增加1年;每增加一级特别严重残疾(1到2级)的,增加2年;

6. 抢劫数额每增加3 000元,增加有期徒刑1年。

三、有下列情节之一的,可以增加基准刑的20%以下:

1. 持械抢劫的;

2. 有预谋抢劫或结伙抢劫的;

3. 因实施其他违法犯罪而抢劫的;

4. 抢劫多人但不构成多次抢劫的。

四、有下列情节之一的,可以减少基准刑:

1. 确因生活、学习、治病等急需而抢劫的,减少基准刑的20%以下;

2. 抢劫家庭成员或者近亲属财物的,减少基准刑的20%以下;

3. 未造成严重人身伤害(轻伤以下)且抢劫数额500元以下,减少基准刑的20%以下;

4. 转化型抢劫的,减少基准刑的10%以下。

Ⅲ. 重庆市高级人民法院《人民法院量刑指导意见（试行）》实施细则

....

（五）抢劫罪

1. 构成抢劫罪的，可以根据下列不同情形在相应的幅度内确定量刑起点：

（1）抢劫一次的，可以在三年至五年有期徒刑幅度内确定量刑起点。

（2）有下列情形之一的，可以在十年至十二年有期徒刑幅度内确定量刑起点：入户抢劫的；在公共交通工具上抢劫的；抢劫银行或者其他金融机构的；抢劫三次或者抢劫数额达到数额巨大起点的；抢劫致一人重伤，没有造成残疾的；冒充军警人员抢劫的；持枪抢劫的；抢劫军用物资或者抢险、救灾、救济物资的。

2. 在量刑起点的基础上，可以根据抢劫数额的大小和致人伤害的后果等犯罪事实增加刑罚量，确定基准刑。有下列情形之一的，可以增加相应的刑罚量：

（1）每增加轻伤一人，可以增加六个月至一年刑期；每增加重伤一人，可以增加一年至二年刑期；

（2）每增加一次抢劫，可以增加六个月至一年刑期；

（3）抢劫财物数额未达到数额巨大起点的，每增加1 000元，增加六个月至八个月刑期；抢劫财物数额达到数额巨大起点的，每增加10 000元，增加三个月至四个月刑期；

（4）每增加《中华人民共和国刑法》第263条（一）至（八）项情节之一的，可以增加一年至二年刑期。

Ⅳ.《湖北省高级人民法院量刑指导意见》

....

（五）抢劫犯罪

1. 法定刑在三年以上十年以下有期徒刑幅度的量刑起点和基准刑

犯抢劫罪，作案一次的，可以在三年至五年有期徒刑幅度内确定量刑起点。

行为人实施盗窃、诈骗、抢夺行为，未达到"数额较大"，为窝藏赃物、抗拒抓捕或者毁灭罪证当场使用暴力或者以暴力相威胁，具有下列情节之一，依照抢劫罪定罪处罚的，可以在三年至五年有期徒刑幅度内确定量刑起点：盗窃、诈骗、抢夺接近"数额较大"标准的；入户或在公共交通工具上盗窃、诈骗、抢夺后在户外或交通工具外实施上述行为的；使用暴力致人轻微伤以上后果的；使用凶器或以凶器相威胁的；具有其他严重情节的。

在量刑起点的基础上，可以根据抢劫次数、数额、手段、致人伤害的后果等其他影响犯罪构成的犯罪事实增加刑罚量，确定基准刑。有下列情形的，可以增加相应的刑罚量：

（1）抢劫财物数额满三百五十元或每增加三百五十元（贫困山区县、市为二百元），可以增加一个月刑期；（2）被害人每增加一人，可以增加三个月至六个月刑期；（3）抢劫二次的，可以增加二年至三年刑期；（4）每增加轻微伤一人，可以增加三个月至六个月刑期；（5）每增加轻伤一人，可以增加六个月至一年刑期；（6）造成十级至七级残疾的，每增加一级残疾，可以增加三个月至六个月刑期；（7）持枪支之外的械具抢劫的，可以增加六个月至一年刑期。

2. 法定刑在十年以上有期徒刑幅度的量刑起点和基准刑

犯抢劫罪，具有刑法第二百六十三条规定的八种法定严重情节之一（入户抢劫的；在公共交通工具上抢劫的；抢劫银行或者其他金融机构的；多次抢劫或者抢劫数额巨大的；抢劫致人重伤、死亡的；冒充军警人员抢劫的；持枪抢劫的；抢劫军用物资或者抢险、救灾、救济物资的）的，除依法应当判处无期徒刑以上刑罚的，可以在十年至十二年有期徒刑幅度内确定量刑起点。

在量刑起点的基础上，可以根据抢劫次数、数额、手段、致人伤亡的后果等其他影响犯罪构成的犯罪事实增加刑罚量，确定基准刑。有下列情形的，可以增加相应的刑罚量：

（1）抢劫财物数额满二万元（贫困山区县、市一万元）后，每增加二千五百元（贫困山区县、市为一千五百元），可以增加一个月刑期；（2）被害人每增加一人，可以增加三个月至六个月刑期；（3）抢劫次数超过三次，每增加一次，可以增加二年至三年刑期；（4）每增加轻微伤一人，可以增加三个月至六个月刑期；（5）每增加轻伤一人，可以增加六个月至一年刑期；（6）每增加重伤一人，可以增加一年至二年刑期；（7）造成十级至七级残疾的，每增加一级残疾，可以增加三个月至六个月刑期；造成被害人六级至三级残疾的，每增加一级残疾，可以增加六个月至一年刑期；造成被害人二级至一级残疾，每增加一级残疾的，可以增加二年至三年刑期；（8）每增加刑法第二百六十三条规定的结果加重情形之一，可以增加一年至二年刑期；（9）持枪支之外的械具抢劫的，可以增加六个月至一年刑期。

3. 有下列情形的，可以相应增加或减少刑罚量：

（1）教唆他人抢劫家庭成员或者近亲属财物的，对教唆犯可以减少基准刑的20%以下；

（2）为实施其他违法犯罪活动而实施抢劫的，增加基准刑的20%以下；

（3）确因生活所迫、学习、治病急需而抢劫的，减少基准刑的10%以下。

4. 需要说明的事项：以毒品、假币、淫秽物品等违禁品为抢劫对象的，以抢劫罪定罪；抢劫的违禁品数量作为量刑情节考虑，量刑起点和基准刑依照上述规定确定。

Ⅴ. 杭州市法院抢劫罪、抢夺罪、盗窃罪量刑指导意见（试行）（2010年）

二、抢劫罪

（一）有下列情形之一的，可能判处无期徒刑以上刑罚，由中院管辖：

1. 具有刑法第二百六十三条规定的三项加重处罚情节的。（多次抢劫、抢劫数额巨大为二项加重情节，下同）

2. 具有刑法第二百六十三条规定的二项加重处罚情节，并系累犯或抢劫再犯，或在假释考验期内、故意犯罪缓刑考验期内犯罪。

3. 具有刑法第二百六十三条规定的一项加重处罚情节，同时实施强奸犯罪的。

4. 抢劫致1人重伤，并具有刑法第二百六十三条规定的一项加重处罚情节的，或又致3人轻伤的，或造成其他严重后果的；抢劫致2人重伤的。

5. 多次入户抢劫的。

6. 抢劫10次以上的。

7. 抢劫9次，且3次持械的。

8. 抢劫6次，致1人轻伤，或致3人轻微伤的。

9. 抢劫6次，并系累犯或抢劫再犯，或在假释考验期内、故意犯罪缓刑考验期内犯罪。

10. 抢劫数额在8万元以上，且赃款赃物未追回的。

11. 具有与上述10项危害程度相当的其他特别严重情节的。

（二）按照下列原则，确定基准刑：

1. 抢劫1次，数额3 000元，犯罪情节和后果一般的，基准刑为有期徒刑四年，抢劫数额较小的，在有期徒刑三至四年量刑。抢劫数额每增加3 000元，增加刑期一年。

2. 抢劫2次，数额4 000元，犯罪情节和后果一般的，基准刑为有期徒刑六年，抢劫数额较小的，一般不应低于有期徒刑五年量刑。抢劫数额每增加4 000元，增加刑期一年。

3. 抢劫3次，犯罪情节和后果一般的，基准刑为有期徒刑十年。每增加1次抢劫，增加刑期一年。

4. 抢劫数额巨大，2万元的基准刑为有期徒刑十年。每增加12 000元，增加刑期一年。

5. 入户抢劫、在公共交通工具上抢劫、冒充军警人员抢劫、持枪抢劫、抢劫军用物资或者抢险、救灾、救济物资的，基准刑为有期徒刑十一年。

6. 抢劫银行或者其他金融机构的、抢劫致人重伤的，基准刑为有期徒刑十二年。

7. 持械抢劫的，最多增加基准刑的20%。一、二次抢劫的，每持械1次，增加刑期10%；多次抢劫的，每持械1次，一般增加刑期四个月。

8. 抢劫每增加1人轻微伤，增加刑期六个月至一年。

9. 抢劫每增加1人轻伤，增加刑期一年至二年。

（三）抢劫罪未遂

（1）实施了明显暴力行为的，可减少基准刑的20%。

（2）实施了轻微暴力行为或持械威胁的，可减少基准刑的30%。

（3）仅实施了言语胁迫行为的，可减少基准刑的40%。

附：作者已发表的相关论文

1. "抢劫杀人案的定性问题"，载《法律适用》2000 年第 9 期；
2. "论刑法中的多次犯罪"，载《湖北社会科学》2011 年第 7 期；
3. "论抢劫银行或者其他金融机构的几个问题"，载《审判研究》2011 年第 2 辑，法律出版社 2011 年 9 月出版；
4. "携带凶器抢夺定抢劫罪问题研究"，载《刑法论丛》2012 年第 3 卷；
5. "论结果加重犯的因果关系——以抢劫、强奸等罪的结果加重犯为例"，载《东方法学》2013 年第 4 期。

跋

蛇年秋季，又是一个丰收的岁月。

我和张正新检察长共同撰写的《抢劫罪详论》一书终于与读者见面了。

这是一本研究抢劫罪的专门著作，而对刑法个罪的研究兴趣和研究思路，深受我俩的博士生导师赵廷光教授的影响。在一定意义上，本书的出版应该是我们对赵老师学术思想的一种承继与延伸。对赵老师的感激，我们永远铭记在心。

本书自构思伊始，已然10年。

从全书篇章结构的布局设想，到典型案例的收集整理，再到一字一句一段的成文和主要观点的形成，都是我和正新师兄分工合作，不断商议的结果。但愿全书凝聚了我对刑法理论的认识，并浸透着正新兄独到的司法经历与实践经验。

将本书展现在读者面前，无论是刑法理论研究者，还是刑事司法工作者，如果能够有点滴"小问题大理论"或者"表面问题深入理论"的感受，那正是我们所欲所求的。在此，对各位读者表示感谢。

特别需要提及的是，在本书的写作和出版过程中，我的同乡好友深圳冠牌光电技术（大冶）有限公司的萧绪龙总经理一直给予了多方面的支持，我们由衷地表达对他的感激和敬意。

近年来，同济大学开始倡导和鼓励出版高水平的文科著作，我所在的法学院还将本书纳入学院的法学文丛，这些都令我心存感动，必将激发我继续研究，努力创新的学术热情。

本书的出版，还得益于知识产权出版社的领导以及刘睿、徐浩、罗慧等编辑的辛勤劳动，他们为本书的文字编辑及外观设计等做了大量的工作,为此,也对他们致以最诚挚的谢意!

金泽刚

于上海市四平路1239号同济大学法学院陋室

2013年9月16日